Das Universum
in der Königskammer

Kein Sterblicher hat je erfahren, was unter meinem Schleier sich verbirgt. Wer es wagt meinen Schleier zu lüften, um die verborgenen Geheimnisse zu enthüllen, wird den Gipfel des Wissens erreichen.

Göttin Isis

ATAXIT   TRIGONOMETRIE   Veit Rösler

Die Geheimnisse von Isis Maria Stella Maris

Das Universum
in der Königskammer

Ausgleich der Gravitation
mit der Cheops- Pyramide

Bibliografische Information der Deutschen Nationalbibliothek:
Die Deutsche Nationalbibliothek verzeichnet diese Publikation in der Deutschen Nationalbibliografie; detaillierte bibliografische Daten sind im Internet über http://dnb.dnb.de abrufbar.

© 2017 Name des Autors/Rechteinhabers Veit Rösler
ATAXIT - Trigonometrietheorie - Tenner Bad Liebenwerda - 08.02.2016
Das Universum in der Königskammer - 04.12.2016 – 07.12.2016 -
Erstveröffentlichung 18. Dezember 2016
Tenner Bad Liebenwerda - 24.01.2017
II. erweiterte Auflage - 2017 - Die Geheimnisse von Isis Maria Stella Maris – 19.06.2017

Illustration: Fotoagentur Veit Rösler

Herstellung und Verlag: BoD - Books on Demand, Norderstedt

ISBN: 978-3-7448-1748-6

Inhaltsverzeichnis - Das Universum in der Königskammer

Der Weg zur Trigonometrietheorie 7
Kapitel 1 - Ein Schäfer namens Jakob 22
Kapitel 2 - Jakobs Sohn Josef - Imhotep oder Djoser? 25
Kapitel 3 - Geschichtliche Einordnung des Pyramidenbaus in Ägypten 32
Kapitel 4 - Pharao Snofru - Pyramidenbau 42
Kapitel 5 - Was bedeutet Trigonometrie? 47
Kapitel 6 - Die Evolutions- Trigonometrie- Theorie 59
Kapitel 7 - Nautische Navigation und Vermessung 64
Kapitel 8 - Trigonometrie - Geheimnis der Pyramiden 68
Kapitel 9 - Das Kreuz der Templer 103
Kapitel 10 - Hilfslinien auf Gizeh 109
Kapitel 11 - Die Alten Ägypter und die Lichtgeschwindigkeit 119
Kapitel 12 - Sakkara und Gizeh zur Vermessung des Universums 164
Kapitel 14 - Das Geheimnis der Göttin Isis 194
Kapitel 15 - Die geheimnisvollen Luftschächte der Cheops- Pyramide 211
Kapitel 16 - Die Alten Ägypter und die Gravitation -
              Mit Trigonometrie und Geometrie zur Galaxie 215
Kapitel 17 - Realität der Geschichte - Gott- Die Urknalltheorie der Ägypter ... 254
Kapitel 18 - Am Anfang stand das Wort - Der Schabaka- Stein 260
Kapitel 19 - Ende einer Ära 266
Kapitel 20 - Vom doppelten Sechseck der Gravitation zum Sephiroth? 272
Kapitel 21 - Vom 2D- Sechseck zum 3D- Metatron 280
Kapitel 22 - Das Licht im Sechseck, die Israeliten und die Freimaurer 285
Kapitel 23 - Das Alte Testament 291
Kapitel 24 - Maria Stella Maris 307
Kapitel 25 - Der Erdkreis des Simon Petrus 327
Kapitel 26 - Geheimnis Salomos - Die biblische 666 und die Trigonometrie ... 331
Kapitel 27 - König Salomo und die sieben Sterne im Kloster 341
Kapitel 28 - Die Kreuzritter und der Marienstern 365
Kapitel 29 - Das Geheimnis des Bischofs 421
Kapitel 30 - Die Botschaft im Siegel - Templer und Deutscher Orden 424
Kapitel 31 - Castel del Monte - Das Oktogon des Stauferkönigs 430
Kapitel 32 - Die Bundeslade 437
Kapitel 33 - Der Heilige Gral 466
Kapitel 34 - Der geheime Bund 470
Kapitel 35 - Das Auge des Lichtes 478
Kapitel 36 - Der Templerorden - Kreuzritter und Freimaurer in Portugal 484
Kapitel 37 - Von Pyramiden zu Satelliten - Vermessungstechnik der Neuzeit ... 494
Kapitel 38 - Von den Steinen zu den Sternen 502
Kapitel 39 - Die Zukunft? Die Vision der Alten Ägypter 513
Quellen 526

Der Weg zur Trigonometrietheorie

Tragen wir Menschen ein Gen für Neugier in uns? Ist es in diesem Fall ein Pyramidenvirus oder ein pharaonischer Fluch? Viele Menschen lassen sich davon anstecken! Das Thema ist nicht nur extrem interessant, es scheint auch tief in uns Menschen zu stecken, als hätten wir es von der Schöpfung als „Neugier" mit den Genen in die Wiege gelegt bekommen. Ein neugieriger Mensch kann davon hoffnungslos gefesselt werden. Ich verstehe jeden Menschen, der sich über den geheimnisvollen Pyramidenbau Gedanken macht. Die Ersten, die das getan haben, waren immerhin die Pyramidenkonstrukteure selber. Warum und wie haben sie solche gigantischen Bauwerke in die Wüste gesetzt? Diese beeindruckenden Zeugnisse der Menschheitsgeschichte. Was steckt dahinter? Durch mehrere Zufälle und intensive tiefgründige journalistische Nachforschungen bin ich auf einen eigentlich simplen Mechanismus gestoßen, in dem eine atemberaubende Logik steckt und der sich durch 4500 Jahre Geschichte zieht, bis in unsere Zeit und der sich auch bis in alle Zukunft erstrecken wird.

Ein Zitat von Albert Einstein (1879-1955) lautet: „Eine Theorie ist um so eindrucksvoller, je größer die Einfachheit ihrer Prämissen ist, je verschiedenartigere Dinge sie miteinander in Beziehung bringt und je umfangreicher ihr Anwendungsbereich ist." So konnte ich nur staunen, wie viele Geheimnisse der Pyramiden und der Weltgeschichte sich mit nur einem Wort erklären lassen: Trigonometrie! Drei Punkte durch Geometrie virtuell vereint.

Schon immer war ich neugierig auf dieses Land und wollte sogar als Kind Archäologe in Ägypten werden. Mit Mauer und Stacheldraht und meiner offenen freiheitsorientierten Ansicht war das aber nicht möglich. Neugier und die Faszination Ägypten. Das Land wurde dann nach der Wende besucht. Im Jahr 1994 habe ich zusammen mit meiner Partnerin über 2000 Kilometer der Nil- Region hauptsächlich mit einem Schiff bereist.

Wir sind mit so einem schwimmenden Hotel, mit einem komfortablen modernen Schiff stromabwärts auf dem Nil von Assuan bis Kairo gefahren, um dabei exotische Städte, zahlreiche Tempel und die Pyramiden von Gizeh zu besuchen. Bei der Reise haben noch die Gefühle der gerade gewonnenen Freiheit in dem wunderschönen Land eine wichtige Rolle gespielt, die viele Erlebnisse und Erfahrungen in das Gedächtnis eingebrannt haben. Die mehrwöchige Reise auf dem Nil, vorbei an Tempeln, Palmen, üppigen Plantagen, nahen Wüstengebieten und vorbei an den in der Ferne am Horizont sichtbaren Pyramidenspitzen haben wir wie eine Reise durch das Paradies erlebt. Ägypten gehört zu den schönsten und beeindruckendsten Ländern der Erde. Hier liegen die Fundamente der zivilisierten Menschheit.

Der Nil - Die Lebensader Ägyptens

Der Tempel der Hatschepsut (Bildmitte) vom Flugzeug

Bei den Besuchen der Tempel und Pyramiden haben wir unseren Reiseleiter Mahmud Abdel- Samad, welcher kurz zuvor in Deutschland Ägyptologie und Koptologie studiert hat, aufmerksam zugehört und auch immer wieder ausgefragt. Immerhin war ich seit vier Jahren als Journalist tätig. Damals hatte ich ein kleines Diktiergerät und etwa ein Dutzend Mikrokassetten dabei. Die waren nach dem Urlaub alle aufgebraucht. Damit das Gerät gut funktioniert, musste es bei der Aufnahme nahe am sprechenden Reiseleiter platziert werden. So konnte ich auch immer gleich unmittelbar Fragen stellen.

Reiseleiter Mahmud Abdel- Samad

Mahmud war ein netter Kerl. Gleich zu Beginn bot er uns mit seinen guten Deutschkenntnissen das „Du" an. Sein Name ließe sich leicht merken: „Mach Mut", lautete seine Eselsbrücke des arabischen Namens für deutsche Ohren.

Mahmud Abdel- Samad konnte nicht erklären, wie und warum diese gewaltigen Pyramiden gebaut wurden! Die von den Wissenschaftlern vermutete Funktion als Grabstätten sei keineswegs sicher, weil eigentlich in keiner Pyramide jemals ein verstorbener Pharao gefunden wurde. Einige Pyramiden verfügen über keinen Sarkophag und einige nicht einmal über eine Grabkammer.

Der Pyramidenbau ist noch immer von großen Mysterien umgeben!

Die Reise hat mich dadurch um so mehr mit dem „Pyramidenvirus" infiziert. Vielleicht war es sogar ein 4500 Jahre alter Ägypter persönlich. Bei einem Besuch im Grabbezirk der frühen altägyptischen Hauptstadt Memphis hatte ich abseits des offiziellen Weges eine schwarze Stelle im hellen Wüstensand entdeckt. Mit meinem Turnschuh versuchte ich das verborgene Etwas vom Sand zu befreien. Meine verbotene Raubgrabung endete sofort mit einer pharaonischen Bestrafung, mit einem Schock. Plötzlich klappte ein verteertes Teil nach oben. Es war ein Rippenbogen. An der Stelle, an welcher der Kopf sein musste, konnte ich im Sand die Strukturen eines Gesichtsschädels ausmachen. Alles schien von einer teerigen verfestigten schwarzen Masse umgeben zu sein. Ich hatte einen verstorbenen Menschen gefunden! Ich habe dem zufällig gefundenen Menschen seine Ruhe gelassen. In meinem späteren Leben habe ich noch oft über ihn nachgedacht. Wer mag er gewesen sein? Wie hat er gelebt, welche Freuden und Leiden hat er durchgemacht? Er hatte Mutter und Vater. Was hat er in seinem letzten Moment empfunden? Wie doch die Zeit vergeht, viele tausend Jahre liegt er nun schon hier im Wüstensand. Wie schnell wird unsere Zeit vergehen? Welchen Sinn macht das Leben? „MachMut" hat uns zwei Wochen lang mit Wissen über das ägyptische Altertum regelrecht vollgepumpt. Weil ich all die interessanten Dinge nicht einfach wieder vergessen wollte und es Abweichungen zu den Beschreibungen im Reiseführer gab, fiel der Entschluss, alles aufzuschreiben. Nach der Reise habe ich mir zudem mehrere Tage Zeit genommen, um zu den unzähligen Fotos einen umfangreichen Reisebericht zu verfassen, solange die Erinnerungen noch frisch sind.

Die mit dem Bau der Pyramiden unmittelbar verbundene Priesterschaft muss vor mehr als 4500 Jahren ihr geheimes Wissen, mit dem die Pyramiden zum Teil so exorbitant genau gebaut werden konnten, immer nur an einen kleinen Personenkreis mündlich oder verschlüsselt weiter gegeben haben. Die Verschlüsselung könnte in eingebauten Geometrien stecken, die nur Eingeweihte fähig sind zu lesen. Geometrie steckt schließlich grundsätzlich auch in der Natur, in der Physik, in der Biologie, der Chemie, in der Mathematik, in der Astronomie und der Astrophysik. Alle Systeme sind über Geometrie miteinander verbunden. Durch simple Verhältnisgleichung lassen sich durch Geometrie und Mathematik von drei Punkten aus Aussagen, nicht nur im zwei- und dreidimensionalen Raum, sondern auch in der Zeit treffen. Da zu Beginn des Pyramidenbaus Schrift und Zahlen nur wenigen Menschen geläufig waren, muss das geheime Wissen also in der Geometrie zu finden sein. Grundlage war also: Die Geometrie der Cheops- Pyramide und simple Verhältnisgleichung.

Autor Veit Rösler in Gizeh

Mein erster Computer hatte innerhalb des AmiPro- Schreibprogramms ein Tabellenprogramm, mit dem wunderbar Pyramidenformeln ausgetüftelt werden konnten.

Während meines Grundwehrdienstes bei der Polizei hatte ich Zugang zu Fachliteratur über kriminalistische Spuren - und Beweismittelsuche. Die Methoden zur Beweisführung sind in der Archäologie, Wissenschaft und Kriminaltechnik ähnlich. Nach wochenlangem Nachdenken habe ich mir dann Anfang 1995 einen ganzen Tag ausschließlich dafür Zeit genommen, überlegt und probiert, wie die Alten Ägypter unter allen mir bekannten Daten mit einfachsten Mitteln eine Pyramide beim Bau berechnet haben könnten. Nach dem Einkreuzen von bekannten Fakten habe ich extra ein auf simpler Verhältnisgleichung bzw. dem Dreisatz beruhendes Computerprogramm geschrieben. Dabei ist eine Pyramiden- Formel entstanden, mit der aus der „Restlich verbleibenden Höhe" die vier zur Spitze strebenden Seitenkanten generiert werden können. Die ohne Zahlen mit zwei unterschiedlich langen Stöcken umsetzbare Formel ermöglicht mit nur zwei bekannten Punkten, vier weitere Punkte zu generieren. Mit diesen wird dann die Pyramide punktgenau nach oben gezogen. Für die Formel gibt es durch das Abrollen eines Rades über die waagerechten Kanten der jeweiligen Bauhöhe einen Kontrollmechanismus, der mathematische Phänomene, wie zum Beispiel die Zahl Pi, simpel erklärt. Der Kontakt mit mehreren Bauingenieuren und einem Museumsleiter hat damals leider keine Resonanz und damit keine Bestätigung für die Berechnungs- Theorie gebracht. Obwohl die Formel sehr einfach ist, wurde sie von den Experten nicht begriffen. Wer nimmt sich auch schon Zeit für ein 4600 Jahre altes Problem. Seit 1994 haben mich die Pyramiden immer mehr gefesselt.

Durch meine Pyramidenformel bin ich dann Ende 2013 an Bauingenieurin Sabine Engelmann und 2014 an Vermessungsingenieurin Jördis Thiere geraten. Sabine verknüpft ihren Beruf mit geometrischen Origami- Faltungen, mit denen sie in ihrer Freizeit hochkomplexe Sterne aus Papier herstellt. Jördis verriet mir tiefgründige Geheimnisse der geodätischen Landvermessung. Bei Jördis ging es in Folge der Kommunikation zunächst gar nicht um Pyramiden, sondern um die Frage nach dem höchsten Dorf in Brandenburg. Jördis vermittelte aber einen Kontakt mit dem Pyramidenexperten Dr. Hans- Hubert Freytag, dem ich einen ordentlichen Anschub verdanke. Wichtige Ratschläge zum systematischen Vorgehen gab es von Altertumsforscher Dr. Heribert Illig aus München und Prof. Dr. Ing Klaus Rheidt von der Brandenburgischen Technischen Universität Cottbus/Senftenberg.

Wie wurden die Pyramiden gebaut? Wie konnten allein bei der Cheops- Pyramide in der heute veranschlagten Bauzeit von ca. 20 Jahren die in ihr verbauten Steinblöcke mit einem Gesamtvolumen von 2.583.283 m³ auf eine Höhe von bis zu 146 Meter transportiert werden? Gab es gerade zulaufende oder den Pyramidenbaukörper umlaufende Rampen, gab es Hebeeinrichtungen oder Kräne? Um das Volumen in der zur Verfügung stehenden Zeit zu bewältigen, müssen pro Stunde bis zu 60 Steine verbaut worden sein. Wie war das möglich? Durch Physik und Trigonometrie haben die Alten Ägypter über Technologien verfügt, mit denen nur wenige Menschen einen viele Tonnen schweren Obelisken aufrichten konnten! Dabei haben sie zum Beispiel mit nassen Seilen gearbeitet. Sind diese getrocknet, haben sie sich zusammengezogen und den Obelisken nach oben gezerrt. Der wurde nun unterfüttert. Dann hat man das oder die Seile wieder nass gemacht und straff nachgezogen. Der Vorgang wurde so lange wiederholt, bis der Obelisk stand. Wären das oder die Seile lang und stark genug, würden sie den Obelisken in nur einem Vorgang in die Senkrechte ziehen. Mit Trigonometrie, also durch Verhältnisgleichung, mit Seilen und einem Obelisken im Miniformat, hätten die Alten Ägypter vorher ausprobieren können, wie lang die Seile hätten sein müssen. Die beiden berühmten Monolithsäulen auf der Piazzetta am Markusplatz in Venedig sollen später im Mittelalter so aufgerichtet worden sein, nachdem ein Ingenieur extra nach Ägypten gereist war und sich über das Verfahren erkundigt hat. So haben viele antike Technologien der alten Völker Einzug in unser heutiges Leben gefunden, ohne das uns das heute noch bewusst ist.

Aufgrund des intensiven Studiums tausender Fotos und der Bauzeichnungen der Pyramiden von Gizeh, unter Einbeziehung der geografischen und geschichtlichen Grundlagen und damit auf der Grundlage der vorhandenen Spurenlage hatte sich in meinen Berechnungen eine Bautheorie heraus kristallisiert, mit der sich pro Stunde 220 Steine auf die Ebene einer Pyramide transportieren lassen und dies in jeder beliebigen Größe. Dabei zeigte sich immer mehr: Der Nil spielt für den Pyramidenbau die entscheidende Rolle. Ohne ihn gäbe es sowohl Ägypten als auch die Pyramiden nicht! (Die Bau- Theorie wird in einem weiteren Ataxit- Projekt beschrieben.)

So entschloss ich mich zu einer Mittelmeer- Seereise. Ich war mir sicher etwas zu sehen, was unmittelbar mit dem Pyramidenbau zu tun hat. Das war der Durchbruch! Schlichweg Nautik und Geodäsie, insbesondere Trigonometrie müssen die Grundlagen sein. Von nun an fügte sich dem eingangs erwähnten Einstein- Spruch ein Steinchen an das andere. Ich musste nur lernen und tiefgründig recherchieren. Das Thema hatte sich zu einer absoluten Komplexität entfaltet. Die entscheidenden Fragen waren gefunden! Die Antworten liegen in der Geometrie!

Nun war es möglich Konstruktionsunterlagen und Berechnungen zum Pyramidenbau selber zu erstellen. Mir war aufgefallen, die Ägypter hatten vor Gizeh kleinere Pyramiden gebaut, die sie wegen Baumängeln einfach aufgegeben haben oder die sogar eingestürzt waren. Was müssen die Ägypter für ein Desaster durchlebt haben, so einen begonnenen und mit unendlichen Mühen bereits fortgeschrittenen Bau aufgeben zu müssen! Grundlage für die Berechnungen und Zeichnungen war so die Überlegung:

Wer so ein riesiges Bauwerk plant und errichten will, darf keinen Fehler machen! Folglich muss immer auch „Murphys Gesetz" mit beachtet werden! Der US- Amerikaner Ingenieur Edward A. Murphy (1918-1990) hat 1949 nach einem missglückten Raketenversuch sinngemäß den Spruch losgelassen: „Alles, was schiefgehen kann, wird auch schiefgehen." Das klingt zwar zunächst witzig, steht aber auf wissenschaftlichen Grundlagen. Deshalb bauen Konstrukteure heutzutage in komplexe Systeme Sicherheiten, Rückfallebenen und Redundanzen ein. Mittlerweile hatte ich bemerkt, dass auch die Alten Ägypter bei ihrer Konstruktion mit Kontrollmechanismen gearbeitet haben müssen. Punkte und Linien wurden zum Beispiel durch das Einfluchten gegeneinander kontrolliert. So konnten sie quasi Murphys Gesetz: „Was schief gehen kann, wird schief gehen" selbst schon vor mehr als 4500 Jahren entgegenwirken. Das gegenseitige Einkreuzen als Kontrollmechanismus wird durch Trigonometrie erreicht. Die gleiche Methode wird in der Nautik, aber auch bei der Vermessung in der Geodäsie und in der Astronomie angewendet! Es steckt in nicht weniger, als in der Schöpfung selbst. Mit Murphys Gesetz ist eine weitere wichtige

Grundlage verknüpft. „Alles, was schiefgehen kann, wird schiefgehen!" Wie erfahre ich aber vorher, was schiefgehen kann? Die Heuristik wird in der modernen Technik zur Entwicklung von Fehlervermeidungsstrategien angewendet. Mit dem System der Heuristik werden dabei immer wieder „wahrscheinlich" richtige Aussagen und damit praktikable Lösungen gefunden. Auch in der Archäologie und Historie wird mit Heuristik gearbeitet, um zunächst Theorien zu erarbeiten, dann an der richtigen Stelle nach Spuren zu suchen, die dann tatsächlich auch gefunden werden. So können die Theorien bewiesen werden. In der Heuristik werden ohne das gesamte System zu kennen, also nur mit bekannten Teilen, Schlüsse auf das gesamte System gezogen. Heuristik bezeichnet ein analytisches Vorgehen, bei dem mit begrenztem Wissen über ein System mit Hilfe von Mutmaßungen Schlussfolgerungen über das komplette System getroffen werden. Das ist eine der wichtigsten Aussagen, um selbst beim Pyramidenbau richtige Lösungen zu finden. Viele der hier verankerten Aussagen sind so auf der Grundlage heuristischer Vorgehensweisen entstanden. Diese stehen ja, wie bereits erwähnt, auf wissenschaftlichen Grundlagen! Jede Überlegung musste mit den einfachsten Mitteln, jedoch wie schon vor über 4500 Jahren praktikabel umgesetzt werden.

Egal ob „nur" eine Windkraftanlage umfällt oder ein Flugzeug abstürzt. Auf der Suche nach der Ursache stehen die Experten meist vor einem riesigen Trümmerberg, in dem sie winzige Spuren suchen müssen. An die durch Heuristik herausgefundenen Varianten von möglichen Havarieursachen schließt sich ein Ausschlussverfahren an. Jede von manchmal über 20 Möglichkeiten wird zunächst untersucht und entweder abgehakt oder weiter verfolgt. Am Ende bleibt dann die wahrscheinlichste Ursache übrig, in deren Rahmen nun Spuren gesucht und mit der wahrscheinlich höchsten Sicherheit dann auch gefunden werden. Das Ausschlussverfahren ist also ein weiterer Baustein, mit dem die folgende Geschichte erarbeitet wurde.

Dazu kommt noch ein zusätzlicher Fakt: Wer so ein aufwendiges Projekt durchzieht, der projektiert auch gleich mehrere Aufgabenstellungen mit hinein. Die Baumeister im Ägypten des Altertums sind bekannt dafür, immer wieder mehrere Funktionen in ihre Bauwerke hinein konstruiert zu haben.

Primäres Ziel war es zunächst, meine „220- Steine- Theorie" durch Berechnungen und Zeichnungen wissenschaftlich beweisbar zu machen. Beim Erstellen meiner Pyramiden- Konstruktionsunterlagen bin ich an bestimmten Punkten nicht mehr weiter gekommen, weil mathematische oder geometrische Grenzen erreicht waren. Vor den gleichen Problemen müssen zwangsläufig auch die Alten Ägypter gestanden haben! Nach einer zunächst nicht mehr machbaren, mathematischen Berechnung stand eine zweidimensionale geometrische Lösung als Konstruktionsunterlage für die Gizeh- Pyramiden an. Herodot hat dafür eine lange und breite Straße beschrieben. Doch auch die Zweidimensionalität stößt an die Grenzen des Machbaren.

So lag wohl die Lösung in einer dreidimensionalen Fadenanlage! Fäden- Seile- Takelage- Seefahrt! Experimentelle Archäologie also!

So habe ich im Sommer 2015 den kompletten Komplex aller zehn Gizeh- Pyramiden und auch die Knick- Pyramide im Maßstab 1 : 100 aus Fäden nachgebaut. Insgesamt 21 Jahre eigene Nachforschungen zum Pyramidenbau wurden dabei umgesetzt. Zudem hatte ich Kontakt zu Historikern und Mathematikern aufgenommen, um Detailfragen zu klären. Verwendet wurden dünne Rohre und Fäden, welche die Alten Ägypter in Form von Stöcken, Schilfrohr und von der Schifffahrt her bekannten Seilen auch schon hatten. Bei der Konstruktion bin ich auf ein schlimmes Problem gestoßen! Die verfügbaren Vermessungsunterlagen und Satellitenbilder stimmen nicht überein! Aufwendig musste aus ca. 20 Vermessungen und Satellitenbildern eine außerdem nun auf glatten Ägyptischen Ellen beruhende Bauzeichnung generiert werden. Das System einer 3D- Anlage ist so genial und simpel, dass die Konstruktionsanlage in wenigen Tagen millimetergenau aufgebaut war. So müssen sie es vor 4500 Jahren auch schon gemacht haben! Die Anlage stand mehrere Monate. Sie ist damit wetterfest und sie wäre sogar zusammenfaltbar und damit zwischen Konstruktionsort und Baustelle transportabel.

Experimentelle Archäologie - Zwei Pyramidenbauer und Sphinx

Die Pyramiden von Gizeh im Garten

Während die mit Lasertechnologie exakt eingerichtete Anlage stand, konnte sie auf alle weiteren fraglichen Abmessungen nachvermessen werden. Das ist heute an den teilweise von Steinräubern geplünderten und durch Erdbeben verschobenen Originalen nicht mehr möglich.

Die Knick- Pyramide von Dahschur 1:100

Viele der in diesem Buch abgebildeten technischen Zeichnungen sind auf perspektivische Fotos dieser Gartenanlage aufgebaut. Bei den Vermessungen und perspektivischen Untersuchungen haben selbst die 1 : 100 Anlagen erstaunliche Geheimnisse offenbart, die heute an den Originalen nicht mehr nachgemessen und nicht mehr gesehen werden können. Von bestimmten Standpunkten aus ergeben sich erstaunliche Konstellationen der sieben kleinen Pyramiden zu den drei großen Exemplaren. Selbst die Knick- Pyramide hat unbekannte Geheimnisse offen gelegt. Die gewonnenen Daten wurden penibel aufgeschrieben. Mit ihnen konnten Rückschlüsse auf den Grund für den Bau, die Konstruktion und den Bauablauf getroffen werden.

Im Laufe der Erforschung zeigte sich immer mehr: Die Alten Ägypter müssen mit ihren Pyramiden erstaunlich nahe an den physikalischen und geometrischen bzw. wie auch immer „göttlichen" Mechanismus der Schöpfung des Universums herangekommen sein. Sie haben scheinbar einen in allen Dingen steckenden, natürlichen Mechanismus versucht künstlich nachzubauen. Aus heutiger Sicht handelt es sich dabei um den Urknall und das danach sich von einem Punkt aus immer schneller auseinander strebende Universum. Dabei hat sich ein absolut merkwürdiges Phänomen eingestellt: Je mehr ich die Geometrien der Pyramiden verinnerlicht habe und je mehr mir klar wurde, dass durch Trigonometrie eine berechenbare Relation zwischen allen Dingen und auch aller Zeit besteht, desto mehr habe ich begonnen, an eine Schöpfung und an einen Gott zu glauben. Durch eine seltsame Ordnung wird die Welt per Trigonometrie nicht nur räumlich, sondern auch zeitlich exakt vermessbar. Diese das Leben erst ermöglichende, durch unzählige Zufälle entstandene Ordnung kann es eigentlich nicht geben. Es sei denn: ...

Ein Gott, nicht in Form eines menschenähnlichen Wesens, sondern als die in allen Dingen steckende Geometrie. Die Macht der Geometrie, die alle Physik bewirkt und damit auch die Information. Die Geometrie, die auch in uns Menschen steckt und die damit die Physik, die Chemie und Biologie erschafft, die über die Jahrtausende uns Menschen hat entstehen lassen, damit auch unseren Verstand und unsere Seele. Diese Gottgestalt könnte somit in allem stecken, eben auch in uns Menschen. Es wäre und es ist legitim, an einen Gott zu glauben. Dieses Phänomen könnte aber auch den Alten Ägyptern bei ihrer Pyramiden- Konstruktion begegnet sein! Die Alten Ägypter könnten somit vor mehr als 4500 Jahren zumindest auf handfeste Gründe für ihre Religion aufgebaut haben. Das hat mich dann auf die Idee gebracht, mich nicht nur mit der heutigen Urknall- These der Astronomie und Astrophysik zu beschäftigen. Durch die Pyramiden könnten auf einen Schöpfergott aufbauende Aussagen der späteren Religionen entstanden sein. So habe ich weitere Monate genutzt, um frühe religiöse Schriften, insbesondere die Bibel zu studieren. Als ich dann zufällig in einem mittelalterlichen Kloster in Mitteldeutschland und auch in einer Mittelalterstadt in den Gebäuden der Religion exakt die gleichen Geometrien und Mechanismen wie an den Pyramiden von Sakkara und Gizeh gefunden habe, war ich mir sicher, mit dem vermuteten Konzept absolut richtig zu liegen. Die Systeme sind über 4500 Jahre hinweg nahezu identisch. Damit bestätigen sie sich gegenseitig!

Dabei zeigt sich: Wer den Konstruktionsmechanismus und die Gründe für den Pyramidenbau genau untersucht, findet in frühen religiösen Schriften und vor allem in der Bibel unzählige Hinweise. Viel mehr noch, das System zieht sich seit 4500 Jahren durch die Religionen, über Jerusalem, in einem seiner Zweige über die Kreuzritter, über das Mittelalter, über die Freimaurer bis hin zur Neuzeit und bis zur modernen Astronomie und Astrophysik. Eine durchgehende Linie wird erkennbar. So wie es Albert Einstein, wie eingangs beschrieben, formulierte: „Eine Theorie ist um so eindrucksvoller, je größer die Einfachheit ihrer Prämissen ist, je verschiedenartigere Dinge sie miteinander in Beziehung bringt und je umfangreicher ihr Anwendungsbereich ist." Bei der Lektüre der Heiligen Schrift sind mir auf der Suche nach versteckten Parallelen zum Pyramidenbau immer wieder interessante Passagen aufgefallen: „Ihr habt Augen, und sehet nicht, und habt Ohren, und höret nicht, und denket nicht daran, ..." Markus 8 Vers 18. Dieser fast 2000 Jahre alte Vers offenbart ein entscheidendes philosophisches Phänomen der Menschheitsgeschichte. Wir sind nicht in der Lage, Dinge zu erkennen und richtig einzuschätzen, die sich vor unseren Augen abspielen. Vielleicht auch, weil wir entweder nicht intelligent genug oder auch nicht ausgebildet genug sind. Das Phänomen, vor aller Augen und Ohren nicht`s zu sehen, nicht`s zu hören und nicht`s zu begreifen wird im Neuen- und Alten Testament an mindestens 20 verschiedenen Stellen erwähnt. Es muss also wichtig sein. So wurden vor unseren Augen immer schon offen sichtbar Dinge platziert, die wir zwar sehen, aber nicht begreifen und die wir schon gar nicht mit ihren eigentlichen Aufgaben in Zusammenhang bringen. Gerade nach solchen Zeugnissen wird in diesem Buch gesucht. Der Leser dieses Buches wird Dinge erfahren, die anhand von vorhandenen Geometrien und Zeitzeugnissen real vor aller Augen gegenwärtig sind und die ihm die Sprache verschlagen werden! Gehen Sie mit diesem Wissen weise um! Entscheiden Sie selber, ob Sie das glauben, was Sie mit eigenen Augen sehen oder ob Sie das glauben, was Sie glauben sollen.

Wer dieses Buch liest!
Zu beachten ist immer! Es handelt sich immer um Theorien, die auf Heuristik beruhen und die durch journalistische Arbeitsweise, durch den trigonometrischen Abgleich und das Einkreuzen aller verfügbaren Daten, Fakten und Erkenntnisse entstanden sind. Wie bei jedem Menschen können sich auch hier Fehler eingeschlichen haben! Theorien sind zum Beispiel auch die Relativitätstheorien Albert Einsteins, die Urknall- Theorie oder die String- Theorie. Bis heute ist nicht geklärt, wie zum Bei-

spiel die Gravitation funktioniert und wie das Universum entstanden ist. Ja wir wissen nicht einmal eindeutig genau, was Licht und Zeit sind. Es gibt nur Theorien! Heuristik bedeutet, mit begrenztem Wissen Rückschlüsse auf das gesamte System zu bilden.

In diesem Buch geht es hauptsächlich um Trigonometrie, sowohl in Raum, als auch in der Zeit und in vielen weiteren physikalischen Größen. Der Text ist das Ergebnis mehrjähriger journalistischer Nachforschungen. Dabei wird versucht keinerlei „übliche" Zahlenmystik, fragwürdige Spekulation oder Verschwörungstheorien hinein zu interpretieren. Außerirdische dürften ebenfalls nicht beteiligt gewesen sein. Die gesamte Pyramidenkonstruktion ist logisch, physikalisch und damit wissenschaftlich erklärbar. Dazu gehört möglicherweise rein physikalisch betrachtet auch eine Schöpfung, deren Ursprung bisher noch nicht geklärt werden konnte.

In den Texten werden nur sporadisch Jahreszahlen im bezeichneten Zeitraum der 3., 4. und 5. Dynastie im Alten Reich genannt. Damit wird den nicht eindeutig bekannten Jahreszahlen und unterschiedlichen Auffassungen zur Datierung Rechnung getragen. Dendrochronologie und Kohlenstoffdatierung bringen immer wieder unterschiedliche Ergebnisse, weil die Spuren über die Jahrtausende verwischt oder vermischt wurden. Die zeitliche Einordnung der Pyramidenbauten wird an vier unterschiedliche Königslisten geknüpft, die untereinander ähnliche Angaben enthalten. So die Königsliste von Abydos, den Palermo/Kairostein, die Königsliste von Karnak und die Königsliste von Sakkara. Daneben gibt es vereinzelt an und in den Bauwerken selber und/oder an den zugehörigen Taltempeln offizielle oder inoffizielle (Bauarbeiter) Nennungen der Königsnamen.

Hier wird der Zeitraum des Alten Reiches beschrieben, die Zeit der Pyramiden.

Die offene Herangehensweise hat mir schon zeitig erlaubt, meine Erkenntnisse mit anderen Menschen, insbesondere mit Fachleuten und Wissenschaftlern zu teilen. Nur gemeinsam können Lösungen gefunden werden. Mit Neugier und gemeinsam konnten die Pyramiden vor über 4500 Jahren gebaut werden. Mit Neugier und in Gemeinschaftsarbeit fliegen heute Menschen in das Weltall, um das Universum zumindest mit Weltraumteleskopen zu ergründen. Für die wissenschaftlichen Ziele bemühen wir heute Teleskope, Raumschiffe und Teilchenbeschleuniger.

Die Ägypter hatten dafür Pyramiden!

Reisen bildet (Johann Wolfgang von Goethe (1749-1832))!

Wichtig für diese Geschichte wäre noch zu erwähnen: Obwohl ich bereits in der Schule im Unterrichtsfach Astronomie davon gehört hatte, aber nie so richtig darüber nachgedacht habe, ist mir 1995 bei einem Besuch im UNO- Hauptquartier in New York ein Foucaultsches Pendel begegnet. Mit so einem an einem langen Faden angebrachten Gewicht eines Foucaultschen Pendels lassen sich die Drehrichtung, die Gestalt der Erde und sogar die Wirkung der Gravitation auspendeln. Wenn die Vereinten Nationen mit diesem Pendel den Menschen das Bewusstsein für ihren Planeten näher bringen wollten, so ist ihnen das in meinem Fall gelungen. Geschichten dieses Buches bauen auf die Physik dieses Pendels auf.

Das 39-stöckige grüne Glashochhaus der UNO in New York. In dem Gebäude befindet sich ein Foucaultsches Pendel. Fotografieren innen leider verboten!

Foucaultsche Pendel sind heute meist zur Versinnbildlichung der Erdrotation in großen Kathedralen und in Bildungseinrichtungen zu finden. In den Technischen Sammlungen in Dresden zum Beispiel, einem Museum hauptsächlich für Kinder, wurde ein Pendel im Erlebnisland Mathematik angebracht. In einem ehemaligen Fahrstuhlschacht pendelt eine Kugel an einem 16,5 Meter langen Stahlseil. Eingerichtet wurde die Anlage vom Max- Planck- Institut für Chemische Physik fester Stoffe und durch David C. Lane (FORS).

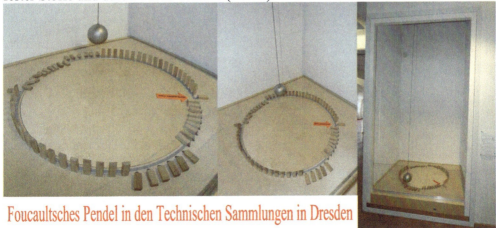

Bei Reisen durch die USA ist mir 1996 erstmals der Obelisk in Washington D.C. aufgefallen. Auch dieses Bauwerk soll in dieser Geschichte eine wichtige Rolle spielen.

Der Obelisk in Washington D.C.

Zu der Reihe der für diese Geschichte markanten Bauwerke gehören ebenso die Obelisken im Karnak Tempel in Luxor. Insbesondere der Obelisk von Pharao Thutmosis III., welcher später im Hippodrom von Konstantinopel/Istanbul aufgestellt wurde.

Der Obelisk aus dem Karnak Tempel in Luxor von Pharao Thutmosis III., er steht heute im Hippodrom von Istanbul

Weitere persönliche wichtige Bausteine des Goethe- Spruches „Reisen bildet" sind die von den Römern errichteten schnurgeraden Landstraßen in Italien und Istrien, die Stadtplanung von New York, Los- Angeles, Chicago und London sowie mehrere Seereisen auf dem Mittelmeer. Kaum eine andere Stadt symbolisiert die Notwendigkeit der Navigation und Vermessung mehr, als Venedig, mit ihrer Vielzahl an von der See aus weithin sichtbaren Türmen, mit ihren unzähligen Zeichen der Vermessung und der Notwendigkeit einer auf Astronomie beruhenden und damit exakten Zeitmessung.

Die Hafen- und Handelsstadt Venedig - Türme, Obelisken und die 1497 feierlich eingeweihte astronomische Uhr zu Venedig an der Piazza San Marco mit geozentrischem Weltbild

Im Buch Markus Kapitel 2 Verse 27 und 28 der christlichen Bibel erklärt eine der bekanntesten Persönlichkeiten der Weltgeschichte, nachdem er für seine Arbeit am Sabbat kritisiert worden ist: „Der Sabbat ist um des Menschen willen da und nicht der Mensch um des Sabbats willen - somit ist der Menschensohn Herr auch über den Sabbat." Mit dem gleichen revolutionären Gedankengut hat fast 1500 Jahre später der Theologieprofessor Martin Luther (1483-1546) Fehlentwicklungen der Kirchengeschichte angeprangert und damit die Reformation ausgelöst. Die von Menschen geschaffenen Religionen sollen den Menschen dienen!

Ich wünsche Ihnen eine spannende Reise zu den Pyramiden, durch die Geschichte insbesondere durch die Ägyptologie, durch die Religionen, durch die Physik, die Mathematik, die Geometrie, die Philosophie, durch die Geschichte der Vermessung, zur Geodäsie und zur Geografie, zur Geschichte der Kreuzritter und der Freimaurer, bis hin zur Astronomie und Astrophysik und damit zu den Sternen. Die Geschichte beginnt bei einem der ersten Menschen, welcher sich vor sehr langer Zeit bewusst für Astronomie und Astrophysik interessiert haben muss.

Sie beginnt mit einem einfachen Menschen, sie beginnt mit einem Schäfer namens Jakob.

Ein Schäfer namens Jakob

Es war einmal vor sehr langer Zeit ein junger Mann namens Jakob. Dieser verliebte sich in das Hirtenmädchen Rahel.
Rahel war schön von Gestalt und schön von Angesicht. Jakob hatte die Rahel liebgewonnen. Um sie heiraten zu können, verpflichtete sich Jakob dem Vater von Rahel Laban sieben Jahre lang zu dienen. So diente denn Jakob um Rahel sieben Jahre, und diese kamen ihm wie wenige Tage vor: so lieb hatte er Rahel.
Nachdem die sieben Jahre um waren, sagte Jakob zu Laban: „Meine Zeit ist abgelaufen: gib mir nun meine Frau, damit ich mich mit ihr verheirate." Da lud Laban alle Einwohner des Ortes ein und veranstaltete ein Festmahl. Am Abend jedoch nahm Laban seine ältere, nicht so schöne Tochter Lea und brachte sie zu Jakob hinein, und Jakob wohnte ihr bei, ohne zu sehen, wen er da in der Dunkelheit der Nacht bei sich hatte.
Am anderen Morgen aber stellte sich heraus, dass es Lea war. Als Jakob nun zu Laban sagte: „Was hast du mir da angetan! Habe ich nicht um Rahel bei dir gedient? Warum hast du mich betrogen?", antwortete Laban: „Hierzulande ist es nicht Sitte,

die jüngere Tochter vor der älteren wegzugeben." Bringe die Brautwoche mit dieser zu Ende, dann soll dir auch die andere gegeben werden für den Dienst, den du mir noch weitere sieben Jahre leisten musst."

Jakob willigte ein und hielt die Brautwoche mit Lea aus; dann gab Laban ihm auch seine Tochter Rahel zur Frau. Jakob ging nun auch zu Rahel ein, hatte aber Rahel lieber als Lea.

Er blieb dann noch weitere sieben Jahre um Rahels Willen bei Laban im Dienst.

Insgesamt blieb Jakob danach noch weitere sechs Jahre, also insgesamt zwanzig Jahre bei seinem Schwiegervater Laban und seinen Töchtern.

Jakob hütete die zwanzig Jahre lang am Tage und in der Nacht die Tiere seines Schwiegervaters Laban. Zwanzig Jahre lang beobachtete er dabei über die Spitze seines Hütestabes die Sterne am Himmelszelt und er lernte nach ihrem Lauf die Jahreszeiten, das Wetter und damit die Zukunft voraus zu sagen. Durch das dabei gewonnene Geschick eines Viehzüchters wurde er ein außerordentlich reicher Mann und er erwarb sich große Herden, auch Mägde und Knechte, Kamele und Esel.

Jakob wurden durch seine Frau Lea, deren Leibmagd Silpa, durch Rahel und deren Leibmagd Bilha insgesamt zwölf Söhne und eine Tochter geboren. Jakobs Lieblingsfrau Rahel gebar ihm die Söhne Josef und Benjamin.

Jakob hatte einen Traum: er sah eine Treppe, die auf der Erde stand und mit ihrer Spitze bis an den Himmel reichte, und die Engel Gottes stiegen auf ihr hinauf und herab.

Jakob aber hatte Josef lieber als alle seine anderen Söhne, weil er ihm in seinem Alter geboren war. So gab Jakob all sein Wissen, über die Beobachtung der Sterne, damit über die Deutung der Zukunft und über die Viehzucht an seinen Sohn Josef weiter. Als nun seine Brüder sahen, dass ihr Vater ihren Bruder Josef lieber hatte als alle seine Brüder, fassten sie einen Hass gegen ihn und gewannen es nicht über sich, ein freundliches Wort mit ihm zu reden.

Einmal hatte Josef einen Traum, den er seinen Brüdern so erzählte: „Hört, ich habe einen Traum gehabt! Denkt nur: die Sonne, der Mond und elf Sterne verneigten sich vor mir!"

Als er das seinen Brüdern erzählte, wurden denn seine Brüder eifersüchtig auf ihn, weil sie meinten, sie müssten sich eines Tages vor ihm verneigen.

Die Brüder entschlossen sich, ihren verhassten Bruder Josef zu beseitigen. Weil sie ihn nicht ermorden wollten, verkauften sie ihn an vorüberkommende Kaufleute, für zwanzig Silberstücke. Die Ismaeliter brachten Josef dann nach Ägypten, um ihn an das Volk des Pharao zu verkaufen.

In Ägypten ist Gott auf der Seite von Josef: „Gott lässt ihm all seine Arbeit gelingen." So macht Josef schnell Karriere, er kommt in das Haus des Pharaos und wird zu seinem höchsten Diener. Weil Josef von schöner Gestalt ist, verliebt sich die Frau des Pharaos in Josef. Dieser gibt jedoch ihrem nachhaltigen Drängen nicht nach. Aus Rache verleumdet sie ihn, quasi der Vergewaltigung, wodurch er in das Gefängnis geworfen wird. Auch hier wird der weise und beliebte Josef schnell der Gehilfe des Gefängniswärters.

Eines Tages werden der Schenke (Mundschenk) und der Bäcker des Pharaos ins Gefängnis geworfen. Sie haben merkwürdige Träume, die Josef deuten kann und die dann tatsächlich auch so eintreten. Der Schenke kommt danach wieder frei, der Bäcker wird der Traumdeutung entsprechend hingerichtet.

Zwei Jahre später hat der Pharao unerklärliche, ihm von Gott gegebene Träume. Er träumt von sieben fetten und sieben dürren Rindern. Daneben träumt er von sieben satten und sieben mageren Kornähren. Da alle herbeigerufenen Wahrsager versagen und mit der Aufgabenstellung überfordert sind, erinnert sich der Schenke des Pharaos an die Fähigkeiten Josefs und empfiehlt ihn als Traumdeuter weiter.

Josef sagt aus der Deutung der Träume des Pharaos sieben fette und danach sieben magere Jahre voraus. Josef empfiehlt dem Pharao die sieben fruchtbaren Jahre zu nutzen, um Vorräte anzulegen. Der Pharao ist begeistert. Er ernennt Josef zum obersten Verwalter, zu seinem Stellvertreter und sogar gleich unter ihm zum Landesvater.

So werden in den sieben fetten Jahren Vorräte angelegt.

Im Ägyptenland entwickelt sich durch Weitsicht der fortschrittliche Lebensstil der Pharaonen über Jahrtausende zur bisher beständigsten Hochkultur der Menschheit.

Die Geschichte Ägyptens und die Kultur der Pharaonen ist die älteste und dauerhafteste, die jemals existiert hat!

Der Stab des Jakob oder auch Hirtenstab ist bereits aus der Zeit des Alten Reiches aus Ägypten in Form des Krummstabes als Zeichen der Herrscher und Gottheiten belegt. So war der Hirtenstab Ausrüstungsgegenstand der Könige, Pharaonen und zum Beispiel der Gottheit Osiris und des Horus- Kindes. Später entwickelte sich daraus als religiöses Herrschaftssymbol der Abtstab, der Bischofsstab, der Petrusstab und der Ferula- Kreuzstab des Papstes.

Seit Urzeiten schon bestaunen die Menschen mit leuchtenden Augen den nächtlichen Sternenhimmel. Überall auf der Welt wurden wie wohl am heute bekanntesten Ort in Stonehenge in England Steinkreise gebildet, aber auch Steine auf Bergkuppen ausgerichtet oder Linien und Kreise in den Wüstensand gezeichnet. Immer haben dabei die offenbar von einem Gott gegebenen merkwürdigen geometrischen Zufälle eine Rolle gespielt. Einige dieser Zufälle haben einst auch Jakob und das Hirtenmädchen Rahel ereilt.

Ihre Beziehung sollte sich zu einer ganz besonderen Geschichte entwickeln.

Jakobs Sohn Josef - Imhotep oder Djoser?

Gab es den biblischen Jakob und seinen Sohn Josef tatsächlich? Die Geschichte beginnt im Alten Testament im Genesis 1. Buch Mose im Kapitel 28 Vers 10 und sie zieht sich über zahlreiche Kapitel hin. Bei der Überlegung, um welche Person es sich bei dem biblischen Josef in Einklang mit der ägyptischen Geschichte handeln könnte, würde im Zusammenhang mit Weisheit, Bautätigkeit, der damit verbundenen Trigonometrie, dem „zweiten Mann im Staate" und den Aussagen der Bibel der „Verdacht" zunächst auf den altägyptischen Baumeister Imhotep fallen, der die Stufenpyramide des Djoser in Sakkara, die erste Pyramide überhaupt errichtet haben soll. Imhotep gilt als erster großer Baumeister des Alten Reiches. Er wird in verschiedenen Schriften als Erfinder der ägyptischen Schrift, der Medizin, des Kalenders und der Mumifizierungstechnik mit getrennter Bestattung der Organe in Kanopengefäßen angesehen. Imhotep versinnbildlicht mit seinem Wirken um die bis dahin nie dagewesene Monumentalanlage mit Pyramide und Tempelanlage des Djoser den Fortschritt in Wissenschaft und Bauwesen. Verschiedene Autoren sehen in ihm den ersten namentlich bekannten Universalgelehrten der Menschheit. Zwischen Imhotep und Josef sind mehrere thematische Übereinstimmungen erkennbar!

Imhotep gilt als hoher Würdenträger unter König Djoser aus der 3. Dynastie. Wegen der enormen Legendenbildung galt er lange Zeit sogar als Mysterium. Im Jahr 1920 fand der britische Ägyptologe Cecil Mallaby Firth (1878-1931) jedoch erste Anzeichen für die reale Existenz von Imhotep. Er ist durch zwei Inschriften belegt, die ihn in Verbindung mit Djoser und dessen Pyramide bringen. Ebenso wird sein Name auf der Umfassungsmauer der Sechemchet- Pyramide erwähnt. Imhotep könnte Bruder oder Sohn Djosers gewesen sein. Zumindest muss er ihm, so wie Josef seinem Pharao, sehr nahe gestanden haben.

Weil der biblische Josef von schöner Gestalt ist, verliebt sich die Frau des Pharaos in Josef. Dieser gibt jedoch ihrem nachhaltigen Drängen, so wie es in der Bibel beschrieben steht, nicht nach. Aus Rache verleumdet sie ihn, weshalb er in das Gefängnis geworfen wird.

Auf einer Umzeichnung eines Relieffragments aus Heliopolis mit der Darstellung von Djoser könnte mit Hetephernebti, Inetkaes und einer weiteren, hinter einem Bein versteckten unbekannten Person eine Konstellation einer Dreiecksbeziehung interpretiert werden, wie diese in der Bibel auch bei Josef, seinem Pharao und dessen Frau beschrieben wird. Auf dem Bild sollen zwei Töchter des Djoser zu sehen sein. Doch die merkwürdige Gestaltung des Bildes gibt Rätsel auf. Wer ist die dritte Person? Ist es Josef, ist es die Frau des Pharao oder ist ein uneheliches Kind zu sehen?

Auch wenn Imhotep nicht als Josef infrage kommen würde. Eine Annäherung mit dem Namen „Josef" liegt auch beim Pharao Djoser selber sehr nahe: „Djoser - Djosef - Josef" - „Josef - Djosef - Djoser".

Die Übereinstimmungen sind nicht von der Hand zu weisen! Möglicherweise diente die Geschichte dem Autor der Bibel als Vorlage oder als nicht mehr genau nachvollziehbare Quelle aus uralten mündlichen Überlieferungen. Es existieren ein tatsächlicher „Experte" und ein biblischer „Experte" in ähnlicher Konstellation!

Der Wissenschaft ist die Herkunft des Namens Djoser vollkommen unklar. Fest steht das es ihn gab, weil er mit seinem Horusnamen „Netjeri- chet", „Hor- Netjeri- chet- djeser" und auch „Djeser" immer wieder genannt wird. Auffällig im Einklang mit der biblischen Geschichte ist die bildliche Darstellung des Djoser, auf der das Paar, ein Mann und eine Frau dargestellt sind, die von einer hinter einem Bein versteckten Person beobachtet zu werden scheinen. Es könnte sich um eine verschlüsselte Darstellung der in der Bibel erwähnten Dreiecksbeziehung zwischen dem Pharao, dessen Frau und Josef handeln. Oder das Ergebnis einer solchen Beziehung.

Die 3. Person auf dem Relieffragment aus Heliopolis mit der Darstellung von Djoser. Diese könnte eine Dreiecksbeziehung darstellen, wie sie auch bei Josef, seinem Pharao und dessen Frau in der Bibel zu finden ist

Nach einer Zeichnung von R. Weill und W. S. Smith

Wenn die Überlegung an dieser Stelle auch nur eine Theorie ist, so ist sie doch nicht ganz abwegig. Kommt nun noch dazu, dass Josef oder Djoser ein früher Experte für Astronomie bzw. Trigonometrie und auch für die Führung von Individuen war, wirft das ein ganz neues Licht auf den Pyramidenbau der ersten Stufenpyramide in Sakkara. Unmittelbar nördlich der Stufenpyramide des Djoser in Sakkara befindet sich im Serdab der Djoser- Pyramide eine kleine Statue des Pharao Djoser, die über ein (Diopter) Loch in der Mauer genau den Zirkularpunkt bzw. den Polarstern im Blick hat. Damit kommt ein weiterer „Verdachtsmoment" hinzu: Ausrichtung auf den Zirkularpunkt, Sternenbeobachtung, Trigonometrie! War Pharao Djoser die Vorlage für den biblischen Josef? War Josef Djoser?

Ausgenommen von ein paar Knochen, die laut Wissenschaft von einer späteren Sekundärbestattung stammen sollen, wurde kein Leichnam bzw. keine Mumie von Djoser gefunden. Auch nicht in seiner Pyramide.

Vom biblischen Josef weiß man. Er wurde einbalsamiert und in einem Sarg bestattet. Da die Mumifizierung erst durch Imhotep eingeführt wurde, müsste also der nur „einbalsamierte" aber nicht als Mumie bezeichnete Josef eher oder nahezu zeitgleich kurz vor der Einführung der Mumifizierungstechnik einbalsamiert worden sein! Lebte Josef sehr viel später im Ägyptenland, so wie man es heute aus der Bibel herauslesen will, müsste nach seinem hohen gesellschaftlichen Stand aus ihm eigentlich eine Mumie entstanden sein und nicht nur ein „einbalsamierter" Leichnam. So könnte der frühe Zeitpunkt der biblischen Geschichte zeitlich eingegrenzt werden.

Josef soll 110 Jahre alt geworden sein. Sein Sarg soll laut Bibel beim Auszug der Israeliten aus Ägypten von Mose mitgenommen worden sein. Das Josefsgrab bei Nablus ist heute eine Stätte der Verehrung gleichermaßen durch Juden, Christen und Muslime. Nicht nur sein Vater Jakob hatte einen Traum, in dem er „... eine Leiter sah, die auf der Erde stand und mit ihrer Spitze bis an den Himmel reichte", einen Traum, in dem eine Pyramide beschrieben worden sein könnte.

Im 1. Buch Mose Kapitel 37 Absatz 9 träumt auch sein Sohn Josef: „Hört, ich habe wieder einen Traum gehabt! Denkt nur: die Sonne, der Mond und elf Sterne verneigten sich vor mir!" Sah Josef die da auf ihn zukommende Beobachtung der Sterne voraus? Durch seine Brüder wurde der Traum jedoch anders gedeutet. Ist der biblische Traum ein Hinweis auf Astronomie?

<u>Liegt der Ursprung des Wissens Josefs bereits bei seinem Vater Jakob?</u>

Die Geschichte des Jakob wird schon im 1. Buch Mose erwähnt. Im biblischen Buch Genesis wird die Geschichte Abrahams, des Stammvaters Israels erzählt. Danach gehört Abraham zusammen mit seinem Sohn Isaak und seinem Enkel Jakob zu den Erzvätern, aus denen laut biblischer Überlieferung die zwölf Stämme des Volkes Israel hervorgingen. Jakob ist damit zusammen mit Abraham, also seinem Großvater und seinem Vater Isaak einer der Erzväter der Israeliten.

Nach der Beschreibung der Bibel zeugte Jakob mit seiner Frau Lea die Söhne Ruben, Simeon, Levi und Juda. Mit der Leibmagd Bilha seiner zweiten Frau Rahel (die bis dahin keine Kinder bekommen konnte), zeugte Jakob auf Geheiß Rahels die Söhne Dan und Naphthali. Daraufhin wurde auch Silpa, die Leibmagd von Lea, zum Nebenweibe erklärt. Mit Silpa zeugte Jakob seine Söhne Gad und Asser. Danach gebar Lea ihren fünften Sohn mit Namen Issaschar und ihren sechsten Sohn Sebulon. Auch eine Tochter Dina wird beschrieben. Nun bedachte Gott auch die zweite (Lieblings) Frau Rahel mit Mutterfreuden. Es wurde Sohn Josef geboren. Sehr viel später brachte Rahel noch ihren zweiten Sohn Benjamin zu Welt, wobei sie in den Geburtswehen starb. Aus den zwölf Söhnen Jakobs wurden später noch in vorstaatlicher Zeit die zwölf Stämme Israels.

Jakob beschreibt in einem anderen Zusammenhang gegenüber seinem Herrn Laban u.a. Viehbesitz, den er gehütet und gewaltig vermehrt habe. Es heißt: „Jakob aber blieb als Hirte bei dem übrigen Kleinvieh Labans." Wegen wilder Tiere wurde am Tage und in der Nacht gehütet (Kapitel 31 Abs. 39). „Kein Schlaf kam in meine Augen .... " (Abs. 40).

Jakob muss als Hirte einen Stab, also einen „Jakobsstab" besessen haben. Er muss beim Hüten der Tiere nachts Zeit gehabt haben, um über die Spitze dieses Stabes über einen sehr langen Zeitraum, über Monate und Jahre die Sterne zu beobachten. Da wie beschrieben gehütete Tiere von wilden Tieren gerissen wurden, könnte er von seiner eigentlichen Aufgabe zumindest gelegentlich abgelenkt worden sein.

In Kapitel 30 werden auch „Stäbe von Weißpappeln, Mandelbäumen und Platanen" beschrieben, denen Jakob „weiße Streifen herausschälte, indem er das Weiße an den Stäben bloßlegte." Dabei entstünde eine ähnliche Optik, wie an den ägyptischen „Djed- Pfeilern".

Daneben wird immer wieder im Zusammenhang mit den gehüteten Tieren die genaue Beobachtung der Natur und bei der Verteilung der Tiere nach Aussehen und Zahlen das System der Verhältnisgleichung erwähnt. Jakob könnte sich also mit Sternenbeobachtung, Verhältnisgleichung, der Relation der Dinge und damit im weitesten Sinne mit Trigonometrie ausgekannt haben.

Zudem wird in Kapitel 31 bei der Unterteilung des Kleinviehs in „gestreifte, gesprenkelte und getüpfelte" Tiere das heutige Prinzip der Züchtung von Nutztieren beschrieben. Ähnliche Züchtungen beschreibende Passagen finden sich auch im Neuen Testament. Durch die Beobachtung der Tiere und deren Verhältnisse untereinander wurde Jakob ein wohlhabender Mann. Jakob war also ein brillanter und geschickter Viehzüchter, sicher auch, weil er die Natur so genau beobachtete. Er konnte die natürlichen Mechanismen seiner Tiere vorausberechnen, womöglich anhand der Position der Gestirne. Ein Viehzüchter muss seine Herde führen können, wie ein König sein Volk. Sogar mehr noch, er muss immerhin für die Tiere mitdenken, er muss die Natur ganz genau beobachten, um sich die Natur bei der Zucht zunutze zu machen. Ganz egal, wer von wem „abgeschaut" hat. Die Evolution hat Schafen und Menschen eine ähnliche Eigenschaft verpasst. Rennt ein „Leithammel" voran, folgt ihm garantiert ein weiteres Tier. Es kommt zu einer Kettenreaktion, die sich auf die ganze Herde auswirkt. So ähnlich funktionieren auch Menschengruppen!

Ein Schäfer darf auch nicht zimperlich sein, wenn es um den Tod seiner Individuen geht. Es entsteht ein Staatswesen im Miniformat. Je geschickter der Staatspräsident ist, als oberster Hirte, desto besser ergeht es der Gesamtheit seines Volkes. Ebenso musste Jakob als gerechter Patriarch seine große Familie führen.

Die Themen „Hirte" und „Schafherde" ziehen sich bis zum heutigen Papsttum. Was steckt dahinter? Gibt es noch einen tieferen Sinn, als nur die Herde von Intividuen, die geführt werden muss? Im frühen Ägypten mit einer wachsenden Bevölkerung und damit mit einem beginnenden Staatswesen wären die Erfahrungen eines cleveren Viehzüchters von größter Bedeutung.

Die zeitliche Einordnung der ersten Bibelgeschichten erfolgt mit etwa 1200 bis 1000 vor Christus. Doch es gibt verblüffende Parallelen zum frühen Ägypten.

Josef ist im Tanach der zweitjüngste (11.) Sohn von Erzvater Jakob, einem der Stammväter der zwölf Stämme Israel. Auch im Koran wird die biblische Joseftradition ebenfalls breit aufgenommen, die ihn in der zwölften Sure mit arabischen Namen Yusuf nennt.

Wie wäre laut Bibel die Geschichte von Jakob und seinem Sohn Josef zeitlich einzuordnen?

Im Evangelium des Matthäus wird in Kapitel 1 ab Vers 1 der Stammbaum Jesu Christi (bis zum Jahr Null - ca. 2500 Jahre) aufgezählt. Dabei kommt es jedoch zu mehreren Merkwürdigkeiten! Bei der Aufzählung von Abraham bis Joseph, dem Ehemann Marias, von welcher Jesus geboren ward, werden insgesamt 40 Namen genannt. Mit Jesus sind es somit 41. In Vers 17 heißt es dann aber: (17) Man sieht: von Abraham bis David sind es im ganzen vierzehn Geschlechter, von David bis zur babylonischen Gefangenschaft ebenfalls vierzehn Geschlechter, endlich von der babylonischen Gefangenschaft bis auf Christus nochmals vierzehn Geschlechter.

Problem: 3 x 14 sind 42! Bei der biblischen Aufzählung stimmt also etwas nicht!

Selbst 42 Geschlechter wären in dem Fall zu knapp, um den Sohn von Jakob, Josef, mit Imhotep oder Djoser gleichzusetzen. Zumal ja noch Abraham und Isaak, der Großvater und der Vater von Josef, davon abgezogen werden müssten. Bleiben nur noch 38 Geschlechter für 2500 Jahre. Jeder Vater müsste also bei der Zeugung ca. 65 Jahre alt gewesen sein.

Im Lukasevangelium kommt es jedoch erneut zu einer Aufzählung der Ahnentafel. Von Jakob bis Joseph sind es nun 54 Geschlechter. Wären noch durchschnittlich 46 Jahre für jeden Vater!

Bei beiden Aufzählungen zum Stammbaum Christi wird als Sohn von Jakob sowohl im Evangelium des Matthäus als auch im Lukasevangelium Josef gar nicht genannt, sondern immer Juda. Das bedeutet: Jesus Christus gehört nicht zum Stammbaum von Josef, dem Sohn von Jakob!

Das es sich bei dem nach Ägypten entführten Josef um die gleiche Person handeln könnte, die in der Geschichte von Ägypten als Imhotep oder Djoser bezeichnet wird, ist also sehr wohl möglich!

Vom biblischen Josef sind die Söhne Manasse und Ephraim sowie die Enkel Machir, Asriel, Suthelah und Beria bekannt. Es folgen Urenkel und Ururenkel. Die

Ahnentafel reicht aber nicht bis in die Zeiten Jesu. Die ca. 54 Geschlechter in ca. 2500 Jahren können daher nur ein grober Maßstab zu einer entweder parallel verlaufenden oder auch ausgestorbenen Linie sein.

Die Bibel: Schon bei den ersten Kapiteln der Bibel fällt die präzise Formulierung und die extreme Genauigkeit von Zahlenangaben und Namen auf. Die Bibel scheint sich an journalistische Grundsätze zu halten: „Namen und Zahlen sind Nachrichten." Die Sätze sind tiefgründig durchdacht und mit absoluter Weitsicht formuliert. Kein Wort scheint zu viel, keines zu wenig. Enthält die Bibel verschlüsselte Informationen? Seit dem frühen Mittelalter haben jüdische Gelehrte immer wieder durchblicken lassen, dass viele Zahlenangaben der Bibel gegeneinander in Bezug gesetzt oder eingekreuzt werden müssten, um so die nun im Kontext zum Text stehenden, verschlüsselten Informationen zu erhalten.

Die akademische Wissenschaft geht davon aus, dass sich die Bibel nicht auf den Pyramidenbau beziehen lässt. Der Pyramidenbau soll weitaus eher stattgefunden haben, als dies die Handlungen und Aussagen in der Bibel erkennen lassen. Die konsequente Nichterwähnung der ja selbst in diesem Fall bereits vorhandenen, nicht zu übersehenden Pyramiden ist jedoch regelrecht auffällig! Es gibt heute viele unterschiedliche Meinungen und Standpunkte. Dennoch ist man sich sicher, dass bestimmte Fakten verschlüsselt und in Aphorismen, Metaphern und Allegorien aufgeschrieben worden sein könnten. Trotz der unterschiedlichen Auffassungen, die meist auch nur Thesen sind, gibt es ein paar verblüffende Gemeinsamkeiten zwischen Bibel und dem beginnenden Pyramidenbau in Ägypten, die sich mit Trigonometrie und beginnender Astronomie erklären ließen.

Immer wieder erzählen biblische Texte davon, dass Menschen Gottes Botschaft in Träumen und Visionen erfahren. Im Ersten Buch Mose - 3. Die Geschichte Jakobs und seiner Söhne (Kap. 28 - 50) heißt es in Genesis 28 bei der Beschreibung der Wanderschaft des Jakob, dass dieser bei einer Übernachtung in einem Traum „eine Leiter sah, die auf der Erde stand und mit ihrer Spitze bis an den Himmel reichte." Auf diese Leiter sah Jakob plötzlich den Herren stehen.

Gott prophezeite Jakob die Ausbreitung seiner Nachkommen auf der Erde, so zahlreich, wie der Staub auf der Erde, nach Westen, nach Osten, nach Norden und Süden. Gott vermittelte Jakob, dass er ihn auf seinem Weg begleiten und behüten werde. Bei dem Traum von der „Himmelsleiter, die mit ihrer Spitze bis an den Himmel reicht" wird ein Vergleich zu einer Stufen- Pyramide denkbar.

In Kapitel 32 kommt es in den Absätzen 25 bis 32 auf der Reise Jakobs in seine alte Heimat an einem Ort namens „Pniel (Angesicht Gottes)" zu einem „Ringkampf" zwischen Gott und Jakob. Neben einer Hüftverletzung erhält Jakob von Gott den Namen Israel (Streiter Gottes). Könnte Jakob bei diesem Ringkampf symbolisch mit der Entscheidung gerungen haben, ob die Welt durch reine Physik (Geometrie) oder durch einen Gott entstanden ist? Selbst eine Gottgestalt müsste ihre Ziele mit Geometrie, Physik, Chemie und Biologie verwirklichen. Eine ähnliche Passage enthalten zeitlich mehrere tausend Jahre später auch das Evangelium nach Matthäus und das Evangelium nach Lukas. Dabei begegnet Jesus in der Messiasprobe dem Teufel. Es fällt auf: Diese Begegnungen finden sowohl in der Wüste als auch auf einem Berg statt. Wüstengebiete und Berge mit extremer Weitsicht bis zur Horizontlinie wären prädestiniert, um Astronomie zu betreiben! Kapitel 4 Vers 1: Hierauf wurde Jesus vom Geist in die Wüste hinaufgeführt, um vom Teufel versucht zu werden. Kapitel 4 Vers 8: Nochmals nahm ihn der Teufel mit sich auf einen sehr hohen Berg, zeigte ihm alle Königreiche der Welt samt ihrer Herrlichkeit. Bemerkenswert ebenfalls: Auch Martin Luther (1483-1546) beschreibt eine solche Begegnung. Allerdings bei der Übersetzung der Bibel auf der Wartburg. Luther bewältigte das Problem mit dem Wurf des berühmten Tintenfasses. Hat Luther bei seiner Übersetzung Ungereimtheiten bemerkt? War er ins Wanken geraten? Viele Bibelpassagen geben offenkundig Rätsel auf, was gewollt sein kann, um darüber nachzudenken und nachzuforschen. Um zu suchen und zu finden.

In Kapitel 33 Abs. 17 wird ein Ort „Sukkoth" für „Hütte oder Ställe" erwähnt, der an die heutige Bezeichnung von „Sakkara", dem Standort der ersten Stufenpyramide des Djoser heranreicht. Im ägyptischen Sakkara befindet sich auch das Serapeum für die heiligen Apis- Stiere. Interessant für diese Geschichte ist vor allem der elfte Sohn Jakobs, der damit zweitjüngste Sohn Josef.

Jakob war ein erfolgreicher Viehzüchter, der seine Arbeit 20 Jahre lang auch in den Nächten unter dem Sternenhimmel ausüben musste. Dabei könnte er über seinen Hütestab (heute Schippe), also mit dem Stab des Jakobs, dem „Jakobsstab" die Sterne beobachtet und die Gesetzmäßigkeiten von Sonne, Mond und Sterne verinnerlicht und mit seinem Beruf mit großer Weitsicht in Einklang gebracht haben. Der Stab des Jakob - Krummstab der Herrscher und Gottheiten in Ägypten - Herrschaftssymbol als Bischofsstab, Petrusstab und Ferula- Kreuzstab des Papstes.

Sein Wissen könnte Jakob also an seinen Lieblingssohn Josef weitergegeben haben, der ja laut Bibel ebenfalls die Tiere hüten musste. Warum diese Hinweise, wie viel Astronomie steckt in der Bibel? Wird hier Vater Jakob mit den Vorläufern der einfachen Vermessung und damit mit der Trigonometrie in Verbindung gebracht, ergibt sich eine interessante Konstellation, die sich nicht nur auf den „Jakobsstab" und den „Djed- Pfeiler" beziehen lässt. Die Spitze eines Stabes ist zumindest die einfachste geometrische Einrichtung, mit der sich mit der Visiermethode mit bloßem Auge Dinge anvisieren, beobachten und auch vermessen lassen. Sowohl auf der Erde, als auch am Sternenhimmel. Wir sehen die natürliche Welt und auch den Sternenhimmel vor uns in einem „heillosen" Durcheinander. Doch erst durch vordefinierte bekannte Punkte wird die Welt vermessbar. Selbst die Sterne lassen sich so unterscheiden und damit „sortieren". Mit Trigonometrie lässt sich unter der Zuhilfenahme von Heuristik durch bekannte Teilsegmente auf das gesamte System schließen und damit im gewissen Umfang die Zukunft berechnen bzw. voraussehen. Das hat nichts mit Wahrsagerei oder Astrologie, sondern mit Berechnung, euklidischer Geometrie und Trigonometrie in Zeit und Raum zu tun.

Wird unterstellt, dass Jakob sowohl durch seine Viehzucht als auch durch erste Astronomie die einfachsten Grundsätze der Verhältnisgleichung und damit die Mechanismen der Vermessung und der Trigonometrie verinnerlicht hat, ist naheliegend, dass er das System auch seinem Sohn Josef vermittelt haben muss. Josef wird immerhin als Lieblingssohn Jakobs bezeichnet. Dabei müsste Jakob seinem Josef auch die Erfahrungen seiner Tierzucht weiter gegeben haben.

Die Beobachtung der Sterne aus dem nächtlichen Hüten von Nutztieren heraus ist nur eine Grundlage für das Wissen über die Konstellation von Himmelskörpern.

Auch für Seefahrer und die Betreiber von „Wüstenschiffen", den Karavanen ist das Wissen über die Navigation anhand von nahezu ausnahmslos verfügbaren Sternenkonstellationen überlebenswichtig. Die Alten Ägypter waren als Anwohner des Nil, des Mittelmeers und der angrenzenden Wüstengebiete auch Seeleute und Karavanenhändler, die zwangsläufig über Navigation und damit über Trigonometrie ihren Weg über Wasser und landmarkenlose Wüstengebiete in die Zukunft finden mussten.

Geschichtliche Einordnung des Pyramidenbaus in Ägypten

Laut Altertumsforschung begann das Pyramidenzeitalter in der Zeit des Alten Reiches, also vor 2700 bis 2200 Jahren v. Chr. in der 3. Dynastie. Als erste und damit älteste ägyptische Pyramide gilt die Pyramide des Djoser aus der 3. Dynastie.

Djoser herrschte ca. 2665 - 2645 v. Chr.. Djoser ließ seine Grabanlage von dem Hohepriester Imhotep in der Nekropole von Sakkara errichten. Der Pyramidenkomplex von Sakkara entstand in einer Vermischung aus verschiedenen Begräbnisriten aus Ober- und Unterägypten. Die Könige der 1. und 2. Dynastie hatten an dieser Stelle bereits entsprechende Vorarbeit geleistet. Als Vorgänger der quadratischen Grab- Mastaba gilt der mythologische Ur- Hügel. Wie an den Bauphasen zu erkennen ist, hatte Imhotep zunächst ebenfalls eine quadratische Mastaba geplant. Diese wurde dann jedoch um fünf weitere Mastabas, also um fünf Stufen auf eine sechsstufige Stufenpyramide erhöht. Dabei hat er sinngemäß nichts weiter getan, als die bereits gebaute große Mastaba, trigonometrisch immer weiter verkleinert, mehrfach aufgesetzt.

Imhotep

Schon beim Bau der riesigen Anlage der ersten Pyramide des Djoser in Sakkara fällt die Präzision und Geradlinigkeit auf. Sie ist ein erstes Meisterwerk der Vermessung. Die für Pharao Djoser errichtete Pyramide mit Tempelanlage soll von Imhotep gebaut worden sein. Dieser gilt als erster großer Baumeister des Alten Reiches. Wie bereits erwähnt, wird Imhotep in verschiedenen Schriften als Erfinder der ägyptischen Schrift, der Medizin, des Kalenders und der Mumifizierungstechnik mit getrennter Bestattung der Organe in Kanopenkrügen angesehen. Imhotep versinnbildlicht mit seinem Wirken um die bis dahin nie dagewesene Monumentalanlage mit Pyramide und Tempelanlage des Djoser den Fortschritt in Wissenschaft und Bauwesen. Verschiedene Autoren sehen in ihm den ersten namentlich bekannten Universalgelehrten der Menschheit. Die Rolle als böse agierenden Untoten im Film „Die Mumie" wird diesem genialen Menschen sicher nicht gerecht.

Pyramide des Djoser in Sakkara

Das Bauwerk des Djoser, die Stufenpyramide von Sakkara ist nach derzeitigem Kenntnisstand der älteste Monumentalbau der Welt. Diese Epoche war geprägt von lang anhaltender politischer Stabilität. Die innere Ordnung des Landes war von keinerlei äußerer Bedrohung gefährdet. Sie gilt als goldenes Zeitalter und Höhepunkt der ägyptischen Hochkultur. Die wichtigsten und größten Pyramiden des ägyptischen

Pyramidenzeitalters wurden in der 3. und 4. Dynastie zur Zeit des Alten Reiches gebaut. Das erste gigantische Bauwerk dieser Art, die Djoser- Stufenpyramide von Sakkara ist eigentlich keine Pyramide, sondern eine mehrstöckige Mastaba, erbaut aus Millionen von Steinen, zum Teil aus dem vorhandenen Nilschlamm hergestellten Ziegelsteinen. In den darauffolgenden Generationen der gleichen Dynastie versuchte man sich dann im stufenlosen Pyramidenbau. So sind mehrere Versuchsbauten und Bauruinen bekannt. Sei es am Fundament, an den Grundrissen und dem zu verarbeitenden Material, sicher haben die Planer unwissentlich Probleme mit eingebaut. Mitunter war der Untergrund falsch gewählt, so dass mit zunehmendem Volumen das Bauwerk oder Teile davon im zu weichen Boden versanken. Durch den zunehmenden Druck der darüberliegenden Schichten deformierten sich die bereits begonnenen Kammern. Sie drohten einzustürzen. Heute noch sind vorgenommene Korrekturen und Abstützungen zu sehen. Wenn es keine Lösung gab, blieb die Bauruine stehen und es wurde an anderer Stelle neu begonnen.

In der folgenden Zeit der 3. und 4. Dynastie wurden bis zum Bau der Cheops- Pyramide nach offiziellen Erkenntnissen 15 weitere Pyramiden unterschiedlicher Größe errichtet. Je nach Einstufung könnten es sogar noch einige mehr sein. Höhepunkt des Pyramidenzeitalters bilden dann nach der Stufenpyramide von Meidum, der Knick- Pyramide und der Roten Pyramide die Cheops- Pyramide, die Chephren- Pyramide und die Mykerinos- Pyramide auf dem Plateau von Gizeh. Die drei weltberühmten Bauten wurden von acht kleineren Kult- und Königinnenpyramiden umgeben, die zum gleichen, scheinbar zusammen gehörenden Komplex mit Tempeln und dem Sphinx gehören. Eine der kleineren Pyramiden wurde vermutlich noch während des Baus der Cheops- Pyramide wieder abgetragen. In etwa dem gleichen Zeitraum soll zeitlich zwischen der Cheops- Pyramide und der Mykerinos- Pyramide an der vermutlich unvollendeten Radjedef- Pyramide und an der unvollendeten Baka- Pyramide gearbeitet worden sein.

Nach derzeitigem Stand wurden mit den bereits genannten Bauwerken bis zur 18. Dynastie je nach Klassifizierungseinstufung insgesamt ca. 143 Pyramiden und dazu klassifizierte Gebäude gebaut oder zumindest mit dem Bau begonnen.

Zur Zeit des neuen Reiches, in einem Zeitraum von 1550 bis 1069 vor Christus, von der 18. bis zur 20. Dynastie wurden die Ägyptischen Herrscher im Tal der Könige bei Theben, gegenüber der Tempelanlagen von Luxor und Karnak bestattet. Dort sind bisher 64 Grabanlagen bekannt. Die zeitliche Einordnung der Pyramidenbauten wird an vier unterschiedliche Königslisten geknüpft, die untereinander ähnliche Angaben enthalten. So die Königsliste von Abydos, den Palermo/Kairostein, die Königsliste von Karnak und die Königsliste von Sakkara. Daneben gibt es vereinzelt an den Bauwerken selber und/oder an den zugehörigen Taltempeln offizielle oder inoffizielle Nennungen der Königsnamen.

Die Pyramiden von Gizeh

Neben den klassischen Pyramiden stehen heute den Ägyptologen aus der Mastaba entstandene Stufenformen, Kleinstpyramiden, Königinnenpyramiden, Kultpyramiden, Doppelpyramiden und diese zum Teil aus unterschiedlichsten Baumaterialien, von Geröll über Nilschlammziegel bis hin zu Kalkstein und Granit, noch dazu aus nicht genau einzuordnenden Zeiträumen gegenüber. Einige Pharaonen ließen gleich mehrere Pyramiden errichten. Dagegen sind andere laut Königsliste bekannte Herrscher aus der Zeit der Pyramidenphase überhaupt nicht mit einer Pyramide vertreten. Werden die Pyramiden als Grabstätten der Pharaonen verstanden, so sind aus vielen die königlichen Mumien verschwunden. Daneben gibt es sekundäre Nachbestattungen später Verstorbener.

Einige Bauwerke wurden als Stufenpyramide begonnen und dann zur richtigen Pyramide umgebaut. Einige sind offensichtlich oder vermutlich unvollendet. Auch sind Pyramiden spurlos verschwunden, deren Existenz durch Inschriften auf Stein oder auf Papyrus belegt ist oder von denen nur die Spitze, das Pyramidion gefunden wurde. Merkwürdig erscheint, dass die größten und exaktesten Bauten zum Beginn des Pyramidenzeitalters errichtet wurden. Als Meisterstück gilt die Cheops-Pyramide, die mehrere tausend Jahre als das größte Bauwerk der Welt gewertet wurde. Da mehr oder weniger große Teile fast aller Pyramiden dem Steinraub, Plünderung und der Witterung zum Opfer gefallen sind, können kaum noch verwertbare Spuren gefunden werden. Entsprechend groß ist die Mythenbildung.

<u>Material und Werkzeug</u>

In der Evolution einst von den Primaten weiterentwickelt, haben die Menschen in ihrer Stammesgeschichte zunächst in steinernen Höhlen gelebt. Sie haben gelernt, die Steine zu bearbeiten, die Höhlen ihren Bedürfnissen anzupassen und bestimmte Steine so zu spalten, dass daraus Werkzeuge, insbesondere spitze Faustkeile, Pfeil- und Speerspitzen entstehen konnten. Deshalb heißt es ja auch „Steinzeit". Von der Bearbeitung der Steine hingen das Überleben und der Fortschritt ab. Wie Bodenfunde von Pfeilspitzen zeigen, hatten die frühen Menschen die Fähigkeit verinnerlicht, Steine so zu spalten, dass diese exakt an deren innerer Gitterstruktur und molekularer Ausrichtung abgeplatzt sind. Durch extreme Hitze und Schmelzvorgänge während der geologischen Entstehung im zum Teil magmatischen Tiefengestein kommt es in mineralischen Gesteinen zur Ausrichtung der inneren Struktur, in deren Verlauf sich die Steine dann in der von der Natur vorgegebenen Richtung besser spalten lassen. Eingearbeitete Kerben lassen das Gestein zudem an vordefinierte Stelle spalten. Die Natur selber spaltet Gesteine an deren schwächster Stelle an den sogenannten Stratigraphienflächen. Stratigraphien sind natürliche Risse im Gestein. Vertikale und horizontale Verläufe von Stratigraphien gibt es in nahezu allen Gesteinsarten.

Die natürlichen Risse in Form der Stratigraphien sind in nahezu allen Gesteinsarten zu finden

Die Steinmetze beim Pyramidenbau waren sicherlich auch schon vor mehr als 4500 Jahren ausgesuchte und handverlesene Fachleute und Künstler. Ein erfahrener Steinmetz kann die im geologischen Schmelz- und Entstehungsprozess im magmatischen Tiefengestein entstehenden Bruchlinien des Granitgesteins in Gang, Hebe und Quere optisch und durch das Fühlen mit der Hand erkennen und unterscheiden. Danach ist die Gangseite am glattesten und damit für die Spaltseite am geeignetesten. Dann werden entsprechend den vordefinierten zukünftigen Fugen als Soll- Bruchstellen Kerben eingearbeitet. In diese Kerben werden dann Hölzer eingeschlagen und angefeuchtet. Es entsteht eine Spannung. Wird der Stein nun angeschlagen, wird er eine glatte Bruchfläche bilden. Das klappt natürlich nicht immer. Solche verdorbenen Steine werden nun eben an weniger sichtbaren

Stellen eingesetzt oder etwas kleiner erneut bearbeitet. Heute werden für solche Spaltarbeiten Eisenkeile verwendet oder im Winter wird Wasser in Spalten gegossen, welches dann durch die Ausdehnung von Eis ebenfalls wieder Spannung auf den Stein erzeugt.

Steinzeitmenschen haben sich also sprichwörtlich von Haus aus nach heutiger Sicht zu exzellenten Geologen und Mineralogen entwickelt. Die Lehr- und Ausbildungszeit seit dem Beginn der Steinzeit: In Afrika ca. 2,6 Millionen Jahre! Dabei müssen den Menschen in und unter der Erde nicht nur unendlich viele verschiedene Mineralien und Metalle, bis hin zu gediegenem Gold, sondern auch unerklärliche Phänomene begegnet sein.

Aus momentaner Sicht wurden die ersten Pyramiden zur ausgehenden Steinzeit und beginnenden Bronzezeit, nach derzeitigem Erkenntnisstand mit härteren Steinwerkzeugen und zum Teil mit gehärteten Kupfer- und Bronzewerkzeugen errichtet. Die Bronzezeit ist die Periode in der Geschichte der Menschheit, in der Metallgegenstände vorherrschend aus Bronze hergestellt wurden. Diese Epoche umfasst in Mitteleuropa etwa den Zeitraum von 2200 bis 800 v. Chr..

Herstellung von Bronze setzte im 3. Jahrtausend v. Chr. ein. Die Wurzeln der Bronzezeit liegen in der vorausgehenden Jungsteinzeit, in der die Menschen in ihren jüngeren Zeitabschnitten teilweise bereits mit Metallverarbeitung vertraut waren. Sie beschränkten sich aber auf rein vorkommende und damit gediegene Metalle wie Gold, Silber und Kupfer und sicher auch sporadisch auf meteoritisches Eisen. Bronze ist eine Legierung, bestehend aus 90 % Kupfer und 10 % Zinn. Es ist weitaus härter als Kupfer.

Vorderasien gilt als Ausgangspunkt der europäischen Bronzetechnologie. Von dort aus wurde das neue Material und auch das notwendige Wissen zur Verarbeitung exportiert. In Palästina ist die Bronzeherstellung bereits für 3300 v. Chr. nachgewiesen, in Ägypten um 2700 v. Chr., in Mitteleuropa um 2200 v. Chr. und in Nordeuropa um 1800 v. Chr..

In Ägypten ist Kupfer schon ab etwa 4000 v. Chr. belegt. Die beiden Kulturen in Oberägypten und in Unterägypten gehören zu diesem Zeitpunkt der Kupfersteinzeit an. Die Bronzezeit beginnt kurz nach dem Beginn der Entstehung des ägyptischen Staates, kurz vor 2700 v. Chr..

Steinwerkzeuge finden während der gesamten Epoche auch weiterhin Verwendung. In den östlichen Mittelmeerländern geht mit den Umbrüchen um 1200 v. Chr. die Bronzezeit in die Eisenzeit über.

Granit wurde erstmals beim Pyramidenbau in der Cheops- Pyramide verbaut. Der Granit wurde aus Steinbrüchen nahe dem über 930 Kilometer entfernten Assuan beschafft, von wo aus dieser auf dem Nil abwärts verschifft bzw. trotz Strömung getreidelt werden konnte. Selbst ein „Ziehen über Grund" von mit Steinen beladenen „Unterwasser- Schlitten" mittels Seile vom Ufer aus wäre sporadisch möglich.

Um die extrem große Menge von Kalksteinen verarbeiten zu können, waren für die Ägypter die vertikalen und horizontalen Verläufe der natürlichen Risse im Gestein, die Stratigraphien von Priorität. Durch die natürliche Rissbildung war es möglich, Steine in entsprechender Größe einfach „abzubrechen". Horizontale Steinmetzarbeiten waren so vollkommen unnötig.

Vertikale und horizontale Verläufe von Stratigraphien gibt es in nahezu allen Gesteinsarten. Selbst im Rahmen der Gesteinsunterschiede im Mokattam- Gebirge von Gizeh ist der Standort für die drei großen Pyramiden sowohl für einen standfesten Untergrund als auch zur Materialbeschaffung optimal gewählt.

Um die Steine und Tempel beim Pyramidenbau effektiv bearbeiten zu können, müssten die Alten Ägypter eigentlich über weitaus härtere Werkzeuge, als Kupfer oder Bronze verfügt haben, zumindest härter als das zu bearbeitende Material. Bisher wurden jedoch nur Stein - oder Kupfer- bzw. Bronzewerkzeuge gefunden.

Neben meteoritischem Eisen wären jedoch auch Edelsteine zur Bearbeitung denkbar. Diese hätten nicht nur durch Handel nach Ägypten gelangen können. Im Raum Assuan sind heute noch Steinbrüche zu finden, aus denen einst Smaragde abgebaut wurden. Entsprechend ihrer geologischen Entstehungsgeschichte finden sich Smaragde auch in Adern von Granit, der bekanntlich beim Pyramidenbau zunehmend Verwendung fand.

Im Innern der Gizeh- Pyramiden, insbesondere in der Großen Galerie und den inneren Hauptkammern sind derart eng verlegte Granitsteine zu finden, die nicht einmal der berühmten Rasierklinge oder einem Blatt Papier Platz bieten. Die einst hier arbeitenden Steinmetze müssen von den Erbauern nicht nur handverlesene Künstler gewesen sein, sie müssen auch über die Geologie des Gesteins und dessen innere Bruchflächenstrukturen Bescheid gewusst haben. Eine genaue und tiefgründige Beobachtung der Natur war die Grundlage so exakter Arbeitsweisen. Was nicht innerhalb an von der Natur vorgegebenen Flächen gespalten werden konnte oder in Form von natürlichen Stratigraphien bereits gebrochen war, musste mit viel Zeit und mit einem Großaufgebot an Steinmetzen durch härtere Materialien, wie Diorit, in Kupfer eingeschmolzene Dioritsplitter, meteoritisches Eisen oder auch mit Edelsteinen durch Reibung in Form gebracht werden.

Heute lebende Steinmetze sind sich sicher: Die Methoden der Alten Ägypter müssen denen der Neuzeit ähnlich sein. Selbst Herodot beschreibt Eisen beim Pyramidenbau. Dazu gehören auch Seilsägemechanismen. Dunkle Meteoriteneinschläge müssen in der Wüste gut auffindbar gewesen sein. Selbst heute noch werden Einschläge auf Satellitenbildern identifiziert. Dazu kommen vor 4500 Jahren die umfänglichen Erdarbeiten zur Schaffung der Grabanlagen, die Suche nach Wasser in

Brunnenschächten und vor allem der Kanalbau, in dem schon die Alten Ägypter Meister waren. Handgroße Brocken meteoritischen Eisens könnten unmittelbar zur Steinbearbeitung eingesetzt worden sein. Auch sind kaltgeschmiedete Arbeiten bekannt.

Der Mineraloge Vincenzo De Michele entdeckte 2008 durch die Satellitensuche auf „Google Earth" nahe dem Berg Djebel- Kamil in der Ost- Uweinat- Wüste in Ägypten einen durch einen Meteoriteneinschlag entstandenen, im Durchmesser 45 Meter großen Krater, den heute sogenannten Kamil- Krater. Da er noch relativ gut zu erkennen ist, wird von einem noch nicht lange zurückliegenden Einschlag ausgegangen. Da Spuren von Menschen von dem Auswurfmaterial überdeckt sind, wird von einer zeitlichen Einordnung von etwa vor 5000 bis 10.000 Jahren ausgegangen (Pyramidenbau vor 4500 Jahren). Ort und Zeit verblüffen! Bei Expeditionen in das Gebiet wurden um 2010 über 1,7 Tonnen Material kartiert und gesammelt, das in tausenden Splittern im und um den Einschlagkrater herum lag. Das Teile des verhältnismäßig kleinen Meteoriten gefunden wurden, bewerten die Wissenschaftler als außergewöhnlich. Trotz seiner geringen Masse von ursprünglich geschätzten 5 bis 10 Tonnen hat er die Erdatmosphäre wegen seines widerstandsfähigen Materials aus der extrem harten, ungruppierten Eisenstruktur eines Ataxit- Meteoriten weitgehend unzerstört überstanden, um erst beim Aufschlag in Millionen Stücke zu zerplatzen.

Weitere solche Bruchstücke des Eisenmeteoriten könnten im gleichen oder in einem anderen Vorgang in einem Meteorschauer Ägypten auch nördlicher getroffen haben. Sie wurden möglicherweise bisher nur nicht gefunden, weil sie im Tagebau zur Eisengewinnung abgebaut wurden. Lagerstätten in unmittelbarer Nähe des Pyramidenbaus sind möglich.

Nickelreiche Eisenmeteoriten des Typs Ataxit sind teilweise härter als herkömmlich gewonnenes Eisen. Wahrscheinlich wurde versucht es zunächst mit Stein, insbesondere Granit zu bearbeiten. Dabei muss festgestellt worden sein, dass es härter als Granit ist. Die in Gebel Kamil gefundenen Reste liegen in unterschiedlichsten Größen vor, von winzig bis zu 34 Kilo. Nur einer ist etwa doppelt so groß. Damit lassen sich handgroße Fragmente auch ohne Bearbeitung als Werkzeug verwenden. Eine erst in der Eisenzeit praktizierte Verhüttung aus Eisenerz wurde nicht nötig und damit umgangen. Die handgroßen Eisenbrocken lassen sich unmittelbar zur Granitbearbeitung einsetzen. Aber auch das Kaltschmieden oder das Formen von Werkzeugen durch Reibung am Granit sind denkbar. Mit dem Metall lassen sich Granitsteine weitaus präziser bearbeiten, als mit harten Steinwerkzeugen aus Diorit.

Schmuck und Seilsäge?

An in Pyramiden verbauten Granitsteinen sind mitunter Riefen zu erkennen, die von „Kreissägen" oder von „Seil- Säge- Systemen" zu stammen scheinen. Auch Pendelsägen sind denkbar.

Heute sind winzige kaltgeschmiedete Meteoriten- Eisen- Arbeiten von Schmuckfunden aus ägyptischen Gräbern bekannt, die bereits 1911 entdeckt wurden. Schon 1928 wurde vermutet, dass es sich dabei um Eisen aus dem Weltall handeln könnte. Moderne Analysemethoden haben 2013 anhand des Eisen- Nickel- Anteils die kosmische Herkunft bestätigt. Der Fundort: Gräber in der Nähe von Gerzeh etwa 70 Kilometer südlich von Kairo. Die 1911 bei Grabungen bei Gerzeh gefundenen, kaltgeschmiedeten Eisenperlen, deren meteoritischer Ursprung nun nachgewiesen wurde, waren zusammen mit Gold und Edelsteinen zu einer Kette geschnürt. Das Alter der Perlen wird auf 5000 Jahre geschätzt. Die röhrenförmigen Kettenglieder wurden durch Kaltschmieden und Rollen hergestellt.

Mehr braucht es nicht, um mit Eisen auf geknoteten Seilen einen Seilsägemechanismus zu schaffen!

Mit einem dem Granit gegenüber härteren Material, wie meteoritisches Eisen oder bei Assuan abbaubaren Smaragd- Edelsteinen, wären neben Bandsägemechanismen auch Kreissägen und Zylinder- Bohreinrichtungen möglich. Edelsteinsplitter oder Eisensegmente hätten in das Führungsmaterial Kupfer eingeschmolzen oder als Goldschmiedearbeiten eingelegt werden können.

Ein Sprichwort des weisen Philosophen Heraklit von Ephesos (um520v.Chr.- um460v.Chr.) sagt: „Krieg ist aller Dinge Vater, aller Dinge König." Stimmt das denn? Das Universum ist der Vater aller Dinge und damit das System, das dieses Universum erschaffen hat. Aber was hat es erschaffen? So richtig wissen wir das bis heute nicht. Je mehr wir in dieses Universum eintauchen, um so mehr Fragen tun sich auf. Schon sehr zeitig haben sich Menschen über den Sternenhimmel über ihren Köpfen Gedanken gemacht und Systeme ausgetüftelt, wie sie die Gestirne vermessen können. Sie müssen gemerkt haben, dass nicht nur ihr eigener Körper, sondern auch die Tiere und Pflanzen auf Sonne und Mond reagieren. Mit Hilfe der Stellung der Gestirne war es möglich, bestimmte Tiere zu bestimmten Jahreszeiten zu jagen, bestimmte Früchte zu sammeln und bestimmte Pflanzen anzubauen und damit immer mehr Menschen Nahrung zu bieten. Wie lassen sich aber Himmelserscheinungen erkunden und womöglich auch vorhersagen, um darauf wiederum das eigene Leben und die Zukunft abzustimmen?

Der Beginn der Vermessung der Gestirne war auch der Beginn der frühen Ingenieurswissenschaften. Denn zur Vermessung der Gestirne waren nicht nur ausgeklügelte Geometrien von ausgerichteten Steinen notwendig. Diese Steine mussten auch mit durchdachten Ingenieursleistungen bewegt und bearbeitet werden. Sie mussten so groß ausgelegt werden, dass sie unverrückt und dauerhaft in der Landschaft erhalten bleiben. Über die ganze Welt verteilt gibt es Visier- und Zieleinrichtungen, die auf die Gestirne ausgerichtet zu sein scheinen. Bestes Beispiel sind die Steinkreise von Stonehenge.

Für die Vermesser des Himmels ergab sich dabei immer wieder die spannende Frage: Wie kann ein so scheinbar gewaltiges System so extrem genau funktionieren? Zunächst einmal taucht die Sonne an der östlichen Horizontlinie zwischen den Sonnenwenden im Jahreszyklus immer wieder an den gleichen Stellen auf und auch der Mond scheint sich an bestimmte Regeln zu halten. Ja sogar die winzigen Sterne scheinen bestimmten Gewohnheiten zu folgen. Nur ein oder mehrere Götter können dieses so exakt funktionierende System geschaffen haben! So gelang es den frühen Vermessern mit göttlicher Kraft auch andere Menschen von der Gestalt der Götter zu überzeugen und natürlich auch beim Bau von Heiligtümern, Tempeln, Pyramiden und damit immer auch von „Vermessungsgeräten" behilflich zu sein. Aus der Vermessung des Landes und des Himmels entwickelte sich die Vermessung von Bauwerken, die wiederum in ihrer Komplexität zur Vermessung der Gestirne geeignet waren. Gleichzeitig war es möglich, sich nicht nur an Landmarken, sondern auch nach den Gestirnen auf der Erde, damit in der Wüste und auf hoher See zurecht zu finden. Auf Inseln, an Ufern von Meeren und an breiten Flüssen lebende Menschen konnten so navigieren und die eigene Position feststellen.

Das System der Vermessung war immer schon mit einer enormen räumlichen Vorstellungskraft verbunden, das meist nur den intelligentesten Köpfen einer Gemeinschaft vorbehalten war. Sie waren auch fähig, die Mechanismen der Natur zu registrieren und darin Gesetzmäßigkeiten zu erkennen. Sie erkannten Hebelmechanismen und auch, dass darin Macht lag andere Menschen zu beherrschen und zu beeinflussen. Sie verstanden es, mit den aus der Natur ausgelesenen Mechanismen Menschen zu heilen und auch dieses Wissen an weitere Generationen weiter zu geben. Nur handverlesene Auserwählte wurden als würdig eingestuft, dieses Wissen weiter zu erhalten und zu erweitern.

In den frühen Hochkulturen Mesopotamiens wurden bereits vor über 6000 Jahren in den Tempeln Vermesser und Baufachleute ausgebildet. Diese waren imstande Tempel, Pyramiden, Kirchen und Kathedralen zu errichten, die immer auch ganz nebenbei der Beobachtung der Gestirne dienten. Von dieser zunächst religiösen Bautätigkeit und den Erfahrungen der Vermessung profitierten dann im Anschluss alle Menschen, durch den Gebäudebau, den Straßenbau und die Errichtung von Tempeln, Kirchen, Kathedralen, Burgen, Schlössern, Dörfern und Städten. Schon zeitig setzten diese frühen Ingenieure ihr Wissen mit den darin enthaltenen Hebelmechanismen für Erfindungen ein.

Als hätten es das Universum oder das System das es erschaffen hat schon immer so vorgesehen. So haben die Geometrien der Gestirne die Geometrien unserer heutigen Welt erschaffen, nach einem geometrischen Muster, das in allen Dingen zu stecken scheint. Wie von selbst organisiert und durch Vermessungstechnik selbst kontrolliert.

Pharao Snofru - Pyramidenbau

Wer hat den Pyramidenbau wesentlich vorangetrieben? In der Zeit der 3. und 4. Dynastie wurden bis zum Bau der Cheops- Pyramide nach offiziellen, einigermaßen gesicherten Erkenntnissen 15 Pyramiden unterschiedlicher Größe errichtet.

Was geschah nach Imhoteps und Djosers Pyramide in Sakkara?

Wichtigste Höhepunkte des Pyramidenzeitalters bilden dann nach der Stufenpyramide von Meidum, nach der Knick- Pyramide von Dahschur und nach der Roten Pyramide, die Cheops- Pyramide, die Chephren- Pyramide und die Mykerinos-Pyramide auf dem Plateau von Gizeh. Die drei weltberühmten Bauten werden von sieben bzw. acht kleineren Kult- und Königinnenpyramiden umgeben, die zum gleichen, möglicherweise zusammen konstruierten Komplex mit Tempeln und dem Sphinx gehören. Während sich die Wissenschaft einig ist, „die Pyramiden waren Grabmäler", einige Meinungen für ihre Existenz zum Teil Außerirdische oder noch frühere Hochkulturen verantwortlich machen und die Bauwerke selber mittlerweile immer mehr zerfallen und immer mehr einen bedauernswerten Eindruck hinterlassen, werden einfache aber wichtige Fakten nicht berücksichtigt!

Waren sie wirklich nur Grabstätten für die Pharaonen? Oder steckt noch sehr viel mehr dahinter? Nach Sakkara begann das eigentlich wichtigste Pyramidenzeitalter mit den beeindruckendsten Bauwerken, mit dem Bau der Stufenpyramide von Meidum, der Knick- Pyramide von Dahschur und der Roten Pyramide von Dahschur.

Alle drei Bauwerke sollen von König Snofru, dem ersten altägyptischen König der 4. Dynastie im Alten Reich errichtet worden sein. Zu den bekanntesten Pyramiden überhaupt gehört die von König Snofru in Auftrag gegebene Stufenpyramide von Meidum, bei der es sich um ein während des Baus oder zumindest zeitnah nach der Fertigstellung eingestürztes Bauwerk handeln könnte.

Bei der ebenfalls von Snofru errichteten Knick- Pyramide von Dahschur könnte es sich, so die Wissenschaft, ebenfalls um ein Baudesaster handeln. Hier wurde, so könnte vermutet werden, nach Problemen mit einem steilen Böschungswinkel in einer flacher verlaufenden oberen Stufe weiter gebaut. Möglicherweise gefiel Pharao Snofru dieser merkwürdige Bau nicht, so vermuten Wissenschaftler, denn Snofru wird auch noch die Rote Pyramide von Dahschur zugeschrieben.

Bis zur Amtszeit Snofrus gab es bereits über zehn pyramidenähnliche Großprojekte. Was müssen die Ägypter für ein Desaster durchlebt haben, so einen begonnenen und mit unendlichen Mühen bereits fortgeschrittenen Bau aufgeben zu müssen. Auf schmerzliche Weise haben sie dabei bereits vor mehr als 4500 Jahren unwissentlich „Murphys Gesetz" durchleben müssen. Der US- amerikanische Ingenieur Edward A. Murphy (1918-1990) hat 1949 nach einem teuren missglückten

Raketenversuch eine Lebensweisheit aufgestellt, die eine Aussage über menschliches Versagen und über Fehlerquellen in komplexen Systemen macht.

Sie lautet: „Alles, was schiefgehen kann, wird auch schiefgehen." In der Urfassung heißt es sogar: „Wenn es mehrere Möglichkeiten gibt, eine Aufgabe zu erledigen, und eine davon in einer Katastrophe endet oder sonst wie unerwünschte Konsequenzen nach sich zieht, dann wird es jemand genau so machen."

Mit dem scheinbar witzigen Gesetz Murphys haben sich später Natur- und Ingenieurwissenschaftler auseinandergesetzt und es in der Folge auf eine wissenschaftliche Basis gestellt. Heute wird das Gesetz in der modernen Technik als heuristischer Maßstab und als Erfahrungswissen für Fehlervermeidungsstrategien, wie zum Beispiel in der Informatik und der Qualitätssicherung angewendet. Durch das Gesetz sind für komplexe Vorgänge Ausfallsicherheiten und redundante Systeme entwickelt worden. Heuristik bezeichnet die Methode, mit begrenztem Wissen und mit wenig Zeit zu guten Lösungen zu kommen. Heuristik bezeichnet also ein analytisches Vorgehen, bei dem mit begrenztem Wissen über ein System mit Hilfe von Mutmaßungen Schlussfolgerungen über das System getroffen werden.

Der Durchbruch gelang beim Pyramidenbau vermeintlich schließlich mit der bekannten Roten Pyramide in Dahschur. Fast scheint es, als hätten die Ägypter bis zu dieser Stelle die Inhalte von „Murphys Gesetz" erkannt, um zukünftig heuristisch, mit begrenztem Wissen und wenig Zeit zu guten Lösungen zu kommen. Mit analytischem Vorgehen müssen sie also mit ihrem begrenzten Wissen über das System des Pyramidenbaus, mit Hilfe von Mutmaßungen Schlussfolgerungen über das System und die Folgen ihres Handelns getroffen haben, um die Pyramide so perfekt bauen zu können. Haben die führenden Regierungskreise des Snofru deshalb vor dem Bau der zukünftig bis dahin größten Pyramide auch die schlauesten verfügbaren Köpfe angestellt und dabei auch auf Ingenieure aus „Übersee" zurückgegriffen? Ägypten stand in diesem zeitlichen Moment in seiner Blütezeit. Sicher werden viele „Gastarbeiter" in das Gebiet der damaligen Hauptstadt geströmt sein, um an diesem Wohlstand teilzuhaben. Dabei wurde Wissen in das Land der zukünftigen Pyramiden importiert. Sie alle dürften am oder zumindest in der Nähe des Wassers, am Nil oder am Mittelmeer beheimatet gewesen sein. Sie müssten sich demnach auch mehr oder weniger mit der Seefahrt ausgekannt haben. Immer wieder wird in den Geschichtsbüchern insbesondere auch in der Bibel berichtet, wie Menschen in das Ägyptenland gelangt sind. Wer war dieser König Snofru? Die Regierungszeit des Snofru ist im Gegensatz zu den vielen anderen Herrschern des Alten Reiches im „Kairo- Fragment" und im „Palermo- Fragment" noch relativ detailliert überliefert.

Die ganz genaue Regierungsdauer des Snofru ist jedoch unsicher. In unterschiedlichen historischen Quellen werden 24 oder 29 Jahre angegeben. Wissenschaftler der

Neuzeit, wie Reiner Stadelmann oder Thomas Schneider gehen von 48 Jahren bzw. von 45 bis 48 Jahren aus, was mit der enormen Bautätigkeit Snofrus begründet wird.

Snofru wird in Erzählungen als äußerst redseliger Herrscher porträtiert, der seine Untergebenen mit „Freunde" und „Kameraden" anredete. Im gesamten späteren Verlauf der altägyptischen Geschichte wurde er in hohem Maße verehrt. Der von ihm zelebrierte Totenkult dauerte lange an und wurde in späteren Dynastien wieder populär. Er gilt als Idealbild des gerechten Herrschers. Sogar heute noch werden Pharaonen wie Snofru von ägyptischen Menschen geehrt. Sein Mythos hält bis heute an! Aus der Zeit des Djoser, des ersten Herrschers des Alten Reiches, ist nur der Name eines Gaues überliefert. Unter Snofru fand eine bedeutende Umgestaltung des Staatswesens Ägyptens statt. Während die Verwaltung sich ursprünglich nur auf einzelne landwirtschaftliche Güter stützte, wurde seit dem Beginn des Alten Reiches damit begonnen das ganze Land in Gaue einzuteilen. Unmittelbar vor und während der Regierungszeit des Snofru stieg die Zahl der Gaue sprunghaft an. Bis zum Ende seiner Regierungszeit soll deren Zahl auf mindestens 22 gewachsen sein. Bis zum Ende des Alten Reiches existierten dann 38 Gaue.

Kaum im Amt, wurde in Meidum mit dem Bau der ersten monumentalen Pyramide Snofrus begonnen. Nach heutigen Erkenntnissen sollen die ursprünglich glatten Verkleidungen dieser Pyramide kurz vor oder nach der Fertigstellung abgerutscht sein. Es folgte der Bau der Knick- Pyramide in Dahschur.

Wissenschaftler sind sich auch heute noch nicht einig, ob die Knick- Pyramide von Beginn an in ihrer eigentümlichen Form so geplant wurde, oder ob der Bau wegen fehlerhafter Berechnungen oder auch wegen des desolaten Untergrundes in der fortgeschrittenen Bauphase umgestaltet wurde. Eine Hypothese verbindet die unterschiedlichen Böschungswinkel mit der symbolischen Einheit von Ober- und Unterägypten. Eine andere Perspektive sieht in ihr die „Götter- Neunheit" von Heliopolis, bezogen auf die acht Seiten und die Unterfläche. An der Südseite der Knick- Pyramide entstand eine Kultpyramide mit einer Seitenlänge von 52,5 Meter.

Nur wenige Kilometer nördlich der Knick- Pyramide wurde danach die Rote Pyramide aufgebaut. Beide Pyramiden verfügen über ein außergewöhnliches Kammersystem. In keiner von Snofrus Pyramiden wurde jemals ein Sarkophag und damit auch kein Leichnam des Pharaos gefunden.

Entlang des Nils und damit über ganz Ägypten verstreut liegen mindestens neun, möglicherweise sogar zehn einander ähnliche kleine Stufenpyramiden mit in Größe, Bauart und am Nil orientierter Ausrichtung, also mit gemeinsamen Eigenschaften, die ebenfalls König Snofru zugeordnet werden könnten.

Weil diese über kein inneres Kammersystem verfügen, kommen sie schon von vornherein nicht als Gräber infrage. Die Funktion daher: Ungeklärt! Heute wird sogar angenommen, dass es noch mehr solcher Pyramiden, ursprünglich in jedem

Verwaltungs- Gau Ägyptens gab. Komplette Pyramiden sind im Verlauf der Jahrtausende zum Teil komplett dem Steinraub zum Opfer gefallen und damit spurlos verschwunden. Ob diese kleinen Pyramiden alle von Snofru oder einige auch von dessen Amtsvorgänger Huni errichtet wurden, ist noch unklar. Im Fall Snofrus könnte die Anzahl in dessen Amtszeit errichteter Pyramiden also auf über 20 entlang des Nils steigen. Ebenfalls mit Snofru wird der Bau einer 110 Meter langen, 14 Meter hohen und an der Basis 98 Meter breiten Staumauer bzw. Talsperre im Raum Wadi Garawi bei Sadd el- Kafara am Nil in unmittelbarer Nähe des Gräberfeldes von Dahschur (Knick- Pyramide) in Verbindung gebracht. Von der Anlage sind heute nur noch spärlichste Reste übrig. Snofru führte während des Alten Reiches einen umfangreichen Totenkult ein. Die Mumifizierung gehört heute zu den bekanntesten Eigenarten der ägyptischen Geschichte. Die diesen Totenkult praktizierenden Priester hatten damit auf nahezu jeden Verstorbenen Zugriff, den sie damit sprichwörtlich tiefgreifend untersuchen und an dem sie damit exorbitant medizinische Erkenntnisse sammeln konnten. An Tempelwänden in Ägypten sind medizinische Instrumente abgebildet, die von neuzeitlichen Chirurgen stammen könnten. Schädelfunde mit wieder zugewachsenen Bohrungen künden von erfolgreichen Gehirnoperationen. Die Scheintüren in ägyptischen Gräbern gehen auf „Menschenversuche" zurück, in denen Personen zunächst erstickt, bzw. mit giftigen flüchtigen Tinkturen aus Pflanzen und Tieren getötet wurden, um sie dann wieder zum Leben zu erwecken. Alle (die überlebten) berichteten aus ihrer Nahtoterfahrung von einer Tür oder einem Gang, hinter der sich ein helles Licht zu befinden schien. Bis zu 20 Minuten sind in diesem Zustand möglich. Unter günstigen Bedingungen sogar noch mehr. Imhotep und die Pharaonen Djoser und Snofru müssten so gesehen aus heutiger Sicht umsichtige und sehr neugierige Wissenschaftler gewesen sein. Sie und ihre Gelehrten konnten Tote zum Leben erwecken und damit wiederauferstehen lassen!

Mehr als ungewöhnlich sind die inneren Kammersysteme der von Snofru errichteten Knick- Pyramide in Dahschur und der Roten Pyramide, die sich ihre „Ungewöhnlichkeit" mit den Gängen und Kammern der Cheops- Pyramide teilen. In den beiden erstgenannten wurde niemals ein Sarkophag gefunden und auch für die Cheops- Pyramide ist kein königlicher Leichnam nachgewiesen.

Snofru wurde in späteren Epochen der ägyptischen Geschichte die Rolle eines Urkönigs bzw. eines Gottes zugesprochen, der selbst heute noch verehrt wird.

Was sind die Fakten? Pharao Snofru hat das Staatswesen Ägyptens maßgeblich reformiert und dabei den Siedlungs-, Städte-, Gewässer-, Landschafts- und Gebäudebau wesentlich vorangetrieben. Er selber muss als Ägypter und Anwohner des Nils über nautische Kenntnisse verfügt haben, die sich über nautische Trigonometrie ganz einfach auf den Pyramidenbau „umfunktionieren" ließen. Ohne diese geometrische

Berechnungsgrundlage hätten die Pyramiden gar nicht gebaut werden können! Die Trigonometrie beweist sich selber!

Wir sehen drei große und möglicherweise an die 20 kleinere Pyramiden, über das ganze Land entlang des Nils verteilt, die allesamt weithin sichtbar waren und die sich somit zur nautischen Orientierung in Ufernähe eigneten. Die sich ebenso bei ihren bekannten Standorten und Höhendaten zur trigonometrischen Vermessung von Landschaften, Kanälen, Straßen, Städten und Gebäuden einsetzen ließen. Nach jeder jährlichen Nilflut waren die Grenzen der Felder verschwunden. Eine Herausforderung für jeden Vermesser. Anhaltspunkte mussten her! Damit sich Messfehler durch unterschiedliche Maße der einzelnen Vermesser nicht summieren, was zu Grundstücksstreitigkeiten führen würde, musste der Staat zudem zeitig an geeigneter zentraler Stelle geeichte Basislinien mit einheitlichen Maßen schaffen.

Wir sehen damit in Snofru einen wissenschaftlich interessierten, letztlich hochbegabten und weitsichtigen Herrscher, der seinem Volk den Fortschritt und wissenschaftliche Erkenntnisse zugutekommen lassen wollte.

Vermutlich geht sogar die Planung der gesamten Gizeh- Anlage, auf jeden Fall aber die Ausbildung der notwendigen Bauingenieure auf König Snofru zurück. Der Beginn der Planung der Pyramidenanlage von Gizeh ist vermutlich das Krönungswerk von König Snofru und da sie bisher noch nicht gefunden wurde, möglicherweise sogar dessen Grabstätte. Die wissenschaftlichen Erkenntnisse aus den Vorgängerbauten wurden in der Pyramidenanlage von Gizeh scheinbar mit hinein konstruiert. Gebaut wurde diese dann vom Sohn Snofrus, von Cheops in dessen 23jähriger Amtszeit, von Snofrus Enkelsohn Chephren (26 Jahre Amtszeit) und vom Urenkel von Snofru, von Mykerinos (23 Jahre Amtszeit). Die Weitsicht Snofrus wäre so über Generationen hinweg als bauliche Gesamtleistung von vielen Schultern getragen worden. Zum Aufbau des Staatswesens, für die Wissenschaft und damit zum Aufbau der menschlichen Zivilisation. Diese wichtigsten Aufgaben verfolgen Staaten ja auch heute noch. Wird interpretiert: Pharao Snofru hat sein beginnendes Staatswesen auf der Grundlage von Vermessungstechniken insbesondere Trigonometrie aufgebaut, so hat das weitereichende logische Konsequenzen!

Von der beim Pyramidenbau eingesetzten Trigonometrie ausgehend, könnten die Ägypter mit diesen Festpunkten letztlich mit nahezu der gleichen Methode als Vermessungsart auch die Gestirne, wie zunächst die Bahnen von Sonne und Mond sehr genau vermessen haben. In der weiteren Konsequenz folgt nathlos die Vermessung der kleiner erscheinenden Gestirne, insbesondere der erdnahen Planeten und weiter entfernter Sterne bis hin zu nahen Galaxien. Zumindest bis zu einer mit bloßem Auge noch sichtbaren Galaxie. Das alles wäre wegen der exorbitanten Größe der Messgeräte mit enormer Präzision möglich! Genaue Vermessung der Gestirne bedeutet dann in der logischen Folge den unmittelbaren Kontakt mit den Eigenarten der Zeit und mit dem Phänomen der Lichtgeschwindigkeit. Und was ist eigentlich mit der Gravitation? Wie ließe sich diese Logik beweisen? Genaue Aufzeichnungen darüber liegen nicht vor. Das könnte daran liegen, dass es keine so genaue Sternenbeobachtung gab, oder diese zumindest nicht wichtig war. Hinweise über die Sternenbeobachtung liegen zumindest mit entsprechenden Zeichnungen auf Tempeln und in Gräbern vor. Auch zelebrierten die Ägypter eine Gestirne- Religion, die vor allem die unmittelbaren Lebenseinflüsse des Himmels im Auge hatte. Die ägyptischen Priester hatten ein Kalendersystem entwickelt, das vornehmlich mit dem ersten Erscheinen des Sirius und mit der Sommersonnenwende die bevorstehenden Nilfluten zwischen dem 21. Juni und dem 1. Juli ankündigte. Die Nilfluten wurden mit etwa 100 Tagen bis Ende September angesetzt. Danach folgten in jedem Jahr die Landvermessungen der mit fruchtbaren Nilschlamm bedeckten Landwirtschaftsflächen und Anfang bis Mitte Oktober die neue Aussaat für die nächste Ernte.

Aufzeichnungen über exakte Vermessungen von weit aus mehr Gestirnen müssten sich die Ägypter zudem in einem sehr langwierigen und damit nicht für jedermann zugänglichen Prozess umständlich erarbeitet haben. Generationsübergreifend müssten solche Aufzeichnungen sicherlich versteckt und damit an geheimen Orten aufbewahrt worden sein. Für die Registratur der Bewegung schon einzelner Sterne müsste es zu dem einen Raum gegeben haben, in dem die Daten über Monate, Jahre, Jahrzehnte oder gar Jahrhunderte gespeichert worden sind. Aufzeichnungen könnten in den vergangenen Jahrtausenden bis heute vernichtet sein. Vielleicht lauern diese aber auch in so einem antiken Archiv noch immer auf ihre Entdeckung!

Wie könnten die Alten Ägypter bei ihrer Vermessung der Gestirne überhaupt vorgegangen sein? Vermessung? Das bedeutet Genauigkeit, damit Zeit, Lichtgeschwindigkeit und Gravitation. Vielleicht geben ja die noch vorhandenen Geometrien eine Auskunft. Geometrie bedeutet Mathematik, Berechenbarkeit und Genauigkeit. Die Geometrie lügt nicht!

Um die einzelnen Merkmale und Bausteine so einer Genauigkeit zu finden, ist systematisches Vorgehen und die Trennung der einzelnen Segmente notwendig.

Was bedeutet Trigonometrie?

Um 150 v. Chr. soll Hipparchos von Nicäa (um190v.Chr.-120v.Chr.), einer der größten Astronomen des Altertums, eine Sehnentafel zur räumlichen Berechnung von Planetenkonstellationen in Gebrauch gehabt haben. Der griechische Astronom, Geograf und Mathematiker gilt als Begründer der wissenschaftlichen Astronomie. Durch die extreme Genauigkeit seiner Forschungs- und Vermessungsarbeit entdeckte er die Präzession der Rotationsachse der Erde (Periode von ca. 25.800 Jahren). Er schuf die bis dahin beste Sternenkarte mit der Verortung von etwa 900 Gestirnen. Als Vermesser entwickelte er ein System, mit dem er die Position der geografischen Breite und Länge auf der Erdoberfläche einkreuzen konnte. Seine trigonometrischen Sehnen bildeten später die Grundlage der modernen Trigonometrie.

(Die Präzession beschreibt die Richtungsänderung der Rotationsachse der Erde in Form einer Kreiselbewegung. Die Dauer des Platonischen Jahres, also einer kompletten Drehung für eine Präzessionsperiode, muss aus der messbaren Präzessionskonstanten abgeleitet werden. Der Wert für die Präzessionskonstante schwankt etwas. Für 50"/Jahr kann ein Wert von 25920 Jahren ermittelt werden. Ein besserer Wert wäre aber 50".29 (Epoche J2000), was zu 25770.53 Jahren führt.)

Ob die Alten Ägypter vor 4600 Jahren und damit schon lange vor Hipparchos von Nikäa mit Trigonometrie gearbeitet haben, ist eigentlich keine Frage. Die geometrische Exaktheit allein schon der Pyramiden wäre ohne Trigonometrie nicht möglich. Nur wenige Werkzeuge, wie zum Beispiel zwei oder drei Hölzer als markante Punkte sind notwendig. Wichtig ist die räumliche Vorstellungskraft des Vermessers. Dabei muss der Vermesser nicht einmal mit Zahlen arbeiten. Bei der euklidischen Geometrie wird nahezu ohne Zahlenwerte, nur mit zwei- oder dreidimensionalen geometrischen Gebilden gearbeitet. Diese lassen sich verdoppeln bzw. vervielfachen oder auch teilen, wobei wiederum die Trigonometrie zur Anwendung kommt. Für den Vermesser in einem leicht zu verarbeitenden Größenverhältnis vorliegende Objekte lassen sich zunächst virtuell vergrößern oder verkleinern, um sie dann entweder in der entsprechenden Größe zu bauen oder umgedreht zu vermessen.

Das der Trigonometrie innewohnende Prinzip der Verhältnisgleichung müssen die Menschen am Nil durch das Prinzip des Nilometers umgesetzt haben. Dabei handelt es sich um einen Höhenmesser, mit dem per Pegelskala die Prognose für die folgende Ernte vorausberechnet werden konnte. Das Nilometer hat nur den jährlichen Hochwasserpegel gemessen. Damit war das Verhältnis des vom Wasser mitgeführten fruchtbaren Nilschlamms berechenbar und davon wiederum die Ergiebigkeit der nächsten Ernte. So konnten die Pharaonen die Höhe der Steuern für das Volk festlegen, ohne die Steuerzahler zu überlasten. Sie konnten mit diesem Prognoseinstrument quasi in die Zukunft schauen.

Die Trigonometrie ist den Lebewesen bereits durch die Evolution durch zwei räumlich versetzte Augen und das „Datenverarbeitungssystem" im Gehirn verankert, welches Entfernungen zum Futter oder zu gefährlichen Fressfeinden effektiv berechnen musste. Wer das am besten konnte, hat überlebt.

Die Trigonometrie ist ein Teilgebiet der Geometrie. Geometrie bedeutet eigentlich auch Mathematik und damit Zahlen. Doch Geometrie ist auch ohne Zahlen, nur mit dreidimensionalen Gebilden möglich. Die Trigonometrie ist sowohl in der ebenen Fläche, im dreidimensionalen Raum und auch in der Zeit möglich. Raum und Zeit bedeuten wiederum, die Trigonometrie auch für Geschwindigkeiten und letztlich auch für die Gravitation einsetzen zu können.

Die Aufgabe der Trigonometrie besteht darin, aus zwei bis drei Größen eines gegebenen Dreiecks andere Größen dieses Dreiecks zu berechnen oder von bekannten Werten des Dreiecks her Rückschlüsse zu maßstäblichen Vergrößerungen dieses Dreiecks und damit eines geometrischen Gebildes zu bilden. Die Trigonometrie ist dabei nicht nur auf das Dreieck beschränkt, sie kann auf komplizierte geometrische Gebilde ausgedehnt werden. Die Trigonometrie lässt sich damit auf jedes andere Gebiet sowohl im Mikrokosmos, in der uns sichtbaren Welt und im Universum anwenden.

Die Trigonometrie spielt in nahezu allen Bereichen eine entscheidende Rolle. In der Geodäsie, also der Landvermessung, wird sie als Triangulation bezeichnet. Dabei werden von Punkten bekannter Positionen aus, mit Winkelmessung andere Punkte angepeilt, um daraus trigonometrisch die Position der neuen Punkte zu bestimmen. Auf entsprechende Weise lässt sich in der Navigation von Schiffen und heutzutage von Flugzeugen und Raumflugkörpern deren Position bestimmen.

Heute gilt die Geodäsie als die Wissenschaft von der Vermessung und der Abbildung der Erdoberfläche. Wegen ihrer fast ähnlichen Methoden und Messziele bildet die Geodäsie die Verbindung zwischen der Vermessung der Erde und der Geophysik mit der Astronomie und Astrophysik. Sie dient der Bestimmung der Erd-Geometrie, des Schwerefeldes der Erde und der Orientierung auf und über der Erde sowie im Weltall.

In der Astronomie lassen sich analog dazu die Entfernungen von Planeten, Monden, Fixsternen und entfernte Galaxien erkennen. In der Biologie und der Physik nutzen sowohl Natur und Technik Schwingungen und Wellen, die sich über geometrische Funktionen erzeugen, beschreiben und berechnen lassen. Heute sind diese Funktionen von zeitlichen Verläufen von Schwingungen und Wellen vor allem bei elektrischen Spannungen und Stromstärken, bei der Wechselstromtechnik bis hin zu Berechnungen in Mikroschaltkreisen wichtig.

Geschichtlich bekannt sind die Vorläufer der Trigonometrie auch aus der griechischen Antike. Sie wurden von griechischen, indischen und arabischen Mathematikern und Wissenschaftlern ausgetüftelt, um dann im Mittelalter durch die arabische Trigonometrie ihren Siegeszug nach Europa zu erleben. Zumindest offiziell bekannt. Dabei müssen aber schon die Alten Ägypter massiv mit der Trigonometrie hantiert haben. Die Pyramiden scheinen das ja zu beweisen.

Die Grundlage der Trigonometrie könnten für die Alten Ägypter dabei simple geometrische Zeichnungen im Sand gewesen sein. Sie könnten dabei zunächst grundsätzlich ohne Zahlen und Berechnungen vorgegangen sein. Praktiziert nur mit von Strichen im Sand oder mit durch Fäden gebildeter Geometrie, oder auch nur mit Blickkontakt. Eben mit euklidischer Trigonometrie ohne Zahlen. Ein einfacher Kreis lässt sich mit zwei Stöcken und einem Faden in den Sand malen.

Die Notwendigkeit von Orientierungspunkten am Ufer zeigt sich im von Wüste umgebenen Niltal

Der Begriff der „euklidischen Geometrie" stammt zwar erst vom vermutlich um 300 vor Christus agierenden griechischen Mathematiker Euklid von Alexandria, er beschreibt jedoch zeitübergreifend in der Lehre vom Messen die Geometrie von Punkten, Strecken und Winkeln, bei denen Zahlen scheinbar nicht nötig sind und überhaupt nicht vorkommen.

Mit mechanischen Mitteln gemessene Werte werden verdoppelt bzw. vervielfacht oder geteilt. Für ein frühes Volk, in dem die meisten Menschen weder eine Schrift noch Zahlen kannten, wäre das System nahezu ideal, sowohl für die Vermessung des Landes als auch für die Beobachtung der Gestirne. Für ein einfaches Zählsystem lassen sich zunächst die zehn Finger des Menschen gebrauchen.

Wie könnten die Vermesser der Alten Ägypter ausgesehen haben und womit könnten sie gearbeitet haben?

Zunächst einmal kennt die Wissenschaft den Baumeister Imhotep, den Konstrukteur und Erbauer der Pyramide des Djoser in Sakkara und Pharao Snofru, den Erbauer der Pyramide von Meidum, der Knick- Pyramide von Dahschur und der Roten Pyramide von Dahschur.

Die monotone Küstenregion Nordafrikas mit nur wenigen Orientierungspunkten am Ufer

Warum gerade Imhotep, Djoser und Snofru?

Imhotep- Djoser

Schon beim Bau der riesigen Anlage der ersten Pyramide des Djoser in Sakkara fällt die Präzision und Geradlinigkeit auf. Sie ist ein erstes Meisterwerk der Vermessung. Die für Pharao Djoser errichtete Pyramide mit Tempelanlage soll von Imhotep gebaut worden sein. Dieser gilt als erster großer Baumeister des Alten Reiches. Imhotep versinnbildlicht mit seinem Wirken um die bis dahin nie dagewesene Monumentalanlage mit Pyramide und Tempelanlage des Djoser den Fortschritt in Wissenschaft und Bauwesen.

Pharao Snofru

Wesentliche Höhepunkte des beginnenden Pyramidenzeitalters bilden danach in zeitlicher Folge die Stufenpyramide von Meidum, die Knick- Pyramide von Dahschur und die Rote Pyramide, die von König Snofru, dem ersten altägyptischen König der 4. Dynastie im Alten Reich errichtet worden sein sollen. Unter Snofru fand eine bedeutende Umgestaltung des Staatswesens Ägyptens statt. Zum Aufbau des Staatswesens wäre die Entwicklung eines trigonometrischen Vermessungssystems und eine frühe Geodäsie unabdingbar.

Beide geniale Baumeister tragen in ihren Namenszügen bis heute rätselhafte Symbole, bei denen es sich bei auf Vermessungstechnik abgezielter Deutung um Gerätschaften der Trigonometrie handeln könnte.

Für die Trigonometrie reichen bereits zwei oder drei (bekannte) Punkte aus, die dann durch einfaches Verbinden durch Fäden oder bloßen virtuellen Blickkontakt miteinander verbunden werden. Dabei entsteht eine gedachte gerade Linie. Diese Linie kann auch in der Verlängerung über einen oder mehrere dieser Punkte hinaus gehen. Dies nennt sich heute „Einfluchten".

Das „Einfluchten" oder auch die „Fluchtung" ist ein simples Verfahren in der Vermessung, bei dem Punkte entlang einer geraden Linie ausgerichtet werden. Die „Flucht" bildet dabei die Gerade zwischen zwei Punkten oder auch die Linie über einen oder zwei Punkte hinaus. Beim „Einfluchten" werden dabei also ein oder mehrere Punkte dazwischen oder darüber hinaus eingewiesen. Praktisch reichen zwei bis drei Personen aus, von denen eine oder zwei eine Fluchtstange halten und eine Person mit einer weitern Fluchtstange dazwischen steht, die auf die Linie eingewiesen wird. Der einfache Blickkontakt ist bereits ausreichend. Selbst für nur eine Person ist das System anwendbar, wenn diese auf feste Punkte einer „Flucht" zugreifen kann. Mit bloßem Auge ist somit bereits eine außerordentlich hohe Präzision möglich.

Gesucht werden als Vermessungsgeräte also nur „Punkte", bzw. eine Stange oder ein Stock, der diesen Punkt erzeugt, bzw. symbolische Darstellungen solcher Punkte oder Stöcke.

Sowohl auf Nennungen und Namenskartuschen des Imhotep als auch des Snofru tauchen sogenannte „Djed- Pfeiler" auf.

Der Djed- Pfeiler ist bereits aus der Zeit des prähistorischen Ägyptens bekannt. Die Forschung sieht in ihm die Nachbildung eines entlaubten Baumes oder Pfahles, um den kreisförmig in mehreren Stufen Pflanzenbündel gebunden wurden. Ebenso könnte es sich um einen Schilfrohr- Pfeiler handeln. Daneben sind Deutungen des Djed- Pfeilers als „Wirbelsäule des Osiris" geläufig.

Schon im Alten Reich gab es Priester des „Ehrwürdigen Djed". Der Pharao selbst richtete beim Djed- Fest den Djed- Pfeiler persönlich mit Stricken auf. In Verbindung gebracht wird dabei die Auferstehung des Gottes Sokar. Sokar- Sakkara?

Die genaue Bedeutung des Gegenstands ist bis heute nicht geklärt. Grenzwissenschaftler sehen in ihm sogar „Isolatoren" prähistorischer elektrischer Anlagen.

Auf Zeichnungen oder in Hieroglyphen ist der Djed- Pfeiler meist im oberen Teil grün oder rot und auf dem Rumpf gelegentlich schwarz, weiß, gelb, grün oder rot dargestellt. Mit dieser weithin möglichen Sichtbarkeit wäre der Djed Pfeiler prädestiniert als trigonometrischer Vermessungspunkt. Einige Pfeiler scheinen Schlitze oder auch Löcher zu tragen, die heute im Schützenwesen in der Visierlinie als „Kimme" oder „Diopter" bezeichnet werden könnten. Dabei geht es um eine „Visiermethode"! Auf anderen Zeichnungen wird der Djed Pfeiler in Zusammenhang mit Sternen gezeigt, was wiederum eine Verbindung zwischen Djed- Pfeiler, Trigonometrie und Beobachtung der Sterne vermuten lässt.

Die drei waagerechten Ebenen ließen sich mit Wasser gefüllt oder am Horizont ausgerichtet als Nivellierhilfe einsetzen. Auf einigen Zeichnungen sind Djed- Pfeiler an der Oberseite sogar mit einer Wasserlinie dargestellt, wobei es sich ebenfalls um die Darstellung einer Art Wasserwaage zur Nivellierung handeln könnte.

Der Pharao selbst richtete also beim Djed- Fest den Djed- Pfeiler persönlich mit Stricken auf. In Verbindung gebracht wird heute dabei die Auferstehung des Gottes Sokar. Es muss sich also um eine sehr wichtige Einrichtung gehandelt haben.

Da das Djed- Fest offenbar auch später noch in Sakkara praktiziert wurde, wäre denkbar, dass diese Stelle bereits vor dem Bau der Stufenpyramide zur Beobachtung der Sterne genutzt worden sein könnte, nur eben mit einer Säule in der Form des Djed- Pfeilers. Eine dem Djed- Pfeiler ähnliche Konstruktion gab es in der Frühzeit auch schon in Mitteleuropa in Sachsen. So ist der „Irminsul" ein frühmittelalterliches Heiligtum, welches nach der fränkischen Geschichtsschreibung zum Jahr 772 auf Befehl Karl des Großen (748-814) von den Franken zerstört wurde. Der Irminsul ist ebenfalls eine große Säule aus Stein oder ein harter Holzpfosten von „nicht geringer Größe", an der an der Oberseite eine „Zieleinrichtung" angebracht ist. Das Volk des Altertums, welches diese Säule benutzte, soll in ihm die „All- Säule" gesehen haben. Dies könnte bedeuten, dass auch dieses Volk damit das Weltall beobachtet hat. In den Analen von Karl dem Großen befand sich eine solche Säule in der Nähe der Eresburg nahe dem heutigen Obermarsberg.

Dabei könnte bereits der „Vorläufer" eines Djed- Pfeilers mit Blick auf eine sehr frühe Zeit in der Bibel erwähnt worden sein:

Der Biblische Jakob schnitzte einen Stab mit einer „Skalierung".

So heißt es in den allerersten Passagen der Bibel im Alten Testament in Genesis/1. Buch Mose in Kapitel 37: „Nun holte sich Jakob frische Stäbe/Schosse von Weißpappeln sowie von Mandelbäumen und Platanen und schälte an ihnen weiße Streifen heraus, indem er das Weiße an den Stäben bloßlegte."

In den folgenden Passagen wird beschrieben, wie Jakob mit diesen markierten Stäben den Unterschied macht, zwischen der „Frühlingsherde" und den „kräftigen Tieren", die allesamt seine werden und den „Spätlingen" und den damit „schwächlichen Tieren", die er seinem Schwiegervater Laban zuordnete. So wurde Jakob ein reicher Mann!

Demnach dienten die Stäbe möglicherweise dem trigonometrischen Vergleich per astronomischer Beobachtung zwischen dem Befruchtungszeitraum der Tiere für die „Frühlingsherde" und den „Spätlingen". Der Unterschied zwischen bevorstehenden Frühling und Herbst ist an den Gestirnen ablesbar. Damit wird in der Bibel schon zeitig der Mechanismus der von den Gestirnen des Himmels generierten Jahreszeiten auf den Zuchterfolg von Tieren beschrieben. Jakob könnte 20 Jahre lang beim Hüten während der Nächte mit einem solchen Stab die Gestirne beobachtet haben. Merkwürdig erscheint, dass so gesehen der Stab des Jakob, also sein Hütestab bzw. der Stab mit den Markierungen, ein Gerät zur Beobachtung und damit auch zu Vermessung der Gestirne gewesen sein könnte. Die Vermessung der Gestirne und der Erd- Geometrie wird später durch fast identische Mechanismen umgesetzt. Auch heute noch nennt sich ein derartiges Gerät in der Geodäsie zur Vermessung des Landes „Jakobsstab".

Beim Vergleich des Djed Pfeiler als Vermessungsgerät fällt die Ähnlichkeit des im Mittelalter zur trigonometrischen Vermessung benutzten „Jakobsstabes" auf. Der Jakobsstab wiederum trägt unverkennbar die Grundzüge des christlichen Kreuzes. Jakob oder auch Jacob wird als Name bereits in den ersten Kapiteln der Bibel erwähnt. Der Name muss sehr alt sein.

Sowohl in der Bibel mit Josef und seinem Pharao als auch in der wissenschaftlichen Ägyptologie mit Imhotep und seinem Pharao Djoser gibt es immer zwei Akteure aus einem Ägypter und einem Sternenbeobachter, die scheinbar zusammen arbeiten und so aus der Symbiose aus der nautischen Trigonometrie und der Trigonometrie der Astronomie eine gemeinsame Wissenschaft machen und die so gemeinsam als Zweigespann die Welt aufbauen.

Die Alten Ägypter haben immer wieder mehrere Funktionen in ihre Bauwerke hinein konstruiert. Im Umkehrschluss ist es möglich, verschiedenste und sogar mehrere Methoden gleichzeitig zur Umsetzung von bestimmten Zielen einzusetzen. So ist es auch offen, für die gleichen Arten von Vermessungen auch unterschiedliche Arten und Formen von Messgeräten zu benutzen. Eine einfache Strecke kann zum Beispiel mit Fingern, der menschlichen Elle, einem Lineal, mit einem Messschieber, einer Mikrometerschraube, einem Messrad und in der Gegenwart mit Lasertechnologie oder mit Satelliten vermessen werden. Es besteht kein Dogma! Die Gestirne können ebenso über einen einfachen Stab, der unterschiedlichste Formen haben kann, über eine Visiereinrichtung, als auch über die Spitze einer eindrucksvollen Kathedrale, aber auch mit Spiegelteleskopen oder Weltraumteleskopen vermessen werden. Es ist möglich, verschiedenste Messmethoden miteinander zu kombinieren. Die notwendige Genauigkeit hängt vom Messziel ab.

Darstellungen eines Djed-Pfeilers im Alten Ägypten

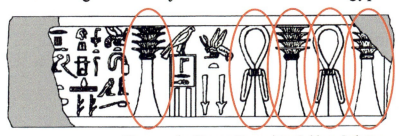

Nennung des Namen Baumeister Sakkara Imhotep

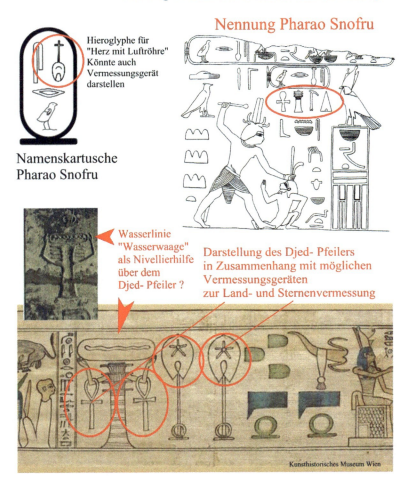

Hieroglyphe für "Herz mit Luftröhre" Könnte auch Vermessungsgerät darstellen

Namenskartusche Pharao Snofru

Nennung Pharao Snofru

Wasserlinie "Wasserwaage" als Nivellierhilfe über dem Djed-Pfeiler ?

Darstellung des Djed-Pfeilers in Zusammenhang mit möglichen Vermessungsgeräten zur Land- und Sternenvermessung

Darstellung Prinzipien und Vermessungsgeräte der Trigonometrie

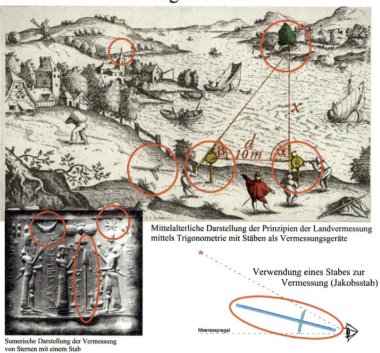

Mittelalterliche Darstellung der Prinzipien der Landvermessung mittels Trigonometrie mit Stäben als Vermessungsgeräte

Verwendung eines Stabes zur Vermessung (Jakobsstab)

Sumerische Darstellung der Vermessung von Sternen mit einem Stab

Darstellungen eines Djed- Pfeilers im Alten Ägypten

Prinzipien und Vermessungsgeräte der Trigonometrie
Mittelalterliche Darstellungen

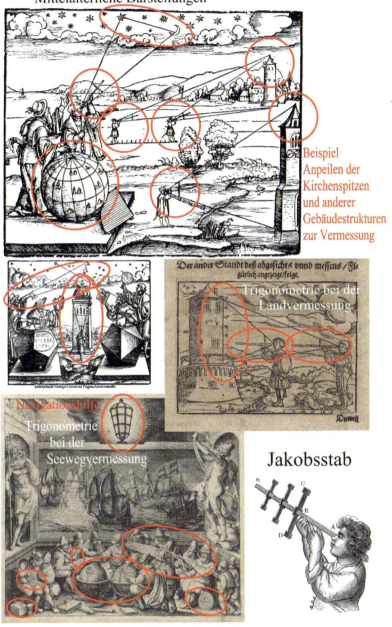

Beispiel Anpeilen der Kirchenspitzen und anderer Gebäudestrukturen zur Vermessung

Trigonometrie bei der Landvermessung

Navigationshilfe
Trigonometrie bei der Seewegvermessung

Jakobsstab

Das die Alten Ägypter im dreidimensionalen Raum Geometrie und damit auch Trigonometrie betrieben haben, beweisen die Pyramiden selber. Wer im dreidimensionalen Raum Geometrie und damit auch Trigonometrie betreibt, landet auf geradem Wege zunächst bei der Landvermessung und zwangsläufig bei der Vermessung des Raumes. Vermessung des Raumes bedeutet auch Vermessung des Universums. Vermessung des Universums bedeutet wiederum im unendlich scheinenden Raum aus Höhe, Breite und Tiefe Kontakt mit der Lichtgeschwindigkeit, der Gravitation und mit der Zeit. Wenn das Licht und die Gravitation Zeit benötigen, stellt sich zwangsläufig die Frage, wo kommen alle diese Dinge her? Wo beginnt die Zeit und wo führt die Zeit alle Dinge hin? Wer die Gestirne über einen langen Zeitraum beobachtet könnte auch erkannt haben, so wie wir heute vermuten, dass sich das Universum ausdehnt. Es müsste ja dann rein logisch einen zeitlichen und möglicherweise auch räumlichen Ursprung haben. Einen Punkt, von dem aus es sich wie in der Trigonometrie üblich, sowohl zeitlich als auch räumlich vergrößert.

Wenn es sich ausdehnt? An welchem Punkt zu welcher Zeit hat es dann einen Anfang? Wer nun die Trigonometrie verinnerlicht hat, schließt zwangsläufig auch darauf, dass sich das Universum mit all seinen Gesetzmäßigkeiten auch in den unendlich kleinen Raum verkleinern lassen muss. Was lag vor diesem Anfang? Wer hat die Welt organisiert, damit diese beginnen kann und so funktioniert, wie sie es uns unseren Sinnen offensichtlich oder vermeintlich offenbart? Gibt es noch sehr viel mehr, für das sich in der Evolution in unserem Körper keine Sinne entwickelt haben und das wir nicht sehen oder hören können?

An dieser Stelle verschwimmen die Grenzen zwischen Geometrie, Physik, Philosophie und Religion. Was sagte die Bibel zum Thema Trigonometrie? Bei einem in den Raum gestellter Fakt könnte es sich noch um Zufall oder eine haltlose Behauptung handeln! In der Trigonometrie wie auch vor Gericht beginnt durch einen zweiten Punkt, eine zweite ähnliche Behauptung, mit einem Zeugen die erste Aussage an Aussagekraft zu gewinnen. Bei einer dritten gleichlautenden Aussage, mit einem dritten Punkt kommt es zu einer Bestätigung. Der dritte Punkt bestätigt die zwei vorangegangenen Standpunkte. Die drei Fakten bestätigen sich gegenseitig. Selbst in der Bibel haben die Autoren immer wieder mindestens drei solcher Beweise eingebaut. Für sich allein betrachtet könnten alle Informationen und Wunder sonst vielleicht noch als Zufall bewertet werden. In ihrer Gesamtheit aber entstehen sich gegenseitig bestätigende Beweise. Im Exodus - Das Zweite Buch Mose, als Mose noch in Ägypten war, wird zum Beispiel in Kapitel 4 Absätze 1- 9 beschrieben, wie Mose von Gott Beweise seiner Existenz erhält. Gott verwandelt den Stock zur Schlange, die Hand von Mose verändert sich augenblicklich in die Hautkrankheit Lepra und das Wasser des Nils wird zu Blut verwandelt.

Drei sich gegenseitig bestätigende Wunder! So wie in der Trigonometrie beim sogenannten „Einfluchten" von Linien üblich, die sich dadurch gegenseitig festhalten und bestätigen, beweisen sich auch hier drei Tatsachen gegenseitig. Als wollten Gott und die Bibel den Sinn und die Mechanismen der Trigonometrie beschreiben!

Die Evolutions- Trigonometrie- Theorie

Auf welcher untersten Grundlage hätten die Alten Ägypter aufbauen können, um das System ihrer Pyramiden arrangieren zu können? Welche grundsätzliche Logik steckt dahinter? Sie hätten es vielleicht gar nicht anders machen können! Sie müssten das System der Vermessung bereits in ihren Gehirnen auf natürliche Weise verinnerlicht haben. Vielleicht ohne es zu merken! Wie kann das funktionieren? Alte Ägypter und Trigonometrie? Wer hat ihnen das beigebracht?

Wir machen uns in aller Regel keine Gedanken darüber, was uns auf der Erde hält, wie das Licht funktioniert, wie die Zeit entsteht und mit welcher ungeheuerlichen Geschwindigkeit wir zusammen mit der Erde durch das Universum rasen. Unser Gehirn versucht die Informationen automatisch zu sortieren, um sie zu reduzieren, um so effektiver und schneller arbeiten zu können. Aus dem Grund sehen wir vor aller Augen ablaufende, eigentlich selbst große und wichtige Dinge nicht, die uns auf den ersten Blick nicht gefährlich werden können. Scheinbar unwichtige Dinge interessieren uns einfach gar nicht. Das Gehirn löscht nicht nur scheinbar unwichtige Dinge, es fügt auch Dinge hinzu, die es gar nicht gibt. Wer eine daraus resultierende Gefahr wittert, hat in der Evolution eine größere Überlebenschance. Außerdem wird unsere Welt geschönt, was uns von der Tierwelt abzuheben scheint. Obwohl wir bei jedem Stolperstein, beim Autofahren zum Beispiel in einer Baumallee oder an der Bahnsteigkante jederzeit unser Leben verlieren könnten, schafft die Trigonometrie in unserem Gehirn die Voraussetzung, dass wir Gefahren nicht nur jederzeit ausweichen können. Wir nehmen das auch gar nicht mehr wahr. Unser Gehirn macht die Welt schöner, ungefährlicher, als sie ist. Das spielt sich quasi unsichtbar vor unseren Augen ab.

Wäre es unter dieser Weltsicht nicht sogar einfacher, wichtige aber geheime Dinge vor aller Augen zu platzieren, damit diese nicht auffallen?

Durch unsere beiden versetzten Augen und Ohren erleben wir ein räumliches Bild. Dabei geht es um Trigonometrie, die von unseren Sinnen aufgenommen und im Gehirn verarbeitet wird. Das System spielt sich perfekt vor aller Augen ab, ohne das wir darüber nachdenken müssten, ohne das wir es sehen. Dabei merken wir aber gar nicht, dass die Trigonometrie neben der Gravitation, dem Licht und der Zeit eine der wichtigsten Grundelemente der Schöpfung ist, durch die wir nicht nur räumlich sehen. Trigonometrie baut auf Geometrie auf. Ohne die in allen Dingen steckende natürliche Geometrie gäbe es die Welt nicht. Diese Geometrie macht die Welt berechenbar und vorhersagbar. Die Trigonometrie nutzt diese Berechenbarkeit der geometrischen Welt. Ohne Trigonometrie könnten wir weder sehen, noch uns ernähren oder uns fortbewegen. Sie steckt in allen natürlichen biologischen und nahezu allen physikalischen Elementen. Ohne die verschiedenen Mechanismen der natürlichen Trigonometrie würde die Welt nicht funktionieren. Für die Trigonometrie geben wir heute das meiste Geld aus. Die Navigationssatelliten für die zivile und militärische Nutzung dienen und funktionieren nur für und mit der Trigonometrie. Flugzeuge, Autos und Drohnen finden per Trigonometrie auch ohne menschliche Führung ihren Weg.

Mit Trigonometrie ließe sich sogar die so erfolgreiche Evolution des Menschen erklären!

Der britische Naturforscher Charles Robert Darwin (1809-1882) hat in seinen Evolutionstheorien auf naturwissenschaftlicher Grundlage die Entstehung der Arten durch veränderbare Eigenschaften erklärt, die durch einen Auslesemechanismus entstehen. Im Konkurrenzkampf gewinnen vorteilhafte Eigenschaften durch Selektion gegenüber unvorteilhaften Eigenschaften. Was nicht gut genug ist, geht unter und was sich als positiv herausstellt, wird weiter entwickelt und durch den gleichen Prozess immer mehr vervollkommnet. Für viele Zeitgenossen Darwins war die eigene Herkunft von den Affen mehr als befremdlich. Darwin selbst wurde in einer Karikatur als Orang- Utan dargestellt. Erstaunlicherweise lässt sich von den Primaten, von denen der Mensch heute bekanntlich abstammen soll, durch Trigonometrie mit Logik ein Zusammenhang zum Pyramidenbau herstellen.

Eigentlich beginnt biologische Trigonometrie schon mit den ersten Bausteinen des Lebens. Indem zum Beispiel die Aminosäuren reproduzierbar kleinste Elemente immer wieder in optimaler Relation an immer wieder geometrisch vorgegebener Stelle platzieren konnten, entstand letztlich die komplizierte DNA. Deren Elemente finden durch natürliche „Navigation" immer wieder ihre Position in der Helix der Erbinformation. Selbst der Urknall lässt sich mit Relativität in Raum und Zeit erklären.

Die „Evolutions- Trigonometrie- Theorie":

Auch wenn es zunächst banal klingt. Höhere Primaten, zu denen die Affen gehören, leben vornehmlich auf Bäumen. Vermutlich mussten sich die nicht gerade großen Tiere, egal von welcher früheren Art abstammend, auf Bäume flüchten. Primaten die dabei ganz simpel von Ast zu Ast springen oder nur auf ihnen balancieren wollten, mussten über Trigonometrie in ihrem Gehirn blitzschnell die Entfernung zum nächsten Ast berechnen. Wer das nicht konnte, fiel einfach herunter und wurde im schlimmsten Fall aufgefressen. Das war's dann mit Fortpflanzung! Dabei haben immer nur die überlebt, deren Gehirn den blitzschnellen Rechenprozess der Entfernungsmessung am besten beherrschte. Das Gehirn, das die Trigonometrie am besten bewältigte, überlebte am längsten. Bei dieser räumlichen Vorstellungskraft spielen mathematische Rechenprozesse mit Formeln oder trigonometrische Vermessungen mit Vermessungsstäben natürlich keine Rolle. Das würde viel zu lange dauern. Der Sinn des Prozesses aus Geometrie und Entfernungsmessung mittels zweier versetzter Augen ohne Zahlen musste jedoch zumindest verinnerlicht werden. Diese Primaten, die das am besten verinnerlicht hatten, fielen nicht mehr von den Bäumen. Diese Primaten konnten sich fortpflanzen. Bei der natürlichen Entfernungsmessung zur Nahrung, zu totbringenden Fressfeinden und zu fortpflanzungswilligen Artgenossen spielte der gleiche Mechanismus eine Rolle. Am Boden hatten diejenigen Primaten zudem einen größeren Vorteil, die aufrecht gehen konnten. Durch die höhere messbare Entfernung der beiden versetzten Augen konnte ihr Gehirn wiederum durch Trigonometrie besser Entfernungen zu flüchtenden Beutetieren, gefährlichen Fressfeinden und paarungsbereiten Artgenossen berechnen. Es entwickelten sich wieder die Gehirne in der Evolution am optimalsten, denen das am besten gelang. Das Gehirn entwickelte sich gegenüber am Boden auf vier Beinen laufenden Tieren optimaler. Aufrecht gehende, von den Primaten abstammende Lebewesen konnten dann den bereits vorhandenen Mechanismus der Entfernungsmessung durch Trigonometrie mittels zweier Augen in dieser Folge besser ausbauen, als immer nur am Boden kriechende Mitbewerber. Es entstand zum Unterschied der weiterhin am Boden werkelnden Primaten der aufrecht gehende Mensch. Der Mensch hat die Trigonometrie in seinem Wesen im Überlebenskampf der Arten verinnerlicht bekommen. Ohne das uns das heute noch bewusst ist. Das System spielt sich unbewusst sprichwörtlich vor aller Augen ab. Deshalb konnten die Ägypter mit Trigonometrie die Pyramiden bauen und andere Dinge ganz einfach, weitestgehend ohne Zahlen berechnen. Ist das eines ihrer Geheimnisse?

Es gibt zwar Tiere, die größer als der Mensch sind. Doch konnten zum Beispiel Elefanten, Giraffen und Dinosaurier nicht auf die Vorteile von blitzschnell arbeitenden Primaten- Gehirnen aufbauen, weil ihre Vorfahren immer am Boden gelebt haben. Das gleiche Problem haben die Vögel. Auch ihre Vorfahren konnten nicht von Bäumen fallen. Es kam zu keiner natürlichen Auslese. Ihre Gehirne brauchten sich nicht auf eine höhere Rechenleistung und Geschwindigkeit einzurichten. Sie brauchten keine höhere Trigonometrie. Für die frühen Menschen war Trigonometrie zur Entfernungsmessung zu Gefahren, Futter und Sex die optimale Überlebensstrategie. Selbst nach der „fertigen" Entwicklung des Menschen könnte es im vom Nil und der umgebenden Wüste geprägten Ägypten zu einem auf Trigonometrie beruhenden natürlichen Ausleseprozess gekommen sein. Auf dem Wasser, vor allem aber auch in der Wüste, mussten sich die Handel treibenden Menschen orientieren können. Wer das am besten und schnellsten konnte, hatte die besten Chancen seinen Reichtum zu vermehren. Wer sich in der Wüste nicht an den Sternen orientieren konnte und nicht in der Lage war, seine Vorräte vorausschauend auf Weg und Zeit zu berechnen, musste zwangsläufig sterben. Fortpflanzung ausgeschlossen!

Unser Gehirn muss jede Sekunde unzählige trigonometrische Rechenprozesse verarbeiten, allein schon, damit wir aufrecht stehen können. Die jeweils aus zwei Punkten von Augen und Ohren bestehenden optischen und akustischen Signale werden dabei mit den „dritten Punkten" unserer Umgebung in Abgleich gebracht. Das im Gehirn verarbeitete Ergebnis wird dann an die Muskulatur weiter gegeben. Der Vorgang ist derart vor aller Augen allgegenwärtig sichtbar, dass wir ihn gar nicht mehr bemerken. Trigonometrie spielt sich vor aller Augen unsichtbar ab.

Selbst heute noch können wir solche auf Trigonometrie beruhenden Mechanismen relativ gut umsetzen und schnell erlernen. Wir können Steine und Bälle relativ genau werfen und wir können mit Pfeil und Bogen auch relativ genau treffen. Ein Gewehrschütze kann sein Ziel über mehrere hundert Meter treffen und dabei alle beeinflussenden Faktoren mit einberechnen. Wir lieben Ballsportarten, in denen wir mittels verinnerlichter Trigonometrie Ziele ganz genau anvisieren und treffen müssen. Das beste Beispiel sind Handballsportarten, wie Volleyball oder das extrem schnelle Handballspiel, bei dem wir im Zusammenspiel mit unseren Händen und unseren Berechnungen im Gehirn den Ball sehr genau spielen können. Wahrscheinlich können wir auch nur deshalb mit einem Auto sehr schnell fahren, weil unser Gehirn rasant in der Lage ist, auf waagerechten Distanzen durch Trigonometrie die zu erwartende Fahrtstrecke vorausberechnen zu können, um so in der notwendigen Dosierung das Lenkrad zu drehen. Wer das nicht kann: ...... Natürliche, auf Trigonometrie beruhende Auslese. Wenn zukünftig die Autos alleine fahren, ohne von einem Menschen gesteuert zu werden, so ist das nur durch Trigonometrie möglich.

Über die ganze Erde verteilt gibt es mehr oder weniger große Pyramiden. Allein im Yucatán- Gebiet gibt es an die 400 Pyramiden und pyramidenähnliche Stätten, von denen inzwischen etwa 40 restauriert und freigegeben sind. Sie gibt es in Amerika in Belize, Guatemala, Honduras, Mexiko und Peru. Ähnliche für die Vermessung des Sternenhimmels geeignete Strukturen sind im alten Babylonien und Mesopotamien zu finden, wie das berühmte Zikkurat von Ur. Die Bibel erwähnt den Turmbau zu Babel. Viele kleinere Pyramiden sind im Reich von Kusch angeordnet. In der zentralchinesischen Provinz Shaanxi können an die 250 pyramidenähnliche Strukturen gezählt werden. Sie gibt es in Indien, in Kambodscha, Mali und auf den Philippinen. Merkwürdig dabei: Einige Tempel und Pyramiden, wie zum Beispiel im Bereich des Hindu Candi Sukuh Tempel auf der indonesischen Insel Java, zeigen neben der Ahnenverehrung auch Fruchtbarkeitsriten, zum Teil über das Leben vor der Geburt, über Sexualität, bis hin zu Kleinkindszenen, die mit Gestirnkonstellationen im Zusammenhang zu stehen scheinen. Viele, wie zum Beispiel der Tempel von Angkor Wat in Kambodscha als auch der riesige Borobudur- Tempel auf der Insel Java scheinen in der Gesamtheit der Anlage eine merkwürdige Ausrichtung nach Osten aufzuweisen. Warum ist das so? Nahezu alle zeigen ähnliche Strukturen, die ein tiefgreifendes Wissen der Geografie, Astronomie, Geologie, Mathematik, Geometrie, Technik und auch Wissen über biologische Naturerscheinungen voraussetzen. All dies, ohne das sowohl räumlich als auch zeitlich eine Kommunikation untereinander stattgefunden haben kann. Viele haben auf Trigonometrie beruhende exorbitante Mechanismen, die zur Beobachtung der Gestirne geeignet wären. Sogar innere Kammern gibt es in vielen von ihnen. Sie alle den Ägyptern zu unterstellen wäre eine Möglichkeit. Vielleicht sind Pyramiden aber auch ein natürlicher Mechanismus der Schöpfung, um dem Fortschritt durch Trigonometrie auf die Sprünge zu helfen. Trigonometrie wäre zwangsläufig ein sich selbst organisierender und sich selbst kontrollierender Mechanismus, einer wie auch immer gearteten Schöpfung.

Was heißt das für die moderne Astronomie und Astrophysik? Astrophysiker bräuchten also auf der Suche nach intelligentem Leben im Universum gar nicht nach Wasser suchen. Sie müssten zuerst nach Bäumen suchen, von denen Individuen herunter fallen können. Wasser wäre dann automatisch da. Wenn dann auch noch zwei bis drei Pyramiden herumstehen, wäre der Fall vollkommen klar. Erkennbare Pyramiden wären größer als Bäume. Über Trigonometrie hergestellte Pyramiden würden also auch Bäume und ebenfalls auch Wasser beinhalten. Die einfache aber geometrisch exakte Form einer Pyramide zeichnet sich deutlich von der natürlich geformten und diffusen Umgebung ab. Die einfache Lösung für die Suche nach intelligentem Leben lautet also: Die Form einer Pyramide in ein heute übliches Gesichtserkennungsprogramm eingeben und damit den Weltraum scannen. Bei zwei und mehr Pyramiden ist eine zufällige, insbesondere geologische Entstehung ausgeschlossen.

Darauf wären intelligente Ägypter vor über 4500 Jahren vielleicht auch schon gekommen!

Die optische Information von nicht natürlichen, geometrisch exakten Formen von mehreren Pyramiden saust somit seit über 4500 Jahren in allen Richtungen in Lichtgeschwindigkeit durch das Universum! Die Idee wäre auf jeden Fall genialer, als es mit einer Schallplatte oder mit Funkwellen zu versuchen oder danach zu suchen. Dafür müsste der Empfänger immerhin über ähnlich geartete Empfangs - bzw. Abspielgeräte verfügen. Im Fall von optisch sichtbaren Pyramiden ist es dagegen nur ein simpler, überall im Universum gültiger, natürlicher und sichtbarer Mechanismus: Geometrie und Trigonometrie! Sichbar für alle Augen.

Nautische Navigation und Vermessung

Wer hat die Pyramiden gebaut? Waren es Außerirdische? Fast scheint es so. Unzählige Debatten beschäftigen sich bereits mit dem Thema. Dabei haben sie gar nicht mal so ganz unrecht! Die Erbauer der Pyramiden müssen von außerhalb gekommen sein! Sie kamen mit Schiffen! Auch ohne die Erbauer der Pyramiden zu kennen, dieser Satz ist reine Logik.

Klar dürfte sein, die Erbauer der Pyramiden waren nicht dort beheimatet, wo unmittelbar am Rand der Wüste die Pyramiden gebaut wurden. Sie müssen also von außerhalb deren Standorte gekommen sein. Wer Ägypten kennt und weiß, dass dieses Land praktisch nur dort existiert, wo der Nil für einen grünen bewässerten Streifen sorgt, könnte auch beim Pyramidenbau schon in der richtigen Richtung denken. Nahezu jeder Ägypter muss sich mit der Fahrt auf der Wasserstraße und damit mehr oder weniger mit der Seefahrt ausgekannt haben und heute noch auskennen.

Das fruchtbare Niltal umgeben von Wüste

Jeder Ägypter muss damit über nautische Erfahrungen verfügen. Die Logik: Die Erbauer der Pyramiden waren Seeleute und da es auf einem Gewässer immer auch um das Schicksal des Schiffes und damit um das eigene Leben geht, mit tiefgreifenden nautischen Erfahrungen. Dabei spielt es keine Rolle, zu welcher Zeit sie lebten. Wird das berücksichtigt, erklären sich viele heutige „Pyramidengeheimnisse" von ganz alleine.

Der Nil ist mit 6852 km Länge der längste Fluss der Erde. Er ist sehr flach, führt aber, zumindest bis zum Bau des Assuan- Staudamms, jährlich regelmäßig Hochwasser. Immer wieder wurden dabei die Felder überflutet, die nach dem Rückgang des Wassers und dem zurückbleibenden Schlamm nicht so leicht wieder gefunden werden konnten. Auch hier machen sich trigonometrische Berechnungspunkte als fester Bezug außerhalb des Hochwassergebietes, also in der nahen, vom Wasser unberührten Wüste recht gut. Um das Land noch fruchtbarer zu machen, mussten zusätzlich unzählige Kanäle zur Bewässerung gebaut werden. Nicht ohne Vermessung! Je effektiver die Aufteilung der Kanäle, desto ertragreicher der Nutzen.

Wer sich mit Kartennavigation in der Seefahrt beschäftigt wird auf direktem Wege darauf kommen: Auch die Ägypter müssen sich als Anlieger des Nils und des Mittelmeers damit ausgekannt haben.

Der Nil bei Assuan

Für Karawanen in der Wüste gelten ähnliche Bedingungen, um sich in der monotonen Umgebung der allgegenwärtig nahezu ebenen Landschaft ohne Landmarken zurechtzufinden. Den Kapitänen der „Wüstenschiffe" in den Karawanen blieb eigentlich nur, sich an den Himmelskörpern zu orientieren. Auch für die Bevorratung der mitzunehmenden Verpflegung war eine auf Verhältnisgleichung beruhende Vorausberechnung absolut lebenswichtig. So müssen die Anwohner des Nils und der Wüste die Verhältnisgleichung und gleichbedeutende Trigonometrie zwangsläufig schon zeitig verinnerlicht haben. Die später entstandenen Pyramiden mit ihren weithin sichtbaren Spitzen müssen auch aus Richtung Wüste eine wertvolle Orientierungshilfe gewesen sein. Was für die Wüste zutrifft, gilt auch auf hoher See. Wer effizient navigiert, kann Energie und Vorräte einsparen. Wer in der Wüste und auf hoher See weit von jeder Zivilisation unterwegs ist, kann es sich nicht leisten, Energie und Vorräte zu verschwenden. Die exakte Ausrichtung der Pyramiden und das Durchziehen des Bauvorhabens der Cheops- Pyramide und ihrer Nachbarbauten müsste somit auf nautischen Erfahrungen beruhen. Die Ingenieure hätten das gar nicht anders machen können. Deshalb könnten die Pyramiden, wie beim Blauwassersegeln, auch auf die Sterne ausgerichtet sein. Damit ließen sich umgedreht alle möglichen Eigenschaften des Himmels berechnen, angefangen von Mond und Sonne, bis hin zur Berechnung der entfernten Planeten sowie anderer Sterne und deren Bahnen. Die Entfernung der Spitzen der Pyramiden müsste dabei einen exakt feststehenden Wert eines Vielfachen einer Ägyptischen Elle erhalten, die dem Erbauer und späteren Vermesser grundsätzlich bekannt sein müsste. Mit der Kenntnis der Ortsangabe, der Höhe und der Entfernung der drei/zwei Pyramidenspitzen voneinander entfernt ließe sich nach dem Bau jeder Punkt in der nahen Hauptstadt Memphis/Heliopolis, jeder Straßenverlauf, jeder Flusslauf des Nils, jeder Kanal und jedes Gebäude auf den Punkt genau berechnen und in Karten darstellen. Ebenso die Erdkrümmung und sogar der unmittelbare Raum des uns umgebenden Universums.

Beim Berechnen und Zeichnen des hier vorliegenden Gesamtkonzeptes hat sich in einem Ausschlussverfahren gezeigt, dass die Ägypter in ihren Planungsphasen mit einem mehrfachen der heute möglichen Präzision arbeiten konnten, indem sie vermutlich sehr viel größere Zeichnungen gefertigt haben, als dies heutige Computerbildschirme ermöglichen. Sie haben dabei mit Geometrie weitestgehend ohne Zahlen und wenn schon, dann ohne Kommastellen arbeiten können. Sie konnten das entstehende System mit Strichen und Fäden groß und damit präzise genug abbilden, aufbauen und verschiedene Varianten ausprobieren. Das erklärt die unglaubliche Genauigkeit der Cheops- Pyramide. Schon bei der Konstruktion der gesamten Anlage von Gizeh ist zu erkennen, dass die Erbauer am Boden Wert auf Genauigkeit gelegt haben. Damit muss es ihnen gelungen sein, die drei Spitzen der Pyramiden trotz unterschiedlicher Höhe der Bauwerke und unterschiedlichen Höhen des Untergrundes an genau vordefinierten Punkten zu postieren. Sie wussten lange vorher, an welchen Stellen sich diese zur Vermessung geeigneten Punkte an der Spitze zukünftig befinden werden. Durch die Nutzung von insgesamt drei Punkten, bei denen mindestens einer seitlich versetzt ist, wird ein „Verschieben" der Messlinie verhindert. Wie konnten diese Vorgaben vor über 4500 Jahren erreicht werden?

Bis hierher wurde erklärt: Die Alten Ägypter müssen vor mehr als 4500 Jahren rein logisch Vermessung, Navigation und Trigonometrie in bisher unbekannten Größenordnungen betrieben haben. Wie könnte das aber bewiesen werden und welche Konsequenzen ergeben sich daraus? Nun soll gezeigt werden, wie die Menschen dieser Hochkultur mit den noch immer rätselhaften Merkmalen ihrer Bauwerke rein praktisch und mit absoluter Genialität vorgegangen sein könnten. Die dazu benötigten Geometrien sind tatsächlich auch noch in den antiken Bauwerken vorhanden. Durch das Einkreuzen der Querverweise scheinen sich die vermuteten Aufgaben der einzelnen Geometrien gegenseitig zu beweisen.

Der Nil bei Assuan heute - Hindernisse im Wasser, Untiefen und Sandbänke nahe dem Ufer erfordern noch immer genaue Kenntnisse des Flusslaufes und damit eine exakte Navigation auf Festpunkte im ufernahen Bereich

Darauf aufbauend entwickelt sich eine ganz neue und spannende Logik. In den Details der Pyramiden von Gizeh stecken nicht nur atemberaubende Geheimnisse, in ihnen steckt auch eine unglaubliche Chance!

Trigonometrie - Geheimnis der Pyramiden

Bis heute wird den Pyramiden in Ägypten die Rolle als Grabstätten der Pharaonen zugeschrieben. Von den bisher bekannten ca. 320 Pharaonen wurden ca. 70 Gräber gefunden, aber keine Mumie einer Primärbestattung in den Pyramiden. Ebenso gibt es auch keine altägyptischen Texte oder Darstellungen von Bestattungsbräuchen im Zusammenhang mit Pyramiden. Bei den in Pyramiden gefundenen Körpern handelt es sich laut Wissenschaft um sekundäre Nachbestattungen aus späteren Zeiten. Erst bei späteren Pyramiden könnte es sich dabei auch um Familienangehörige von Pharaonen handeln. Selbst in durch Vermauerung versiegelten Grabkammern mit versiegelten Sarkophagen, wie zum Beispiel in der 1954 geöffneten Sechemchet- Pyramide, befand sich nichts. Der Sarkophag war leer!

Die Funktion als Grabstätte und der Verbleib königlicher Mumien als Opfer des Grabräubertums wären aus der Geschichte heraus begründet, aber eben nicht für alle eindeutig nachgewiesen. Da die Qualität und Quantität späterer Pyramiden gegenüber den ersten Bauwerken ihrer Art stark nachlässt und zum Teil erhebliche innere Unterschiede zu den ersten Pyramiden bestehen, wäre auch eine neue Rolle späterer Bauten als tatsächliche Grabstätte denkbar. Zumindest würden die Vermesser der Bauwerke, also auch die Landvermesser stets noch von einer vor allen Augen sichtbaren Aufgabe der Pyramiden profitieren. Selbst wenn der auftraggebende Pharao als Bereitsteller der zum Bau benötigten Mittel über diese Vermessungsfunktion überhaupt nicht unterrichtet wäre.

Was wäre, wenn die Pyramiden die Funktion als Grabstätte nur „gelegentlich auch" gehabt hätten und eigentlich mehrere, sehr viel wichtigere Aufgaben hatten und symbolisch noch immer haben? Zum Beispiel eine verborgene simple aber extrem wichtige Aufgabe, vor aller Augen!

Im gesamten Verlauf der ägyptischen Geschichte dürften etwa 150 Pyramiden unterschiedlicher Größe und Bauart entstanden sein. Je nach Klassifizierung sind heute noch 143 mehr oder weniger bekannt. Die Zahl schwankt, weil komplette Pyramiden durch Steinraub nahezu vollkommen verschwunden sind. Die ausschließliche Rolle als Grabstätte ist zweifelhaft, da einige Pyramiden überhaupt keine inneren Raumstrukturen aufweisen, in einigen mit Räumen kein Sarkophag vorhanden ist oder der zur Pyramide gehörende Pharao bekanntermaßen an anderer Stelle begraben wurde. Eigentlich ist in keiner Pyramide je als Primärbestattung ein nachweislich königlicher Leichnam gefunden worden. Pyramiden ohne innere Kammern wird der Status als Kultstätten zugeschrieben, die auch der staatlichen Machtdemonstration gedient haben könnten, meint die Wissenschaft.

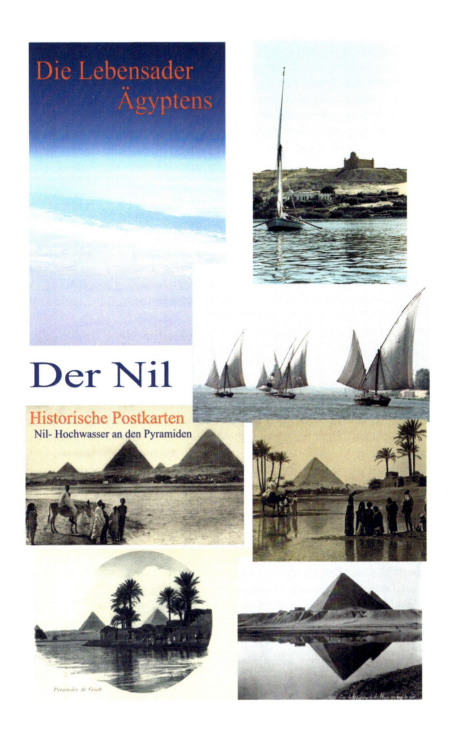

Die Lebensader Ägyptens

Der Nil

Historische Postkarten
Nil- Hochwasser an den Pyramiden

Der Nil ist mit 6852 km Länge der längste Fluss der Erde. Er ist die absolute Lebensader des Landes. Ohne ihn wäre hier nur Wüste. Die Flüsse und das nahe Mittelmeer waren zur Bronzezeit die wichtigsten Transportwege, an deren Ufern sich eine besonders hohe Siedlungsdichte entwickelte. Wer den Schiffbau und die Seefahrt beherrschte, hätte ohne wesentlichen technischen Mehraufwand auch schon vor mehr als 4500 Jahren quasi 70 % des Erdballs bereisen und damit mit dem Rest der Welt Handel treiben und kommunizieren können. Der Nil ist sehr flach, führt aber, zumindest bis zum Bau des Assuan-Staudamms, jährlich regelmäßig Hochwasser. Immer wieder wurden dabei die Ländereien und die für das Überleben des Volkes so wichtigen Felder überflutet. Diese konnten dann regelmäßig nach dem Ablaufen das Wassers, unter dem zurückbleibenden Schlamm, in ihren Abmessungen nicht so leicht wieder aufgefunden werden. Die Notwendigkeit der Vermessung und damit außerhalb des Überschwemmungsgebietes unverrückbare Festpunkte wären schon aus diesem Grund bittere Notwendigkeit. Sowohl bei der Geografie des Wiederauffindens von Ländereien, der Navigation, als auch bei der Voraussage von wiederkehrenden Naturerscheinungen, wie eben die der Überschwemmungen, könnten die Pyramiden daher eine entscheidende Rolle gespielt haben!

Die Geografie des Nils erfordert sowohl für den Einzelnen als auch für den Staat insgesamt lebenswichtige exakte Kenntnisse seiner Strukturen. Der Nil war die wichtigste Verkehrsverbindung und Handelsroute, die Lebensader des Landes. Nahezu jeder Ägypter des Altertums musste sich auf dem Nil auskennen, um sprichwörtlich nicht unter zu gehen oder desaströs, noch dazu mit wertvoller Handelsware auf einer Sandbank zu landen. Die Ägypter und so auch die Erbauer der Pyramiden waren damit grundsätzlich Seefahrer, die sich zwangsläufig mehr oder weniger mit den grundsätzlichen Mechanismen der Navigation auskennen mussten.

Laut Altertumsforschung begann das Pyramidenzeitalter in der Zeit des Alten Reiches in der 3. Dynastie. Die Reihenfolge der Pharaonen wird an vier Königslisten geknüpft. Jahreszahlen werden darin nicht genannt. Als erste und damit älteste Ägyptische Pyramide überhaupt gilt die Pyramide des Djoser. Djoser ließ seine Grabanlage von dem Hohepriester Imhotep in der Nekropole von Sakkara errichten. Der Pyramidenkomplex von Sakkara entstand in einer Vermischung aus verschiedenen Begräbnisriten aus Ober- und Unterägypten. Als Vorgänger der quadratischen Mastaba als Grabstätte gilt der mythologische Ur-Hügel. Wie an den Bauphasen zu erkennen ist, hatte Imhotep zunächst ebenfalls eine quadratische Mastaba geplant. Diese wurde dann jedoch um fünf weitere Mastabas, also um fünf Stufen sowohl seitlich als auch in die Höhe auf eine sechsstufige Stufenpyramide erhöht.

Schon beim Bau der riesigen Anlage mit Umfassungsmauer und einer Vielzahl von Gebäuden um die erste Pyramide des Djoser in Sakkara fällt die Präzision und Geradlinigkeit auf. Sie ist ein erstes Meisterwerk der Vermessung.

Reste der Stufenpyramide des Djoser in Sakkara

Dabei hat Imhotep nur die bereits gebaute große Mastaba, trigonometrisch und damit maßstabgerecht immer weiter verkleinert und damit mehrfach an- und aufgesetzt. Bei der Trigonometrie wird sinngemäß nichts weiter gemacht, als von zwei, besser drei bekannten Punkten ausgehend, eine maßstabgenaue Vergrößerung oder Verkleinerung der bekannten zwei oder drei Punkte zu erzeugen. Natürlich sind auch sehr viel mehr Punkte möglich. So wird im Gegenzug auch eine exakte Berechnung der eigenen bzw. der gewünschten Position erreicht. Der Vermesser braucht dabei nicht einmal zu rechnen. Das System lässt sich auf Karten zweidimensional und an Modellen dreidimensional abbilden. Umgedreht wird so navigiert, die eigene Position und der zukünftige Weg berechnet. Als technisches Gerät reichen schon ein paar Stöcke, über die mit Blickkontakt bekannte Punkte anvisiert werden und ein einfaches Längenmaß. In den darauffolgenden Generationen der gleichen Dynastie versuchte man sich dann immer wieder im Pyramidenbau. Es sind mehrere Versuchsbauten und Bauruinen bekannt. Sei es am Fundament, an den Grundrissen und dem zu verarbeitenden Material, sicher haben die Planer unwissentlich Probleme eingebaut. Mitunter war der Untergrund falsch gewählt, so das mit zunehmendem Volumen das Bauwerk oder Teile davon im zu weichen Boden versanken. Höhepunkte des eigentlichen Pyramidenzeitalters bilden in zeitlicher Folge nach der Stufenpyramide von Meidum, nach der Knick- Pyramide von Dahschur und nach der Roten Pyramide, die

Cheops- Pyramide, die Chephren- Pyramide und die Mykerinos- Pyramide auf dem Plateau von Gizeh. Nach Imhotep und Pharao Djoser wird so nach diesen der Pharao Snofru zur folgenden wichtigen Persönlichkeit.

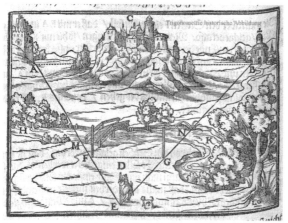

Mittelalterliche Darstellung der Trigonometrie
Trigonometrie historische Abbildung

Unter Snofru fand eine bedeutende Umgestaltung des Staatswesens Ägyptens statt. Während die Verwaltung sich ursprünglich nur auf einzelne landwirtschaftliche Güter stützte, wurde seit dem Beginn des Alten Reiches damit begonnen, das ganze Land in Verwaltungsbezirke, in Gaue einzuteilen. Unmittelbar vor und während der Regierungszeit des Snofru stieg die Zahl der Gaue sprunghaft an. Bis zum Ende seiner Regierungszeit soll deren Zahl auf mindestens 22 gewachsen sein.

Entlang des Nils und damit über ganz Ägypten verstreut liegen mindestens neun, möglicherweise sogar zehn einander ähnliche kleine Stufenpyramiden mit in Größe, Bauart, am Nil orientierter Ausrichtung und damit mit gemeinsamen Eigenschaften, die ebenfalls König Snofru zugeordnet werden könnten. Es wird sogar angenommen, dass es noch mehr solcher Pyramiden, ursprünglich in jedem Verwaltungs- Gau Ägyptens gab, damit also über 20. Ihre Funktion und Aufgabe ist noch immer rätselhaft. Ebenfalls mit Snofru wird der Bau einer ursprünglich 110 Meter langen, 14 Meter hohen und an der Basis 98 Meter starken Talsperre im Raum Wadi Garawi bei Sadd el- Kafara am Nil in der Nähe des Gräberfeldes von Dahschur (Knick- Pyramide) in Verbindung gebracht, von der heute durch Überschwemmung und Steinraub nicht mehr viel übrig ist. Der Versuch eines Staudammbaus zeigt die Notwendigkeit der Einflussnahme auf die Wasserstandsregelung durch Regulierung der Nilfluten. Allein schon die Voraussage der Fluten war daher enorm wichtig. Regelmäßige Abläufe am Himmel, die ebenfalls ganz genau über die Pyramidenspitzen hätten beobachtet werden können, wären zur Voraussage der Fluten von größter Bedeutung. Wissenschaftler sind sich auch heute noch nicht einig, ob die Knick- Pyramide von Beginn an in ihrer eigentümlichen Form so geplant wurde, oder ob der Bau wegen fehlerhafter Berechnungen oder auch wegen des desolaten Untergrundes in der fortgeschrittenen Bauphase umgestaltet werden musste.

Die drei Pyramiden des Pharao Snofru

Stufenpyramide von Meidum

Knick- Pyramide von Dahschur

Rote Pyramide von Dahschur

Plateau von Gizeh

Mutmaßliche Erbauer:
Pharao Cheops
Pharao Chephren
Pharao Mykerinos

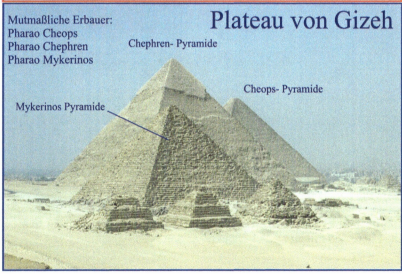

Chephren- Pyramide
Cheops- Pyramide
Mykerinos Pyramide

Eine weitere Hypothese verbindet die unterschiedlichen Böschungswinkel mit der symbolischen Einheit von Ober- und Unterägypten. Eine andere Perspektive sieht in ihr die „Götter- Neunheit" von Heliopolis, bezogen auf die acht Seiten und die Unterfläche. Die erstaunliche Präzision im Gegensatz zu der Variante der nachträglichen Bauänderung bringt die Vermutung nahe, dass die Pyramide genau so geplant wurde, wie man sie dann auch gebaut hat und wie sie seit mehreren tausend Jahren in der Wüste steht.

Für Vermesser hält die Knick- Pyramide erstaunliche Informationen bereit!

Ihre Höhe beträgt 200 Ägyptische Ellen und ihre weithin sichtbaren „Knick-Punkte" liegen je Seite 225 Ägyptische Ellen voneinander entfernt. (Eine Ägyptische Elle: offizieller Wert ca. 0,52359 Meter). Diese insgesamt drei glatten, sprichwörtlichen „Eckdaten" so genau zu erwischen, wäre sicher schwierig, wäre die Pyramide ohne den Knick geplant worden! Die Konstruktion einer Knick- Pyramide gestaltet sich weitaus komplizierter, als die einer „einfachen" Pyramide. Erst recht, wenn man mit dem Bau bereits begonnen hat.

Abbildung Seiten 74 und 75: Die Knick- Pyramide von Dahschur als Fadenmodell mit Messkreuz in zwei verschiedenen Planungsvarianten - Tatsächlicher Bau: Höhe 200 Ägyptische Ellen, Entfernung „Knick- Punkte" je Seite 225 ÄE

Die Knick Pyramide von Dahschur als Fadenmodell 1:100

Mit den so entstandenen Eckpunkten könnte jeder Vermesser auf mindestens zwei weithin sichtbare bekannte Punkte zugreifen, die, damit sie nicht in der Waagerechten „verrutschen", von einem seitlich höher stehenden versetzten Punkt an der (Pyramiden)- Spitze optisch „gehalten" werden. Sie wäre der ultimative Anhaltspunkt in einer in der Planungsphase stehenden Welt. In einem im Aufbau befindlichen Staatswesen.

Von ihrem Standpunkt aus könnte so die gesamte Umgebung vermessen und berechnet werden, auch eine am Nil zu errichtende Staumauer.

Die Knick- Pyramide hat womöglich die in sie gesetzten Erwartungen rein optisch nur ungenügend erfüllt. Aus größerer Entfernung verschmelzen ihre Konturen farblich mit dem Wüstensand und den ebenfalls gelben Schwebeteilchen am Himmel. Dadurch waren auch die Knick- Ecken nur unzureichend auszumachen.

<u>Es folgte: Die Rote Pyramide in Sichtweite der Knick- Pyramide!</u>

Ganz in der Nähe der Knick- Pyramide ist auch die optisch gut sichtbare, heute aber nahezu zerstörte „Schwarze- Pyramide" angeordnet. Neben der Knick- Pyramide wurde zudem eine kleinere „Kultpyramide" errichtet.

Also insgesamt wieder drei versetzte Spitzen in einer Einheit. Die Farben „rot" und „schwarz" könnten demnach eine logische Reaktion auf die schlechte Sichtbarkeit der Vermessungspunkte der Knick- Pyramide gewesen sein!

Dies würde auch erklären, warum nie wieder eine Knick- Pyramide gebaut wurde. Bekannt ist: Pharao Snofru hat das Staatswesen Ägyptens reformiert und dabei den Schiffs-, Siedlungs- , Städte-, Gewässer-, Landschafts- und Gebäudebau wesentlich vorangetrieben.

Deutlich zu sehen:
Das sich ergebende Messkreuz der Knick- Pyramide

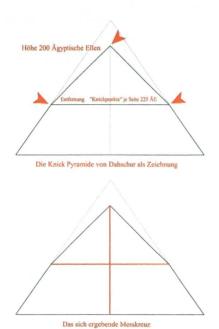

Er selber muss als Ägypter und Anwohner des Nils über nautische Kenntnisse verfügt haben, die sich vermessungstechnisch über nautische Trigonometrie ganz einfach auf den Pyramidenbau „umfunktionieren" ließen.

Snofru hat möglicherweise über 20 kleinere, damit möglicherweise an die insgesamt 25 über das ganze Land entlang des Nils verteilte Pyramiden gebaut. Diese waren allesamt weithin sichtbar, womit sie sich auch zur nautischen Orientierung in Ufernähe eigneten. Ebenso ließen sie sich durch ihre bekannten Standort- und Höhendaten zur trigonometrischen Vermessung von Landschaften, Kanälen, Straßen, Städten und Gebäuden einsetzen. Mit ihnen hätten die Ägypter ein Koordinatennetz aufbauen können. Seit dem späten Mittelalter gehört die Landesvermessung innerhalb der Geodäsie zu den Grundlagenvermessungen und damit zu den wichtigsten Aufgaben eines Staates. Diese ist aber immer auch mit einer militärischen Nutzbarkeit und damit mit Geheimhaltung verbunden!

Snofru wird in verschiedenen Ansichten eine Amtszeit von bis zu 48 Jahren zugerechnet. An deren Ende könnte es eine regelrechte Pyramidenindustrie und damit ein Vermessungsnetzwerk gegeben haben. Wenn die Industrie zur heutigen Zeit ein neues Produkt herstellen möchte, wird zunächst ein trigonometrisch verkleinertes oder vergrößertes Modell als Muster entwickelt. Heute natürlich am Computerbildschirm. Kleine Dinge, wie zum Beispiel Computer- Prozessoren erscheinen zunächst riesig. Große Dinge, wie Brücken oder Gebäude werden verkleinert dargestellt. Genau das haben sicher auch die Ägypter getan! Sie könnten eine Pyramide zunächst im Maßstab 1:100 als 3D- Fadenmodell aus einem Stock, Schilfrohr und Fäden konstruiert haben. Wieder Trigonometrie!

So ein Fadenmodell ist, wie die Seile auf einem Segelschiff, witterungsbeständig und es lässt sich zusammenklappen und überall hin tragen, zu jeder Baustelle im ganzen Land.

Zudem wäre es möglich, dass die Pyramiden nicht mit Gewalt (Sklaverei) oder wirtschaftlichen Druck (Bezahlung), sondern mit genialer Überzeugung „kostengünstig" gebaut wurden. Der Mechanismus diesmal im philosophischen Sinne: Trigonometrie, Hebelwirkung. Vergrößerung einer kleinen Idee! Kleinste Auslösemechanismen in Form von gestreuten Informationen könnten die Arbeitskräfte angelockt haben. Die Bauarbeiter könnten damit freiwillig gekommen sein. Ohne mühselige Organisation. Daneben könnten sie nahezu umsonst gearbeitet haben, wenn sie zum Beispiel als Bezahlung beim Pyramidenbau anfallendes Abfall- Steinmaterial erhalten haben, das für den Einzelnen immer noch wertvolles Baumaterial darstellt. Wie wichtig derartige Bausteine sind, zeigt die Tatsache, dass die Bauwerke selbst heute noch vom Steinraub betroffen sind. Zudem könnten die organisatorischen und wirtschaftlichen Lasten des für die Vermessung notwendigen Pyramidenbaus von Beginn an auf viele folgende Generationen von Pharaonen verteilt worden sein. Selbst die Behauptung, bei den Pyramiden handele es sich um Grabstätten der Pharaonen oder um Kultstätten für die Götter, hätte unter dem Volke eine entsprechende Wirkung nicht verfehlt.

Vom System der beim Pyramidenbau eingesetzten Trigonometrie und den entstehenden Festpunkten ausgehend, könnten die Ägypter letztendlich nahezu alles auf der Erde, aber auch im Sonnensystem und im Universum nach Belieben und Notwendigkeit virtuell verkleinert und vergrößert haben. Denn die Pyramidenspitzen eignen sich mit ihren bekannten Maßen als bekannte Festpunkte zur lokalen Einordnung im Raum und damit auch zur Beobachtung der Gestirne. Durch die regelmäßige Beobachtung der Himmelskörper über die Pyramidenspitzen und die Registratur der Jahreszyklen könnten die Ägypter über Jahre astronomische Uhren und Kalendarien gebildet haben, mit deren Hilfe sich Hochwasserfluten, die Aussaaten und das Einbringen der Ernte vorausberechnen ließen.

Eine weitere Schlussfolgerung: Hat König Snofru seine Pyramiden als trigonometrische Vermessungspunkte eingesetzt, dann sind auch die später gebauten Pyramiden von Gizeh als solche Vermessungspunkte geplant und gebaut worden! Dann wäre Gizeh ein Gesamtkonzept!

Die wissenschaftlichen Erkenntnisse aus den Vorgängerbauten, die auch die inneren Gänge und Kammern beinhalten, wurden dann sicher in der Pyramidenanlage von Gizeh mit hinein konstruiert. Möglicherweise war König Snofru noch die treibende Kraft.

Als Konstrukteur der Cheops- Pyramide gilt in der altägyptischen 4. Dynastie Prinz Hemiunu in seiner Funktion als „Vorsteher aller Bauarbeiter des Königs". Als Kind des Nefermaat, einem möglichen Sohn Snofrus, wäre Prinz Hemiunu der Enkel Snofrus und damit der Cousin oder Neffe von Cheops.

Gebaut wurde die Anlage in Gizeh dann nach derzeitigem wissenschaftlichem Stand als Bauherr vom Sohn Snofrus von Cheops in dessen 23jähriger Amtszeit, von Snofrus Enkelsohn Chephren (26 Jahre Amtszeit) und von seinem Urenkel Mykerinos (23 Jahre Amtszeit).

Wie hätte so ein kombinierter Vermessungspunkt aus drei Pyramiden entstehen können?

Um die Spitzen der drei großen Pyramiden als Vermessungspunkte nutzen zu können, hätten die Ägypter alles daran setzen müssen, die drei Punkte der Spitzen an genau vordefinierter Stelle am Himmel über der Baustelle zu treffen. Diese Punkte waren weder durch einen Flugapparat, noch durch einen Turm erreichbar. Die Vermessung konnte ausschließlich nur vom Boden aus erfolgen. Und genau so könnten sie es gemacht haben. Mehrere Eigenheiten deuten darauf hin!

Oberste Prämisse für die Landvermessung wäre das Wissen über die Entfernung der Spitzen der Cheops- Pyramide und der Mykerinos- Pyramide voneinander. Dabei entstehen die beiden seitlichen Punkte, so wie diese auch an der Knick- Pyramide zu finden sind. Das diese im Fall von Gizeh schräg angeordnet sind, hängt sicher mit weiteren Funktionen der Anlage zusammen. Die Schräge spielt ohnehin eine untergeordnete Rolle, da nur die reine Entfernung der beiden Spitzenpunkte und deren Höhe für die Vermessung des Landes wichtig sind. Damit die Punkte wiederum von einem dritten Punkt gehalten werden, musste die Spitze der mittleren Chephren- Pyramide darüber höher und etwas seitlich versetzt angeordnet werden. Es entsteht wieder die typische virtuelle Kreuzform, wie zuvor schon an der Knick- Pyramide. Wer das nicht weiß, kommt da nicht drauf!

Ausgangspunkte für die Konstruktion war also: Die drei Spitzen an genau vordefinierter Stelle am vor dem Bau unerreichbaren Himmel zu platzieren. Mit einer 3D- Fadenanlage hätten die Konstrukteure die Vorgaben in der Planung genau einstellen können! Für den Bau selber war dann eine simple Berechnung notwendig, die von den noch virtuellen zukünftigen Spitzen aus das darunter liegende Bauwerk berechnet und damit gleichzeitig genau den Punkt unterhalb der zukünftigen Spitze definiert hat. Von diesem unteren Punkt aus wurde dann mit dem Bau der jeweiligen Pyramide begonnen. Dieser wichtige Punkt ist logischerweise immer der Schnittpunkt zwischen den schräg nach oben strebenden Böschungs- Kanten, der sich durch ein auf der jeweiligen Bauhöhe eingependeltes Faden- Lot immer senkrecht nach oben bis zur Spitze ziehen wird.

Bezugspunkte sind hierbei im Fall der Cheops- Pyramide die gewünschte Zielhöhe von 280 Ägyptische Ellen und der Schnittpunkt, lotrecht unter der zukünftigen Spitze, auf der momentanen Basis, in der Mitte zwischen den vier Ecken einer Pyramide. Um das System zu erklären, wird hier mathematisch mit Zahlen und damit mit Kommastellen gerechnet. Die Ägypter haben sicher nicht mit Kommastellen gerechnet! Die Ägypter werden viel einfacher, geometrisch mit Ellenmaßen, Fäden und Rädern vorgegangen sein. Die Räder hatten entweder den Durchmesser einer Ägyptischen Elle oder die Ägyptische Elle wurde mehrfach um den Umfang aufgelegt. Das Gleiche trifft für ein von der Ägyptischen Elle abweichendes, am Mittelpunkt beginnendes Radius- Maß zu. Die Ägypter wussten also vorher, wie hoch der Bau werden sollte und sie wussten jederzeit, wie hoch sie bereits gebaut hatten, durch Abschneiden dieses Maßes von der Zielhöhe. Also 280 ÄE minus der bereits gebauten Höhe ist gleich die „Restlich verbleibende Höhe".

Nun wird mit der Formel mathematisch gerechnet: „Restlich verbleibende Höhe" (280 ÄE) x 1,1111111111 ergibt 311,111111111 ÄE. Genau das ist das Maß, vom Schnittpunkt aus bis zu den jeweiligen vier Böschungs- Kanten! Geometrisch bedeutet das: Wenn ein Rad bzw. ein Faden- Maß, mit dem die „Restlich verbleibende Höhe" in der Lot- Senkrechten bemessen wurde den Wert „1" Ägyptische Elle hat, dann muss das etwas längere Maß mit dem der Wert in der Waagerechten vom Mittelpunkt zu den Kanten (Radius) dem Wert von 1,111111111 Ägyptischen Ellen entsprechen. Ein Stab, ein Faden oder ein Radumfang müssten also etwas länger sein, als eine Ägyptische Elle (In Meter: 1 ÄE = 0,5235987756 Meter / Radius- Maß = 0,581349206 Meter). Im Schnittpunkt zwischen den vier Kanten hat man in Pyramiden Löcher gefunden, in die ein Stab gesteckt werden konnte. Dieses Zentrum war also wichtig. Von dort könnten Messfäden zu den vier Kanten gezogen worden sein. Damit sich die Pyramide während des Baus nicht in sich verdreht, war grundsätzliche Voraussetzung zur genauen Einmessung der nach oben hin wachsenden Pyramiden, dass diese genau nach den Himmelsrichtungen ausgerichtet wird und das möglichst jeweils gleich hohe Steinlagen einer jeden Steinschicht verbaut werden, um das Bauwerk in der Waage zu halten. So wurde die Pyramide tatsächlich auch gebaut! Das Bauwerk ist auf den Zirkularpunkt nach Norden und damit auf die Himmelsrichtungen ausgerichtet.

Grundkonzept eines Sonnenkompass ist eine Sonnenuhr

Die Ausrichtung nach den Himmelsrichtungen muss dabei nicht unbedingt primär auf den Zirkularpunkt am nächtlichen Sternenhimmel erfolgt sein. Mit einem sogenannten Sonnenkompass lässt sich die Himmelsrichtung tagsüber bei Sonnenschein mit nur einem in den Boden gesteckten Stab und zweier darum gezogener Kreise feststellen. Zwischen den Stellen, an denen der Schatten jeweils am Vormittag und Nachmittag die Kreise berühren, werden Striche gezogen, die dann exakt zwischen Osten und Westen verlaufen. Die unterschiedlichen Steinlagen sind zwar unterschiedlich hoch, in der Ebene aber sind die Steine einer jeden waagerechten Ebene alle gleich hoch.

Wie in der Trigonometrie üblich, braucht es auch hier einen Kontrollmechanismus! Am Beispiel der „Restlich verbleibenden Höhe" von 280 Ägyptischen Ellen entstehen durch den Radius von 311,11111111 ÄE waagerechte Seitenkanten von jeweils 440 Ägyptischen Ellen. Zur Kontrolle wird nun entlang von immer ZWEI Seitenkanten ein Rad mit dem Durchmesser von „1" Ägyptischen Elle mal der Anzahl des Wertes der „Restlich verbleibenden Höhe" abgerollt. Da ein Rad mit dem Durchmesser von „1" Ägyptischen Ellen automatisch den Umfang- Wert Pi beinhaltet, damit also einen Umfang von 3.14159265358979323846.....Ägyptischen Ellen aufweist, wird der Umfang für ZWEI Seiten in dem Fall (Restlich verbleibende Höhe 280 ÄE) 880 Ägyptischen Ellen aufweisen. ZWEI Seiten deshalb: Wird das Abrollen für alle vier Seiten so immer 2 x absolviert, „kontrolliert" das System gegenseitig die genaue Gleichheit aller vier waagerechten Seitenkanten der jeweiligen Bauhöhe. Durch dieses Vorgehen und das mechanische Abrollen eines Rades entsteht das merkwürdige Phänomen, dass die Cheops- Pyramide an mehreren Stellen die Kreiszahl Pi, enthält. So eben auch gerade im Bezug von der Höhe zu den waagerechten Seitenkanten. Das bedeutet also nicht, dass die Alten Ägypter mit der Kreiszahl Pi mathematisch gerechnet haben. Das brauchten sie auch nicht, sie hatten ja den Kreis im Rad und der enthält die Kreiszahl automatisch.

Wird das Bauwerk nun mit dieser Formel und dem Kontrollmechanismus nach oben gezogen und dabei immer wieder aus der „Restlich verbleibenden Höhe" der jeweiligen Bauhöhe der Radius von der Mitte zu den Böschungs- Kanten generiert, wird die Spitze des Bauwerkes zwangsläufig exakt den vordefinierten Punkt treffen.

Wer die Zahlenangaben mit einem Taschenrechner nachrechnet, wird feststellen, dass die Werte nicht zu 100 % getroffen werden. Diese durch den Logarithmus des Rechners entstehende minimale Abweichung, die auch durch die eigentlich notwendigen Nachkommastellen der einzelnen Werte und die unendlich vielen Nachkommastellen der Kreiszahl Pi entsteht, wird aber durch die Geometrie einer dreidimensionalen Anlage ausgeglichen. Wenn die Ägypter mit einem großen Fadenmodell gearbeitet haben, noch dazu mit dünnen Fäden, entsteht durch die Größe eine exorbitante Genauigkeit, die einer heutigen Computer CAD- gestützten Projektierung um nichts nachgestanden haben dürfte. Der antike Bauingenieur hatte zudem sofort und unmittelbar das dreidimensionale Projekt vor sich. Er konnte sogar hineinklettern und es nach Bedarf verändern.

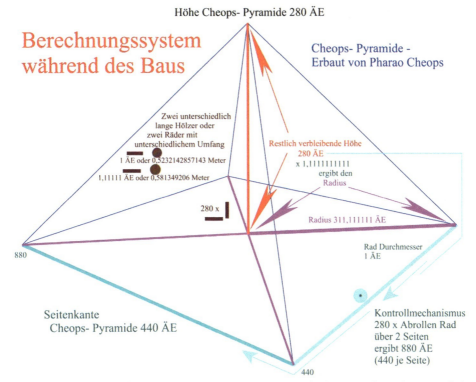

Die bildliche Darstellung eines Berechnungssystems mit der Grundlage der „Restlich verbleibenden Höhe". Damit konnte aus dem zukünftigen Punkt an der Spitze das Bauwerk von oben nach unten berechnet und umgekehrt gebaut werden

Zu den Maßen der beiden anderen Pyramiden:

Die Pyramiden haben unterschiedliche Böschungswinkel. Die hier beschriebenen Maße treffen also nur für die Cheops- Pyramide zu! Während das Radius- Maß vom Mittelpunkt zu den vier Böschungskanten bei der Cheops- Pyramide ca. 1,11 Ägyptische Ellen (0,58 Meter) beträgt, müsste diese bei der Chephren- Pyramide 1,06 Ägyptische Ellen (0,55 Meter) und bei der Mykerinos- Pyramide 1,13 Ägyptische Ellen (0,59 Meter) betragen. Das genaue Maß und der Unterschied, wie viel länger das Radius -Maß vom Mittelpunkt zu den vier Seiten sein muss, musste nicht errechnet werden! Die Berechnung übernimmt die Geometrie eines 3D- Modells automatisch. Das Maß lässt sich ganz leicht an einem Fadenmodell auslesen. Die Relation einer 3D- Anlage würde immer in genauer Relation zum zukünftigen Original stehen. Das von der virtuellen zukünftigen Spitze aus, von innen heraus auf die darunter entstehende Pyramide wirkende Berechnungssystem bewirkt einen weiteren großen Vorteil! Die Vermesser waren nicht darauf angewiesen, den bereits entstehenden Böschungswinkel vermessen zu müssen, um den noch zu bauenden Rest bis zur Spitze darauf auszurichten.

Das bedeutet wiederum: Das entstehende Bauwerk konnte mit einer umlaufenden Rampe oder zumindest mit einer steinernen Rüstung eingepackt werden, auf welcher die Bauarbeiter transportieren, arbeiten und stehen konnten. Folglich brauchten die Vermesser „nur" noch die Anfangspunkte unterhalb der zukünftigen Spitzen vermessen, um eines Tages zu wissen, wie weit alle Spitzen voneinander entfernt sein werden.

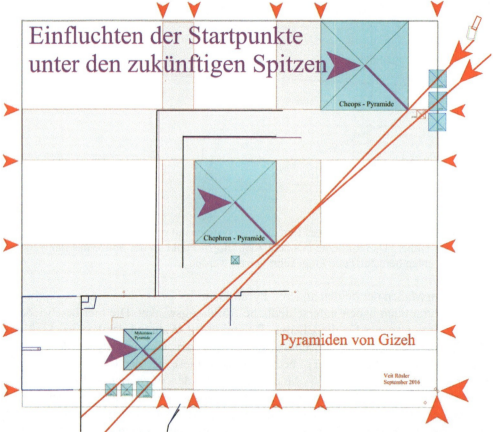

Einmessen der „Startpunkte" auf dem Fundament für die drei Hauptpyramiden

Beim Einmessen haben sicherlich eine heute noch vorhandene Rampe an der Ostseite der Cheops- Pyramide und die sechs kleinen Königinnen- Pyramiden eine Rolle gespielt. Diese kleinen Pyramiden haben einen eigenen Vermessungspunkt im Südosten, in dem sich deren Linien kreuzen. Sicher hatten auch die quadratischen Abstände der Pyramiden- Unterkanten für die Vermessung eine große Bedeutung. Daneben gibt es eine ganze Reihe von zusätzlichen Kontrollpunkten durch die sogenannten „Mauern der Grabbezirke". Spätere Vermesser wussten somit, wie weit die Spitzen der drei Pyramiden auseinander liegen. Allein nur für die Landvermessung hätten die drei Pyramiden nicht einmal in unmittelbarer Nähe liegen müssen. Weitere Pyramiden mit bekannten Höhen- und Ortsdaten in Sichtweite wären für die Vermessung ausreichend. So müsste es also noch weitere Gründe geben, warum die Pyramiden von Gizeh in dieser Konstellation so errichtet wurden.

Grundlage war vermutlich ein einfaches, in allen Richtungen verstellbares 3D-Fadenmodell, in dem alle notwendigen Eckpunkte ausgetestet und wenn notwendig in der Konstruktionsphase verstellt werden konnten. Die Planungsphase dürfte mehrere Jahre gedauert haben. Dabei könnten auch alle möglichen, heute noch unbekannten inneren Materialstrukturen bei der Konstruktion mit berücksichtigt worden sein.

Für den Bau der drei Pyramiden mussten sie dann vor dem Baubeginn „nur noch" die drei Punkte exakt unter den zukünftigen Spitzen treffen. So berechnet war die Lage und die Entfernung der drei Spitzen voneinander lange vor dem Bau bekannt.

Die Pyramiden von Gizeh mit Mess-Kreuz (Der „Sphinx- Kater" vertreibt Vögel von den sensibel genau gespannten Fäden. Möglicherweise hatte eine Katze Namens Sphinx schon einmal diese Aufgabe bei einer solchen Konstruktion)

Wie weit die Punkte an den Spitzen der fertigen Bauwerke von Gizeh voneinander entfernt sind? Das dürfte ein streng gehütetes Geheimnis sein! Wer die Zahlen kennt, hat die Macht! Das Wissen um die Zahlen der trigonometrischen Punkte hat immer auch eine militärisch- strategische Bedeutung. Immerhin ließen sich nach ihnen Armeen ausrichten und sehr viel später sogar die Flugbahnen von Kanonenkugeln berechnen. Laut eigenen Berechnungen, eingekreuzt aus unterschiedlichen Eckdaten, müsste das Primärmaß Cheops- und Mykerinos- Pyramide 1750 ÄE betragen. Das tragende Maß der Chephren- Pyramide in der Mitte darüber hat eine Höhe von 275 ÄE. Lässt sich doch leicht merken! Da die Spitzen in Höhe, Tiefe und Breite versetzt sind, kann der Berechnende, je nach Ziel seiner Aufgabe, auch noch die anderen ihm bekannten Spitzen- und Höhenwerte mit einbeziehen.

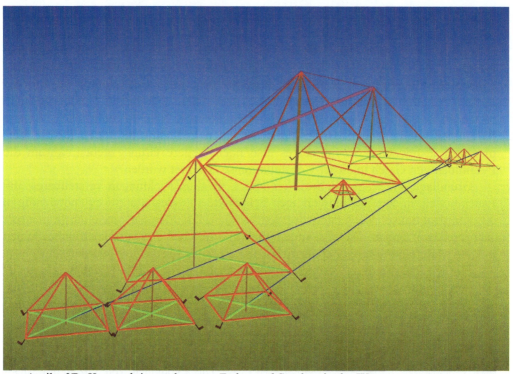
Antike 3D- Konstruktionsanlage aus Fäden und Stöcken in der Wüste

Da die äußeren Maße der Pyramiden als Festpunkte nun den Vermessern exakt bekannt waren, eigneten sich die Pyramiden als trigonometrische Festpunkte zur Vermessung des Landes aber auch zur Einordnung des Sternenhimmels. Mit ihnen ließ sich nicht nur ein horizontales Gitter- oder Koordinatennetz über die Erdoberfläche, sondern auch ein virtuelles vertikales Netz in den Himmel projizieren.

Zur Einmessung der Strukturen der drei großen Pyramiden wurden möglicherweise die insgesamt sechs kleinen „Königinnen- Pyramiden" und die unzähligen „Mauern der Grabbezirke" mit benutzt. Ebenso die kleine „Kult- Pyramide" südlich der Chephren- Pyramide und weitere, heute noch sichtbare Festpunkte am Boden. Dazu hat schon der reine Blickkontakt zwischen zwei bekannten Punkten und das Setzen eines Fundamentpunktes dazwischen ausgereicht. Heutige Vermesser nennen das Verfahren „Einfluchten". Die insgesamt sechs kleinen Königinnen- Pyramiden bilden dabei die sogenannten „Fluchtstäbe".

Antike 3D- Konstruktionsanlage aus Fäden und Stöcken

Weil der gesamte Bau möglicherweise zwischen 30 und 60 Jahre gedauert hat, wurden diese „Fluchtstäbe" aus Stein gebaut. Möglicherweise auch, um sie später als Gräber verwenden zu können. Es ist davon auszugehen, dass die Organisatoren des „Systems Pyramiden" vor 4500 Jahren in ihrer Genialität das „Gerücht" um Gräber und Kultstätten durch bauliche Maßnahmen selber gestreut haben könnten, um ihre Anlagen nachhaltig zu schützen. Ohnehin mussten sie ja dort außerhalb des Überschwemmungsgebietes errichtet werden, wo auch die Toten vor Hochwasser geschützt bestattet wurden.

Das Vermessungspunkte am Boden noch immer vorhanden sind, ist möglicherweise Indiz dafür, dass die Anlage von Gizeh unter der Priesterschaft Jahrhunderte lang zur Ausbildung von Landvermessern und pharaonischen Bauingenieuren genutzt worden ist. Die Gizeh- Pyramiden enthielten zudem sicher auch alle verfügbaren geeichten Basisdaten als Anhaltspunkte!

Auch die ca. 8 Kilometer nordwestlich von Gizeh entfernt gebaute Radjedef-Pyramide hat zwei kleine Pyramiden, also wieder drei Spitzen. Diese liegen alle auf einem Berg, von dem aus sie, obwohl kleiner, genau wie die Pyramiden von Gizeh weithin sichtbar waren. Aus drei Pyramiden besteht zum Beispiel auch die Anlage des Niuserre bei Abusir. Selbst die zuerst gebaute Stufenpyramide des Djoser in Sakkara bekam in der 5. Dynastie mit der Pyramide des Userkaf und der Unas- Pyramide zwei weitere Spitzen zur Begleitung.

In ihrer Funktion als trigonometrische Punkte müssen die Pyramiden in Memphis und Heliopolis und im ganzen Land wesentlich zum Aufbau der Landvermessung, damit zum Aufbau des Staatswesens sowie wesentlich zum Aufbau des gesamten vergleichenden Messwesens beigetragen haben.

Mit Trigonometrie und Vermessung lassen sich viele andere, heute noch mysteriös anmutende Konstruktionen und Bauwerke der Menschheit erklären. Selbst bei den geheimnisvollen „Nazca- Linien" in der Wüste bei Nazca und Palpa in Peru kann es sich um Produkte trigonometrischer Vermessungen handeln. Auch um Linien zur Vermessung des Sternenhimmels. Die Philosophie: Beim Universum, vom Urknall beginnend, wie auch in dem an der Spitze beginnenden System einer Pyramide, handelt es sich immer um trigonometrische Vergrößerungen winziger Systeme!

Die Funktion der Pyramiden wurde vermutlich in späteren ägyptischen Dynastien (trigonometrisch) modifiziert und verkleinert. Zunächst wurden die notwendigen Messpunkte von den steinernen Obelisken gebildet. Vor jedem Tempel in Heliopolis und Karnak standen meist zwei solcher Obelisken. In Mehrfachfunktion waren auch diese immer wieder, neben ihrer Aufgabe zur Repräsentation, ebenfalls zur Land- und Bauwerksvermessung, als auch als Festpunkte zur Bildung eines räumlichen Bildes zur Sternenbeobachtung geeignet. Wie bei einer Pyramide stand auch bei einem Obelisken vor der Errichtung die zukünftige Bauhöhe bereits fest, ohne das Außenstehende die Höhe an dem sich nach oben hin verjüngenden Bauwerk später nachmessen konnten. Die tatsächliche Höhe war nur den Vermessungstechnikern bekannt!

Obelisken in Luxor im Karnak- Tempel

In die Reihe trigonometrischer Festpunkte zur Seewegvermessung und zur Vermessung des Landes würden sich auch die ca. 30 Meter hohe Statue des etwa 292 v. Chr. vollendeten „Koloss von Rhodos" und der für das Jahr 282 v. Chr. erwähnte und nach verschiedenen Schätzungen 150 Meter hohe „Leuchtturm von Alexandria" einfügen. Die Bauwerke unterstreichen die Notwendigkeit von weithin sichtbaren Nautik- und Vermessungsfestpunkten.

Obelisken in Luxor im Karnak- Tempel

Mit der Eroberung Ägyptens wurden immer wieder von fremden Völkern Obelisken als „Kriegstrophäe" abgebaut und unter enormen Aufwand in die Städte der Eroberer gebracht. Allein in Rom gibt es insgesamt acht solcher aus Ägypten stammenden Obelisken über das Stadtgebiet verteilt. Fünf weitere in Rom hergestellte ähnliche Monumente kamen hinzu. Rom ist mit 13 Stück die Stadt mit den meisten Obelisken. Ein aus dem ägyptischen Heliopolis stammender Obelisk mit 25 Metern Höhe stand in der Antike mitten im Zentrum des Circus Maximus von Kaiser Nero. Heute steht er in der Mitte des Petersplatzes im Vatikan. Offiziell demonstrieren die Obelisken die Macht des Glaubens und des Staates.

Der ägyptische Obelisk vor dem Petersdom

Der aus Heliopolis in Ägypten stammende Obelisk mit 25 Metern Höhe stand in der Antike mitten im Zentrum des Circus Maximus von Kaiser Nero.

Allein in Rom gibt es insgesamt acht solcher ehemals in Ägypten beheimateter Obelisken über das Stadtgebiet verteilt.

Fünf weitere in Rom hergestellte ähnliche Monumente kamen hinzu

Fotos Quelle: Bildarchiv Vatikan

Einer der Obelisken vom Tempel in Luxor steht auf dem Place de la Concorde in Paris. Als „Nadel der Kleopatra" ist ein ursprünglich aus Heliopolis stammender Obelisk in London und ein weiterer in New York- City aufgestellt worden.

Die amerikanische Hauptstadt Washington D.C. schmückt mit dem Washington Monument ein alles überragender 169,3 Meter hoher Obelisk. Die Spitze der Obelisken, die Pyramide, ist ein Symbol der in Vermessungstechnik ausgebildeten Freimaurer (Pyramide auf US- Dollar Note). Die Idee zum Bau des Washington-Obelisken geht noch auf den einer Freimaurerloge angehörenden ersten Präsidenten der Vereinigten Staaten George Washington (1732-1799) zurück. Er wurde von dem US- amerikanischen Architekten und Kartographen Robert Mills (1781-1855) entworfen. Der Grundstein und Teile des Monumentes wurden von einer Freimaurerloge gestiftet. Das Washington Monument gilt noch immer als das höchste Steinbauwerk der Welt.

Wer von den Treppen des Capitol aus auf das Stadtgebiet von Washington schaut, dem fällt sofort dieser riesige, alles beherrschende Obelisk ins Auge. Beim genauen Hinsehen überragen aber allein in Blickrichtung noch zwei weitere hohe Gebäude das Stadtgebiet. So der Old Post Office Clock Tower und der Turm der National Consumer Bank. An beiden Spitzen: Kleine Pyramiden. Drei unterschiedlich hohe, räumlich versetzte Pyramiden über der amerikanischen Hauptstadt? Vor aller Augen! Gizeh lässt grüßen. Wie weit die Spitzen der in einem Dreieck stehenden Washingtoner Pyramiden voneinander entfernt sind? Wer die Zahlen kennt, hat die Macht!

Allein schon die Cheops- Pyramide sei so exakt gebaut, dass man mit ihrer Hilfe sogar das Land vermessen könne. Das stellten 1798 Wissenschaftler im Dienste Napoleons zu ihrem Erstaunen fest. Vermessungssysteme gehören zu den wichtigsten Grundlagen des Staatsapparates, aber auch der Wirtschaft und der Religion. Über ganz Europa und darüber hinaus verteilt wurden seit dem frühen Mittelalter unzählige Kirchenbauten errichtet. An ihrer Spitze ist nicht selten eine kleine Pyramide und/oder eine runde Kugel zu finden. Dazu kamen später unzählige weitere Vermessungspunkte, wie zum Beispiel im Land Sachsen die bekannten Postmeilensäulen und weitere staatlich geförderte Messpunkt- Vermessungsnetze. Europa investiert gegenwärtig viele Milliarden Euro, um insgesamt 30 Satelliten ins Weltall zu schicken, um unabhängig vom amerikanischen GPS- System zu werden. Die Funktion: Trigonometrie.

Der Obelisk von Washington D.C. und die ihn begleitenden Messpunkte - Erbaut 4. Juli 1848 bis 6. Dezember 1884 - Idee George Washington (1732-1799) - Architekt: Kartograph Robert Mills (1781-1855) - Höhe 169,3 Meter

Oben: Die Pyramiden von Gizeh über dem Stadtgebiet von Kairo - Schon Napoleons Vermesser stellten ihre Eignung als Messpunkte fest -

Unten links: Eine Kirche der koptischen Christen und das Minarett einer islamischen Moschee in Ägypten - Unten rechts: Mittelalterliche Darstellung der Triangulation zur Vermessung von Gebäuden und zur Vermessung der Gestirne

Oben: Vermessungspunkt im Mittelmeer nahe Rovinj. Die Entfernung zwischen Punkt A und Punkt B beträgt exakt eine Seemeile. Die Position von Kirche C verhindert ein „Verrutschen" der Messung. Darauf hat die Österreichische Kriegsmarine ihre Vermessungsgeräte geeicht. Heute noch zur nautischen Navigation genutzt - Unten: Beispiel Landvermessung und nautische Navigation - Kirche Heilige Euphemia in Rovinj mit Messpunkt am Mittelmeer

Beispiel Kirchen in Ufernähe am Mittelmeer zur Landvermessung und zur nautischen Navigation

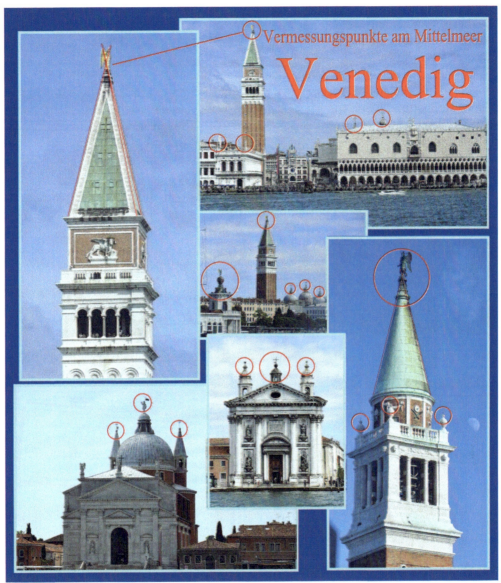

Zu jedem trigonometrischen Festpunkt, wie zum Beispiel zu den Spitzen der Kirchen, existiert über Jahrhunderte weiterentwickelt, eine behördliche „Festpunktbeschreibung" des jeweiligen Landesvermessungswerkes, die an „Dritte" nicht weiter gegeben werden darf. Wer die Zahlen kennt, hat die Macht! Heute wird das GPS-System für die Landvermessung genutzt.

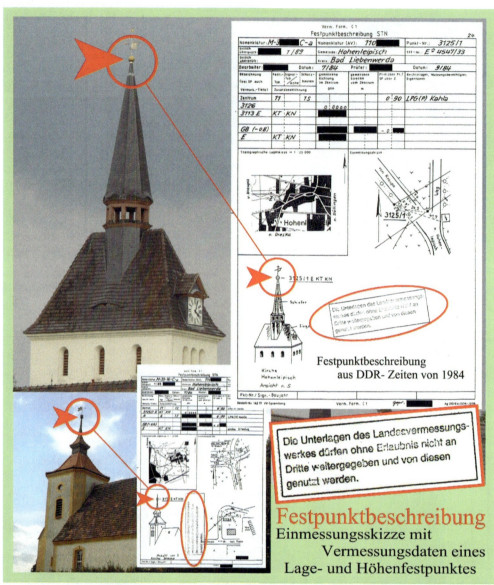

Festpunktbeschreibung
Einmessungsskizze mit
Vermessungsdaten eines
Lage- und Höhenfestpunktes

Festpunktbeschreibungen - Einmessungsskizze mit Vermessungsdaten eines Lage- und Höhenfestpunktes als Referenzpunkt der Grundlagenvermessung - Beispiel Kirche Hohenleipisch EE- Kreis mit Festpunktbeschreibung und Weitergabeverbot - Noch aus DDR- Zeiten - Heute GPS- Vermessung - Beispiel Kirche Dreska EE- Kreis mit Festpunktbeschreibung und Weitergabeverbot - Noch aus DDR- Zeiten - Heute GPS- Vermessung

Macht gewannen auch die Römer. Genau so wie zuvor in der Hochkultur der Alten Ägypter entlang des Nils, breiteten sie sich plötzlich in verhältnismäßig kurzer Zeit von Rom über große Teile Europas, Asiens und Nordafrikas aus. Mit den Beziehungen der Römer zu den Ägyptern ab 273 v. Chr. haben diese möglicherweise das Verfahren der Landvermessung übernommen und damit das Imperium Romanum aufgebaut. Überall wo sie hinkamen, haben ihre Ingenieure zunächst Militärstützpunkte vermessen und gebaut, danach das System auf die Stadtplanung und den Straßenbau erweitert. Dazu haben die Vermesser trigonometrische Punkte an den zukünftigen Straßen in Form von feststehenden Holzkreuzen, mit einem oben liegenden und damit sichtbaren Querbalken als Vermessungspunkte errichtet. Deren waagerechter Balken entsprach dem vielfachen, insbesondere vierfachen Wert einer Ägyptischen Elle, also mindestens insgesamt zwei Meter breit. An der menschlichen Elle orientiert, hatten diese Messkreuze damit die Form eines Menschen mit beidseitig ausgestreckten Armen. So konnte die rechte und linke Straßenkante genau auf das Ende des jeweiligen Armes des Kreuzes mit einem Fadenlot ausgerichtet werden. Mindestens zwei Soldaten konnten so nebeneinander marschieren. Weil der Bau einer Straße mehrere Wochen oder Monate dauerte, mussten die Messkreuze sehr stabil gefertigt werden.

Wegen ihrer sichtbaren Lage an den von den Römern gebauten Straßen wurden diese stabilen Messkreuze später von Soldaten zur Abschreckung zur Kreuzigung von entflohenen Sklaven und von Revolutionären zweckentfremdet. Dieses effektive System der Sichtbarmachung von Verurteilten an Messkreuzen wurde danach auch auf Hinrichtungsstätten weiter entwickelt. Kreuze wurden nur für die Hinrichtung aufgestellt.

Jesus Christus war aus römischer Sicht ebenfalls ein „Revolutionär"!

Jesus Christus könnte somit an ein Messkreuz geschlagen worden sein, das ursprünglich von den Pyramiden stammt. Das Christliche Kreuz wäre damit ein ursprünglich vom Pyramidenbau stammendes Messkreuz. Und das sieht man, wenn man es weiß, auch heute noch an der Knick- Pyramide und auch an den Pyramiden von Gizeh!

Der ausgeübte Beruf von Jesus Christus ist bis heute unklar. Über viele Jahre ist der Verlauf seines Lebens nicht geklärt. Neben einer Funktion als Hirte könnte er auch Zimmermann und damit Bauhandwerker, aber auch als Fischer und damit Seemann tätig gewesen sein. Zumindest aber wird im Matthäus- Evangelium in Kapitel 2/14 und 2/15 von Jesus berichtet, als dieser noch ein kleines Kind war: „Da stand Joseph auf, nahm in der Nacht das Kindlein und seine Mutter mit sich und entwich nach Ägypten". „Dort blieb er bis zum Tode des Herodes. So sollte sich das Wort erfüllen, das der Herr durch seinen Propheten (Hosea) gesprochen hat, der da sagt (Hosea 11,1): „Aus Ägypten habe ich meinen Sohn gefunden."

Geht es hier um die Aussage: Alles begann in Ägypten? Oder war Jesus tatsächlich längere Zeit in Ägypten? Auch Mose kam zuvor schon aus Ägypten, musste als Kind um sein Leben fürchten (2. Mose 1,22). Wie lange Jesus in Ägypten war, ist nicht klar zu ergründen. Verschiedene Auffassungen gehen von mindestens 3 Jahren und elf Monaten, aber auch von zwölf und mehr Jahren aus.

Jesus muss ein hochintelligenter und charismatischer Mensch gewesen sein. Sein Beruf oder auch seine Berufe als Bauhandwerker und/oder Seemann, seine Intelligenz und Weitsicht könnten ihn damit befähigt haben, durch die Messtechnik oder mit der mit der Seefahrt verbundenen Trigonometrie den Zusammenhalt und die Relation aller Dinge erkannt zu haben. Diese Fähigkeit beinhaltet durch Trigonometrie in Raum und Zeit auch den Anfang, die Gegenwart und das Ende aller Dinge in einer Schöpfung und in einem Gott zu sehen. Gott könnte demnach in der mit allen Dingen verbundenen Geometrie verinnerlicht sein.

Das Kreuz in der Knick- Pyramide und in der Anlage von Gizeh

Das Kreuz der Christen als Symbol der Religion
Kreuzigungsszene auf einem Epitaph von Lucas Cranach d. J. von 1565 in der Evangelischen Stadt- und Pfarrkirche St. Marien in Lutherstadt Wittenberg, der Predigtkirche des Reformators Martin Luther (1483-1546)

Jüngere Religionen haben immer wieder Elemente von älteren Religionen übernommen.

Das Christentum ist aus dem Judentum hervor gegangen. Die Israeliten sind mit Mose aus Ägypten ausgezogen. Sie werden in Erzählungen sogar als die Erbauer der Pyramiden beschrieben.

Wenn es eine wie auch immer geartete Schöpfung als intelligente, über allem stehende Größe gäbe und dieser später von den Religionen so bezeichnete Gott die Kreuzigung seines Sohnes Jesus Christus an einem Kreuz der Römer und damit an einem von den ägyptischen Pyramiden abstammenden Messkreuz zugelassen hat, dann wäre dies zumindest eine sehr kluge und vor allem symbolträchtige Handlung in der menschlichen Geschichte. Es wäre einfach nur genial. In der Geometrie steckt der Fortschritt. Die Geometrie sowohl der schöpferischen Physik als auch in der Technik macht den Unterschied zwischen Chaos und geordneter Zukunft. Die Geometrie, selbst des einfachen Kreuzes, bringt den Unterschied zwischen Chaos und Ordnung. In allen von Menschenhand geschaffenen Dingen steckt ein kleines Stück trigonometrisch vergleichende Messtechnik, die möglicherweise in ihrer Form als Messkreuz mit den Pyramiden begonnen haben könnte und die sich über jeglichen Fortschritt von den Alten Ägyptern, über die Römer und die Kreuzritterorden bis heute, bis in jedes winzige Teil eines Handys und jeden über den Himmel sausenden Satelliten zur Generierung der GPS- Daten fortgesetzt hat. In jedem Stück Technik steckt damit auch symbolisch ein Stück Geometrie der Pyramiden. Die ägyptischen Pyramiden und das Kreuz wären so gesehen entscheidende Messgeräte einer wie auch immer gearteten Schöpfung. Das Kreuz der Trigonometrie ist der symbolische und ultimative Anhaltspunkt, der den Menschen, wie auf hoher See ein Stern am Himmel, den Weg durch das Leben weist. Das Messwesen des Kreuzes hat wie auch immer zum Aufbau der Menschheit beigetragen. Es symbolisiert damit eine gute und aufbauende, auf Frieden angewiesene Welt. Ein guter Mensch wird in einer friedlichen Welt leben. Ein feindlich veranlagter Mensch lebt in einer feindlichen und zerstörerischen Welt! Müsste ein Gott, der eine Welt aufbaut, nicht ein friedlicher Gott sein? Auf Gizeh gibt es heute noch sehr viel mehr mögliche Vermessungspunkte. Die Alten Ägypter haben immer mehrere Funktionen gleichzeitig auf ihre Bauwerke gelegt!

Wenn es denn eine Vermessungssystem war, warum wird das System der Vermessungspunkte der Pyramidenspitzen und der Kirchturmspitzen für die Trigonometrie bis heute so geheim gehalten?

Der chinesische Gelehrte und Philosoph Sun Tsu (um544v.Chr.-496v.Chr.) bezeichnet über 2000 Jahre nach dem Pyramidenbau die fünf Regeln der Kriegskunst: Messungen, Schätzungen, Analysen, Vergleiche und Sieg. Und General Cao Cao (155-220) fügt später hinzu: Wenn du die Messungen vergleichst, erkennst du, wo

Sieg und Niederlage liegen. Den Generälen und den Vermessern einer jeden Armee waren die über das eigene Land verteilten Vermessungspunkte genau bekannt. Das gehört zur obersten Geheimhaltung einer jeden Armee.

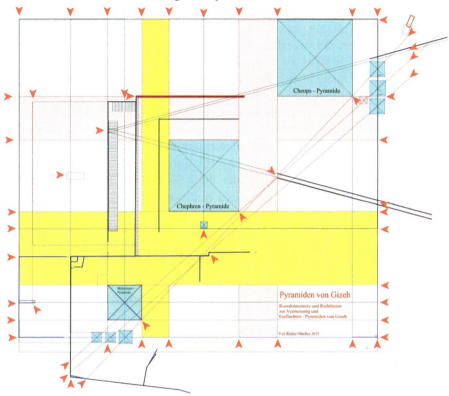

Beispiel: Einfaches Koordinatennetz und Richtlinien zur Vermessung - zum Einfluchten - Pyramiden von Gizeh - Die beiden Aufwege zur Cheops- und zur Chephren- Pyramide trafen vor dem Bau die West- Skalierung an einem gemeinsamen Punkt. Ein Messgerät?

Dieses Wissen hatte fundamentale Bedeutung für den Fortbestand eines Staates und das Überleben der Regierung wie auch der Bürger der eigenen Gemeinschaft. Auf dem Schlachtfeld muss jeder noch so kleine Vorteil genutzt werden. Dazu gehören vor allem auch Überraschung und Täuschung. Das Wissen um geografische Besonderheiten gehört zu den wichtigsten Grundlagen der Kriegsführung. Zumindest seit dem Mittelalter werden noch zu Friedenszeiten, und vor allem im Fall eines Angriffes von außen, zunächst die eigenen Stellungen auf vordefinierte Vermessungspunkte eingemessen. Taucht der Feind auf, ist es nun per Trigonometrie möglich, auch dessen Stellungen ganz genau einzumessen, damit örtlich zu bestimmen und anzugreifen.

Jeder Experte einer bestimmten Waffentechnik weiß wie seine Waffe funktioniert und wie weit seine Waffe reicht. Die Informationen der Vermessung und die Informationen der Waffenexperten werden miteinander kombiniert. Nun wissen die Vermesser und damit die Heerführer ganz genau, in welcher Richtung sie ihre Schlagkraft und ihre Waffen zu lenken haben. Dies alles sind ganz klare Vorteile sowohl in Raum als auch in der Zeit für die Verteidiger eines Landes. Wissen ist Macht! Ein Angreifer muss sich erst das Wissen über die notwendigen Vermessungspunkte erarbeiten. Dadurch verliert er wiederum wertvolle Zeit. Sollte ein Land im Gegenzug erobert werden, hätten die mit Trigonometrie vertrauten Vermesser des zukünftigen Angreifers als Kundschafter nur einmal mit einem Streitwagen, in aller Ruhe noch in Friedenszeiten, in einem Dreieck durch das zu erobernde Land fahren müssen. War ihnen der Umfang der Räder ihrer Streitwagen bekannt, brauchten sie nur die Umdrehungen des Rades zu zählen und quasi sprichwörtlich „1 und 1" zusammen zu zählen. Das Rad als Messgerät! Bis zur Einführung des GPS- Satellitensystems hatten die Vermesser der Neuzeit jedes militärischen Regiments in ihrer Kaserne einen geeichten Messpunkt. Rückte die Einheit aus, wurden exakt die Radumdrehungen des Messwagens gezählt und in topographische Karten eingetragen. Die Positionen wurden in jeder mobilen Truppe während der Fahrt immer wieder neu berechnet und eingetragen. Dabei wurden sogar die Bodenverhältnisse der durchfahrenen Gebiete berücksichtigt und als trigonometrische Korrektur- Koeffizienten mit einberechnet. Immerhin hätten ja die Räder bei bestimmten Böden wie zum Beispiel bei sandigen Untergründen durchdrehen können. Am Ende stand die neue Position auf den Meter genau fest. Neuer Messpunkt war am neuen Standort das Fahrzeug des Vermessers. Dessen Vermessungspunkt wurde fortlaufend verfeinert. Lagen für das erreichte Gebiet amtliche Messdaten, also bereits in topographische Karten eingetragene Vermessungspunkte vor, wurden diese genutzt, weil sie genauer sind. Manchmal wurde extra für die Lagebestimmung der Einheit mit dem Messfahrzeug zu einem bekannten trigonometrischen Punkt gefahren und dieser als Basiswert berechnet. Ein jedes Gewehr, eine jede Kanone und eine jede Startrampe einer Rakete „lebt" von diesen Daten. Ohne Trigonometrie wäre kein Krieg möglich. Für die Verteidiger eines friedlichen Landes bedeutete die Geheimhaltung der Vermessungsdaten daher in erster Linie Frieden. Heute geschieht die zivile als auch militärische Vermessungstechnik auf Basis der Satellitendaten, die ebenfalls wieder mit mindestens zwei, besser drei und im besten Fall mit vier verschiedenen Positionen von Satelliten arbeitet. Jeder Laie kann sich heute Karten für sein Navigationsgerät herunterladen und von seinem Gerät mit den GPS- Daten abgleichen lassen.

Sollte ein Land als Betreiber einer Satellitenortung sein System für den Feind „ausschalten", muss sich dieser wieder mit der Rückfallebene bzw. den Redundanzen abfinden, was wertvolle Zeit kostet. Die Rückfallebenen wären auch heute noch die Spitzen der Pyramiden, Obelisken, Kirchturmspitzen, geodätische Messpunkte und die Sternbilder am Himmel. Trigonometrie ist nicht nur militärisch interessant. In dem System steckt ein enormes wirtschaftliches Potenzial für das Bauwesen, die Bauwerks- und Stadtplanung, die Astronomie, damit auch für die Prognosen für die Landwirtschaft und damit für soziale Zukunftsaussichten. Trigonometrie wird genutzt in der Gravimetrie für die Suche nach Bodenschätzen, für den Welthandel auf Flüssen, Weltmeeren und in der Wüste. Heute wären Luft- und Raumfahrt ohne Trigonometrie unmöglich.

Das Kreuz der Templer

Eine Zeitreise in das Mittelalter: Kannten die Kreuzritter des Templerordens die aus den Pyramiden stammende, zur Landvermessung und zur Astronomie geeignete Kreuz- Geometrie der Pyramiden?

Der Theologe Johann Friedrich Starck (1680-1756), der Kirchenhistoriker und Professor für Kirchengeschichte August Johann Wilhelm Neander (1789-1850), die Historiker und Journalisten Louis Charpentier (1905-1979), Journalist Gérard de Séde (1921-2004), Sabina Marineo, Christian Knight und Robert Lomas, Tobias Daniel Wabbel (1973) und Historiker Helmut Paffrath zeigen in ihren Nachforschungen immer wieder auf, dass die Bundeslade der Israeliten mit den Gesetzen Gottes von den Templern gefunden worden sein könnte.

Die Bundeslade gilt als der wichtigste Kultgegenstand der Israeliten. Moses ließ sie laut der im Exodus/ 2. Buch Mose Kapitel 25 Vers 1 beginnenden Beschreibung in der Wüste Sinai aus Akazienholz, Gold, Silber und Kupfer anfertigen, um darin die durch den Finger Gottes geschriebenen Tafeln zu transportieren. Die Bundeslade wurde vermutlich während der babylonischen Belagerung Jerusalems im Jahre 587 v. Chr. versteckt, was logisch wäre. Sie lässt sich weder bei den Babyloniern, noch bei den Römern nach der Plünderung Jerusalems im Jahre 70 n. Chr. nachweisen. Auf dem Titus- Triumphbogen auf der Velia in Rom sind jüdische Insignien zu sehen, welche die Römer nach der Eroberung Jerusalems mitgebracht haben. Der wichtigste Kultgegenstand fehlt jedoch: Die Bundeslade! Entsprechende Bilder tauchen aber auf mittelalterlichen Darstellungen der Ritterorden gleich an mehreren, den Templern zuzuordnenden Kathedralen in Frankreich auf. Zumindest scheinen die Ritter der

Lade ähnliche Truhen transportiert zu haben, was auf darin enthaltenes Wissen hinweisen könnte.

Nach dem Aufruf von Papst Urban II. (1035-1099) am 27. November 1095 erobern die Kreuzritter 1099 Jerusalem. Gottfried von Bouillon (um1060-1100), Heerführer im Ersten Kreuzzug von 1096-1099 und seine Vertrauten hatten danach Zugang zu den wichtigsten Plätzen in Jerusalem, dem Tempelberg, dem Berg Zion und dem Heiligen Grab. Nach der offiziellen Geschichtsschreibung wurde der Templerorden 1118/1119 in der vergleichbaren rechtlichen Lage eines heutigen „Vorvereins" gegründet. Sein besonderer Auftrag lag im Schutz der Pilger im Heiligen Land. Das Gründungsmitglied Hugo von Payns (um1070-1136) kommt auf die Idee, die Ritter sollen zugleich Soldaten und Mönche sein. Zum Schirmherr wählt er Johannes den Evangelisten, den Verfasser der Apokalypse. Der aus einem 1048 gegründeten Pilgerspital lange vor dem ersten Kreuzzug als Spitalbruderschaft hervorgegangene Johanniterorden wählte Johannes den Täufer als Schutzpatron. Andere in Opposition zu den Templern stehende Ritterorden der Hospitaliter erkoren ebenfalls Johannes den Täufer.

Wie der Name sagt, wurde die „Arme Ritterschaft Christi und des salomonischen Tempels" dabei von König Balduin von Bourcq / Balduin II. von Jerusalem (bis1131) in einem Seitenflügel der heutigen al- Aqsa- Moschee auf dem Tempelberg einquartiert. Der Orden erhielt dann im Jahr 1128/1129 auf dem Konzil von Troyes eine feste Regel. Mit dabei auf dem Konzil neben dem ersten Großmeister der Templer Hugo von Payns und dem späteren fünften Großmeister Andreas von Montbard (1103-1156) die Zisterzienser- Äbte Bernhard von Clairvaux (um 1090-1153) und Stephan Harding (um1059-1134), der dritte Abt der Zisterzienser. Bernhard von Clairvaux war hoch gebildet, auch in Naturwissenschaften. Er pflegte Umgang mit jüdischen Gelehrten und er war ein Anhänger des Alten Testaments. Er wusste vermutlich ziemlich genau, was unter dem Tempelberg zu finden ist. Er nutzte strategische Hebelmechanismen, wie den Kampf mit Gott, die bereits im Alten Testament beschrieben werden. Er machte seinen Zisterzienserorden zu einem Orden innerhalb des Templerordens und sorgte für dessen Verbreitung. Die Templer sind damit aus den Zisterziensern hervor gegangen. Bernhard von Clairvaux war Kreuzzugprediger und einer der bedeutendsten Mönche des Zisterzienserordens. Er trat um 1112/13 in das 1098 gegründete Kloster Cîteaux (Cistercium- Zisterzienser) ein. In Jerusalem soll dann eine kleine Gruppe von Templern neun Jahre lang Schatzgrabungen unterhalb des Tempelberges veranstaltet haben. Bernhard von Clairvaux schreibt dann im Jahre 1127: Die Arbeit sei vollendet. Die Ritter seien auf der Reise nach Frankreich und Burgund unterwegs und es seien Vorkehrungen getroffen um Übergriffe seitens staatlicher oder kirchlicher Behörden zu verhindern. Bernhard von Clairvaux organisierte später die Ausbreitung des Zisterzienserordens über ganz

Europa. Es wurden mehrere Tochterklöster gegründet, darunter auch das 1115 gegründete Kloster von Clairvaux, welches Bernhard von Clairvaux seinen Namen gab und in dem er Abt war. Bernhard von Clairvaux soll später in der Zisterzienser- Abtei von Clairvaux über tausende aus Jerusalem stammende verschlüsselte Schriftrollen verfügt haben, die er übersetzen ließ. Bernhard von Clairvaux entwickelt danach einen eigenen Geist, eine Symbiose aus Reinheit und Harmonie, umgesetzt in mathematische und geometrische Perfektion. Er vermag den Stil Gottes und dessen Gesetze zu kopieren. Dieser Geist wird später durch seine Schüler in den Bauwerken der Zisterzienser und Templer in gotischen Kathedralen und Klöstern perfekt umgesetzt. Immer taucht dabei auch versteckt vor aller Augen die Bundeslade auf. In einer der ersten gotischen Kathedralen in Denise ist die Bundeslade am linken Portal der Westfassade zu sehen. An der Kathedrale von Chartres wird der Transport der Lade am Nordportal gezeigt. Möglicherweise handelt es sich bei dem gefundenen Templerschatz um gefundenes Wissen auf Schriftrollen aus der Lade oder zumindest aus ihrem unmittelbaren Umkreis. Wissen über die Konstruktion des Salomonischen Tempels und die Baukunst der Gotik. Entstanden doch die großen gotischen Kathedralen erst nach der Rückkehr der Templer aus Jerusalem. Das Siegel des Ordensgroßmeisters des Templerordens zeigt zwei Templer, die hintereinander auf einem Pferd sitzen. Symbolisiert es das Doppelleben der Templer? Schon die offiziellen Statuten des Templerordens verkünden: „Von unserem Leben seht ihr nur die Borke, die außen ist, doch ihr seht nicht die mächtigen Gebote im Innern." König Philipp II. August von Frankreich (1165-1223) machte den Tempelrittern, dem zu dieser Zeit mächtigsten geistlichen und militärischen Orden Europas und des Heiligen Landes im 12. Jahrhundert, einen zentralen Platz mitten in Paris zum Geschenk. In der von ihnen gebauten gewaltigen Festung befand sich das geistige Zentrum. Der zentrale Hauptturm war von vier kleinen Türmen umgeben. Er überragte weithin sichtbar die Stadt. Der merkwürdig geometrische Bau gab den Bauleuten Rätsel auf. Mit dem Hauptturm in der Mitte und den vier ihn umgebenden kleineren Türmen bot das geheimnisvolle Bauwerk mit seinen damit insgesamt mutmaßlich fünf Messpunkten die gleichen vermessungstechnischen Eigenschaften, wie die Knick-Pyramide in Ägypten.

Nach der Verhaftung vieler Templer am Freitag den 13. Oktober 1307 und der von König Philipp IV. dem Schönen (1268-1314) initiierten Anklage, von der weitestgehend nur die französischen Templer betroffen waren, stellte sich immer wieder die Frage, ob der Orden hinter seinem offenkundigen Wirken im Innern eine geheime Gemeinschaft oder Gruppe verbarg, zu der nur bestimmte, sorgfältig ausgewählte Mitglieder zugelassen wurden. Und ob nicht diese auserwählten Templer nach der offiziellen Aufnahme noch einer weiteren Einweihung, nach geheimeren Regeln unterworfen waren. Die überlieferten Aussagen mehrerer französischer

Templer sprechen für diese Hypothese. So erklärte der Templer Gaucerand de Montpezat: „Wir haben drei Artikel, die keiner je erfahren wird, außer der Herr des Himmels, der Herr des Untergrundes und der Meister." Die Templer Raoul de Presles, Nicolas Simon und Guichard de Marciac versicherten: „Es gab im Orden ein ganz außergewöhnliches Reglement, über das strengstes Stillschweigen gewahrt werden musste." William of Pocklington, Stephen de Stappelbrugge und John of Stoke, von denen letzterer vom letzten Großmeister Jacques de Molay (um1244-1314) persönlich in den Orden aufgenommen wurde, bekundeten: „Im Temple gibt es zwei Arten von Aufnahmen. Die erste dient der eigentlichen Aufnahme in den Orden, sie verläuft ohne irgendeine anstößige Zeremonie. Die zweite findet erst mehrere Jahre später statt. Diese wird nur einigen Ausgesuchten zuteil und sie ist sehr geheim." Bei dieser zweiten Zeremonie soll es sich um die Verleugnung Christi und das Spucken auf das Kreuz gehandelt haben. Da sich die Ritter andererseits als extrem gottesgläubig zeigten, waren derartige Aussagen ein derartiges Sakrileg, dass die Existenz solcher Riten trotz zahlreicher Geständnisse allgemein als unglaubhaft galt. Sie wurden den Bedingungen der Folter zugeschrieben. Doch auch nicht verhaftete und nicht gefolterte Templer sprachen davon. Die Templer Foulques de Troyes, Bertrand de Montignac und Jean de Chaumes erklärten: Die Einweihenden hätten ihnen das Kruzifix mit den Worten gezeigt: „Macht mit dem hier nicht zu viel Wesens, denn es ist zu jung. Glaubt nur an den höheren Gott." Anscheinend also wussten diese Templer wohl, dass das Motiv vom Kreuz viel älter als das Christentum ist. Diese Praktiken sollen laut Prozessunterlagen nicht die Ausnahme, sondern die Regel gewesen sein. Sie sollen aus weit zurückliegender Zeit stammen. Das alles führt zu dem Schluss, dass hinter dem sichtbaren Wirken des Templerordens ein geheimes Leben existierte, dessen Regeln und Sinn nur bestimmten, sorgfältig ausgewählten Mitgliedern aus der unmittelbaren Führungsebene bekannt war. Geheime Aufnahmezeremonien, begleitet von Verunglimpfung des Kreuzes und der Herabwürdigung Christi. Selbst Großmeister Jacques de Molay bekannte dabei, man habe ihn bei der Aufnahme in den Orden dazu veranlasst, Christus zu verunglimpfen und auf das Kreuz zu spucken. Er selber habe zudem zahlreiche Novizen in gleicher Weise aufgenommen. Die Aussagen treffen sich mit denen von weiteren hohen Würdenträgern. Was offenbar auch keiner bereute. Selbst von diesen Aussagen zeigte sich Papst Clemens V. (vor1265-1314) nicht erschüttert. Wiederholt stellt er sich vor die verhafteten Mitglieder des Ordens. So beginnt er persönlich mit Verhören. Nun beginnt die größte Merkwürdigkeit des auch heute noch rätselhaften Prozesses. Papst Clemens V. vernimmt in Poitiers persönlich 72 Templer. Die Originalprotokolle der Verhöre befinden sich in den Geheimarchiven des Vatikan. Es kommt zu einem merkwürdigen Phänomen: Urplötzlich ändert der Papst seine zuvor positive Haltung gegenüber den Templern grundsätzlich. Am 22. März 1312 wird der Orden ohne weiteres Gerichtsurteil aufgelöst. Die Besitztümer der Templer werden an andere Orden weiter gegeben oder von den gleichen Personen werden neue Orden mit neuen Namen gegründet. Der von Kreuzzugprediger und Templer Bernhard von Clairvaux geförderte Zisterzienserorden bleibt ebenfalls unbehelligt. Mit ihrem Wissen schufen die Zisterzienser landwirtschaftliche Musterbetriebe, sie förderten den Obst- und Weinbau, die Gewinnung von Honig, die Pferde- und Fischzucht, den Bergbau und sie trugen zur Verbreitung einer neuen Kultur bei. Müssten nicht auch die Zisterzienser über geheimes Wissen verfügt haben? Geheimes Wissen dürfte damit auch innerhalb der Zisterzienser von Generation zu Generation weiter gegeben worden sein.

Die Graffiti der Templer auf der Burg Chinon
Das fest stehende Kreuz mit Pfeilsymbolen der Templer in Frankreich von 1308
Foto: Die Graffiti der Templer auf der Burg Chinon - Gérard de Séde - Die Templer sind unter uns - Das Rätsel von Gisors

Freimaurersymbol aus der Zeit um 1900 im Schloss "Quinta da Regaleira" in Portugal Foto: Pia Pollack

Nach den Verhaftungen der französischen Templer am 13. Oktober 1307 wurden im August 1308 einige der höchsten Mitglieder des Ordens in der Burg Chinon verwahrt. Mit dabei auch Großmeister Jacques de Molay (um1244-1314). Alle wurden in den Coudray-Wehrturm eingesperrt. Die Mönch- Soldaten gravierten eine Anzahl von Graffiti in die Wände. Unter den Zeichnungen: Das fest stehende Kreuz mit Pfeilsymbolen. Foto links: Die Graffiti der Templer auf der Burg Chinon - Foto rechts: Freimaurersymbol im Schloss „Quinta da Regaleira" in Portugal - Foto: Pia Pollack

Die Templer könnten also aus den in Jerusalem gefundenen Unterlagen ausgelesen haben, dass das Kreuz bereits vor Jesus Christus als Vermessungsinstrument eingesetzt worden ist. Vielleicht sogar, dass es möglicherweise aus Ägypten stammt. Immerhin benutzen die auf die Traditionen der Templer aufbauenden späteren Freimaurerlogen die Pyramide als geheimes Symbol. Die Aussagen der Templer sind aus heutiger Sicht aber kein Widerspruch zur heiligen Geschichte um Christi Geburt und dessen Kreuzigung. Von der schlimmen menschlichen Tragödie abgesehen: Wo liegt das Problem, wenn Jesus Christus an ein symbolisches Messkreuz geschlagen wurde, das vorher zur Vermessung beim Straßenbau der Römer und möglicherweise auch zur Astronomie genutzt wurde und das man möglicherweise schon in der Frühantike beim Pyramidenbau zur Landvermessung in Ägypten eingesetzt hat?

Vielmehr zeigt es doch die göttliche Genialität des Systems zum Aufbau der menschlichen Zivilisation. Wer dieses über Generationen hinweg funktionierende System aufgebaut hat, war sicher genial, egal ob ein Gott oder weise Menschen.

Bereits lange bevor die Kreuzritter Jerusalem erreichten, wurden Mess- Kreuze vor und in den Domitilla- Katakomben in Rom im ersten und zweiten Jahrhundert v. Chr. angebracht. Auf einem der Bilder ist eine kleine Pyramide zu sehen. Vermutlich handelt es sich um die astronomische Vermessung bzw. die Darstellung der Tag- und Nachtgleiche, in Verbindung mit dem Sternbild Fische. Foto oben: Domitilla- Katakomben in Rom 1. und 2. Jahrhundert. Foto unten: Epitaph von 1557 im Kloster Marienstern - Mühlberg/Elbe mit Kreuzigungsszene (rechts) und ohne Christus (links). Darstellung des Kreuzes in zwei verschiedenen Varianten. Auf dem linken Bild ist die um das Kreuz geschlungene „Eherne Schlange" zu sehen. Diese wurde von Gott nach dem Auszug aus Ägypten während der Wanderung durch die Wüste als

Strafe für die Ungeduld unter die Israeliten gesendet. Wer nach dem Biss der Schlange zu dieser an das Kreuz oder an einem Stab aufsah, wurde geheilt und durfte weiterleben

Welche waren aber die „Drei Artikel", die der Templer Gaucerand de Montpezat beschrieb? Wenn das „Wissen des Meisters" das Wissen um das Kreuz zur Landvermessung und um die Geometrie der Bauwerke war, worum handelte es sich dann beim „Wissen des Herren des Himmels" und das „Wissen des Herren des Untergrundes"?

Zurück um ca. 3600 Jahre nach Ägypten. Wer die Ägyptischen Pyramiden ganz genau unter die Lupe nimmt, wird feststellen, dass ihre Erbauer mit ihnen nicht nur Höhe, Breite und Tiefe des Landes und des Universums, sondern mit in die Trigonometrie zugleich einbezogene Zeit, die (Licht)- Geschwindigkeit und die Gravitation messen konnten. Ist die Trigonometrie also eines der Geheimnisse der Pyramiden?

Was wäre mit Trigonometrie vor 4600 Jahren noch alles möglich?

Hilfslinien auf Gizeh

Die Cheops- Pyramide ist der wichtigste Teil eines umfangreichen Komplexes von Gebäuden. Allein zur Cheops- Pyramide gehören zwei Totentempel. Einer in der Nähe der Pyramide und einer in der Nähe des Nils. Dazu kommen drei kleinere Pyramiden für die Ehefrauen des Cheops und eine noch kleinere Kult- Pyramide, von der nur noch die unterste Schicht vorhanden ist. Ein erhöhter Aufweg verbindet die beiden Tempel. Daneben gibt es zahlreiche kleine Mastaba- Gräber rund um die Pyramide, die wohl meist Adligen vorbehalten waren. Zudem war das großräumige Gelände in verschiedenen Teilen eine Art Stadt für die Arbeiter von Gizeh, einschließlich einer Bäckerei, einer Bierbrauerei und Werkstätten, zum Beispiel zur Verhüttung von Kupfer. Auch ein Friedhof für die Arbeiterschaft gehört dazu.

Südwestlich der Großen Pyramide liegt die etwas kleinere, aber höhere Pyramide des Chephren, einem der Söhne des Cheops und somit dessen Nachfolger. Ungeklärt ist sowohl die Urheberschaft als auch die Aufgabe des Großen Sphinx. Hier gehen die Meinungen von einem Alter von bis zu 10.000 Jahren, als auch von einer Entstehungszeit während des Baus der Cheops- oder Chephren- Pyramiden aus. Der Große Sphinx entstand wesentlich aus natürlichen Erhebungen im Steinbruch östlich der beiden großen Pyramiden. Weiter südwestlich liegt die Pyramide des Chephren- Nachfolgers Mykerinos, welche nur etwa halb so groß ist. Welche Bauwerke könnten auf dem Gelände von Gizeh noch zur Einmessung der drei großen Pyramiden und möglicherweise für weitere Vermessungsaufgaben gedient haben?

Kairo Gizeh Cheops- Pyramide   Foto: UNESCO- Welterbestätten

Mauern, Pyramidenbezirke oder Vermessungslinien?
In den Jahren 1837-38 führten der britische Ingenieur, Anthropologe und Ägyptologe John Shae Perring (1813-1869) und der britische Anthropologe und Ägyptologe Sir Richard William Vyse (1784-1853) exakte Vermessungen der die Pyramiden umgebenden Mauern durch. Weiter nördlich, westlich und südlich wurden die Reste einer megalithischen Wallanlage aus groben Kalksteinblöcken entdeckt, die möglicherweise, so ihre Ansicht, den gesamten Pyramidenkomplex in einem größeren Abstand als Einteilungen von Grabbezirken umschlossen haben könnten. Im Norden und Süden hatte diese Mauer von der Chephren- Pyramide einen Abstand von rund 130 Meter, im Westen von etwa 100 Meter. Genauere Aussagen über die ursprüngliche Höhe dieser Umfassungsmauer waren aufgrund des Befundes nicht möglich, da die einzelnen Mauerabschnitte sehr unterschiedlich gearbeitet sind. So ist die Nordmauer an der Basis über 8 Meter dick, die Westmauer nur 2,50 Meter und die Südmauer 3,38 Meter.

Arbeiterunterkünfte oder Werkstätten?
Westlich der Chephren- Pyramide entdeckte Sir William Matthew Flinders Petrie (1853-1942) Anfang der 80er Jahre des 19. Jahrhunderts die Überreste eines Baus,

der ca. 25 Meter lange ostwestlich ausgerichtete Räume enthielt. Petrie vermutete, dass es sich hierbei um Arbeiterkasernen für die Pyramidenarbeiter handelte, wobei ihm später Ägyptologe Uvo Adolf Hölscher (1878-1963) zustimmte. Aufgrund der Abmessungen errechnete er, dass hier vier- bis fünftausend Menschen in insgesamt 111 großen Räumen untergebracht gewesen sein könnten. Die „Unterkünfte" hätten allerdings tagsüber in der prallen Sonne, noch dazu fernab der Wasserversorgung gelegen. Die Untersuchungen des Ägyptologen Dr. Zahi A. Hawass (1947) und des amerikanischen Ägyptologen Mark Lehner weisen jedoch in eine andere Richtung. Sie sind der Meinung, dass es sich dabei um keine Arbeitersiedlung handeln kann, sondern um Lager oder vielleicht auch um Werkstätten zur Versorgung des Chephren- Pyramidenkomplexes. Eine genaue Einordnung der Aufgabe der Anlage war somit bisher noch nicht möglich.

Die Trial- Passage - Spiegelbild der inneren Gänge?

Die „Trial- Passage" ist eine Art Kellerbau nahe der Cheops- Pyramide. Sie wurde von John Shae Perring (1813-1868) und Sir Richard William Vyse (1784-1853) entdeckt und später auch von Sir Flinders Petrie untersucht und vermessen. Sie weist ähnliche Strukturen und ähnliche Maße wie die Segmente der inneren Gänge der Cheops- Pyramide auf. Es wird vermutet, dass sie zur Übertragung der Maße auf die Pyramide benutzt wurde, weil während des schichtweisen Pyramidenbaus keine genauen Messungen des zukünftigen Gangverlaufes möglich gewesen wären. Im Erkunden des Sinns der „Trial- Passage" könnte der Schlüssel zum Verständnis über die Form der inneren Gänge und die Große Galerie im Innern der Cheops- Pyramide liegen. Die „Trial- Passage" weist einen Schacht zur Oberfläche auf, den es in der Pyramide nicht gibt. Er ist bis heute rätselhaft. Da er bei der Ausrichtung der Cheops- Pyramide auf den Zirkularpunkt einen Winkel im Verhältnis zum Nullpunkt des Äquators von 29,979613 Grad beinhaltet, wird in diesem hier vorliegenden Projekt vermutet, dass mit diesem Schacht der Breitengrad der Cheops- Pyramide eingestellt und mit einem Pendel überprüft worden sein könnte.

Steinbruch oder Sonnen/Mond Uhr Gizeh?

Zwischen der Chephren- Pyramide und der nördlichen Mauer, die durch die Tieferlegung der zukünftigen Pyramiden- Basis entstanden ist, befinden sich die Reste eines Steinbruchs mit den Strukturen abgetragener Kalksteinblöcke. Merkwürdig erscheint jedoch hierbei: Mit exorbitantem Aufwand waren die Außenhüllen der drei großen Pyramiden einst nahezu fugenlos verlegt und geglättet worden. Die Taltempel wurden mit großem Aufwand mit härtestem Gestein ebenfalls nahezu fugenlos errichtet. Warum aber bleibt ein heute als „Steinbruch" betitelter Teil nördlich der Chephren- Pyramide so „unordentlich" zurück, als seien die Steinbrucharbeiter gerade erst verschwunden? Warum finden sich an keiner anderen Stelle in den ehemaligen Steinbrüchen solche „Steinbruchspuren"? Exakt an diese Stelle fällt der

Schatten der Chephren- Pyramide! Ganz offensichtlich ließe sich an dieser Stelle, mit dem Schattenwurf der Spitze der Chephren- Pyramide in der Sommerzeit auf den Einteilungen die genaue Urzeit, die Jahreszeit und auch der Mondkalender auslesen. Möglicherweise war die Anlage mit einer feiner strukturierten Materialstruktur ausgelegt. Auch wenn der Schatten im Winterhalbjahr aus dem Bereich die Steinbruchstruktur verlässt, ließen sich an dieser Stelle die Unterschiede zwischen Sommer- und Winterzeit problemlos erkennen. Zwischen den „Arbeiterunterkünften/Werkstätten" und der Chephren- Pyramide befindet sich eine Art dünne Skalierung. Dabei könnte es sich ebenfalls um eine Sonnenuhr handeln. Der Schatten der Pyramidenspitze müsste unmittelbar nach dem täglichen Sonnenaufgang zwischen den halbjährlichen Sonnenwenden entlang dieser Skala auf und nieder wandern.

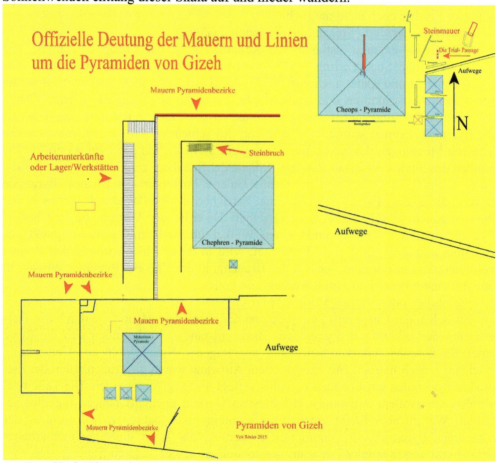

Das Gizeh- Plateau ist von zahlreichen Mauern und Bauwerken überzogen

Würde interpretiert, dass die Pyramiden zur Landvermessung genutzt worden sind, dann käme auch eine astronomische Vermessung des Sternenhimmels in Betracht. Dann könnten die unzähligen Mauern nicht nur für die Vermessung der Anlage, sondern auch für die Beobachtung der Gestirne benutzt worden sein. Einige der Mauern scheinen zumindest immerhin exakt auf die Spitzen der Pyramiden ausgerichtet zu sein. Nicht nur das. Sie scheinen sich zusammen mit den Bauwerken gegenseitig einzufluchten. Wird dieser Gedanke fortgeführt, öffnet sich durch die Mauern ein ganz neues und atemberaubendes Bild.

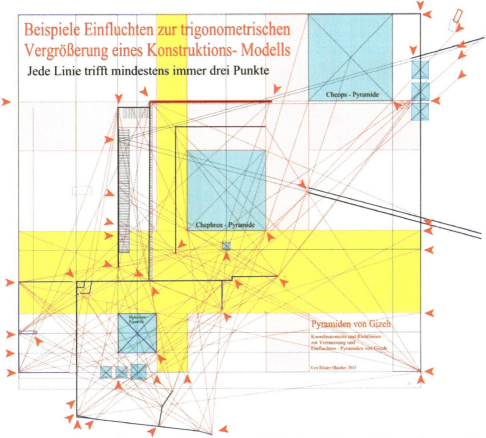

Mauern und Bauwerke könnten bereits beim „Einfluchten" eine wichtige Rolle gespielt haben. Meist trifft eine Linie gleich mehrere markante Punkte. Auffällig: Der Schnittpunkt der beiden Aufwege zur Cheops- und zur Chephren- Pyramide trifft exakt die West- Skalierung. Diese muss also von Bedeutung für die Messtechnik sein

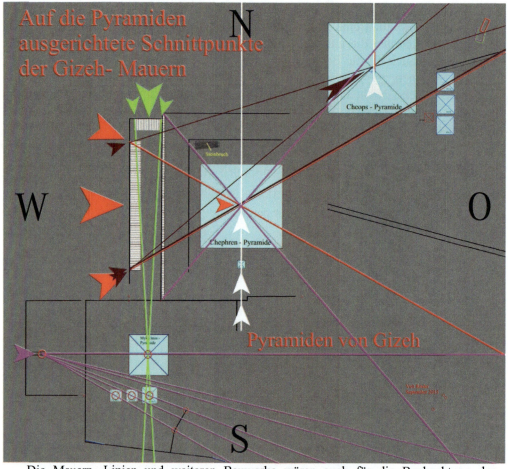

Die Mauern, Linien und weiteren Bauwerke wären auch für die Beobachtung des Himmels geeignet. Einige der Mauern scheinen exakt auf die Spitzen ausgerichtet zu sein

Oberhalb der Chephren- Pyramide fällt eine besonders dicke Linie auf. Dabei könnte es sich um eine geeichte Basislinie als Vergleichskörper für alle anderen Linien handeln. Messräder könnten darauf geeicht worden sein. Allerdings weist diese Linie heute keine geraden Ellen- Entfernungen auf. Steinraub oder Geheimhaltung könnte eine Erklärung liefern. Die insgesamt sieben Bootsgruben in unmittelbarer Nähe der Cheops- Pyramide geben noch immer Rätsel auf. Während sich in den zwei Gruben südlich der Cheops- Pyramide tatsächlich Boote befanden bzw. noch befinden, waren die Gruben östlich der Pyramide leer. Dabei scheinen drei der großen östlichen Gruben zusammen mit der „Narrow Trench" auf einen Punkt unterhalb der östlichen Cheops- Pyramide hin zu laufen. Der „Narrow Trench" ist ein merkwürdiger schmaler Graben zwischen den zwei großen nördlichen Bootsgruben.

Vielleicht sind die Boote in den Bootsgruben nicht nur ein eindeutiger Hinweis auf Seefahrt und damit auf Nautik, sondern auch noch auf ein weiteres wichtiges Verfahren aus der Schifffahrt!

Daneben gibt es in der zum Teil mit höchster Präzision gefertigten steinernen Umpflasterung der Pyramiden eine ganze Reihe sogenannter „Betrock Cuttings". Dabei handelt es sich um verschiedenartige, zum Teil erhabene Strukturen, die bis heute noch nicht einmal genau untersucht worden sind. Bei den Betrock Cuttings könnte es sich um Fertigungsleeren handeln, mit denen immer wiederkehrende Werkzeuge, aber auch regelmäßig benötigte Bausteine mit immer gleichen Maßen gefertigt worden sein könnten.

<u>Die innere Cheops- Pyramide</u>

Die Cheops- Pyramide ist die älteste und größte der drei Pyramiden von Gizeh im Grabbezirk westlich von Kairo. Sie ist das einzige verbliebene Bauwerk der sieben Weltwunder der Antike. Für vier Jahrtausende war die Große Pyramide das höchste Gebäude der Welt. Die Pyramide ist die größte in Ägypten und die höchste auf der Erde. Sie wird im Volumen nur durch die Große Pyramide von Cholula in Puebla in Mexiko übertroffen. Diese ist jedoch in der Höhe viel niedriger als die Cheops- Pyramide. Die meisten Meinungen und Berechnungen gehen von einer Bauzeit von 20 Jahren aus. Sie beinhaltet ein Volumen von ca. 2.583.282 m³. Gängigen Einschätzungen zu Folge ist sie das Grab des ägyptischen Pharao Cheops aus der vierten Dynastie. Sie enthält einen Sarkophag in dem jedoch kein Körper gefunden wurde. Dieser und möglicherweise vorhandene Schätze könnten Opfer von Grabräubern geworden sein, was der gängigen Praxis in Ägypten entsprechen würde.

Die exorbitante Größe der Pyramide stellt für alle Menschen eine Herausforderung dar, die zu erklären versuchen, wie sie konstruiert und gebaut worden sein könnte. Schätzungen gehen von 2,5 Millionen Steinblöcken von durchschnittlich 1,5 bis 2,5 Tonnen aus. Ein weitaus höheres Gewicht haben die Granitsteine mit Sonderfunktionen im Innern der Pyramide, die zum Beispiel in der Großen Galerie sowie in und über der Königskammer verbaut wurden. Die Pyramide hat heute eine Höhe von 138,75 Meter. Ursprünglich sollen es einmal 146,50 Meter gewesen sein. An der Basis misst die Pyramide 230,21 Meter. Nahezu alle Steine der ursprünglich glatten Außenhülle wurden offiziell oder inoffiziell von Steinräubern entfernt. Die meisten Datierungen gehen von einer Fertigstellung der Cheops- Pyramide von etwa 2560 vor Christus aus. Dagegen existieren aber auch unterschiedliche, zum Teil fundamental begründete, deutlich davon abweichende Vorschläge in beiden zeitlichen Richtungen. Die ersten Präzisionsmessungen der Pyramide wurden von Sir William Matthew Flinders Petrie zwischen 1880-1882 durchgeführt und veröffentlicht. Von der

Ägyptischen Elle, einem sich wegen unterschiedlicher Betrachtungen um 0,523 Metern bewegenden Wert ausgerechnet, sollte die Cheops- Pyramide vermutlich 280 ÄE hoch und an der Basis 440 ÄE breit sein. Der Neigungswinkel der nicht mehr vorhandenen Außensteine müsste demnach 51° 50′ 40″ betragen.

Die Pyramide ist zudem außerordentlich genau nach Norden ausgerichtet, was etwas mit dem Bau selber oder mit ihrer Aufgabe zu tun haben könnte.

Ebenso halten sich der 105,34 Meter lange absteigende Gang und der 37,76 Meter lange aufsteigende Gang mit einer Abweichung von nur sechs und fünf Millimeter an diese Ausrichtung. Die größte und am präziseste gearbeitete Pyramide unterscheidet sich in ihrer inneren Anordnung von allen anderen Pyramiden Ägyptens. Sowohl die verhältnismäßig große Anzahl von Gängen und Kammern, als auch deren enorm genaue Verarbeitung werden später nicht wieder erreicht. Nahezu alle Wände in der gesamten Pyramide sind völlig kahl und unbeschrieben. Ausgenommen sind Stellen mit Markierungen, die vermutlich den Konstrukteuren beim Bau dienten. Auf einem solchen sogenannten „Graffiti" oberhalb der Königskammer in den Räumen der Entlastungskammern wurde der Name des „Cheops" gefunden. Um den Schriftzug selber werden diverse Diskussionen wegen seiner Echtheit geführt. Neben dem nicht eindeutig geklärten Namenszug wird der Bauherr Cheops für den entsprechenden Bauzeitraum an mehrere voneinander unabhängige Königslisten geknüpft. In verschiedenen historischen Aufzeichnungen werden die Israeliten als Erbauer genannt, was aber mit Cheops als Bauherr durchaus vereinbar wäre. Im Innern gibt es drei bekannte Kammern und mit der Großen Galerie einen mysteriös gestalteten großen Raum, welche alle ebenfalls nahezu zentral auf der vertikalen Achse der Pyramide angeordnet sind. Die Große Galerie weicht leicht von der Gesamtausrichtung ab. Die unterste und größte, aus welchen Gründen auch immer „unvollendete" Kammer, befindet sich 27,5 Meter im ursprünglichen Felsen, auf dem die Pyramide gebaut wurde. Die Kammer hat eine Abmessung von 8,36 x 14,08 Meter bei einer Höhe von 5,03 Meter. Die mittlere Königinnenkammer, ist mit 5,76 x 5,23 Metern und einer Höhe des Satteldaches von 6,26 Metern die kleinste Kammer. An ihrer Ostwand befindet sich eine Nische, die als in ägyptischen Gräbern immer wieder auftauchende Scheintür gewertet werden könnte. Zur Königinnen- Kammer führt ein 38,15 Meter langer horizontaler Gang. Die mit 5,24 x 10,49 Metern und einer Höhe von 5,84 Metern größere Königskammer enthält einen Sarkophag, von dem in verschiedenen Aufzeichnungen ein Deckel beschrieben wird. Die steinerne Abdeckung ist allerdings verschwunden ohne das diese durch die Gänge gepasst haben könnte. Der Sarkophag der Königskammer wurde aus einem einzigen Stück, vermutlich aus Assuan stammenden Granit gefertigt. Die exakt gearbeitete Aushöhlung im Innern gibt Rätsel auf. Da er nicht durch die engen Gänge gepasst hätte, muss der Sarkophag umbaut worden sein. Noch immer rätselhaft sind die aus der Königinnen- und der Königskammer jeweils zwei aufsteigenden Luftschächte. Diese waren ursprünglich verschlossen. In einem fand sich eine steinerne Kugel und ein Kupferhaken.

Ein wichtiges Hauptmerkmal der Cheops- Pyramide ist die ansteigende Große Galerie. Sie ist bis zu 46,12 Meter lang, im unteren Bereich über zwei Meter breit und nach oben bis zu 8,74 Meter hoch. Sie verfügt über ein sehr genau gearbeitetes Kraggewölbe. Entlang der Mittelachse verläuft ein 1,05 Meter breiter und 0,52 Meter tieferer Graben. Neben den möglicherweise bereits schon so konstruierten, geradlinig verlaufenden Kammern und Gängen gibt es einen dagegen ungerade verlaufenden Luft/Flucht/Brunnen bzw. Verbindungsschacht mit einer Grotte und den Al- Mamun- Schacht, welcher auch als Grabräubertunnel bezeichnet wird und der heute als Touristenzugang dient.

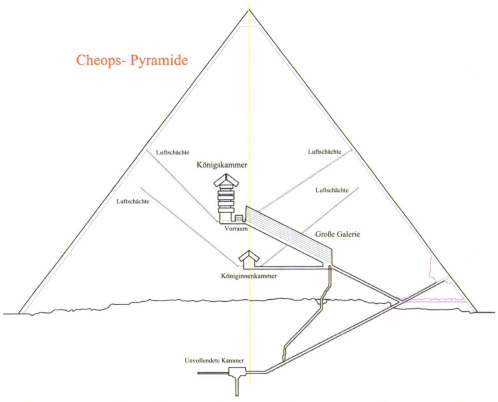

Schon Petrie fiel der Zusammenhang von Höhe des Bauwerks zu zwei Seitenlängen der Grundfläche zur Zahl Pi auf. Er interpretierte den Zusammenhang mit der grundsätzlichen Geometrie. Die Alten Ägypter hatten zwar einen Wert zur Berechnung des Kreises, dieser reichte aber nicht an die Genauigkeit das tatsächlichen

Pi- Wertes heran. Hätten sie ihn gekannt, hätten sie diesen Wert in ihren Aufschreibungen auch als Zahlenwert verwendet. Der Wert von Pi und die Lage der Cheops- Pyramide auf dem Breitengrad des Wertes der Lichtgeschwindigkeit bringt immer wieder ultra- alternative Vermutungen ans Tageslicht, die den Bau der Pyramide mit frühen, aus Atlantis stammenden Hochkulturen oder mit Außerirdischen in Zusammenhang bringen. Weitere Merkwürdigkeiten scheinen die in Ägyptischen Ellen gemessenen Zahlenwerte einzelner Bausegmente der Cheops- Pyramide darzustellen, die mit Zahlenwerten unseres Sonnensystems, der Erd- Geometrie und mit physikalischen Grundkonstanten, wie zum Beispiel eben der Lichtgeschwindigkeit, aber auch mit der Gravitationskonstanten und der Zeit in Koalition zu stehen scheinen. Wie weitere monumentale Bauten aus der Antike, ist auch die Große Pyramide so im Laufe der Zeit Gegenstand einer breit gefächerten Art von spekulativen oder alternativen Theorien geworden, die eine Vielzahl von Erklärungen über ihre Bauart zulassen. Sowohl Baugrund, Datierung, Bauart und Bauzweck geben Rätsel auf. Aussagen aus den Bereichen der Archäologie, Geschichte und Astronomie lassen im Hinblick auf biblische, mythologische, mystische, numerologische, astrologische und esoterische Aussagen Spekulationen zu. Selbst innerhalb der Pyramide setzen sich die für Vermessung und Einfluchtvorgänge geeigneten Punktmarkierungen fort.

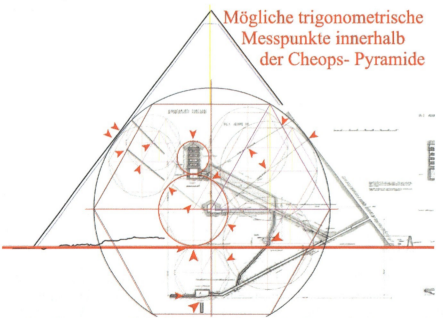

Das System zum Einfluchten setzt sich auch im Innern der Cheops- Pyramide fort
Zeichnung unter Nutzung der Vermessung durch Vito Maragioglio und Celeste Rinaldi

Die inneren Räume und Kammern der Cheops- Pyramide scheinen für einen ganz bestimmten Zweck konstruiert worden zu sein. Für die Aufbewahrung des verstorbenen Pharao, für einen aufwendigen Totenkult, eine Religion? Wird angenommen, die Pyramiden dienten der Landvermessung, dann könnten ihre äußeren Strukturen auch der Beobachtung der Gestirne gedient haben. Immerhin sind einige Linien der Mauern auf die Spitzen ausgerichtet. Aber warum wurden dann die inneren Kammern auch noch so genau eingemessen? Und würde Sternenbeobachtung nicht auch noch Kenntnisse über grundlegende physikalische Gesetzmäßigkeiten des Kosmos beinhalten, über deren Mechanismen wir heute erst seit wenigen hundert Jahren Bescheid wissen?

Die Alten Ägypter und die Lichtgeschwindigkeit

Schiffe auf dem Nil verfügen immer über mehrere Antriebsmechanismen. Sie konnten auch im Altertum schon von der Strömung getrieben werden, sie konnten gerudert werden, sie konnten mit langen Seilen vom Ufer aus getreidelt werden, sie konnten über lange Riemen vom Grund abgestoßen werden und sie konnten per Segel und damit mit Windenergie fortbewegt werden. Oft kamen gleich mehrere Methoden gleichzeitig zur Anwendung. So waren es die Alten Ägypter immer schon gewohnt, mehrere Methoden zu Durchsetzung ihrer Ziele anzuwenden. So könnte sich auch ein Gefühl entwickelt haben, immer den einfachsten und simpelsten, aber auch gleichzeitig effektivsten Mechanismus zu finden. Mehrere verschiedene Methoden wurden gleichzeitig eingesetzt und ebenso auch einzelne Bauwerke für mehrere Zwecke genutzt.

Die Baumeister im Ägypten des Altertums haben immer wieder mehrere Funktionen in ihre Bauwerke hinein konstruiert. Dadurch ergibt sich aus heutiger Sicht ein komplexes und unüberschaubares Bild. Durch ihre markanten und unverrückbaren, weithin sichtbaren Spitzen wären die Pyramiden nahezu prädestiniert für die trigonometrische Land- und Seewegvermessung. Dabei spielt immer wieder die Trigonometrie die entscheidende Hauptrolle! Trigonometrie wäre die Vermessungsgrundlage, um die Pyramiden überhaupt erst bauen zu können. Trigonometrie bedeutet auch Verhältnisgleichung: Kleine Dinge werden vergrößert oder umgedreht verkleinert dargestellt und so vermessen.

Hätten die Alten Ägypter die Pyramiden als trigonometrische Vermessungspunkte nutzen wollen, wäre der Aufbau eines virtuellen Koordinatennetzes zunächst über Ägypten und dann perspektivisch über den Erdball ein weiterer möglicher Schritt. Ähnlich wie der 1884 in einer internationalen Vereinbarung beschlossene

Nullmeridian, der heute die Londoner Sternwarte Greenwich frequentiert, hätte dieser zwischen den beiden Polen verlaufende Längengrad in altägyptischer Zeit sicher eine markante Pyramide, insbesondere ein mit enormer Präzision gefertigtes Bauwerk von Gizeh getroffen. Und der geografische Breitengrad? Da Ägypten nicht auf dem Äquator liegt, kommen dafür nur Werte zwischen weit über 0 Grad und weit unter 90 Grad infrage. Bemessen in der heute üblichen 360 Grad Einteilung, die den Breitengraden von 0 am Äquator und 90 an den Polen zugrunde liegt.

Wenn bei einem künstlichen Vermessungsnetz schon mit Trigonometrie gearbeitet wird, wäre dafür im Zusammenspiel vom zufällig möglichen Standort und einer festen physikalischen Größe, die überall gleich ist, also ein bekanntes physikalisches natürliches Maß, von allergrößtem Vorteil. Weil dieses nicht nur auf der Erde, sondern im gesamten Universum als Vergleichsmaß, als trigonometrischer Festpunkt gilt. Dieser Wert wäre zum Beispiel die maximale und damit endliche Geschwindigkeit des Lichtes.

Kannten die Alten Ägypter die Lichtgeschwindigkeit? Immer wieder tauchen Behauptungen auf, die Ägypter hätten die Pyramiden von Gizeh nur dort gebaut, wo sie heute stehen, weil die Cheops- Pyramide in der nördlichen Breite nahezu genau den Wert der Lichtgeschwindigkeit treffe. Durch die Erdplattenverschiebung hat sich der ursprüngliche Wert leicht verändert, so das die tatsächliche, geringfügige Abweichung von diesem Wert erklärbar wäre.

Werden die Minuten und Sekunden der Gradeinteilung in das Dezimalsystem umgerechnet, liegt die Spitze der Cheops- Pyramide auf 29,97926 Grad. Die Lichtgeschwindigkeit: 299.792.458 (m/s). Der tatsächliche Wert der Lichtgeschwindigkeit liegt noch immer innerhalb der Pyramide, um nur ca. 33 Meter von der Spitze aus nach Süden verschoben. Die Gradzahl trifft den Zahlenwert der Lichtgeschwindigkeit also ziemlich genau. Der Breitengrad trifft aber nicht nur fast die Naturkonstante des Lichtes, er trifft auch bei 30 Grad fast eine geometrische Konstante und damit ein Sechseck im Innern eines geometrischen Kreises. Von der Seite betrachtet ist die Erde ja so ein Kreis. Das Sechseck könnte mit der Funktion eines Armillars erklärt werden, was allein schon eine beachtliche Leistung wäre. Aber warum liegt der Wert der Lichtgeschwindigkeit nur so minimal von der Spitze der Cheops- Pyramide entfernt? Ist das alles nur Zufall, die Symbiose aus Fast- Lichtgeschwindigkeit und Fast- Sechseck? Was steckt dahinter? Sollte das ein Zeichen sein? Sollten spätere Generationen darüber nachdenken, um noch viel interessantere Dinge zu finden? Oder hatte das einen praktischen Nutzen, wie eben die Funktion einer Armillarsphäre? Ein Armillar ist ein zwei- oder dreidimensionales astronomisches Hilfsmittel, mit dem die Stellung mehrerer Himmelskörper gleichzeitig visuell dargestellt werden kann. Die Erde selber könnte die Funktion einer Armillarsphäre übernehmen, wenn sich der Beobachter über seine eigene Position auf der Kugel im Klaren ist. Vielleicht gab es wiederum mehrere Gründe! Um uns diesen Wert vermitteln zu können, hätten die Alten Ägypter den Meter, die Sekunde und die 360 Gradeinteilung des Kreises kennen müssen! Doch nur Zufall? Wie sind diese Bemessungsgrundlagen für Entfernungen und die Zeit eigentlich entstanden?

Was ist logisch und was ließe sich mit Heuristik herausfinden? Ganz und gar unabhängig vom möglicherweise zufällig getroffenen Breitengrad der Cheops-Pyramide könnten die Ägypter die Lichtgeschwindigkeit bzw. eine endliche Geschwindigkeit des Lichtes tatsächlich gekannt haben! Immerhin gab es diese Naturkonstante ja auch schon vor mehr als 4500 Jahren, sogar vor aller Augen.

Wie ließe sich diese Aussage beweisen?

Die Alten Ägypter hatten kein abendliches, mehr oder weniger langweiliges Fernsehprogramm zu bewältigen. In einem nicht vom elektrischen Licht verschmutzten Nachthimmel müssen sie vom ersten bis zum letzten Tag ihres Lebens einen fantastischen und atemberaubenden Blick auf das Universum genossen haben. Wenn sich die Augen an die Dunkelheit gewöhnt haben, eröffnet sich durch die unendlich vielen Sterne ein fast weiß erscheinendes Universum, das noch dazu von der Milchstraße dominiert wird. Um mit den Worten eines Mitteleuropäers oder Nordamerikaners zu sprechen, welcher möglicherweise sein ganzes Leben lang niemals über mehrere Stunden den nächtlichen Himmel betrachtet: Die Ägypter hatten von jedem Abend ihres Lebens an, bis zum nächsten Morgen ein unbeschreibliches „Imax- Kino". Das Programm: „Space- Night". Jede Nacht mindestens sechs Stunden, über viele, viele Jahre. Das hinterlässt Spuren und es macht neugierig. Extrem neugierig! Viele Ägypter haben nicht nur unter freiem Himmel geschlafen und sicher auch über die Sterne nachgedacht. Viehhirten waren zwangsläufig die ganze Nacht wach. Sie waren eng mit der Natur verbunden und konnten vielleicht nach vielen Jahren solcher Beobachtung anhand der Stellung der Gestirne das für ihre Tiere und die Landwirtschaft so wichtige Wetter und selbst Klimaphasen vorhersagen.

Die Ägypter müssen dabei möglicherweise bald erkannt haben: Sie sind Teil eines riesigen Universums, mit dem sie über sich gegenseitig beeinflussende Systeme eng verbunden sind. Dabei müssen sie auch vor der Herausforderung gestanden haben, zu versuchen zu erklären, wie das Gesehene zusammenhängt. Wie das alles entstanden ist. Daneben müssen sie auch erkannt haben, dass es regelmäßige Abläufe am Himmel gibt, die mit Erscheinungen auf der Erde verbunden sind, wie zum Beispiel mit den Nilfluten, aber auch mit Ebbe und Flut. Ebenso mit ergiebigen Perioden und mit Dürrephasen. Ihr Leben hing davon ab!

Vorausgesetzt, sie haben irgendwann die relativ leichte Aufgabe bewältigt, eine Mondfinsternis als Schattenwurf der Erde zu begreifen, dann wäre ihnen die Kugelform der Erde bewusst geworden. Die unendlich vielen Sterne konnten nach ihrem Erscheinungsbild angepassten, oder mit ihrem Auftauchen verbundenen Ereignissen in Form von Sternbildern auseinander gehalten werden. Die Registratur von Sternbildern ist schon in der Frühgeschichte der Menschheit belegt. Für eine einigermaßen genaue Vermessung von Gestirnen sind Sternbilder allerdings viel zu ungenau. Um herauszubekommen welche Sterne zu unserem Sonnensystem gehören, käme zunächst über einen längeren Zeitraum die blanke Beobachtung der Kreis- bzw. Ellipsenbahnen gegenüber der Fixsternebene infrage. Dies lässt sich aber auch an der Phasengestalt erkennen. Ähnlich wie beim Mond mit seinen Phasen vom Halbmond zum Vollmond, kommt es auch bei den Planeten unseres Sonnensystems zu Phasenverschiebungen, je nach deren Standort im Spiel zwischen Sonne und Betrachtungswinkel von der Erde. Dieses Phänomen war später um 1587 auch dem Philosophen, Mathematiker, Physiker und Astronomen Galileo Galilei (1564-1642) an der Venus aufgefallen.

Die Ägypter haben immer mehrere Funktionen auf ihre Bauwerke gelegt. Durch Trigonometrie umgesetzt könnten die Pyramiden mit ihren exakt und durch ihre schiere Größe unveränderlichen, bekannten Standpunkten als Festpunkte zur Landvermessung gedient haben. Mit Trigonometrie, quasi einer auf den drei- und mehrdimensionalen Raum bezogenen Verhältnisgleichung könnte aber nicht nur das Land, sondern auch das sichtbare Universum in Raum, Zeit, Lichtgeschwindigkeit und Gravitation per Geometrie berechnet und maßstabgerecht dargestellt werden. Das System der Landvermessung ist mit dem der Vermessung in der Astronomie nahezu identisch.

Allein schon die äußeren und inneren baulichen Besonderheiten der Pyramiden von Gizeh mit ihrem geometrisch exakten Aufbau als Visierlinie zeigen: Die Ägypter könnten intensiv und noch dazu präzise Sternenbeobachtung betrieben haben. Sie wären in der Lage, das Universum zumindest für den Bereich unserer Milchstraße im dreidimensionalen Raum zu beobachten, zu berechnen und darzustellen. Sie mussten das in Folge ihrer menschlichen Entwicklung zwangsläufig tun. Sie waren nicht nur Ackerbauern und Viehzüchter, sie waren durch den Nil und das nahe Mittelmeer auch Seefahrer und Handelsleute in der Wüste. Ausschließlich über die Position der Gestirne waren sie in der Lage, sich auf offenen Gewässern fernab der Ufer oder in einer Wüste durch Astro- Navigation zu orientieren. Auch ohne diese überlebensnotwendige Gesetzmäßigkeit kommt ein weiterer Grund hinzu: Menschliche Neugier!

Wer die Frage stellt: Warum hätten sie das tun sollen? Der kann die gleiche Frage auch einem heutigen Astronomen und Astrophysiker stellen. Die Antwort wird die gleiche sein.

Was könnte sich vor Gizeh abgespielt haben?

Jungsteinzeitliche Anlagen, wie zum Beispiel Stonehenge mit auf die Sommersonnenwende ausgerichteten Linien lassen die Vermutung der Verwendung solcher Anlagen als astronomische Observatorien bis in eine Zeit von bis zu über 10.000 Jahren zurück datieren. Ähnlich Kreise oder Linien könnte es auch schon in Ägypten gegeben haben, aus Steinen ausgelegte Kreise. Vielleicht auch, dem trockenen Wüstenklima sei Dank, aus kostbarem Holz, über Jahrzehnte haltbar. Wer die Gestirne im dreidimensionalen Raum aus Höhe, Breite und Tiefe beobachtet und die zeitlichen Veränderungen ihrer Standorte registriert, erhält die fortschreitende „Zeit", die „Lichtgeschwindigkeit" und auch die „Gravitation" quasi als „Abfall-" zumindest aber als Nebenprodukt auf dem Tablett der Wissenschaft serviert.

Bei ihren nächsten Konstellationen zur Erde benötigt das Licht 33 Minuten und 16 Sekunden vom Jupiter, 66 Minuten und 32 Sekunden vom Saturn, 149 Minuten und 42 Sekunden vom Uranus und 241 Minuten und 11 Sekunden vom Neptun. Die Planeten unseres Sonnensystems sind nicht nur mit bloßem Auge erkennbar, bei der längeren Beobachtung des Himmels fallen auch ihre Bahnen gegenüber den scheinbar still stehenden Fixsternen auf. Durch unterschiedliche Positionen im Sonnensystem und durch die Geschwindigkeit des Lichtes kommt es gegenüber Vorausberechnungen zu scheinbar unterschiedlichen Standorten, ein Umstand, der Fragen ausgelöst haben könnte.

Eine mögliche Antwort: Das Licht bewegt sich zwischen den Gestirnen mit einer endlichen Geschwindigkeit! Die Ägypter könnten eigentlich bei relativ genauer und durch eine einfache Registratur schon zeitig an der Bewegung der Gestirne erkannt haben, dass die Geschwindigkeit des Lichtes eine endliche Größe hat und das Licht damit eine Geschwindigkeit haben muss. In der Zeit der Alten Ägypter muss die Beobachtung der Sterne bereits vor dem Bau der ersten Pyramide des Djoser und deren Tempelanlagen in Sakkara begonnen haben. Die Alten Ägypter müssen den reinen Zahlenwert der Lichtgeschwindigkeit nicht einmal unbedingt gekannt haben. Immerhin dürfte ein Schrift- oder Zahlensystem, wenn überhaupt, nur ansatzweise vorhanden gewesen sein. Die Geometrie ist dagegen schon in der Natur und auch im Universum von Anfang an mit eingebaut. Sie könnten Werte auch mit euklidischer Geometrie, mit einem in einem Kreis steckenden geometrischen Vieleck, wie eben einem Steinkreis dargestellt und gleichzeitig registriert haben.

Wie wurde die Lichtgeschwindigkeit später erkannt?

In der Neuzeit gelang das 1676 anhand der Sterne und Planeten dem dänischen Astronomen Ole Christiansen Römer (1644-1710). Beobachtet wurde dabei über einen längeren Zeitraum die Verfinsterung der vier Jupitermonde. Durch die jährliche Bahn der Erde um die Sonne kommt es zu einer unterschiedlichen Konstellation und damit zu einer unterschiedlichen Entfernung zum Jupiter und seinen Monden. Dadurch ändert sich die Länge des Lichtweges. Nach einer mehrjährigen Beobachtung konnte Ole Christiansen Römer, insbesondere für Io (Jupiter I) einen tatsächlichen Unterschied von zehn Minuten gegenüber der theoretischen Berechnung voraussagen, der dann tatsächlich auch eintrat. Für Römer war es vor allem wichtig zu zeigen, dass sich das Licht nicht augenblicklich, sondern mit endlicher Geschwindigkeit ausbreitet. Heute weiß man, für den gesamten Erdbahndurchmesser um die Sonne benötigt das Licht ca. 17 Minuten, für den Durchmesser der Erde sind es 0,0425 Sekunden. Dabei geht es nicht um die Sekundenbruchteile, sondern um die großen Einheiten. Die 17 Minuten sind eine Größe, mit der auch schon die Alten Ägypter hätten umgehen können. Den Erdbahndurchmesser auf der Erdkreis- Erdbahn, der Umlaufbahn der Erde um die Sonne, hätten sie mit einem großen, mit zwei Stöcken und einem Seil in den Wüstensand gezeichneten Kreis trigonometrisch verkleinert darstellen können. Zwei gegenüberliegende zeitliche Eckpunkte wären die Sommer- und Wintersonnenwende. Ließe sich mit der von der Landvermessung her bekannten Trigonometrie möglicherweise sogar die Geschwindigkeit des Lichtes ermitteln, die dieses braucht, um diesen „Erdbahndurchmesser- Kreis" zu durchstreifen? Wenn es am Sternenhimmel bei manchen Gestirnen merkwürdige Zeitverschiebungen gibt, die möglicherweise mit einer Geschwindigkeit des Lichtes erklärt werden könnten, wie ließe sich dieses Phänomen zunächst einmal unmittelbar auf der Erde erforschen?

<u>Die Vermessung des Lichtes auf der Erde</u>

Schon lange bevor Astronom Ole Christiansen Römer 1676 den Nachweis für die Lichtgeschwindigkeit durch den Sternenhimmel erbrachte, hatte offiziell bekannt, erstmals um 450 v. Chr. der griechische Philosoph Empedoklos Vermutungen über die Zeitabhängigkeit von Licht angestellt. Bekanntermaßen erstmals praktisch experimentierte um 1620 Galileo Galilei (1564-1642) mit der Lichtgeschwindigkeit. Er versuchte die Geschwindigkeit mit zwei Gehilfen und zwei Laternen wissenschaftlich zu messen, was aber durch die menschlich bedingte Reaktionszeit und die zu geringe Entfernung nicht so recht gelang. Astronom Ole Christiansen Römer hatte 1676 die Endlichkeit der Geschwindigkeit des Lichtes nachgewiesen. Darauf aufbauend, jedoch ohne die an ihre Reaktionszeit gebundenen Menschen Galileis, nutzte 1849 der französische Physiker Armand Hippolyte Louis Fizeau (1819-1896) einen Spiegel und ein Zahnrad, also ein Rad mit Öffnungen darin. Das schnell drehende Zahnrad blockiert dabei das von einem Spiegel zurückgeworfene Licht in regelmäßigen Abständen. Fizeau nutzte bei Paris eine 8,6 km lange Versuchsstrecke. Die Geschwindigkeit des Zahnrades wurde so lange erhöht, bis das zunächst durch eine Lücke zum Spiegel gelangte und nun zurückgeworfene Licht auf den nächsten

Zacken des Rades fiel und so vom Beobachter nicht mehr gesehen werden konnte. Durch die bekannte Entfernung und die bekannte Drehzahl war es nun möglich die Lichtgeschwindigkeit zu berechnen. In einer anderen, aber prinzipiell ähnlichen Versuchsanordnung verschwindet das von dem Spiegel zurückgeworfene Licht bei zunehmender Geschwindigkeit der Scheibe zunächst hinter einem Zahn, um dann bei einer weiteren Drehzahlerhöhung, die nächste Lücke zu erwischen und so die damit berechenbare Lichtgeschwindigkeit anzuzeigen.

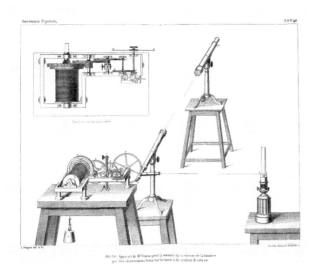

Versuchsaufbau 1849 Physiker Armand Hippolyte Louis Fizeau mit Spiegel und einem Zahnrad über eine 8,6 km lange Versuchsstrecke

Auf der Erdoberfläche ließe sich die Geschwindigkeit des Lichtes also eigentlich nur über eine sehr lange Strecke ermitteln. Damit eine Messung überhaupt möglich wird, müsste das Licht dabei zum Ausgangspunkt zurückkehren, um dabei mit einem Zeitsystem verglichen werden zu können.

Gab es eine solche Konstruktion auch schon vor über 4600 Jahren in Ägypten?

Das eigene Spiegelbild muss dem Menschen schon mit den ersten Grundzügen seines intelligenten Handelns in ruhenden Wasserflächen begegnet sein. Die ersten von Menschenhand geschaffenen Spiegel entstanden bereits vor mehr als 5000 Jahren in der Kupfersteinzeit und in der Bronzezeit durch Polieren von damals verfügbaren Metallen.

Nicht nur eine gerade Strecke, auch eine „Zick- Zack", aber auch eine Spiralkonstruktion wären möglich, über mehrere spiegelnde Flächen zum Beispiel. Möglicherweise sogar in oder um ein Bauwerk, das dann auch noch gleichzeitig eine Skalierung bieten würde. Tatsächlich gibt es solche Konstruktionen in Ägypten, ausgerechnet auf dem Gelände der ersten Stufenpyramide in Sakkara. Eine Spiralkonstruktion ergibt sich um die riesige Anlage von Sakkara durch den rätselhaften Graben, der das rechteckige Objekt umschließt und der auf der Südseite über eine Überlappung verfügt. Wurde hier das Sonnenlicht über Spiegel erst durch den Graben um die Sakkara- Anlage und dann um die Mauer der Tempelanlage geschickt, ergibt sich mit den unzähligen Mauervorsprüngen der Tempelanlage eine optimale Skalierung zum Messen der Lichtgeschwindigkeit. Eine ähnliche riesige Konstruktion mit umlaufenden Strukturen findet sich einige hundert Meter weiter westlich von Sakkara in Form der „Great Enclosure", der „Großen Einfriedung". Auch diese besitzt eine Überlappung. Die Anlage von Sakkara ist von einer aufwendig gestalteten, 1646 Meter langen und 10,5 Meter hohen Kalksteinmauer in Palastfassadenarchitektur umgeben. Je nach Betrachtungsweise ergäbe sich eine Lichtlaufentfernung zwischen ca. 6,3 und 7,9 Kilometer. Werden die inneren Strukturen mit einbezogen, sogar bis zu 10 Kilometer und mehr.

Da kein Aushub zu finden ist, wurde das Material der großen Gräben sicher zum Bau der Pyramide und der Umfassungsmauer benutzt. Das kann allein aber nicht der Grund für den Bau sein. Material hätte auch viel einfacher aus einer großen Grube gewonnen werden können. Der Graben könnte auch ein Schutzhindernis für den Pyramidenkomplex bilden können. Dann aber wäre die Überlappung auf der Südseite merkwürdig, durch die ließe sich ja der Graben umgehen.

Reste der aufwendigen Mauer der Pyramiden- und Tempelanlage in Sakkara

Die künstliche Schlucht hat eine Breite von ca. 40 Metern. Je nach dem, an welcher Stelle gemessen wird, hat der umlaufende Graben eine Länge von 2600 bis 2800 Meter. Wird zu Grunde gelegt, dass die Umfassungsmauer aus Palastfassadenarchitektur um die Pyramide herum eine glatte Länge von 3000 Ägyptischen Ellen haben sollte, dann hätte der Große Graben eine Länge von 5000 Ägyptischen Ellen. Die „Große Einfriedung" würde 4000 Ägyptische Ellen lang sein. Für diese glatten Verhältnisse hätte es einen wichtigen Grund geben können! Ein exakter für die Trigonometrie verwertbarer Wert würde sich bei der Umfassungsmauer ergeben, wenn das Licht ausschließlich die Mauer 6 x umrundet hätte. Dabei entsteht eine Laufzeitstrecke von 9876 Metern. Diese liegt nur 117,03 Meter unter den 9993,03 Metern, die tatsächlich in Bezug auf die Ägyptische Elle für die Messung per Verhältnisgleichung der messbaren Lichtgeschwindigkeit notwendig wären. Weil der Große Graben die Anlage umrundet und die Spirale dadurch größer wird, könnte die Anzahl der Umläufe des Lichtes reduziert werden. Wichtig ist nur die Entfernung von ca. oder vielleicht sogar genau 10.000 Metern!

Kannten die Alten Ägypter den Meter? Bis heute ist unklar, wozu die Spiralkonstruktionen des „Großen Grabens" und der „Great Enclosure" gedient haben.

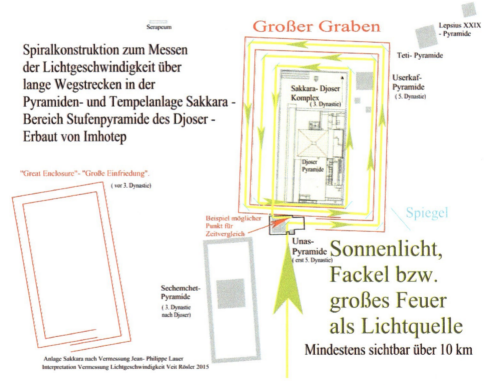

Optionen zum Messen der Lichtgeschwindigkeit über große Entfernungen durch die Spiralkonstruktion des „Großen Graben" von Sakkara oder durch die „Große Einfriedung"

Ein Graben und eine Mauer würden für eine zu beobachtende Lichterscheinung bzw. einen Lichtstrahl am Morgen nach Sonnenaufgang und am Abend vor Sonnenuntergang genug Schatten bieten, um einen Unterschied zwischen Tageslicht und Lichtstrahl festzustellen. In so einem Fall könnte die über einen Spiegel umgelenkte Sonne das Licht für den Lichtstrahl geliefert haben.

Alte Ägypter und Lichtgeschwindigkeit? Vor mehr als 4500 Jahren? Könnte es dafür Belege geben?

Die liegen möglicherweise im Ägyptischen Museum in Kairo:
Wer das Licht messen will, braucht also eine genau vordefinierte Wegstrecke, aber auch ein Zeitmaß. Mit dem Zeitmaß wird gemessen, wie lange das Licht zwischen zwei Punkten des Weges unterwegs ist.
Am 19.01.1936 hat der englische Ägyptologe Walter B. Emery (1903-1971) in Sakkara das Grab Nr. 3111 geöffnet. Im siebenten Raum der Mastaba, welche dem Prinzen Sabu zugeordnet werden konnte, wurde eine seltsame im Durchmesser 61 Zentimeter große und ca. 10 Zentimeter starke Scheibe gefunden. Scheinbar wichtiger noch, als der Körper des Prinzen, wurde die Scheibe zentral, nahezu mitten im Raum platziert. Durch eine Bohrung im Zentrum der Scheibe wäre die Aufnahme einer stabilen Achse möglich.
Seitdem geistern die wildesten Spekulationen um diese Scheibe. Sie reichen vom maschinellen Rotationskörper, Schwungrad, Schiffsschraube, Flugobjekt, Kultobjekt über Spielzeug bis hin zur Blumenschale. Sie wird mit dem versunkenen Atlantis ebenso in Verbindung gebracht, wie mit Außerirdischen oder mit Geheiminformationen von mehrere zehntausend Jahre alten Hochkulturen.
Prinz Sabu lebte nach bisherigen Erkenntnissen um 3000 vor Christus zur Zeit des Pharao Unephes. Pharao Unephes soll in der 1. Dynastie um 3000 bis 2970 vor Christus regiert haben. Sollten die Zahlen stimmen, wären es von da an noch ca. 300 Jahre bis zum Bau der ersten Pyramide in Sakkara.

Seite 129: Die Scheibe von Prinz Sabu im Ägyptischen Museum in Kairo -
Fundsituation Scheibe Prinz Sabu - Am 19.01.1936 hat der englische Ägyptologe Walter B. Emery in Sakkara das Grab Nr. 3111 geöffnet. Im siebenten Raum der Mastaba, welche dem Prinzen Sabu zugeordnet werden konnte, fand er eine merkwürdige Scheibe

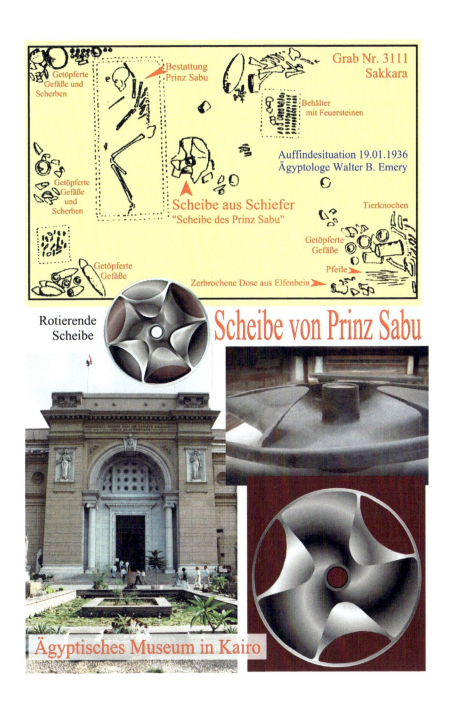

Lichtgeschwindigkeit lässt sich nicht nur durch unterschiedliche Entfernungen von Planeten erkennen und berechnen, sie kann auch durch einen verhältnismäßig einfachen Versuchsaufbau nachgewiesen und berechnet werden. Wichtigstes Element ist eine Scheibe mit Öffnungen darin. So ähnlich, wie das Zahnrad des französischen Physikers Armand Hippolyte Louis Fizeau und eben auch wie die Scheibe von Prinz Sabu!

Das scheinbar Unmögliche könnte den Alten Ägyptern mit der „Scheibe von Prinz Sabu" gelungen sein!

Vergleich: Messen der Lichtgeschwindigkeit mit der Scheibe von Physiker Armand Hippolyte Louis Fizeau und mit der Scheibe von Prinz Sabu - Der Lichtstrahl wird an der spiegelnden Fläche reflektiert und läuft in Gegenrichtung zurück

Spiegel aus verschiedenen geglätteten Materialien sind aus dem Ägypten des Altertums bekannt. Diese gab es schon vor mehr als 5000 Jahren. Auf die Scheibe zur

Bemessung von Licht könnten die Ägypter durch schnell laufende Räder und deren Speichen gekommen sein. Durch unterschiedliche Drehgeschwindigkeiten, durch die Frequenz des Lichtes hervorgerufen, entstehen merkwürdige, zum Teil optisch zurücklaufende Interferenzen der Drehbewegung. Der Beweis, dass zu dieser Zeit schon das Rad in Ägypten erfunden war, ist schließlich die Scheibe selber.

Welche Aufgabe hatten die nach vorn geneigten „Propeller"?

Im Zusammenhang der von den drei Öffnungen geprägten Scheibe von Prinz Sabu mit einer Spiralkonstruktion, in der das Licht mehrmals umgeleitet wird, bekommen auch die merkwürdigen nach vorn geneigten „Propeller- Blätter" der Scheibe einen Sinn. Die Alten Ägypter könnten mit der Scheibe von Prinz Sabu gleich zweimal das Licht in Abschnitte „zerhackt" haben. Dazu könnten sie zunächst einen Sonnenlichtstrahl seitlich durch die sich drehende Scheibe geschickt haben. Dieser wird dann durch die in regelmäßigen Intervallen auftauchenden Lücken zwischen den „Propellern" in Lichtimpulse geteilt. Wird der Lichtstrahl nun über drei Spiegel wieder zu der Scheibe zurückgelenkt, kann er über die Öffnungen der Scheibe bemessen werden. Aus der Relation von Drehgeschwindigkeit, Entfernung und Größe der Scheibe ließe sich die Lichtgeschwindigkeit durch Geometrie ermitteln. Selbst eine simple Dreieckskonstruktion mit nur zwei Spiegeln wäre denkbar.

Seite 132: Mögliche Aufgabe der „Propeller"

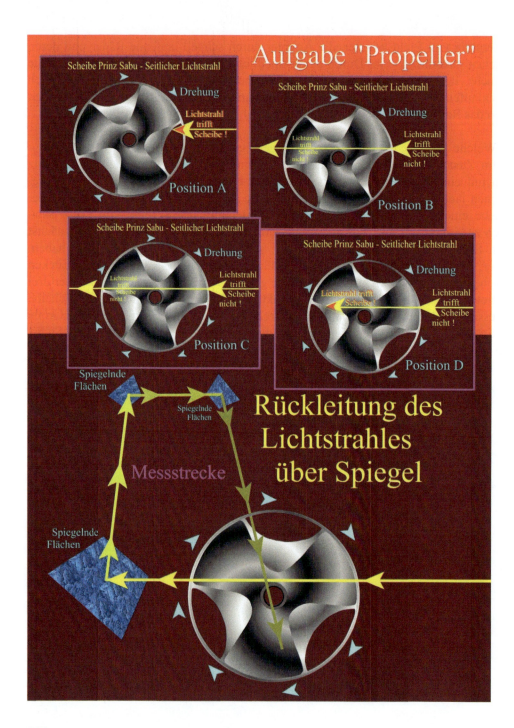

Interferenzen an Sabus Scheibe

Bei der schnellen Drehbewegung der Scheibe des Prinz Sabu mit unterschiedlichen Drehgeschwindigkeiten müssen die Alten Ägypter zudem interessante Interferenzen, insbesondere vor- oder zurücklaufende Drehbewegungen erlebt haben. Interferenzen treten bei allen Arten von Wellen auf, sowohl bei Licht-, Schall- und Materiewellen, insbesondere bei Wasser. Das Auftreten von Interferenzen gilt als Nachweis für die Wellennatur des Mediums bzw. der Strahlung, in der sie auftreten. Eine Welle wiederum wird aus dem Zusammenspiel von Ort und Zeit gebildet.

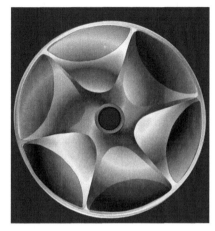

Interferenzen an der rotierenden Scheibe von Prinz Sabu

Daneben wäre es möglich, dass die „Propeller" der Scheibe auch Interferenzen von Schallwellen, also Töne bestimmter Höhen erzeugt haben.

Anhand der Interferenzen könnten die Vermesser sogar eine bestimmte Drehzahl erkannt haben, bei der genau der Wert der Lichtgeschwindigkeit erkennbar wäre.

Die Scheibe wurde aus sprödem und brüchigem Schiefer gefertigt. Eine andere mechanische Verwendung, wie zum Beispiel als „Maschinenrad" oder als Messrad für Entfernungen, ist quasi ausgeschlossen. Es bleibt nur eine optische Lösung!

Die Scheibe von Prinz Sabu ist als geometrisches Zeitzeugnis in einer Vitrine auf dem ersten Stockwerk des Ägyptischen Museums in Kairo nahe dem Mumiensaal erhalten. Die Herstellung dieses runden steinernen Gegenstandes muss sich als extrem aufwendig erwiesen haben. Die auf einer Welle aufgezogene „Scheibe von Prinz Sabu" könnte zum Beispiel durch das schnelle Abziehen eines auf die Welle aufgewickelten Seils oder einen Übersetzungsmechanismus, ähnlich eines Fahrrades, in schnelle Drehbewegung versetzt worden sein.

Durch die merkwürdigen, nach vorn stehenden „Propeller" innerhalb der Scheibe wäre durch den Luftwiderstand die Drehzahl kontrollierbar und die Scheibe zudem stabilisiert worden.

Außerdem kann durch die nach innen laufenden Propellerblätter, durch die unterschiedlichen Drehgeschwindigkeiten erzeugt, an einem ganz bestimmten Interferenzmuster die Geschwindigkeit des Rades erkannt, reproduziert und damit ausgerechnet worden sein.

Die Ägypter könnten die Lichtgeschwindigkeit später mit einem ähnlichen, sehr viel einfacheren, genau so effektiven, jedoch vergänglicheren Gebilde gemessen haben. Hergestellt nicht aus dauerhaftem Schiefer, sondern aus einer Konstruktion, wie zum Beispiel aus vergänglichem Holz und Papyrus.

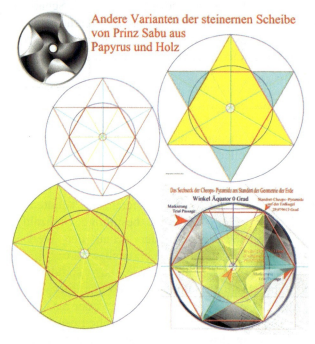

Vorschlag anderer Varianten der steinernen Scheibe von Prinz Sabu aus Papyrus und Holz - Diese wären heute längst zu Staub zerfallen

Die Sekunde: Um die Lichtgeschwindigkeit auf dem Plateau von Gizeh in der Geometrie so angeben zu können, müssten die Alten Ägypter vor mehr als 4500 Jahren nicht nur die Sekunde, sondern auch das metrische System gekannt haben. Sie hätten zu dem nicht wissen können, dass es eines Tages ein metrisches Maß geben würde und das ihre Ägyptische Elle eines Tages ca. 0,52359 Meter lang sein wird.

Bekannt ist bisher, die Sekunde wurde etwa 1000 nach Christus als Maßeinheit für die Zeit in einer Schrift des arabischen Universalgelehrten Abu 'r- Raihan Muhammad ibn Ahmad al-Biruni (973-1048) genannt. Ihr tatsächlicher Ursprung ist unbekannt. Heute wird die Sekunde als 9 192 631 770 faches der Periodendauer des Überganges zwischen den beiden Hyperfeinstrukturniveaus des Grundzustandes von Atomen des Nuklids 133 Cs entsprechenden Strahlung definiert.

Damit haben die Alten Ägypter beim Pyramidenbau definitiv nicht gemessen!

Wie schon die „Ägyptische ELLE", aber auch andere ägyptische Maße wie „Finger", „Handbreite" oder „Faust" als Bezugsmaße aussagen, haben die Alten Ägypter bei ihrer Messtechnik Bezüge auf den menschlichen Körper verwendet.

Die Herzschlagfrequenz eines Menschen wird mit 50 bis 100 Schlägen pro Minute bemessen!

Für einen in aller Ruhe sitzenden und die Sterne beobachtenden Menschen wäre der eigene Herzschlag, also sein Ruhepuls, für eine Sekundeneinteilung die optimale Lösung!

Für die Zeit in Sekunden könnten sie also analog dem Ellen- Körpermaß ebenfalls zunächst mit einem einfachen Körpermaß gemessen haben, mit 60 Schlägen des menschlichen Herzens pro heutiger Minute. Mit dieser Methode könnte sich durch Versuche über lange Zeitdauern der Durschnittswert von 60 Sekunden in einer Minute entwickelt haben. Im Sexagesimalsystem bietet dieser Wert eine absolut geniale Lösung, in der Symbiose aus Kreis, Lichtgeschwindigkeit, Ägyptischer Elle und selbst auch zum Meter.

Auch Galileo Galilei hat um 1590 in seiner Kinematikforschung neben Wasseruhren mit seinem Puls als Zeitmesser gearbeitet!

Daher wäre anzunehmen, dass die Zeitdauer einer Sekunde nicht nur zufällig in etwa der Zeit eines Herzschlages eines Menschen entspricht!

Bei etwas längeren Zeiträumen kann es allerdings durch die Summierung von Fehlern zu Abweichungen kommen. Daher wäre ein technisches Vergleichsmaß sinnvoll, mit dem die 60 Sekunden verglichen und damit immer wieder kalibriert, aber auch multipliziert werden können. Für ein vergleichbares kurzes Zeitmaß von 60 Schlägen, also einer heutigen Minute, käme dafür ein kleiner Behälter mit einem kleinen Loch darin infrage. Wird dieser mit Sand oder Wasser gefüllt, verflüchtigt sich der Inhalt durch das Loch in immer wieder gleichen Abständen. Derartige Sand- oder Wasseruhren wurden tatsächlich auch in ägyptischen Gräbern gefunden.

Eine nachweislich bereits technisch ausgereifte Wasseruhr mit einem genauen Zeitlauf über mehrere Stunden wird durch Siegelbewahrer Amenemhet beschrieben, welcher diese für König Amenophis I. konstruiert haben will, was einer Zeit um etwa 1555 bis 1505 v. Chr. entsprechen würde. Der Konstrukteur weist dabei aber bereits auf ältere Schriften hin, aus denen er sein Wissen bezogen hat.

Die Kalibrierung auf eine Minute bzw. 60 Sekunden geschieht dabei nicht durch die Größe des Loches, sondern durch den Inhalt, also ein Strich- Maß oder durch die Oberkante. Für noch längere Zeiteinheiten bieten sich am Tage simple Sonnen- oder Schattenuhren an. In der Nacht wären dafür gleichmäßig abbrennende Bienenwachs-Kerzen oder glimmende Schilfrohre möglich. Da die Beobachtung der Sterne und das optische Ablesen einer Zeitmesseinrichtung nur schwer miteinander vereinbar sind, könnten die längeren Zeitintervalle durch das akustische Anschlagen einer Art Glocke von einer, für den Sternenbeobachter nicht einsehbaren, beleuchteten Stelle aus übermittelt worden sein. Diese akustische Zeitübermittlung wird ja seit dem Mittelalter selbst heute noch in Kirchen und Klöstern durch den Glockenschlag praktiziert. In jedem Hafen gibt es seit alters her eine Hafenglocke, mit der die Seeleute ihre Uhren kalibrieren. Nur mit diesem Zeitmaß ist genaue Navigation auf die Gestirne möglich. Das Vorhandensein der Scheibe von Prinz Sabu gilt nicht als Beweis, dass diese für die Messung der Lichtgeschwindigkeit genutzt wurde. Die Scheibe hat aber nicht nur drei Öffnungen, sie hat auch drei weitere, damit insgesamt sechs Segmente. Im Sexagesimalsystem ist sie damit zumindest durch ihre spezielle Größe von (60) 61 Zentimeter als trigonometrischer Zeitmesser und durch ihre Öffnungen als Lichtmesser prädestiniert. Neben der Ägyptischen Elle für den Unterarm könnte der Herzschlag des Menschen für die Sekunde die Grundlage gebildet haben. Durch Trigonometrie ließe sich die notwendige Drehzahl der Scheibe und die notwendige Messstrecke austesten, damit auch berechnen und auf andere Entfernungen umlegen.

Die Sekunde, die Scheibe von Prinz Sabu und die 360 Grad.

Bei der Betrachtung der Sekunde für den Herzschlag eines Menschen in Zusammenhang mit der Scheibe von Prinz Sabu entpuppt sich ein weiterer interessanter Zusammenhang: Die insgesamt sechs Flächen der Scheibe.

Beim Winkelmaß in Form des Gradmaßes hat der Vollwinkel 360 gleich große Teile, dessen einzelne Teile ein Grad bilden. Beim Zeitmaß wird ein Vollwinkel in 12 bzw. 24 Stunden unterteilt. Diese Einteilung soll auf die Astronomie zurück gehen, aber warum eigentlich?

Belegt ist die Einteilung des Vollwinkels in 360 Teile durch die frühen griechischen Astronomen um 170 v. Chr., die bisher wiederum auf babylonische Tradition zurückgeführt werden. Wie die Einteilung der 24Stunden- Teilung des Kreises für die Erdumdrehung zustande kam, ist bis heute ebenfalls unklar. Bekannt ist eine 12 Stundenzählung aus dem 2. Jahrhundert vor Christus aus China, aber auch aus dem Ägypten des Altertums. Bei den Kreisteilungen stehen heute die 360 Grad des Längennetzes der Erde und die 24 Zeitzonen im Zusammenhang. Bisher gelten die Chinesen als Erfinder des Bogenmaßes, es werden Wurzeln mit 1200 v. Chr. angegeben.

Wenn die Alten Ägypter schon den Herzschlag eines Menschen mit 60 Schlägen, ähnlich wie das menschliche Maß der Elle, ebenfalls „standardisiert" haben, sie hatten ja die „Scheibe von Prinz Sabu", ergibt sich eine interessante Berechnungsgrundlage.

Bei dieser spielt wiederum die Trigonometrie die entscheidende Rolle, also eine trigonometrische Vergrößerung und damit Vervielfältigung eines kleinen Wertes.

60 Schläge mal 60 sind logischerweise 3600 Sekunden für eine Stunde. Die 360 Grad als Bezug zu den 3600 Sekunden aus einer Umdrehung wären also als eine Umdrehung eines Kreises sehr wahrscheinlich. Das passiert mit so einer Umdrehung aus Sekunden und Minuten bestehenden Stunde 24 mal am Tag, ca. 12 mal bei Sonne und ca. 12 mal bei Nacht. So ließen sich die 360 Grad des Längennetzes und die 24 Zeitzonen der Erde auf den Herzschlag eines Menschen und eine Erdumdrehung zurückführen. Das „Standardmaß" aus dem Herzschlag der Ägypter könnte dabei mit einem regelmäßigen Sechseck (Scheibe Prinz Sabu), aus der Gleichheit von Kantenlänge

und Umkreisradius, die eine Teilung des Sechsecks in sechs gleichseitige Dreiecke ergibt, zugrunde liegen. Dabei ergeben sich Winkel von 30 und 60 Grad und deren Vielfache. Bei einem Radius von „einem" Teil beträgt der Umfang des Sechsecks (nicht Kreis) sechs Teile. Daher der Durchmesser der Scheibe von 61 Zentimeter.

Die 24 Stundenzählung ist schon aus der Zeit des Alten Ägyptens bekannt. Die Ägypter verwendeten das System im Zusammenhang mit der Sternenbeobachtung. Bekannt ist, dass sie dabei den Tag in zweimal 12 Stunden einteilten, bezogen auf die Sonnenstunden und die Nachtstunden. In Zusammenhang mit den Mondphasen und Sternenzyklen, die sich mit den Hochwasserführungen des Nils in Zusammenhang zeigten, entstand so das Kalendersystem. Es kann aber nicht erklärt werden, wie die Stunde unterteilt wurde.

Damit könnte der Ägyptische Kreis nicht nur 360 Grad, sondern als eine Variante zum Beispiel auch 3600 Grad beinhaltet haben, was für das Winkelmaß keinen Unterschied macht. Dies würde das Maß der Lichtgeschwindigkeit der Alten Ägypter auf 299,792458 Grad bemessen.

Der Herzschlag eines Menschen als Grundlage der Einteilung aller
Zeitmessung, Kalendarien und der Erd- Gestalt!
Wäre das nicht wunderbar?

Der Herzschlag des Menschen als Grundlage aller Zeitmessung und der Erd- Kreis- Geometrie?

Der griechische Mathematiker, Physiker und Ingenieur Archimedes von Syrakus lebte mehr als 2000 Jahre nach dem Pyramidenbau um 287 v. Chr. bis 212 v. Chr.. Nach der dreijährigen Belagerung von Syrakus traf ein in die Stadt eindringender römischer Soldat auf den heute als bedeutendsten Mathematiker der Antike geltenden Gelehrten. Dieser war gerade mit dem Zeichnen von Kreisen im Sand beschäftigt. Laut der Legende soll der über Siebzigjährige den jungen Soldaten aufgefordert haben: „Störe meine Kreise nicht!". Daraufhin wurde er von dem Soldaten erschlagen. Um welche Kreise es sich dabei handelte, bleibt also für immer ein Geheimnis. Archimedes war besonders stolz auf seine Abhandlungen über Kugeln und Zylinder, von denen er die Oberflächen und Volumen berechnen konnte. In Kreisen und Kugeln steckt eine mit der Schöpfung unmittelbar verbundene Magie. Das gesamte Universum scheint von geometrischen Kreisen beeinflusst zu sein. Könnten sich auch schon die Alten Ägypter darüber den Kopf zerbrochen haben? Mit geometrischen Kreisen im Sand, wie später Archimedes? Sie hatten immerhin die geometrische Scheibe von Prinz Sabu!

Ein kurzer Zeitsprung in das Mittelalter: Seit der Zeit der Pyramiden haben die weisesten Menschen ihrer Epoche in ihre Bauwerke, in religiöse Einrichtungen und Schriften, wie zum Beispiel in die Bibel, mit Vorsatz geheime Zeichen und verschlüsselte Informationen eingebaut und dieses Verfahren von Generation zu Generation weiter gegeben. Neugierige Menschen sollen diese Zeichen finden, darüber nachdenken, sich so bilden und letztlich mit Wissenschaft nach den Gesetzen der Physik und damit nach den Gesetzen Gottes suchen.

Wie so eine antike bzw. mittelalterliche trigonometrische Kreisrechenmaschine zur Berechnung der Relativität in Natura aussieht, ist in der Templer- Kathedrale von Chartres in Frankreich zu sehen. Der in den Fußboden eingearbeitete Kreis ist mit Zähnen 12,88 m groß (12m). Er trägt in sich 11 Kreise und am Umfang effektive 114 Zähne und Hohlräume, die wiederum an das Zahnrad zur Vermessung der Lichtgeschwindigkeit von Armand Hippolyte Louis Fizeau (1819-1896) erinnern.
Die Kathedrale wurde von 1194 bis 1260 errichtet.

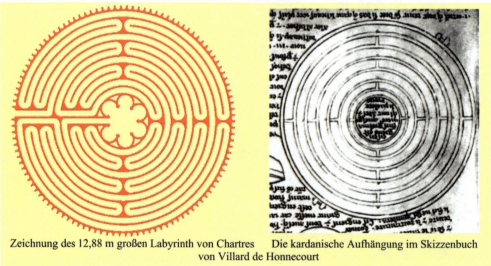

Zeichnung des 12,88 m großen Labyrinth von Chartres   Die kardanische Aufhängung im Skizzenbuch von Villard de Honnecourt

Zeichnung des Labyrinth von Chartres und die kardanische Aufhängung im Skizzenbuch von Villard de Honnecourt

Konstruiert hat das Bauwerk und das Gebilde Villard de Honnecourt (b.1235). Gut zu sehen im Innern die sechseckige Blume. Die Quersumme der 114 Zähne ergibt ebenfalls 6. Das Notizbuch von Architekt Honnecourt enthält ein ähnliches Gebilde, das allerdings eine kardanische Aufhängung zeigt. Dabei handelt es sich um ein Gerät aus der Seefahrt, das erst um 1550 von Gerolamo Cardano (1501-1576) erfunden wurde, aber schon in der Antike ab um 280 v. Chr. bekannt war. Das von Architekt Villard de Honnecourt in Chartres konstruierte und sicherlich vor aller Augen als Labyrinth getarnte Gerät müsste als tatsächliches Messgerät wegen den zahlreichen Drehlagern außergewöhnlich empfindlich auf die Gravitation reagiert haben. In der Templer- Kathedrale wurden gravitative Anomalien nachgewiesen. Hier befindet sich auch ein ca. 33 Meter tiefer Brunnenschacht, der schon in keltischer Zeit angelegt wurde. Gut möglich, dass dieses Kreisgebilde wie schon bei den Alten Ägyptern üblich, mehrere Funktionen hatte. So könnten die Blume und die Zahl 6 die Lichtgeschwindigkeit und die kardanische Aufhängung die Gravitation symbolisieren. Da Konstruktionselemente der Templer- Kathedrale mit dem Gebilde koalieren, könnte es Architekt Villard de Honnecourt zudem auch ohne Zahlen in euklidischer Geometrie als geometrische Rechenmaschine benutzt haben. Für Villard de Honnecourt lassen sich Verbindungen zu den Kreuzzügen der Templer nach Jerusalem nachweisen. In der Kathedrale soll einer alten Sage nach vorübergehend die von den Templern gefundene Bundeslade der Israeliten aufbewahrt worden sein. Da eine derartige Scheibe mit so vielen Zähnen in Ägypten nicht gefunden wurde, soll die Erklärung an dieser Stelle mit der Scheibe von Prinz Sabu weiter gehen.

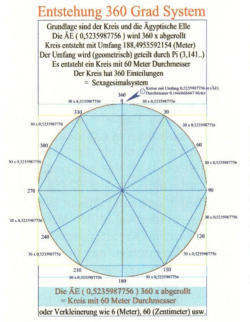

Mögliche Entstehung eines 360 Grad- Systems auf der Grundlage des Herzschlags eines Menschen und der Ägyptischen Elle durch einen in den Wüstensand gezeichneten im Durchmesser 60 Meter großen Kreis

Wichtiger Hinweis! Auf dieser und den folgenden zwölf Seiten soll mit Zeichnungen und detailreichen Zahlenangaben erklärt werden, mit welchem System die Alten Ägypter die Lichtgeschwindigkeit erkannt und in ihre Bauwerke eingebaut haben könnten. Dabei werden Zahlen mit mehreren Nachkommastellen genannt.

Dieses Vorgehen dient lediglich der modernen und verständlichen Erklärung!

Die Alten Ägypter kannten wahrscheinlich keine Berechnungen mit Kommastellen und auch die Zahl Pi war ihnen in der heute bekannten Form sicher nicht geläufig. Die notwendige Genauigkeit und den unbewussten Einbau der Zahl Pi konnten die Konstrukteure der Pyramiden dennoch ungewollt erreichen, weil sie mit sehr großen Kreisen im Wüstensand arbeiten konnten. Diese Geometrie konnten sie mit einfachen Fäden, zwei Hölzern oder einem Rad mit dem Umfang oder dem Durchmesser einer Ägyptischen Elle erschaffen. Im Kreis steckt die Zahl Pi automatisch und auch die Ägyptische Elle mit den heute üblichen Nachkommastellen. Ebenso der in der Neuzeit bekannte Meter. Das alte geometrische System funktioniert ohne Zahlen und ohne Schriftzeichen, nur mit geometrischen Kreisen!

Das System kann eine Herausforderung darstellen! Ganz wichtig! Es geht immer nur um simple Kreise und einfache Verhältnisgleichung/Dreisatz aus der Grundschulzeit. Die Kreise setzen sich zusammen aus dem Radius, dem Durchmesser und die Kreiszahl Pi (3,141592653 ...) für den Kreisumfang. Der Kreisumfang wird hier in 6 Teile unterteilt. Grundlage für das System ist die tatsächlich vorhandene Scheibe von Prinz Sabu und deren 6 Unterteilungen.

Um mit reiner Geometrie ein 360 Grad - System zu generieren, hätte die Alten Ägypter mit einem im Durchmesser 60 Meter großen Kreis wiederum mit dem Sexagesimalsystem arbeiten können. Wird die Ägyptische Elle (0,5235987756) 360 mal abgerollt, entsteht eine einheitliche 360 Grad - Geometrie. Die wiederum trigonometrisch verkleinert oder vergrößert werden kann, um sie als Bezugs- und Vergleichsmaß zu nutzen.

Bei dem 360 Grad- Kreis, dessen Dezimaleinteilung mit dem 24 - Stunden Kreis identisch ist, fällt auf: Die Spitze der Chephren- Pyramide und die dazu gehörende Westskalierung treffen den Durchschnitt einer 2 Stundeneinteilung ebenso, wie der Winkel der Großen Galerie in der Cheops- Pyramide!

<u>Der Meter</u>

Der Meter wurde 1799 durch den auf 1 reduzierten Teil interpretiert, den die 10.000.000 vom Äquator zum Pol gemessenen Meter ergeben (tatsächlich 10.001.966 m). Technische Bezugspunkte sind also heute feststehende, physikalische Eigenschaften der Erde und des Universums. Seit 1983 wird der Meter als die Entfernung definiert, die Licht im 299792458ten Bruchteil einer Sekunde im Vakuum zurücklegt. Dadurch beträgt der Zahlenwert der Vakuumlichtgeschwindigkeit 299792458 Meter pro Sekunde. Technische Entfernungsmessungen arbeiten heute mit diesem Wert der Lichtgeschwindigkeit. Weil die Erde eine Kugel ist, wurden somit der Meter, die Sekunde und die Lichtgeschwindigkeit an die Geometrie eines Kreises gekoppelt.

Die Ägypter brauchten für ihren Messvorgang nur das machen, was sie scheinbar immer gemacht haben, den Messbereich trigonometrisch vergrößern und damit dessen Sensibilität erhöhen. Die Pyramiden sind auch deshalb so groß, weil mit ihrer schieren Größe die Sensibilität des „Messgerätes Pyramide" vergrößert werden konnte. Wenn sie denn nicht nur Grabstätten waren!

Zur Erklärung der verblüffenden Zusammenhänge zwischen Meter, Ägyptischer Elle, Sekunde und Lichtgeschwindigkeit müssen einfache geometrische Berechnungen angestellt werden. Heute hilft ein Taschenrechner, vor über 4500 Jahren waren es womöglich viel einfachere geometrische Kreise im Wüstensand.

Das die Scheibe von Prinz Sabu unmittelbar mit der Lichtgeschwindigkeit in Zusammenhang stehen könnte, zeigt ihre Größe von 61 Zentimeter. Damit ergibt sich, den Rahmen abgezogen, die effektive lichtdurchlässige Öffnung bei knapp 60 Zentimeter. Der eine Zentimeter Unterschied zu exakt 60 macht auch den Unterschied zwischen einem, mit dem Umfang abrollbaren Messrad und einer Konstruktion, in der gezielt die Öffnungen Bedeutung hatten!

<u>Das Radius- Maß?</u>

Wird aus dem Wert der Lichtgeschwindigkeit 299.792.458 m/s als Radius einer Scheibe der Durchmesser einer Scheibe gebildet, ergibt dies ein Vielfaches von 599.584.916. Aus diesem Wert der Umfang berechnet (Kreis), also mal Pi 3,1415926536 ergibt einen Umfangswert von 1.883.651.567,3088.

Die Ägypter hatten damit eine Geometrie, die automatisch die Berechnung übernommen hat, denn: Hätten die Ägypter den Durchmesser ihrer Scheibe mal Pi berechnet, also mal 60 bzw. 59,9584915902 cm, wären sie auf 188,4955592154 bzw. ganz genau 188,3651567 gekommen, das wäre zu den 1.883.651.567,3088 des Umfangs der 0,00001 trigonometrisch verkleinerte Teil des Wertes der Lichtgeschwindigkeit. Sie hätten also mit einem Vielfachen dieses Wertes, also mit technisch machbaren 1, 10 oder 100 Umdrehungen der Scheibe von Prinz Sabu pro Sekunde arbeiten können. Abhängig ist die Umdrehungszahl von der gewählten Entfernung. Die mathematische Beispielberechnung bedeutet nicht, dass die Ägypter die Zahl Pi kannten, mit Kommastellen rechnen konnten oder das metrische System kannten! Im Kreisumfang steckt automatisch die Zahl Pi. Wird nun der trigonometrisch vergrößerte Teil dieses Wertes der Lichtgeschwindigkeit, also 1, mal dem Kreisumfang Pi multipliziert und durch die sechs Segmente der Scheibe von Prinz Sabu geteilt (1 x 3,1415926536 durch 6), ergibt das 0,5235987756, den Wert der Ägyptischen Elle!

<u>Der Wert „1" ist dann 1 Meter!</u>

Haben die Ägypter wiederum mit einem einfachen glatten Wert gearbeitet, also 20.000 Ägyptische Ellen, was 10.471 Meter entspricht, hätten sie ähnliche Bedingungen wie Armand Hippolyte Louis Fizeau mit seinen 8,6 Kilometern. Eine ausreichend geradlinige Strecke zu finden, dürfte den Ägyptern in ihrem von Wüste umgebenen Land nicht schwer gefallen sein. Die Spiralkonstruktionen in Sakkara wäre da schon die aufwendige Lösung.

Warum aber ausgerechnet ein Kreis mit sechs Teilen in einer Größe von 60 Zentimeter? Wie könnten sie darauf gekommen sein?

Hätten die Alten Ägypter zunächst mit ihrer Ägyptischen Elle (0,5235987756 Meter) schnell und effektiv Entfernungen messen wollen ohne ständig mit ihrem Ellenbogen oder wenigstens mit einem 0,5235987756 Meter langen Stab hantieren zu müssen, hätten sie einfach dieses Maß als Vielfaches um ein Rad legen können. Dann hätten sie nur noch die Umdrehungen dieses Rades zählen müssen, um diese dann mit der Anzahl der darumgelegten ÄE zu multiplizieren. Welche Anzahl von ÄE um den Kreis gelegt ist aber am günstigsten? Schließlich könnte das entstehende Kreisgebilde auch gleich noch als trigonometrische Verkleinerung oder Vergrößerung dienen! Folgende Beispiele zur Anzahl der um einen Kreis gelegten Ägyptischen Ellen zeigen die optimale Anzahl:

1 ÄE 1 x um den Kreis gelegt:
0,5235987756 (Meter) x 1 ist 0,5235987756 (Meter) Umfang durch Pi 3,1415926535 ist 0,1666666667 (Meter) Durchmesser.

1 ÄE 2 x um den Kreis gelegt:
0,5235987756 (Meter) x 2 ist 1,0471975512 (Meter) Umfang durch Pi 3,1415926535 ist 0,3333333333 (Meter) Durchmesser.

1 ÄE 3 x um den Kreis gelegt:
0,5235987756 (Meter) x 3 ist 1,5707963268 (Meter) Umfang durch Pi 3,1415926535 ist 0,5 (Meter) Durchmesser

1 ÄE 4 x um den Kreis gelegt:
0,5235987756 (Meter) x 4 ist 2,0943951024 (Meter) Umfang durch Pi 3,1415926535 ist ist 0,6666666666 (Meter) Durchmesser

1 ÄE 5 x um den Kreis gelegt:
0,5235987756 (Meter) x 5 ist 2,617993878 (Meter) Umfang durch Pi 3,1415926535 ist 0,8333333333 (Meter) Durchmesser – Dabei entsteht ein Pentagramm

1 ÄE 6 x um den Kreis gelegt:
0,5235987756 (Meter) x 6 ist 3,1415926535 (Meter) Umfang durch Pi 3,1415926535 ist 1 (Meter) Durchmesser

1 ÄE 7 x um den Kreis gelegt:
0,5235987756 (Meter) x 7 ist 3,6651914292 (Meter) Umfang durch Pi 3,1415926535 ist 1,1666666667 (Meter) Durchmesser

1 ÄE 8 x um den Kreis gelegt:
0,5235987756 (Meter) x 8 ist 4,1887902048 (Meter) Umfang durch Pi 3,1415926535 ist 1,3333333333 (Meter) Durchmesser

1 ÄE 9 x um den Kreis gelegt:
0,5235987756 (Meter) x 9 ist 4,7123889804 (Meter) Umfang durch Pi 3,1415926535 ist 1,5 (Meter) Durchmesser

1 ÄE 10 x um den Kreis gelegt:
0,5235987756 (Meter) x 10 ist 5,235987756 (Meter) Umfang durch Pi 3,1415926535 ist 1,6666666667 (Meter) Durchmesser

1 ÄE 11 x um den Kreis gelegt:
0,5235987756 (Meter) x 11 ist 5,7595865316 (Meter) Umfang durch Pi 3,1415926535 ist 1,83333333333 (Meter) Durchmesser

1 ÄE 12 x um den Kreis gelegt: 0,5235987756 (Meter) x 12 ist 6,2831853072 (Meter) Umfang durch Pi 3,1415926535 ist 2 (Meter) Durchmesser

Die optimale Anzahl ohne Komma in einer Zehnerpotenz wären also 6 x oder 12 x die Ägyptische Elle um einen Kreis gelegt. Aus dem optimalen (Durchmesser) Wert „1" ließen sich per Relation bzw. Verhältnis oder Trigonometrie wiederum 10Fache, 100Fache, 1000Fache usw. bilden. Mit dem Zehner- Zahlensystem zu rechnen, ist dem Menschen durch seine 10 Finger in die Wiege gelegt. Die günstigste Anzahl werden sie sicher nicht berechnet, sondern wiederum durch Versuche mit einem 0,5235987756 Meter (1ÄE) langen, um einen Kreis gelegten Faden ermittelt haben. Sie haben also 6 x die Ägyptische Elle um einen Kreis gelegt und damit durch reine Geometrie einen Kreis erhalten, der exakt den glatten Wert 1 ohne Komma hat und damit 1 Meter im Durchmesser groß ist. So erklären sich auch die immer wieder auftauchenden verblüffenden Zusammenhänge zwischen Ägyptischer Elle und dem metrischen Maßsystem. Die Ägyptische Elle und der Meter sind an die Geometrie des Kreises gekoppelt!

(Die Ägyptische Elle 6x um den Kreis gelegt steht also für das Licht. Die Ägyptische Elle 2 x 6, also 12 x um den Kreis gelegt, steht für die Zeit. Das ist unsere heutige 12- Stundenanzeige einer analogen Uhr. Das beweist, dass es irgendwann einmal irgendwer so mit einem Kreis gemacht hat. Die tägliche Zeitrechnung in 2 x 12 Stunden war schon zur Zeit der Alten Ägypter bekannt!)

<u>Warum ist die Scheibe von Prinz Sabu nun ausgerechnet 60 (61) Zentimeter groß?</u>
Sie haben einfach die trigonometrische Verkleinerung ihres Kreises genommen, um den sie ihre Ägyptische Elle in der so günstigen Anzahl von 6 x umgelegt haben.

Das bedeutet wiederum, sie haben den Durchmesser ihres „1" Kreis (1 Meter) großen Rades durch 10 geteilt und dadurch ein weiteres kleines 10 Zentimeter großes Rad generiert. Dieses 10 Zentimeter große Rad haben sie dann einfach, wie ihre Ägyptische Elle 6 x um den Kreis abgerollt. Damit hatten sie eine 1/10 fache Verkleinerung ihrer Ägyptischen Elle, mit der sie wiederum als trigonometrische Verkleinerung aus ihrer Elle mit diesem Rad messen konnten. Rechnerisch bedeutet das: 0,10 Meter x Pi (3,141592654) ergibt ein kleines Rad von 0,3141592654 Meter Umfang. Dieses 6 x um einen Kreis abgerollt, ergibt ein großes Rad von 1,8849555922 Meter Umfang. Wird dieser Umfang wieder auf den Durchmesser zurück gerechnet, also durch Pi (3,141592654) geteilt, entsteht das 0,60 Meter große Rad, die Scheibe von Prinz Sabu. Rechnen wäre wohl bemerkt nicht nötig! Die Geometrie übernimmt die Berechnung. Die Alten Ägypter haben weder die Kreiszahl Pi noch das metrische System kennen müssen! Der Kreis und seine Kreiszahl sind die Grundlagen dieser simplen geometrischen „Rechenmaschine"!

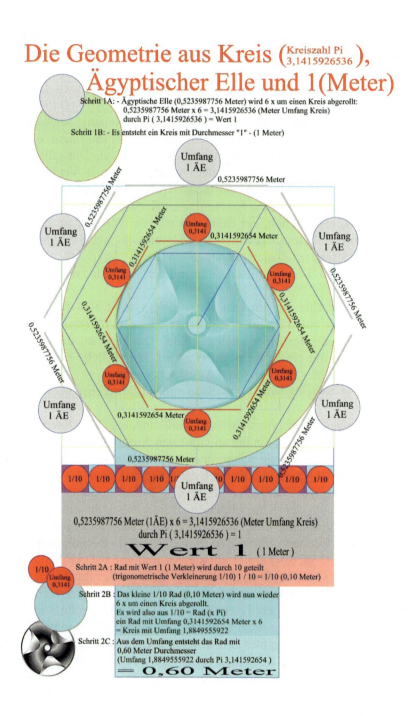

Erklärung Seite 144:
Schritt 1:
1A : 1 Ägyptische Elle (0,5235987756 Meter) wird 6 x um einen Kreis abgerollt
0,5235987756 Meter x 6 = 3,1415926536 (Meter Umfang) durch Pi (3,1415926536)= 1
1B : Es entsteht ein Kreis mit Durchmesser „1" – (1 Meter)
Schritt 2:
2A : Rad mit Wert 1 (1 Meter) wird durch 10 geteilt (trigonometrische Verkleinerung 1/10) 1 / 10 = 1/10 (0,10 Meter)
2B : Das kleine 1/10 Rad (0,10 Meter) wird nun wieder 6 x um einen Kreis abgerollt. Es wird also aus 1/10 = Rad (x Pi) ein Rad mit Umfang 0,3141592654 Meter x 6 = Kreis mit Umfang 1,8849555922 .
2C : Aus dem Umfang entsteht das Rad mit 0,60 Meter Durchmesser
(Umfang 1,8849555922 durch Pi 3,141592654 = 0,60)

Neben der Laufzeitstrecke der Gräben in Sakkara und der Scheibe von Prinz Sabu wäre noch eine dritte, wenn auch unwahrscheinliche Variante zur Ermittlung der Lichtgeschwindigkeit denkbar.

<u>Die astronomische Variante</u>

Mit einer astronomischen Methode hat ja auch Ole Christiansen Römer später gearbeitet. Die Ägypter könnten theoretisch den Messbereich von wenigen Kilometern, den mehrere tausend Jahre später Physiker Armand Hippolyte Louis Fizeau mit 8,6 km genutzt hat, sehr viel größer und damit durch die sich einstellende Sensibilisierung sehr viel genauer gewählt haben. Indem sie zum Beispiel einfach den Mond oder andere äußere Planeten unseres Sonnensystems als „Spiegel" benutzt haben. Denn die Planeten reflektieren ja auch nur das Sonnenlicht, wie ein Spiegel. Für die Entfernung Mond- Erde (ca. 384.403 Kilometer) benötigt das reflektierte Licht 1,28 Sekunden. Für die Entfernung Sonne- Erde (149,6 Millionen Kilometer) sind es 8 Minuten und 19 Sekunden. Die Ägypter müssten in ihren „Versuchsaufbau" bei einer Linearkonstellation zwischen den zu messenden Planeten und der Sonne die entsprechende Verdunkelungs- Lichtphasen mit einbauen. Von dem Moment an, in dem das Sonnenlicht an dem Versuchsaufbau an der Erde vorbei saust, den Mond trifft und reflektiert wird, vergehen also 2,56 Sekunden, was sich mit einem drehenden Rad als Zeitmesser durchaus messen und danach durch Trigonometrie vergrößern und ausrechnen ließe. Die Ägypter hätten allerdings für ihre Beobachtung den Punkt an der „Kante" der Erde treffen müssen, an dem sie gleichzeitig Sonne und Mond auf der einen und anderen Seite gleichzeitig hätten sehen können. Dieser Punkt hätte auf dem Wasser ohne Ufernähe oder auf einer Bergkuppe liegen können. Die kurze Distanz wäre wohl etwas knapp! Das System der Messung der Lichtgeschwindigkeit ließe sich aber auch auf andere Planeten unseres Sonnensystems anwenden und durch den sehr viel größeren Messbereich (Sensibilisierung) noch genauer berechnen. Zum Beispiel: Bei ihren nächsten Konstellationen zur Erde benötigt das Licht 33 Minuten und 16 Sekunden vom Jupiter, 66 Minuten und 32 Sekunden vom Saturn, 149 Minuten und 42 Sekunden vom Uranus und 241 Minuten und 11 Sekunden vom Neptun. Um zunächst den Spiegeleffekt zu erreichen, wäre dafür zu den Planeten wieder eine annähernde Linearkonstellation nötig. Da diese in Form einer Mondfinsternis schon recht selten vorkommt, hätten sie sich bei den noch weiter entfernteren Planeten unseres Sonnensystems noch weitaus länger gedulden müssen. Zumindest vorausberechnen ließe sich eine solche Konstellation. Dabei schwanken die Entfernungen der einzelnen Umlaufbahnen. Zum Mars zum Beispiel beträgt die Entfernung zwischen ca. 50 und ca. 400 Millionen Kilometer. So benötigt das reflektierte Licht vom Mars bis zur Erde zwischen 2 Minuten und 47 Sekunden, bis hin zu 22 Minuten und 16 Sekunden.

Ist die Entfernung erst einmal ermittelt, lässt sich diese wiederum durch Trigonometrie im dreidimensionalen Raum auf die Entfernungen anderer Gestirne umrechnen.

So gesehen könnten selbst die Alten Ägypter mit der Lichtgeschwindigkeit die Entfernungen zu den Planeten ausgerechnet haben, vergleichbar mit heutiger Lasertechnologie, die bei Entfernungsmessungen ja ähnlich arbeitet. Durch das Wissen über die Entfernung der Planeten unseres Sonnensystems ließe sich über Trigonometrie durch die Drehbewegung der Erde nahezu jedes von der Erde aus sichtbare Gestirn im sichtbaren Universum räumlich einordnen.

<u>Könnte vielleicht sogar noch viel mehr dahinter stecken?</u>
Wir wissen heute:
Der mittlere Abstand zwischen Erde und Sonne beträgt 149 597 870,7 Kilometer, gemessen in Meter. Der „heutige" Wert der Lichtgeschwindigkeit mit den „heutigen" Maßeinheiten Meter und Sekunde beträgt 299 792 458 m/s, sind 299 792, 458 km/s. Für die Entfernung Erde Sonne benötigt das Licht also ca. 499 Sekunden.

Die Erde bewegt sich auf ihrer Umlaufbahn um die Sonne auf einer minimal elliptischen, fast kreisförmigen Erdkreis- Erdbahn. Der <u>Durchmesser</u> dieser Bahn bewegt sich zwischen 299 150 000 und 299 190 000 km. Der Wert der Lichtgeschwindigkeit beträgt 299 792 458 Meter pro Sekunde. Der Wert der Lichtgeschwindigkeit ist damit nur 0,2 Prozent schneller, als die Erdkreis- Erdbahn groß ist. Das Licht wäre damit nur ca. zwei Sekunden zu schnell, um exakt den Wert der Erdkreis- Erdbahn zu erwischen.

Noch interessanter ist der <u>Radius</u>: Der <u>mittlere Abstand</u> bzw. die große Halbachse Erde - Sonne beträgt 149 597 870,7 km. Der <u>kleinste Abstand</u> im Perihel beträgt 147 090 000 km. Der <u>größte Abstand</u> im Aphel Erde - Sonne beträgt 152 100 000 km. Die Extremwerte weichen vom Mittelwert um nur geringe 1,67 % ab.

Würde aus diesen Radien ein virtueller Durchmesser eines Kreises gebildet, so hätte dieser bei den drei Werten im Minimum 294 180 000 km, im Durchschnitt 299 195 741,4 km und im Maximum 304 200 000 km.

Das bedeutet: Auf den Radius Erde- Sonne bezogen erwischt der Wert der Lichtgeschwindigkeit durch die minimal unterschiedlichen Entfernungen zwischen Perihel und Aphel im Laufe ihrer Umlaufbahn den Wert der Entfernung auf jeden Fall. Damit wäre es legitim, den Wert mit 1000 Sekunden für den unmittelbar messbaren größten Durchmesser, also die Erdkreis- Erdbahn, als Bezugsmaß für andere kosmische Entfernungen festzusetzen.

Das dieser physikalische Zeit- Entfernungs- Wert der Lichtgeschwindigkeit so exakt an den glatten 1000- Sekunden - Wert heranreicht, kann eigentlich kein Zufall sein. Es könnte demnach Indiz dafür sein, dass unser heutiges Maßsystem auf uralten Systemen aufbaut.

Eine weitere Variante wäre, diesen Umstand, aus der Symbiose der Naturkonstanten der Lichtgeschwindigkeit, der Entfernung Erde- Sonne und von Menschen gemachten Maßeinheiten von Meter und Sekunde als Zufall zu bezeichnen.

Welche Wahrscheinlichkeit ist größer? Zumal die Cheops- Pyramide ja auch noch auf dem Breitengrad der Lichtgeschwindigkeit steht!

Die Bahngeschwindigkeit auf der Erdbahn beträgt am Rande bemerkt im Mittel 29,7859 km/s (Aphel 29,29 km/s und Perihel 30,29 km/s). Ca. 30 Kilometer pro Sekunde!

In der Gegenwart wird im All meist von Mittelpunkt zu Mittelpunkt der Gestirne gemessen. Aus dem Mittelwert für den Sonnenabstand von 149 597 870,7 km hat sich in der Neuzeit 1 Astronomische Einheit = 1 AE entwickelt. Also aus dem Maß des Radius Erde- Sonne!

Vielleicht war der Unterschied der Auswirkung der Lichtgeschwindigkeit zwischen Radius und Durchmesser auch schon für die Alten Ägypter Anlass, den Wert der Lichtgeschwindigkeit auf einer den Radius abbildenden Geometrie, in einem auf die Mitte eines Kreises bezogenen gleichseitigen Dreieck abzubilden.

Ist das nicht komisch? Nahezu exakt 1000 Sekunden benötigt das Licht für den Erdkreisdurchmesser um die Sonne und damit für den größten zur Verfügung stehenden Wert zweier Naturkonstanten, den Wert der Lichtgeschwindigkeit und den nahezu stabilen Erdkreisdurchmesser. Das bedeutet durch den Wert der Lichtgeschwindigkeit 299 792, 458 km/s:

1000 Sekunden = Entfernung 299 792 458 km Mittelwert Erdbahndurchmesser (oder auch 572 561 419 106,57 Ägyptischen Ellen).

Mit den „krummen" Werten des Erdbahndurchmessers ließe sich in der Astronomie nur schwer rechnen. Die 1000 Sekunden jedoch wären für die „taschenrechnerlose" Trigonometrie der Alten Ägypter eine absolut ideale Voraussetzung, um mit dem Kreis als geeichtes Vergleichsmaß astronomische Entfernungen zu messen. Ja besser noch, jeder Kreis wird quasi zum Mess- und Umrechnungsinstrument für die Lichtgeschwindigkeit, wenn er nur bestimmte geometrische Vergleichsbedingungen in Form eines eingelegten Sechsecks erfüllt.

Wichtig: Dabei ist unerheblich, ob hierbei die Strecke als Längenmaß oder als Zeitspanne verwendet wird, weil die zwei Größen durch die Naturkonstante der Lichtgeschwindigkeit (im Vakuum) miteinander verknüpft sind. Mit Hilfe der Vakuumlichtgeschwindigkeit können so räumliche und zeitliche Größen miteinander verbunden werden!

Die 1000 Sekunden können also in das Dezimalsystem in eine Wegstrecke umgelegt werden. Das Dezimalsystem müssen die Alten Ägypter durch ihre zehn Finger naturgemäß gekannt haben. Die 1000 Sekunden können also mit Kreisen von 1 Meter, 10 Meter, 100 Meter und 1000 Meter usw. in Relation gesetzt werden. Simple Trigonometrie - Verkleinerung - Vergrößerung! Die Umrechnung auf die Ägyptische Elle erfolgt dann durch die Teilung des Umfanges dieses Kreises durch 6.

Die Mess- und Umrechnungsstrecke in Sakkara hätte demnach auch eine Länge von 1000 METERN haben können, um den Erdkreisdurchmesser relativ verkleinert darzustellen.

In der Geometrie: 1 Kreis mit 1 Meter Durchmesser mal Pi (3,1415926536) lässt einen Kreisumfang entstehen (3,1415926536) durch 6 geteilt: 0,523 m - Die Ägyptische Elle.

1000 Sekunden? Das Dezimalsystem? Wie kann das sein? Bis heute ist doch unklar, woher geschichtlich die Maßeinheit Sekunde stammt! Haben die Alten Ägypter die Herzfrequenz an den Erdkreisdurchmesser um die Sonne gekoppelt? Nur sie besitzen die mehrere tausend Jahre alte Scheibe, die das zu beweisen scheint! Und: Das Sechseck taucht noch mehrmals in einem astronomischen Zusammenhang auf, vor mehr als 4500 Jahren!

So könnte es sich abgespielt haben: Die Zeit ist die einzige Bemessungsgrundlage, die den Ägyptern in der von enormen Distanzen geprägten Astronomie zur Entfernungsmessung und zur Berechnung per Trigonometrie zur Verfügung gestanden hätte. Zeitliche Grundpunkte wären zunächst der tägliche Sonnenauf- und Sonnenuntergang. Idealerweise natürlich der Sonnenaufgang im Osten. Anhaltspunkt ist ein Stab oder eine hohe Säule, die den Tag über als Sonnenuhr genutzt werden kann. Wenn das über mehrere Jahre praktiziert wird, konnten die Vermesser nicht nur die Sommer- und Wintersonnenwende erkennen, sondern auch die Neigung der Rotationsachse der Erde, den Durchmesser der Erde und letztlich den Durchmesser der Erdbahn um die Sonne. Dieser Durchmesser war damit der größte verfügbare Kreis, welcher quasi wegen seiner schieren Größe als geeichter Festpunkt und damit als Anhalts- und Vergleichsmaß für weitere kosmische Berechnungen verwendet werden konnte. Die Vermesser brauchten immer nur die Zeit zu messen, um jede geforderte Sternenkonstellation zu berechnen.

Wichtigste Zutaten sind nur ein Kreis (um die Sonne), eine Maßeinheit und eine Zeiteinheit.

Im Kreis ist rein rechnerisch die Kreiszahl Pi enthalten, also 3,1415926536. Durch reine Geometrie haben die Alten Ägypter die Kreiszahl Pi als Zahlenwert nicht kennen müssen!

Für die Maßeinheit käme die Ägyptische Elle des Unterarms mit 0,5235 Einheiten in heutigen Metern gerechnet infrage. Der grobe Annäherungswert an einen Meter dürfte ihnen schon beim viel praktischeren Abschreiten ihrer Schrittlängen, mit dem doppelten Maß ihrer Elle begegnet sein.

Beim Zusammenhang zwischen dem Dezimalsystem, dem metrischen System und der Sekunde fällt eine weitere merkwürdige astronomische Konstellation auf. So schneidet der Mond in seiner zurückgelegten Geschwindigkeit um die Erde ebenfalls das Dezimalsystem bei einem glatten Wert. Die Bahngeschwindigkeit schwankt zwar durch die nicht ganz kreisförmige Mondbahn zwischen 0,964 und 1,076 Kilometern pro Sekunde, der Durschnittswert liegt bei 1,011 Kilometern pro Sekunde.

Halten wir fest: Den Alten Ägyptern müsste mit einfacher Trigonometrie, die sie von der Landvermessung her gekannt haben könnten, bei der Beobachtung der Gestirne klar geworden sein, dass sich die Erde in einer Kreisbahn um die Sonne bewegt. Bei der Überlegung, ob sich das Licht augenblicklich und zeitlich endlich fortbewegt, müssten sie mit einer geometrischen Laufzeitstrecke mit einer Länge von ca. 10 bis vielleicht 30 km, möglicherweise in Kombination mit der (Sabu) Zahnradmethode, eine Endlichkeit der Geschwindigkeit des Lichtes bemerkt haben.

Bei der Entwicklung eines runden Entfernung- Messgerätes müssen sie ausgehend von der Ägyptischen Elle bemerkt haben, dass sich beim Umlegen der ÄE um einen Kreis ausschließlich beim 6 Fachen und beim 12 Fachen ein glatter Wert ergibt. Beim 6 fachen Umlegen hat dieser den Wert „1". Es handelt sich um einen Meter. Dieser Wert lässt sich im Dezimalsystem wiederum wunderbar per Trigonometrie ohne Kommastelle vervielfachen. Aus „1" kann „10", „100", „1000" usw. werden. Beim Umlegen dieses Wertes auf die Erdbahn ergibt sich eine Werteübereinstimmung zwischen Entfernung und Zeit, was wiederum für die Astro- Trigonometrie Idealbedingungen sind. Verändert sich die Zeit, verändert sich auch die Entfernung relativ dazu. Verblüffenderweise entstehen in diesem System aus Trigonometrie bei 1/10 des 1 Meter Kreises im Sexagesimalsystem sechs 10 cm große Kreise, die jeweils einen Umfang des Wertes der Kreiszahl Pi (3,1415926536) entsprechen. Wird aus diesen sechs Kreisen wiederum ein Kreis gebildet, hat dieser einen Durchmesser von 60 cm (plus 1 cm Rahmen). Die Scheibe von Prinz Sabu! Aus simpler Geometrie wird effektive Trigonometrie!

Um eine Entfernung zwischen Gestirnen zu vermessen, mussten die Alten Ägypter also nur versuchen, die Entfernung per Zeit in Herzschlägen, also in Sekunden zu ermitteln. Nun mussten sie aus diesen Sekunden als Durchmesser mit einem Zirkel per Fäden einen Kreis drehen. Da 1 ÄE x 6 um den Kreis gelegt, einen Kreis mit dem Durchmesser „1" (1 Meter) ergibt, musste dieser Kreis die gleiche Anzahl, die für die Entfernung in Sekunden gemessen wurde, in Meter als Durchmesser groß sein. Das Verhältnis von Sekunde/ Meter/ Lichtgeschwindigkeit/ Durchmesser zu 1/6 Kreisumfang beträgt dann 1 zu 1 von Durchmesser zur ÄE. Für den Radius, also die einfache Entfernung zwischen Erde und Gestirn, wird ja quasi der Durchmesser halbiert, folglich wird auch die 1/6 Strecke des Kreises noch einmal halbiert. Es entsteht ein gleichseitiges Dreieck. Mit der 1 zu 1 Relation hätten die Alten Ägypter das von ihnen sichtbare Universum also nicht nur maßstabgerecht abbilden und berechnen können, sie hätten auch weitere physikalische Rückschlüsse auf unerreichbare Gestirne bilden können.

Bei all den Zahlen nicht vergessen! Es geht immer nur um simple Verhältnisgleichung und den Dreisatz aus der Grundschulzeit!

3 x 14 Geschlechter: Der Kreiszahl Pi kommt eine ganz besondere Bedeutung zu. Sie hat, so weiß man heute, unendlich viele Stellen nach dem Komma.

Der Kreis selber ist eine unumstößliche geometrische Konstante, die das gesamte Universum nicht nur durch die Kreis- und Ellipsenbahnen der Gestirne, sondern auch durch die aus dem Kreis entstehenden Kugeln der Gestirne dominiert. Jeder in sich selbst abstützende Kreis, oder auch nur Teile davon in Bögen, bringt auch in technischen Bauwerken absolute Stabilität.

Vielleicht hat ja die Kreiszahl Pi sogar einen markanten Platz in der Bibel erhalten! So werden im ersten Teil des Neuen Testaments im Matthäus- Evangelium Kapitel 1 ab Vers 1 an allererster Stelle im Stammbaum Jesu Christi die irdischen Vorfahren von Jesus aufgezählt, von Abraham bis zu Jakob dem Vater Josefs und damit bis Joseph, dem Ehemann Marias.

Es werden im Vers 17 wörtlich 3 x 14 Geschlechter beschrieben: 3,14 - die Zahl Pi.

Problem ist nur 3x14=42, es werden aber gar keine 42 Geschlechter aufgezählt, sondern nur 40, mit Jesus selber 41 Namen genannt.

Nur wer mit offenen Augen liest, dem fällt dieser Fehler auf! War hier die Zahl Pi, also 3,14 wichtig? Im Lukasevangelium kommt es erneut zu einer Aufzählung der Ahnentafel. Von Jakob bis Joseph sind es nun 54 Geschlechter!

Aus dem Sonnenkreis und 1000 Herzschlägen (Sekunden) entsteht durch Geometrie ein metrisches Dezimal- System und daraus im Sexagesimalsystem die Ägyptische Elle

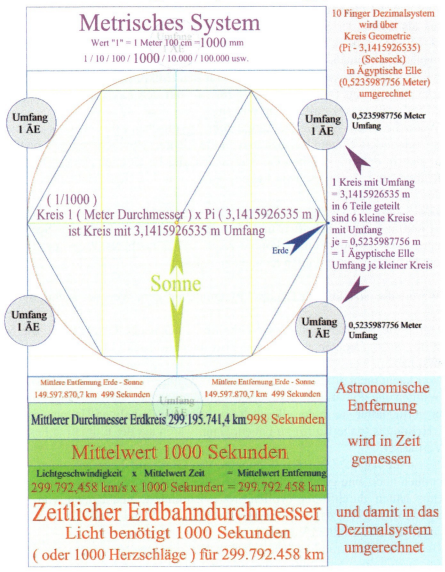

Der unmittelbare Zusammenhang zwischen der Ägyptischen Elle, dem Meter und der Lichtgeschwindigkeit ergibt sich heute nicht nur aus der Generierung einer Scheibe mit einem Meter Durchmesser aus sechs Ägyptischen Ellen, sondern auch aus dem Umstand, dass der Meter im Jahr 1799 als Urmeter als zehnmillionster Teil der Entfernung vom Nordpol zum Äquator gekoppelt wurde. Damit ist der Meter ebenfalls an die Geometrie eines Kreises gebunden und wiederum an den Wert des Meters als Länge der Strecke, die das Licht (im Vakuum) während der Dauer von 1/299 792 458 Sekunden zurücklegt. Ob die Macher des modernen Meter die Zusammenhänge kannten, zwischen Ägyptischer Elle im Sechseck des Kreises und den 1000 Sekunden Zeitspanne, die das Licht für den Erdkreisdurchmesser benötigt? Den Zusammenhang von Durchmesser „1" zur „1" um den Kreis gelegten Ägyptischen Elle? Wer weiß, was wir alles nicht wissen!

Wenn die Alten Ägypter die Länge ihrer Ägyptischen Elle ebenfalls an den Kreis, den sie nur anders eingeteilt haben und an die Lichtgeschwindigkeit gekoppelt haben, ergibt sich in der euklidischen Geometrie das gleiche Gebilde in der Definition aus Maßeinheit und Lichtgeschwindigkeit, egal, mit welcher Maßeinheit gemessen wurde.

Das Sechseck und das gleichseitige Dreieck taucht später in Zusammenhang mit dem Licht in antiken Schriften und auch im Mittelalter auf. Die im Sechseck dargestellte Lichtgeschwindigkeit könnte sogar später noch als Weg- Zeit Diagramm gedient haben, ohne mit Zahlen rechnen zu müssen.

Warum der Standort der Cheops- Pyramide auf dem Wert der Lichtgeschwindigkeit?

Durch die Beobachtung der Gestirne und „technische Geräte", wie die Scheibe von Prinz Sabu, könnten die Ägypter also über die Lichtgeschwindigkeit Bescheid gewusst haben.

Wer kennt nicht die Bilder der über Kairo weithin sichtbaren Pyramiden?

Wurden die Pyramiden als Vermessungspunkte des Landes eingesetzt, war es sicher vorteilhafter sie in der allernächsten Nähe der damaligen Hauptstadt Memphis bzw. Heliopolis (nahe Kairo) zu bauen. Dann waren sie der ultimative Festpunkt für die Vermesser.

Wenn die Ägypter, mit den Pyramiden von Gizeh als ihnen bekannter Geo- Festpunkt auch noch eine genaue trigonometrische Darstellung und Berechnung des Universums hätten durchführen wollen, wäre zumindest, unabhängig vom Wert der Lichtgeschwindigkeit, das Wissen über den genauen Standort auf der sich drehenden Erdkugel von allergrößtem Vorteil.

Beim Bau der Pyramiden von Gizeh haben die Ägypter nichts dem Zufall überlassen! Sie könnten die Lichtgeschwindigkeit nicht nur als Fakt der Wellenform des

Lichts und als Endlichkeit einer Geschwindigkeit des Lichts, sondern auch als Wert gekannt haben.

Haben sie den Wert der Lichtgeschwindigkeit bewusst in die Konstruktion mit eingebaut, so hatten sie damit einen physikalisch und geometrisch nachvollziehbaren, geografischen Festpunkt im Zusammenspiel von Ort, Zeit und der Geschwindigkeit von Licht, auf den sie trigonometrisch zugreifen und von dem aus sie räumliche Berechnungen anstellen konnten. Immerhin ist die Lichtgeschwindigkeit ein fester Wert und damit Bezugspunkt, der überall im Universum gleich groß sein sollte.

Sinn würde der Wert der Lichtgeschwindigkeit schon dann machen, wenn die Ägypter für die trigonometrische Landvermessung und zur Vermessung des Weltalls ihr Land und die Erdkugel mit einem Koordinatennetz überzogen hätten, auf dem die Spitze einer Gizeh- Pyramide der Null- Meridian ist und der Breitengrad eben eine absolut feste physikalische Größe, wie diese eben die Lichtgeschwindigkeit widerspiegelt. So ähnliche, auf die Physik der Erde und des Universums bezogene Festpunktsysteme werden ja heute überall verwendet. Wie zum Beispiel bei der Zeitmessung durch Atom- oder Quarzuhren oder bei der Entfernungsmessung.

<u>Wie wurde der Wert der Lichtgeschwindigkeit auf den Breitengrad gelegt?</u>

Wie hätten die Ägypter den Wert der Lichtgeschwindigkeit als Breitengrad auf den Punkt der Pyramiden von Gizeh legen können? Als Hilfsmittel für den Bau zur Einstellung des Zirkularpunktes, der Bauebene und des Breitengrades „mit dem Wert der Lichtgeschwindigkeit" hat möglicherweise die „Trial- Passage" gedient.

Die „Trial- Passage" ist ein Gangsystem ca. 87 Meter östlich neben der Cheops- Pyramide, das ähnlich, wenn auch (trigonometrisch) verkleinert, dem Gangsystem der Cheops- Pyramide entspricht. Es besitzt eine Art „Beobachtungsschacht", mit dem das Zusammenspiel von Zirkularlinie und dem Breitengradwinkel eingestellt werden könnte.

Die Funktion der „Trial- Passage" konnte bisher nicht geklärt werden. Wissenschaftler vermuten in ihr zum Beispiel einen aufgegebenen Pyramidenbau. Dem bekannten Ägyptologen und Vermessungsspezialisten Sir William Matthew Flinders Petrie (1853-1942) war bei seinen Vermessungen die Ähnlichkeit der „Trial- Passage" zum inneren Gangsystem der Cheops- Pyramide aufgefallen. Besonders geheimnisvoll ist der mittlere senkrechte Schacht.

Mit der Funktion als trigonometrische Verkleinerung des Gangsystems im Zusammenhang mit der Sternenbeobachtung zur Ausrichtung auf den Breitengrad erhält die „Trial- Passage" zumindest einen Sinn, denn in die Pyramide selber konnte ein solcher „Beobachtungsschacht" nicht mehr eingebaut werden.

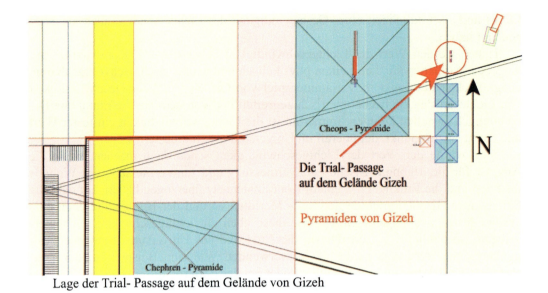

Lage der Trial- Passage auf dem Gelände von Gizeh

Die von Sir William Matthew Flinders Petrie vermessene Trial- Passage - Die Trial- Passage entspricht als Verkleinerung dem Inneren der Cheops- Pyramide. Den geheimnisvollen „Beobachtungsschacht" (Bildmitte o.) gibt es in der Pyramide nicht

Und so könnten sie es bewerkstelligt haben: Sie haben den nach Norden aufsteigenden Gang der Trial- Passage auf den Zirkularpunkt (Polarstern) ausgerichtet. Analog dazu den nach Norden ausgerichteten Gang der Cheops- Pyramide. Nun bekommt der merkwürdige aufsteigende Schacht, den es in der Cheops- Pyramide nicht gibt, seine Aufgabe. Bisher wurde noch nicht bemerkt, dass er genau den Wert des Breitengrades zur auf den Zirkularpunkt zeigenden Rotationsachse der Erde und damit den Wert der Lichtgeschwindigkeit zur Erdachs- Horizontalen 29,97 Grad aufweist, damit also den Breitengrad von Gizeh. Damit würde das Gangsystem der Cheops- Pyramide sowohl auf die Rotationsachse der Erde, damit auf den Zirkularpunkt und auf den Wert des Breitengrades eingestellt. In den Schacht haben sie einfach als Bezugswinkel ein Pendel eingehangen, das genau auf den Gravitationspunkt im Masseschwerpunkt der Erde gezeigt hat. Die Trial- Passage weist seitlich betrachtet Markierungen auf, die eine Geometrie eines Kreises erkennen lassen.

Die Markierungen in der Trial- Passage und der Wert des Breitengrades im Sechseck des Schachtes auf der Schräge der Erdkugel

Die Trial- Passage weist seitlich betrachtet Markierungen auf, die eine Geometrie eines Kreises erkennen lassen

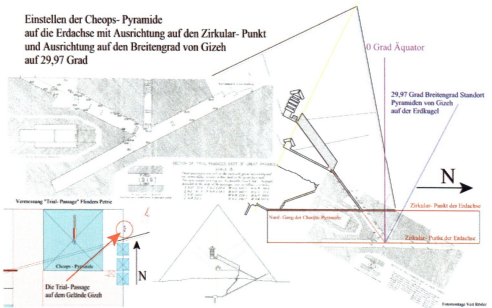

Einstellen des Breitengrades als Standort der Cheops- Pyramide auf den Wert der Lichtgeschwindigkeit in der Geometrie der Erde

Mit dem bewussten Aufstellen der Cheops- Pyramide auf einen vordefinierten Breitengrad außerhalb des nördlichen Wendekreises (ca.29-30 Grad) konnten die Erbauer der Pyramide zugleich durch Trigonometrie jederzeit die Entfernung ihres Breitengrades zum momentanen Stand der Sonne innerhalb der Wendekreiszone zwischen 23 Grad Nord, 0 Äquator und 23 Grad Süd berechnen. Damit hatten sie jederzeit Zugriff auf die bevorstehenden Daten von Sommer und Winter und damit von Trockenzeit und Regenzeit. Mit dem gleichen System wären bei der Sternenbeobachtung die Berechnung der Gestalt der Erde und weiterer astronomischer Phänomene, wie zum Beispiel die Berechnung der Erdbahn, die Form der Bahngeometrie, die Bahnebene, die Apsiden, die Exzentrizität oder die Präzession möglich.

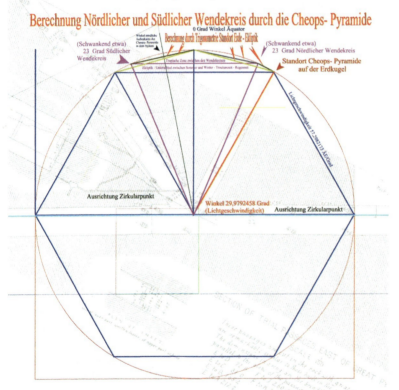

Die Lage der Wendekreiszone zur Lage der Cheops- Pyramide in der Geometrie der Erde. Die Erde entspricht von der Seite betrachtet in etwa einem Kreis, in dem der Breitengrad eingezeichnet ist

Seite 157: Grafische Darstellung der Umrechnung von Licht- Sekunden zu Ägyptischen Ellen

Umrechnung Relation Lichtgeschwindigkeit

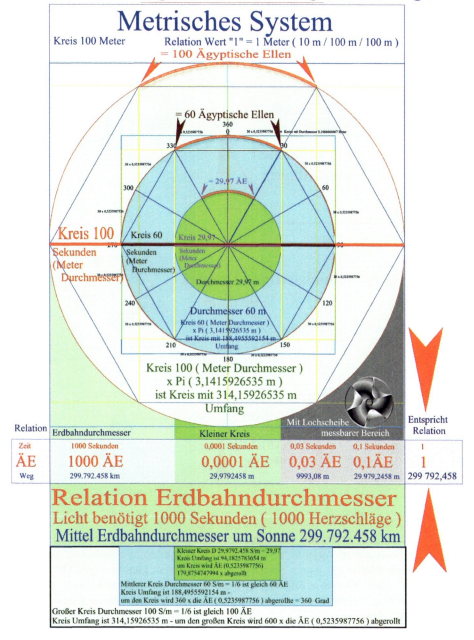

Das Licht in Sechseck und Dreieck

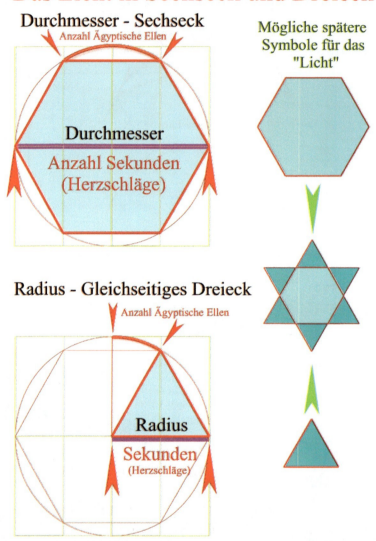

Das Messen der Entfernung von Gestirnen in Sekunden und die Umrechnung des Wertes per Kreis- Geometrie in Ägyptische Ellen zur verkleinerten symbolischen Darstellung des Sternenhimmels könnte mit einem Sechseck oder mit einem gleichseitigen Dreieck innerhalb des Sechsecks eines Kreises erfolgen. Beide geometrischen Gebilde könnten sich später zur Darstellung des „göttlichen Lichtes" entwickelt haben. Selbst der Sphinx scheint ein Sechseck in seinem Antlitz zu tragen

Die „göttliche" Merkwürdigkeit des Phänomens! Wird mit dem Verfahren aus Durchmesser, Radius und einer Geraden der Kreis ausgefüllt, ergibt sich ein Sechseck, ähnlich der Scheibe des Prinz Sabu. Es entsteht ein Sexagesimalsystem. Nun kommt es zu einem merkwürdigen aber menschlichen Phänomen. Das System der Lichtgeschwindigkeit im Sechseck ist eigentlich simpel und es lässt sich noch relativ einfach in einer Folge erklären. Nach einer Weile versteht es aber ein Außenstehender nicht mehr. Es wirken komplexe geometrische und physikalische Vorgänge. Allein die Lichtgeschwindigkeit erscheint unvorstellbar. Wer nicht ständig mit komplexen Systemen zu tun hat, vergisst wichtige Komponenten. Das Sechseck gerät in ein abstraktes geometrisches Gebilde. Ein Sechseck, das Licht symbolisieren soll? Wie hat das denn die Schöpfung gemacht? Das Licht so genau auf die sechs Ecken eines Sechsecks oder in die Geometrie eines Dreiecks zu legen? Physikalisch merkwürdig erscheint nun, dass der Wert der Lichtgeschwindigkeit, mit der sich ja auch die Gravitationswirkung von Massen ausbreitet, ausgerechnet diesen geometrischen Winkel im Sexagesimalsystem als Zahlenwert trifft. Demzufolge ist ganz gleich, welchen Messwert in welchem Messsystem der Zahlenwert der Lichtgeschwindigkeit trifft, der Winkel wird immer gleich sein. Optisch wiedergegeben durch die Trial-Passage der Cheops- Pyramide bildet sich damit aus der Symbiose der Lichtgeschwindigkeit und des Erdkreises ein Hexagon, also ein gleichseitiges Sechseck. Sechsecke kommen an unzähligen Stellen in der Natur der Erde vor. Die besten Beispiele sind Bienenwaben, Schneeflocken und die Strukturen von Edelsteinen, wie bei Smaragden. Besonders wichtig ist die Sechseck- Molekularstruktur von Eis. Damit von Wasser im eiskalten Universum. Wasser, dem Spender von Leben. Selbst auf dem Saturn ist unabhängig von der Erde ein Sechseck zu finden. Könnte darin einer

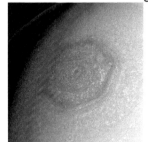

der Gründe für den Glauben an einen Gott als lenkendes Wesen, als Schöpfer der Welt entstanden sein? Oder war es tatsächlich ein Gott, der in allen Dingen zu stecken scheint? Eine Macht, die wie in der Trigonometrie üblich, mit winzigen Auslösemechanismen, allein schon mit Gedanken die Welt verändern kann?

Das Sechseck des Saturn

Die spannende Frage ist noch immer! Haben die Ägypter den Wert der Lichtgeschwindigkeit in den Breitengrad eingebaut, weil sie die Daten zur Messung brauchten? Hatte das einen praktischen Nutzen für die Berechnung des eigenen Ortes und damit durch Trigonometrie auf die Darstellung des Weltalls? Die Alten Ägypter hätten also den Wert der Sekunde (Herzschläge) und in der Symbiose aus Ägyptischer Elle und Kreis den Meter, das 360 Grad- System, als auch einen Zusammenhang von Erdkreisdurchmesser Sekunde- Meter und Ägyptischer Elle kennen können. Sie hatten die Scheibe von Prinz Sabu und haben den Winkel in der Trial-Passage generiert, deren Geometrien heute noch vorhanden sind! Sie hätten dabei ohne Zahlen und ohne Schrift, nur mit der Geometrie eines Kreises und des darin enthaltenen Sechsecks arbeiten können. Eine Information an die Nachwelt könnte demnach auch in reiner Geometrie ohne geschriebene Zahlen und ohne Worte stecken. Darin würde ein enormer Vorteil liegen! Ein geometrisches System kommt nahezu ohne Zahlen und ohne Schrift aus. Es kann von Menschen aus verschiedenen Sprachräumen und noch dazu über Jahrtausende hinweg verstanden werden. Der Zahlenwert der Lichtgeschwindigkeit liegt bei 299.792.458 (m/s). Die Koordinaten der Cheops- Pyramide werden mit 29°58'45.26" Nord und 31°08'03.12" Ost angegeben. Die Angabe erfolgt heute in Grad, Minuten und Sekunden. Werden die Minuten und Sekunden vom Sexagesimalsystem in das Dezimalsystem umgerechnet, ergibt die Spitze der Cheops- Pyramide einen Wert von 29,97926 Grad Nord. Der richtige Zahlenwert liegt etwa 33 Meter südlich der Spitze. Die extreme Genauigkeit, mit der dabei gearbeitet wird, ergibt sich aus der Geometrie eines sehr großen (zum Beispiel in den Wüstensand) gezeichneten Kreises. Weiterhin kommt es darauf an, wie der Breitengrad damals und heute bemessen wird. Ob am Fußpunkt unter der Spitze oder direkt an der Spitze vermessen wird. Neben der Geografischen Breite wäre auch die Angabe in Astronomischer- oder Geozentrischer Breite möglich, wobei auf die ellipsoide Form der Erde Rücksicht genommen wird. Diese Bemessung wäre denkbar, weil das Pendel geozentrisch arbeitet. Zumindest hat die vorgefundene Genauigkeit ausgereicht, um darauf aufmerksam zu machen. Abgesehen vom Sinn des Legens des Wertes der Lichtgeschwindigkeit auf den Breitengrad von Gizeh zur Orientierung auf einem geografischen Erd- Koordinatennetz und zur Vermessung des Universums ist überlegenswert, ob die Ägypter bei ihrer Weitsichtigkeit damit auch eine Information an nachfolgende Wissenschaftler vermitteln wollten. Da es sich um Naturkonstanten handelt, wäre es logisch, wenn auch nachfolgende Generationen zu jeder Zeit der späteren Geschichte die gleichen Zahlen ermitteln würden. Aus dem zeitlichen Unterschied von ca. 4600 Jahren ließe sich immerhin durch Trigonometrie nicht nur eine Veränderung der Lage des Standortes durch die Plattentektonik, sondern unter Abziehen der Veränderung der Plattentektonik auch noch eine, durch Veränderungen der Zeit und der Gravitation verursachte, möglicherweise minimale Veränderung der Lichtgeschwindigkeit erkennen. Damit ließe sich eine veränderte Geschwindigkeit des Lichtes über Jahrtausende hinweg entweder bestätigen oder widerlegen. Ebenso ließen sich Rückschlüsse auf die mit der Geschwindigkeit des Lichtes verbundenen Größen von Zeit und Gravitation bilden. Dies könnte beim Begreifen der noch immer rätselhaften Gravitation behilflich sein. Vielleicht ist das Verfahren auch ein Hinweis auf die Veränderlichkeit der Zeit, denn nicht die Geschwindigkeit des Lichtes ist veränderlich, sondern relativ dazu die Zeit, so wie es Albert Einstein (1879-1955) in seinen Theorien zu erklären versucht. Verändern sich die Naturkonstanten in unserer kurzen Lebenszeit, würden wir das nicht bemerken. Noch dazu, weil sich möglicherweise alle damit in Bezug stehenden Werte relativ mit verändern. Durch das Einstellen der Werte von vor 4500 Jahren, gegenübergestellt zu den heutigen Werten, würden sich für die Trigonometrie verwertbare, zeitlich verschobene Messpunkte ergeben. Die beiden sich gegenseitig bestätigenden Umstände, dass es die Scheibe von Prinz Sabu in einer effektiv nutzbaren Größe von 60 (61) Zentimeter gibt und das die Cheops- Pyramide mittels Trial- Passage auf dem Standort eines Sechsecks und gleichzeitig auf annähernd dem Standort der Lichtgeschwindigkeit sowohl im Ellensystem als auch im metrischen System steht, beweist zunächst grundsätzlich, dass die Alten Ägypter das Sechseck im Kreis verwendet haben. Die beiden Umstände könnten auch beweisen, dass sie in der Geometrie mit dem metrischen System gerechnet und mit der Sekunde die Zeit gemessen haben. Es zeigt ebenfalls das unmittelbare Verständnis für die 360 Gradeinteilung und die Sekunden, Minuten und Stundeneinteilung. Da die Ägypter offensichtlich absichtlich den Wert der Lichtgeschwindigkeit auf den Breitengrad von Gizeh gelegt haben und es bauliche Nachweise, wie die Trial- Passage dafür gibt, dass sie dies absichtlich getan haben, weckt dies die philosophische Frage: Die Frage, ob die Alten Ägypter die Lichtgeschwindigkeit kannten oder nicht, ist die gleiche Frage, ob sie die Pyramiden bauen konnten oder nicht. Wir sollten vielleicht damit aufhören, die von uns in „Steinzeitmenschen" eingeteilten früheren Kulturen abfällig mit Unwissenheit in Verbindung zu bringen. Durch ihre einfache aber geniale Betrachtungsweise der Natur der Welt mit den neugierigen Augen von Kindern waren sie uns vielleicht sogar in einigen Teilen weit überlegen. Wer hat das alles verstanden? Ist reine Physik und Geometrie, mit grundsätzlichen und einfachsten Mitteln, so wie sie seit dem Beginn des Universums Gültigkeit hat und wie sie die Ägypter ohne Fachwissen, sicher mit Heuristik zu verstehen versucht haben und mit Trigonometrie auch erkannt und bemessen haben könnten. Die Alten Ägypter hätten mit den Sternen und Planeten, der Scheibe von Prinz Sabu sowie der Grabenanlage von Sakkara auf insgesamt drei Möglichkeiten zur Messung der Lichtgeschwindigkeit zugreifen können. Aus wenigen messbaren Naturkonstanten und zunächst mit dem eigenen Körper als Messinstrument für die Elle und die Sekunde hätten sie selbst für heutige Verhältnisse anspruchsvolle Astronomie und möglicherweise sogar Astrophysik betreiben können. Auch wenn es merkwürdig erscheint, weil wir diese als allgegenwärtig empfinden und wir die elektromagnetischen und optischen Eigenschaften, insbesondere seine Wellenform und seine geometrische Optik in der Physik kennen: Wir wissen nicht genau, worum es sich bei Licht eigentlich handelt. In der Optik lässt es sich beugen und in seine Spektralfarben zerlegen, es lässt sich brechen und streuen, daneben tritt es in Wellenform auf und es lässt sich durch Massen ablenken. Albert Einstein bezeichnete die Lichtgeschwindigkeit in seiner speziellen Relativitätstheorie als absolute Grenzgeschwindigkeit und in seiner allgemeinen Relativitätstheorie brachte er sie als Nullgeodät mit der Raumzeit in Zusammenhang. Demnach ist die Zeit veränderlich, also relativ, nicht aber die Lichtgeschwindigkeit. Die Reichweite von Licht ist wie die Gravitationswirkung unendlich. Licht lässt sich aber gegenüber der Gravitation abschirmen. Gemäß Quantentheorie scheint sich Licht in Form von Photonen zu bewegen, diese müssten sich dann aber auch mit Lichtgeschwindigkeit bewegen. Ist das so, was ja gar nicht anders sein kann, dann werden diese Zeitintervalle im bewegten Photonensystem nach dem Lorentz- Faktor zu unendlichen Zeiträumen gestreckt. Demnach dürften Photonen nicht altern, sie müssten in einer zeitlosen Welt existieren. Bei einer Reise in Lichtgeschwindigkeit vergeht von außen betrachtet keine Zeit mehr. Haben die Menschen vor vielen tausend Jahren auch schon so über das Licht nachgedacht? Johannes 1/5: Und das Licht erscheint in der Finsternis, und die Finsternis hat`s nicht ergriffen. Wenn wir das Licht von überall her aus dem Universum sehen können, es aus winzigsten Teilchen besteht, warum ist die Dunkelheit nicht voll davon? Licht und Geschwindigkeit scheinen die Brücke zu bilden, zwischen der Zeit und der Gravitation. Die Entfernung unserer Sonne zur nächsten Sonne Proxima Centauri beträgt 4,2 Lichtjahre. Die Entfernung von unserem Sonnensystem zum Zentrum der Milchstraße beträgt etwa 26.000 Lichtjahre. Der Durchmesser unserer Milchstraßen- Galaxie beträgt ca. 100.000 Lichtjahre. Mit bloßem Auge kann von der Erde aus immerhin noch der 2,2 Millionen Lichtjahre entfernte Andromedanebel als das entfernteste, ohne optische Hilfsmittel regelmäßig erkennbare Objekt gesehen werden. Die Erde dreht sich im Bereich der Pyramiden von Gizeh mit einer Geschwindigkeit von ca. 1444 km/h. In der „Erdrevolution" der Erdgeometrie bewegt sich die Erde im Mittel mit einer Bahngeschwindigkeit von 107.229 km/h (29,7859 km/Sekunde oder 2,57 Millionen km am Tag) um die Sonne. Die Geschwindigkeit schwankt dabei durch eine minimal elliptische Umlaufbahn zwischen 30,29 km/s im Perihel und 29,29 km/s im Aphel. Also eine minimale Abweichung vom Mittelwert um 1,67 %. Der Mond hat auf seiner Bahn eine mittlere Geschwindigkeit um die Erde von 1,02 Kilometer pro Sekunde. Die Mondbahn ist jedoch sehr unkreisförmig, wodurch die Bahngeschwindigkeit zwischen 0,964 und 1,076 Kilometer pro Sekunde schwankt. Durch ihren massereichen Mond bewegt sich die Erde um die Sonne nicht wie eine normale Kugel. Durch den gemeinsamen Schwerpunkt der Erde- Mond Beziehung bewegt sich das Baryzentrum, also der gemeinsame Schwerpunkt um die Sonne. Dieser liegt noch im Erdinnern in ca. 1700 km Tiefe. Dadurch entsteht eine Schlangenlinie entlang der Erdellipsenbahn mit wiederum leicht unterschiedlichen Geschwindigkeiten. Unser Sonnensystem umkreist das galaktische Zentrum der Milchstraße in einem Radius von etwa 27.000 Lichtjahren vom galaktischen Zentrum entfernt mit einer Geschwindigkeit von rund 370 km/s in 210 Millionen Jahren (einem galaktischen Jahr). Unsere Galaxie wiederum bewegt sich in der lokalen Gruppe, v(lokale Gruppe): 630 km/s grob in Richtung auf den Virgo- Galaxienhaufen zu. Zusammengerechnet machen all diese Geschwindigkeiten etwa 10 % der Lichtgeschwindigkeit aus, mit der die Erde durch das Universum rast. Astro- Physiker haben beobachtet und errechnet, dass sich die Galaxien am Rande des uns sichtbaren Universums mit 7000 Millionen Kilometer pro Stunde voneinander entfernen. Das wären 116,66666 Millionen Kilometer in der Minute und 1,9444444 Millionen Kilometer in der Sekunde. Die Relativitätstheorie ließe aber nur 0,3 Millionen Kilometer in der Sekunde zu. Da sich der Raum selbst ausdehnt, könnte aber durchaus mit der sehr viel höheren Geschwindigkeit gerechnet werden. Folglich müssten wir uns selber in dem uns umgebenden Raum in einem logarithmischen System der umgebenden Galaxien mit noch sehr viel höheren Geschwindigkeiten, als die oben genannten 10 % der Lichtgeschwindigkeit bewegen. Superluminare Geschwindigkeit wird zwar von der überwiegenden Mehrheit der Physiker abgelehnt, das ist aber noch lange kein Grund, dass es sie nicht gibt. Wir selber könnten uns also rein spekulativ gesehen gemeinsam mit unserer näheren Umgebung des Raumes schneller oder wenigstens genau so schnell wie das Licht durch den Raum bewegen. Wir merken nur nichts davon, weil sich der uns umgebende Raum ja genau so schnell bewegen muss und wir so keinen Anhaltspunkt haben. Wenn sich das Universum schneller als das Licht ausdehnt, würden wir von der Erde aus nicht sehen können, was sich vor der Ausdehnung befindet. Das Licht wäre nicht schnell genug, um uns von dort zu erreichen. Der Rand des Universums wäre schwarz. Wenn wir uns so schnell bewegen, was geschieht dann mit unserer Zeit? Sie müsste sehr langsam vergehen! Für einen ruhenden Beobachter vergeht die Existenz unseres Universums vielleicht in der Zeit eines Wimpernschlages. Ohne das Licht gäbe es keine sichtbare Welt, keine Wärme, keine Photosynthese und damit kein Leben in der uns bekannten Form. Licht und damit auch die Lichtgeschwindigkeit muss demnach ein Grundelement der Schöpfung sein. Wer die Geometrie des Sechsecks kennt, auf dem die Cheops- Pyramide mit dem Plateau von Gizeh auf den Kreis der Erdkugel gebaut ist und wer weiß, dass damit der Wert der Lichtgeschwindigkeit verschlüsselt angegeben sein könnte, der sieht beim ersten Blick auf den Pyramidenkomplex von Gizeh im Gesicht des 10 Meter breiten Sphinx- Kopfes den in euklidischer Geometrie verschlüsselt angegebenen Wert der Lichtgeschwindigkeit. Das gleiche Phänomen trifft auch auf die noch vorhandenen frühen Statuen von Pharao Djoser, von Pharao Chephren und Pharao Radjedef zu. Bereits bei Pharao Mykerinos wird das Nemes- Kopftuch schmaler, die Erscheinung und damit die Information scheint gut 100 Jahre nach der Konstruktion von Gizeh zu verschwinden und damit für viele tausend Jahre in Vergessenheit zu geraten. Scheinbar!

Eines der Geheimnisse des Sphinx

Steckt der Wert der Lichtgeschwindigkeit tatsächlich in der Geometrie eines Sechseck- Kreises? Das Sechseck im Gesicht der Sphinx ist unverkennbar, zumindest wenn man das weiß, dass dies vielleicht so sein soll. Es wäre vor aller Augen sichtbar, seit vielen tausend Jahren. Wer hat das bemerkt? Menschen beginnen darüber nachzudenken und nachzuforschen. War dies das Ziel der Alten Ägypter? Für die Trigonometrie und damit für die Vermessung des Universums wäre die Lichtgeschwindigkeit die absolute Messlatte, quasi das Maß aller Dinge. In einem Kreis und seinem Sechseck steckt aber noch sehr viel mehr! Damit ließe sich nicht nur die Lichtgeschwindigkeit und die Zeit, sondern auch noch die Zeit und die Gravitation erklären.

Sakkara und Gizeh zur Vermessung des Universums

Die Baumeister im Ägypten des Altertums haben immer wieder mehrere Funktionen in ihre Bauwerke hinein konstruiert. Dadurch ergibt sich aus heutiger Sicht ein komplexes und unüberschaubares Bild. Durch ihre markanten und unverrückbaren, weithin sichtbaren Spitzen wären die Pyramiden nahezu prädestiniert für die Geodäsie und damit für die trigonometrische Land- und Seewegvermessung.

Trigonometrie war die Vermessungs- Grundlage, um die Pyramiden überhaupt erst bauen zu können. Hätten die Alten Ägypter die Pyramiden als trigonometrische Vermessungspunkte nutzen wollen, wäre der Aufbau eines virtuellen Koordinatennetzes zunächst über Ägypten und dann über den Erdball perspektivisch der nächste Schritt. Ähnlich wie der 1884 in einer internationalen Vereinbarung beschlossene Nullmeridian, der heute die Londoner Sternwarte Greenwich frequentiert, hätte dieser in altägyptischer Zeit sicher eine markante Pyramide, insbesondere ein mit enormer Präzision gefertigtes Bauwerk von Gizeh getroffen. Wollten die Ägypter mit ihren Pyramiden auch die Beziehungen zwischen Erde, Mond und Sonne, den übrigen Planeten unseres Sonnensystems, wie auch den Sternen der Milchstraße und des Universums vermessen, hätten sie wiederum trigonometrische Festpunkte benötigt, um zu ihnen ein messbares Verhältnis zu bilden. Für die Erde wären dies der einigermaßen fest stehende Zirkularpunkt der Rotationsachse, der mit der Kenntnis der Präzession berechnet werden kann, sowie die durch den Umlauf um die Sonne entstehenden, unterschiedlichen Positionen der Erde im Sonnensystem, auf der Erdkreis- Erdbahn.

Pyramiden Gizeh in heutiger Zeit

Genaue Himmelskunde ist erst mit der Kenntnis der Präzession möglich, die durch die kreisende Bewegung der Rotationsachse der Erde entsteht. Dafür ist die Kenntnis des eigenen Standortes auf der Geometrie der sich drehenden Erde wichtig.

Der Zirkularpunkt über den Pyramiden von Gizeh und seine Messbarkeit mit den Mauern von Gizeh

Am Äquator der Erde wäre die Präzession nicht erforschbar, weil der Zirkularpunkt als Himmelspol und damit der jeweilige Polarstern, wenn es denn zum entsprechenden Zeitpunkt einen gibt, kaum bis nicht zu sehen ist. Eine zu nördliche Position behindert wiederum die Sicht auf den südlichen Sternenhimmel. Von der zwischen dem 29. und 30. Breitengrad liegenden Position von Gizeh müssten die Ägypter mindestens überwiegend 80 % des Sternenhimmels beobachtet haben können. Der Polarstern bzw. der Zirkularpunkt ist ein wichtiges Hilfsmittel zur Feststellung der eigenen geografischen Lage im Sonnensystem. Er ist auf der Nordhalbkugel ganzjährig und mit bloßem Auge sichtbar. Der Punkt scheint für den Beobachter immer an der gleichen Stelle zu stehen. Seine Höhe am Himmel entspricht in etwa dem nördlichen Breitengrad. Am Nordpol steht der Zirkularpunkt senkrecht über dem Kopf, das Messgerät zeigt 90 Grad an. Am Äquator sind es Null Grad. Im Fall der Pyramiden entspricht er also dem Wert der Lichtgeschwindigkeit 29,97.92 Grad.

Durch Trigonometrie lässt sich die eigene Lage auf dem momentanen eigenen Breitengrad durch Abziehen oder Zugeben zu diesem bekannten Festwert relativ einfach bestimmen. Wegen der durch die Präzession verursachten Kreiselbewegung von ca. 25.800 Jahren verändert sich mit der kreiselnden Rotationsachse der Erde auch der Zirkularpunkt. Für die Berechnung des Universums müssen die Ägypter das Phänomen gekannt haben, sie mussten es sogar messen können.

Allein schon nur durch die Beobachtung des Sonnenstandes von zwei unterschiedlichen Standpunkten aus, wie zum Beispiel im durch den Nil langgezogenen Ägypten von Memphis/Heliopolis im Norden und von Assuan im Süden, zur gleichen Sonnenstandzeit, wie zum Beispiel bei der Sommer- oder Wintersonnenwende, ließe sich nicht nur die Kugelform der Erde erkennen, sondern auch ihr Erdumfang berechnen. Nachweislich führte Eratosthenes von Alexandria (276-194v.Chr.) in der Antike mit diesem Verfahren sehr genaue Berechnungen des Erdumfangs mit 40.000 Kilometern durch. Tatsächlich sind es mit ca. 40.074 Kilometer nur geringfügig mehr.

Das sind die Besonderheiten der Bauwerke:

Schon beim Bau der riesigen Anlage der ersten Pyramide des Djoser aus sechs Stufen in Sakkara fällt die Präzision und Geradlinigkeit der Anlage auf. Sie ist ein erstes Meisterwerk der Vermessung. Deren Baumeister Imhotep gilt als erster großer Baumeister des Alten Reiches. Imhotep versinnbildlicht mit seinem Wirken um die bis dahin nie dagewesene Monumentalanlage mit Pyramide und Tempelanlage des Djoser den Fortschritt in Wissenschaft und Bauwesen. Verschiedene Wissenschaftler sehen in ihm den ersten namentlich bekannten Universalgelehrten der Menschheit.

Der Pyramide und der Gesamtanlage wird die Funktion als Grab- und Tempelbezirk nachgesagt. Dabei zeigen bei genauerer Betrachtung einige Strukturen bauliche Besonderheiten auf, mit denen sich bereits mit dieser Anordnung der Sternenhimmel und das Universum vermessen und die Ergebnisse registrieren ließen. So gibt es sich kreuzende Zieleinrichtungen, die eine genaue trigonometrische Einordnung des Messplatzes im Sonnensystem und damit im Universum ermöglichen. Beim genauen Hinsehen ergeben sich mehrere „Kimme- Korn" Beziehungen zum Anvisieren von Zielpunkten als auch Skalierungen zum Ablesen von Messwerten. Diese sind für die Visiermethode geeignet, die später auch im Mittelalter angewendet wurde, als es noch keine Teleskope gab. Daneben gibt es trigonometrische Verkleinerungen von großen Messbereichen. Die Einordnung des eigenen Standpunktes wurde wohl durch die Ausrichtung des nördlichen Eingangsschachtes der Pyramide auf den Zirkularpunkt und die Ausrichtung nach Süden vom Nordaltar über die Pyramidenspitze erreicht. Eine weitere Südausrichtung gestattet der Südaltar. Genaue Messungen konnten dann vom Westen aus in Richtung Osten über die Pyramidenspitze erfolgen. Eine Rolle könnten dabei die heute unter dem Wüstensand verborgene, sogenannte „L- Struktur" und auch die Bauwerke unmittelbar westlich der Pyramide gespielt haben. Einfache Messungen waren auch schon über die „Grenzmarkierungen" des großen südlichen Hofes und des Osthofes möglich. Durch die Unterschiede der drei verschiedenen Messwinkel, über die waagerechte Horizontlinie direkt über den Horizont, die annähernde Horizontlinie über den „Tempel- T" und die Messung über die Pyramidenspitze hätten die Ägypter in Sakkara den Unterschied der Lichtbrechung durch die Astronomische Refraktion bemerken können. Bei der Astronomischen Refraktion kommt es zu einer Lichtbrechung bzw. zu einer Krümmung des Lichtstrahls, wenn unmittelbar zur Horizontlinie gemessen wird. Die stärkste Krümmung von bis zu 15 % der Erdkrümmung tritt bei sehr flachen Sichtverbindungen in Bodennähe auf.

Schon in Sakkara muss sich die Beobachtung des Himmels zu einer Wissenschaft entwickelt haben, die weit über die heute nachgesagte sakrale Bedeutung der Anlage für die Religion und den interpretierten Totenkult hinaus geht. Möglicherweise gab es an dieser Stelle auch schon vor dem Pyramidenbau einfache Astronomie. Der Djed-Pfeiler, für den in Sakkara alljährlich ein Djed- Fest veranstaltet wurde, könnte Indiz dafür sein. Ähnliche Konstruktionen eines Pfeilers mit einer oberen Zieleinrichtung gab es auch in der Frühzeit in Europa, so zum Beispiel den „Irminsul- Pfeiler" in der Nähe der heutigen Eresburg nahe Obermarsberg.

In der durch eine ursprünglich mächtige Mauer geschützten Anlage von Sakkara könnten in einigen der in einer Vielzahl vorhandenen merkwürdigen Gebäude Registraturen des Sternenhimmels über mehrere Jahre, Jahrzehnte und sogar Jahrhunderte stattgefunden haben. Hierzu böten sich zum Beispiel die merkwürdigen blauen Kacheln in Räumen unterhalb der Stufenpyramide und im Südgrab an.

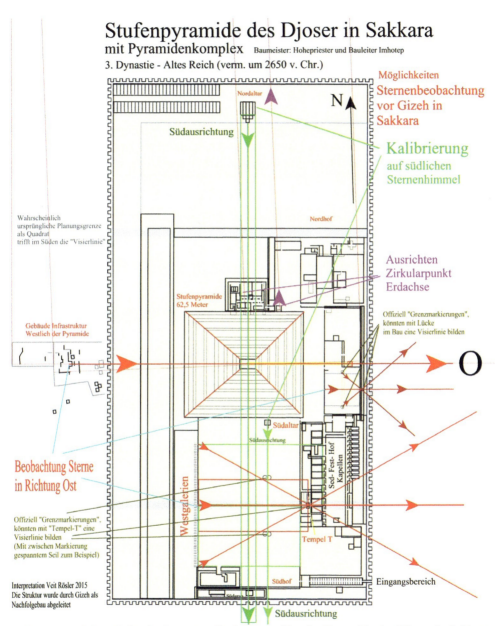

Bereits auf dem Gelände der ersten Stufenpyramide, der Pyramide des Djoser in Sakkara gibt es bauliche Anzeichen und verschiedene Möglichkeiten für die Beobachtung der Gestirne
Anlage Sakkara nach Vermessung Jean-Philippe Lauer

Selbst die Beobachtung und Erforschung der rhythmisch stattfindenden Sonnenaktivitäten oder des mysteriösen Zodiakallichtes, wegen dem der norwegische Physiker Kristian Birkeland (1867-1917) (u.a. Erkenntnisse Nordlichter) um 1914 in der Nähe der Pyramiden forschte, könnte bereits in Sakkara untersucht oder zumindest registriert worden sein. Ähnliche Zieleinrichtungen und Skalierungen sind auch westlich der Pyramiden von Gizeh zu finden. Sowohl in Sakkara als auch in Gizeh sind Sensibilisierungen durch große Laufwege der Messbereiche zu erkennen. War es so, wurden mit der Anlage des Djoser in Sakkara die Grundlagen für den Bau der Pyramiden von Gizeh als trigonometrisches Messgerät für die Vermessung des Universums gelegt.

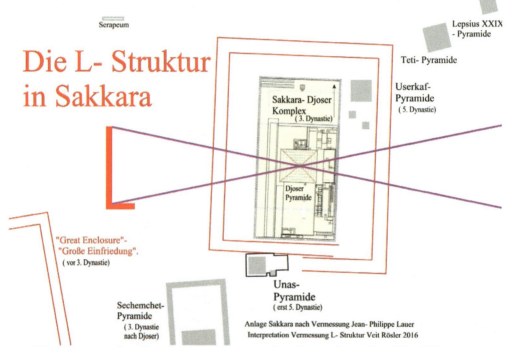

Möglicherweise hat die unter dem Wüstensand verborgende, auf Satellitenbildern erkennbare L-Struktur bei der Vermessung über die Pyramidenspitze eine Rolle gespielt
Anlage Sakkara nach Vermessung Jean- Philippe Lauer

Am Bau der Pyramide des Djoser und der Tempelanlage von Sakkara sind sowohl der Beginn des Pyramidenbaus durch eine übereinander angeordnete Grabmastaba, als auch danach der Beginn der nachhaltigen Sternenbeobachtung zu erkennen. Durch die anfängliche Aufgabe als Grabanlage hatte Sakkara im Nachhinein jedoch einen für die Sternenbeobachtung entscheidenden Mangel: Die Anlage ist nicht exakt nach Norden ausgerichtet. Das muss den Sternenbeobachtern aufgefallen sein und es muss sie zutiefst „gewurmt" haben. „Etwas Besseres" musste her! Gizeh! Der mögliche geschichtliche Ablauf: Grabanlage Sakkara, Umdeklarierung der Grabanlage zur Wissenschaftsanlage - gewinnen von Erkenntnissen in Sakkara - fehlerhafter Baukörper Sakkara - Bau Gizeh - könnte „Frühe Hochkulturen" erklären, mit deren Wissen Gizeh gebaut worden sein soll. Die „Frühe Hochkultur" wäre demnach in Sakkara zu suchen. Theoretisch hätten die Alten Ägypter auch von jedem Punkt aus über die Horizontlinie in Richtung Osten messen können. Die Vermessung von Gestirnen über hohe Gebäudespitzen bringt jedoch Vorteile gegenüber der Vermessung über einen Punkt am höhengleichen Horizont! Durch die Vermessung über die Pyramidenspitzen und dem damit verbundenen steileren Messwinkel konnte der Astronomischen Refraktion (einer Sonderform der Terrestrischen Refraktion) entgegengewirkt werden. Durch die Refraktion kommt es zu einer Richtungsänderung der aus dem Weltall auf die Erde einfallenden Lichtstrahlen. Grund: Die Brechung des Lichtes an der Erdatmosphäre. Der Lichtstrahl wird dabei nach unten gekrümmt. Astronomische Objekte erscheinen höher. Ein Stern wäre demnach tatsächlich noch unter der Horizontlinie, obwohl er bereits schon zu sehen ist. Die stärkste Krümmung von bis zu 15 % der Erdkrümmung tritt bei sehr flachen Sichtverbindungen in Bodennähe auf. Der Effekt ist in Bodennähe mit bloßem Auge sehr gut erkennbar, zum Beispiel an einer „zusammengeschobenen" untergehenden Sonne über der Horizontlinie. Die ovale Form der Sonne entsteht durch die unten stärkere Luftdichte. Dabei ist die Sonne möglicherweise bereits tatsächlich vollkommen verschwunden. Warme Luftschichten in Bodennähe können den Lichtstrahl auch nach oben umlenken, dann entsteht eine Luftspiegelung, eine Fata Morgana.

Dienten die Pyramiden der Sternenbeobachtung, so wurde auf dem Gizeh-Plateau sicher nur noch über die Spitzen der Pyramiden gemessen. Das gleiche Problem hätte entstehen können, wenn die Alten Ägypter sehr nahe bis unmittelbar an der aufgeheizten Außenfläche, zum Beispiel über eine Linie zur Spitze den Himmel anvisiert hätten. Daher mussten sie aus einiger Entfernung, von einem „Kompromisswinkel" zwischen horizontaler Horizontmessung und aufgeheizter Pyramidenfläche über einen winzigen Spitzenpunkt messen.

Wie keine anderen Pyramiden sind die Pyramiden, die als die von den Pharaonen Cheops, Chephren und Mykerinos erbaut worden sein sollen und nach ihnen bezeichnet werden, nach dem Zirkularpunkt der Rotationsachse der Erde ausgerichtet. Damit hätten die Erbauer grundsätzlich eine wichtige Grundlage, um den eigenen Standort der Erde im Sonnensystem, damit auch in der Milchstraße und im Universum zu erkunden und zu kennen.

Als Hilfsmittel für den Bau zur Einstellung des Zirkularpunktes, der Bauebene und des Breitengrades „auf den Wert der Lichtgeschwindigkeit" hat offensichtlich die

„Trial- Passage" im Zusammenhang mit den inneren Gängen der Cheops- Pyramide gedient. Die nach Norden aufsteigenden Gänge der beiden Bauwerke sind exakt auf den Zirkularpunkt ausgerichtet. (Der Zirkularpunkt beschreibt durch die Präzession eine leichte Kreiselbewegung im Zyklus von ca. 25.800 Jahren.)

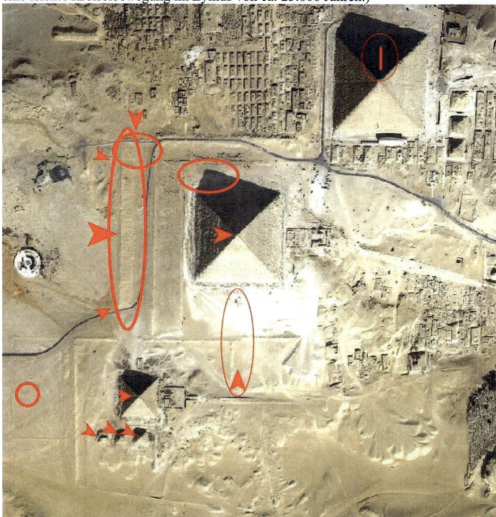

Luftbildaufnahme der Pyramiden von Gizeh mit der „Skalierung" westlich der Chephren - Pyramide - Satellitenbild heutiger Zustand Gizeh

Westlich der mittleren großen Chephren- Pyramide befindet sich eine Skalierung, die von der Wissenschaft als „Arbeiterunterkunft" eingestuft wird. Die „Arbeiterunterkünfte" oder auch „Werkstätten" sind exakt auf die Chephren- Pyramide ausgerichtet. Sie liegen tagsüber in der prallen Sonne und sie sind weit entfernt vom Wasser gebaut. Die Funktion als Unterkunft, wie errechnet für mehrere tausend Menschen, oder auch nur als Werkstätten, ist daher sehr zweifelhaft. Bei korrektem Standort des Beobachters, exakt zur Spitze der Chephren- Pyramide ausgerichtet, verschwindet die südlich von ihr aus liegende Mini- Pyramide GIIa exakt hinter der Kante der Chephren- Pyramide. Das kann kein Zufall sein! Vielleicht konnten die Vermesser mit der winzigen und damit im Standort veränderbaren GIIa Mini-Pyramide auf die Position der Präzession reagieren!

Diese Skalierung hat bis zur Spitze der Chephren- Pyramide exakt den gleichen Böschungswinkel, wie die Große Galerie im Innern der Cheops- Pyramide. Damit bilden die Skalierung und die Große Galerie eine Einheit und eine trigonometrische Verkleinerung des Weltalls. Mit der Länge der Skalierungsstriche von über 25 Metern ließe sich exakt die durch die Erdrotation und den zeitlichen Unterschied entstehende unterschiedliche Position der zu vermessenden Gestirne berechnen. Zu dem könnte mit der Länge der Skalierungsstriche auf die etwas höher gelegene Position der Anlage und auch auf den schrägen Verlauf der Skalierung eingegangen worden sein. Ebenso wäre denkbar, dass die Alten Ägypter auf die durch das Bauwerk hervorgerufene Astronomischen Refraktion durch die ca. 25 Meter langen Skaleneinheiten der Westskalierung je nach Witterung und Temperatur reagieren konnten. Damit wäre die Länge der Skalierungsstriche eine Einrichtung zur Kalibrierung des Messbereiches. Von der Blickrichtung der Skalierung auf den östlichen Sternenhimmel ist links die große Cheops- Pyramide zu sehen. Zu dieser bildet sich eine „Kimme-Korn" Beziehung, durch das umgedrehte Dreieck zwischen Cheops- und Chephren-Pyramide. Durch die seitliche Verschiebung des Standortes des Beobachters zwischen Norden und Süden entlang der Skalierung westlich der Chephren- Pyramide verändert sich die „Kimme" im Verhältnis der vom Maß her bekannten Seitenkanten der Cheops- und Chephren- Pyramide. Damit könnte also sowohl über beide Spitzen der Cheops- und der Chephren Pyramide, als auch über die umgedrehte „Dreiecks-Kimme" als Messgerät eine trigonometrische Messbarkeit des nord- östlichen Universums erfolgen. Dabei handelt es sich um die „Visiermethode" unter Einbeziehung der Trigonometrie, mit der auch mittelalterliche Astronomen vor der Erfindung des Fernrohrs vorgegangen sein müssen. So zum Beispiel Astronom Tycho Brahe (1546-1601). Er stellte zwischen 1560 und 1601 einen Katalog mit der Position von 777 Sternen zusammen. Dies war der erste Sternenkatalog der modernen Astronomie. Durch seinen Nachfolger Johannes Kepler (1571-1630) fand eine Erweiterung auf insgesamt 1004 Sternenpositionen statt. Durch die zeitliche Drehung der Erde könnte mit Gizeh ein riesiger Messbereich, wie heute mit einem Scanner, sukzessive zeitlich versetzt in Streifen „abgescannt" werden.

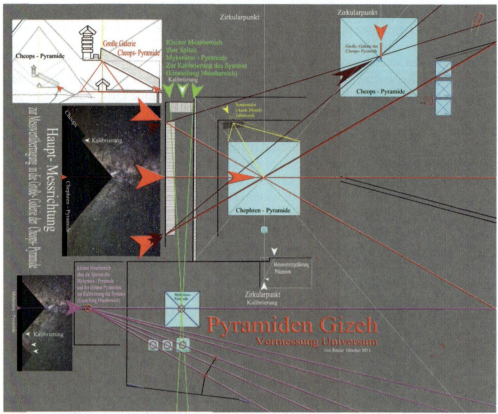

Das „Sternen- Messgerät Gizeh" - Die Vermessung des Universums mit den Pyramiden von Gizeh - Mit dem System wären verschiedene Messmethoden in der Haupt- Messrichtung nach Osten und auch in Richtung Süden möglich - Mit der Ausrichtung nach Norden über die Spitze der Chephren- Pyramide zum Zirkularpunkt und der Ausrichtung nach Süden über die Spitze der Mykerinos- Pyramide entstehen die zwei Haltepunkte für die Trigonometrie. Dann wird in Richtung Osten über die Spitze der Chephren- Pyramide der dritte Punkt gebildet und vermessen

Die Kalibrierung auf einen bestimmten Bereich wurde wohl durch die Ausrichtung auf den Polarstern in Richtung Norden und durch die Mykerinos- Pyramide und ihre kleinen Nebenpyramiden in Richtung Süden erreicht. Diese hat ebenfalls auf ihrer westlichen Seite einen Strichpunkt durch die als „Mauern des Grabbezirkes" bezeichneten Linien. Wer von dort die eine große Mykerinos- und die drei kleinen Königinnen- Pyramiden anschaut, sieht insgesamt vier Spitzen und insgesamt drei „Kimmen", mit denen sich zeitlich ein ganz bestimmter Bereich des Universums als

Referenzbeziehung zum Hauptmessbereich erkennen lässt. Daneben hat die Mykerinos- Pyramide eine zugehörige, auf sie ausgerichtete kleine Skalierung im rechten Winkel zur großen West- Skalierung der Chephren- Pyramide, die über die Spitze von Mykerinos auf den südlichen Sternenhimmel ausgerichtet ist. Diese kleinen Skalierungen befinden sich in Rufweite zur großen Skalierung der Chephren- Pyramide, was optische und akustische Hinweise zum Vermesser auf den sich eindrehenden Messbereich ermöglicht. Daran ließe sich nach heutigen Maßstäben die nächtliche Uhrzeit erkennen, um diese mit vor- oder nachherigen Messungen in anderen Nächten vergleichen zu können. Wenn es bei der Sternenbeobachtung um eine trigonometrische Vermessung des Weltalls geht, braucht der Vermesser wie auch bei der Landvermessung, immer ebenso wieder zwei, besser drei vom Vermessungspunkt abseits liegende Bezugspunkte. Die wurden offenbar in dem Fall vom Zirkularpunkt und von der kleinen Mykerinos - Pyramide im Zusammenhang mit der kleinen Nord- Skalierung sowie dem Westpunkt westlich der Mykerinos- Pyramide gebildet.

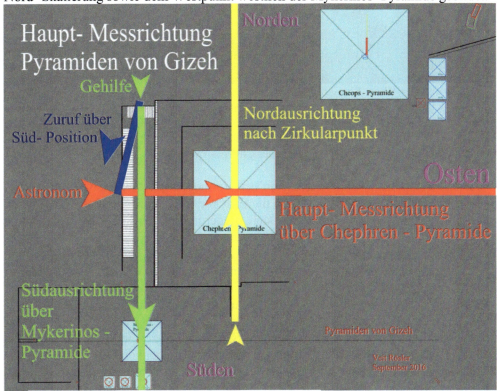

Stark vereinfachte Darstellung der Haupt- Messrichtung

Blick von der West- Skalierung über die Chephren- Pyramide - Bei korrektem Standort des Beobachters exakt zur Spitze der Chephren- Pyramide ausgerichtet, verschwindet die Mini- Pyramide GIIa rechts unten exakt hinter der Kante der Chephren- Pyramide. Die parallele Linie der Rotationsachse der Erde verläuft dabei unter der Senkrechten unter der Spitze der Chephren- Pyramide zur Spitze der Cheops- Pyramide

Die „umständliche" Kalibrierung auf den Vermessungsort war notwendig, um die sich selber drehende, vom Mond durch die Gravitation leicht abgelenkte Erde, in dem um die Sonne drehenden System, das sich wiederum um den Punkt der Milchstraße dreht und vom Urknall auseinander getrieben wird, genau zu lokalisieren. Der zeitliche Unterschied auf der Erdkreis- Erdbahn, auf der Umlaufbahn um die Sonne, von bis zu sechs Monaten zwischen zwei zusammenhängenden Messungen hat dann, in diese übertragen, in der Großen Galerie das räumliche Bild ergeben.

Am Tage trifft die Chephren- Pyramide mit dem Schatten ihrer Spitze einen Bereich nördlich des Bauwerkes, in dem sich mit dem heute als „Steinbruch" bezeichneten Schachbrettmuster eine weitere Skalierung abzeichnet. An dieser Stelle könnte als nur ein Beispiel sowohl die Uhrzeit als auch die Sommer- Winter- Schwankung, also die Jahreszeit und damit die genaue Position der Erde auf der Erdkreis- Erdbahn abgelesen werden. Selbst durch den vom Mond verursachten Schatten ist in diesem Bereich eine zeitliche Einordnung der Mondphasen möglich.

Blick von der „Stichgang- Mauer" des Grabbezirkes westlich der Mykerinos- Pyramide zur Mykerinos- Pyramide und zu den kleinen Nebenpyramiden
Die Zeichnungen entsprechen dem Originalblick

Damit wussten die Ägypter ganz genau, welchen Bereich des Himmels sie zu welcher Zeit vermessen konnten. Durch die gerade Ausrichtung der Skalierung würde sich beim Verschieben des Standpunktes des Beobachters in Richtung Norden oder Süden bei der Betrachtung über die Spitze der Chephren- Pyramide ein anderer Winkel gegenüber der Mittelachse ergeben. Bezugspunkt bleibt aber immer noch der exakte mittlere Wert der Skalierung gegenüber der Chephren- Spitze. Daneben können die Ägypter mit den tiefer und höher gelegenen Bereichen im Boden der Großen Galerie auf die unterschiedlichen Winkel reagiert haben.

Die Länge der Skalierung westlich der Chephren- Pyramide von ca. 330 Meter ermöglicht dabei eine sofortige Parallaxe- Messung naher Objekte. Für weiter entfernte Gestirne ergibt sich die Parallaxe- Messung von einem gleichbleibenden Skalierungs- Punkt aus, durch zwei über sechs Monate zeitlich und damit örtlich verlagerte Positionen im Sonnensystem auf der Erdkreis- Erdbahn, auf der Umlaufbahn der Erde um die Sonne. Diese würden sich durch die Sommer- und Wintersonnenwende auf der Erdkreis- Erdbahn ergeben. Weitere zwei Messpunkte auf der Erdkreis- Erdbahn wären die beiden Tag- und Nachtgleichen. Damit gäbe es vier Messpunkte auf der Erdkreis- Erdbahn. Würde nun jeweils EIN weiterer Punkt, zwischen den vier Punkten eingelegt, wären es insgesamt acht Messpunkte auf der Erdkreis-

Erdbahn. Würden jeweils ZWEI weitere Punkte zwischen den vier Hauptmesspunkten eingelegt, ergeben sich insgesamt zwölf Messpunkte auf der Erdkreis- Erdbahn. (Das System wird im nächsten Kapitel beschrieben.)

Die unterschiedlichen Anwendungsbereiche der Anlage erlaubten es auch, über den Pyramidenspitzen einen virtuellen Kreis zu bilden, in den dann wiederum ein rechtwinkliges Dreieck eingelegt wird. Ausgehend von diesem Dreieck können sämtliche Positionen von Gestirnen per Triangulation zu einem bestimmten Zeitpunkt bestimmt werden. Mit dem Vergleich zu einer um sechs Monate verschobenen Messung ergibt sich ein exakt vermessbares räumliches Bild.

Um die Sterne vermessen zu können, haben die Beobachter für den zu vermessenden Bereich vermutlich jeweils zur Tag- und Nachtgleiche einen wegweisenden „Isis- oder Marienstern" in der Fixsternebene ausgesucht, von dem aus sie vermessen konnten. Oder sie haben einen Messstern bestimmt, der gerade vom Osten her über die Spitze gezogen ist. Dieser muss sich ja nun durch die Erddrehung in einem leichten Halbkreis in Richtung bis zu einem Punkt bewegt haben, der senkrecht über dem Beobachter steht. Der Beobachter könnte unter einem Pendel gesessen haben, das an einem Gestell über ihn angebracht war. Wird nun die Zeit gemessen, vom Startpunkt über der Spitze bis zum senkrechten Punkt, so standen dem Vermessen wieder zwei für die Trigonometrie notwendige Punkte zur Verfügung. Von diesen aus konnten nun auch die Positionen weiterer Sterne vermessen werden, welche sich abseits dieser Linie befanden.

Kontrollmechanismen für die entsprechende Zeit sind die jeweiligen Sterne am südlichen Sternenhimmel, die sich über die südlichen Spitzen der Mykerinos- Pyramide eindrehen. **Da sich die Erde in 24 Stunden einmal um sich selbst dreht, kommt die exakte Südausrichtung einer heutigen 24- Stunden- Uhr gleich.** Deren Beobachter steht etwas nördlich versetzt in Sichtweite zum Hauptvermesser und kann ihm Zeichen geben. Über sehr lange Zeiträume muss auch noch die Präzession am Zirkularpunkt mit beobachtet und berechnet werden. Wenn all die Bezugsmaße bekannt sind, werden die Veränderungen bestimmter Gestirne gegenüber diesem Bezugssystem über einen Tag, eine Woche, einen Monat, ein halbes Jahr, ein Jahr und darüber hinaus klar erkennbar. Die Messergebnisse konnten dann selbst über sehr lange Zeiträume hinweg in der Großen Galerie gespeichert werden. Der Vermesser kann aus all dem schließen, wo der entsprechende Stern in der Vergangenheit hergekommen ist und wohin er sich bewegen wird. Er kann damit quasi in die Zukunft sehen. Werden nun noch Wetter- und Klimaphänomene mit besonderen Gestirne- Konstellationen in Verbindung gebracht, sind auch Wetter und Klima vorhersagbar. Da vom Wetter und vom Klima, von fetten Jahren und von Dürren auch menschliche Verhaltensweisen, wie Kriege und Flüchtlingsströme abhängen, können eine Vielzahl von weiteren Zukunftsprognosen abgegeben werden. So könnte sich aus dieser exakten astronomischen Vermessung heraus später die Astrologie entwickelt haben.

Einige der Mechanismen der Vermessung könnten zudem zunächst abstrakt mündlich weiter gegeben, später Einzug in die Bibel gehalten haben. So wird zum Beispiel im Matthäus- Evangelium im Kapitel 2 1-11 nach der Frage von Herodes nach dem Geburtsort des Jesus- Kindes von den Drei Weisen erklärt, dass der Stern im Osten aufgehe und dann direkt über der wichtigen Stelle stehen bleibt. Die Drei Weisen aus dem Morgenland wären drei Astronomen, drei Punkte auf der Erdkreis- Erdbahn und damit die drei Anhaltspunkte der Trigonometrie! Auch der vierte Astronom und damit der vierte Punkt auf der Erdkreis- Erdbahn wird noch genannt!

Das es zu dieser vermuteten Vorgehensweise einen tatsächlichen baulichen Bezug auf dem Gelände von Gizeh gibt, zeigt der Winkel der Chephren- Pyramide zur West- Skalierung und der genau so große Winkel der ansteigenden Großen Galerie im Innern der Pyramide. Diese Winkel treffen im 360 Grad- System wiederum in einem Sechseck einen 30 Grad-Winkel. Dieser ist mit der 12 Stundeneinteilung identisch. Den baulichen Strukturen geschuldet, könnte demnach der Messbereich über der Pyramidenspitze der Chephren- Pyramide begonnen haben, um sich dann maximal bis zum Zenitpunkt über dem Beobachter zu erstrecken. Vielleicht haben die Alten Ägypter am Abend um 10:00 Uhr Nacht beim Einbruch der Dunkelheit mit ihren Messungen begonnen, um den zu vermessenden Bereich dann bis 00.00 Uhr beobachten und vermessen zu können. Die restliche Nacht hätten sie dann von diesen beiden Bezugspunkten aus, weitere Punkte am sichtbaren Sternenhimmel vermessen können. Vorstellbar wäre, dass sich genau aus dieser Einteilung später unser heutiges 12 bzw. 24 Stunden- Zeitmesssystem entwickelt hat.

Seite 180: Der Winkel der Chephren- Pyramide zur West- Skalierung und der Winkel der Großen Galerie treffen die heutige 10:00 Uhr- Nacht bzw. 22.00 Uhr -Markierung.
Unten: Ausschnitt der oberen Uhr mit dem Winkel der Chephren- Pyramide zur West- Skalierung und dem Winkel der Großen Galerie

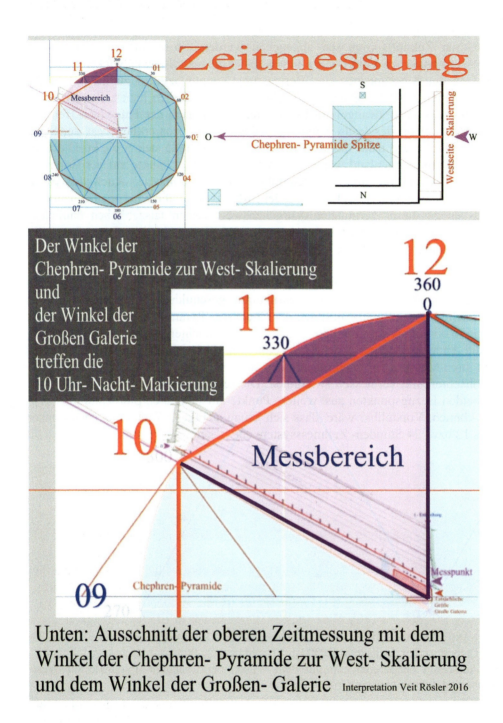

Selbst in der Neuzeit, ab um 1810 bis heute wird mit ähnlichen Verfahren der Zeitmessung in einem Meridiankreis vorgegangen. Der Meridiankreis wurde aus einem Mauerquadranten weiter entwickelt, den schon die Astronomen Tycho Brahe (1546-1601) und Ole Christiansen Römer (1644-1710) benutzten. Beim Meridiankreis handelt es sich um ein Instrument zur Messung von Gestirneörtern im Meridian. Während zur Zeit der Pyramiden mit der Visiermethode und großen Messbereichen gearbeitet werden musste, wird in einem heutigen Meridiankreis die Genauigkeit durch dessen exakt verankerten Standort, den teleskopartigen Aufbau und die eingebauten Optiken erreicht. Das Gerät wird ebenfalls auf den nördlichen Himmelspol, also auf den Polarstern ausgerichtet. Dann wird das Blickfeld eingestellt, in dem der Stern erwartet wird. Taucht dieser auf, wird die Zeit gemessen, die das Gestirn benötigt, um das Blickfeld bis zu einem Fadenkreuz zu durchlaufen. Da im Messfernrohr zum Teil mit sehr großen Ausschnittvergrößerungen gearbeitet wird, kann mit Zeitspannen ab ca. 10 Sekunden gemessen werden. Etwa 20 auf den Erdball verteilte Meridiankreise waren notwendig, um genaue Sternenkataloge zu generieren.

Die Ägypter hatten nun eine messbare Richtung, in der sie die Gestirne gesehen haben, die noch dazu durch die Erdrotation und das Umkreisen der Sonne auf der Erdkreis- Erdbahn eine Dreidimensionalität erhalten hat.

Warum war dieses aus der trigonometrischen Landvermessung bekannte „Einkreuzen" so wichtig? Die Erde dreht sich in östlicher Richtung, damit steigen die beobachteten Sterne über der Spitze der Chephren- Pyramide optisch nach oben. Der Ort, auf dem die Pyramide auf der Erde liegt, liegt aber nicht gerade auf dem Äquator, sondern nach Norden geneigt. Zudem bewegt sich die Erde um die Sonne und das Sonnensystem um den zentralen Punkt in der Milchstraße. Daher war es vor der Vermessung so extrem wichtig, genau zu wissen, an welcher Stelle sich der Messpunkt im Universum befindet. Die Alten Ägypter, die dieses System ausgeknobelt haben, müssen über ein ausgeprägtes, räumliches Vorstellungsvermögen verfügt haben. Nur durch eine solche räumliche Vorstellungskraft war der Pyramidenbau erst möglich.

Jetzt wird klar, warum der Große Sphinx in Richtung Osten schaut. Eine Vermessung in Richtung Westen wäre überhaupt nicht möglich, weil zu vermessende Gestirne durch die Erddrehung hinter der Pyramide verschwinden würden. In westlicher Richtung hätten die Ägypter zudem zunächst gegen die Sonne blicken müssen. Mehrere Stunden sind notwendig, um die Augen an den Sternenhimmel anzupassen. Während der Große Sphinx in den Nachtstunden auf der Ostseite mit seinem mystischen, angsteinflößenden Eindruck unliebsame Besucher abgehalten hat, wurde auf der Westseite hinter der Chephren- Pyramide munter Wissenschaft betrieben und das Universum vermessen. Nach dem Sonnenaufgang konnten die Vermesser ihre gerade gewonnenen Ergebnisse mit dem momentanen Sonnenstand zur Positionsbestimmung abgleichen. Es wäre davon auszugehen, dass die Organisatoren des Systems der Pyramiden vor 4500 Jahren in ihrer Genialität das Gerücht um Grabstätten und Kultbauten durch bauliche Maßnahmen selbst gestreut haben, um ihre Anlagen nachhaltig vor neugierigen Blicken zu schützen. Die Taltempel der Pyramiden könnten die Priester/Wissenschaftler für Kulthandlungen genutzt haben, zur Abgabe von Opfergaben und damit zur Finanzierung des Systems und seiner Betreiber. Wurden mit den Pyramiden von Gizeh die Sterne beobachtet?

Wenn in diesem Fall der Sphinx etwas symbolisieren soll, dann sicher einen Astronomen, der in Richtung Osten blickt. Einen Astronomen, der mit der Geduld einer lauernden Katze, die aufmerksam und geduldig auf ihre Beute wartet, bis diese an ihr vorbei zieht, und sie nur zugreifen muss.

Katzen verfügen über eine mehrfach bessere Nachtsicht, als der Mensch. Katzen sind eigensinnig, undurchschaubar und geheimnisvoll. Sie sind Einzelgänger. Sie schlafen am Tage, um in der Nacht auf Beutefang zu gehen.

Die Samtpfoten beflügeln schon seit alters her die Fantasie der Menschen. Das Gesicht des Sphinx gleicht einem intelligenten, charismatischen Menschen, mit einem runden Kopf, damit mit enormen Gehirnvolumen und mit außerordentlicher Intelligenz. Möglicherweise ist es das Abbild des ersten oder auch wichtigsten Astronomen, der an dieser Stelle vor oder während dem Bau der Pyramiden gewirkt hat. Daneben zeigt das Nemes- Kopftuch des Sphinx die Sechseck- Geometrie der Lichtgeschwindigkeit in euklidischer Geometrie. Der runde Kopf ist von einem Nemes- Kopftuch eines Pharao bedeckt. Sowohl von hinten als auch von vorn ist wiederum die Struktur eines Sechsecks zu erkennen. Möglicherweise war der Kopf früher eine Kugel oder eine Zieleinrichtung, mit der die Vermessungsanlage von Gizeh beim Bau in die Waagerechte, in Richtung Osten kalibriert worden ist. Nachdem die Chephren- Pyramide stand, könnte es eine Markierung in gleicher Höhe an deren Westseite gegeben haben.

Wie konnten sie nun die erkennbare Richtung der Sternenpunkte im dreidimensionalen Raum abbilden und deren Entfernung mit ihrer Maßeinheit „Herzschlag- Sekunden" analog der Lichtgeschwindigkeit messen?

Nun kommt wieder die Große Galerie ins Spiel, der ja der gleiche Böschungswinkel wie die Beziehung Spitze Chephren- Pyramide zur West- Skalierung innewohnt. Werden das sogenannte Kraggewölbe mit seinen exakt laufenden Linien und die exakt abgegrenzten Deckenbalken nicht als Gewölbe, sondern ebenfalls als Skalierung gesehen, dann ist die Große Galerie ein trigonometrisch vergleichendes Messgerät. Im Boden befinden sich ebenfalls in gleichmäßigen Abständen Löcher. Werden diese mit der Skalierung der Deckenbalken vertikal und schräg verbunden, ergibt sich im Zusammenspiel mit den Linien der Kragkonstruktion ein dreidimensionales Gitternetz.

Blick aus Richtung Osten bei Dunkelheit auf die Sphinx und die dahinter liegenden Pyramiden des Chephren (links) und des Cheops (rechts)

Die Große Galerie

Historische Abbildung

Die Große Galerie könnte so als Messwertspeicher gedient haben. Ohne Schrift und ohne Zahlen hätten die Alten Ägypter in der Großen Galerie mit Markierungen oder mit an der Decke angebrachten Fäden frühere Messwerte von Gestirnen, für Fremde unzugänglich, über Monate, Jahre und Jahrzehnte speichern und damit vergleichen können. Aufgezeichnete Punkte in einem Gitternetz auf Papyrus, entsprechend den aufgezeichneten Positionen an der Decke, wären ebenfalls denkbar.

Die in glatten Ägyptischen- Ellen- Werten voneinander entfernten jeweiligen Kragstufen wären ideal für die horizontale Vermessung eines virtuell eingegebenen Sternenhimmels per Triangulation geeignet. Eine genaue örtliche Einordnung der Großen Galerie im System des Universums haben die Ägypter durch die Ausrichtung der gesamten Gizeh- Anlage auf den Zirkularpunkt der Rotationsachse der Erde im trigonometrischen Zusammenhang mit der Anordnung der inneren Gänge ebenfalls zum Zirkularpunkt erreicht. Der große nach Norden aufsteigende Gang wurde dabei auf den Zirkularpunkt ausgerichtet. Die Königinnen- Kammer stellt das Boden- Niveau der Chephren- Pyramide dar. In der Königinnen- Kammer befindet sich auf deren Ostseite eine als „Scheintür" bezeichnete Nische, die dem Verhältnis Erdboden - Niveau der Chephren- Pyramide zur Großen Galerie entspricht. Der aufsteigende Gang der Großen Galerie bildet den gleichen Böschungswinkel, wie die Beziehung Spitze Chephren- Pyramide - Westskalierung.

Das exakte ebenerdige Boden- Niveau der Königinnen- Kammer und damit das gesamte innere Kammersystem wurde parallel zu Erdoberfläche vermutlich mit Wasser in der sogenannten unteren Grabkammer einjustiert. Da sich die Rotationsachse der Erde durch die Präzession im Verlauf von 25.800 Jahren wiederkehrend geringfügig verändert, wäre eine genaue zeitliche Einordnung des Pyramidenbaus möglich, wäre bekannt, welchen Punkt die Ägypter als Zirkularpunkt beim Bau gewählt haben. Hätten die Ägypter das Universum unter Zuhilfename aller bekannten physikalischen erdverbundenen und astronomischen Gesetzmäßigkeiten, über einen extrem langen Zeitraum beobachten können, hätten sie verbindliche Aussagen zu Vergangenheit, Gegenwart und Zukunft des Universums machen können. Sie hätten damit die Zukunft der Erde voraussagen können. Zumindest wäre eine Voraussage des bevorstehenden Klimas über Jahrzehnte, vielleicht sogar über Jahrhunderte möglich.

Nächste Seiten:
Seite 185: Die Einstellung des „Messgerätes Gizeh". Die Kalibrierung der Pyramiden von Gizeh auf den Zirkularpunkt, den Breitengrad und der Erdoberfläche
Seite 186: Die Große Galerie der Cheops- Pyramide nach der Vermessung von Vito Maragioglio & Celeste Rinaldi
Seite 187: Zusammenhang der „West- Skalierung" mit der Großen Galerie der Cheops- Pyramide - (Darstellung auf Bodenniveau der Chephren- Pyramide. Durch die Länge der Skalierung von ca. 25 Meter verschiebt sich der Messpunkt durch das höhere Niveau der Skala in Richtung Pyramidenspitze. Der Winkel bleibt gleich.)

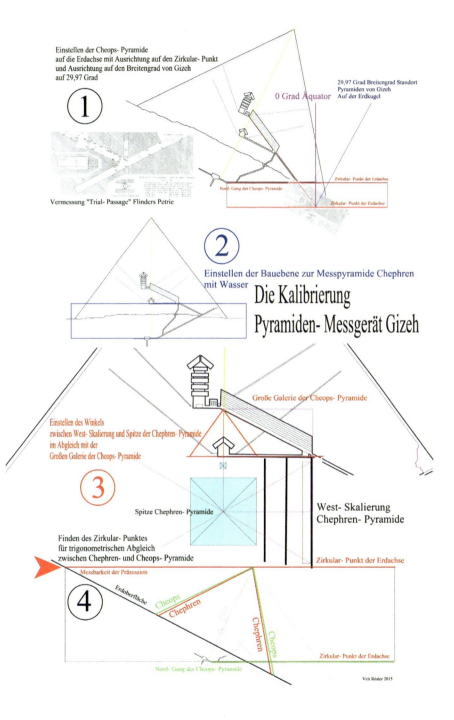

Die Große Galerie der Cheops-Pyramide
nach der Vermessung von Vito Maragioglio & Celeste Rinaldi

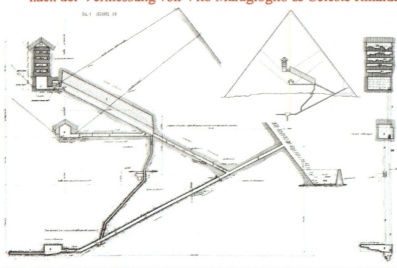

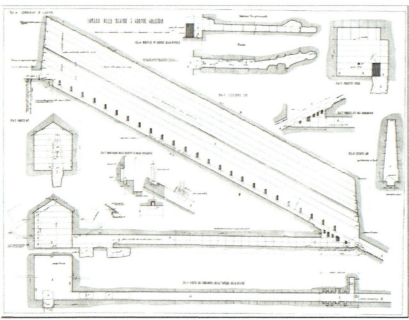

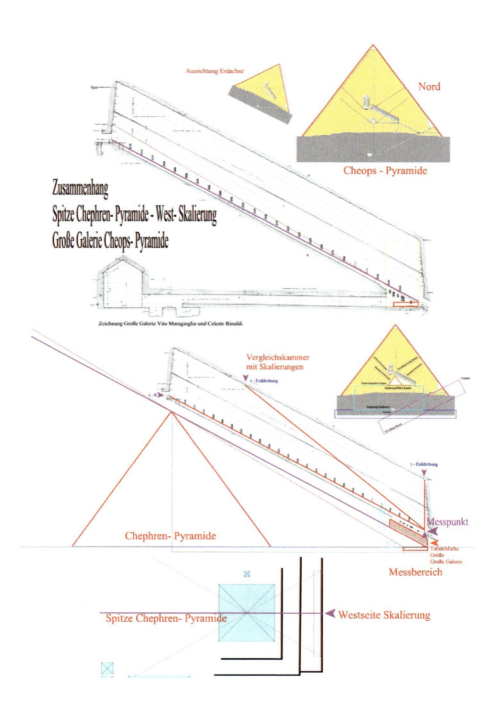

Bei der Vermessung der Großen Galerie fallen die exakten Abstände in Ägyptischen Ellen zwischen den jeweiligen schräg nach oben verlaufenden Kragvorsprüngen auf. Diese weisen Abstände von 2 ÄE, über 2,25 ÄE, 2,50 ÄE, 2,75 ÄE, 3,00 ÄE, 3,25 ÄE, 3,50 ÄE und ganz unten 4,00 ÄE auf. Über Trigonometrie ließe sich so eine am Himmel gemessene Entfernung über Triangulation aus einer gemessenen Zeit heraus berechnen. Für die Umrechnung von einer in Zeit gemessenen Entfernung hätten die Vermesser über das Sechseck vom Durchmesser eines entsprechend großen Kreises durch die Teilung des Umfanges durch 6 mit Geometrie in Ägyptische Ellen umrechnen können.

Um in der Dunkelheit der riesigen Kammer arbeiten zu können, sind die an die Dunkelheit gewöhnten Augen der Vermesser/Astronomen sicher mit spärlichem Kerzenlicht ausgekommen. Bei der Vermessung hat sicherlich der Gesamtsteigungswinkel und der Steigungswinkel der einzelnen Steinlagen von 1 zu 2 die entscheidende Rolle gespielt, der wiederum der 10:00 Uhr Markierung einer heutigen Uhr entspricht. Sicher konnten am Fuß der Großen Galerie in die verschiedenen kleinen Nischen mehrere verschiedene, auf die Anlage eingeeichte Vermessungsgeräte eingesteckt werden. Diese Instrumente könnten von den besten Goldschmieden ihrer Zeit gebaut worden sein. Im verschlossenen Zustand der Pyramide konnten diese sicher dauerhaft an dieser Stelle eingebaut bleiben. Da keinerlei Holzteile gefunden wurden, kommt der Verdacht auf, dass ein solches Vermessungsgerät möglicherweise aus einem wertvollen Metall, insbesondere aus Gold gefertigt worden sein könnte. Sicher waren diese Gerätschaften das Ziel von Grabräubern. So zumindest, wenn diese Geräte nicht versteckt wurden. Möglicherweise werden Gerätschaften aber auch noch irgendwo aufbewahrt! Oder sie wurden von den Vermessern entfernt und an einen anderen Ort mitgenommen, um an anderer Stelle erneut verwendet zu werden. Vielleicht, als diese aus Ägypten ausgezogen sind.

Durch die Kenntnis der Lichtgeschwindigkeit konnten die Ägypter nun die Entfernung zu anderen Planeten und Sternen ziemlich genau an den Wänden und an der Decke des Kraggewölbes ablesen. Fast scheint es, als hätten sie auch Markierungen an den Wänden in Form von Skalenstrichen angebracht.

Um die Messpunkte an der Decke und an den Seitenwänden der Großen Galerie anbringen zu können, muss es in dieser Kammer einen beweglichen Schlitten gegeben haben, dem eine Art Leiterkonstruktion bzw. Rüstung aufgesetzt war. Dieser wurde womöglich über eine Rolle umgelenkt und mit einem unter ihm durchlaufenden Seil nach oben oder nach unten gezogen. Damit bekommen auch die sogenannten „Gürtelsteine" und die merkwürdigen Löcher neben ihnen im aufsteigenden Gang einen weiteren Sinn. Sie konnten als eine einfache Skalierung genutzt werden, bis zu denen das Seil in den Gang unterhalb der Großen Galerie hineingezogen werden konnte.

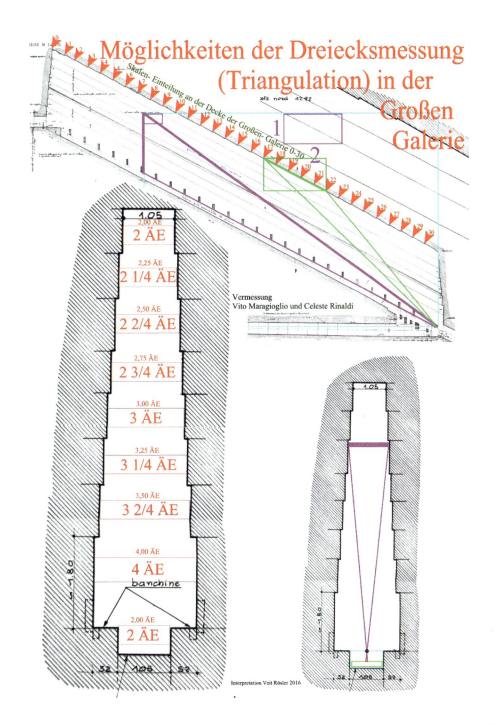

Der vermutlich eingesetzte bewegliche Schlitten wurde dann über in die Löcher im Boden der Großen Galerie gesteckte lange Hölzer gesichert. Über die Zwischenräume dieser langen Hölzer, die aufrecht zwischen den Galerie- Wänden standen, konnten für die Markierung Fäden gespannt werden. Gab es einen Schlitten, dann müsste dessen Gewicht durch Gegengewichte ausgeglichen worden sein.

Der Zusammenhang von West- Skalierung und Großer Galerie ist mit dem praktischen Umstand verbunden, dass es nach der Fertigstellung der Cheops- Pyramide einen Zugang zur Großen Galerie gegeben haben müsste. Diesen könnte es durch den „Beweglichen Stein" am Zugang gegeben haben, der in den Geschichtsbüchern mehrfach erwähnt wird. Aber auch ein bisher noch nicht gefundener unterirdischer Zugang zur Pyramide aus dem Bereich der Westskalierung wäre denkbar. Bei einer 1968 begonnenen mehrjährigen mikrogravimetrischen Untersuchung der Gizeh- Anlage wurden durch ein japanisches Ägyptologen- Team unter der Leiter des Ägyptologen Prof. Sakuji Yoshimura (1943) von der Waseda- Universität Tokio bis dahin nicht bekannte Hohlräume und Gänge, insbesondere ein Tunnel zum Sphinx lokalisiert, die sich unter der Cheops- Pyramide verlieren. Daneben wäre eine „blitzschnelle" Übertragung der Messergebnisse aus dem Bereich der Skalierung zur Großen Galerie durch die Gänge über Lichtsignale denkbar, möglicherweise sogar mit einer Art Schattenspiel. Eine weitere Variante, welche ohne Gänge auskommen würde, wäre die Übertragung der Informationen durch Klopfzeichen, bis hin zu über Körperschall gesprochenen Worten über den Steinkörper der Pyramide. Immerhin sind die Steinplatten nahezu fugenlos verlegt. Idealbedingungen für Schallwellen zur Übertragung als Körperschall! Minimal hätten nur zwei Klopfzeichen ausgereicht, um die Startposition und die zeitlich versetzte Messposition eines Sternes als Information zu übertragen.

Da es unmöglich gewesen wäre, alle Daten in der Großen Galerie auf Dauer zu speichern, muss es im Bereich der Pyramide zudem einen weiteren Raum gegeben haben oder noch geben, in dem die Daten in einer Art Archiv oder Bibliothek aufbewahrt wurden oder noch immer aufbewahrt werden. Im günstigsten Fall und wenn die Zahlen der Pharaonen einigermaßen stimmen sollten, könnte die Anlage zwischen ihrer Fertigstellung um 2580 v. Chr. bis zur Amtszeit des altägyptischen Königs Amenophis IV bis um 1340 v. Chr. genutzt worden sein. Als Achenaton oder Echnaton sorgte dieser für eine revolutionäre Umgestaltung des Landes, damit für die Entmachtung der bis dahin mächtigen Priesterschaft und einen Umzug der damaligen Hauptstadt nach Achet- Aton. Demnach könnte Gizeh über 1200 Jahre genutzt worden sein.

An der merkwürdigen Stufe am Boden oberhalb der Großen Galerie befand sich früher eine Kerbe, die erst nach dem Bau entstanden zu sein scheint. Möglicherweise hat die Stufe den Messstrahl behindert, so das die Kerbe eingeschlagen werden musste. In der Neuzeit wurde die Kerbe zugegossen und mit eisernen Rundstählen versehen, die heute den Besuchern als Leiter dienen. Bei der Stufe selber könnte es sich um eine Baumarkierung handeln, die das Schlagen eines Kreises und den Punkt eines Sechsecks unterhalb der Königskammer markiert.

Der Mauervorsprung oberhalb der Großen Galerie hätte den Messstrahl behindert - Eine Fehlkonstruktion? - Hier scheint nachträglich eine Kerbe geschlagen worden zu sein - Historische Abbildung

Die Ägypter konnten also zunächst einen Stern einpeilen und seine Richtung in der Großen Galerie speichern. Ein halbes Jahr später, auf der gegenüberliegenden Seite des Sonnenumlaufes der Erde auf der Erdkreis-Erdbahn, konnten sie den gleichen Stern noch einmal anpeilen und seine neue Position wieder vermessen. Dabei hat sich sowohl der Stern, als auch die Erde als der Beobachtungspunkt verschoben. Dadurch, dass die Erde sich nun durch ihre um die Sonne drehende Umlaufbahn an einer anderen Stelle befindet, welche die Ägypter kannten, hatten sie zwei trigonometrische Punkte mit denen sie unter Zuhilfenahme der weiteren bekannten Punkte der Nord- und Südausrichtung die genaue Entfernung und Position des angepeilten Sterns trigonometrisch berechnen konnten. Mit diesem relativ genauen System mit großem Messbereich hätten die Alten Ägypter auch auf die stellare Aberration reagieren können, die sich durch die Endlichkeit der Lichtgeschwindigkeit ergibt. Dazu hätten sie wiederum über die Geschwindigkeit des Lichtes Bescheid wissen müssen. Durch die Aberration kommt es zu kleinen scheinbaren Ortsveränderungen aller Gestirne. Diese sind vom Beobachtungswinkel und der Entfernung abhängig.

Die offensichtlich sensible Messtechnik des Messgerätes „Pyramiden von Gizeh" wäre geeignet, die „Erdrevolution", also das Durchwandern der Erde gemeinsam mit dem Mond in 365 ¼ Tagen mit einer Geschwindigkeit von etwa 107 229 km /h im Mittel um die Sonne zu berechnen. Diese ergibt eine Geschwindigkeit von 2,5 Millionen Kilometer am Tag.

Heute weiß man, dass es bei der Betrachtung der Langzeitstabilität durch das sogenannte „Chaos", also nicht berechenbare Gravitationseinflüsse, sehr langfristig im Zeitraum von über einhundert Millionen Jahren zu Beeinträchtigungen das galaktischen Systems kommen kann. Durch die Formänderung der Planetenbahnen könnten dabei sogar Planeten zusammen stoßen. Theoretisch wäre es möglich, dass die Ägypter vor 4500 Jahren einen solchen Weltuntergang haben voraussehen können, was dann wiederum nach mündlichen Überlieferungen als Information Einzug in die Bibel gefunden haben könnte. Noch immer ist unklar, was die in der Bibel zitierte Apokalypse eigentlich bedeuten soll. Auffällig sind die auf Verhältnis, damit auf Relation aller Dinge und damit wiederum auf Trigonometrie hindeutenden, jedoch unverständlich zusammenhangslos und damit chaotisch erscheinenden Zahlenangaben. Als würden geordnete geometrische Systeme ineinander fallen und sich so gegenseitig zerstören.

Allein schon die äußeren und inneren baulichen Besonderheiten der Pyramiden von Gizeh zeigen, die Ägypter könnten intensiv Sternenbeobachtung betrieben haben. Sie wären in der Lage, das Universum oder zumindest unsere Milchstraßen- Galaxie im dreidimensionalen Raum zu beobachten, zu berechnen und darzustellen. Sie hätten das in Folge ihrer menschlichen Entwicklung zwangsläufig tun müssen, denn sie waren durch den Nil und das nahe Mittelmeer auch Seefahrer. Ausschließlich über die Position der Sterne wären sie in der Lage, sich auf offenen Gewässern fernab der Ufer durch Sternen- Trigonometrie zu orientieren.

Der unmittelbare praktische Nutzen wäre enorm, sowohl für die Vermessung der Erde, zur Trigonometrie bei der Seefahrt und für die Vermessung des Universums. Allein schon der Polarstern bzw. der Zirkularpunkt ist ein wichtiges Hilfsmittel zur Feststellung der eigenen geografischen Lage. Er ist auf der Nordhalbkugel ganzjährig und mit bloßem Auge sichtbar. Somit lässt er sich allein schon in der Seefahrt beim „Breitensegeln" zur Navigation einsetzen.

Mit einer über die Pyramidenspitzen per Trigonometrie erstellten Sternenkarte konnten die Ägypter beim heute so bezeichneten „Blauwassersegeln" die ufernahen Gebiete mit ihren Festpunkten verlassen und per Sternennavigation, ohne sich zu verirren, geradewegs in Richtung Westen segeln. Schon mehrfach wurde darüber spekuliert und von dem norwegischen Experimental- Archäologen Thor Heyerdahl (1914-2002) auch technisch bewiesen, dass dies möglich wäre. Ähnliche Ansichten vertritt ebenfalls Experimentalarchäologe Dominique Görlitz (1966).

Das gleiche Prinzip zur Orientierung auf dem Wasser dient auch der Navigation und Orientierung in der Wüste, bei der sich die Karawanen quasi ausschließlich nur an den Himmelskörpern orientieren konnten. Die Entwicklung von wirksamen Orientierungshilfen war absolut notwendig für die Entwicklung und Ausbreitung der menschlichen Zivilisation, für den Handel, aber auch zur Kriegsführung. Vergleichbar ist dies mit der heutigen Satellitennavigation. Auch in der Zukunft wird eine Ausbreitung in den dreidimensionalen Raum des Universums über simple

Trigonometrie möglich sein. Längst haben dies die elektronischen Rechner übernommen.

Mit ihren Kenntnissen über die Beobachtung der Sterne und deren auf offener See leitenden Funktion hätten die Ägypter die Welt erobern können. Erobern nicht im Sinne mit Ausübung von Gewalt, sondern durch Handel mit anderen Völkern. Die Ägypter hatten dafür ein Produkt, das alle anderen wirtschaftlichen Güter weit in den Schatten stellt: Wissen!

Schon durch das Wissen der genauen Lage ihrer Pyramiden im Universum waren die exakt ausgerichteten Bauwerke von Gizeh quasi das „Navi" des Altertums. Die Erbauer wussten immer ganz genau durch die Trigonometrie, wo sie sich im Universum befinden und auch wo die Reise hingehen wird. Kaum ein Autofahrer verzichtet in der heutigen Zeit noch auf ein Navigationsgerät. Die Funktionsweise: Mindestens drei, besser vier Standortinformationen von insgesamt mindestens 24 um die Erde kreisenden GPS- Satelliten. Diese werden durch Trigonometrie zum genauen Standort in Breite, Tiefe und bei Bedarf auch Höhe berechnet. Wenn jetzt schon Flugzeuge und Schiffe, bald auch Autos und LKW autonom auf den Straßen unterwegs sind, dann nur weil dies die Trigonometrie ermöglicht. Raumflugkörper werden per Trigonometrie jeden anvisierten Punkt im Universum finden. Begonnen hat das System womöglich bereits mit den Pyramiden.

Wie leistungsfähig wäre ein antikes System zur Vermessung der Gestirne?

Wesentliche Beobachtungsobjekte für Gizeh wären die Sterne unserer Milchstraße, wobei das Zentrum der Galaxie verdeckt ist. Die Entfernung unserer Sonne zur nächsten Sonne Proxima Centauri beträgt 4,2 Lichtjahre. Die Entfernung von unserem Sonnensystem zum Zentrum der Milchstraße beträgt etwa 26.000 Lichtjahre. Der Durchmesser unserer Milchstraßen- Galaxie beträgt ca. 100.000 Lichtjahre. Mit der Visiermethode kann immerhin noch der 2,2 Millionen Lichtjahre entfernte Andromedanebel als das entfernteste, mit bloßem Auge regelmäßig erkennbare Objekt gesehen werden. Wie leistungsfähig so ein antikes System zur Vermessung der Gestirne gewesen sein könnte, zeigt möglicherweise ausgerechnet diese gerade noch mit bloßem Auge regelmäßig sichtbare Andromeda- Galaxie. Aussagen in der Bibel wissen zum Thema bevorstehende Endzeit: „Es werden Zeichen in der Sonne, dem Mond und den Sternen geschehen!" Im Matthäus- Evangelium wird im Kapitel 24 in den Passagen 29 und 30 vom bevorstehenden Weltuntergang berichtet:

„Sogleich aber nach der Drangsal jener Zeit wird die Sonne sich verfinstern und der Mond seinen Schein verlieren. Die Sterne werden vom Himmel fallen und die Kräfte der Himmel werden ins Wanken geraten. Und dann wird erscheinen das Zeichen des Menschensohns am Himmel." Um was es sich dabei für ein „Zeichen des Menschensohnes" handelt, ist Grund für unzählige Diskussionen und Spekulationen. Dabei kann es sich bei einem solchen „Zeichen des Menschensohnes" eigentlich nur um das Kreuz handeln. Die Andromeda- Galaxie ist das am weitesten mit bloßem Auge von der Erde aus sichtbare Objekt am Sternenhimmel. Seit 2012 weiß die Wissenschaft durch das Weltraumteleskop Hubble relativ sicher, dass sich unsere Milchstraße und die Andromeda- Galaxie mit ca. 400.000 Stundenkilometer aufeinander zu bewegen. Bevor es in drei bis vier Milliarden Jahren zur Kollision kommt, wird wahrscheinlich durch den sich jetzt schon allgegenwärtigen, über den Nachthimmel ziehenden sichtbaren Balken unserer Milchstraße und dem dann sehr nahe stehenden Balken der Andromeda- Galaxie ein großes Kreuz am Himmel zu sehen sein. Die moderne und ziemlich sichere Aussage der Neuzeit war nach 2012 erst möglich, nachdem mit dem Hubble- Weltraumteleskop die seitliche Bewegung der Andromeda- Galaxie vermessen werden konnte.

Vielleicht war die Andromeda- Galaxie auch die maximale Vermessungsgrenze eines solchen antiken Systems, denn die Bibel kann nicht beschreiben, an „welchem Tag der Herr kommen wird". Im Matthäus- Evangelium wird im Kapitel 24 Absatz 42 daher zur „Wachsamkeit in der Nacht" aufgerufen, „denn der Menschensohn kommt zu einer Stunde, wo ihr es nicht vermutet."

Dennoch könnten die Alten Ägypter mit der schieren Größe ihrer Bauwerke ein sehr hohes Niveau der Beobachtung der Gestirne erreicht haben. Spätestens an dieser Stelle der Astronomie muss den Alten Ägyptern auch die Gravitation aufgefallen sein. „Spätestens" deshalb, weil sie die Gravitation als Nil- und Mittelmeer anwohnende Seefahrer auch schon von den Gezeiten und der damit verbundenen Beziehung des Mondes auf die Erde sehr viel früher gekannt haben müssten. Bereits die erste Stufenpyramide des Djoser in Sakkara könnte offenbaren: Die Alten Ägypter kannten nicht nur die Höhe, Breite und Tiefe des Landes und des Raumes, sie kannten nicht nur die Zeit und die Lichtgeschwindigkeit. Sie haben möglicherweise auch die Königsklasse der Astronomie und Astrophysik erforscht: Die Gravitation.

Das Geheimnis der Göttin Isis

Nach welchen Prinzipien hätten die Alten Ägypter die Gestirne per Trigonometrie vermessen können?
Die Erde bewegt sich in unserem Sonnensystem (Schwerpunkte Erde- Mond) auf ihrer Umlaufbahn um die Sonne innerhalb eines Jahres (365,24 Tage) auf einer nahezu kreisförmigen Erdkreis- Erdbahn. Hätten die Alten Ägypter mit Trigonometrie das Universum vermessen wollen, hätten sie dafür auf dieser Erdkreis- Erdbahn mindestens zwei maximal voneinander entfernte Punkte wählen müssen, von denen sie wiederum genau wussten, wo sich diese beiden Punkte zu welcher Zeit auf der

Erdkreis- Erdbahn befinden. Wie stelle ich aber fest, zu welchen zwei Zeitpunkten ich gerade diese zwei Punkte auf der Erdkreis- Erdbahn erwische? Nichts ist zunächst einmal besser dazu geeignet, als dafür die Wintersonnenwende (nach den heutigen Kalendersystemen - um den 21. Dezember) und die Sommersonnenwende um den (21. Juni) auszuwählen.

Zwischen den beiden Punkten kommt es wiederum zu zwei Zeitpunkten im Jahr zur Tag - und Nachtgleiche um den 21. März (Frühlingsanfang) und um den 23. September (Herbstanfang). Somit gibt es zusammen mit den beiden Tag- und Nachtgleichen vier Punkte auf der Erdkreis- Erdbahn, von denen der Beobachter genau weiß, wo er sich zusammen mit der Erde auf der Erdkreis- Erdbahn befindet.

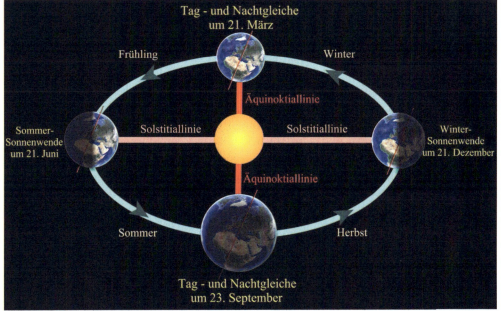

Mit Blick von „oben" aus der Ebene des Polarsterns dreht sich die Erde rechtsläufig gegen den Uhrzeigersinn

Mit Blick zum Polarstern dreht sich die Erde dabei rechtsläufig um die Sonne (der Rotationsrichtung der Erde folgend) in der gleichen Drehrichtung, wie die Erde selbst. Wird dabei jedoch aus Richtung des Polarsterns betrachtet, dann dreht sich die Erde ebenfalls rechtsläufig, aber eben gegen den Uhrzeigersinn um die Sonne.

Die Rotationsachse der Erde steht nicht senkrecht auf der Ebene der Erdkreis- Erdbahn, sie ist leicht geneigt, durch die Schiefe der Ekliptik von gegenwärtig 23,44 Grad. Während die Erde auf ihrer Erdbahn mit 107.229 km/h um die Sonne rast, bleibt die Richtung ihrer Achse im Raum fast unverändert. Dadurch ist von März bis

September die Nordhalbkugel etwas mehr zur Sonne hin geneigt, von September bis März die Südhalbkugel, es entstehen die Jahreszeiten.

Durch die unterschiedlichen Positionen auf der Umlaufbahn könnten weit entfernte Objekte zunächst einmal in der einfachen Variante per Parallaxe- Messung über die Pyramidenspitze der Chephren- Pyramide von der Westskalierung aus vermessen werden.

Zudem kommt es in einer erweiterten Variante zur Sternenparallaxe auf zwei verschiedenen Punkten auf der Erdkreis- Erdbahn mit weit entfernten Gestirnen, die verkleinert dem System der langen Westskalierung der Chephren- Pyramide mit der Spitze der Pyramide entsprechen. Das bedeutet, wenn sich die Alten Ägypter einen Haupt- Mutterstern und einen Neben- Mutterstern jeweils zur Tag - und Nachtgleiche am Himmel in der weit entfernten Fixsternebene ausgesucht haben, dann hatten sie einen Parallaxe- Stern, von und über den sie andere Gestirne sowohl über die Parallaxe- Messung, als auch über eine von diesem Mutterstern ausgehende Entfernungsmessung vermessen konnten. Messgerät dieser simplen Trigonometrie war immer die Spitze der Chephren- Pyramide und deren West- Skalierung. Der Messwertspeicher zur Überbrückung der langfristigen, halbjährlichen bis mehrjährigen Zeiträume war die Große Galerie der Cheops- Pyramide.

Zum Frühlingsbeginn und zum Herbstbeginn ist der Sternenhimmel jeweils um Mitternacht gegenüberliegend sichtbar. So sind im Frühjahr um Mitternacht gegenwärtig die Sternbilder im Bereich des Löwen und der Jungfrau zu sehen. Im Sommer sind es um Mitternacht die Sternbilder um den Schützen. Die Mitternacht im Herbst zeigt den Bereich der Fische und die Mitternacht im Winter hauptsächlich die Zwillinge. Nahe am Zirkularpunkt liegende Sternbilder sind zu allen Jahreszeiten sichtbar. Heute gibt es weltweit 88 definierte Sternbilder am Himmel. Die Definition der Sternbilder ist von Menschen gemacht und die einzelnen Bilder können von Land zu Land und über Epochen hinweg unterschiedliche Bezeichnungen tragen.

Die Betonung dieser Betrachtung mit gegenüberliegenden Positionen liegt auf „Mitternacht", denn durch die Gesamtlänge der Nacht überschneiden sich die Frühlings-, Sommer-, Herbst- und Wintersternbilder zeitlich in einigen Bereichen durch die sich in Richtung Osten drehende Erde. Dabei spielt auch die Dämmerungsphase eine große Rolle, denn je näher sich der Beobachtungspunkt am Äquator befindet, desto schneller kommt es zu einem Wechsel zwischen Tag und Nacht. Durch die gegenüberliegende Position auf der Erdkreis- Erdbahn wäre es wichtig, in einer Einrichtung wie der Großen Galerie ein virtuelles räumliches Bild vom die Erde umgebenden Sternenhimmel generieren zu können, eben als Messwertspeicher.

Der astronomische Frühlingsanfang und der Herbstanfang und damit die Tag- und Nachgleiche (2x im Jahr), an dem der lichte Tag und die Nacht gleich lang sind, finden von Jahr zu Jahr zeitlich geringfügig verschoben im Frühjahr am 19., 20. oder

21. März und dann am 22., 23. oder 24. September statt. Dabei passiert die Sonne den Himmelsäquator im Frühlings- bzw. im Herbstpunkt in den sogenannten Äquinoktien. Dabei wird bei der Querung von Süden nach Norden, also zum Frühlingsanfang, in Primär- Äquinoktium und bei der Querung von Norden nach Süden hin beim Herbstanfang in Sekundär- Äquinoktium unterschieden.

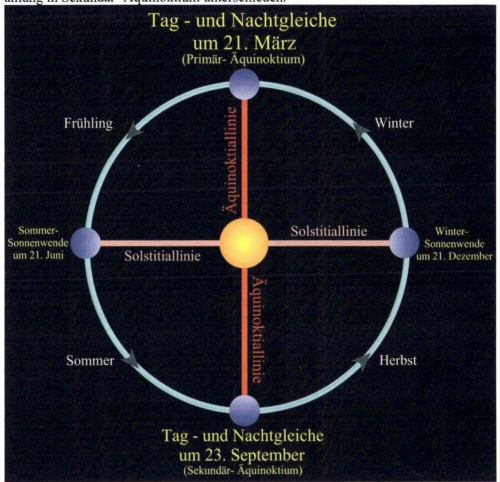

Die Äquinoktiallinie zur Tag- und Nachtgleiche ist dabei die Verbindungslinie zwischen den beiden Positionen der Erde zum Zeitpunkt eines Äquinoktiums. Diese Linie geht also mitten durch die Sonne hindurch, ihre Verlängerung außerhalb der Erdbahn durch die Äquinoktialpunkte. Sie steht senkrecht auf der Solstitiallinie, der gedachten Verbindung zwischen den Sonnenwenden

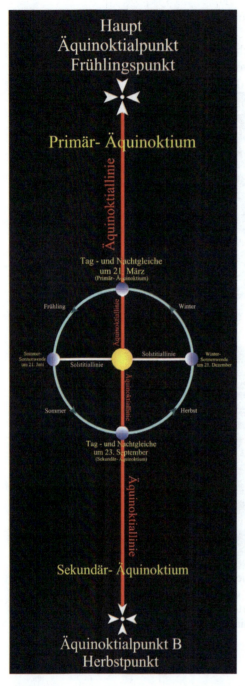

Durch dieses System können nun am Himmel auf der Ekliptik im Äquinoktium der Linie von der Sonne die Äquinoktialpunkte am Sternenhimmel gebildet werden. Es entstehen der Frühlingspunkt, ehemals im Sternbild Widder, heute im Sternbild Fische und der Herbstpunkt (ehemals Waagepunkt). Der Frühlingspunkt stellt dabei einen wichtigen Bezugspunkt für die Astronomie dar. Dieser Punkt ist unendlich weit entfernt, was dazu führt, dass die Entfernung zu diesem Punkt auf der Umlaufbahn im Verhältnis zur tatsächlichen Entfernung quasi gleich groß ist. Wegen der Präzession wandert der Frühlingspunkt auf der Ekliptik stetig in westlicher Richtung, wofür er für einen kompletten Zyklus der Präzession ca. 25.700 - 25.800 Jahren benötigt. Durch die Präzession liegt der für die Astronomie so wichtige „Widderpunkt" heute nicht mehr wie zum Definitionsbeginn im 1. Jahrtausend v. Chr. im Bereich des Sternbild Widder, sondern heute um etwa 25 Grad entfernt im Sternbild Fische.

Die Äquinoktien treten weltweit und damit unabhängig vom erdgebundenen Standort eines realen Beobachters zum selben Zeitpunkt ein, aber durch die verschiedenen Zeitzonen zu verschiedenen Uhrzeiten.

Schaffung eines virtuellen Frühlingspunktes als wichtiger Bezugspunkt für die Astronomie

Weil die durchschnittliche Dauer eines Umlaufes der Erde um die Sonne bezogen auf den Frühlingspunkt mit etwa 365,2422 Tagen knapp sechs Stunden länger dauert, als die Dauer des kalendarischen Jahres mit genau 365 Tagen, verschiebt sich das kalendarisch angegebene Datum der Äquinoktien von Jahr zu Jahr um etwa sechs Stunden. Dadurch musste das Schaltjahr und der 29. Februar aller vier Jahre eingefügt werden. Die durchschnittliche Bahngeschwindigkeit der Erde von ca. 29,7859 km/s führt zur Aberration des beobachteten Sternenlichts, die zu kleinen scheinbaren Ortsveränderungen aller Gestirne durch die Endlichkeit der Lichtgeschwindigkeit führt. Durch die unterschiedlichen Positionen auf der Erdbahn kommt es also zu Variationen der Lichtlaufzeit zwischen Beobachtungsobjekt und Erde. Allein daran hätten die Alten Ägypter bei genauen Messungen die Geschwindigkeit des Lichtes erkennen können. Im Umkehrschluss müssen sie die Lichtgeschwindigkeit gekannt haben, um überhaupt so exakt vermessen zu können. Die Länge der Erdbahn liegt bei 940 Millionen Kilometer, worauf sich die Erde pro Tag ca. 2,57 Millionen km bewegt. Die Bahngeschwindigkeit beträgt 29,7859 km/s (Schwankung zwischen 30,29 im Perihel und 29,29 km/s im Aphel. Sind 107.229 km/h.) Heute halten sich einige religiöse Feste an dieses System. So finden das jüdische Passahfest und das christliche Ostern zum Beispiel immer nach der Tag- und Nachtgleiche im Frühjahr statt. In einigen Kalendersystemen ist die Frühlingsgleiche der Jahresbeginn.

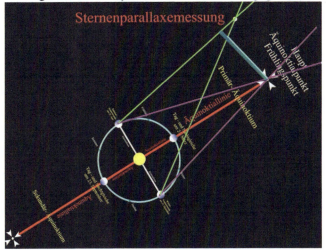

Durch die unterschiedlichen Positionen auf der Erdkreis-Erdbahn wird die Parallaxe-Messung möglich. Da insgesamt vier Punkte bekannt sind, kann auch von den beiden Punkten der Tag- und Nachtgleiche vermessen werden

Um eine Vermessung des Sternenhimmels durchführen zu können, hätten die Alten Ägypter also zunächst zur Tag- und Nachtgleiche im Frühjahr über dem Äquator einen Bezugspunkt als Frühlingspunkt und damit als Primär- Äquinoktium festlegen müssen. Diese Eckdaten werden sie sich sicherlich mit ähnlichen geometrischen Markierungen erarbeitet haben, wie sie die Steinkreise von Stonehenge darstellen. Denn die Sonne wandert ja bei ihrem Aufgang und Untergang an der Horizontlinie im Osten und am Abend im Westen zwischen den Sonnenwenden. Sind die Daten erst einmal bekannt, können sie in den Schattenlauf von Obelisken oder den Lichtstrahllauf von Gebäuden, insbesondere von Fenstern, Türen oder Säulenkonstellationen, aber auch in Tunnel- und Tempelkonstruktionen eingebaut werden.

Im Jahr 1940 soll dem britischen Brigadekommandeur Percy Robert Clifford Groves (1878-1959) am Abend der Tag- und Nachtgleiche eine seltsame Luftaufnahme von der Pyramidenanlage von Gizeh gelungen sein. Darauf ist ein merkwürdiger Schattenwurf der Cheops- Pyramide zu sehen, der als „Achteckige Pyramide" in die Geschichte einging. Da dieses Phänomen bei der Chephren- Pyramide nicht zu sehen ist, bei der Cheops- Pyramide jedoch an allen vier Seiten erkennbar zu sein scheint, könnte es sich um ein vorsätzlich eingebautes Schattenspiel handeln. Da heute das Mantelmauerwerk der Cheops- Pyramide abgebaut ist, kann leider nicht mehr nachvollzogen werden, ob die Achtseitigkeit auch im Mantel zu sehen war. Es zeigt aber, dass die Tag- und Nachtgleiche durch Licht- und Schattensysteme ermittelt werden konnte und das sie womöglich für die Pyramidenkonstrukteure für die Astronomie wichtig war.

Die acht Seiten der Cheops- Pyramide
Das Foto von 1940 von Percy Robert Clifford Groves

Die acht Seiten der Cheops- Pyramide. Das Foto soll am Abend der Tag- und Nachtgleiche im Jahr 1940 von Brigadekommandeur Percy Robert Clifford Groves aufgenommen worden sein - Das Foto von Brigadekommandeur Percy Robert Clifford Groves

Leider kann das entstandene Foto nicht als Beweis für die Messung der Tag- und Nachtgleiche gewertet werden. Denn das Phänomen ist zu sehen, obwohl der Hauptschattenwurf deutlich einen späteren Tages-Sonnenstand anzeigt.

Bauwerke, wie die später errichtete Tempelanlage von Abu Simbel zeigen aber: Für die Alten Ägypter war die Tag- und Nachtgleiche von Bedeutung. Vor der Umsetzung wegen dem Bau des Assuanstaudamms traf tief im Innern der Anlage jeweils zur Tag- und Nachtgleiche ein Sonnenstrahl den absolut hintersten Punkt des Gangsystems. Ein weiteres Phänomen zeigen die beiden Aufwege zur Cheops- und zur Chephren- Pyramide (S.101 u. S.113). Bevor die beiden Pyramiden gestanden haben, trafen beide Wege die West- Skalierung an einem gemeinsamen Punkt. Dies zeigt: Die West- Skalierung war ein Messgerät. Auffällig ist aber, beide Aufwege haben den gleichen Winkel zum Mittelpunkt zwischen ihren Verlängerungen zur Horizontlinie. Sie könnten damit der Beobachtung des Sonnenlaufes an der Horizontlinie gedient haben.

Der Winkel ist mit fast 30 Grad jedoch zu klein, um mit den beiden Aufwegen die Winter- und Sommersonnenwende zu bestimmen. Der Winkel würde am Breitengrad von Gizeh 54 Grad (SoSo: + 27.0° / WiSo: - 27.0°) betragen.

(Am Äquator beträgt dieser Winkel 47 Grad (SoSo: + 23.5° / WiSo: - 23.5°) und am Beispiel von Dresden 78 Grad (SoSo: + 39.0° / WiSo: - 39.0°).)

Zur Bestimmung der beiden Tag- und Nachtgleichen, also um den heutigen 21. März und den heutigen 23. September, oder zweier anderer wichtiger Tage auf der Erdkreis- Erdbahn, wären die beiden Aufwege anhand des Sonnenlaufes an der Horizontlinie aber sehr wohl geeignet. Um einen Anhaltspunkt zur Äquatorialebene zu erhalten, haben sich die Vermesser vermutlich also auch schon vor 4500 Jahren zur Tag- und Nachgleiche einen Stern am Himmel in der Fixsternebene ausgesucht. Dieser war nun der Anhaltspunkt, von dem aus auch andere Sterne per Trigonometrie vermessen werden konnten. Wie ließe sich diese Aussage untermauern?

<u>Das Geheimnis der Göttin Isis:</u> Auf der Suche nach einem Mutterstern und den vier Punkten auf der Erdkreis- Erdbahn fällt zur Zeit des Alten Reiches eine merkwürdige Götterkonstellation auf. Es kommt der Gedanke auf, dass es sich bei dem wichtigen „Mutterstern" und dem damit wichtigsten Stern am Sternenhimmel, um die ägyptische Göttin Isis gehandelt haben könnte. Isis erscheint auf Inschriften des Alten Reiches im Osiris- Mythos zusammen mit ihrem Gatten Osiris, dessen Bruder Seth und ihrer Zwillingsschwester Nephthys. Untereinander scheinen die vier Götter zudem Geschwister und Kinder der <u>Himmels</u>göttin Hathor und ihres Gatten des <u>Sonnen</u>gottes Re zu sein. Hathor wird dargestellt mit Kuhhörnern und der dazwischen liegenden <u>Sonnenscheibe</u>. In der Sage soll sich Nephthys, also die Zwillingsschwester von Isis, in einer dunklen Nacht selber als Isis ausgegeben haben und dadurch mit dem Mann von Isis, also mit Osiris, geschlafen haben. Grund war wohl die Unfruchtbarkeit ihres Gatten Seth. Das dabei gezeugte Kind wurde laut Sage später ausgesetzt, von Isis gefunden, aufgezogen und zu Anubis. Allerdings bemerkte Seth, der Mann von Nephthys, die Problematik! In dem Mythos soll Osiris von seinem eifersüchtigen und bösen Bruder Seth deshalb ermordet, zerstückelt und über ganz Ägypten verteilt worden sein. Isis suchte jedoch aus Liebe zu Osiris die Einzelteile ihres Gatten wieder zusammen, um diese zusammenzufügen und ihn zu beleben, ihn damit quasi auferstehen zu lassen. Nachdem das gelungen war, hatte sie mit ihm Sex, wobei der gemeinsame Sohn Horus empfangen wurde. Die mythologische Zerstückelung und Verteilung von Osiris ließe sich messtechnisch mit dem Umstand erklären, dass ein mutmaßlicher Vermesser Osiris zur Feststellung der auf die Erdkrümmung bezogenen Äquatorkonstellation mehrere auf ganz Ägypten verteilte Messstellen besucht haben müsste. Am Ende des Verfahrens wären alle Messergebnisse zusammengefasst worden, um damit den Tag der Tag- und Nachtgleiche von der eigenen Position aus auf die Äquinoktiallinie zu beziehen.

Osiris gilt als Gott des Nordens und einer der Götter der Götterneunheit von Heliopolis. Er bildet zusammen mit Isis und Horus die Triade von Abydos.

Seth wird an einigen Stellen als Sohn der Himmelsgöttin Nut und des Erdgottes Geb beschrieben. Er gilt als Gott des Südens.

Nephthys gilt ebenfalls als Göttin des Südens. Sie zeugte nicht mit ihrem Gatten Seth, sondern heimlich mit Osiris das Anubis- Kind.

Isis wird mitunter ebenfalls mit Kuhhörnern und der dazwischen gelagerten Sonnenscheibe auf dem Kopf dargestellt. Sie ist die Göttin der Geburt und Wiedergeburt, eine zierliche Frau, manchmal mit einem Anch- Kreuz und manchmal hält sie einen Schen- Ring, das Zeichen der Ewigkeit. Sie wird als mütterliche Göttin, Schutzherrin, Bewacherin und Betreuerin aller Wesen beschrieben, die leiden und in großer Sorge sind. Durch ihre Magie gelingt es ihr, ihren schrecklich zugerichteten Gatten Osiris wieder zum Leben zu erwecken. Später wird sie zusammen mit dem kleinen Horusknaben abgebildet, welcher auf ihrem Schoß sitzend gestillt wird.

Der Auferstehungsmythos von Osiris findet sich in der hebräischen Bibel und auch im Neuen Testament wieder, wo diese mit der Auferstehung Christi verbunden wird! Es wird vermutet, dass die Göttin Isis schon lange vor ihrer ersten Nennung im Alten Ägypten bekannt war. Isis wurde noch von den in Ägypten lebenden Griechen und Römern bis in die christliche Zeit hinein verehrt. Während der Isis- Kult in nachchristlicher Zeit in Ägypten bald nachließ, erfuhr er besonders im Römischen Reich ein wahres Auf und Ab. Selbst in Darstellungen der Templer sind noch Hinweise zu finden, die auf Isis hindeuten könnten.

„Kein Sterblicher hat je erfahren, was unter meinem Schleier sich verbirgt", sagt die Isis der Antike, die Göttin der Mysterien und geheimen Riten. „Ich bin Isis, die Herrin eines jeden Landes. Ich habe die Gesetze, die niemand ändern kann. Ich habe den Sternen ihren Weg gewiesen. Ich begleite den Weg der Sonne. Ich habe den Lauf der Sonne und des Mondes bestimmt. Ich habe den Frauen befohlen, ihre Kinder im zehnten Monat ans Licht zu bringen. Ich bin die Herrin der Seefahrt, ich habe die Werke der Seefahrt erfunden.", heißt es in antiken Schriften. Die alexandrinische Isis hält in ihrer Handfläche die Frucht vom Baum der Erkenntnis, sie lässt den Schleier herabgleiten und erscheint, nach Ambra duftend und eingehüllt in makelloses Leinen als Göttin der Fruchtbarkeit.

Vielleicht lässt sich ja mit Astronomie der geheimnisvolle Schleier um die Fruchtbarkeit der Göttin Isis jetzt erklären. Göttin Isis wird erstmals im Sonnenheiligtum des Königs Niuserre in der 5. Dynastie erwähnt. Erstaunlicherweise ist in der gezeichneten Rekonstruktion des Sonnenheiligtums des Niuserre durch Ägyptologe Gaston Camille Charles Maspero (1846-1916) ein den Obelisken ähnliches Gebilde zu sehen, mit dem die Eckdaten der Sonnenpositionen auf der Erdkreis- Erdbahn anhand des Sonnenstandes ermittelt worden sein könnten.

Göttin Isis mit dem Horuskind als Statuette im Louvre Paris - Rekonstruktion des Sonnenheiligtums des Niuserre in Abusir - Rekonstruktion Zeichnung Gaston Camille Charles Maspero

Isis wurde sowohl von den Griechen als auch von den Römern verehrt. In der Ikonografie wird Isis mit dem Horusknaben mit der späteren Darstellung Marias, der Mutter Jesu mit dem Jesuskind ähnlich wieder gegeben. Dieses Phänomen zeigt auch: Ältere Religionen waren Vorbild für jüngere Religionen.

Auch wichtig: Sohn Horus galt als Himmelsgott, er wird meist als Falke dargestellt. Als Vorlage könnte das Vogelwesen im Sternbild Schwan gedient haben, in dem sich vermutlich bereits zu Urzeiten ein Bezugspunkt befand. Welcher Zusammenhang ergibt sich aus dieser Konstellation aus den vier Göttergestalten und den zwei gezeugten Kindern in Bezug auf den Mutterstern der Astronomen?

<u>Astronomie und Mutterschaft?</u>

Über die ganze Erde verteilt haben Menschen in der Frühzeit ihrer Geschichte Steinkreise, Ausrichtungen über Bergkuppen oder Linien in Wüstengebieten geschaffen, die zur astronomischen Beobachtung geeignet wären. Bei fast allen scheinen die Tag- und Nachtgleiche sowie die Winter- und Sommersonnenwende eine wichtige Rolle zu spielen. Diese Steinkreise könnten dabei im Kopf des Beobachters die virtuelle Vorstellung der Erdkreis- Erdbahn, die trigonometrische Verkleinerung der tatsächlich riesigen Erdkreis- Umlaufbahn um die Sonne gebildet haben. Hier konnten sie die unterschiedlichen Beleuchtungssituationen auf der Erde auf ihrer Bahn um die Sonne nachempfinden und praktisch überprüfen. Ebenso konnten die Winkel in Bezug zum Durchmesser verkleinert dargestellt werden. Ein antiker, vielleicht sogar steinzeitlicher Astronom, der im Frühjahr am Tag bzw. in der Nacht der Tag - und Nachtgleiche mit seiner Frau Sex hatte, wird verblüfft festgestellt haben, dass das Baby dazu ausgerechnet zur Wintersonnenwende zur Welt gekommen ist. Was einmal funktioniert, funktioniert vielleicht auch ein zweites Mal. Also: Sex zur Tag - und Nachtgleiche im Herbst. Und siehe da, es funktioniert wieder! Das Baby kommt verhältnismäßig genau zur Sommersonnenwende zur Welt. Was für ein göttliches Phänomen! Wie wäre es, als Maß nicht nur die menschliche Elle, Fingerbreit, Handbreit, Fuß oder den Herzschlag des Menschen als messtechnische Körpergrößen einzusetzen, sondern auch die Zeit der Schwangerschaft einer Frau als Zeitmaß für die Astronomie zu nutzen? Warum dann nicht gleich diese Frau zu einer Göttin machen und diese dann auch noch den Namen des Muttersterns am Himmel geben? Warum sie also nicht als Göttin Isis oder Maria Stella Maris zu bezeichnen? Vielleicht haben die so etwas zweckentfremdeten Frauen gar nicht gewusst, für welche extrem wichtige Aufgabe sie neben ihrer ohnehin schon wichtigen Aufgabe als Mutter noch gedient haben. Als Zeitmaß für eine neue astronomische Zeitrechnung der ganzen Menschheit. Auf jeden Fall eine göttliche Aufgabe! Was für eine göttliche und schöne Vorstellung! Der Körper einer Frau, ihre Schwangerschaft und ihr Baby als Startpunkt für das Zeitmaß einer neuen Zeitrechnung aller Menschen. <u>Die Theorie der Mutterschaft als Zeitmaß der Astronomie:</u> Der menschliche Zyklus der Frau scheint sich nicht nur mit etwas mehr als 28 Tagen an den Zyklus der Mondphasen zu halten, auch die Schwangerschaft einer Menschenfrau scheint im Laufe der Evolution ziemlich genau an zehn Mondmonate gekoppelt worden zu sein. Was für ein göttlicher Zufall! Gynäkologen errechnen heute noch den Geburtstermin nach den zehn Mondmonaten.

Warum sollte dieses Körper- Zeitmaß dann nicht auch zur Astronomie eingesetzt werden? Mutmaßlich hat zunächst der Sage entsprechend Nephthys zusammen mit Osiris zur Tag- und Nachtgleiche im Herbst Anubis gezeugt, zum Zeitpunkt der Festlegung des (sekundären) Herbstpunktes auf der Äquinoktiallinie. Das Anubis- Kind muss dann ziemlich genau zur Sommersonnenwende im Juni zur Welt gekommen sein. Das von Isis und Osiris zur Tag- und Nachtgleiche im Frühjahr und damit zur Äquinoktiallinie im Frühjahr mit der Festlegung des Frühlingspunktes gezeugte Horus- Baby ist dann auf der gegenüberliegenden Stelle auf der Erdkreis- Erdbahn zur Wintersonnenwende zur Welt gekommen. Damit wären die vier bekannten Punkte auf der Erdkreis- Erdbahn zeitlich gekennzeichnet! Einfach und genial!

Eine ähnliche Konstellation wird im Neuen Testament im Lukas- Evangelium ab Kapitel 1 Vers 5 beschrieben, indem der (mutmaßlich unfruchtbare) Priester Zacharias und seine Frau Elisabeth sechs Monate vor Maria den Sohn Johannes empfangen (gezeugt) haben, welcher dann zur Sommersonnenwende geboren sein muss. Der Johannestag ist heute der 24. Juni. Nach dem Tag „Maria Verkündigung" am 25. März (kurz nach der Tag- und Nachtgleiche) ist das Christuskind dann wiederum zeitlich genau zur Wintersonnenwende zur Welt gekommen. Aussagen der Bibel weisen im Lukas- Evangelium genau auf dieses Verfahren hin!

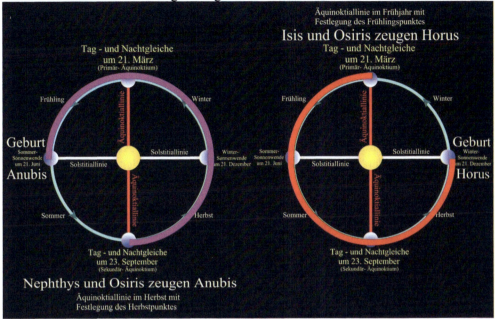

Die beiden Zyklen der zwei Schwangerschaften von Nephthys und Osiris sowie Isis und Osiris

Die heutige Verschiebung im Kalender um wenige Tage könnte durch die Kopplung des Kalenders an die Stellung der Sonne bezüglich des Frühlingspunktes erklärt werden, wodurch der Zeitpunkt des Periheldurchganges durch den Kalender läuft und sich somit die Kalendertage über die Jahrhunderte fortlaufend leicht verschieben. Der ägyptischen Namensgleichheit ähnlich, gibt es auch analog zum Johannestag im Juni zur Wintersonnenwende den Tag des Johannes des Evangelisten am 27. Dezember. Ähnlich wie Horus als Falke wird Johannes der Evangelist als Adler dargestellt! Das System dieser Schwangerschaftszeitläufe könnte sich bereits in der Frühzeit entwickelt haben, als es noch schwierig war, den Zeitpunkt der Sonnenwenden genau zu erkennen. Möglicherweise hat sich daraus eine göttliche Zeremonie entwickelt, die stets zur Festlegung eines jeweils für mehrere hundert bis tausend Jahre verwendbaren Muttersterns angewendet wurde, denn durch zwei Präzessionsbewegungen läuft dieser Messstern im Laufe der Jahrhunderte aus dem sichtbaren Bereich in Richtung Westen heraus. Dadurch muss langfristig immer wieder ein neuer Mutterstern festgelegt und eingeeicht werden. Nach der 267/268 Tageregel einer Schwangerschaft würde ein jeweils exakt zur Tag- und Nachtgleiche gezeugtes Kind bei einer jungen und gesunden Frau mit stabilem Hormonhaushalt und damit mit geringen zeitlichen Abweichungen exakt zwei Tage vor den jeweiligen Sonnenwenden zur Welt kommen. Die Astronomen hätten nun Zeit, die exakten Positionen des Sonnenaufgangs mit Markierungen zur Horizontlinie zu bestimmen. Die Sonne läuft quasi nur noch einen Tag an der Horizontlinie bis zum „Endanschlag", dann wendet sie, um am folgenden Tag wieder den Punkt von vor zwei Tagen zu erwischen. Ganz nebenbei könnte mit dieser Theorie bewiesen werden, dass sich Astronomen schon in der Frühzeit nicht nur für ihre Sternchen am Himmel interessiert und in den Nächten auch noch andere Dinge veranstaltet haben.

Mit dieser Zeugungs- und Geburtskonstellation hätten die Alten Ägypter nun zunächst mit den beiden Tag- und Nachtgleichen und den beiden Sonnenwenden auf zwei Achsen mit vier Messpunkten auf der Erdkreis- Erdbahn zugreifen können.

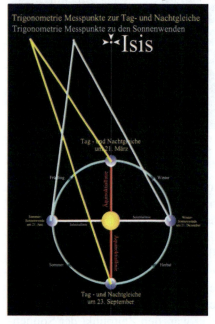

Die vier Trigonometrie- Messpunkte zur Tag- und Nachtgleiche sowie zu den beiden Sonnenwenden

Die Daten sowohl im Ägypten des Altertums als auch zum Anbeginn der Zeitrechnung deuten darauf hin, dass sowohl Göttin Isis und Osiris wie auch Maria und der biblische Joseph reale Personen waren, mit denen wichtige neue (astronomische) Zeiträume in der Geschichte der Menschheit eingeläutet wurden. Die Mechanismen der Schöpfung und damit eines Gottes waren damit immer inbegriffen. Mit der über die Jahrtausende anhaltenden Verehrung wird immer auch der Mechanismus eines wie auch immer gearteten Gottes verehrt!

<u>Die ägyptische Ogdoade:</u>

Insgesamt nur vier Messpunkte auf der Erdkreis- Erdbahn und dafür ein ganzes Jahr Zeit zur Verarbeitung der Daten? Ist das nicht Verschwendung von kostbarer Zeit? Aus der Konstellation von geometrischer Anordnung und von Namensgleichheiten fallen zur Zeit des Altertums die acht ägyptischen Urgötter von Hermopolis (altes Chemenu), die Ogdoade, also ebenfalls aus der Zeit des Alten Reiches auf. Diese bestehen aus einer Gruppe von jeweils vier

Paaren von Urgöttern aus männlichen Fröschen und weiblichen Schlangen. Sie bestanden je nach Übersetzung aus den Paaren Heh und Hehet, Nun und Naunet, Kek und Keket sowie Tenem und Tenemu. Der deutsche Ägyptologe Heinrich Ferdinand Karl Brugsch (1827-1894) erkennt 1885 in den Bezeichnungen und Darstellungen die Atmosphäre zwischen Himmel, Wasser, Erde, die in der Dunkelheit und am Tage dargestellt werden.

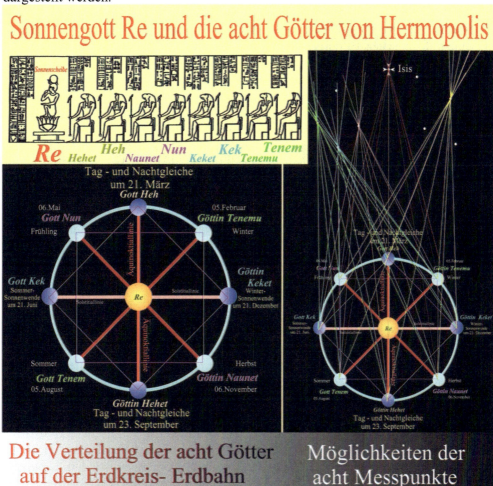

Sonnengott Re und die acht (Ogdoad) Götter von Hermopolis - Die Verteilung der acht (mit Re neun) Götter auf der Erdkreis- Erdbahn und die Möglichkeiten der acht Messpunkte - Kleines Bild oben: Die acht Ogdoad zusammen mit Sonnengott Ra (Re) in einer geometrisch geformten Lotusblume - Zeichnung (vermutlich) Kurt Heinrich Sethe (1869-1936)

Die acht Götter werden mit einem (Jakobs-) Stab gezeigt. Bis heute ist unklar, welche Bedeutung diese Gottheiten im Ägypten des Altertums hatten. Sie werden mit dem Kosmos in Verbindung gebracht und mit der Entstehung der Welt. Was wäre also, wenn die Alten Ägypter zwei weitere Achsen in ihre Erdkreis- Erdbahn eingelegt haben, um so insgesamt acht Messpunkte aus jeweils vier Paaren zu generieren?

Die acht Götter von Chemenu (Hermopolis) werden in verschiedenen Darstellungen zusammen mit dem Sonnengott Ra bzw. Re oder auch Thot von Chemenu mit einem kosmischen Ei dargestellt. Aus dieser Darstellung heraus soll der Brauch entstanden sein, am Festtag des Sonnengottes Eier bunt einzufärben.

Dieser Zeitpunkt muss mit der Eiablage der Krokodile verbunden gewesen sein. Die im Sand vergrabenen Eier von Nilkrokodilen dienten den Alten Ägyptern als Zeichen, bis zu welchem Punkt hin sich am Ufer die in dem jeweiligen Jahr abspielende Überschwemmung des Nils hinziehen wird. Die Krokodile haben diesen Punkt im Laufe der Evolution durch das Auslesen der Mechanismen der Natur verinnerlicht bekommen. Die Eiablage ist naturgemäß mit dem Sonnen- und Mondzyklus und damit mit den Mechanismen der Gestirne verbunden. Die Krokodile konnten quasi in die Zukunft sehen. Kluge Menschen haben dieses Phänomen erkannt, es zu nutzen gewusst und sie haben vermutlich auch versucht, es zu erforschen. Wie 5000 Jahre später beim Osterfest, wurden die Eier zunächst von leichten Kindern im Sand gesucht, während die Eltern auf die Krokodile geachtet haben. Dann wurden die Eier mit Zeichen versehen und dabei bemalt. Die zur Registratur vorgesehenen Eier wurden dabei mit den Daten der Gestirne des jeweiligen Jahres versehen, die ja zu der gezielten Eiablage an bestimmten Orten geführt haben müssen. Dabei entwickelte sich über die Jahrhunderte durch die gesammelten Eierschalen eine Registratur. Der Punkt bis zur Überschwemmungsgrenze mit fruchtbarem Nilschlamm war die fruchtbare Zone. Das Ei als Fruchtbarkeitssymbol war geboren, das auch mit den Zyklen der Sonne auf der Erdkreis- Erdbahn im Einklang stand. Später machten die Alten Ägypter aus den Krokodilen und ihren Eiern eine regelrechte Wissenschaft, wie zum Beispiel im Krokodilheiligtum Kom Ombo, das dem Krokodilgott Sobek und dem Vogelgott Haroeris geweiht war. Es wird vermutet, dass die Alten Ägypter den Inhalt von Krokodileiern mit dem Inhalt anderer Ei- Individuen vermischt und so nach heutigen Gesichtspunkten regelrechte Genversuche veranstaltet haben. Heutigen Kindern wäre sicher schwer vermittelbar, dass nicht der Osterhase, sondern Krokodile die Ostereier bringen. Die Darstellung der Erdkreis- Erdbahn mit den eingezeichneten acht Göttern zeigt die Entstehung eines Achtecks mit vier geometrischen Achsen und zwei eingelegten regelmäßigen Vierecken (Quadrate). Die Erdkreis- Erdbahn wird so geometrisch berechenbar. Um für die Astronomie überschaubar zu bleiben, waren vermutlich immer zwei Priester für die Vermessung einer Achse auf den jeweils gegenüberliegenden Punkten zuständig. Nach dem heutigen Kalender treffen die vier primären Hauptmessstellen etwa den 21. März und den 23. September sowie den 21. Juni und den 21. Dezember. Die vier zusätzlichen Messstellen liegen dann nach heutiger Benennung etwa auf dem 06. Mai, dem 05. August, dem 06. November und auf dem 05. Februar.

Buch der Chronik, Kapitel 16 Vers 30: Es fürchte ihn alle Welt. Er hat den Erdkreis gegründet, dass er nicht wankt. Und: Buch Psalter, Kapitel 93, Vers 1: Der HERR ist König und herrlich gekleidet; / der HERR ist gekleidet und umgürtet mit Kraft. Fest steht der Erdkreis, dass er nicht wankt. Der Begriff Erdkreis erscheint je nach Übersetzungsvariante an über 30 Stellen in der Bibel. Das es dabei nicht nur um den Erdenkreis, sondern tatsächlich um die Erdkreis- Erdbahn geht, beweist Jeremia, Kapitel 10, Vers 12: Er aber hat die Erde durch seine Kraft gemacht und den Erdkreis bereitet durch seine Weisheit und den Himmel ausgebreitet durch seinen Verstand. Erde und Erdkreis werden in einem Satz genannt! Mindestens 1500 Jahre vor einer Zeit, von der gelehrt wird, dass die Menschen dachten, die Erde sei eine Scheibe und der Himmel mit den Gestirnen bewege sich um die Erde! Ähnliche Darstellungen der visuellen Erdkreis- Erdbahn mit vier oder mit sechs Messpunkten finden sich auf Satellitenbildern im alten Babylonien und Mesopotamien, aber auch innerhalb der Nazca- Linien in der Wüste bei Nazca und Palpa in Peru (Estrella Star) aus einer Zeit zwischen 800 und 200 v. Chr. Auch hier sind Ausrichtungen auf die Sonnenwenden erkennbar. Selbst im Vatikan vor dem Petersdom auf dem Petersplatz ist ein vierschenkliger Erdkreis, ausgerichtet nach Osten eingebaut. Der Segen des Papstes nach seiner Amtsübernahme, insbesondere beim Osterfest und zu Weihnachten: Urbi et orbi - Der Stadt und dem Erdkreis. Das Ritual geht auf das 13. Jahrhundert zurück.

Alte Stadtpläne aus der Zeit um 1000 n. Chr. zeigen um die Stadt Jerusalem eine Ringmauer, auf der auf den Abbildungen selbst zu dieser Zeit noch sechs Messpunkte eingezeichnet sind. In dieser Form soll die Ringmauer die Stadt bereits 1400 v. Chr. umgeben haben. Die Mauer wurde von König David erneuert und von seinem Sohn, dem weisen König Salomo verstärkt. In bisher 36 Kriegen wurde Jerusalem in Schutt und Asche gelegt und insgesamt 18 mal wieder aufgebaut. Heute sind nur noch die Mauerreste viel später entstandener Befestigungsanlagen erhalten. Und was haben die Templer von ihren Kreuzzügen aus Jerusalem mitgebracht? Nach den Verhaftungen der französischen Templer am 13. Oktober 1307 wurden im August 1308 einige der höchsten Mitglieder des Ordens in der Burg Chinon verwahrt. Mit dabei auch Großmeister Jacques de Molay (um1244-1314). Alle wurden in den Coudray- Wehrturm eingesperrt. Die Mönch- Soldaten gravierten eine Anzahl von Graffiti in die Wände ein. Unter den Zeichnungen: Ein Kreis mit vier Achsen, damit acht Außenpunkten und eine darüber gezeigte Person mit Heiligenschein.

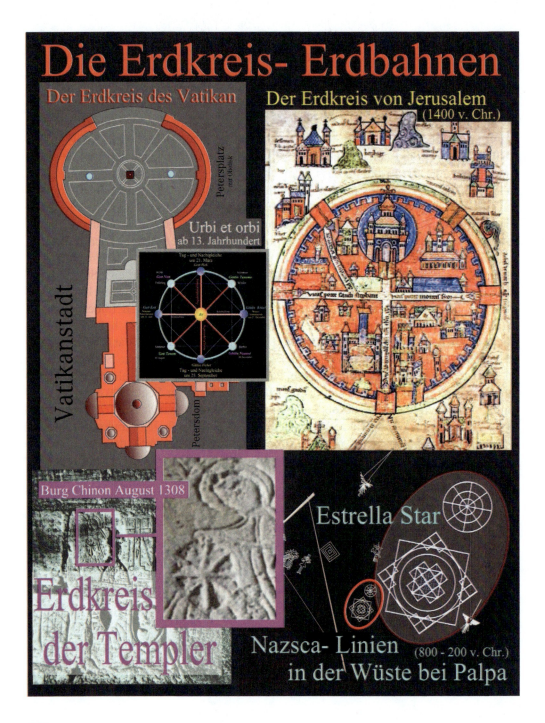

Seite 210: Die Erdkreis- Erdbahnen - Der Erdkreis des Vatikan - Der Erdkreis von Jerusalem - Der Erdkreis der Templer - Die Nazca- Linien in der Wüste bei Palpa mit dem Estrella Star

Werden bestimmte Gestirne über einen längeren Zeitraum immer wieder in den laufenden Jahren zur gleichen Jahreszeit auf der gleichen Position der Erdkreis- Erdbahn vermessen, entsteht über viele Jahre ein räumliches Bild des Sternenhimmels, in dem dann genau abgelesen werden kann, woher Gestirne kommen und in welcher Richtung sie sich bewegen. Als Messwertspeicher für die über die Jahre miteinander zu vergleichenden Gestirne muss dabei die Große Galerie gedient haben. Mutmaßlich hatten die Alten Ägypter für jedes vermessene Gestirn eine Art Karteikarte auf Papyrusrollen, in die sie immer wieder die neuen Daten nach den Skalierungslinien an der Decke und an den Seiten der Großen Galerie eingetragen haben.

Um die Vermessung der Gestirne auf der Erdkreis- Erdbahn noch effektiver zu gestalten, wäre es denkbar, dass zu einem späteren geschichtlichen Zeitpunkt zwei weitere Achsen eingelegt wurden. Damit entstünden dann insgesamt sechs Paare aus zwölf Messpunkten. Im Kalendersystem: Zwölf Monate und die Zwölf Apostel.

Die geheimnisvollen Luftschächte der Cheops- Pyramide

Wenn die Erbauer der Pyramiden nachhaltig Astronomie betrieben haben, dann könnten ihnen in den unendlich erscheinenden Dimensionen des Raumes aus Höhe, Breite und Tiefe auch die physikalischen Größen der Lichtgeschwindigkeit und der Zeit begegnet sein. Und was ist dann mit der Gravitation? Diese wird vermutlich erzeugt durch die Geometrie schwerer Massen, durch (Licht) Geschwindigkeit im Zusammenspiel mit der Zeit, so zumindest sagt es die allgemeine Relativitätstheorie Albert Einsteins (1878-1955). Pyramiden sind schwere Massen. Sie bewegen sich zusammen mit der Erde, zusammen mit unserem Sonnensystem und zusammen mit unserer Galaxie mit extremen Geschwindigkeiten durch Raum und Zeit.

Wenn die Alten Ägypter mit der Gravitation experimentiert haben sollten, dann müssten sie schwere Massen und deren Gegenteil, masselose Räume, an genau vordefinierten Stellen positioniert haben. Denn nur so ließe sich ein astronomisches Gleichgewicht herstellen, wie es zum Beispiel in der Symbiose aus Geschwindigkeit und Gravitation zwischen Erde und Mond herrscht. Wie ließen sich aber innerhalb eines so gewaltigen Raumes, wie zum Beispiel der Cheops- Pyramide, bestimmte Massen und Räume präzise platzieren?

Bei all den Mühen, Millionen und Spekulationen die bereits in die Erforschung der geheimnisvollen Luftschächte der Cheops- Pyramide investiert worden sind, wäre es überlegenswert, darüber nachzudenken, ob es sich bei den dünnen Kanälen nicht einfach nur um Mess- und Arbeitsschächte für lange Fäden und lange Seile handeln könnte. Bisher existieren Theorien, welche die Luftschächte eben mit der Luftversorgung während des Baus, mit der Seelenwanderung des Pharaos oder mit der Ausrichtung auf bestimmte Sternenkonstellationen in Verbindung bringen. Auch werden geheime Kammern an den noch nicht erforschten oberen Enden vermutet.

Die Anordnung der vier Schächte, von denen jeweils zwei von der Königskammer und zwei von der Königinnen- Kammer ausgehen, ließe sich ebenfalls mit Trigonometrie erklären.

Mit Hilfe der Schächte wäre es zunächst möglich, eine in einem begehbaren Fadenmodell vordefinierte Position der Kammern exakt einzustellen. Die Erbauer brauchten danach nur beim tatsächlichen großen Bau die in gleicher Relation der Bauwerke stehenden Entfernungen zur Außenhaut einzuhalten. Die 1872 im nördlichen Luftschacht der Königinnen- Kammer der Cheops- Pyramide zusammen mit einem Bronzehaken von dem schottischen Ingenieur Waynman Dixon (1844-1930) gefundene fünf Zentimeter große Steinkugel ließe sich für diesen Zweck mit einem dünnen Messfaden umwickeln und in die schrägen Schächte einrollen. Die beiden Schächte der oberen Königskammer münden an der heutigen Außenhaut der Pyramide in der 102. Steinlage. Die Länge und Steigungswinkel der von ca. 0,20 bis zu 0,35 Meter breiten Schächte wurden von dem Ägyptologen Rainer Stadelmann (1933) und dem Ingenieur und Pyramidenforscher Rudolf Gantenbrink (1950) mit dessen Roboterfahrzeug UPUAUT 2 (22.März1993) erforscht. Dabei wurde das Ende der unteren Schächte durch Blockiersteine festgestellt. Weitere Untersuchungen der Schächte fanden im Jahre 2002 statt, wobei die Blockiersteine durchbohrt wurden. Eine Fortführung der Schächte konnte dabei nicht festgestellt werden. Während auf alten Vermessungsunterlagen, wie zum Beispiel von Sir William Matthew Flinders Petrie (1853-1942) und in Zeichnung nach Vito Maragioglio (1915-1976) und Celeste Rinaldi (1902-1977) auch die unteren Schächte noch die Außenhaut erreichen, kann nun ebenfalls die genaue Einordnung der Endpunkte dieser unteren Schächte erfolgen.

Hätten die beiden Kammern eine mit der Gravitation in Zusammenhang stehende Aufgabe, die mit dem Volumen und den Abmessungen der Gesamtkonstruktion in vordefinierter Relation steht, würde eine absolut genaue Platzierung der inneren Kammern Sinn machen. Zum genauen Einstellen der Position im dreidimensionalen Raum der Pyramide wird dabei das gleiche System des Einfluchtens genutzt, wie bei der konstruktiven Bauwerksvermessung. Einfluchtmöglichkeiten hätten sich grundsätzlich schon durch die waagerechte Bauebene ergeben. Zur zweiten Einfluchtung, zur Kontrollmessung würden eben die „Luftschächte" dienen.

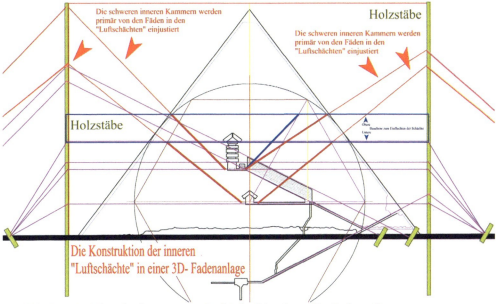

Die Konstruktion der inneren „Luftschächte" in einer 3D- Fadenanlage

Die unteren Enden der Schächte waren in den Kammern ursprünglich verschlossen, was ihre Funktion als Messschächte während des Baus unterstreichen würde. Eine technische Funktion dürften sie somit nach dem Abschluss der Bauarbeiten nicht mehr ausgeübt haben.

Steinkugel und Bronzehaken, gefunden 1872 von Waynman Dixon im nördlichen Luftschacht der Königinnen-Kammer der Cheops-Pyramide - Die fünf Zentimeter große Kugel könnte mit einem Messfaden umwickelt und in die schrägen Schächte eingerollt werden
British Museum, London
Foto: Jon Bodsworth

Die hier angenommene Funktion der Schächte zum Einfluchten wird durch die Geometrie eines virtuellen, auf das Bauwerk gelegten Kreises unterstützt, welcher wiederum ein Sechseck beinhaltet.

Die oberen Enden der beiden von der Königskammer ausgehenden Schächte treffen in der gleichen Bauebene genau die Außenlinien dieses Kreises, während die von der unteren Königinnen- Kammer ausgehenden Schächte in der unteren Bauebene die Außenkante des Sechsecks treffen.

Sinnvoll wäre diese Geometrie, wenn die Cheops- Pyramide tatsächlich für Gravitationsversuche genutzt worden wäre. Die aufgefundene Geometrie unterstützt damit die Theorie, dass beide Kammern mit einem Kreis- Sechseck- System, welches wiederum im dreidimensionalen Raum ein Kuboktaeder entstehen lässt, für Gravitationsversuche konstruiert worden sind.

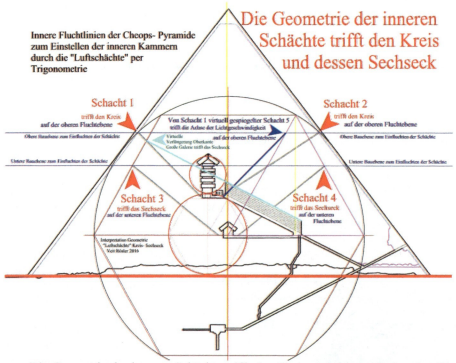

Die Geometrie der inneren Schächte trifft den Kreis und dessen Sechseck - Die inneren Fluchtlinien der Cheops- Pyramide zum Einstellen der inneren Kammern durch die „Luftschächte" per Trigonometrie

Auffällig erscheint zudem: Wird der in Richtung Süden von der Königskammer ausgehende Schacht 1 gespiegelt, trifft dieser in der Geometrie des Sechsecks als virtueller „Schacht 5" exakt den gleichen Strahl bzw. Winkel, der in die Trial-Passage die Lichtgeschwindigkeit auf den Breitengrad der Erdkugel legt. Dies geschieht genau an der Stelle, an der sich durch das waagerechte Einfluchten ein horizontaler Messpunkt zur Bauebene am tatsächlichen Ausgang von Schacht 2 ergibt. Es wäre denkbar, dass sich in dem Bauwerk weitere Messschächte, insbesondere der beschriebene „Schacht Nr. 5" befinden.

Weiterhin trifft die virtuelle Verlängerung der Oberkante der Großen Galerie wiederum Schacht 1 im Süden genau an der Stelle, an der dieser das Sechseck im Kreis frequentiert. Weitere Funktionen sind möglich.

Ebenso wäre als weitere Nutzungsvariante während des Baus die Kraftübertragung in die beiden anvisierten Hauptkammern der Pyramide mit einem nachgezogenen stärkeren Seil von der Außenhaut des Bauwerks aus möglich. Damit könnten zum Beispiel während des Baus im Innern der Kammern Massen bewegt oder ein Seilsägemechanismus in Bewegung versetzt worden sein.

Die Alten Ägypter und die Gravitation - Mit Trigonometrie und Geometrie zur Galaxie

Während laut Statiker in der Großen Galerie der Cheops- Pyramide die Massen noch mit einem Kraggewölbe abgefangen werden, wurde über der Königskammer ein ganz anderes Konzept angewendet. Hier schützen unter einem Satteldach aus 24 Kalksteinriegeln insgesamt 43 mächtige Granitsteine in insgesamt fünf Horizonten die darunter liegende Königskammer vor den darüber liegenden Massen. Jeder der Granitsteine ist ca. 2 Meter hoch, zwischen 1,5 und 1,73 Meter breit und bis zu ca. 10,40 Meter lang. Damit liegen ca. 485 Tonnen Granit über der Königskammer. Die Granitkonstruktion, zu der auch die Ummantelung der Königskammer gehört, ergibt einen harten Kern inmitten eines weicheren Kalksteines. Risse im Mantel der Königskammer legen die Vermutung nahe, dass die „Entlastungskammern" das System eher belastet als entlastet haben.

Selbst Statiker sagen, das wäre nicht nötig und sei vollkommen übertrieben. Plötzlich werden die Alten Ägypter wieder zu „Steinzeitmenschen" interpretiert, die von Statik keine Ahnung hatten und nur „sicherheitshalber" so gebaut haben. Die Ägypter sind schon beim Bau der ersten Pyramide und der sie umschließenden Tempelanlagen, wie auch weiterer, bis zum Bau von Gizeh errichteter Pyramiden mit genialer Berechnung vorgegangen. Vielleicht gab es ja noch einen anderen Grund für diese extremen Massen über der oberen Kammer der Cheops- Pyramide!

Haben sie es getan? Sie könnten das Unglaubliche zumindest versucht haben! Alle Anzeichen sprechen dafür. Die Ägypter könnten versucht haben, mit dem gleichen Mechanismus, mit dem der Mond scheinbar über der Erde kreist, mit dem gleichen Prinzip die Gravitation auszugleichen, mit dem „Mess- und Vergleichswerkzeug" Trigonometrie. Trigonometrie nicht durch das Einkreuzen von Fäden oder mit Blickkontakt, sondern mit Trigonometrie in Raum und Zeit, durch den Vergleich von immer zwei Zuständen und deren Relation zueinander. Durch simplen Dreisatz, Verhältnisgleichung und Relativität.

Die Alten Ägypter und die Gravitation?

Die Natur macht es vor, die Planeten bewegen sich sowohl durch die Gravitation als auch durch die Zentrifugalkraft auf ihren Umlaufbahnen. Eine Symbiose der Geometrie aus annähernder Kreisbahn, Gravitation, Zeit und Geschwindigkeit macht es möglich.

Die Baumeister im Ägypten des Altertums haben so auch immer wieder mehrere Funktionen in ihre Bauwerke hinein konstruiert. Bei dieser Tatsache spielt möglicherweise immer wieder die Trigonometrie eine Hauptrolle. Trigonometrie war die Grundlage der Vermessung, um die Pyramiden erst bauen zu können. Durch ihre markanten und unverrückbaren, weithin sichtbaren Spitzen wären die Pyramiden prädestiniert, als Anhaltspunkt für die trigonometrische Land- und Seewegvermessung verwendet zu werden. Ebenso wären die Pyramiden auf der sich im Universum um die Sonne und den inneren Punkt unserer Galaxie drehenden Erde geeignet, die Gestirne zu beobachten, diese zu vermessen und in der Großen Galerie der Cheops- Pyramide als Messwertspeicher darzustellen.

Haben sie die Gestirne intensiv und über einen langen Zeitraum beobachtet, haben sie bemerkt: Monde kreisen um Planeten, Planeten drehen sich um massereiche Sterne/Sonnen, einige Sonnen drehen sich in Doppel- oder Mehrfachsystemen auch umeinander und diese alle wiederum drehen sich um Galaxien. Dabei geht es immer wieder um die trigonometrische Vergrößerung kleinerer Systeme. Letztendlich könnten sie Konstellationen per Geometrie berechnet oder geometrisch dargestellt haben, ohne die Gestirne per Visiermethode überhaupt zu sehen.

Der Blick auf die Planeten ist immer auch ein Blick auf die eigene Erde. Das könnte die Ägypter schon vor mehr als 4500 Jahren zu Experimenten mit Naturerscheinungen animiert haben, wie zum Beispiel auch zu Versuchen mit der Gravitation. In den vergangenen Jahrhunderten hat sich die Astronomie zum Impulsgeber der Naturwissenschaften entwickelt. Damit hat die Astronomie wesentlich zur wirtschaftlichen Entwicklung der Menschheit beigetragen. Warum soll das nicht schon im Ägypten des Altertums begonnen haben?

Die Versuchung liegt dann auch nahe, so ein kleines Universum quasi für die „Westentasche", selber zu konstruieren. Gegenwärtig versuchen das sinngemäß im Kernforschungszentrum CERN in der Schweiz insgesamt ca. 13.000 Mitarbeiter und Gastwissenschaftler aus 21 Mitgliedstaaten. Physiker und Astrophysiker wie Stephen William Hawking (1942) an der Spitze versuchen weltweit, mit immer wieder neuen begründeten Theorien unsere Welt zu erklären. Grob umschrieben versuchen die Wissenschaftler im Kernforschungszentrum CERN, mit Magneten unterstützt, durch extreme Geschwindigkeiten von Teilchen in der winzigen Welt der Quantenphysik, in der Welt der Atome und subatomaren Teilchen Massen zu erzeugen, die beim Aufeinanderprallen so etwas wie einen winzigen Urknall und damit eine trigonometrische Verkleinerung unseres Universums erschaffen. Damit versucht man also im praktischen Versuch einen kleinen Urknall und Teile eines Miniuniversums zu erzeugen, um dann mittels Trigonometrie auf das gesamte System zu schließen. Winzige Teile werden durch die extreme Geschwindigkeit zu verhältnismäßig riesigen Massen.

Pyramiden sind ebenfalls extreme Massen und sie bewegen sich, auch wenn wir das kaum spüren, zusammen mit der Erde, zusammen mit unserem Sonnensystem und zusammen mit unserer Galaxie mit extrem hohen Geschwindigkeiten. Zusammengerechnet erreichen diese Geschwindigkeiten sage und schreibe im Extremfall etwa 10 Prozent der Lichtgeschwindigkeit! Nicht dabei berücksichtigt ist noch nicht einmal die Ausdehnung des Raumes selber. Schon mit einem geworfenen Stein, einem Pfeil oder mit einer Gewehrkugel lässt sich durch Geschwindigkeit die ja eigentlich geringe Gravitationswirkung vorübergehend ausgleichen. Eine Rakete braucht mindestens 28.000 Kilometer pro Stunde, um die Gravitation der Erde zu überwinden und auf eine stabile Umlaufbahn zu gelangen.

Auch die Aerodynamik von Vögeln und Flugzeugen, die durch Wärme leichtere Luft von Heißluftballonen und leichtere Gase in Luftschiffen sorgen für eine Art Ausgleich der Gravitation.

Die Alten Ägypter waren weit davon entfernt Raketen zu bauen. Sie waren möglicherweise genialer. Sie haben Pyramiden gebaut.

Heute ist man sich sicher: Die Astrophysik ist prinzipiell auf Beobachtungen und Messungen angewiesen, denn konstruierte Experimente sind wegen der Größe der Forschungsobjekte und der Nichtreproduzierbarkeit einmaliger kosmologischer Ereignisse wie zum Beispiel dem Urknall ausgeschlossen. Sind die Pyramiden auch Objekte der Astrophysik, mit denen zum Beispiel der simple Mechanismus der Erdrotation ausgependelt oder sogar nachgeforscht wurde, was alle Dinge auf der Erde hält? Hätten die Alten Ägypter die Gestalt der Erde mit den Pyramiden berechnen können und aus diesen Daten auch auf andere Himmelskörper schließen können?

Gab es vielleicht sogar Experimente mit der Gravitation? Dies würde die enorme Größe der Pyramidenanlagen und die exorbitante Genauigkeit, mit der die Cheops-Pyramide gebaut wurde, erklären! Dann hätten die Alten Ägypter einfach entsprechend große astrophysikalische Versuchsanlagen gebaut.

Die Weisheit des 21. Jahrhunderts, dass dies nicht möglich sein soll, kannten sie ja schließlich noch nicht.

Der griechische Philosoph Aristoteles (384v.Chr.-322v.Chr.) versuchte etwa 2000 Jahre nach dem Pyramidenbau die Bewegungen von Sonne, Mond und Planeten ohne präzise Messungen mit einfachen Mechanismen zu erklären. Die ruhende Erde wurde in diesem geozentrischen Weltbild von den Gestirnen auf geometrisch vollkommenen Kreisbahnen umrundet, wodurch die periodische Wiederkehr erklärt werden konnte. Er gehört zu den ersten namentlich bekannten Schwerkraftforschern, weil er die Bewegung fallender Körper zu erklären versuchte. Der gerade Fallweg war für ihn Beweis, dass die Erde still stehen muss.

Der italienische Mathematiker, Physiker, Astronom und Philosoph Galileo Galilei (1564-1642) erforschte erstmals auch die Gravitation systematisch und mathematisch. Er soll Fallexperimente am schiefen Turm von Pisa durchgeführt und Pendelexperimente veranstaltet haben. Daneben experimentierte er mit schiefen Ebenen und mit den Bahnen von Geschossen.

Für ihn war die Frage von Bedeutung, ob vom Gewicht und der Dichte von Körpern deren Fallgeschwindigkeit abhängt.

Johannes Kepler (1571-1630) arbeitete von 1600 bis 1601 in Prag als Assistent von Tycho Brahe (1546-1601). Nach Brahes Tod führte er dessen Arbeit fort, was zu den Keplerschen Gesetzen führte. Mit Geometrie und Mathematik gelang es zum Beispiel, die Planetenbahnen zu berechnen. Johannes Kepler fand mit den nach ihm benannten „Kepler- Gesetzen" drei Gesetze der Himmelsmechanik, welche wiederum die Newtonschen Gravitationstheorien ermöglichten.

Der englische Naturforscher Sir Isaac Newton (1643-1727) legte die Grundlage für die heutigen Naturwissenschaften. Er entdeckte nicht nur die Bewegungssätze der klassischen Mechanik, sondern auch das Gravitationsgesetz, das er auch auf die Gesetze der Himmelkörper bezog. Newton widmete sich ab 1665 der Gravitation. Die Gravitationstheorie Newtons erklärte 1686/87 die Wirkung der Schwerkraft sowohl auf der Erde als auch im Kosmos. Dabei ist die Schwerkraft proportional zur Masse der beteiligten Körper, zwischen denen die Kraft wirkt, sie fällt mit dem Quadrat des Abstandes der Körper ab. Isaac Newton gab an, durch einen fallenden Apfel über die Gravitation nachgedacht zu haben. Er ging davon aus, dass sich Körper gegenseitig anziehen, also nicht nur die Erde zieht den Apfel an, sondern auch der Apfel hat eine anziehende Wirkung auf die Erde, relativ der Massenverhältnisse.

Die Alten Ägypter waren als Anwohner des Nils und des Mittelmeers auch Seefahrer. Wenn diese im Mittelmeerraum auch nur gering sind, spätestens hier muss ihnen durch die Gezeiten ein Zusammenhang mit den Stellungen des Mondes und der Sonne begegnet sein.

Die Gezeiten, ausgelöst von der Gravitation.

Gravitation? Die unbekannte Macht der Masse im Zusammenspiel aus Geschwindigkeit, Zeit, Höhe, Breite und Tiefe hält uns Menschen auf der Erde. Sie lässt den Mond um die Erde kreisen und die Erde sowie die anderen Planeten unseres Sonnensystems um unsere Sonne. Funktioniert seit Jahrmillionen wunderbar und wird es hoffentlich auch noch eine Weile so tun. Die hohe Geschwindigkeit, mit welcher der Mond und die Planeten auf ihren Umlaufbahnen unterwegs sind, lässt sie in Zusammenspiel mit der Zeit und der Gravitation nicht ineinander stürzen. Nicht nur das Licht und die Zeit sind allgegenwärtige und doch wissenschaftlich geheimnisvolle Größen, auch die Gravitation ist uns scheinbar vertraut, aber doch nicht so richtig erklärbar. Die Wissenschaft kann keineswegs eindeutig erklären, wie Gravitation entsteht! Gravitation lässt sich nicht abschirmen, sie lässt sich nur ausgleichen, also durch Geschwindigkeit oder andere Massen. Die Gravitation hat eine unendliche Reichweite. Im gesamten Universum gibt es, so die Wissenschaft, keinen gravitationslosen Raum. Ihre Reichweite und ihre damit beeinflussenden Geometrien sind so groß wie das Universum selber. Deshalb „schwebt" der Mond scheinbar um die Erde und das Mond- Erde System um die Sonne, weil sich trotz der enormen Entfernungen stabile geometrische Umlaufbahnen gebildet haben. Dabei wirkt die Gravitation zwischen den sich anziehenden Massen scheinbar ohne jede materielle Verbindung, insbesondere im leeren Raum und über extreme Entfernungen. Je näher sich anziehende Körper kommen, desto relativ größer ist auch die anziehende Wirkung, die sich stets auf den Mittelpunkt des jeweiligen Körpers hin konzentriert. Die fehlende materielle Verbindung ist eines der unerklärlichen Phänomene.

Die Gravitation ist eigentlich keine große Kraft. Nur deshalb ist Leben möglich. Geworfene Steine, Flugzeuge und Heißluftballone heben schon mit relativ wenig Aufwand von der Erde ab. Ohne Umwandlung von Energie oder ausgleichende Massen ist vermutlich ein reiner gravitationsloser Schwebevorgang nicht möglich. Wie schon beim Licht, wäre ohne Gravitation keinerlei Leben möglich. Weder Sonne noch Planeten könnten existieren, ganz zu schweigen von Umlaufbahnen. Auf keinem Gestirn könnte sich eine Atmosphäre bilden, welche überhaupt erst das Leben ermöglicht. Die Gravitation ist die dominierende Kraft des Universums.

Schon beim Bau der riesigen Anlage der ersten Pyramide des Djoser in Sakkara fällt die Präzision und Geradlinigkeit auf. Sie ist ein erstes Meisterwerk der Vermessung. Imhotep gilt als erster großer Baumeister des Alten Reiches. Imhotep versinnbildlicht mit seinem Wirken um die bis dahin nie dagewesene Monumentalanlage mit Pyramide und Tempelanlage des Djoser den Fortschritt in Wissenschaft und Bauwesen. Verschiedene Autoren der Geschichtsschreibung sehen in ihm den ersten namentlich bekannten Universalgelehrten der Menschheit. Ein Genie vom Schlage Albert Einsteins, welcher im Verhältnis zu diesem, die Welt mit den Augen eines Kindes gesehen und ganz genau beobachtet haben muss. Albert Einstein hatte es demgegenüber viel schwerer, weil er von vielen anderen Schulmeinungen beeinflusst war. Selbst die „eingefleischtesten" Meinungen noch so prominenter Gelehrter müssen nicht unbedingt richtig sein!

Der englische Naturforscher Sir Isaac Newton fasste in der Neuzeit 1686/1687 mit seinem newtonschen Gravitationsgesetz erstmals ein die Gravitation betreffendes Gesetz in eine nachvollziehbare und physikalisch beweisbare Gesetzmäßigkeit. Newton beschrieb, dass jeder Massepunkt auf jeden anderen Massepunkt mit einer anziehenden Gravitationskraft einwirkt. Diese Gravitationskraft ist entlang der Verbindungslinie beider Massepunkte gerichtet sowie in ihrer Stärke proportional zum Produkt der beiden Massen und umgekehrt proportional zum Quadrat ihres Abstandes. Wie sollten denn das die Alten Ägypter herausgefunden haben?

Um mit der Gravitation überhaupt arbeiten zu können, ist die Kenntnis der Größe der Gravitationskonstanten und der Gravitationsfeldstärke bzw. Fallbeschleunigung notwendig. Weil die Gravitation eine nur geringe Kraft ist und dabei heute noch immer unbekannte Mechanismen wirken, lässt sich der Wert der Gravitationskonstanten mit der notwendigen Genauigkeit nur mit extremen Aufwand ermitteln. Zudem sind derzeit nur bis zu vier Stellen hinter dem Komma möglich. Vermutungen gehen so weit, dass die Gravitationskonstante gar keine Konstante ist und nicht nur von Raum und Zeit, sondern möglicherweise auch von winzigen Teilchen, von unsichtbarer dunkler Materie und dunkler Energie beeinflusst wird. Diese kann man aber nicht finden, entweder weil die Messgeräte nicht sensibel genug sind oder weil es sie gar nicht gibt.

Die von Imhotep gebaute Stufenpyramide von König Djoser aus der 3. Dynastie des Alten Reiches gilt als älteste der ägyptischen Pyramiden. Sie hat durch ihre sechs Bauphasen eine Endhöhe von 62,50 Meter erreicht. Die „Grabkammer" wurde als ein 28 Meter tiefer Schacht angelegt mit einer Grundfläche von 7 x 7 Meter. Um den Schacht „lotrecht" zu bauen, müssen sich die Arbeiter über mehrere Jahre an einem Pendel/Lot orientiert haben, das zwangsläufig in der Mitte des Schachtes gehangen haben muss, weil ja die Arbeiter an den Wänden und in den Ecken arbeiten mussten.

Dazu müssen immer wieder Körbe mit Abraum und als Leergut in einer Art „Korb- Fahrstuhl" in dem Schacht nach oben und unten bewegt worden sein. Dabei handelt es sich ebenfalls um eine Art Pendel. Da es auch vorher schon Schachtgräber gab, könnte die Erkenntnis um eine „merkwürdige" Pendelwirkung auch vorher schon bekannt gewesen sein.

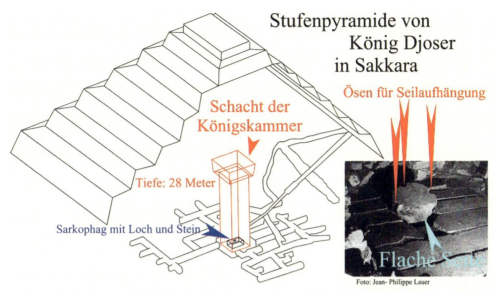

Die Stufenpyramide von König Djoser in Sakkara - Schacht der Königskammer - Tiefe: 28 Meter / Unten: Sarkophag mit Loch und Stein. Rechts: Im Deckel des Sarkophag der Djoser- Pyramide befindet sich ein rundlicher Stein mit drei Seilführungen und einer abgeflachten Seite. Durch die glatte Seite bekommt der Stein eine Unwucht. Möglicherweise war dieser ein Pendel bzw. ein Drehstein

Was lässt sich an einem solchen Pendel (Lot und/oder Korb) erkennen?

Der italienische Mathematiker und Physiker Vincenzo Viviani (1622-1703) experimentierte 1661 mit langen Pendeln, wobei er eine Ablenkung im Uhrzeigersinn bemerkte. Die durch die Corioliskraft durch die Drehung der Erde erzeugte Ablenkung konnte er jedoch nicht richtig deuten.

Fällt ein Gegenstand, wird dieser durch die Corioliskraft der sich drehenden Erde abgelenkt. Der italienische Wissenschaftler Giovanni Battista Guglielmini (1763-1817) versuchte 1791 die Drehung der Erde durch die Ostablenkung eines frei fallenden Körpers auf dem Turm degli Asinelli in Bologna per Experiment festzustellen. Ihm unterlief jedoch eine fehlerhafte Deutung des damals noch nicht richtig verstandenen Mechanismus.

Offiziell hat der deutsche Geophysiker Johann Friedrich Benzenberg (1777-1846) im Jahr 1802 mit einem Fallversuch von der 132 Meter hohen Sankt Michaelis Kirche in Hamburg den bis heute ältesten bekannten richtig begründeten Nachweis der Erddrehung erbracht. Weil der Fallkörper in der Höhe des Bauwerkes durch die rasante, aber vom Menschen nicht spürbare Erddrehung eine größere Umfangsgeschwindigkeit als am Boden hat, weicht der Fallkörper in Richtung Osten durch die Corioliskraft ab.

Der französische Physiker Jean Bernard Léon Foucault (1819-1868) hat dann 1851 mit einem Fadenpendel nachgewiesen, dass die Erde um eine Achse rotiert, die zwischen den Polen verlaufen muss. Weil der Pendelvorgang durch die Luftbewegung gebremst wird, hat Foucault einen sehr langen Faden mit einer Länge von 67 Metern und eine große Pendelmasse von 28 Kilo und 60 Zentimeter Durchmesser verwendet. Dadurch wird ein zeitlich langer Pendelvorgang erreicht. Bei dem Vorgang kann beobachtet werden, je nachdem ob sich das Pendel mit oder rechtwinklig zur Erdrotation bewegt, dass sich die Schwingungsebene des Pendels entweder dreht oder beibehalten wird. Während am Äquator die ablenkende Kraft ausbleibt, erfolgt auf der nördlichen Erdhalbkugel eine Ablenkung im Uhrzeigersinn nach rechts und auf der südlichen Erdhalbkugel nach links.

Da die Drehgeschwindigkeit der Erde, die sich unter dem Pendel bewegt, zwischen den Polen von idealerweise Null bis zum Äquator auf 1650 km/h ansteigt, lässt sich in mehreren zwischen Norden und Süden angeordneten Versuchsaufbauten, durch die unterschiedlich lang anhaltenden Reaktionen des Pendels durch Trigonometrie, also durch Vergleich, der genaue Standort auf der sich drehenden Erde erkennen. Bei einem Pendel direkt auf den Polen würde das Pendel an einem Tag eine volle Umdrehung zeigen. Die Drehung erfolgt gegen den Sinn der Erdrotation, am Nordpol also nach rechts und am Südpol nach links. Vom Nordpol aus in Richtung Süden wird die Zeitdauer einer Pendeldrehung ja nach Breitengrad immer länger.

Und genau solche zwischen Norden und Süden angeordneten Versuchsaufbauten hatten die Alten Ägypter gleich mehrere, zunächst in der ersten Pyramide des Djoser, gebaut von Imhotep. Damit könnten die Ägypter grundsätzlich nicht einmal nur ihre genaue Lage und den Breitengrad durch Trigonometrie erkannt bzw. berechnet haben, sondern später auch die Auswirkungen der Gravitation, ebenfalls durch Fallversuche, Pendel und Drehwaagesysteme. Noch dazu wären die Massenverhältnisse der in Stufen entstehenden Pyramide ziemlich genau bekannt.

In der zweiten Bauphase der Pyramide des Djoser wurden im Unterbau insgesamt 11 je 30 Meter tiefe, von Norden nach Süden nebeneinander angelegte Schächte eingebaut, die sogenannten „Ostgalerien". Diese besitzen am Boden eine nach Westen, teilweise nicht geradlinig verlaufende Gangstruktur, die laut wissenschaftlicher Interpretation als „Bestattungsorte für Familienangehörige" gedient haben sollen. Spätestens beim Bau dieser elf Schächte müssen den Baumeistern merkwürdige Verhaltensweisen der Pendel/Körbe aufgefallen sein.

Seite 223: Innere Schächte und Kammern der Stufenpyramide des Königs Djoser in Sakkara

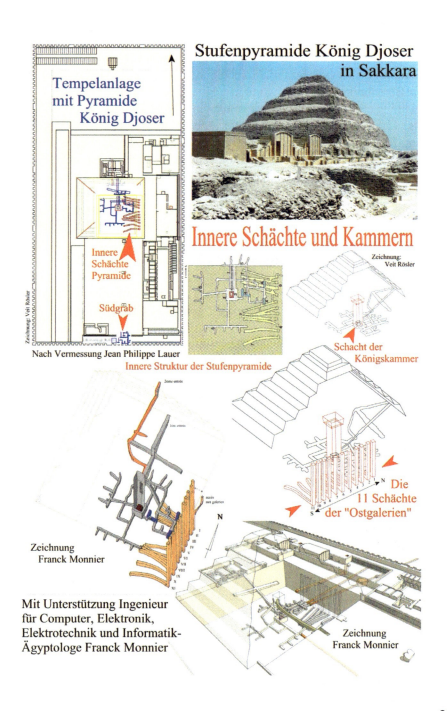

Waren diese Auffälligkeiten zu diesem Zeitpunkt bereits bekannt, könnte es eine einfache Erklärung für die ca. 40.000 Gefäße aus Keramik und Alabaster geben, die sich bis heute aus ungeklärten Umständen in diesen Gängen befinden. Möglicherweise handelt es sich bei diesen „Grabbeigaben" um Fall-, Masse- und Materialversuche zur Berechnung der Gravitation.

Es wäre mehr als logisch, dass unterschiedliche Materialien, insbesondere vor mehr als 4500 Jahren in Ägypten verfügbare Gesteine, wie Granit, Kalkstein, Alabaster, Keramik, aber auch in Gefäßen eingelegte Gegenstände aus weicherem Material, ebenso verschiedene Sandarten unterschiedliche oder je nach Aufgabenstellung gleiche Wirkungen beim gravitativen Verhalten zeigen. Diese könnten durch die 11 Schächte und den Hauptschacht per Trigonometrie miteinander verglichen und so erforscht worden sein. Hinzu kommt: Durch die höhere Position verfügt ein in der Höhe der Königskammer verweilender Körper über eine höhere Hebelwirkung, als ein Körper auf dem Niveau des Erdbodens. Ein Fallkörper würde durch diesen Effekt in Richtung Osten fallen und dabei quasi die Erdrotation überholen. Er verfügt also in der Höhe über mehr Energie.

Wie wurden die Auswirkungen der durch Naturforscher Sir Isaac Newton in ein Gesetz gefassten Gravitation in der Neuzeit gemessen? Dem britischen Naturwissenschaftler Henry Cavendish (1731-1810) gelang es 1797 „erstmals" in einem Experiment mit einer hoch empfindlichen Drehwaage die gegenseitige Anziehung zweier Körper mit bekannten Massen experimentell zu messen. Die Drehwaage zur Messung der Gravitation nach dem Newtonschen Gravitationsgesetz bestand aus einer von dem Geologen John Michell (1724-1793) erfundenen und von dem französischen Physiker Charles Augustin Coulomb (1736-1806) 1785 weiterentwickelten Torsionswaage.

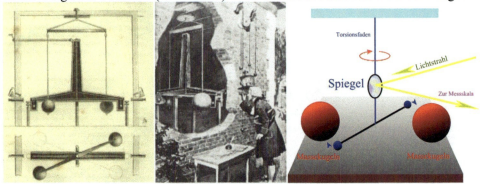

Historische Abbildung Drehwaage Henry Cavendish (1731-1810) Prinzip der Gravitationswaage mit Spiegel

Historische Abbildung Drehwaage Henry Cavendish (1731-1810) und Prinzip der Gravitationswaage mit Spiegel

Bei der Drehwaage werden zwei kleinere Kugeln durch zwei massereiche große Kugeln gegenseitig angezogen. Dadurch kann die Gravitationswirkung zwischen den Kugeln nachgewiesen werden. Henry Cavendish musste für seine Messung der Gravitation kleinste Störungen, wie zum Beispiel die Wärmeveränderung, Luftzug oder die Masse des eigenen Körpers ausschalten. Cavendish benutzte daher von einem anderen Raum aus ein Fernrohr zum Ablesen des Messergebnisses.

Weil sich die Wirkung als extrem winzig entpuppte, wurde später eine Messergebnisvergrößerung durch einen an der Torsionswelle angebrachten Spiegel erreicht. Das von ihm an eine Wand reflektierte Licht vergrößerte quasi das Messergebnis. Mit diesen Messgeräten konnte so die „Gravitationskonstante" zur Angabe der Gravitation als, so vermutet, fundamentale Naturkonstante ermittelt werden. Da es keine Formel und kein Gesetz gibt, mit der sich die Gravitationskonstante berechnen ließe, kann die Gravitationskonstante nur bestimmt werden, indem die gegenseitige Anziehungskraft zweier genau bekannter Körper gemessen wird.

Vom Grundsatz her gibt die Gravitationskonstante an, welche Kraft zwei Massen des Betrages von zum Beispiel einem Kilogramm in Entfernung von zum Beispiel einem Meter voneinander ausübt. Ist der Wert der Gravitationskonstanten bekannt, kann damit per vergleichender Trigonometrie die Masse der Erde und anderer Gestirne verhältnismäßig berechnet werden. Während die Gravitationskonstante in dem Gravitationsgesetz nach Isaac Newton noch die direkte Stärke der Gravitationskraft zwischen zwei Körpern in Abhängigkeit von ihrem Abstand und ihren Massen angibt, beschreibt sie in der allgemeinen Relativitätstheorie nach Physiker Albert Einstein (1879-1955) die Krümmung der vierdimensionalen Raumzeit, und damit auch noch den Einfluss weiterer, mit der Gravitation zusammenhängender Erscheinungen.

Die Gravitationstheorie von Albert Einstein sieht die Gravitation nicht als Kraftwirkung, sondern als geometrische Eigenschaft im Zusammenspiel von Masse, Raum und Zeit. Damit entsteht ein vierdimensionales Gebilde. Eine am wenigsten von anderen Kräften beeinflusste Bewegung durch den geometrischen Raum ist somit nicht willkürlich, sondern nur entlang bestimmter geometrischer Bahnen möglich, die wiederum von anderen Gravitationskräften mit beeinflusst werden. Damit Albert Einstein berechnen konnte, wie sehr Raum und Zeit durch die Masse gekrümmt werden, braucht es wiederum die Gravitationskonstante.

Während andere Naturkonstante zum Teil bis auf ein Milliardstel genau bekannt sind, ist die Gravitationskonstante auch heute noch gerade einmal bis zur vierten Stelle hinter dem Komma ermittelbar. Die Messung der Gravitationskonstanten gestaltet sich auch deshalb so schwierig, weil schon minimale Temperaturunterschiede, die Ermüdung des Materials des Messgerätes oder Luftströmungen das Messergebnis verfälschen können. <u>Selbst in einiger Entfernung außerhalb des Messraumes vor dem Gebäude fahrende Fahrzeuge beeinflussen das Messergebnis! Und das durch Wände</u>

und dicke Mauern hindurch! Mit der gemessenen Gravitationskonstanten kann durch vergleichende Trigonometrie zum Beispiel die Masse der Erde, des Mondes, der Sonne und anderer Himmelskörper und ihre untereinander wirkende Gravitation berechnet werden. Und noch ein Fakt kommt hinzu: Die Gravitation ist nicht sofort allgegenwärtig, sie breitet sich offenbar so schnell wie das Licht aus. Sir Isaac Newton vermutete in seiner Theorie noch, dass sich Raum und Zeit absolut gleichmäßig ausbreiten und die Gravitationswirkung unmittelbar an jedem Ort sofort stattfindet. Bei Albert Einstein dagegen breitet sich die Gravitation exakt mit Lichtgeschwindigkeit aus.

Hochsensible Messapparaturen? Die Alten Ägypter hatten sehr viel bessere Messwerkzeuge zum Messen der Gravitationswirkung! Sie hatten massereiche Pyramiden, mit tiefen, windstillen und für Wärmeveränderungen unempfindlichen Schächten, in die sie lange Seile mit daran angebrachten Steinen unbeeinflusst über Tage, Wochen, Monate und Jahre hängen konnten.

Die Gravitationskonstante darf nicht mit der Fallbeschleunigung bzw. Gravitationsfeldstärke oder Schwerebeschleunigung verwechselt werden. Diese ist wegen ihrer unterschiedlichen Größe und Masse für verschiedene Gestirne unterschiedlich. Jedoch an einem bestimmten Raumpunkt auf einem bestimmten Gestirn für unterschiedliche Materialien gleich groß. In einem Gravitationsfeld eines Planeten fallen unter Weglassen des Luftwiderstandes alle Körper unabhängig von ihrer Größe und ihrer Masse mit gleicher Geschwindigkeit in Richtung Massepunkt. Auf der Erde beträgt die Gravitationsfeldstärke g auf Meereshöhe 9,80665 N/kg.

Bei der Messung der Schwere- und Gravitationsbeschleunigung spielt die Zentrifugalbeschleunigung eines jeden Himmelskörpers eine entgegenwirkende Rolle.

Zum Vergleich beträgt die Gravitationsbeschleunigung am Äquator wegen der unterschiedlichen Massen und Zentrifugalbeschleunigungen beim Mond 1,62, bei der Erde 9,798, bei der Venus 8,87, beim Merkur 3,70 und bei der Sonne 274,00 m/s².

Bei der Nennung der Gravitationsfeldstärke liegt die Betonung bei der Erde auf „Meereshöhe". Die Erde hat einen Durchmesser von ca. 12.742 Kilometer und damit einen Radius von 6.371 Kilometer. Am Erdmittelpunkt wirkt keine Schwerkraft, somit herrscht Schwerelosigkeit. Wenn die Erde eine mit einem einheitlichen Material gefüllte, exakt runde und nicht rotierende Kugel wäre, würde die Schwerebeschleunigung von null am Erdmittelpunkt bis zum Maximum an der Erdoberfläche steigen.

Durch die unterschiedlichen Schichten aus unterschiedlichem Material und dem vermutlich hauptsächlich metallischen und damit verhältnismäßig besonders dichten Erdkern erreicht das Erdschwerefeld an der Kern- Mantel- Grenze im Durchmesserbereich von ca. 2900 Kilometern das Maximum. Von dort nimmt die Schwerebeschleunigung bis zu etwa 4900 Kilometer wieder kontinuierlich ab, um bis auf

5700 Kilometer etwas anzusteigen. Der Maximalwert wird jedoch nicht wieder erreicht. Von dort aus sinkt der Wert wieder bis zur Erdoberfläche. Außerhalb der Erde nimmt die Schwerebeschleunigung proportional zum Quadrat des Abstandes vom Erdmittelpunkt kontinuierlich schnell ab, ohne jedoch vollkommen zu verschwinden. In 5000 Kilometer Höhe beträgt die Erdbeschleunigung nur noch 70 Prozent gegenüber der Erdoberfläche.

Das Schwerefeld setzt sich zusammen aus dem von der Erdanziehung verursachten Gravitationsfeld und der Zentrifugalbeschleunigung. Die Gravitationsbeschleunigung ist von der Höhe abhängig. Durch die Abplattung des Planeten an den Polen und dem dadurch geringeren Abstand zum Mittelpunkt ist die Gravitationswirkung dort am höchsten. In Richtung der Pole nimmt zudem die Zentrifugalbeschleunigung ab, um an der Rotationsachse den Wert Null zu erreichen. Am Äquator erreicht die Zentrifugalbeschleunigung den Maximalwert, wodurch die Massen nach außen getrieben und der Durchmesser den Maximalwert erreicht. Der Abstand zum Planetenmittelpunkt ist folglich am größten und damit das Schwerefeld am Äquator am geringsten. Die Erdanziehung am Pol ist etwa 0,5 Prozent höher als am Äquator. Merkwürdigerweise, so wurde 2013 von deutschen und australischen Forschern festgestellt, kommt es regional zu großen Schwankungen. So ist die Erdbeschleunigung am Berg Nevado Huascarán in Peru ca. 1000 Kilometer südlich des Äquators am geringsten.

Einem homogenen runden Körper gegenüber entstehen Anomalien des Schwerefeldes durch den ungleich tiefen Erdmantel insbesondere durch Gebirgsformationen und durch unterschiedliche Dichte des Materials. Unterschiedliche Gesteinsschichten und auch eingelagerte unterschiedliche dichte Materialen können Anomalien hervorrufen. An einem Federwagenpendel und an einem Lot wären Abweichungen erkennbar. Durch zwei räumlich versetzte Messungen werden die Unterschiede offensichtlich. In der Gravimetrie kann der Betrag der Fallbeschleunigung direkt durch einen frei fallenden Körper, aus der Schwingungsdauer eines Pendels oder durch eine Federwaage (Gravimeter) bestimmt werden. Der Federwageneffekt entsteht auch mit einem an einem Pendel hängenden Stein mit einer richtungsorientierten Masseabweichung. Da sich die Gravitation nicht abschirmen lässt und sich unendlich weit ausbreitet, ist die Empfindlichkeit derart hoch, dass sich selbst geringe Masseveränderungen in der Nähe durch die Wände des umgebenden Bauwerkes hindurch auswirken. So sind Höhenunterschiede, Gesteinsdichteunterschiede im Zentimeterbereich, Schwankungen des Luftdrucks, Gezeitenunterschiede und die Gravitationsfelder von Mond, Sonne und nahen Planeten selbst durch Massen hindurch erkennbar. Nicht zu verwechseln ist dabei beim Pendel die Schwingungsdauer des Pendels mit der durch die Corioliskraft verursachten Drehrichtungsänderung. Die Corioliskraft abgezogen, sollte ein Pendel generell in Richtung Massepunkt, also dem Erdmittelpunkt zeigen. Durch Störungen, wie einen Berg zum Beispiel oder durch Gravitationsanomalien kann es von dieser Richtung leicht abgelenkt werden. Dazu kommt: Je stärker die Gravitation, desto schneller hört das Pendel auf zu schwingen.

Egal ob mit Pendel, Balken- oder Drehwaage, wie auch mit Fallversuchen, selbst heute noch werden die Gravitationskonstante und die Fallbeschleunigung mit solchen simplen Mitteln gemessen.

Haben die Alten Ägypter in einem benachbarten Seitengang der Djoser- Pyramide in Sakkara andere Massen eingelegt, muss es eine Veränderung im Messschacht gegeben haben, der Stein muss sich in einer ablesbaren Relation über einen längeren Zeitraum gedreht haben! Haben sie den Stein zum Beispiel auch mal innerhalb, mal außerhalb eines Granit- Sarkophages eingehangen, konnten sie durch Trigonometrie die unterschiedliche Auswirkung von Granit oder Kalkstein auf die Gravitation erkennen bzw. berechnen.

Möglicherweise haben sie vermutet, dass sich die Gravitation abschirmen lässt. Daneben könnte ein in einem Sarkophag liegender lebender Mensch das Verhalten eines über ihn schwebenden Pendels zumindest über Stunden und Tage beobachtet haben, ohne das seine eigene Körpermasse das Messergebnis beeinflusst hat. Auch in den waagerechten Schächten der elf Ostgalerien der Djoser- Pyramide könnten in einiger Entfernung Beobachter gelegen haben, die das Geschehen im senkrechten Schacht verfolgt haben. Vielleicht waren die in solchen Schachtgräbern mit „L-Struktur" gefundenen Grabbeigaben auch als Verpflegung für einen über Tage einliegenden lebenden Beobachter gedacht. Im Deckel des Sarkophag der Djoser- Pyramide befindet sich ein rundlicher Stein mit drei Seilführungen und einer abgeflachten Seite. Durch die glatte Seite bekommt der Stein eine Unwucht. Möglicherweise war dieser ein Pendel bzw. ein Drehstein. Wäre er entfernt, wäre der Sarkophag über dieses verhältnismäßig kleine Loch zugänglich. Ein lebender Mensch hätte damit keine Probleme. Ein verstorbener mumifizierter Pharao hätte jedoch mit einiger Mühe durch das schmale Loch pietätlos „geknautscht" werden müssen. Die Verwendung des Sarkophags als eine Messeinrichtung für die Geodäsie ist daher zumindest plausibler, als die Verwendung als Aufbewahrungsort für einen verstorbenen König. Ein darin liegender lebender Mensch hätte durch das Loch ein Pendel beobachten können, ohne das sein Körper das Messergebnis verfälscht.

Immerhin ließe sich durch die nebeneinander liegende Anordnung der 30 Meter tiefen Schächte der Stufenpyramide des Djoser in Sakkara im Verhältnis aus der Masse der darüber liegenden, zu diesem Zeitpunkt noch immer wachsenden Pyramide und der Masse der unterschiedlichen, in den Schächten fallenden, baumelnden oder liegenden Gegenstände durch Trigonometrie eine Gesetzmäßigkeit erkennen. Diese könnte wiederum gegenübergestellt werden, mit der Situation ohne Masse der Pyramide, also bei Versuchen im Freien oder an anderer Stelle. So ließe sich die

Gravitationswirkung der Pyramidenmasse auf die versuchsweise verwendeten Gegenstände, aber auch deren Wirkung untereinander erkennen. Eine trigonometrisch vergleichende Funktion als Verkleinerung könnte das mysteriöse „Südgrab" spielen, das auf dem Tempelgelände südlich der Stufenpyramide in Sakkara offenkundig eine Verkleinerung des Gangsystems der großen Pyramide darstellt.

Sowohl in dem merkwürdigen Gangsystem unter der Pyramide um den Grabschacht, als auch im Südgrab gibt es Räume mit kleinen Kacheln aus blauer Keramik. Die Kacheln eigneten sich hervorragend als Kalendarium, also zur Registratur langzeitlich ablaufender Ereignisse.

Bei diesen Gravitationsversuchen könnten die Ägypter nicht nur die Position der Rotationsachse der Erde und ihre eigene Lage auf der Erdkugel, sondern sowohl die Auswirkung der Position des Mondes als auch die Dichte unterschiedlichster Gesteinsarten und ihrer Masse in Bezug zur Pyramide ausgetestet und durch Trigonometrie erkannt bzw. berechnet haben.

Der Vergleich der Auswirkung der Gravitation wäre mit dem fast identischen, aber gegenüber den Ganganlagen in der Pyramide verkleinerten, bis heute rätselhaften „Südgrab" wiederum über Trigonometrie möglich. Dabei geht es immer nur um den Vergleich unterschiedlicher Reaktionen an unterschiedlichen bekannten Standorten!

Selbst die sich monoton wiederholenden Sicken der aufwendig errichteten Tempelmauer von Sakkara wären mit ihrer gleichmäßigen, einem Skalenbereich gleichenden Struktur an windgeschützten Stellen für Gravitationsversuche im Hinblick der Gravitationswirkung auf Entfernungen verwendbar.

Wenn die Alten Ägypter nicht schon in der Pyramide des Djoser ausgiebig Forschung um die Erdrotation und die Gravitation betrieben haben, dann sicher in der Knick- Pyramide und in der Roten Pyramide, welche nach der heute eingestürzten Pyramide von Meidum, in zeitlicher Folge vor den Pyramiden von Gizeh gebaut wurden. Selbst die noch von Imhotep errichtete Sechemchet- Pyramide wie auch die von Snofru gebaute und eingestürzte Meidum- Pyramide weisen innere Schächte, Gänge und Kammern auf, die für die Vermessung der Gravitation nahezu prädestiniert wären.

Alle vier Pyramiden verfügen über ein merkwürdiges, nach oben hin gestrecktes und für trigonometrische Vermessungen der Gestalt der Erde und der Gravitation nahezu ideal angeordnetes Kammersystem.

Dieses ist wiederum zwischen Norden und Süden sowie zwischen Osten und Westen ausgerichtet. Darüber angeordnet: Die durch ihre verlaufende Geradlinigkeit berechenbaren Massen der Pyramiden. Die obere Kammer der Knick- Pyramide hat eine Höhe von 16,50 Meter. Die beiden unteren Kammern ziehen sich bis in 12,60 Meter und 17,20 Meter Höhe hin.

Seite 230 - Die Knick- Pyramide - Struktur innere Schächte und Kammern

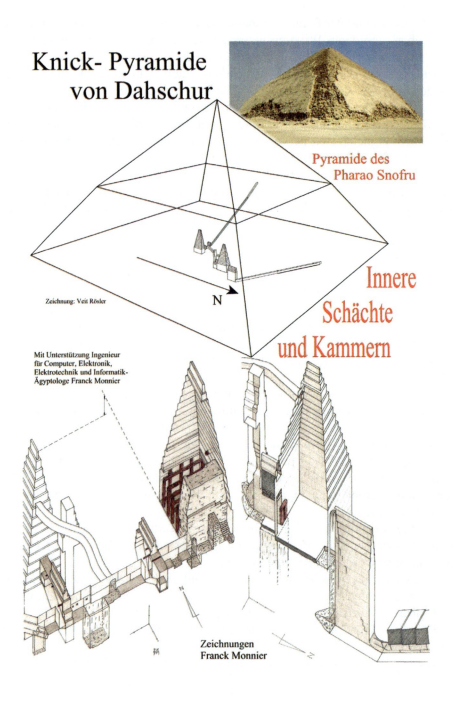

Knick-Pyramide von Dahschur

Pyramide des Pharao Snofru

Innere Schächte und Kammern

Zeichnung: Veit Rösler

Mit Unterstützung Ingenieur für Computer, Elektronik, Elektrotechnik und Informatik-Ägyptologe Franck Monnier

Zeichnungen Franck Monnier

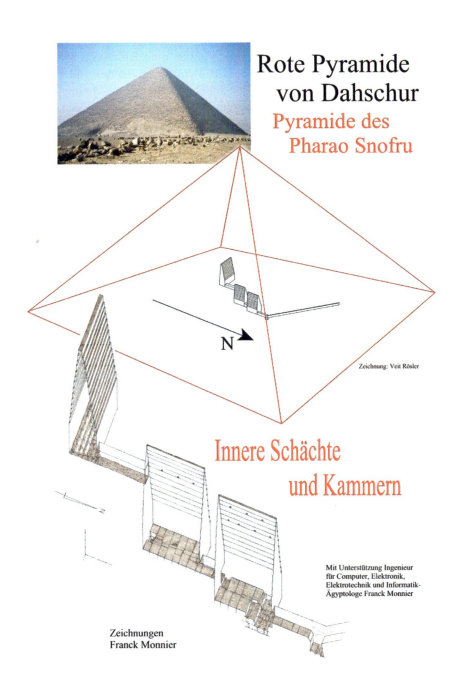

Rote Pyramide von Dahschur
Pyramide des Pharao Snofru

Innere Schächte und Kammern

Zeichnung: Veit Rösler

Mit Unterstützung Ingenieur für Computer, Elektronik, Elektrotechnik und Informatik-Ägyptologe Franck Monnier

Zeichnungen Franck Monnier

Foto Seite 231: Die Rote Pyramide - Struktur innere Schächte und Kammern

Die drei Kammern in der Roten Pyramide haben eine Höhe von zweimal 12,31 und 14,67 Metern. Auch hier wären in beiden Pyramiden Pendel und Fallversuche möglich. Äußere Einflüsse, wie Wind oder andere Witterungserscheinungen spielen keinerlei Rolle. Durch die Linien der Kraggewölbe ergeben sich Messskalen. Durch die unterschiedlichen Standorte und die sich dadurch unterschiedlich auswirkende Erddrehung und Gravitation wären über vergleichende Trigonometrie, möglicherweise auch unter Einbeziehung der Ergebnisse der Djoser- Pyramide, relativ genaue vergleichende Messungen möglich.

In den beiden jüngeren Pyramiden, also in der Knick- Pyramide und der Roten Pyramide, wurde kein Sarkophag gefunden. Die Funktion der Kammersysteme beider Pyramiden ist bis heute unklar. Bei der Planung und beim Bau der drei großen Pyramiden von Gizeh könnten die Ägypter also schon über die Funktion des Universums und die Mechanismen der Gravitation Bescheid gewusst haben.

Die Gravitation zu vermessen ist eine anspruchsvolle Aufgabe für fleißige Menschen mit unerschütterlicher Geduld und beharrlicher Akribie zu minimalen Veränderungen, um maximale Ergebnisse zu erzielen. Es muss sich um neugierige Perfektionisten handeln. Nur mit solcher Beharrlichkeit und Perfektion konnten die Pyramiden gebaut werden. Das dies über mehrere hundert Jahre hinweg geschah, zeigt, mit welcher Klugheit und Weitsicht vorgegangen sein muss.

Und nun die „Königsklasse"! Die Königskammer der Cheops- Pyramide.

Als besonders geheimnisvoll gilt die Königskammer der Cheops- Pyramide mit ihrem Sarkophag, der aus einem einzigen Granitblock gehauen wurde. Er ist über zwei Meter lang und fast einen Meter breit und damit so groß, dass er mit Sicherheit an Ort und Stelle bearbeitet worden sein muss.

Gravitation ausgleichen! Die Königskammer der Cheops- Pyramide und der Sarkophag sind in über 43 Meter Höhe beginnend, leicht versetzt unter der Spitze angeordnet. Keine andere Pyramide verfügt über einen derartigen Aufbau. Die sogenannten „Luftschächte" sind nicht geradlinig und sie waren ursprünglich verschlossen. Ihnen wird die Ausrichtung auf die Sterne, das Entweichen der Seele des Pharaos oder beides im Zusammenhang zugesprochen. Die kaum nachvollziehbare Konstellation zu bestimmten Sternen auf der sich drehenden und um die Sonne kreisenden Erde wird dabei nur beiläufig oder überhaupt nicht berücksichtigt. In einem der Schächte wurden eine steinerne Kugel und ein Haken gefunden. Die Kugel wurde möglicherweise mit einem Faden umwickelt und dann in den jeweiligen zu messenden, schräg verlaufenden Schacht eingerollt. Damit ergibt sich die Möglichkeit, die Schächte während der Bauphase mittels Seilen zur Übertragung von Kräften aus dem Bereich der Außenhaut der Pyramide in die inneren Kammern zu nutzen.

Ebenso können die Schächte mit den darin verlaufenden Fäden als Messschächte für die Feststellung von Entfernungen als auch zum Einstellen der Geometrie genutzt worden sein. Die sogenannten „Luftschächte" könnten also auch über darin gespannte Messfäden zur genauen Einstellung der berechneten Seitenabstände der Kammern gedient haben.

Die übliche Gravitationswirkung ist durch die Pyramidenstruktur geringfügig anders, als auf der Erdoberfläche. Durch ihre exakte vordefinierte Geometrie erhält eine Pyramide gegenüber einem vergleichbaren natürlichen Bergmassiv eine genaue Berechenbarkeit. Wird berücksichtigt, dass die Gravitation immer vom Zentrum einer Masse wirkt, könnte die Gravitationswirkung des Kalksteins möglicherweise sogar aufgehoben worden sein, ähnlich, wie das mit dem Luftsauerstoff der Atmosphäre zu geschehen scheint. Einfluss auf die gravitationsverändernden Maßnahmen haben sicher auch die sogenannten „Fallsteine" ausgeübt, mit der die Königskammer vor der Gravitation der Erde zwar nicht „abgeschirmt", aber zumindest „gravitationstechnisch" positiv verändert werden konnte. Auch eine der Funktionen der sogenannten „Gürtelsteine" könnte damit in Verbindung stehen. Durch die sie umgebenden genau berechneten Massen wird in der Königskammer quasi ein Kugelschalensystem geschaffen, in dem sich Schwerelosigkeit bilden könnte. Mit derartigen Kugelschalensystemen lässt sich heute relativ genau das Schwerefeld von großen Himmelskörpern berechnen. Nun befinden sich über der Königskammer insgesamt fünf sehr große, massereiche Granitsteinreihen. Eine physikalische Gesetzmäßigkeit der Gravitation: Im Verhältnis der sich durch die Gravitation gegenseitig umkreisenden Planeten eines Sonnensystems, ziehen sich die Kugeln stets so an, als sei ihre gesamte Masse in ihrem Mittelpunkt konzentriert, unabhängig von ihrer Größe und ihrem Abstand. Der Mond bemerkt also zum Beispiel nicht, ob er eine ausgedehnte Erde umkreist oder einen winzigen, aber hochverdichteten Massenpunkt. Der Mond müsste eigentlich von der viel größeren und damit gravitativ stärkeren Sonne angezogen werden, erst recht, wenn ihn seine Umlaufbahn um die Erde in Richtung Sonne rasen lässt und er dann zwischen Erde und Sonne der Sonne nahe steht. Er bleibt aber in der Nähe der kleineren aber näheren Erde. Die Geometrie eines Kreises aus Masse, Geschwindigkeit und Zeit scheint ihn durch die Gravitation auf seiner Bahn zu halten. Mit dem gleichen System müsste es doch gelingen, mit einer nahen großen Granitmasse von oben die Gravitation des weit entfernten Massepunktes im Mittelpunkt der Erde auszugleichen! So zumindest könnten die Alten Ägypter gedacht haben. Sie kannten die Kepler- Gesetze nicht und ausprobiert wurde das bis dahin auch noch nicht. Erde und Mond bewegen sich quasi als eine Einheit um die Sonne. Der gemeinsame Schwerpunkt, das Baryzentrum, liegt noch im Innern der Erde in ca. 1700 km Tiefe. Gelänge es, das Baryzentrum der mächtigen Granitformation über den Einflussfaktor der Gravitation der Erde zu legen, könnte „es" funktionieren! Bei den massiven Granitsteinen über der Grabkammer handelt es sich in der Summe um einen solchen hochverdichteten Massepunkt. Möglicherweise gibt es noch weitere, bisher noch nicht gefundene Massekonzentrationen über den Kammern. Jetzt kommt noch die Geschwindigkeit hinzu, mit der sich die Erde dreht, diese ist vom Standort auf der Erdoberfläche abhängig.

Erstaunlicherweise lässt sich diese Geschwindigkeit wiederum mit Trigonometrie über den Breitengrad, im Fall der Cheops- Pyramide also mit dem Wert der Lichtgeschwindigkeit und einem Gebilde ausrechnen, das eine ebene (doppelseitige) Pyramide darstellt. Die heutige Bezeichnung nennt sich Kosinussatz oder auch trigonometrischer Pythagoras. Bei einem Erdradius von 6378 Kilometern, einem Erdumfang von 40.075 Kilometern und einer Umlaufzeit von 24 Stunden beträgt die Geschwindigkeit am Äquator 1670 km/h. Im Bereich der Pyramiden von Gizeh müsste die Geschwindigkeit dann bei ca. 1444 km/h liegen. Diese Fliehkräfte, die ja so ähnlich auch den Mond auf der Umlaufbahn halten, kommen nun auch noch mit dazu. Möglicherweise haben die Alten Ägypter in den früheren Pyramidenbauten eine möglichst günstige Gesteinskonstellation bzw. Abnormität herausgefunden. Um das extrem sensible künstliche System, für das die Natur mehrere Millionen Jahre gebraucht hat, in Bewegung zu setzen, müssten die Macher es genau einstellen können. Es müsste also Kalibrierungsmöglichkeiten geben. Dafür kommen nicht nur die insgesamt sechs kleinen „Königinnen- Pyramiden" infrage. Die im Boden der Cheops- Pyramide befindliche rätselhafte Felsenkammer könnte der Grob- Kalibrierung des Systems gedient haben. Das würde erklären, warum die Kammer noch immer mit Masse in Form von unbearbeiteten Felsen als „niemals fertiggestellt" angesehen wird. Im Boden der Felsenkammer befindet sich wiederum ein elf Meter tiefer Schacht, in dem auf einem Absatz ein ca. 40 Kilo schwerer Stein mit zwei Löchern liegt. Also wieder ein Pendel in einem diesmal 11 Meter tiefen Schacht. Von der Felsenkammer führt ein 16,40 Meter langer Blindschacht in südlicher Richtung. Der Stein ist eigentlich ein weiterer Beweis dafür, was hier „abgelaufen" ist. Es handelt sich um einen Pendelstein!

Der Loch- Stein in dem tiefen Schacht im Boden der Felsenkammer. Es könnte sich um ein Pendel bzw. einen Drehstein handeln. Per Trigonometrie ließe sich mit dem „Pendelstein" die Wirkung der Gravitation ausmessen. Ähnliche Steine könnte es in der Roten Pyramide und in der Knick- Pyramide gegeben haben

Der „Stein der Weisen"

Der „Stein der Weisen." Wird die Gravimetrie im Bergbau eingesetzt, lassen sich „Steine in Gold verwandeln."

Einer alten ägyptischen Sage nach sollen die Erbauer der Pyramiden die Erdschwerkraft aufheben können. Dafür sollen sie in den Steinbrüchen Papyrusblätter auf die Steine gelegt haben. Die Steine sollen dann zu ihrem Bestimmungsort in der Pyramide getragen worden sein. In jeder Sage steckt bekanntlich immer ein Fünkchen Wahrheit! Die Geschichte bekommt einen Sinn, wenn die Erbauer für jeden Stein einen vordefinierten Punkt in dem entstehenden Gebäude festgelegt hätten, gerade eben darum, um später mit dem System die Erdschwerkraft ausgleichen zu können. Dann hätte jeder Stein bzw. Bereich eine bestimmte Abmessung und Materialbeschaffenheit haben müssen, welche später im Zusammenwirken mit den anderen Steinen den Effekt generiert. Selbst für die Konstruktion des Bauverlaufes macht die Kennzeichnung Sinn, denn nur so haben die Erbauer die natürlichen Stratigraphien des Steinbruches nutzen können, um ganze, im Steinbruch zusammenhängend abgetragene Bereiche schichtenweise im Bauwerk nahtlos zusammenfügen zu können. So wurden größere Fugen vermieden. Um einen Schwebevorgang zu erreichen und zu stabilisieren, hätten die Ägypter die Massen und die Geschwindigkeit extrem genau berechnen müssen. Durch Trigonometrie hätten sie dies tun können! Für Vorversuche und Berechnungen der Anlage von Gizeh insbesondere der Cheops-Pyramide hatten die Ägypter in Sakkara immerhin mindestens 80 bis 100 Jahre Zeit.

Möglicherweise gibt es um die Königskammer der Cheops- Pyramide noch weitere Kammern bzw. Bereiche, in denen sich entweder Hohlräume oder Massen anderer Konstellation befinden. Ebenso könnte es, so wie es Herodot beschreibt, „unter der Pyramide einen See mit einer Insel" geben. Wasser hat eine geringere Dichte und Masse als Gestein, es würde so eine geringere Gravitation und damit eine größere Entfernung zum beabsichtigten Gravitationsausgleich schaffen. Sowohl nach 1968 durch ein Team um den japanischen Ägyptologen Prof. Sakuji Yoshimura (1943) von der Waseda- Universität Tokio in Zusammenarbeit mit amerikanischen Radiowellenexperten, als auch zwischen 1986 und 1988 durch die französischen Experten Gilles Dormion und Jean Baptiste Goidin mit Unterstützung von Ingenieuren des staatlichen Stromversorgers Electricité de France konnten Hohlräume, als auch unterschiedlichste Materialstrukturen nachgewiesen werden. Während die bisher bekannten Gänge und Hohlräume in der Cheops- Pyramide ein Volumen von maximal 1 % zum Gesamtvolumen ausmachen, tendieren die Forscher auf ein tatsächliches, noch unerforschtes Hohlraumvolumen von mindestens 15- 20 %. Bei drei angefertigten Probebohrungen wurde nach Kalksteinwandstärken von 128, 198 und 144 Zentimetern fein gesiebter Sand mit einem sehr hohen Schwermetallanteil nachgewiesen, den die Pyramidenbauer vor mehr als 4500 Jahren aus dem 320 Kilometer entfernten Abswella vom Sinai herangeschafft haben müssen.

Nach einer weiteren Kalksteinschicht wurde bei allen drei Bohrungen Material mit einem enormen Härtegrad angetroffen, so das die Bohrungen beendet werden mussten. Während dem Sand noch eine Interpretation als Erdbebenschutz zugesprochen werden könnte, gibt es auch bei den verwendeten Kalksteinarten Merkwürdigkeiten. So entnahm der deutsche Geologe Prof. Dietrich Klemm (1933) der Cheops- Pyramide zwanzig verschiedene Gesteinsproben. Die Analyse ergab jeweils einen anderen, über ganz Ägypten verstreuten Steinbruch als Herkunftsort.

Die Quadratur des Kreises ist nicht möglich! Dies konnte im Jahr 1882 vom deutschen Mathematiker Carl Louis Ferdinand von Lindemann (1852-1939) bewiesen werden. Die Ägypter könnten dies jedoch ohne zu rechnen, durch euklidische Geometrie geschafft haben. Sie könnten einfach eine Schnur um einen Kreis (durch Trigonometrie verkleinerter Erdball) gelegt und diese danach in vier Ecken gespannt haben. Wenn sie das dreidimensional für eine Kugel in beiden Richtungen gemacht haben, könnten sie das Volumen und damit die Masse unterschiedlicher Gesteinsarten berechnet haben. Das System funktioniert und es bringt erstaunliche Annäherungswerte an die Ergebnisse der heutigen modernen Formeln. Mit Beobachtung des Sternenhimmels und seiner Erscheinungen und mit logischem Denken könnten sie die Form der Erde erkannt, deren Größe berechnet und in Form einer Pyramide „scheibchenweise" dargestellt haben. Weil die Gravitation immer aus einem Punkt heraus wirkt, ist es egal, welche Form diese Masse hat, egal ob Kugel oder Pyramide. Damit ließe sich in einer Pyramide die Masse der Erde trigonometrisch verkleinert darstellen. Somit ließe sich aus der runden Form der Erde bzw. eines jeden Planeten ein aus Vierecken stufenweise von der Basis bis zur Spitze zusammengesetzte Pyramide konstruieren, die in etwa dem Verhältnis der Masse vom Äquator bis zum Nordpol der Erdkugel entspricht.

Es geht also von oben betrachtet um die vier Ecken. Die Erde ist von „oben" betrachtet rund und damit ihre Masse. Der Massepunkt konzentriert sich im Zentrum. Wenn die Ägypter die Quadratur des Kreises geschafft haben, dann haben sie aus der Rundung der Erde die vier, von oben betrachteten Ecken geschaffen und diese dann entsprechend der abnehmenden Rundung vom Äquator beginnend kleiner werden lassen. Einen runden Festkörper konnten sie noch weitaus weniger bauen, als eine vierkantige Pyramide. Auffällig erscheint bei der Anlage von Gizeh die merkwürdige, in sich drehende Massestruktur, die sich von der Cheops-, der Chephren- und der Mykerinos- Pyramide in einer Logarithmischen Spirale über die westliche, kleine Königinnen- Pyramide fortsetzt. Wird in einer Bauzeichnung die große Cheops-, auf die kleine Königinnen- Pyramide aufgesetzt, setzt sich dieser Galaxie- Strudel einer Logarithmischen Spirale immer kleiner werdend fort. Umgedreht geschieht das Gleiche.

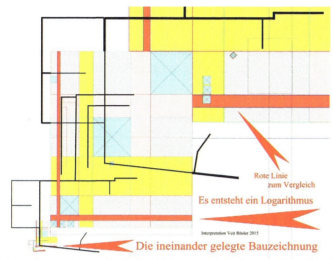

Die ineinander gelegte Bauzeichnung der Anlage von Gizeh. Es entsteht ein Logarithmus zu einer Spirale - Rote Linie zum Vergleich - Wird in einer Bauzeichnung die große Cheops- , auf die kleine Königinnen- Pyramide aufgesetzt, setzt sich dieser Galaxie- Strudel einer Logarithmischen Spirale immer kleiner werdend fort

Fast scheint es, als hätten die Alten Ägypter mit dieser symmetrischen Anordnung einen Teil der Fibonacci- Folge in ihr „Gizeh- Pyramiden- System" eingebaut. Die Fibonacci- Folge ist die unendliche Folge von natürlichen Zahlen. Diese beginnt mit zweimal der Zahl 1. Die Summe zweier aufeinanderfolgender Zahlen ergibt in dieser Folge immer wieder die nächste Zahl. Der als bedeutendste Mathematiker des Mittelalters geltende Leonardo da Pisa - Fibonacci (1170-1240) hatte 1202 in seinem Rechenbuch „Liber abbaci" u.a. seine heute nach ihm benannte Fibonacci- Folge vorgestellt. Die offenbar mit dem „Goldenen Schnitt" in Zusammenhang stehende Folge, der Fibonacci ihren Namen gab, scheint natürlichen Mechanismen in der Natur zu folgen, wie zum Beispiel dem Wachstum von Pflanzen aber auch den Spiralen von Galaxien. Von einem Punkt beginnend wird mit mathematischer Exaktheit auf das immer wieder unmittelbar folgende größere Niveau berechnet. Fibonacci experimentierte zu dem Thema mit Kaninchen, die Alten Ägypter (naturgemäß) offenbar mit Pyramiden. Der tiefere Sinn der Fibonacci- Folge war auch schon in der Antike in Indien, Persien und Griechenland bekannt.

Der Hamburger Kernphysiker und selbstständige Pyramidenforscher Dr. rer. nat. Hans Jelitto (1955) hat ausgerechnet, dass die in unserem Sonnensystem der Sonne am nächsten stehenden drei Planeten Merkur, Venus und Erde mit ihren Massen den Standorten und Massen der Pyramiden von Gizeh entsprechen. Dr. Jelitto interpretiert seine Berechnungen mit der Absicht der Ägypter, die Positionen der Pyramiden mit der Position von Planeten bzw. Gestirnen gleichzusetzen, um so ein bestimmtes Datum einer Konstellation auszudrücken. Bereits 1994 hatten Robert Bauval (1948) und Adrian Gilbert (1949) in ihrem Buch „Geheimnis des Orion" versucht, die Anordnung der Gizeh- Pyramiden mit der Position dreier Sterne im Sternbild „Orion" gleichzusetzen. Dr. Hans Jelitto versucht in seiner eigenen Anschauung, eine bestimmte Position des Merkur und der Sonne in einem einzigen Zeitfenster zu berechnen, um die Gizeh- Anordnung zu erreichen.

Aber warum sollten das die Ägypter tun? Dahinter kann sich nicht nur eine Information verbergen. Es muss einen praktischen Nutzen gegeben haben!

Auch von der Seite betrachtet scheint ein logarithmisches System in den Pyramiden von Gizeh zu stecken

Dabei wäre dieser Versuch gar nicht nötig, würde die Entfernung der Konstellation Merkur, Venus und Erde dadurch vervollständigt, würde die Masse der unmittelbar unter den Pyramiden liegenden Erde und das sie umgebenden Universums selbst als Einflussfaktor, zum Beispiel der Sonne betrachtet. Beim Vergleich der Masseverhältnisse der drei großen Pyramiden mit den Masseverhältnissen von Merkur, Venus und Erde ergeben sich zwar verhältnismäßig geringere Schwere- und Gravitationsbeschleunigungen für die zwei großen südlichen Pyramiden, dabei stehen diese aber auch im Verhältnis näher an der Cheops- Pyramide und sie verfügen über eine nahezu ähnliche Zentrifugalbeschleunigung. Das gleiche Galaxie- Strudel- System zeigt sich in der Cheops- Pyramide selber. Immer wieder stellen Mathematiker Zahlenkonstellationen fest, die mit astro- physikalischen Größen nahezu identisch sind. Während das Phänomen nicht erklärt werden kann und von der Fachwelt als Zufall bezeichnet wird, könnte dahinter ein in allen Dingen natürlich umgesetztes geometrisches System stecken. Das von Albert Einstein später formulierte geometrische System im Zusammenspiel von Masse, Raum und Zeit. Die Alten Ägypter könnten in ihrer Genialität durch Trigonometrie die Massen von Sonne, Merkur, Venus und Erde erkannt und nachgestellt haben. Immer auch unter Berücksichtigung der enormen Entfernungen und der dadurch nachlassenden Gravitationswirkung.

Fast scheint es, als sei die gesamte Gizeh- Anlage mit ihren unterschiedlich großen Pyramiden im dreidimensionalen Raum in einer Logarithmischen Spirale, ähnlich einer Galaxie angeordnet. Damit würde es sich um eine trigonometrische Verkleinerung der Geometrie einer Galaxie handeln. Von der Seite betrachtet ergibt sich in der Cheops- Pyramide eine erstaunliche euklidische Geometrie. Der merkwürdige Vorsprung oberhalb der Großen Galerie erweist sich als Markierung für ein Sechseck in einen Kreis, welches auch schon in der Trial- Passage zu sehen ist.

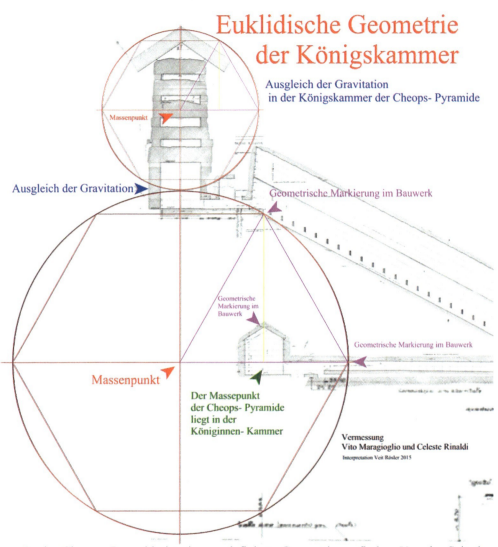

In der Cheops- Pyramide ist eine vordefinierte Geometrie zu finden. Von der Seite betrachtet ergibt sich in der Cheops- Pyramide eine interessante euklidische Geometrie. Der merkwürdige Vorsprung oberhalb der Großen Galerie erweist sich als Markierung für ein Sechseck in einem Kreis. Der obere „Äquator- Punkt" trifft dabei exakt einen Punkt oberhalb des Sarkophages der Königskammer - Vermessung von Vito Maragioglio und Celeste Rinaldi

Der obere „Äquator- Punkt" trifft dabei exakt einen Punkt oberhalb des Sarkophages der Königskammer. In der Konstellation aus Kreis - Erdkugel, obere Große Galerie - Sechseck und Königskammer - virtueller Äquator der Erdkugel zeigen sich die Entlastungssteine nun über der Königskammer als Gegenpol zu der virtuellen Erdkugel unterhalb der Königskammer.

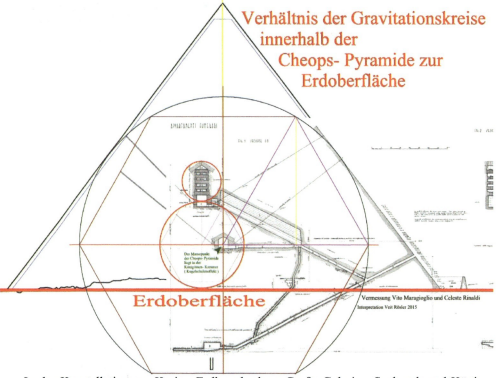

In der Konstellation aus Kreis - Erdkugel, obere Große Galerie - Sechseck und Königskammer - virtueller Äquator der Erdkugel zeigen sich die Entlastungssteine nun über der Königskammer als Gegenpol zu der virtuellen Erdkugel unterhalb der Königskammer. Der untere Kreis passt exakt zwischen den Gravitationspunkt in der Königskammer und der Erdoberfläche. Das kann kein Zufall sein!

Zusätzlich trifft der Massepunkt der Pyramide selber ebenfalls exakt den Hohlraum in der Königinnen- Kammer. Dabei entsteht wiederum ein Kugelschalen- bzw. Hohlkugel- Effekt. Der Innenraum einer Kugelschale ist schwerelos, weil sich die Gravitationskräfte aufheben. Fast scheint es, als hätten die Konstrukteure der Pyramide in der Königskammer und in der Königinnen- Kammer versucht, mit somit zwei verschiedenen Systemen an insgesamt zwei Stellen die Gravitation auszugleichen - Zeichnung nach Vito Maragioglio und Celeste Rinaldi

Einstellen eines zentralen Punktes durch die Markierungen für zwei Sechsecke zweier Kreise innerhalb der Cheops- Pyramide

Hier könnte jetzt durch die Anordnung der unterschiedlichen Materialien (Dichte der Gesteinskörper und damit ihrer Masse), durch die Höhe der Königskammer über der Erde und die etwas höhere Geschwindigkeit innerhalb des Breitengrades (Free Air Gravity Anomalie) zu einem Ausgleich der Gravitation gekommen sein. Dabei passt der Erdkugel- Kreis exakt zwischen oberen „virtuellen Äquatorpunkt" des Kreises und tatsächlicher Erdoberfläche.

Zusätzlich trifft der Massepunkt der Pyramide selber ebenfalls exakt den Hohlraum in der Königinnen- Kammer. Dabei entsteht wiederum ein Kugelschalen- bzw. Hohlkugel- Effekt. Der Innenraum einer Kugelschale ist schwerelos, weil sich die Gravitationskräfte aufheben.

Fast scheint es, als hätten die Konstrukteure der Pyramide in der Königskammer und in der Königinnen- Kammer versucht, mit verschiedenen Systemen an insgesamt zwei verschiedenen Stellen die Gravitation auszugleichen. Vielleicht wollten sie wiederum beide Wirkungen bzw. beide Ergebnisse miteinander vergleichen und so nach heutigen Gesichtspunkten Grundlagenforschung betreiben.

Die Konstrukteure des Systems könnten mit einem in der Großen Galerie mit Steinen bepackten Schlitten Einfluss auf die Gravitationswirkung sowohl in der Königskammer als auch in der Königinnen- Kammer genommen haben. Als Beweis zur Verwendung des Sechsecks bzw. Hexagons könnte die Tatsache herhalten, dass der Kreis mit Hexagon zunächst mit der gleichen Winkelgeometrie, wie zuvor schon in der Trial- Passage, drei markante Punkte in der Cheops- Pyramide trifft. Die drei Punkte sind die waagerechte Linie im Gang zur Königinnen- Kammer, die Spitze der Königinnen- Kammer und die obere Stufen- Markierung in der Großen Galerie. Wird der Kreis mit dem Sechseck/ Hexagon gedreht, so das die Linie des aufsteigenden 29,9 (30) Grad- Winkels den Schnittpunkt in der Königskammer trifft, liegt die rechte Linie des Hexagons wiederum exakt auf einer diesmal senkrechten Markierung im Gang zur Königinnen- Kammer.

Wurden die inneren Kammern mit der Geometrie von Sechsecken eingestellt? Anhand der Luftschächte (Schacht 3 und Schacht 4) der Königinnen- Kammer ist eine Übereinstimmung mit einem Sechseck zu erkennen. Vermutlich befinden sich in den einzelnen Bauschichten unzählige weitere Markierungen, die entweder eine Kugel, wahrscheinlicher aber ein Kuboktaeder entstehen lassen. Vermutlich befinden sich in diesem Bereich Gesteinsschichten anderer Dichte oder Kammern mit Sand oder Hohlräumen.

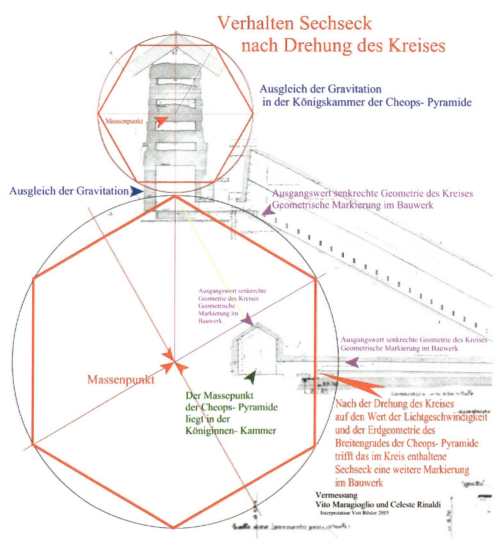

Verhalten des Sechsecks nach der Drehung des Kreises. Wird der Kreis mit dem Sechseck / Hexagon gedreht, so das die Linie des aufsteigenden 29,9 (30) Grad- Winkels den Schnittpunkt in der Königskammer trifft, liegt eine Linie des Hexagons wiederum exakt auf einer diesmal senkrechten Markierung im Gang zur Königinnen- Kammer

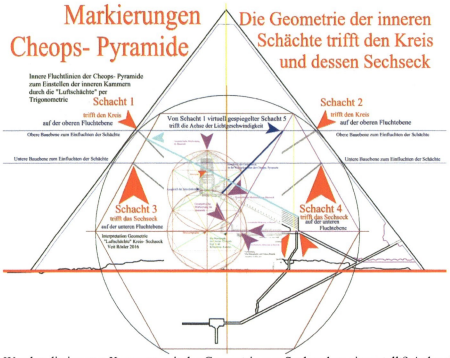

Wurden die inneren Kammern mit der Geometrie von Sechsecken eingestellt? Anhand der Luftschächte (Schacht 3 und Schacht 4) der Königinnen- Kammer ist eine Übereinstimmung mit einem Sechseck zu erkennen

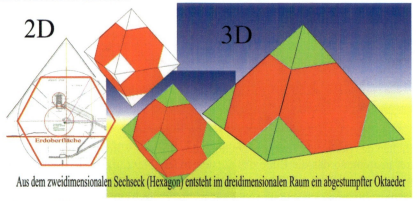

Aus dem zweidimensionalen Sechseck (Hexagon) entsteht im dreidimensionalen Raum ein abgestumpfter Oktaeder - Seite 245: Die Königskammer der Cheops- Pyramide mit ihren gewaltigen Entlastungssteinen - Zeichnung mit Unterstützung Franck Monnier

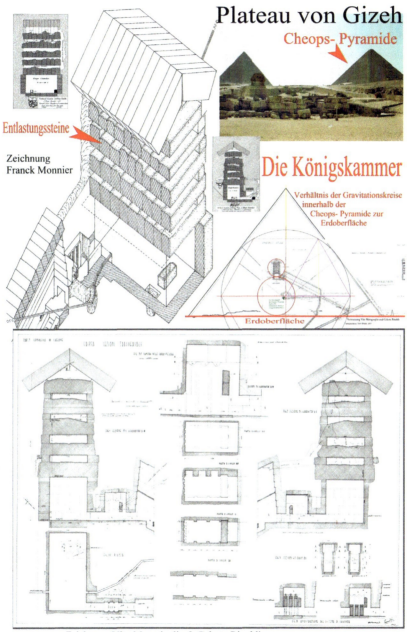

Plateau von Gizeh
Cheops- Pyramide
Entlastungssteine
Zeichnung Franck Monnier
Die Königskammer
Verhältnis der Gravitationskreise innerhalb der Cheops- Pyramide zur Erdoberfläche
Erdoberfläche
Zeichnung Vito Maragioglio & Celeste Rinaldi

Größenvergleich Erde - Mond

Ausgleich der Gravitation in der Königskammer der Cheops- Pyramide

Die aufgelegten Kreisflächen zeigen die tatsächliche Größenrelation zwischen Mond und Erde

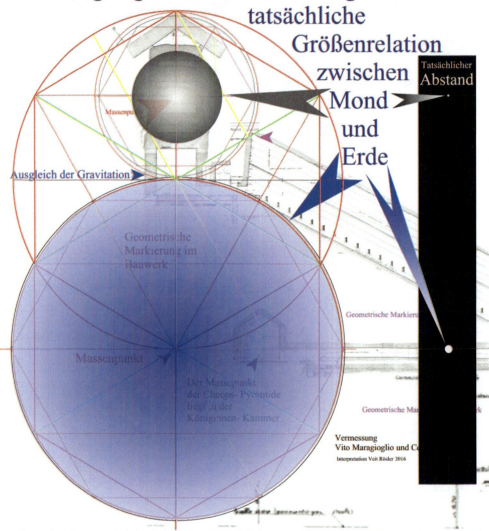

Der Größenvergleich zwischen tatsächlicher Größe des Mondes und der tatsächlichen Größe der Erdkugel zeigt, was die Ägypter in der Cheops- Pyramide möglicherweise vorhatten! Die virtuelle Erdkugel entspricht dem Abstand Königskammer - Erdboden. Die virtuelle Mondkugel entspricht etwa der Größe der Entlastungssteine. Die Masse der viel größeren tatsächlichen Erdkugel und die Masse des weicheren umgebenden Pyramidenkörpers wird durch den viel kleineren Abstand der beiden virtuellen schweren Massepunkte in der Pyramide ausgeglichen.

Das Ergebnis?

Steht jetzt möglicherweise noch der „echte" Mond mit seiner Gravitation, ggf. zu dem in einer annähernden Linearkonstellation mit der Sonne über den Pyramiden von Gizeh, könnte es ähnlich den Gezeiten in der Summe der die Erdgravitation ausgleichenden Kräfte und der Erdumdrehungsgeschwindigkeit womöglich dazu kommen, dass sich Dinge in der Königskammer über dem Sarkophag abheben und in einen Schwebevorgang übergehen. Wenn sich zum Beispiel Wasser in dem nach unten hin dichten Sarkophag befände, könnte dieses ein „Mini- Universum" gebildet haben. Ebenso könnten die Alten Ägypter mit Rauchpartikeln gearbeitet haben, die sich ja durch die nach oben steigende Wärme schon vom Boden abheben. Der wahrscheinlichste Punkt für ein Funktionieren wäre sicherlich der Tag der nördlichen Sommersonnenwende, wenn sich die Sonne in ihrem maximal möglichen steilsten Winkel über den Pyramiden befindet. Ein weiterer begünstigender Faktor wäre zudem die Linearkonstellation mit dem Mond zu einer Sonnenfinsternis. Da die Mondbahn durch die Himmelsmechanik unterschiedlich nahe an der Erde vorbei läuft, also in Extremfällen zwischen ca. 356 400 und 406 700 Kilometern, kann es zur Erde zu sehr nahen Mondphasen kommen. Die Berechnung der Mondgeometrie durch die Anziehungskräfte der Erde, der Sonne und der übrigen Planeten ist zwar eine komplizierte, aber keine unlösbare Aufgabe. Bei der Annäherung an die Erde können sogar seltene Extremstwerte erreicht werden. So kam der Mond 1054 v. Chr. der Erde auf 356 353 km nahe.

Denkbar wäre auch: Vielleicht haben die Konstrukteure der Pyramiden zusätzlich auch noch die Gravitationskraft eines vagabundierenden Planeten mit einbezogen. Über 500 solcher Exoplaneten ohne eigenen Mutterstern wurden bisher außerhalb unseres Sonnensystems entdeckt. Genährt wird diese Variante durch die Neigung der Äquatorebene der Sonne gegenüber der mittleren Bahnebene der Planeten von etwa sieben Prozent. Wegen der enormen Masse der Sonne dürfte ihre Achse kaum ins Taumeln geraten. Möglich wäre daher ein in der Frühzeit begleitender Zwergstern oder ein vorbeiziehender Nachbarstern. Diese Phänomene hätten die planetare Scheibe um die annähernd sieben Prozent kippen können, während die Achse der massereichen Sonne weitestgehend ihre Position beibehalten hätte. In der Bibel im Alten Testament wird möglicherweise das Ergebnis so einer Konstellation im Buch Josua Kapitel 10 Absatz 12 beschrieben: „Sonne und Mond bleiben stehen." Da Josua das Ereignis ankündigen konnte, muss es durch astronomische Beobachtung vorhersagbar gewesen sein. Entweder gab es zwei Sonnen, so das eine „dunklere" Sonne gegen das Hauptlicht nicht gesehen wurde oder die Rotation der Erde wurde durch die Ablenkung durch einen Fremdkörper verändert. Vielleicht waren beide, aber auch noch mehr Phänomene gleichzeitig zutreffend. Die weiteren „üblichen Verdächtigen" wären zum Beispiel nach heutiger Wissenschaft bisher nicht nachgewiesene Himmelskörper, wie der hypothetische Zwergstern Nemesis, der hypothetische Planet Tyche, der hypothetische Planet Neun und das tatsächlich nachgewiesene Objekt Sedna.

Nemesis könnte als bisher nicht sichtbarer Brauner Zwerg, als Begleiter der Sonne und damit in einem Doppelsternsystem unser Sonnensystem aller 26 bis 33 Millionen Jahre frequentieren. Die Vermutung seiner Existenz beruht auf dem scheinbar regelmäßig periodisch wiederkehrenden Phänomen des vermehrten Massen- und Artensterbens im Zusammenhang mit Zeiträumen vermehrter Kometeneinschläge. Auf seiner Umlaufbahn könnte Nemesis, so die Vermutung, die Oortsche Wolke durchstreifen und dabei Kometen auf ihrer Umlaufbahn ablenken, von denen dann einige willkürlich die Erde treffen würden.

Der nicht nachgewiesene Planet Tyche würde ebenfalls bestimmte Bahnbesonderheiten von Kometen erklären. Er müsste, so die Berechnungen, über eine sehr große Masse verfügen und die Sonne in einer Entfernung von sechs Lichtmonaten in einer Umlaufzeit von 5,8 Millionen Jahren umkreisen.

Der weit außerhalb der Umlaufbahn des Neptun bisher nur vermutete Planet Neun könnte für Abweichungen der Bahnen von Objekten im Bereich der Umlaufbahn des Neptun verantwortlich sein.

Tatsächlich nachgewiesen wurde 2003 das weit entfernte Objekt Sedna, das die Sonne auf einer stark elliptischen Bahn in einer Umlaufzeit von ca. 11.150 Jahren umrundet. Durch die extrem elliptische Bahn benötigt das Sonnenlicht am nächsten Punkt zur Sonne zu Sedna ca. 10 Stunden, am weitesten entfernten Punkt sind es ca. 5 Tage und derzeit ca. 12 Lichtstunden.

Würde ein winziges Teilchen in der Königskammer der Cheops- Pyramide lange genug in einen Schwebevorgang verweilen, würde seine eigene Geometrie und damit eigene Gravitation beginnen, andere Teilchen zu beeinflussen und anzuziehen. Es wäre denkbar, dass die beiden anderen Pyramiden mit ihrer Masse dazu beigetragen haben, dass sich in der Oberen Kammer der Cheops- Pyramide, ähnlich der Beziehung Milchstraße - Sonnensystem - Erde - Mond, nur in trigonometrischer Verkleinerung, eine Drehbewegung von frei in der Luft schwebenden Teilchen erzeugen ließ. Durch die Corioliskraft würde sich sogar eine Drehbewegung rechtsherum im Uhrzeigersinn bilden. Dies alles ist nichts weiter, als das gleiche System, mit dem der Mond seine Umlaufbahn um die Erde dreht. Es könnte funktioniert haben!

Durch die Geometrie der die Königskammer umgebenden, offenbar absichtlich exakt vordefinierten Massen könnte es unter bestimmten Bedingungen den Ägyptern gelungen sein, bei einer bestimmten Position des die Gravitation wesentlich beeinflussenden Mondes und der Sonne, in der oberen Kammer eine Mini- Galaxie zu erzeugen. Durch den Pirouetteneffekt und die zwingende Geometrie des Kreises hätte sich der Punkt im Innern dieser Spirale in einer Schleifenformel aus Geometrie, Energie und Materie zunehmend schneller bewegt. Der Drehimpuls des Punktes im Innern hätte ohne wesentliche Gegenkraft Lichtgeschwindigkeit erreichen können. Es wäre eine Art Schwarzes Loch entstanden. Wenn sich etwas mit Lichtgeschwindigkeit bewegt, bleibt die Zeit stehen!

Wie jeder Astrophysiker und eigentlich auch jeder neugierige Mensch der Neuzeit müssten sich die Menschen des Altertums auch schon darüber Gedanken gemacht haben, was uns auf der Erde und alle Dinge zusammenhält. Wenn die Alten Ägypter in den noch immer geheimnisvollen Schächten und Kammern der Pyramiden Pendelversuche mit der Geometrie und der Gravitation der Erde veranstaltet haben, dann ist naheliegend, dass die enormen Massen über der Königskammer zumindest einen Versuch darstellen könnten, die Gravitation auszugleichen. Selbst wenn das System nicht funktioniert hätte, so wäre im Ausschlussverfahren eine Teilantwort auf der Suche nach der Ursache der Gravitation möglich. Stände zum Beispiel die Frage im Raum, ob es sich bei der Gravitation um eine Kraftwirkung oder das Ergebnis einer Kreisgeometrie handelte, so fiele die Antwort bei einem nicht funktionierenden Schwebevorgang zu Gunsten der Geometrie aus. War nicht Albert Einsteins allgemeine Relativitätstheorie auch eine auf Geometrie basierende Theorie?

Sollte das „Abheben" auch schon ohne den Einfluss des Mondes möglich sein, könnte der Inhalt des Sarkophags auch, möglicherweise mit Wasser oder mit Steinen gefüllt, zur Fein- Kalibrierung des Systems gedient haben, um den Einfluss der Gravitation des Mondes und der Sonne zu simulieren und damit genau einzujustieren. Ebenso könnte der Sarkophag aber auch einen lebenden Menschen als Beobachter eines sich über ihm abspielenden Ereignisses schützenden Raum geboten haben. Eine vergleichbare Beobachtungsnische befindet sich auch in der Ostwand der Königinnen- Kammer.

Ob der Vorgang auch heute noch funktioniert? Um einen nicht zu eskalierenden Schwebevorgang zu erreichen, müssen die Ägypter bei der Berechnung durch Trigonometrie sehr genau gearbeitet haben. Dies könnte erklären, warum zum Beispiel die Mykerinos- Pyramide bis zu einer bestimmten Höhe mit Granit verblendet war. Wesentliche Einflussfaktoren wie zum Beispiel die Geschwindigkeit der Erdumdrehung haben sich im Laufe der Jahrtausende geringfügig verändert. Die Drehbewegung der Erde ist geringfügig langsamer geworden, die Zentrifugalkraft dadurch kleiner. Schwankungen entstehen durch die Gezeitenreibung, durch Drehimpulsaustausch zwischen Erdkern und Erdmantel sowie durch Verschiebung der Wasser - und Eisverteilung auf der Erdkugel. Die mittlere Entfernung zum Mond ist geringfügig größer, als vor 4600 Jahren.

Leider sind auch die die Masse der Pyramide beeinflussenden äußeren Verkleidungssteine abgebaut worden. Das innere Kammersystem insbesondere die oberen Granitsteine wurden ebenfalls verändert, selbst unter Zuhilfenahme von Sprengstoff. Würde der Vergleich der fein kalibrierten Versuchsapparatur „Pyramiden von Gizeh" aus der Zeit des Altertums mit dem Teilchenbeschleuniger CERN herangezogen, dann wäre CERN quasi mit Spitzhacke, Spaten und Dynamit malträtiert worden.

Albert Einstein hat in seiner Relativitätstheorie die Zusammenhänge zwischen Gravitation, Lichtgeschwindigkeit und der Zeit beschrieben.

Hat der Schwebevorgang in der Königskammer funktioniert, was bei der Perfektion der Alten Ägypter durchaus möglich wäre, dann hatten diese keine Relativitätstheorie, dann hatten sie ein Relativitätsgesetz! Dann haben sie womöglich die heute noch immer nicht gefundene Urformel entdeckt und das schon vor vielen tausend Jahren. Dann wären sie uns Menschen der vermeintlichen Neuzeit weit überlegen! Dann war es damals vielleicht nur noch ein kleiner Schritt, um die Ursache für die Entstehung der irdischen Welt zu erforschen.

Die Schwerkraft ist eine der grundlegendsten Kräfte bzw. Geometrien, die auch schon die Alten Ägypter interessiert haben dürfte und die für die Existenz von Schwarzen Löchern maßgeblich beteiligt sein soll. Sie hält uns auf der Erde, die Planeten auf ihren Umlaufbahnen und sie lässt die Galaxien entstehen. Die Schwerkraft ist noch immer die Unerklärlichste aller bekannten Größen, die eine Vielzahl weiterer unerklärlicher Phänomene mit einschließt. Ohne die Schwerkraft gäbe es das Universum nicht. Die Schwerkraft ist im Vergleich zu den anderen drei Grundkräften der Physik sehr schwach. Warum die Schwerkraft im Vergleich mit den drei weiteren Fundamentalkräften, der elektromagnetischen Kraft sowie der starken und schwachen Kraft in der Wechselwirkung der Quantenfeldtheorie so schwach ist, konnte bisher nicht geklärt werden. Trotz ihrer Schwäche ist die Gravitation die dominierende Kraft im Universum. Sie hat eine unendliche Reichweite und sie lässt sich nicht abschirmen. Die Gravitation ist und bleibt rätselhaft.

Die nächsten spannenden Fragen sind: Was wäre das Ziel? War es nur Grundlagenforschung? Neugier? Haben die Alten Ägypter bei ihren Gravitationsversuchen nach der Theorie von Albert Einstein auch Einfluss auf die Zeit nehmen können? „Die Welt fürchtet die Zeit. Die Zeit fürchtet die Pyramiden", heißt es in einem alten ägyptischen Sprichwort.

Nach Einsteins Relativitätstheorie verformt die Masse eines Körpers zunächst nur den Raum und die Zeit. Aber was ist die Zeit überhaupt? Die Zeit gehört ebenfalls noch immer zu den größten Rätseln der Natur. Wie entsteht sie? Die Zeit müsste laut Relativitätstheorie veränderbar und modulierbar sein. Albert Einstein kam zu der Überzeugung, dass nicht die Zeit, sondern die Vakuumlichtgeschwindigkeit als absolut anzusehen ist. Die Zeit erhält einen relativen Charakter. Sie kann in unterschiedlichen Bezugssystemen verschieden schnell vergehen. So verstreicht die Zeit in schnell bewegten Systemen langsamer, als in langsam bewegten Systemen. Theoretisch müsste die Zeit demnach überall im Universum unterschiedlich schnell vergehen. Zeitreisen wären möglich, theoretisch zumindest. Vielleicht taucht ja irgendwann mal sogar ein Alter Ägypter auf. Dieser kann sich auf jeden Fall schon auf einen umfangreichen Fragenkatalog einrichten!

Das alles wird wohl das ewige Geheimnis der Pyramiden bleiben. Es sei denn, es wird einfach wissenschaftlich untersucht, berechnet und ausprobiert. Nicht nur von Archäologen, sondern auch von Astrophysikern. Die fachgerechte Restaurierung der Pyramiden könnte möglicherweise mehr Erkenntnisse bringen, als ein „milliardenschwerer" Teilchenbeschleuniger.

Ein dagegen kleines Mysterium stellt der Vorraum zur Königskammer dar, in dem sich ein Fallgattersystem aus mehreren Steinen befunden haben könnte. Dieses hätte bei der Interpretation der Pyramide als Grabstätte die Königskammer als sogenannte „Blockiersteinkammer" abschließen können. Merkwürdig ist dabei nur, dass es im geschlossenen Zustand durch Übersteigen verhältnismäßig leicht hätte umgangen werden können. Beschädigungen auf der Südseite in diesem Raum zeugen davon, dass die Steine einst möglicherweise herabgelassen gewesen sein könnten. Dennoch sind die Fallgattersteine spurlos verschwunden. Sie müssten jeweils ein Gewicht von über zwei Tonnen auf die Waage gebracht haben. In den Gängen der Pyramide wurden später Granitfragmente gefunden, die Teile dieser Fallgattersteine sein könnten. Wie und warum sie dahin gekommen sind, ist ein Rätsel. Ein vermeintliches Fragment befand sich in der sogenannten Grotte, weitere im absteigenden Korridor. Ein weiteres vermeintliches Bruchstück liegt heute vor dem ursprünglichen Eingang der Pyramide. Merkwürdig erscheint, dass in der kleinen Kammer des Vorraums zur Königskammer für die notwendigen, eine Zugkraft erzeugenden Menschen kein ausreichender Platz gewesen wäre. Über den Umstand, dass es in der Königskammer eine spontane gewaltige Druckerhöhung in Form einer Detonation gegeben haben könnte, wurde bisher noch nicht nachgedacht. Wie hätten die Alten Ägypter diese vor über 4500 Jahren auch ohne Sprengstoff auslösen können und vor allem warum? Eine Detonation, aus welchen Gründen auch immer, hätte die Granitfragmente zumindest durchaus in das Gangsystem schleudern können, bis zu den Stellen, an denen sie später gefunden wurden. Ein wie auch immer gearteter Versuch mit den Kräften der Geometrie und Energie könnte eskaliert sein und so eine Druckwelle erzeugt haben. In den alten Dampflokomotiven der Neuzeit wurden in die Zylinder sogenannte „Bruchplatten" eingebaut, die bei einem spontanen Wasserschlag eine Soll- Bruchstelle darstellen. Weil sich Wasser gegenüber Dampf nicht komprimieren lässt, wurden bei einem Wasserschlag nur die leicht auswechselbaren Bruchplatten und nicht der komplette Zylinder zerstört.

Die Gravitation? Das sind die Fakten:
Die Gravitationskonstante ist eine Fundamentalkonstante der Physik. Die Gravitationskraft ist außerordentlich gering. Genaue Messungen sind daher nur auf vier Dezimalstellen hinter dem Komma möglich. Die genaue Entstehung der Gravitation ist noch immer nicht geklärt. Fast scheint es, als sei die Gravitation gar keine Konstante, sondern durch noch nicht erklärte Vorgänge geringfügig veränderbar, was unterschiedliche Messergebnisse und die nicht genaue Messbarkeit erklären würde. Albert Einstein bringt mit seinen Relativitätstheorien den Raum, also Höhe, Breite, Tiefe, die Masse, die Lichtgeschwindigkeit und die Gravitation in Zusammenhang. Die Ägypter könnten mit ihren Anlagen insbesondere mit den Schächten in Sakkara, mit den Kammern der Knick- Pyramide, der Roten Pyramide und mit der Königskammer wie auch mit der Königinnen- Kammer Gravitationsversuche veranstaltet haben, mit denen sie über einen Zeitraum von ca. 100 Jahren mit Hilfe der Trigonometrie das System möglicherweise durchschaut haben könnten.

Dadurch, dass sie unterschiedlich große Pyramiden mit noch dazu unterschiedlichen Böschungswinkeln und damit verschiedenen Formen an versetzten Standorten gebaut haben, könnten sie in den geheimnisvollen Schächten und Kammern die Gestalt der Erde ausgependelt und per Trigonometrie verkleinert dargestellt haben. Die Pyramiden von Gizeh wären diese geometrische Verkleinerung des Sonnensystems und des Universums.

An den später ausgemessenen Bauzeichnungen der Cheops- Pyramide ist zu erkennen, es wurden mehrere Sechsecke eingebaut. Im dreidimensionalen Raum ist ein Sechseck/Hexagon über einen abgestumpften Oktaeder ein Kuboktaeder. Dieser kommt der Kugelgestalt sehr nahe. Weil die Ägypter keine Kugel bauen konnten, war dies vermutlich bei der Geometrie der Pyramide die gewählte Lösung zur Umsetzung der Gestalt der Erde.

Ebenso wurde möglicherweise schon beim Bau der Cheops- Pyramide das Bauwerk selbst auf den Breitengrad der Lichtgeschwindigkeit gelegt. Unter dem Bauwerk befindet sich wie in den Vorgängerbauten in Sakkara und Dahschur ein Schacht. Nach der Fertigstellung der Pyramide könnten die „Astro- Physiker des Altertums" damit die Gravitation des Bauwerks und das physikalische Verhalten des Standortes ausgependelt haben. Ein noch immer dort befindlicher Stein mit zwei Löchern könnte dies beweisen.

Der Vorteil eines bekannten Standortes auf der Erdgeometrie lag darin, dass die Vermesser auf einer Kugel in der Geometrie eines Sechsecks mit der Erde einen Vergleichskörper hatten, dessen Maße und physikalisches Verhalten sie bereits kannten. Nun konnten sie das Sechseck dieses Körpers als Referenzobjekt virtuell auf andere, weit entfernte Kugeln (Planeten/Sonnen) legen und damit vergleichen.

Die Vorgehensweise dabei wiederum: Verhältnisgleichung und Trigonometrie. Sie mussten nur das Sechseck virtuell auf einen fremden Himmelskörper übertragen. Mit nur wenigen von der Erde aus zu messenden Daten konnten sie so mit den Grundgesetzen der Geometrie durch Verhältnisgleichung und Trigonometrie alle anderen benötigten Werte des angepeilten Himmelskörpers berechnen. Sie brauchten die Himmelskörper dafür nicht optisch zu vergrößern. Seine geometrische Flugbahn als winziger Punkt in der Nähe um andere Himmelskörper herum hätte bereits ausgereicht, um über Trigonometrie die benötigten Daten zu erhalten.

Wenn die Ägypter schon beim Bau der Pyramiden von Gizeh über die Gravitation Bescheid wussten, dann haben sie vielleicht in der Königskammer nicht nur mit der Gravitation und der Geschwindigkeit experimentiert, sondern auch noch mit der Zeit. Mit einem tiefen Verständnis über die geometrischen Grundsätze der Trigonometrie hätten sie ohnehin die zukünftigen physikalischen Erscheinungen in der Zeit vorausberechnen können.

<u>Was sagt die Sagenwelt zum Thema Cheops- Pyramide und Gravitation?</u>

In der Mythologie wird in der Atlantis- Sage im Zusammenhang mit den mehr oder weniger geheimen „Smaragdtafeln von Thoth dem Atlanter" über die Cheops- Pyramide offenbart: „Ich errichtete über dem Durchgang eine mächtige Pyramide, indem ich die Kraft benutzte, welche die Erdkraft überwindet." Zur Chephren- Pyramide heißt es: „Ich erbaute die große Pyramide nach dem Modell der Erdkraft- Pyramide, welche ewig brennt, damit auch sie die Zeitalter überdauern möge. In sie baute ich mein Wissen der magischen Wissenschaften ein, damit es noch existieren möge, wenn ich wieder von Amenti zurückkehren werde." Mit „Erdkraft" ist die Schwerkraft gemeint. Die Aussage der in ihrer Herkunft umstrittenen Smaragdtafeln könnte zumindest auf Sagen bzw. mündlichen Überlieferungen beruhen, in denen bekanntlich immer ein Fünkchen Wahrheit steckt. Der Smaragdtafel- Aussage folgend soll die heute so bezeichnete Cheops- Pyramide 36.000 Jahre vor Christus mit Hilfe einer der Schwerkraft entgegenwirkenden Kraft gebaut worden sein. Die Steine der Pyramide wären quasi zu ihrem Bestimmungsort geschwebt. Die als zweite bezeichnete „große" Pyramide scheint laut der nicht eindeutigen Aussage ohne die Erdkraft überwindende Maßnahmen errichtet worden zu sein. Was unlogisch wäre. Sie ist tatsächlich auch nicht die „große" Pyramide. Sie steht nur ca. 11,11 Meter höher, ist aber von der Höhe her kleiner, als die Cheops- Pyramide. Der Übersetzer der „Smaragdtafeln" Dr. M. Doreal hat möglicherweise 1925 das zu dieser Zeit verfügbare Wissen und Halbwissen in seinen Arbeiten verwendet. Was bleibt, ist die Bezeichnung „Erdkraft- Pyramide" für die Cheops- Pyramide, wie auch immer dieser Begriff zustande gekommen ist.

Sensibel veranlagte Besucher der Königskammer der Cheops- Pyramide berichten nach ihrer Rückkehr an das Tageslicht nicht selten von Übelkeit und auch von Kreislaufproblemen. Mitunter auch von einer unerklärlichen Inspiration. Vielleicht werden diese Phänomene nicht nur von der anstrengenden Klettertour, sondern auch vom beeinflussten, körpereigenen Gleichgewichtssinn verursacht.

Als Napoleon Bonaparte (1769-1821) während seines Ägypten- Feldzuges (1798bis1801) die Pyramiden besuchte, war er 29 Jahre alt und noch ein junger, übermütiger General voller verrückter Einfälle. Einmal entschloss er sich eine Nacht in dem Sarkophag der Cheops- Pyramide zu verbringen. Am nächsten Morgen war er ziemlich mitgenommen. Er wollte nicht darüber sprechen, was in der Nacht passiert ist. Er ließ danach den Sarkophag einige Zentimeter verschieben. Offenbar nahm er an, dass ihm damit seine Magie genommen wird. Das Erlebnis war so beeindruckend, dass er es sein ganzes Leben nicht vergessen konnte. Erst kurz vor seinem Tod wollte er endlich darüber sprechen.

Er begann zu reden, stoppte dann aber und sagte:

„Das glaubt mir sowieso kein Mensch."

Die Realität der Geschichte
Gott - Die Urknalltheorie der Alten Ägypter

„Falls Gott die Welt erschaffen hat, war seine Hauptsorge sicher nicht, sie so zu machen, dass wir sie verstehen können", meinte einst Albert Einstein (1879-1955), über 4400 Jahre nach dem Bau der Pyramiden von Gizeh.

Hätten die Alten Ägypter eine Möglichkeit gefunden, die Steine der Pyramiden oder auch nur ein winziges Teilchen im Innern der Cheops- Pyramide durch Ausgleich der Gravitation in die Schwebe zu versetzen, so wäre dies ein atemberaubender Vorgang, der sicher als Kunstwerk auf vielen Tempelwänden eine Verankerung gefunden hätte. Die revolutionäre Technologie hätte sich mit Sicherheit bis in die heutige Zeit fortgesetzt, bis hin zur absoluten Perfektion. Wir würden also vermutlich alle per Schwebe auf Reisen gehen, ohne uns auf Schienen, auf Straßen und mit beflügelten Flugzeugen mit rotierenden Aggregaten herumquälen zu müssen.

Andererseits könnte es aber auch in dieser einzigartigen Konstruktion der Cheops- Pyramide funktioniert haben, damit an nur einer Stelle auf unserer Erde und vielleicht eben nur mit winzigen Teilchen. Vielleicht haben die Alten Ägypter nach

Dingen gesucht, die nicht von dieser Welt sind. Nach Dingen, die wir heute mit unserer fortschrittlichen, komplizierten und von Dogmen geprägten Denkweise nicht einmal erahnen.

Auf den ägyptischen Tempelwänden sind über den Pyramidenbau nahezu keinerlei Informationen verankert. Die praktische Umsetzung des eigentlichen Bauvorhabens muss so simpel und alltagstauglich gewesen sein, dass der Vorgang den Ägyptern an vielen Stellen im Alltag begegnet ist.

Bei einem Gravitationsexperiment in der Cheops- Pyramide muss nicht unbedingt ein finaler Schwebevorgang das Ziel gewesen sein. Ein wissenschaftlicher Erfolg wäre bereits zu verbuchen, könnte in einem Ausschlussverfahren eine bestimmte Theorie bestätigt oder widerlegt werden. So stehen selbst heute die beiden Varianten im Raum, ob es sich bei der Gravitation um eine anziehende Kraftwirkung oder eine Geometrie aus Raum und Zeit handelt. Für beide Theorien gibt es handfeste Argumente. Beide Theorien liefern vermess- und berechenbare Ergebnisse.

Eine wie auch immer geartete Reaktion in einem finalen Gravitationsexperiment in der Königskammer würde in zwei philosophischen Ergebnissen münden:

Variante 1: Sie haben es geschafft: - Dann waren sie durch ihre Intelligenz und ihre physikalische Kraft der Schöpfung fast ebenbürtig. Dann müssen sie für das trigonometrisch vergrößerte Universum eine sehr viel einflussreichere, größere Kraft erkannt haben. Sie selber können diese aber nur in ihrem relativ winzigen Raum, insbesondere den präparierten Kammern der Cheops- Pyramide beeinflussen, mit dem extremen Aufwand des Pyramidenbaus.

Variante 2: Sie haben es nicht geschafft: - Dann müssen sie erst recht für das trigonometrisch vergrößerte Universum und für seine Verkleinerung selbst auch im Raum der Pyramiden eine sehr viel einflussreichere größere Kraft erkannt haben. Sie können diese trotz ihrer eigenen Intelligenz und physischen Stärke nicht beeinflussen.

Das Ergebnis würde quasi in den gleichen Fragen und Erkenntnissen münden:
Welches Element beeinflusst alle Dimensionen? Das natürlich geschaffene System scheint derart genial zu sein, dass es offensichtlich und allgegenwärtig sowohl im „minimäßigsten" Mikrokosmos als auch im „gigantischstem" Universum funktioniert. Es scheint ein sich selbst organisierendes und sich selbst kontrollierendes geometrisches System zu sein. Damit es sich nicht permanent im Zustand eines Chaos und damit im Zustand einer allgegenwärtigen Suppe befindet, müsste dieses geniale System eigentlich von der schöpferischen Kraft, die es erschaffen hat, mit einer denkenden Begabung ausgestattet sein. Lichtgeschwindigkeit,

Gravitation, Zeit, Geometrie? Die Alten Ägypter könnten die Ergebnisse ihrer Pyramiden- Forschung mit der Schöpfung selbst in Zusammenhang gebracht haben.

Vielleicht haben sie ihr ja sogar gegenüber gestanden!

Analog der heutigen Interpretation haben die Alten Ägypter möglicherweise mit den Pyramiden theoretische Physik und Grundlagenforschung betrieben. Da sich die Physik in 4500 Jahren nicht wesentlich verändert haben dürfte, müssten die Menschen des Altertums zwangsläufig zu ähnlichen Ergebnissen gekommen sein, die auch heute möglich sind und auch später noch möglich sein werden.

Wird unterstellt, die Alten Ägypter haben die Sterne beobachtet, wobei ihnen die Lichtgeschwindigkeit und die Gravitation begegnet sein könnten, ja sogar begegnet sein müssen, dann waren sie laut heutiger Interpretation Wissenschaftler. Sie waren quasi die Albert Einsteins ihrer Zeit und dessen genialem Geist möglicherweise ebenbürtig.

Ob Albert Einstein an Gott geglaubt hat, lässt sich nur schwer interpretieren. „Gott- Befürworter" sind fest davon überzeugt. „Gott- Ablehner" schwören auf das Gegenteil. Was Einstein tatsächlich über Gott gedacht hat, bleibt für immer sein persönliches Geheimnis.

„Wissenschaft ohne Religion ist lahm, Religion ohne Wissenschaft ist blind", so eine weitere an die Nachwelt übermittelte Weisheit Albert Einsteins.

Albert Einstein sprach in seinen späten Jahren von einem „kosmisch, religiösen Gefühl", das seine wissenschaftliche Arbeit durchdrang und stützte. Ein Jahr vor seinem Tod meinte er 1954, er würde das Universum gern als einziges kosmisches Ganzes erfahren. Wenn in ihm etwas als religiös bezeichnet werden könne, meinte er: „ .... so ist es eine unbegrenzte Bewunderung der Struktur der Welt, so weit sie unsere Wissenschaft enthüllen kann."

Ein derartiges religiöses Gefühl könnten auch schon die Alten Ägypter empfunden haben! Sie hatten möglicherweise gerade erst erlebt, wie sich Dinge an der Grenze zur Schöpfung in einen Schwebezustand versetzen ließen. Oder eben, dass sich das gewünschte Vorhaben nicht realisieren ließ. Es wären beide Varianten möglich, die beide das gleiche Ergebnis generieren würden.

Albert Einstein hat immer wieder religiöse Elemente in seine Arbeit eingefügt. Einer seiner bekanntesten Sprüche aus dem Jahre 1926 lautet: „Gott würfelt nicht", als es um die unerklärlichen Zufälle in der Quantentheorie ging.

Wir wissen heute weder was Albert Einstein tatsächlich über Gott gedacht hat und wir wissen auch nicht, was die Alten Ägypter über die Ergebnisse ihrer Arbeit und damit über ihren Gott gedacht haben. Es stehen jedwede Interpretationsmöglichkeiten offen. Albert Einstein und möglicherweise auch die Pyramidenbauer waren Wissenschaftler. Wie müsste vom wissenschaftlichen Standpunkt herangegangen werden? Was hätten sowohl die Wissenschaftler im Ägypten des Altertums als auch der Wissenschaftler Albert Einstein tun können? Was haben sie vielleicht tatsächlich bewusst oder unbewusst auch versucht zu tun? Sie hätten ihre These beweisen müssen, um auch weiterhin den wissenschaftlichen Weg zu beschreiten.

Die wissenschaftliche Beweispflicht eröffnet wiederum zwei Varianten:

Es generiert die eine These: Es gibt einen Gott. Die „Gott- Theorie" lässt sich aber leider nicht beweisen.

Die zweite These: Es gibt keinen Gott. Die „Kein- Gott- Theorie" lässt sich aber eben auch nicht beweisen!

Es kommt also zur Pattsituation! Die Frage bleibt unentschieden. Aber stimmt das?

Denn nun kommen noch zwei weitere Überlegungen dazu:

Überlegung Nr.1: Wir leben auf einem blauen Planeten, mit einer optimalen Menge Wasser in flüssiger Form, der in atemberaubender Geschwindigkeit in einer winzigen habitablen Zone um einen Feuerball rast. Wir werden von einer Kugel in deren optimaler Größe und Geschwindigkeit umrundet, die unsere Meere bewegt. Die Gravitationswirkung ist im Zusammenspiel mit der Geschwindigkeit von Licht und Zeit derart sensibel eingestellt, dass sich Sonnensysteme, Galaxien und ein Universum bilden konnten. Unsere Welt besteht aus unendlich vielen Zufällen. Nur diese Zufälle haben erst die Entstehung des Universums und auf unserer so scheinbar genial gemachten Erde den über sich selbst nachdenkenden Menschen entstehen lassen. Die Welt scheint geometrisch aufgebaut zu sein, denn sie lässt sich ja per Trigonometrie sowohl in Raum als auch in der Zeit vermessen. Es gibt offensichtlich immer einen Punkt, der vorher schon da war und einen Punkt, den es später an vordefinierbarer Stelle noch geben wird. Beide können ja vermessen werden. Das bedeutet: Die Welt scheint sich selber zu organisieren und gleichzeitig, durch die Trigonometrie vermessbar, selber zu kontrollieren. Das ist das Wesensmerkmal der Trigonometrie, quasi der Gegenmechanismus aus „Murphys Gesetz": Es wird passieren, was passieren kann. Damit daraus nicht das Chaos passiert, scheint es eine geniale Ordnung zu geben, die noch dazu alles im Gleichgewicht hält. Theoretisch müsste die Welt so gesehen aus Chaos bestehen. Das tut sie aber nicht, sie ist berechenbar, weil ja vermessbar. Die stabilen Zustände in unserem Sonnensystem haben sich sicherlich über Jahrmillionen eingestellt. Unendlich viele Zufälle haben dabei eine Rolle gespielt. Durch Geometrie ließe sich aber vorherbestimmen, was passieren wird. Durch Trigonometrie ließe sich ja der Moment des Urknalls zurück berechnen und auch noch das, was geschehen wird. Unser Wissen, unsere Seele, unser Geist entsteht auch nur durch Geometrie in unserem Gehirn. Damit wäre dieser schöpferische Geist ebenfalls vorhersagbar, quasi durch Geometrie programmierbar. Wird beim Bau einer Pyramide eine Winzigkeit, ein Zahlenwert verändert, so verändert diese Winzigkeit relativ dazu alle Zahlenwerte des gesamten Systems. Durch die alles durchdringende Gravitation, durch die Verbindung von Zeit und (Licht) Geschwindigkeit verändert demnach, ähnlich einer Pyramide, auch jede kleine Veränderung relativ dazu das gesamte System.

Wer hat das organisiert? Es steht 51 % für die „Gott- Theoretiker". Selbst wenn eines Tages umfänglich bewiesen werden könnte, es war immer nur Physik. Dann wäre ein Gott nicht nötig, denn die Physik wäre ja wie ein Gott. Es müsste dann die Frage gestellt werden: Wie kann die Physik sein wie ein Gott?

Überlegung Nr. 2: Wenn es schon so knapp steht, dann würde doch ein vorsichtiger Geist, der es durch seine Vorsicht geschafft hat, in der Evolution nicht vom Baum zu fallen und der diese Vorsicht von seinen Vorfahren vererbt bekommen hat, eher dahin tendieren zu meinen: „Ich bin mal lieber vorsichtig und kalkuliere einen Gott mit ein." Denn zu schaden scheint ja diese Vorsicht nicht. Das Gegenteil könnte aber fatale Folgen haben. Noch dazu erfüllen sich verblüffenderweise Wünsche, zumindest wenn die Gesetze eines Gottes befolgt werden.

So wie es die Geschichte zeigt, scheinen sich die Alten Ägypter in dieser simplen und genialen Weisheit für diese Variante entschieden zu haben. Noch dazu in einer unerschütterlichen Weise, als hätten sie tatsächlich den Beweis gefunden. Egal ob sie so philosophisch darüber nachgedacht haben: Die Geschichte beweist es. Sie haben an einen Gott geglaubt und sie hatten möglicherweise handfeste wissenschaftliche Argumente dafür.

Das würde aber auch bedeuten: Dieser eine, aus der Wissenschaft der Pyramiden hervorgegangene Gott der frühen Ägypter war zuerst da! Vor allen anderen „späteren Göttern" späterer Religionen!

Der Glaube an einen Gott ist vielleicht nicht durch reinen Aberglauben entstanden, durch unerklärlichen Blitz und Donner, sondern durch handfeste Wissenschaft, durch Geometrie und Physik, am Rande der Schöpfung. Vielleicht besteht „das", was wir heute Gott nennen, ja selber aus Geometrie, durch die wiederum die Physik, die Chemie und Biologie entsteht. Durch Geometrie und Trigonometrie lassen sich ja alle diese Elemente sowohl in Raum, als auch in der Zeit vermessen und berechnen. Die Seele in uns Menschen, die Fähigkeit über uns selbst und unsere Umgebung, über das Universum nachzudenken, entsteht ja auch durch ein komplexes System aus Geometrie, Physik, Chemie und Biologie. Wenn Gott so gesehen in allen Dingen steckt, dann ist das möglicherweise Gott. Das haben unsere Vorfahren vielleicht auch schon so gesehen und daraus die Religionen entstehen lassen. Wie schön, aber auch wie leicht ist es doch, an etwas zu glauben, dass uns beschützt und uns führt. Das es uns gut gehen lässt, wenn wir bestimmte Gesetze einhalten, wenn wir uns gegenseitig schützen und die Welt aufbauen. Darin steckt doch dann immer auch tatsächlich ein Stück Schöpfung und damit Gott und sein offensichtliches Ziel, der Aufbau der irdischen Welt.

Die Trigonometrie eröffnet zu dem eine weitere Konsequenz zu dieser „Ein-Gott- Theorie": Wenn sich die Welt durch die Trigonometrie auf einen winzigen Punkt zu aller Anfang reduzieren lässt, den wir heute Urknall nennen, ganz egal ob dieses mit oder ohne einen Gott geschehen ist, dann kann die Welt, selbst wenn sie durch einen Gott entstanden ist, nur durch einen Gott entstanden sein, durch eine Physik. Wir leben ja auch nur in einer Welt. Dieser eine erste Gott, wenn man so will, der frühen Ägypter, wäre demnach auch der einzige Gott. Da alle späteren Religionen, an den vielen Übereinstimmungen und Gleichnissen erkennbar, aus dieser ersten Religion, aus diesem einen ersten noch neutralen Gott hervorgegangen zu sein scheinen, würden grundsätzlich rein logisch alle Religionen an einen, an den gleichen (ersten) Gott glauben, ganz egal wie er von den Menschen genannt wird.

Damit dürfte es grundsätzlich auch keinen Heiligen Krieg geben!

Wenn ein Gott die Welt erschaffen hat, dann hat er ja schließlich auch alle Menschen erschaffen. Wer einem anderen Menschen schadet, schadet dem Werk Gottes! Ein Gott wäre zudem ohnehin mächtig genug, seine Feinde selber zu vernichten. Albert Einstein, selber Nachfahre der Israeliten und damit Angehöriger des jüdischen Volkes lehnte grundsätzlich die Idee ab, dass die Juden Gottes auserwähltes Volk seien. Auch glaubte er laut einem Brief vom 24. März 1954 nicht, dass jeder Mensch einen persönlichen Gott habe.

Selbst die Bibel gibt an einigen Stellen zu verstehen, an nur einen Gott zu glauben, der weder an ein Volk, noch an ein Land geknüpft ist, obwohl das an nicht allen Stellen so deutlich zu interpretieren ist. So heißt es in Josua Kapitel 24 Vers 15: Gefällt es euch aber nicht, dem HERRN zu dienen, so entscheidet euch heute, wem ihr dienen wollt: den Göttern, denen eure Väter ..... gedient haben, oder den Göttern ....., in deren Lande ihr wohnt. Ich aber und mein Haus wollen dem HERRN dienen!

Wir dürfen auch nicht vergessen, dass der Beginn unseres Universums nicht unbedingt der Beginn aller Zeit sein muss. Lange vor den 13,8 Milliarden Jahren, oder auch nur lange vor unserer Existenz könnten sich Zivilisationen entwickelt haben, die mit ihrer Hochtechnologie all die Dinge erschaffen haben, die wir heute sehen, alle Physik und alle Geometrie des uns umgebenden Universums. Die sich vielleicht irgendwo in für uns unsichtbaren Dimensionen verbergen, uns beobachten und beeinflussen und die wir als das empfinden, was Menschen als Gott bezeichnen. Irgend etwas ist da! Die Alten Ägypter haben den Tod erforscht. Bei ihnen taucht die Scheintür in den Gräbern auf, die steingewordene Nahtoterfahrung. Vielleicht haben sie sogar hinter diese Tür schauen können, hinter den langen Gang, hinter dem ein grelles Licht erscheint. Dieses rätselhafte physikalische Phänomen des Lichtes. Die Alten Ägypter haben auch die Wiederauferstehung „erfunden" oder sogar erforscht, die spätere Religionen in ihre Dogmen übernommen haben. Auf unzähligen Zeichnungen an ihren Tempelwänden und in ihren Gräbern haben die Alten Ägypter den Eintritt in das Totenreich durch das Wiegen des Herzens dargestellt. Heute kennen wir das daraus folgende „Jüngste Gericht". Böse Menschen, die anderen Menschen und damit den Kindern Gottes durch ihr Handeln schaden, sollten vielleicht vorsichtshalber mit einkalkulieren, dass am Ende eine schlimme Quittung auf sie zukommen kann.

Wie könnten die bis hierher beschriebenen Aussagen untermauert, vielleicht sogar bewiesen werden? Wo finden sich Spuren in der späteren Geschichte, möglicherweise ähnliche Geometrien? Die Geometrie lügt nicht!

Vielleicht offenbaren die Astronomie und die Astrophysik der Pyramiden noch eine sehr viel wichtigere Botschaft!

Am Anfang stand das Wort - Der Schabaka- Stein

Wir Menschen der Neuzeit, insbesondere unsere Wissenschaftler wissen noch immer nicht wie unser Universum entstanden ist. Wir haben eine Urknalltheorie, wir wissen aber nicht bis in den allerersten Mechanismus hinein, wie der Urknall funktioniert haben könnte. Vor allem wissen wir nicht, was vor dem Urknall war. Versuche, die auf Theorien bis hin zu kleinsten Teilchen bzw. Zuständen aufbauen und dabei mit bis zu 11, besser sogar mit 27 Dimensionen arbeiten, sind bisher alle am Nachweis gescheitert. Das könnte daran liegen, dass unsere Messgeräte nicht fein genug sind, aber auch daran, dass es diese Universen einfach gar nicht gibt. Derzeit wird von der Wissenschaft versucht, das Universum und den Mikrokosmos mit verschiedenen Theorien zu erklären. Dabei werden unterschiedliche Zustände mit unterschiedlichen Theorien erklärt, die dann unter einer gemeinsamem „M- Theorie" zusammengefasst werden sollen. Dabei steht nicht einmal genau fest, wofür das „M" eigentlich steht. Von der Wissenschaft wird so in der Theorie ein perfektes Universum geschaffen, das so funktioniert, wie es eben funktionieren sollte. Schlussfolgernd wird bei diesem Gedanken davon ausgegangen, dass es auch noch unzählige weitere Universen geben muss. Bisher hat man jedoch noch keine eindeutigen Beweise für „multiple Universen" gefunden. Wenn man diese Theorien beweisen könnte, so wäre der „Große Entwurf" gefunden, meint der theoretische Astrophysiker Stephen Hawking (1942). Je tiefer die Wissenschaft sprichwörtlich in die Materie eindringt, desto mehr Fragen als Antworten tun sich auf. Fast scheint es, als seien alle Theorien, mit denen heute die Welt erklärt werden soll, abenteuerlicher, als das, was die Ägypter laut ihrer Geschichte gemacht haben. Sie könnten einen oder mehrere Gottheiten gefunden oder zumindest erfunden haben, an den oder an die ja heute noch weltweit viele Milliarden Menschen glauben. Darunter auch einige Wissenschaftler.

Die Geschichte weiß: Im Ägypten des Altertums gab es mehrere tausend Gottheiten. Diese waren zum Teil nicht nur regional zuständig, sie waren auch für Einzelaufgaben verantwortlich, für die sie teilweise sogar unterschiedliche Formen annehmen konnten. Die erste „Grundgottheit", mit der alles begonnen hat, war wohl Schöpfergott „Ptah". Nachdem die Welt entstanden war, entstanden weitere Gottheiten. Sonnengottheit Isis und der Gott der Toten und der Wiederauferstehung Osiris, Seth und die Beschützerin der Toten Nephthys, sowie deren Söhne Anubis und Himmelsgott Horus, wie auch die alles erhaltende Sonne Re und die acht Ogdoad gehörten wohl zu den ältesten und bekanntesten Göttern. Dabei fällt auf, viele Götter haben einen kosmischen Bezug. Um die unzähligen, zweifellos nahezu gleich aussehenden Sterne am Himmel in einer möglicherweise noch dazu präzisen Sternenbeobachtung auseinander halten zu können, müssen ihnen auch unsere Vorfahren schon als Anhaltspunkt und „Eselsbrücke" Namen und Sternbilder zugeordnet haben. Daraus haben sich dann vermutlich die Götternamen entwickelt. Sicherlich ist das erfolgreiche Verfahren dann auch auf terrestrische Erscheinungen erweitert worden. Interessant scheint, mit „Apophis" hatten die Alten Ägypter einen Gott, der seit Anbeginn der Zeit in einem Meer des Ur- Chaos existierte, welches schon vor der eigentlichen Schöpfung, vor der Entstehung der Welt da war. Apophis symbolisiert die Auflösung und das Chaos. Symbolisiert Apophis damit die Stelle vor dem heute so bezeichneten „Urknall"? Nach seiner Entdeckung am 19. Juni 2004 wird der im Durchmesser ca. 300 Meter große, erdnahe Asteroid 99942 als Apophis bezeichnet. Apophis soll der Erde am 13. April 2029 gefährlich nahe kommen. Auch wenn inzwischen eine Kollision für dieses Datum ausgeschlossen werden kann, so wird der Vorbeiflug seine bisher vorausberechenbare Bahn drastisch ablenken. Zu einer weiteren Annäherung unter den dann neuen Bahndaten soll es im Jahr 2036 kommen. Auch für dieses Datum wird ein Zusammenstoß mit der Erde nicht angenommen. Der Asteroid Apophis trägt seinen Namen bewusst nach dem altägyptischen Gott Apophis.

Wären die Pyramiden Instrumente der Landvermessung und der Wissenschaft, dann wäre für sie Thot zuständig. Auch Thoth genannt, ist in der ägyptischen Mythologie der Gott des Mondes, der Magie, der Wissenschaft, der Gelehrten, der Schreiber, der Weisheit, Gott der Zeitrechnung und des Kalenders. Thot wurde vorwiegend menschengestaltig mit Ibiskopf, als stehender oder hockender Ibis oder als Mantelpavian dargestellt. Die Verehrung von Thot ist einer der ältesten Götterkulte des Alten Ägyptens, damit stammt er wie Ptah mindestens schon aus der Zeit des Pyramidenbaus.

Weitere Götter waren zum Beispiel: Windgott Amun, der für Mumien zuständige Schakalgott Anubis, der Schutzgott Bes als Beschützer des Hauses, der Schwangeren und Kinder, Entstehungsgott und Gott der Wiedergeburt Chepre, Schöpfergott Chnum, Mondgott Chons, Erdgott Geb, Fruchtbarkeits- und Nil- Gott Hapi, der Steuermann der Sonnenbarke Re Haroeris, Liebesgöttin und Beschützerin der Frauen Hathor, die Göttin der Gerechtigkeit Maat, Fruchtbarkeitsgott Min, Mutter- und Schutzgottheit Mut, Kriegsgöttin Neith, Himmelsgöttin Nut, Göttin der Krankheiten und der Heilung Sachmet, Gott der Luft und des Raumes Schu, Heilerin und Magierin Selket, Gott des Bösen und der Vernichtung Seth, Krokodil- und Nil- Gott Sobek, Göttin der Feuchtigkeit Tefnut, Schöpfergott Atum mit seiner Doppelkrone und Katzengott Bastet als Beschützer vor bösen Mächten.

Mit Pharao Echnatons alleinigem Sonnengott Aton wurde im Neuen Reich in der 18. Dynastie „vorübergehend" nur eine Gottheit verehrt. Interessant ist, auch die Israeliten bauen ihren Glauben auf nur einen Gott auf.

<u>Aller Anfang</u>

Auch die Alten Ägypter müssen schon auf einen Ur- Gott vertraut haben, aus dem sich alle weiteren Götter entfalten. Ptah ist der Gott, der schon sehr zeitig in der altägyptischen Religion zum obersten Schöpfungsgott und zum Herrn aller Götter erklärt wird. Er wäre aus moderner wissenschaftlicher physikalischer Sicht mit der Schöpfung und damit mit dem Urknall vergleichbar.

Eine der Antworten auf die Frage nach dem Schöpfergott trägt die Inventarnummer EA 498 im British Museum in London. Pharao Schabaka soll in der 25. Dynastie den Inhalt eines wurmzerfressenen Papyrus auf eine Steinplatte meißeln lassen. Die Platte ist die wichtigste Quelle der memphitischen Theologie. Sie gibt den Schöpfungsmythos der ägyptischen Mythologie wieder. In diesem schuf Gott Ptah die Welt mittels Herz und Zunge, mit der Erkenntnis des Wissens und mit der Sprache. Um die Herkunft des ursprünglichen Papyrustextes gibt es heftige Diskussionen. Die angenommene Zeitspanne beginnt in der 1. Dynastie, was vorgeschichtliche mündliche Überlieferungen beinhalten könnte. Damit könnte die Schrift Quelle für die Religion und das Geistesleben des Alten Reiches gewesen sein. Sie könnte sich damit zeitlich im Alten Reich entwickelt haben. In dem Fall würde die Entstehungsgeschichte in den zeitlichen Rahmen des Pyramidenbaus fallen.

Selbst weitere Interpretationen zur Entstehungszeit der Steinplatte in das Neue Reich beinhalten immer auch grundsätzlich älteres verarbeitetes Wissen. Einige Datierungsversuche der Steinplatte in die 25. bzw. 26. Dynastie begründen sich auf sprachliche Ausdrucksformen. Diese könnten aber erst durch die moderne Umformulierung des altes Papyrustextes entstanden sein.

Der Schabaka-Stein

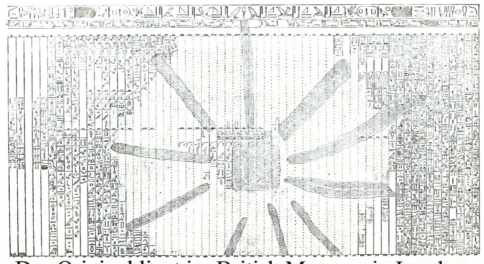

Der Schabaka- Stein. Das Original liegt im British Museum in London
Zeichnung James H. Breasted

„Durch es (das Herz) ist Horus und durch sie (die Zunge) ist Thot aus Ptah hervorgegangen .....", beschreibt der Schabaka- Stein. Ptah wäre demnach der Schöpfergott, aus dem durch die Erkenntnis (Herz) und die Sprache (Zunge) Thot und alle weiteren Dinge entstanden sind. Also eine einzige göttliche Quelle, aus der mehr wurde, wie zum Beispiel auch weitere untergeordnete Götter und Dinge. Der allererste Baustein der Schöpfung war demnach eine blanke Information. Informatiker würden sie heute „Programmierung", etwas moderner auch Applikation oder „App" nennen. Auch das gesprochene Wort als Weitergabeform der ersten Religion wäre interpretierbar.

Erstaunlicherweise erinnert diese früheste bekannte Theologie an das Johannesevangelium- Johannes Kapitel 1, Vers 1: „Am Anfang war das Wort, und das Wort .... Alle Dinge sind durch das Wort geworden ....". Die Vermutung liegt demnach wiederum nahe, dass spätere Religionen immer wieder von älteren Religionen interessante Passagen übernommen haben. Alles begann zudem also mit einer „Information". Möglicherweise eine Information, die sich über Relation und Verhältnis auf alle Bereiche des Universums ausbreitete.

Welche Bedeutung hatte der Schabaka- Stein für die späteren Religionen? Der Schabaka- Stein wurde offensichtlich erkennbar später zweckentfremdet und als Mahlstein in einer Mühle verwendet. So enthält er um ein zentrales Loch ein ebenfalls später eingeschlagenes sternförmiges Gebilde.

Im Exodus / DAS ZWEITE BUCH MOSE werden mehrmals „Malsteine" beschrieben. Was bedeutet diese Bezeichnung?

Exodus/DAS ZWEITE BUCH MOSE

Kapitel 23 Absatz 24

24 - dann wirf dich vor ihren Göttern nicht nieder, diene ihnen nicht und ahme ihr Tun nicht nach! Nein, du sollst ihre Götzenbilder allesamt niederreißen und ihre **Malsteine** (vgl. 5.Mose 7,5) zertrümmern. (Hierbei könnte es sich um die fraglichen Mahlsteine handeln, von denen es demnach mehrere geben müsste.)

DAS ZWEITE BUCH MOSE

Kapitel 24 Absatz 4

4 - Da schrieb Mose alles, was der HERR geboten hatte, nieder und baute am andern Morgen früh einen Altar am Fuß des Berges und (errichtete) zwölf **Malsteine** entsprechend den zwölf Stämmen Israels. (Hier könnte es sich um Malsteine in Form von „Steinmale" handeln.)

DAS ZWEITE BUCH MOSE

Kapitel 34 Absatz 13

13 - Ihr sollt vielmehr ihre Altäre niederreißen, ihre **Malsteine** (1.Mose 28,18) zertrümmern und ihre Götzenbäume umhauen. (Hierbei könnte es sich wiederum um die fraglichen Mahlsteine handeln.)

In der Bibel werden also den Formulierungen entsprechend ältere Gottesanbetungen, insbesondere die der Ägypter fundamental abgelehnt, zu einer Zeit, in der die Israeliten aus diesem Land ausziehen. Egel ob hierbei der Schabaka- Stein gemeint ist oder nicht. Die Israeliten generieren einen eigenen Gott. Sie nennen selber andere, frühere Götter, die nun nicht mehr zuständig sind.

Die Ablehnung früherer Götter und Machthaber war im Reich der Alten Ägypter eine gängige Praxis. Wurden doch immer wieder Namenskartuschen und Gesichter aus Darstellungen auf Wänden ausgemeißelt und Statuen umgeworfen.

Die biblischen „Malsteine" könnten als Mahlsteine einer Mühle, aber eben auch als „gemalte Steine", also mit Zeichnungen und Schriftzeichen darauf interpretiert werden. Möglich wären auch „Steinmahle". „Mahlsteine" würden dagegen eine Erklärung für den Stein des Pharao Schabaka liefern, der als Mahlstein verwendet wurde. Bei den biblischen „Malsteinen" könnte es sich somit um ein Übersetzungsproblem handeln, denn in verschiedenen Übersetzungen werden sowohl „Malsteine" als auch „Mahlsteine" genannt.

Die Wissenschaft sieht den „Malstein" oder „Mahlstein" eher nicht als „bemalten" Stein und auch nicht als „Mahlstein" einer Mühle, eher als „Zeichen - oder Gedenkstein". Da der Schabaka - Mahlstein aber theologische Aussagen enthält, wird er wiederum zum „Zeichen - oder Gedenkstein". Er würde bei der negativen Beschreibung, so wie in den entsprechenden Bibelstellen ersichtlich, schlicht als „Malstein" oder „Mahlstein" bezeichnet, was er ja tatsächlich dann auch war und nicht als etwas ehrenvolles, wie eben ein „Gedenkstein". Der Inhalt des Steines wird quasi herabgestuft und der Stein nur noch durch seine äußere Form beschrieben. Die auf dem Stein verankerten älteren Götter werden so degradiert. Wichtig ist diese Formulierung über den Gott Ptah, weil dieser einen Zusammenhang mit der tatsächlichen (in heutigen Theorien vermuteten) Physik und der Religion erkennen lässt. Abgesehen von den in die Landschaft gesetzten „Zeichen - oder Gedenksteinen" dienten diese gleichzeitig bewusst oder unbewusst der Orientierung und damit wiederum einer frühen Geodäsie. Moderne Religionen berufen sich heute zumeist auf nur eine Gottheit. Das Christentum ist aus dem Judentum hervorgegangen, das Judentum wiederum baut auf die Israeliten auf, deren Ursprung mit dem Land Kanaan in Zusammenhang gebracht wird. Die damit hauptsächlich bezeichnete südwestlich-syrische Region geriet durch Angriffe der Seevölker in die geografische Zuordnung Ägyptens. Auch der Islam enthält viele Elemente anderer früherer Religionen.

Die Israeliten wiederum werden mit dem Bau der Pyramiden in Zusammenhang gebracht. Bereits während der Pyramidenzeit war neben Schöpfergott Ptah auch Thot als Mondgott bekannt. Thot war der Nachfolger von Horus, er regierte 3000 Jahre lang friedlich über Ägypten. Als Mondgott ist er zugleich der Gott der Zeit und der Zeitabschnitte, da diese sich nach dem Mondlauf richten. Dies macht ihn auch zum Messenden, dem Gott des Maßes. Er repräsentiert die gleichmäßige Ordnung der Welt, er ist der ihr innewohnende Geist der Ordnung und der Gesetzmäßigkeit. So wird er der Vertreter des Geistes überhaupt und insbesondere der Schutzgott aller irdischen Gesetze. Zugleich ist er der Gott der Intelligenz, der Anordner der gottesdienstlichen Gebräuche, der Lehrer der Künste und Wissenschaften, der Erfinder von Sprache und Schrift, der Schutzherr der Bibliotheken.

Schließlich hat Thot auch eine Bedeutung in der Jenseitsvorstellung der ägyptischen Mythologie. Er ist der Schreiber des Totengerichts und notiert, ob die Verstorbenen würdig sind, in das Totenreich und damit auch in das Reich der Wiederkehr aufgenommen zu werden. Thot trägt das Was- Zepter und das Anch Zeichen, ein Henkelkreuz mit Lebensschleife. Es ist das ursprüngliche koptische Kreuz und das Symbol der koptischen Kirche. Das Symbol selbst besteht aus einem T mit einer aufgesetzten halben Lemniskate.

Die Lemniskate ist eine schleifenförmige geometrische Kurve. Interessant scheint der Zusammenhang der T- Form mit der Form von Einrichtungen der trigonometrischen Vermessung der Geografie und der Sterne mit dem Anch- Zeichen, mit dem Symbol der koptischen Kirche und dem späteren Kreuz des Christentums.

Welche Zusammenhänge zwischen den Pyramiden, der Trigonometrie, der Schöpfungstheorie und der Geschichte könnte es noch geben?

Ende einer Ära

Wenn es eine tiefgründige Wissenschaft um Vermessung und Astronomie in der Zeit der Pyramiden gab, dann sicher von der 3. bis zur 8. Dynastie zwischen 2707 - 2170 v. Chr. im Alten Reich im Bereich der wichtigsten Pyramidenbauten im Raum Sakkara, Dahschur und Gizeh, damit im Bereich der Hauptstadt Memphis und Heliopolis. Auch die Hauptstädte der 9. bis 11. Dynastie und der 12. bis 17. Dynastie befanden sich in deren Nähe im Norden Ägyptens. Selbst die sich schon ab der 11. Dynastie entwickelnde Hauptstadt Theben (heute Bereich Luxor), die in der 18. Dynastie erneut Hauptstadt wurde, verfügte über scheinbar exakt vermessene und ausgerichtete Tempel und Obelisken, die als Bezugspunkte für weitere Vermessungen und die Astronomie genutzt werden konnten.

Hätten die Betreiber eines „Systems Pyramiden", das möglicherweise später durch die Obelisken und Pylone der neuen Hauptstadt Theben abgelöst wurde, ihre wissenschaftlichen Erkenntnisse geheim gehalten, hätten sie damit Eigenmächtigkeit gegenüber dem Pharao und exorbitante Macht gewinnen können. Dahinter muss keine böse Absicht stecken! Komplexes Wissen beruht auch auf angeborenen und mit viel Mühe und Arbeit erworbenen Fähigkeiten. Eine intelligente, elitäre Priesterschaft hätte Zugriff auf sämtliche Zahlen der Vermessungstechnik. Sie hätten mit Hilfe der Astronomie auch das Wetter und das Klima, damit die Nilfluten, aber auch Dürreperioden oder fette Jahre voraussagen können. Sie hätten daraus auf zukünftige menschliche Verhaltensweisen schließen können. Sie hätten durch das Werkzeug Trigonometrie durch Relativität aus kleinen Auslösemechanismen große Wirkungen erzielen können, oder zumindest diese vorhersagen können. Sie hätten so über göttliches Wissen verfügt. Wenn sie klug waren, dann haben sie aber auch ihr Wissen genutzt, um das System zum Fortschritt und zum Wohlergehen ihres Volkes einzusetzen. Dann haben sie aus den Gesetzmäßigkeiten der Physik, der Biologie und Chemie Gesetze für die Menschen generiert. Gesetze, wie zum Beispiel die späteren Zehn Gebote und die vielen weiteren Gesetzmäßigkeiten, die heute noch die Bibel enthält. Pharao Amenophis IV. wurde in der 18. Dynastie von um 1350 bis 1330 vor Christus zur Zeit des Neuen Reiches zum Pharao gekrönt.

Bekannteste Persönlichkeit seiner Familie ist seine Hauptgemahlin Nofretete, deren Büste am 6. Dezember 1912 von dem deutschen Ägyptologen Ludwig Borchardt (1863-1938) in Tell el- Amarna gefunden wurde. Sohn war der berühmte

Pharao Tutanchamun, dessen Grab man ab dem 4. November 1922 unter dem britischen Ägyptologen Howard Carter (1874-1939) im Tal der Könige in Theben-West freilegte.

Amenophis IV., auch Achenaton oder besser bekannt als Echnaton erhob, wie sein eigener neuer Name sagt, den Gott Aton in Gestalt der Sonnenscheibe über alle anderen Götter Ägyptens. Die dem neuen Gott gewidmete neue Hauptstadt Achet-Aton wurde vom zu dieser Zeit genutzten Regierungssitz Theben ca. 400 Kilometer weiter nach Norden nach Mittel- Ägypten in ein von Hügeln umgebenes Wüstental nahe dem heutigen Amarna verlegt. In diesem Zuge wurde die alte mächtige Priesterschaft entmachtet. Was mit ihren Vertretern geschah, ist unklar. Wurden ihre führenden und intelligentesten Köpfe womöglich beseitigt, wurden die Priester zu harter Arbeit herangezogen? Immerhin galt es die neue Hauptstadt in einer bis dahin unerreichten Geschwindigkeit aufzubauen. Mit dem dadurch gelegentlich auch zum „Ketzerkönig" stilisierten Echnaton werden Tempelschließungen, Beschlagnahme von Gütern, Beschädigung von alten Götterbildern und die Verfolgung der Priesterschaft in Zusammenhang gebracht.

Handelte es sich bei diesen Priestern um die Israeliten, die dann laut Bibel unter Mose aus Ägypten auszogen? Waren der Machtverlust und die biblisch harte Arbeit der Grund für den Auszug der Israeliten? Bei Ausgrabungen in der Neuzeit wurden im Gebiet von Amarna Gräber entdeckt, in denen an den hier bestatteten Verstorbenen extreme Gelenkabnutzungen nachgewiesen werden konnten. Ein Indiz für harte Arbeit. Von Tutanchamun, dem Sohn Echnatons, ist ein Ausspruch überliefert, in dem er nach der Regierungszeit seines Vaters gesagt haben soll: „Die Götter haben Ägypten verlassen."

Wenn die frühen Ägypter so intensiv Astronomie betrieben haben, wenn sie dabei aus der Gesamtheit der in Höhe, Breite, Tiefe, durch die Zeit, die Lichtgeschwindigkeit und die Gravitation beeinflussenden Faktoren auf einen oder mehrere Gott/Götter geschlossen haben, dann könnte auch ein weiteres astronomisches Phänomen zu einem geschichtlichen Phänomen geführt haben. Wenn die Alten Ägypter eine derart präzise Astronomie und Astrophysik betrieben haben, wie es mit den Pyramiden möglich wäre und sie damit Wetter- und Klimaerscheinungen vorhersagen konnten, dann konnten sie mit ihrer Astronomie möglicherweise auch Sonnenflecken erkennen, über längere Zeiträume deuten und von deren zyklischen Folgen auf das daraus resultierende Wetter und das zukünftige Klima schließen.

Pharao Echnaton soll sich einer Legende nach von einer Lücke zwischen zwei Bergformationen am östlichen Horizont im Amarna- Gebiet inspiriert haben lassen. Über dieser V- Form soll zu dieser morgendlichen Stunde in einer beeindruckenden Erscheinung die Sonne aufgegangen sein. Zumindest wäre diese tatsächlich existierende V- Form geeignet, über einen großen Halbkreis, über die Visiermethode am morgendlichen Sonnenstand den genauen Tag im Kalender auszumachen.

Dann würde vielleicht nicht mehr eine Vielzahl von umständlichen Faktoren/Sternen/Göttern das Klima bestimmen, sondern nur noch einer, die Sonne - Aton. Das würde vielleicht erklären, warum Pharao Echnaton zum Sonnengott Aton wechselte und die Region der „Vermessungsgeräte" Pyramiden und Obelisken verließ. Denn die Sonne birgt neben ihrem Ort des morgendlichen Aufgangs mit den Sonnenflecken noch ein weiteres Geheimnis, das sich mit exakter, über Jahrzehnte und Jahrhunderte betriebener Astronomie entschlüsseln ließe.

Bereits der Vater Amenophis III. liebäugelte mit Sonnengott Aton. Grund dafür, so wird vermutet, waren die Beziehungen zu den Hethitern. Die hethitischen Hauptgötter waren der Wettergott Tarhunna und die Sonnengöttin Arinna. Allein diese Wertigkeit zeigt, wie wichtig Witterungserscheinungen für die Völker des Altertums waren und womit sie in Verbindung gebracht wurden. Tarhunna herrschte über Himmel und Berge. Er war verantwortlich für Regen, Wolken, Sturm, Blitz und Donner. Damit hatte dieser Gott die Gewalt über fruchtbare Plantagen oder Hungersnöte. Sonnengöttin Arinna war mit dem Wettergott vermählt.

Die Schwankungen der Sonnenaktivitäten und ihrer Zyklen sind auch heute noch nicht umfänglich erforscht. Die Zyklen überlagern sich untereinander. Mit ihnen werden in der Klimageschichte Warmzeiten, Eiszeiten oder auch nur Kleine Eiszeiten in Verbindung gebracht. Durch schlimme Klimaerscheinungen kommt es wiederum zu schlimmen Mechanismen im Sozialverhalten der Menschen, ganzer Völker und Landstriche. Durch Hungersnöte kommt es zu Kriegen und Flüchtlingsströmen.

Allein schon die Sonnenflecken können das Klima auf der Erde wesentlich beeinflussen. Die vermutlich von Magnetfeldern verursachten dunklen Punkte auf der Sonnenoberfläche scheinen sich weitestgehend Zyklen zu unterziehen. Manche Flecken sind so groß, dass sie mit bloßem Auge von der Erde aus zu sehen sind. Schon im Mittelalter wurden sie daher auch als „Wetterzeichen" bezeichnet. Dieses Phänomen hätte demnach auch schon die Ägypter des Altertums beobachten können. Die Aktivität der Sonne schwankt relativ stabil in Zyklen von elf Jahren, mit Zeiten eines Fleckenminimums bis zu Zeiten eines Maximums. Bei einem Rückgang der Sonnenflecken soll, so wird vermutet, die auf der Erde ankommende Strahlungsenergie schwächer ausfallen. Demnach wird es in dieser Zeit kälter auf der Erde. Im Frühjahr 2007 hatte zum Beispiel ein elfjähriger Zyklus sein Minimum, mit einer geringeren Anzahl der Sonnenflecken. Mit Aufzeichnungen über die Sonnenbeobachtung wurde 1749 begonnen. Angenommen wird, dass sich in den vergangenen 10.000 Jahren mindestens 20 extreme Sonnenanomalien abgespielt haben.

Sonnenzyklen können sich beispielsweise zeitlich zwischen 11 und 2400 Jahren bewegen. Der auffälligste Zyklus ist der etwa 11-jährige Schwabe- Zyklus nach

Samuel Heinrich Schwabe (1789-1875). Aufeinanderfolgende Maxima der Sonnenfleckenrelativzahl folgen in diesem zeitlichen Abstand aufeinander. An den 11 Jahre währenden Zyklus scheint sich der durch die Veränderung der magnetischen Polarität der Flecken gekoppelte, doppelt so lange 22- jährige Hale Zyklus einzufügen. Benannt nach Astronom George Ellery Hale (1868-1938). Der Yoshimura- Zyklus währt dagegen 55 Jahre. Es folgt als weitere Größe der von Astronom Wolfgang Gleißberg (1903-1986) entdeckte 80- bis 90-jährige Gleißberg- Zyklus. Der Suess-Zyklus oder auch DeVries- Zyklus nach Hessel L. de Vries (1916-1959) währt 180-210 Jahre. Durch die Überlagerung einzelner Zyklen kommt es aller 1470 Jahre und aller 2300- 2400 Jahre (Hallstatt-Zyklus) zu weiteren markanten Zyklen. Begründet wird die These der Sonnenflecken- Astronomie mit dem Fehlen jeglicher zur Sternen-Astronomie geeigneter Gebäudestrukturen im Amarna- Gebiet. Ebenso sind weder Einrichtungen noch Göttergestalten bekannt, die einen Bezug zur Erdkreis- Erdbahn erkennen lassen.

Nach Pharao Echnaton wurde die von ihm sprichwörtlich aus dem Wüstenboden gestampfte neue Hauptstadt wieder aufgegeben. Konnte diese nicht mehr weiter ausgebaut werden, weil die alten Vermesser nicht mehr da waren? Denn die neue Hauptstadt enthält bis dahin fremde Elemente. Waren die für die Existenz eines Staates so wichtigen Wetter- und Klimaprognosen allein durch die Sonnenscheibe nicht präzise genug? Denn auch landwirtschaftliche und damit wirtschaftliche Probleme sollen mit seiner Amtszeit einhergegangen sein. Nach dem Tod Echnatons im 16. oder 17. Jahr seiner relativ kurzen Regierungszeit setzten sich die alten Götter wieder durch. Hauptstadt wurde in der 18. und 19. Dynastie wieder Memphis nahe der wichtigsten und größten Pyramiden.

Reste der Hauptstadt Achet- Aton im Gebiet nahe dem heutigen Amarna

Nach Jahrhunderten des Wohlstandes während des Pyramidenzeitalters gab es durch Dürreperioden ausgelöste Naturkatastrophen, damit wirtschaftlichen Niedergang. Es gab interne Glaubenskriege, in denen ganze Priesterschaften und damit wahrscheinlich auch die Wissenschaftler des Altertums zusammen mit ihrem einst von Generation zu Generation mündlich weiter gegebenen Wissen ausgelöscht wurden. Bestes Beispiel ist eben Ketzerkönig Echnaton, welcher einen grundlegenden Umbruch der Götterwelt seiner Epoche vollziehen wollte. Und es gab politische Fehlentscheidungen,

Kriege und zunehmend die Einflussnahme fremder Völker, die sich am legendären Wohlstand Ägyptens bereichern wollten. Schon in der Antike befassten sich Historiker mit den Pyramiden, insbesondere Herodot von Halikarnassos (um490v.Chr.-um424v.Chr.), welcher allerdings auch erst ca. 2000 Jahre nach deren Bau lebte. Mit dem Einzug von Alexander dem Großen (356v.Chr.-323v.Chr.) begann im 4. vorchristlichen Jahrhundert der zerstörerische Einfluss von außen. In Alexandria und Heliopolis befanden sich die bedeutendsten Bibliotheken und Universitäten der Erde. In ihnen wirkten zeitweise bis zu 13.000 gelehrte Priester und Wissenschaftler, wie zum Beispiel Euklid von Alexandria (umdas3.Jahrh.v.Chr.), Platon (um428v.Chr.-um347v.Chr.) oder Eudoxos von Knidos (um397v.Chr.-338v.Chr.). Auch Pythagoras von Samos (um570v.Chr.-um510v.Chr.) soll sich zu seiner Zeit zu Studienzwecken in Ägypten aufgehalten haben. Werden die Arbeiten der Mathematiker und Philosophen unter die Lupe genommen, lassen sich Parallelen zur Geometrie der Pyramiden erkennen. Möglicherweise hatten sie noch Zugriff auf altes überliefertes Wissen aus der Pyramidenzeit. Die griechischen Herrscher versuchten zwar von Alexandria aus den ihnen fremden Kult im Raum Heliopolis zu unterstützen, der Ort verlor aber immer mehr an Bedeutung. Unter Kleopatra (69v.Chr.-30v.Chr.) begann dann der Ausverkauf des Landes mit dem Abtransport von Statuen und vor allem von Obelisken im großen Umfang. Insgesamt acht Obelisken landeten zur Römerzeit allein im Stadtgebiet von Rom.

Von der altägyptischen Religion mit mal einem Schöpfergott, dann wieder mit vielen und mal nur einem Gott unter Echnaton, traten die Ägypter als erstes Volk der Erde in ihrer Gesamtheit zum Christentum über. Nach der Christianisierung galt alles Wissenschaftliche als heidnisch und somit als sündhaft. Nach der Unterwerfung durch arabische Völker um 640 nach Christus wurde auch die bis dahin noch lebende altägyptische Sprache völlig verdrängt. Die arabischen Völker generierten eine eigene Wissenschaft, insbesondere eine nachhaltig betriebene Astronomie. Die altägyptische Hieroglyphenschrift konnte mehrere hundert Jahre bis 1799, bis zum Auffinden des dreisprachigen Stein von Rosette (entstanden vermutlich 196v.Chr.) nicht gelesen werden. Der weitaus größte Teil der Bewohner Ägyptens konvertierte zum Islam. Die Ägypter haben damit zweimal ihren Glauben gewechselt.

Später im 12. und 13. Jahrhundert, begannen die arabischen Herrscher die Pyramiden zu zerstören, indem sie die äußere Kalksteinverblendung abbrachen und die Steine zum Bau ihrer Moscheen, Häuser und Brücken verwendeten. In den Pyramiden wurden unermessliche Schätze vermutet, die bei einem Abriss zu Tage getreten wären. Unzählige Arbeiter des Herrschers Abd al- Malik al- Aziz Uthman bin- Yusuf (1171-1198) sollen zwischen 1193 und 1198 begonnen haben, die Verkleidungssteine der Mykerinos- Pyramide und der Nebenpyramiden von Gizeh abzutragen, um diese für den Brückenbau im Stadtgebiet von Kairo zu verwenden.

Immer wieder treten in Ägypten wegen seiner Plattentektonik seismische Aktivitäten auf. Am Anfang des vierzehnten Jahrhunderts soll 1301 ein gewaltiges Erdbeben viele der äußeren Steine der Ummantelung der beiden großen Pyramiden verschoben haben. Dem Reisebericht des niedersächsischen Mönches Wilhelm von Boldensele (bis um 1339) folgend, könnten sich um 1335 noch viele der Hüllensteine an ihrem Platz befunden haben.

Die Moschee des Mameluken- Sultans Al- Nasir Al- Hasan (1334-1361) in Kairo soll aus den Steinen der Cheops- Pyramide gebaut worden sein. Mit ihr entstand zwischen 1356 und 1363 die zu diesem Zeitpunkt größte Moschee der Welt. Während des Baus soll im Jahr 1361 nach der Fertigstellung der meisten Gebäudeteile das über dem Haupttor errichtete Minarett eingestürzt sein, was zu zahlreichen Opfern führte. Die Tragödie wurde als schlechtes Ohmen für den Sultan gewertet, der dann tatsächlich 33 Tage später ermordet wurde.

Die Steine der Pyramiden sollen beim Bau der Sultan- an- Nasir al- Hasan Moschee verwendet worden sein

Mit der Expedition (1798-1801) Napoleons (1769-1821) zusammen mit einem Heer aus Wissenschaftlern begann im Wesentlichen die Erforschung der Bauwerke, die bis heute anhält. In ihrer späteren Geschichte wurden die Pyramiden sogar als Kornkammern Josefs interpretiert, aber auch zunehmend als Grabstätten und Mittel zur Repräsentation der Macht der Pharaonen gesehen. Je nach Betrachtungsweise und Spezifikation sind heute noch ca. 143 Pyramiden bekannt. Nach deren gegenwärtigen, zum Teil fatalen Bauzustand zu urteilen, könnten einige Bauwerke bereits spurlos verschwunden sein. Wird ihnen die Aufgabe der Landvermessung aus jeweils drei Pyramiden zu einem trigonometrischen Messpunkt unterstellt, könnte es demnach insgesamt 100 solcher Vermessungspunkte aus jeweils drei Pyramiden entlang des Nil gegeben haben.

Zerstörungszustand der Pyramidenanlagen auf Gizeh

Möglicherweise hatte jeder Pharao als gesellschaftliche und damit auch göttliche Aufgabe, zur Zeit seiner Regentschaft, mindestens eine Pyramide zu bauen. Zum Aufbau der Landvermessung und damit zum Aufbau des Staatswesens, als Vermächtnis und Auftrag der ersten Pyramidenerbauer. Vielleicht wurde diese wichtige Aufgabe ja durch die folgenden Religionen mit deren Bauwerken noch weiter getragen.

Vom doppelten Sechseck der Gravitation zum Sephiroth

Könnte eine unmittelbare Verbindung zwischen den ägyptischen Pyramiden insbesondere der Cheops- Pyramide zu den späteren Religionen bestehen? Anhaltspunkte für eine Antwort auf diese Frage liefern möglicherweise die tief in den Pyramiden steckenden Geometrien, die ja vorsätzlich hineinkonstruiert worden sein müssen und die ja auch heute noch vorhanden sind. Die Geometrien können nur mit den Mitteln der Trigonometrie generiert worden sein. Folglich könnten die Gründe auch in der Trigonometrie liegen, in der Vergleichbarkeit und damit Berechenbarkeit von Höhe, Breite Tiefe und damit möglicherweise auch für die Vergleichbarkeit von Werten der Zeit, der Lichteschwindigkeit und der Gravitation.

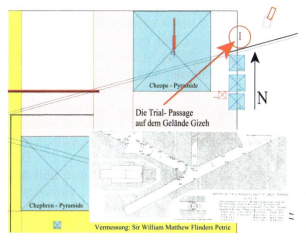

Die von Sir William Matthew Flinders Petrie vermessene Trial- Passage

Die Liste der in der Geschichte an der Pyramiden- forschung tätigen Archäologen und Vermesser ist lang. Wesent- lichen Anteil hatten Pioniere wie Ludwig Borchardt (1863-1938), Sir William Matthew Flinders Petrie (1853-1942), Celestre Rinaldi (1902-1977), Vito Maragioglio (1915-1976) oder Jean- Philippe Lauer (1902-2001). Ihre präzisen Vemessungen haben zum Teil auch heute noch Gültigkeit. Wesentliche Bedeutung haben hierbei die von Sir William Matthew Flinders Petrie vermessene Trial- Passage und die Schnitte der zugänglichen Räume der Cheops- Pyramide von Vito Maragioglio und Celestre Rinaldi.

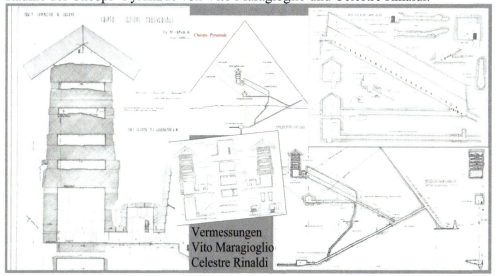

Vermessungen Vito Maragioglio und Celestre Rinaldi in der Cheops- Pyramide

Das Sechseck der Trial- Passage und die Markierungen in der Trial- Passage

Haben die Alten Ägypter den Wert der Lichtgeschwindigkeit mit der Scheibe von Prinz Sabu bzw. einem ähnlich strukturierten Sechseck-Stern im Sexagesimalsystem bemessen und dann diese Struktur in euklidischer Geometrie auf die Geometrie der Erdkugel gelegt? Genau an dieser Stelle ist ja die Cheops- Pyramide auf dem Breitengrad des Wertes der Lichtgeschwindigkeit tatsächlich annähernd gebaut worden. Die Markierungen in der Trial- Passage in den schräg aufsteigenden Gängen und der senkrechte Schacht lassen zudem den Bezug auf den Kreis und ein darin eingelegtes Sechseck erkennen. Ebenfalls eine Sechseckgeometrie, diesmal aber mit zwei übereinander angeordneten Sechsecken, ist aus den alten Vermessungsunterlagen heraus auch im Innern der Cheops- Pyramide zu erkennen.

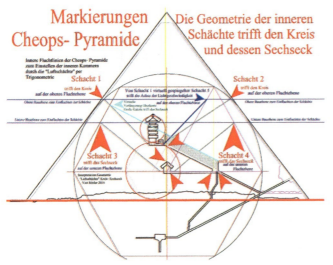

Bei der Einstellung mutmaßlich angenommener physikalischer Eigenschaften könnten Sechseckstrukturen benutzt worden sein. Die mit den Sechsecken erzielte physikalische Wirkung könnte spätere Sechsecksymbole der Mythologie generiert haben

Zunächst treffen die sogenannten „Luftschächte" (Schacht 1 und 2) der Königskammer die Struktur eines großen Kreises nahe der Außenkante. Die „Luftschächte" (3 und 4) der Königinnen- Kammer treffen zudem die virtuelle Außenkante des gleichen, in den Kreis eingelegten Sechsecks. Im Zentrum der Pyramide treffen nun zwei weitere übereinander stehende kleine Sechsecke und damit zwei Kreise weitere markante Punkte. Mit diesen wichtigen Kreisen bzw. Sechsecken könnte eine Gravitationswirkung in der Königskammer erzielt worden sein.

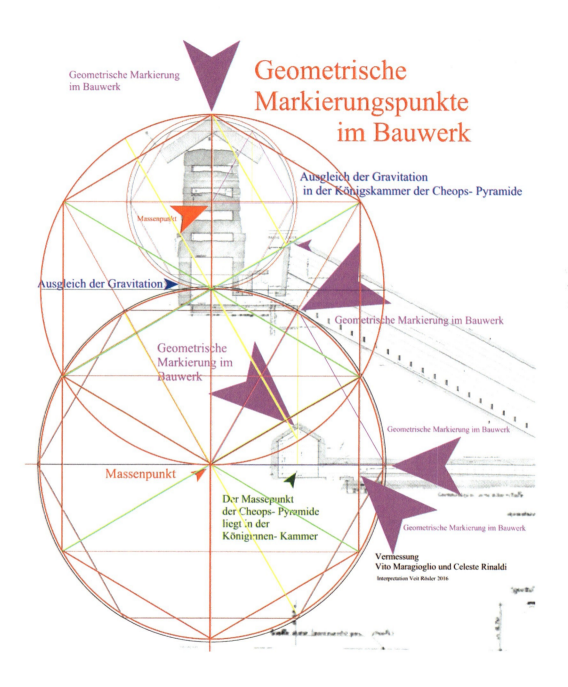

Die Vergrößerung der beiden eingelegten kleinen Kreise zeigt die Schnittpunkte an den Gebäude- Markierungen im Zusammenspiel der Kreise und Sechsecke im Einklang mit der Gebäudestruktur. Während der untere Kreis gerade den Erdboden berührt, trifft die Oberkante des oberen Kreises die Spitze der Entlastungssteine. Sicher gibt es in der heute nicht sichtbaren Gebäudestruktur weitere Markierungen. Dabei trifft der Massepunkt des oberen Kreises/Sechsecks zusammen mit der Oberkante des unteren Kreises/Sechsecks den wichtigen Punkt über dem Sarkophag in der Königskammer. Um einen möglichen Zusammenhang der Geometrie der Sechsecke in der Cheops- Pyramide mit der späteren Religion zu zeigen, wird die Baustruktur der Pyramide schrittweise gelöscht.

Somit bleiben nur noch die beiden Sechsecke übrig.

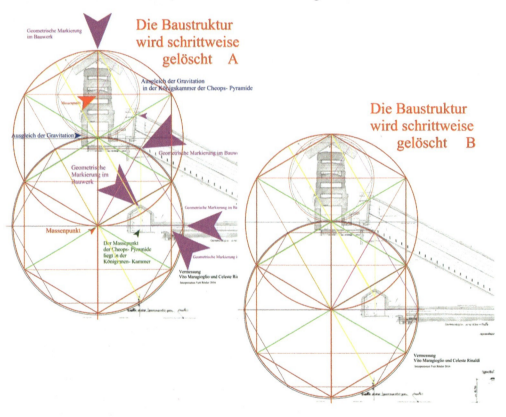

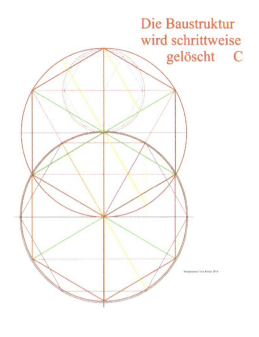

Die Baustruktur wird schrittweise gelöscht C

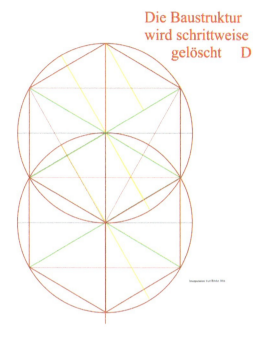

Die Baustruktur wird schrittweise gelöscht D

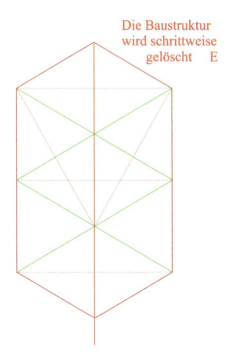

Die Baustruktur wird schrittweise gelöscht E

Dabei wird erkennbar, dass in der Cheops- Pyramide zufällig oder gezielt die geometrische Struktur des zeitlich später verwendeten „Baum der Sephirot" eingelegt sein könnte. Die doppelte Sechseckstruktur in der Pyramide müsste aber zeitlich schon vor dem „Baum der Sephirot" existiert haben. Folglich müssten die Organisatoren des religiösen Systems, welches den „Baum der Sephirot" verwendet hat, die Geometrie der Pyramide gekannt und quasi „abgeschrieben" haben. Damit gibt es insgesamt fünf erkennbare, in die Struktur der Pyramide und ihrer Nebenanlagen integrierbare Sechsecke, die exakt im Bauwerk vordefinierte trigonometrische Messpunkte treffen und die im Zusammenhang mit der Geometrie der Lichtgeschwindigkeit, der Gravitation und der Zeit stehen könnten. Das kann kein Zufall sein!

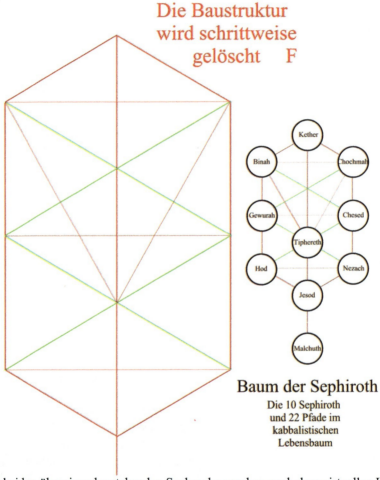

Die beiden übereinander stehenden Sechsecke ergeben nach dem virtuellen Löschen der Gebäudezeichnung der Cheops- Pyramide die Geometrie des „Sephiroth"

In der Geometrie der Cheops- Pyramide als auch im oberen Teil des Sephiroth ist ein umgedrehtes gleichseitiges Dreieck zu sehen. Symbolisiert dieses das umgedrehte Dreieck im Schild David?

Der Sephiroth ist Teil der kabbalistischen Mythologie

Fundament der Kabbala ist die Suche des Menschen nach dem Wissen über eine unmittelbare Beziehung zu Gott. Der hebräische Wortstamm geht auf „Überlieferung" älteren Wissens zurück. Wissen aus den Pyramiden?

Nach Ansicht der Kabbala gibt es einen wechselseitigen unmittelbaren Zusammenhang und Gleichnisse vom Mikrokosmos, über den vom Menschen unmittelbar erlebten Mesokosmos bis zum Makrokosmos und damit zum Universum. Dabei ist der Mensch nach den gleichen Mechanismen „konstruiert", wie diese im Mikro- und Makrokosmos zu finden sind. Diese Aussage der Gleichnisse zwischen allen Größenwelten setzt zumindest den Versuch der Erkenntniserlangung über die Mechanik der Gestirne des Universums voraus, von deren Mechanismen auf den damals noch unsichtbaren Mikrokosmos geschlossen worden sein könnte. Wenn alle Dinge im Universum, in Höhe, Breite, Tiefe des Raumes über die Gravitation, das Licht und die Zeit miteinander verbunden sind, genügt auch in der Physik ein minimalster Auslösepunkt, um letztlich Veränderungen auf das gesamte System zu bewirken.

Der „Baum des Sephiroth" stellt dabei die Versinnbildlichung des in allen Dingen steckenden Systems dar, in dem der Mensch Teil ist und in dem er von allen anderen Mechanismen beeinflusst wird. Auch der Mensch selber kann diese Mechanismen beeinflussen und dabei an der Gestaltung der Welt mitwirken. Wenn also ein denkender Mensch mit minimalen Mitteln und damit minimalen Auslösefaktoren maximale Ergebnisse schaffen kann, um die Welt zu verändern, dann könnte es eben auch einen denkenden Auslösemechanismus gegeben haben, als der Mensch noch nicht da war.

Mit minimalen Einflussfaktoren, selbst schon mit Gedanken und Worten und den dann eben daraus resultierenden Taten kann die Welt gelenkt und verändert werden. Diese Aussage erklärt auch den Mechanismus der Hebelwirkung von einfachen Worten, über Gebete, Beschwörungsformeln bis hin zu Zaubersprüchen. Die Schöpfung und damit ein in das System interpretierter Gott wird vermenschlicht und teilweise mit diesem Bild des in allen Dingen steckenden Mechanismus überschrieben und erklärt. Diese Schöpfung hat den Menschen als Mechanismus erschaffen, um ihn an ihren Zielen wirken zu lassen. Den praktizierenden Kabbalisten war schon zeitig klar, dass dieses System auch missbraucht werden könnte. Daher wurden potenzielle Schüler vor ihrer Aufnahme in das Lehrsystem geprüft. In die Kabbala sollen Geheimlehren der ältesten Tradition eingeflossen sein, die sogar auf die Weisheit Adams zurück gehen sollen. Dieser Hinweis auf Adam und damit auf den biblischen Adam würde die Versinnbildlichung Adams nicht als ersten Menschen, also nicht als der „Mensch Nr.1" verstehen, sondern auf die Tatsache, dass Adam der erste Mensch war, der bewusst über sich und seine Umwelt nachgedacht hat und der damit den Ursprung der Welt in einer Schöpfung gesehen haben könnte. Die Lehren der Kabbala wurden zunächst mündlich, dann schriftlich überliefert. Die Kabbala steht mit dem Tanach im engen Zusammenhang, der Heiligen Schrift des Judentums. Das Christentum hat wiederum die Bücher des Tanach in sein Altes Testament übernommen.

Vom 2D- Sechseck zum 3D- Metatron

Die Geometrien mehrerer Sechsecke stecken an den Vermessungen noch immer erkennbar in den Pyramiden von Gizeh! Mit so einem Sechseck könnte die Cheops- Pyramide als Bauwerk per Trial- Passage auf die Sechseckgeometrie der Gestalt der Erde aufgebaut worden sein. Selbst die Sphinx- Statue scheint so ein Sechseck in ihrem zehn Meter breiten Gesicht zu tragen. In die Pyramide könnten zudem absichtlich gleich mehrere Sechsecke hinein konstruiert worden sein. Hier wurde, so die Vermutung, mit der Gravitation experimentiert. Bereits zuvor wurde gezeigt, wie im Alten Ägypten mit der Scheibe von Prinz Sabu im Sexagesimalsystem per Geometrie mit der Lichtgeschwindigkeit experimentiert und diese möglicherweise sogar ermittelt worden sein könnte.

Die Sechsecke in der Cheops- Pyramide

Gibt es in der Geschichte auch später noch Hinweise, auf die Geometrie des Sechsecks, insbesondere in Zusammenhang mit dem Licht? Das Sechseck erscheint in der Trial- Passage, mit der möglicherweise der Wert der Lichtgeschwindigkeit auf den Breitengrad der Erde gelegt wurde. Die Erde ist als Kugel ein dreidimensionaler Raum. Licht breitet sich in alle Richtungen aus. Das Sechseck im dreidimensionalen Raum ist nicht nur ein in sich geschlossener Abgestumpfter Oktaeder, es ist darüber hinaus auch ein „Metatronischer Würfel". Die Kreise in diesem Metatronischen Würfel verhalten sich wie das Licht und die Gravitation. Das Licht, die Gravitation und die Zeit wären aus heutiger Sicht Produkte des Urknalls und somit unmittelbar mit der Schöpfung verbunden. Die Suche müsste demnach wieder in alten religiösen Schriften erfolgen, deren Informationen möglicherweise zeitnah nach dem Pyramidenbau entstanden sind.

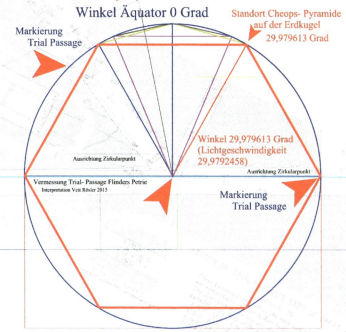

Das Sechseck in der Trial-Passage

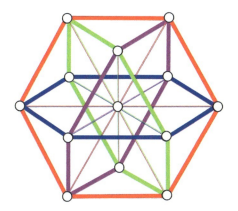

Das Sechseck im dreidimensionalen Raum

Der Metatronische Würfel ist heute ein beliebtes Motiv der Esoterik. Esoterik dürfte sich jedoch erst sehr viel später nach dem Pyramidenbau entwickelt haben. Den Namen des Metatron gab es aber schon sehr viel eher! Der Name ist viele tausend Jahre alt.

Was bedeutet Metatron?

Alle Aussagen zur Lichtgeschwindigkeit des Breitengrades und zum Sechseck wären vielleicht noch mit Fragezeichen verbunden, gäbe es nicht die Lichtgestalt bzw. das Lichtwesen „Erzengel Metatron". „Metatron" wird im Babylonischen Talmud an drei Stellen erwähnt. Der Talmud gehört zu den bedeutendsten Schriftwerken des Judentums. Neben dem Jerusalemer Talmud ist der

Babylonische Talmud das bedeutendere Werk. Das Werk entstand vermutlich in relativ großen und geschlossenen jüdischen Siedlungsgebieten, die nach der Zerstörung Jerusalems durch die Römer im judenfreundlichen Perserreich beheimatet waren. Dieses Gebiet wurde als „Babylon" bezeichnet, obwohl eine Stadt mit solchem Namen seit dem 5. Jahrhundert vor Christus nicht mehr existierte. Grundlage waren wiederum mündliche Überlieferungen.

Im Sohar des Babylonischen Talmud geht die Erwähnung auf den Propheten Ezechiel zurück, einem der großen Schriftpropheten des Tanach, der hebräischen Bibel, welcher im 6. Jahrhundert vor Christus gelebt haben soll. Der Sohar bezeichnet Metatron als den Engel, der das Volk Israel während des Exodus aus Ägypten durch die Wildnis führte. Er übermittelt den Willen des Schöpfers an Propheten und andere Engel, so auch an die Engel Gabriel und Samael, ebenso an Dämonen. Der Name Metatron endet nicht wie andere Engelsnamen mit „el", was ihm eine spezielle Besonderheit verleiht. So wird Metatron teilweise zum höchstrangigen Mitglied in der himmlischen Hierarchie nach dem Schöpfer selbst, zum „Stadthalter des Himmels" und „König der Engel" erhoben. Er gilt als Engel des Anfangs und des Endes.

Im Talmud: Erzengel Metatron wird als der Engel des Anfangs und des Endes, als Geburt des Lichts aus der göttlichen Leere gesehen. Hinter ihm soll der Raum aller Möglichkeiten liegen. Er gilt als Schreiber und Vorleser des kosmischen Gedächtnisses, der Akasha- Chronik. Damit kennt er alle Seelen der Welt und ihren Lebensplan. Er kann den Menschen an den Weichen und Kreuzungen ihres Lebens den richtigen Weg weisen. Metatron ist der Engel der Wahrheit und der Transformation durch Liebe. Er unterstützt im Entstehen befindliche Dinge und sorgt für die Materialisierung von Potenzialen.

Die Mythen um Metatron sind kompliziert, weil mindestens zwei separate Versionen, zum Teil mit unterschiedlicher Schreibweise des Namens, über seine Existenz existieren. Ein Hinweis auf die Geometrie des Universums, der Erde und der Pyramiden? Als hoher Engel findet Metatron seine Erwähnung hauptsächlich in der jüdischen Mythologie: So soll Gott Metatron das Geheimnis der Schöpfung offenbart haben, die Dauer der Zeit welche die Welt überleben wird und was nach ihrem Untergang passiert. Klare geometrische und physikalische Aussagen? Zusätzliche Weisheit und spirituelle Qualitäten verursacht Metatrons Höhe und Breite gleich der Höhe und Breite der Erde zu werden. Gott befestigt sechsunddreißig Flügel um seinen Körper und gab ihm 365 Augen, jedes so hell wie die Sonne. Sein Körper verwandelte sich in himmlische Feuer, in Fleisch, Venen, Knochen, Haare, alles versammelt um herrliches Licht. Strahlen gingen von ihm aus und Stürme, Wirbelwind und Donner umkreisen seine Form. Die Engel kleideten ihn in prächtige Kleider, darunter eine Krone und gaben ihm seinen Thron. Metatron soll alle sieben Strahlen vereinigen und in einem Energiefeld, ähnlich des Regenbogens erscheinen.

Sieben Strahlen? Höhe, Breite, Tiefe, Lichtgeschwindigkeit, Gravitation und die Zeit, die von einem „Siebenten Element" zusammengehalten werden, von der Geometrie, von Gott?

Hinweise auf das Sexagesimalsystem finden sich im hebräischen Henochbuch - „Dritter Henoch". So wird beschrieben: Im höchsten Himmel angekommen wird Henoch vor dem Thron Gottes in den Engel Metatron verwandelt. Nach seiner Inthronisation, Investitur und Krönung werden ihm Weisheit verliehen und die kosmischen Geheimnisse offenbart (§11-19). §20 erzählt dann die Geschichte Achers, der den thronenden Metatron für eine Gottheit hielt; daraufhin wird Metatron mit **60 Lichtschlägen** bestraft und muss fortan stehen. Lichtschläge? Und dann auch noch 60? Die wären in einer rotierenden Scheibe mit Öffnungen darin generierbar!

Die Lichtgestalt Metatron steht demnach an zweiter Stelle gleich hinter Gott! Wer immer diese Reihenfolge aufgeschrieben hat, wusste wohl ganz genau was er tat.

Woher stammt der Name in den alten Schriften?

Trotz bereits heftig geführter Diskussionen und vielen letztlich nicht zufriedenstellenden Versuchen zur Bedeutung und Herkunft des Namens: Bisher konnte nicht geklärt werden, woher die Bezeichnung „Metatron" herrührt. Das Auffinden der Sechsecke in und um die Pyramide des Cheops, wie auch die Scheibe von Prinz Sabu als Zusammenhang mit der Lichtgeschwindigkeit könnten vielleicht eine Erklärung liefern. Die Bezeichnung „Metatron" scheint jünger oder zumindest gleich alt zu den Pyramiden zu sein. Auf jeden Fall ist der Name älter, als die moderne Esoterik. Der Wert der Lichtgeschwindigkeit auf dem Breitengrad der Cheops- Pyramide, erzeugt in einem Sechseck/Hexagon, das wiederum der Ursprung des Metatron sein könnte, stellt den Pyramidenbau sprichwörtlich in ein ganz neues Licht. Durch die Geschichte und die Bauwerke wird nachvollziehbar, wie die Alten Ägypter dabei in zeitlicher Abfolge technisch vorgegangen sein könnten und was sie dabei möglicherweise heraus gefunden haben könnten. Vermutlich haben die Alten Ägypter mit ihren Pyramiden und deren Physik die Geschichte der späteren Religionen wesentlich beeinflusst. Indiz dafür könnte als ein Beispiel die Verwendung des Sechsecks/Hexagons an mehreren Stellen des Pyramidenbaus sein. Durch seine Physik breitet sich das Licht im dreidimensionalen Raum aus, als „Metatron". Der Umstand, dass der Engel Metatron aus der jüdischen Mythologie seinen Namen trägt und mit der Schöpfung und dem Licht in Zusammenhang gebracht wird könnte zeigen, dass die Ägypter das Phänomen vor und bei ihrem Pyramidenbau bemerkt haben müssen. Dies könnte neben den technischen Voraussetzungen, die sie in Form der Scheibe von Prinz Sabu hatten, ein weiterer Beweis sein, dass sie die Lichtgeschwindigkeit gekannt haben könnten.

Seite 284: Die Fortführung des Sechsecks zum Metatron- Würfel

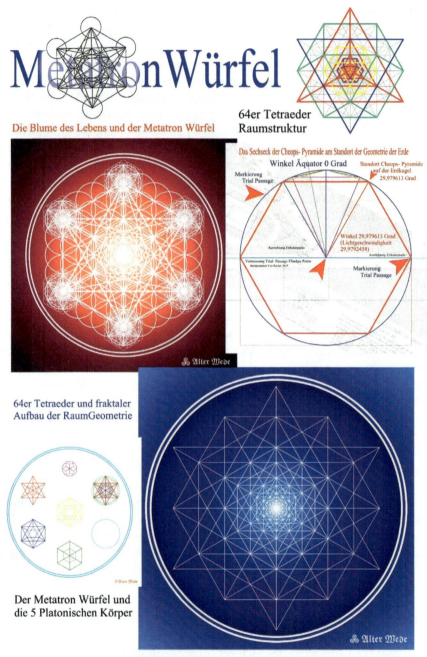

Metatrons Würfel ist zudem noch einiges mehr, als nur das Sechseck/Hexagon, der abgestumpfte Oktaeder oder der Kuboktaeder. Von seiner Geometrie her könnte die Physik von Metatrons Würfel unmittelbar mit dem physikalischen Vorgang der Schöpfung zu tun haben. Metatrons Würfel beschreibt den Raum der Winzigkeit des Mikrokosmos ebenso wie die Ausbreitung des Lichtes im Universum. Dazwischen liegt in Relation aller Dinge, die Trigonometrie.

Mit Trigonometrie wurden die Pyramiden gebaut. Die Trigonometrie steckt in allen Dingen. Dabei geht es nicht um Esoterik oder Mythologie! Es geht um die Schöpfung, es geht um Physik, es geht um Wissenschaft und es geht um die mögliche Existenz eines Gottes, bzw. um das, was Menschen als Gott gesehen haben, möglicherweise in Gestalt der Geometrie. Selbst heutige Wissenschaftler sind sich darin nicht einig. Immer wieder gesteht die Wissenschaft ein: „Wir wissen es einfach nicht." Die Alten Ägypter könnten mit ihren Pyramiden zeigen, das, was Menschen als Gott gesehen haben und Physik nebeneinander vereinbar ist. Vielleicht sogar eins sind. Fazit: In der Geometrie der neben der Cheops- Pyramide angeordneten Trial-Passage ist ein Sechseck zu erkennen. Damit könnte der Wert der Lichtgeschwindigkeit auf den Breitengrad der Cheops- Pyramide gelegt worden sein. Denn darauf steht die Pyramide ja nun mal, ob zufällig oder nicht. Merkwürdig ist zunächst einmal, dass der Wert der Lichtgeschwindigkeit die Geometrie im Sechseck trifft, was ebenfalls noch Zufall sein könnte. Nun kommt noch dazu, dass sich aus dem Sechseck im dreidimensionalen Raum ein Metatron- Würfel bilden lässt. Das wirklich Merkwürdige ist aber, es gibt in der Mythologie der Israeliten, also des Judentums und im später daraus entstandenen Christentum eine wortwörtlich so bezeichnete „Lichtgestalt" als „Geburt des Lichts aus der göttlichen Leere", die als Erzengel Metatron bezeichnet wird, die sich wiederum ausgerechnet aus der Geometrie eines Sechsecks generieren lässt. Das bedeutet, wer diesem Erzengel vor vielen tausend Jahren seinen Namen gab, kannte die Geometrie der Lichtgeschwindigkeit in einem Sechseck. Dies könnte wiederum zeigen, dass die Menschen des Altertums den Wert der Lichtgeschwindigkeit und deren Geometrie kannten. Dabei wird ein unmittelbarer Zusammenhang zwischen Physik, Religion und Geschichte erkennbar.

Das Licht im Sechseck, die Israeliten und die Freimaurer

Die Religion der Israeliten hat die zunächst mündlich weiter gegebenen Formulierungen des Tanach in das „Erste Testament" bzw. das „Alte Testament" übernommen. Eine interessante Formulierung findet sich in der Bibel im Exodus Kapitel 28 Absatz 30. Als es um die Beschreibung des Gewandes des bei der Bundeslade eingesetzten Priesters geht wird beschrieben: „In das Orakel- Brustschild aber sollst du die Urim und Thummim tun, damit sie auf dem Herzen Aarons liegen, sooft er vor den HERRN tritt; und Aaron soll so das Orakel für die Israeliten beständig vor dem HERRN auf seinem Herzen tragen." Interpretationsversuche sehen darin entweder zwei gefärbte Steine (Orakelsteine) oder zwölf Edelsteine. Es wird aber ausdrücklich „Licht" oder auch „Lux" bezeichnet!

Im Hebräischen bedeuten die Worte „Urim und Thummim" - „Lichter und Vollkommenheiten". Andere Übersetzungen, wie von Religionsphilosoph Martin Buber (1878-1965) und Historiker und Philosoph Franz Rosenzweig (1886-1929), übersetzen die Worte mit „die Lichtenden und die Schlichtenden". In der Übersetzung von Martin Luther (1483-1546) werden „Urim und Thummim" mit „Licht und Recht" übersetzt. Wird hier angenommen, dass es sich bei „Licht" um das Sechseck bzw. gleichseitige Dreieck der Lichtgeschwindigkeit handelt, so wie es in der Trial-Passage der Cheops- Pyramide zu sehen ist, dann handelt es sich bei dieser Beschreibung womöglich um die erste Erwähnung des „Schild- Davids" in der Bibel auf dem Brustschild des Priesters, damit um den Davidstern. In Anlehnung an die Lichtgeschwindigkeit und die Gravitation als Bestandteile der Schöpfung würde dann wohl die Hebräische Bedeutung „Lichter und Vollkommenheit" die Bedeutung des „Schild- Davids" am ehesten treffen.

Die frühe Religion kannte demnach scheinbar die Bedeutung und den Wert der Lichtgeschwindigkeit vor vielen tausend Jahren! Zudem bildet das „Schild Davids" weitere SECHS kleine gleichseitige Dreiecke, die von einem SIEBENTEN Element zusammen gehalten werden. Das dies nicht nur eine geometrische Spielerei ist, zeigt auch das von Johann Wolfgang von Goethe (1749-1832) zitierte „Naturae naturantis et naturatae mysterium, in scuto davidico exhibitum, secretioris matheseos ac philologiae, itemque theologiae, physicae et ethicae, fundamenta complectens."

Übersetzt bedeutet für einen Buchtitel merkwürdig extrem lange Überschrift: „Geheimnis der schaffenden und geschaffenen Natur, im Schilde Davids enthalten, welches die Gründe der geheimen Mess- und Redekunst, wie auch der Gottes-, Natur- und Sittenlehre in sich fasset." Das Werk wurde vom Haug Verlag Berleburg - 1724 herausgegeben. Verfasser sind vermutlich Johann Friedrich Haug (1680-1753) und Johann Jacob Haug (1690-1756). Der Haug- Verlag existierte bis 1749. Interessant ist: In der Überschrift des Büchleins werden mit „Geheimnis der schaffenden und geschaffenen Natur" - „im Schilde Davids enthalten" - „welches die Gründe der geheimen Mess- und Redekunst" - „wie auch der Gottes-, Natur- und Sittenlehre in sich fasset" Aussagen getroffen, die Zusammenhänge zwischen Vermessung, Trigonometrie, Naturgesetze, der Schöpfungsgeschichte und dem „Schild Davids" treffen. Es werden Zusammenhänge zu Symbolen der Religionsgeschichte erkennbar! Der Inhalt des Buches weicht dann allerdings mit eigenen, umständlichen

Interpretationsversuchen des Verfassers von der Aussage der Überschrift ab. Als habe er nur ansatzweise über das geheime Wissen verfügt, welches er dann primär in der langen Überschrift umsetzt. Geheime Redekunst? Was für keine andere Sprache zutrifft: Mit Hilfe des Hexagramms lässt sich laut Rabbi Zamir Cohen (1965) das hebräische Alphabet codieren, das mit seinen verschiedenen Buchstaben auf die Geometrie des Schild Davids aufgelegt werden kann: „ ..... geheimen Mess- und REDEKUNST ......". Kannten die Erben der Israeliten, wie Johann Friedrich und Johann Jacob Haug noch Ansätze und Teile aus den mündlichen Überlieferungen? Auch Albert Einstein (1879-1955) wäre ein Nachfahre der Israeliten. Auch Einsteins Aussagen beziehen sich auf Relativität, damit auf die Verhältnisse aller Dinge zueinander und letztlich auch auf Trigonometrie. Albert Einstein war ein lockerer Typ, der als Wissenschaftler immer wieder auch über Gott nachgedacht hat. So lautet einer seiner witzig klingenden aber philosophisch durchdachten Sprüche sinngemäß: „Wenn Gott die Welt erschaffen haben sollte, dann hat er sich nicht viel Mühe gegeben - zu zeigen, wie er das gemacht hat."

Die Geometrie im "Schild Davids"

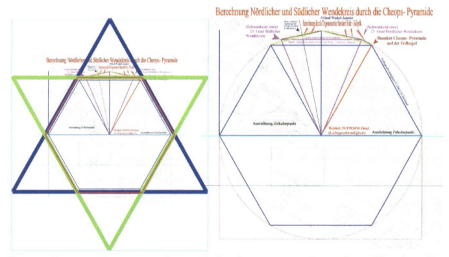

zeigt den Wert der Lichtgeschwindigkeit

In der mündlichen Überlieferung der Kabbalah, die sich auf das Tanach, der Heiligen Schrift des Judentums bezieht, wird die Existenz des Hexagramms innerhalb der jüdischen Religion schon seit der Zeit der „Steinernen Tafeln des Gesetzes", die in der verschollenen Bundeslade aufgehoben wurden, beschrieben. Dieser Zusammenhang zwischen dem Sechseck der Trial- Passage, dem darin mit den gleichseitigen Dreiecken enthaltenen Winkel der Lichtgeschwindigkeit und dem Hexagram im „Schild Davids" könnte Hinweis sein, dass auf den uralten Steintafeln in der Bundeslade, die im Altertum in den Pyramiden gefundenen wissenschaftlichen Zusammenhänge mit der göttlichen Schöpfungstheorie verankert wurden.

Ein Zusammenhang zwischen antiker Astrophysik und damit zwischen früher Wissenschaft und Religion wird damit immer deutlicher.

Die Alten Ägypter könnten mit reiner, in der Natur steckender Geometrie, nahezu ohne Zahlen und damit ohne später ersonnene Mathematik, weitaus näher an den Urknall und die Schöpfung herangereicht haben, als dies heute der Fall ist. Durch ihr „Fach- Wissen" über die Schöpfung konnten sie anscheinend das System anderer Menschen so gut, glaubhaft und nachvollziehbar vermitteln, dass daraus die Religionen entstanden sind und unzählige Menschen selbst noch im 21. Jahrhundert an einen Gott und die Schöpfung glauben. Möglicherweise kommen sie der Wahrheit damit näher, als das, was die Wissenschaft der heutigen Zeit in unzähligen nicht bewiesenen und möglicherweise auch niemals beweisbaren Theorien über die Entstehung des Universums zu erklären versucht. Wenn das Sechseck und die Dreiecke des Hexagramms so wichtig sind, darauf die Geometrie der Cheops- Pyramide gelegt wurde und diese bereits auf den „Steinernen Tafeln des Gesetzes" in der Bundeslade verankert wurden, muss die Frage gestellt werden, warum diese Geometrie so wichtig für den Glauben ist. Auch sehr viel später fällt bei Freimaurersymbolen auf: In der Symbolik werden immer wieder Pyramiden und das Kreuz verwendet. Das Kreuz könnte als Vermessungssymbol für die Trigonometrie stehen. Jesus Christus wurde möglicherweise an ein von den Pyramiden stammendes Vermessungskreuz geschlagen, mit dem die Römer per Trigonometrie ihre berühmten geradlinigen Straßen vermessen haben. Die Trigonometrie war ja auch die Grundlage für das so wichtige und anspruchsvolle Handwerk der vermessenden „Urahnen" der Freimaurer zum Aufbau der irdischen Welt, zur Vermessung von Straßen, Gebäuden, Städten und Staaten. Diese „Urahnen" waren die Kreuzritter aus den Kreuzzügen in das Heilige Land in Personalunion mit den bauenden und damit vermessenden Mönchen der Dombauhütten. Aus dem romanischen Kirchenbauwesen zunächst durch die Kreuzritter/Mönche entstand zur Zeit des gotischen Kathedralenbaus der Werkstattverband der Dombauhütten. Im Mittelalter wurden die Arbeiten immer mehr von Handwerkern, insbesondere von den Steinmetzen und Vermessern übernommen. Daraus bildeten sich später die Freimaurergesellschaften, die wiederum die Symbole der alten Kreuzritter zu übernehmen versuchten. Die eigentlichen von den Kreuzrittern über das biblische Jerusalem mitgebrachten Hintergründe aus der Pyramidenzeit scheinen aber nach so langer Zeit nicht mehr unmittelbar bekannt gewesen zu sein.

So wurden und werden zum Beispiel bei den Freimaurern verschiedene Dreiecksarten verwendet, während in der christlichen Kirche noch immer das gleichseitige Dreieck zu sehen ist. Im Auge der Pyramide der Freimaurer taucht immer wieder das „Sehende Auge" auf. Ein ebenfalls aus der ägyptischen Mythologie stammendes Symbol und womöglich ein Hinweis auf das Licht und damit auf die Lichtgeschwindigkeit. In einer historischen Abbildung einer „Freimaurerischen Unterweisung" findet sich das Word „Lux", was sich von der lateinischen Bezeichnung für „Licht" ableitet. Die darauf abgebildete Pyramide ist aber kein gleichseitiges Dreieck, wie sie es in der aus der Trial- Passage der Cheops- Pyramide entstandenen Sechseck- Theorie für die Lichtgeschwindigkeit hätte sein müssen.

Historische Abbildung einer „Freimaurerischen Unterrichtung"
Die Lichtgeschwindigkeit wird in einer Pyramide aus einem NICHT gleichseitigen Dreieck dargestellt. Das Dreieck auf der Abbildung trägt das „Lichtauge" und darunter die richtige Messstrecke (halber Durchmesser Sechseck- Kreis). Das Dreieck ist aber nicht gleichseitig! Als kannte der Zeichner die Hintergründe nicht mehr!

In den Symbolen der Freimaurer findet sich zwar auch das Sechseck, hier allerdings im Hexagram und ohne den Hinweis auf die Lichtgeschwindigkeit. Meist werden von in der Gegenwart praktizierenden Freimaurern geometrische Gründe der Vermessung angegeben. Fast scheint es, als hätten die Freimauerer nur über

Informationen verfügt, dass in einer Pyramide die Lichtgeschwindigkeit bzw. das Licht verschlüsselt ist. Offensichtlich kannten sie aber den Grund dafür nicht. So die These. Bei den Freimaurern werden verschiedene Dreiecksformen gezeigt. Entweder als „richtiges" gleichseitiges Dreieck oder als Dreieck mit einem rechten Winkel. Beim „rechtwinkligen" Dreieck wird dabei als geometrisches Symbol auf den „Satz des Thales" verwiesen. Der griechische Philosoph, Mathematiker und Astronom Thales von Milet (um624v.Chr.-um547v.Chr.) soll als erster bewiesen haben, dass aus den zwei Eckpunkten des Durchmessers eines Kreises mit der Verbindung zu einem dritten Punkt auf dem Umfang des Kreises immer ein rechtwinkliges Dreieck entsteht. Die Ägypter müssen die geometrische Gesetzmäßigkeit allerdings schon lange vorher gekannt haben! Neben dem „richtigen" gleichseitigen Dreieck im Sechseck für die Lichtgeschwindigkeit!

Die Eckpunkte: Das Sechseck taucht in seiner dreidimensionalen räumlichen Vielzahl als Metatron- Würfel im Zusammenhang mit der „Lichtgestalt" als „Geburt des Lichts aus der göttlichen Leere" als Erzengel Metatron im Babylonischen Talmud auf, also einem der bedeutendsten Schriftwerke des jüdischen Glaubens. Der Davidstern soll als „Schild Davids" das Schild König Davids geziert haben. Wie es ursprünglich entstand, ist heute unklar.

Das „Schild Davids" trägt in sich ein Sechseck und zwei in sich verwobene GLEICHSEITIGE Dreiecke, damit die richtigen Winkel der Lichtgeschwindigkeit, damit auch die der Gravitation und der Zeit.

Die Dreiecke symbolisieren hier gegenüber den Freimaurersymbolen den korrekten Winkel der Lichtgeschwindigkeit. Als hätte die Religion die Symbolik der Lichtgeschwindigkeit, mit der sich ja auch die Gravitation und die Zeit fortbewegen, in ihrer Symbolik als Schöpfung Gottes verinnerlicht.

Der Schlüssel scheint im Sechseck, dem wirklich gleichseitigen Dreieck und im richtigen Winkel der Lichtgeschwindigkeit zu liegen. Das Hexagramm kommt sowohl im Judentum, im Christentum als auch im Islam vor. Obwohl der Stern heute fast nur noch mit dem jüdischen Volk in Zusammenhang gebracht wird, war der Stern in der Antike ein populäres Symbol in vielen Kulturen, welches man sowohl in Ägypten, bei den Römern, bei den Griechen, in Indien, bei den Chinesen, selbst in Skandinavien und auch in Peru kannte. Im Hinduismus beschreibt es zum Beispiel als Symbol das Meditationszeichen „Yantra" den physischen Ausdruck für die göttliche Kraft.

Fast scheint es, als kannten die Freimaurer den Schlüssel, sie hatten ihn aber nicht. Die späten Religionen hatten den Schlüssel, sie wussten das aber möglicherweise nicht mehr. Die Wissenschaft sucht den Schlüssel, sie findet ihn aber nicht.

Das Alte Testament

Uralte wissenschaftliche Erkenntnisse und die Vermutungen über die Entstehung aller Dinge müssen unter den ersten Wissenschaftlern bzw. Priestern zunächst mündlich weiter gegeben worden sein. Nicht nur weil sich eine von allen Menschen lesbare Schrift erst noch entwickeln musste, sondern auch, weil uns Menschen das geschriebene Wort nicht in die Wiege gelegt wird.

Am Anfang stand das Wort! Von der Evolution heraus verständigen wir uns über Töne, später über Worte und über Zeichen. Wir können über Worte, geometrische Gebilde und Bilder besser verstehen, als wenn wir Buchstaben, geschriebene Worte und Sätze erst lernen, dann lesen und verarbeiten müssen. In mündlichen Überlieferungen können wichtige Aussagen jedoch nicht nur vergessen werden, es können auch Fakten mit schönen Formulierungen ausgeschmückt und durch Wunschvorstellungen ergänzt werden. Hinzu kommen die Faktoren der militärischen und wirtschaftlichen Geheimhaltung. Wer schon gibt Geheimnisse an andere Familienstämme oder Völker weiter, wenn er dem eigenen Stamm dadurch klare militärische und wirtschaftliche Vorteile verschaffen kann. Im Gegenteil, es werden zusätzliche Geschichten generiert, von denen in den allermeisten Fällen der Erzähler und seine Interessengemeinschaft profitiert. Mit geringsten Mitteln und Hebelmechanismen können so maximale Erfolge erzielt werden. Heute wird das zum Beispiel nicht nur an der Börse, sondern auch bei der asymmetrischen Kriegsführung praktiziert. Das Wetter hat nicht nur einzelne Schlachten, sondern auch schon ganze Kriege entschieden. „Lass meine Armeen Steine, Bäume und Vögel am Himmel sein", so ein Spruch Karl des Großen (747-814).

Die Bibel ist extrem detailreich, offenbar durchdacht und weitsichtig formuliert. Das macht die Heilige Schrift, für den der nicht an ihren Inhalt glaubt, sehr langweilig und gewöhnungsbedürftig. Er hat Mühe „durchzuhalten".

Wer sich dem offenkundigen Ziel, der Vermittlung des Glaubens öffnet und die Bibel aufmerksam liest wird feststellen, dass sich darin Perioden mit hoch interessanten Erzählungen, mit kapitelübergreifend eher ermüdenden Namens- und Zahlenangaben abwechseln. Schon vielfach wurde darüber nachgedacht, ob die Bibel tatsächlich geschehene geschichtliche Abläufe beschreibt, oder ob sie einen geheimen Code enthalten könnte. Denn es gibt auch merkwürdige Passagen und Formulierungen, die sich nur schwer in das Thema der gerade formulierten Gegebenheit einzupassen scheinen. Als sollten sie dem aufmerksamen Leser auffallen.

Dabei kommt der Verdacht auf, die Verfasser könnten wichtige Informationen in Namen und Zahlen verschlüsselt haben, die dann auch nur von geübten Lesern erkannt werden. Aus militärischer Sicht könnten ebenso auch aus simplen kurzen Bezeichnungen von Bibelstellen, umfangreiche wichtige geheime Informationen verschlüsselt weitergegeben werden. Könnte es in der Bibel auch Hinweise auf Geometrien der Astronomie, der Astrophysik und damit auch auf die Lichtgeschwindigkeit und auf die Gravitation geben? Lichtgeschwindigkeit und Gravitation, deren Geometrien scheinbar in der Cheops- Pyramide zu finden sind, in der Bibel? Wer die Geschichte der Pyramiden kennt, ihre Geometrie verinnerlicht, darin das Sechseck für den Wert der Lichtgeschwindigkeit findet, der entdeckt auch Hinweise, nicht nur auf die Lichtgeschwindigkeit, sondern auch auf die Gravitation und die in allem steckende Geometrie. Mit deren Hilfe die physikalische Schöpfung bzw. ein Gott über das Werkzeug der Geometrie und Trigonometrie nach biblischer Interpretation die Welt erschaffen zu haben scheint.

Im Exodus/ 2. Buch Mose beginnt Gott in Kapitel 20 am Berg Sinai mit der Verkündung der Zehn Gebote und seinen Rechtssatzungen. Danach beschreibt Gott im Exodus/ 2. Buch Mose im Kapitel 25 im Absatz 10 die zu bauende Bundeslade. Die Messzahlen der Lade und auch ihre ganz genau beschriebene Umgebung sind wiederum genaue Relationen und damit Trigonometrie in Reinkultur. Als sei die Lade ein standardisiertes Basismaß. Werden die angegebenen Ellen- Maße in Ägyptische Ellen in Relation zueinander berechnet, ergibt sich erstaunlicherweise eine Annäherung an den Goldenen Schnitt. So wie das auch schon auf Gizeh und in der Cheops- Pyramide anzutreffen ist. In der Bundeslade sollen die Steinernen Tafeln aufbewahrt worden sein, beschrieben durch den Finger Gottes. Das gleiche Phänomen trifft ab Exodus/ 2. Buch Mose Kapitel 27 auch auf den mobilen Tempel zu, auf die Stiftshütte, welche die Bundeslade umgeben soll. Wenn Mose einer der Ägyptischen Priester war und über das aus den Pyramiden stammende Fachwissen ausgebildet worden ist, wäre klar, warum die Bundeslade entstehen musste. Mose könnte die Bundeslade angefertigt haben lassen, um darin die aus der Pyramidenzeit stammenden, naturwissenschaftlichen Erkenntnisse und damit die Gesetze Gottes, für die Nachwelt, insbesondere sein Volk der Israeliten „auf den Steinernen Tafeln mit dem Gesetz Gottes" aufzubewahren. Vielleicht auch auf Papyrusrollen. Universelle Grundgesetze der Geometrie, in Form von Maßen, Zahlen und Gewichten. Astronomische Informationen könnten zum Beispiel in euklidischer Geometrie, in Form von Kreisen, Dreiecken oder Sechsecken verankert sein.

Und es keimt die vage Vermutung auf: In der Bundeslade oder in deren Umgebung könnten sich auch aus Ägypten mitgebrachte, leichte und damit transportable Gerätschaften zur Vermessung, wie zum Beispiel eine drehbare Sanduhr oder Winkelmessgeräte, wertvolle Utensilien aus Holz oder Metallen, wie Kupfer, Bronze oder Gold befunden haben. Auch wenn diese im Alten Testament nicht erwähnt werden, von der Logik her müssten die Israeliten auch Unmengen an Aufzeichnungen, wissenschaftliche Erkenntnisse, geometrische Messmethoden und über

Jahrhunderte zusammengetragene Vermessungsergebnisse mitgeführt haben. Es sei denn, sie haben diese mündlich weitergegeben, danach aufgeschrieben oder sie haben sich diese erneut erarbeitet. Vielleicht war das der zeitliche Moment, der Grund die alten Geschichten in dem Werk zusammenzutragen, das heute als Altes Testament bezeichnet wird. Alles unter dem Gesichtspunkt der Geheimhaltung. Alte Kabalisten lassen durchblicken: Jede Zahl hat zwei Werte, einen offensichtlichen und einen geheimen. Zahlen, manchmal nur Buchstaben oder Worte, ganze Sätze müssen neu zusammengesetzt, gleich- oder umgesetzt werden. Nach auf den ersten Blick verwirrenden, aber unumstößlichen Regeln. So ist die Heilige Schrift nicht nur ein allegorischer Text, sondern darüber hinaus ein verschlüsseltes Dokument, bei dessen Lektüre der ungeübte Leser leicht in philosophische Schwierigkeiten geraten kann. Wie könnten brisante Informationen verschlüsselt sein? Beispiel Lichtgeschwindigkeit: Im Exodus/ 2. Buch Mose beschreibt Gott die Bundeslade. Von Kapitel 31 bis 38 heißt es: (31) Weiter sollst du einen Leuchter aus feinem Gold anfertigen; in getriebener Arbeit soll der Leuchter, sein Fuß und sein Schaft, angefertigt werden; seine Blumenkelche - Knäufe mit Blüten - sollen aus einem Stück mit ihm gearbeitet sein. (32) <u>Sechs</u> Arme sollen von seinen Seiten ausgehen, drei Arme auf jeder Seite des Leuchters. (33) Drei mandelblütenförmige Blumenkelche - je ein Knauf mit einer Blüte - sollen sich an jedem Arm befinden; so soll es bei allen <u>sechs</u> Armen sein, die von dem Leuchter ausgehen. (34) Am Schaft selbst aber sollen sich vier mandelblütenförmige Blumenkelche - Knäufe mit Blüten - befinden, (35) und zwar soll sich an ihm immer ein Knauf unter jedem Paar der <u>sechs</u> Arme befinden, die vom Schaft des Leuchters ausgehen. (36) Ihre Knäufe und Arme sollen aus einem Stück mit ihm bestehen: der ganze Leuchter soll eine einzige getriebene Arbeit von feinem Gold sein. (37) Sodann sollst du <u>sieben</u> Lampen für ihn anfertigen; und man soll ihm diese Lampen so aufsetzen, dass sie den vor dem Leuchter liegenden Raum erleuchten. (38) Auch die zugehörigen Lichtscheren und Pfannen sollen aus feinem Gold bestehen. Es wird also ein Leuchter mit <u>sechs</u> Armen beschrieben, in deren Mitte ein <u>siebenter</u> Arm als Zentrum angebracht ist. Wird damit die spätere Menora beschrieben, der siebenarmige Leuchter, der als eines der religiösen Symbole des Judentums bei der Staatsgründung Israels sogar in das Staatswappen aufgenommen wurde? Die Menora soll vermutlich aus Babylonien stammen und die Erleuchtung symbolisieren. In der Menora sind die Arme jedoch nebeneinander angeordnet!

Bei Gott heißt es nur: - Sechs Arme (oder: Röhren) sollen von seinen Seiten ausgehen, drei Arme auf jeder Seite des Leuchters.

- und zwar soll sich an ihm immer ein Knauf unter jedem Paar der sechs Arme befinden, die vom Schaft des Leuchters ausgehen.

Es werden also an jeder Seite drei Arme und Paare von Armen beschrieben. Da steht nicht ausdrücklich, dass alle Arme nebeneinander angeordnet sein sollen. Ist mit

„Paaren" die gegenüberliegende Anordnung gemeint? Wer die Arme im Sechseck anordnet und sie wie in der Bibel beschrieben von „vor dem Leuchter liegenden Raum" erblickt, sieht eindeutig das aus den Pyramiden bekannte Sechseck der Lichtgeschwindigkeit, dass im Innern von einem zentralen siebenten Element zusammengehalten wird. Leuchter - Lichtgeschwindigkeit!

Tatsächlich tauchen auch heute sowohl in Israel als auch im Zusammenhang stehende runde Leuchter mit sechs Armen auf, ja sogar in Form des Schild- David. Der Zusammenhang der Menora mit einem Sechseck ist auch auf dem Titusbogen in Rom zu sehen. Der Ende des ersten Jahrhunderts zu Ehren des Kaisers Titus (39-81) gestiftete Triumphbogen zeigt den Sieg des Kaisers über die Aufständischen in Judäa und die Eroberung Jerusalems im Jahre 70 n. Chr.. Zu sehen ist in einem Detail eine Menora mit zwar nebeneinander liegenden sechs Armen und einem Zentralarm, aber mit zwei abgestuften Füßen aus Sechsecken.

Und die Gravitation:

Einen Hinweis auf die Gravitation, so wie sie in den Schächten und inneren Kammern der Pyramiden ermittelt worden sein könnte, geben im Exodus im 2. Buch Mose im Kapitel 33 die Absätze 18 - 23: Gott verspricht Mose das Schauen seiner Herrlichkeit als Gnadenbeweis. (18) Als Mose nun bat: „Lass mich doch deine Herrlichkeit schauen!", (19) antwortete der HERR: „Ich will all meine Schönheit vor deinen Augen vorüberziehen lassen und will den Namen des HERRN laut vor dir ausrufen, nämlich dass ich Gnade erweise, wem ich eben gnädig bin, und Barmherzigkeit dem erzeige, dessen ich mich erbarmen will." (20) Dann fuhr er fort: „Mein Angesicht kannst du nicht schauen; denn kein Mensch, der mich schaut, bleibt am Leben." (21) Doch der HERR fuhr fort: „Siehe, es ist ein Platz neben mir: da magst du dich auf den Felsen stellen!" (22) Wenn ich dann in meiner Herrlichkeit vorüberziehe, will ich dich in die Höhlung des Felsens stellen und meine Hand schirmend über dich halten, bis ich vorübergezogen bin. (23) „Habe ich dann meine Hand zurückgezogen, so wirst du meine Rückseite schauen; mein Angesicht aber kann nicht geschaut werden." Ist das ein Hinweis auf die unsichtbare Wirkung der Gravitation? Es wird von zwei Plätzen und einer Höhle gesprochen und von Gott, der daran vorbei zieht. In Höhlen von Gebirgen wäre (durch Gravimetrie) ein ähnlicher Effekt erzielbar, wie in den Kammern einer Pyramide. Beim Auffinden von Bodenschätzen in Bergwerken spielt heute die Gravimetrie eine entscheidende Rolle. Ein ähnliches Phänomen, wie hier in der Bibel beschrieben, könnte sich auch in der Cheops- Pyramide ergeben haben, wenn zum Beispiel ein anderer Planet zur Veränderung der Gravitationswirkung oder auch nur zum Bewegen der Pendel vorüber zieht. In Höhlen, Schächten und Felsspalten könnten die Menschen des Altertums versucht haben, die durch die darüber und daneben befindlichen Massen der Felsen entstehende Gravitationswirkung im Zusammenspiel mit Planeten zu erkennen. Möglicherweise könnten sie sogar versucht haben, die Gravitationswirkung an solchen Orten auszugleichen. Vielleicht haben sie sogar damit, wie heute auch, nach Bodenschätzen gesucht.

Ein weiterer Hinweis auf die Gravitation: Im Exodus/ 2. Buch Mose beschreibt Gott die Bundeslade. Von Kapitel 18 bis 22 heißt es: (18) Weiter sollst du zwei goldene Cherube anfertigen, und zwar in getriebener Arbeit, an den beiden Enden der Deckplatte. (19) Den einen Cherub sollst du am Ende der einen Seite und den andern Cherub am Ende der andern Seite anbringen; mit der Deckplatte zu einem Stück verbunden sollt ihr die Cherube an den beiden Enden der Deckplatte anbringen. (20) Die Cherube sollen die Flügel nach oben hin ausgebreitet halten, so dass sie die Deckplatte mit ihren Flügeln überdecken; ihre Gesichter sollen einander zugekehrt und zugleich zur Deckplatte hin gerichtet sein. (21) Die Deckplatte sollst du dann oben auf die Lade legen; und in die Lade sollst du das Gesetz tun, das ich dir geben werde. (22) Daselbst will ich mit dir dann zusammenkommen; und von der Deckplatte herab, aus dem Raum zwischen den beiden Cheruben hervor, die auf der Gesetzeslade stehen, will ich dir alles mitteilen, was ich den Israeliten durch dich aufzutragen habe. Gott soll zwischen den beiden Cheruben über der Bundeslade erscheinen. Cherub - Gravitation?

Auch als Kerub geschrieben! Zwei schwebende Wesen also. In der Bibel sind Cherubim Engel von hohem Rang. Sie werden auch als geflügelte Mischwesen dargestellt und in der Bibel insgesamt über 90 mal erwähnt. Erstaunlicherweise tauchen sie bereits in der Genesis nach dem Sündenfall im Zusammenhang mit der Vertreibung aus dem Garten Eden auf. Solche geflügelte Wesen gibt es auch an den Wänden der Tempel und in Gräbern in Ägypten. Im Ägyptischen Museum in Kairo ist ein Pyramidion, also die Spitze einer Pyramide zu sehen, auf dem zwei ausgebreitete Schwingen abgebildet sind. Als wollten die Menschen mit diesen Flügeln vom Boden abheben. Das Pyramidion soll von der Pyramide des Amenemhet III. aus Dahschur stammen. Darauf sind auch zwei Augen, drei Striche und ein zentraler Punkt zu sehen. Letztere wieder Zeichen der Trigonometrie?

Für sich allein betrachtet könnten all diese Informationen vielleicht noch als Zufall bewertet werden. In ihrer Gesamtheit aber entstehen wieder sich gegenseitig bestätigende Beweise. So hat es ja Gott auch schon im Exodus - Das Zweite Buch Mose in Kapitel 4 Absätze 1- 9 beschrieben, als er Mose als Beweis Gottes den Stock zur Schlange, die Hand von Mose durch die Hautkrankheit Lepra veränderte und das Wasser des Nils zu Blut verwandelte.

Drei sich gegenseitig bestätigende Wunder! So wie in der Trigonometrie beim sogenannten „Einfluchten" von Linien oder Punkten üblich, die sich dadurch gegenseitig festhalten, bestätigen und beweisen. Trigonometrie in der Bibel!

Aus diesen Geschichten aus dem Alten Testament folgt eine interessante These: - Es wird ein Leuchter beschrieben, der mit seinen sechs Armen und einem siebenten leuchtenden Element in der Mitte auf die Lichtgeschwindigkeit hinweisen könnte, so wie es mit dem Sechseck in der Trial- Passage der Cheops- Pyramide geschieht.
- Es gibt mit den zwei geflügelten Cheruben auf der Bundeslade einen Hinweis auf die Gravitation. Gott soll die Zeichen der Schöpfung zwischen den beiden Flügelwesen zu bestimmten Zeiten offenbart haben. Mit zwei gegenüberliegenden Systemen an Massen könnte in den Kammern der Cheops- Pyramide die Gravitation ausgeglichen worden sein. Es gibt in der Bibel zahlreiche Hinweise, die in dem System der Bundeslade, in der sie umgebenden Stiftshütte, aber auch später im Salomonischen Tempel in Relation zueinander stehende Zahlenwerte generieren, die wiederum den Goldenen Schnitt beschreiben. Die unzähligen Längen-, Gewichts- und Zeitangaben scheinen in sich einen Logarithmus zu offenbaren. Ähnlich einer Galaxie. Könnte die Bundeslade als Ergebnis der Forschung in der Cheops- Pyramide möglicherweise unter bestimmten Naturbedingungen, in der Summe mehrerer physikalischer Gesetze auch ein Gerät zur Beschreibung des Ausgleichs der Gravitation gewesen sein? Das nochmals miniaturisierte Universum, die Cheops- Pyramide im Kleinformat? Das System aller Dinge, wie es als Weltformel in allen Dingen zu stecken scheint? Reine Physik im Einklang mit der Schöpfung und mit der Religion? Von Gott erschaffen? Oder zumindest von der Physik erschaffen, die als Gott interpretiert wurde? Wenn die Bundeslade die Ergebnisse ägyptischer Wissenschaft enthalten hat, dann enthielt ihr Inhalt tatsächlich tödliche Wirkung, für jeden, der sie zu öffnen versuchte. Gott macht in der Bibel Mose exakte Angaben zum Bau der Bundeslade. Gott macht Mose genaue Angaben zum Aufbau des sie umgebenden Zeltes. Gott macht Mose genaue Angaben, wann er über der Bundeslade zwischen den beiden Cheruben seine Zeichen offenbart. Die Bundeslade ist ansonsten hinter einem Vorhang verdeckt. Es werden Brandopfer beschrieben, durch die Rauchpartikel generiert werden und durch die aufgrund der verbrannten Knochen Calciumphosphat entsteht. Gebrannter Kalk! Gott beschreibt: Sollte ein Tempel aus Stein gebaut werden, dann darf an den Stein kein Meißel angesetzt werden. Wurden die Unmengen an verbrannten Knochen als Brandkalk verwendet? Wurden damit die Steine des Tempels „ohne Meißel" in Form von Kalkstein- Beton gegossen? Gott beschreibt auch für den Tempel aus Stein genaue Maß-, Gewichts- und Materialangaben. Sogar die Anzugsordnung für die Priester wird beschrieben. In den Stoffwänden des Zeltes und in den Gewändern der Priester sind Metalle wie Gold, Silber und Kupfer eingewebt. Den in den Bibelpassagen an vielen Stellen im Zusammenhang mit der Lade und der sie umgebenden Stiftshütte beschriebenen Metallen geschuldet, könnten zu diesem zeitlichen Stadium lange nach dem Pyramidenbau möglicherweise erste erforschte elektrostatische Vorgänge eine Rolle gespielt haben. Denn selbst das Ge-

wand des Priesters scheint einen Faradayschen Käfig zu beschreiben. Der englische Physiker Michael Faraday (1791-1867) fand später heraus, dass eine allseitig geschlossene Hülle (Drahtgeflecht) einem darin lebenden Organismus Schutz vor Elektrizität bietet.

Es werden Edelsteine und Materialien beschrieben, die sich in das Periodensystem der Elemente einzufügen scheinen. Den Vertretern des jüdischen Volkes soll es neben den Gesetzen von Geometrien, Zahlen und Maßen auch gelungen sein, den ägyptischen Priestern die Geheimnisse der Alchimie zu entlocken. Mose weilte mit seinem Volk 40 Jahre in der Wüste. Woher kam das Wasser? Mit den Rauchpartikeln von den zwei beschrieben Opferfeuern, an die sich in großer Höhe Wassermoleküle ankoppeln würden, könnte Regen generiert worden sein. Mit ähnlichen Verfahren wird auch heute künstlicher Regen erzeugt. Durch das „Impfen" von Wolken mit Salzen und anderen Chemikalien, wie zum Beispiel mit Silberiodid. Mit all ihrer, für die Trigonometrie so wichtiger, exakt bekannter Symmetrie und Geometrie könnte die Bundeslade nicht nur ein Messgerät für vielfältige Naturerscheinungen gewesen sein, mit ihr und ihrer Umgebung könnten sogar auch Naturerscheinungen hervorgerufen worden sein.

Wer als Wissenschaftler davon träumt, das größte Rätsel der Menschheit, die Frage nach der Schöpfung und dem Urknall zu lösen, der braucht sich vielleicht nur die alten Pyramiden näher anzusehen und/oder nur die Bibel und andere alte Schriften zu lesen. Da steht das möglicherweise schon alles drin, nur eben verschlüsselt, weil dieses Wissen immer auch militärisch nutzbar war. Das steht dort zum Teil seit mehr als 2000 Jahren! Die Beschreibung der Gerätschaften beginnt im Exodus/ 2. Buch Mose ab Absatz 2!

Wird wie im Alten Testamnet interpretiert, dass die Schöpfung oder Gott den Menschen erschaffen hat, dann hat dieser Mechanismus auch die Pyramiden und die Bibel erschaffen. Dann sind diese, wie der Mensch selber, dass Werk der Schöpfung. Jeder Mensch wäre damit ein Produkt der Schöpfung! Mit all ihren Geboten und Gesetzen hat die Bibel über die Religionen zum Aufbau des Staatswesens beigetragen. Sie hat die Menschen zu einer gesunden Lebensführung animiert. Sie war Wegbegleiter für die Menschheit. Es werden darin sogar genaue Angaben für die Medizin und die Landwirtschaft gemacht, die auch heute noch gültig sind. Obwohl die Bibel und vor allem ihre Quellen schon sehr alt sind, gelten einige ihrer Gebote und Gesetze noch immer. Sie leben in den Gesetzen der Menschen von heute, in ihren Staaten weiter. Die Gesetze wurden nur immer wieder für die jeweilige Gegenwart angepasst. Wenn die Schöpfung die Welt erschaffen hat, dann ist sie keine Schöpfung des Altertums und des Stillstands. Dem müssen sich auch die Religionen, die „Werkzeuge" der Schöpfung und die daraus entstandenen Staaten anpassen. Schöpfung und

Religion bedeutet nicht Vergangenheit! Von dem gegenwärtigen Punkt ausgehend, bedeutet Schöpfung immer auch die Schöpfung der Zukunft.

„Lass meine Armeen Steine, Bäume und Vögel am Himmel sein!" Auch die Schöpfung und Gott helfen bei der Bekämpfung der Feinde. Sie hätten das Kind beim Namen nennen können, also die Mechanismen der Schöpfung. Doch dieser Hinweis hätte auch in die Hände der Feinde gelangen können. Im Gegenteil, die Unterstützung durch ein als Gott bezeichnetes Wesen sorgt nicht nur bei den Feinden für eine niederschmetternde psychologische Wirkung, sie verleiht auch den eigenen Soldaten sprichwörtlich göttliche Überzeugung und damit Kräfte. Immerhin handelt es sich nicht einmal um die Unwahrheit, sondern nur um eine etwas andere Formulierung. Das System dient der Erhaltung der eigenen Art und damit dem Sinn der Schöpfung, dem Aufbau und dem Fortschritt. Der Zweck heiligt die Mittel.

Wie könnte das bewiesen werden? Wie könnte gleichzeitig bewiesen werden, dass die Alten Ägypter mit Trigonometrie die Gesetzmäßigkeiten der Schöpfung erkannt, daraus eine Gottgestalt generiert und das System mit Schöpfung und Gott in Form der Naturgesetze genutzt haben? Was gestattet einen Blick auf den Zustand der ägyptischen Gesellschaft noch verhältnismäßig zeitnah nach dem Pyramidenbau?

An welcher Stelle könnten die Mechanismen und die Spuren des Alten Ägyptens zu finden sein? „Reisen bildet", sagte Johann Wolfgang von Goethe (1749-1832). Wer von einer Reise zurückkehrt, verinnerlicht danach noch für ein paar Tage die Mechanismen des gerade erst besuchten Landes, bevor diese Erinnerungen verblassen. So sind auch die Israeliten quasi von einer Reise gekommen, als sie mit Mose aus Ägypten ausgezogen sind. Spuren müssten also im Alten Testament im Genesis / Das 1. Buch Mose und im Exodus (Das Buch vom Auszug) / Das 2. Buch Mose zu finden sein. Also in schriftlichen Werken, in denen die Israeliten noch unmittelbar mit den Alten Ägyptern zu tun hatten. Diese Kapitel der Bibel könnten noch ein Bild der ägyptischen Gesellschaft widerspiegeln, in der die Israeliten bis dahin gelebt haben. Obwohl schon sehr alt, scheint die Bibel mit Logik aufgebaut zu sein, mit der Zahlenliebe eines Finanzbeamten, der Präzision eines Vermessers, der Genauigkeit eines Perfektionisten und mit göttlicher Weitsicht.

Wer im Gott der Bibel das System der Schöpfung sieht, der wird in dem gesamten System der Bibel mit ihren unendlich vielen Zahlen, Namen und Gesetzen ebenfalls einen sich wiederholenden, immer größer werdenden Logarithmus erkennen, der seit der Schöpfung in allen Dingen zu stecken scheint. Wer Gott nicht als altmodischen menschlichen „Tattergreis mit Bart" sieht, sondern in dem logarithmischen System, das in der Physik, der Biologie und der Geometrie steckt, das sich durch Trigonometrie vergrößern, verkleinern und vermessen lässt, für den bekommt die Bibel und das Wort „Gott" und Schöpfung eine ganz neue Bedeutung. Der findet das System Gott nicht nur in der Vergangenheit, sondern auch in der

Gegenwart und in der Zukunft. Der weiß, dass Gott oder das was Gott als Physik darstellt, in allen Dingen steckt und allgegenwärtig ist. Dann bekommen auch die vielen Gesetzmäßigkeiten der Bibel einen Sinn und derjenige merkt, dass auch die Feinde des Fortschritts und damit der Schöpfung genau nach diesen Gesetzmäßigkeiten vorgehen. Mit den Mechanismen der Schöpfung, mit dieser unbändigen Kraft des Universums kann der, der sie erkennt und damit umzugehen versteht, alles erreichen und auch alles vernichten. Deshalb ist diese Kraft, die Kraft der Schöpfung und damit Gottes für den der sie verstanden hat, immer auch von Geheimhaltung umgeben. Wenn man das Wort „Gott" durch ein ähnliches Wort ersetzt, durch „Schöpfung" zum Beispiel, wird in der Bibel mit ihren unzähligen Zahlenangaben und Namen über die Jahrhunderte ihrer Handlung ebenfalls ein Logarithmus erkennbar. Dieser ist durch die in Worte gefasste Genialität nur schwer zu überbieten.

Die Reproduktion der Intelligenz?

Im chronologischen Ablauf der Bibelgeschichten wird Jakob zeitig als Urvater der zwölf Stämme Israels beschrieben. Dabei ergeben sich, wie auch bei den Alten Ägyptern üblich, mehrere Funktionen in der Person Jakobs.

Trigonometrie: Jakob war ein erfolgreicher Viehzüchter, der auch in den Nächten das Vieh gehütet hat, was in der Bibel beschrieben wird. Mit seinem Hüte - „Jakob-Stab" könnte Jakob über einen Zeitraum von 20 Jahren die Sterne und die Mechanismen der Naturerscheinungen beobachtet und durch Vergleich miteinander abgewogen haben. Damit könnte er sich rein logisch zu einem „Experten" für Sternen- und Wettertrigonometrie entwickelt haben.

Züchtung: Jakob war ein erfolgreicher Viehzüchter, der seinen Wohlstand dadurch gemehrt hat, in dem er genau beobachtet hat, was passiert, wenn die Tiere seiner Herde sich fortpflanzen. Er hat die Ergebnisse beobachtet und erkannt, so beschreibt es die Bibel, dass sich bestimmte Eigenschaften reproduzieren und vervielfachen lassen. Jakob hat so, wie in der Bibel beschrieben, bestimmte Eigenschaften der Tiere züchten können.

Jakob war also ein erfolgreicher Züchter. Er hatte zudem mit vier verschiedenen Frauen insgesamt 12 Söhne und ein Mädchen. Aus den zwölf Jungs sind die zwölf Stämme Israels hervor gegangen. In Numeri / 4. Buch Mose wird im Verlauf der Bibelgeschichte eine in der Wüste Sinai durch Mose und Aaron durchgeführte Volkszählung der kriegstüchtigen Männer beschrieben: „Nach der Zahl der einzelnen Namen, von zwanzig Jahren an und darüber, alles, was zum Heeresdienst tauglich war" wurden dabei 603.550 Männer gezählt. Das bedeutet, aus dem einen, hochintelligenten Mann Jakob sind zeitnah 603.550 männliche Nachkommen (allein nur männlich und im Alter über 20 Jahre) entstanden.

Der elfte Sohn Jakobs war sein Lieblingssohn Josef. Dieser gelangte nach Ägypten und wurde unter dem Pharao die wichtigste Person des Landes. So beschreibt es die Bibel. Vater Jakob könnte seine Erfahrungen sowohl in der Trigonometrie als auch bei der Züchtung von Lebewesen zuvor an seinen Sohn Josef weiter gegeben haben. Denn Josef konnte ja zum Beispiel auch die Zukunft prognostizieren, in dem er erst die fetten Jahre und dann die mageren Zeiten vorhersagen konnte, für welche Vorräte angelegt werden sollten. In der Fortführung all dieser Gedanken kommt die Idee auf, dass die Pharaonen bewusst mit vielen Frauen intelligente Nachkommen gezeugt haben könnten. Ebenso könnten zum Beispiel auch fähige und aggressive Soldaten, fleißige belastbare Bauarbeiter oder eine Vielzahl begnadeter Künstler und Steinmetze für den Pyramidenbau entstanden sein. Es könnte eine Verbindung zwischen dem biblischen Jakob und seinem Sohn Josef zu dem hoch intelligenten ägyptischen Baumeister Imhotep und Pharao Djoser bestanden haben. Die beiden Letzteren waren die Erbauer der ersten Stufenpyramide in Sakkara. Wenn diese Intelligenzen sich bewusst reproduziert haben, wird klar, warum es plötzlich in der Evolution nach den Primaten zunächst eine geschichtliche Leere gab und es dann während und nach der Hochkultur Ägyptens mit der Menschheit im Verhältnis zu vorher plötzlich und stetig aufwärts gegangen ist. Von Pharao Snofru ist im „Papyrus Westcar" eine Geschichte überliefert, wonach der Erbauer der Meidum- Pyramide, der Knick- Pyramide und der Roten Pyramide mit 20, nur mit Netzen bekleideten jungen Frauen auf einen See hinaus gefahren sein soll. Neben seiner einzigen bekannten Frau Hetepheres I. soll Snofru mit weiteren Frauen „familiäre" Kontakte unterhalten haben, aus denen zahlreiche Kinder hervorgegangen sind. Einer der Söhne Snofrus war Pharao Cheops. König Salomo soll in seinem Harem 1000 Frauen „betreut" haben: „... und zwar hatte er siebenhundert fürstliche Frauen und dreihundert Nebenweiber" (1.Könige/11/3). Die Schlussfolgerung aus dieser Geschichte ist: In uns allen fließt möglicherweise etwas Blut der alten Baumeister, der Pharaonen und Könige. Die Schöpfung hätte ihren Weg zum Aufbau der Menschheit gefunden. Das dieser Gedanke nicht aus der Luft gegriffen ist, zeigt als dramatisches Beispiel der „Lebensborn e.V." im nationalsozialistischen Deutschen Reich, in dem der Ideologie folgend, besonders kriegstüchtige Menschen „gezüchtet" werden sollten.

Gott lässt Mose in der Bibel sagen, dass sich die Menschen kein Abbild von ihm machen sollen. Dennoch existiert die Aussage, dass Gott den Menschen nach seinem Ebenbild erschaffen hat. Der letzte Satz muss aber nicht bedeuten, dass Gott so aussieht, wie ein Mensch. Der Satz wäre auch richtig, wenn er bedeutet, dass das System der Schöpfung, in dem ja eine Art Gott zu stecken scheint, den Menschen erschaffen hat. Demnach steckt auch Gott in uns, wir Menschen sind seine Kinder, sein Abbild! „Wer einen Menschen tötet, tötet die ganze Welt", heißt es im Islam. Jesus Christus war der Sohn Gottes. Jeder Mensch wäre das Werk Gottes! Sowohl das System der Trigonometrie, der Reproduktion, als auch die Zeichen der Schöpfung und damit der Natur mit ihrer Physik, ihrer Biologie und Chemie waren immer auch kriegsentscheidend. Ihre Geheimhaltung diente immer auch dem Fortbestand der intelligenteren Art. Im Sinne der Schöpfung wäre diese Geheimhaltung demnach sogar legitim. Haben die Erbauer der Pyramiden mit ihren Bauwerken also das System der Physik und damit der Schöpfung erkannt, so durften sie dieses System zu ihrer eigenen Arterhaltung nicht offenbaren. Sie haben es einfach nicht „Schöpfung", sie haben es Gott genannt und sie haben damit womöglich nicht einmal die Unwahrheit vermittelt. Es kommt nur darauf an, worin sie Gott gesehen haben. Ihre Interpretation muss nicht mit späteren Interpretationen übereinstimmen. Wie sie dabei die Zeichen der Schöpfung und ihrer Natur ausgelesen haben, wurde natürlich ebenfalls nicht offenbart. Top secret! Es waren immer die Mechanismen Gottes, was ja irgendwie der Wahrheit entspräche. Ein Gott hatte nicht nur die durch die Schöpfung gegebene technische Seite, er hatte auch eine wichtige psychologische Wirkung. Mit Hilfe eines allmächtigen Gottes konnten die Feinde eingeschüchtert, in die Flucht geschlagen und die eigenen Kräfte mobilisiert werden.

In der Bibel schickt Gott mehrere Plagen über das Ägyptenland, damit die Pharaonen die Israeliten aus ihrer Knechtschaft heraus abziehen lassen. Es könnte sich um zufällige Naturereignisse gehandelt haben, doch es fällt die zeitliche Häufigkeit auf. Bei all diesen natürlichen Plagen könnte es sich nicht nur um zufällige und vorhersagbare Ereignisse gehandelt haben. Es könnten auch vorsätzlich, durch minimale Auslösefaktoren herbeigeführte und durch Hebelmechanismen der Natur verstärkte Begebenheiten gewesen sein. Blut, Frösche, Stechmücken, Hundsfliegen, Blattergeschwüre und Heuschrecken sind generierbar. Hagel und Finsternis theatralisch vorhersagbar. Auffällig erscheinen hierbei die landwirtschaftlichen Probleme während der Regierungszeit von Pharao Echnaton. Wurden gerade ihm diese biblischen Plagen auf den Hals geschickt? Heute nennt sich dieses Verfahren „Asymmetrische Kriegsführung" in welche zum Beispiel auch heute die Mechanismen der Biologie, der Chemie, der Jahreszeiten und damit des Wetters, aber auch des Internets, der Medien und damit die Massenpsychologie mit einbezogen werden.

Auch bei der Durchquerung des Meeres durch die Israeliten beim Auszug aus Ägypten könnte es sich um ein Ergebnis der Trigonometrie gehandelt haben. Durch die Beobachtung der Gestirne, durch das Auspendeln der Planetenkonstellationen, durch die Erforschung des Wetters hätte ein Astronom und Astrophysiker Mose einen Moment vorhersehen können, in dem zum Beispiel durch eine Linearkonstellation von Mond und Sonne eine besonders tiefe Ebbe eintritt, die dann auch noch von einem Sturm begleitet, sämtliches Wasser aus dem Meer herauszieht. Beide Erscheinungen wären vorhersehbar!

Die Israeliten hätten trockenen Fußes und vor allem sicher das Meer durchqueren können. Dieser Vorgang hätte nicht lange gedauert, er hätte somit das Heer der nachfolgenden Ägypter durch das Zurückweichen des Wassers vernichten können. Auch dies wäre voraussehbar. Wie auch immer interpretiert, wäre dieser Mechanismus eine von der Schöpfung, oder eben eines Gottes vorgegebene Erscheinung. Die eben hätte wegen den Mechanismen der Schöpfung vorhergesehen werden können, durch Trigonometrie. Mit Trigonometrie aus Weg und Zeit konnte der Anführer exakt den Augenblick berechnen, um im entscheidenden Moment an der richtigen Stelle zu sein. Was muss das für ein atemberaubender Anblick gewesen sein, als sich bei der Ankunft am Ufer plötzlich die Wassermassen zurück gezogen haben!

Die Israeliten haben auf ihrem Weg vom Land der Ägypter in das Land Kanaan laut Bibel trotz zahlenmäßiger Unterlegenheit immer wieder zahlreiche Feinde ausgeschaltet. Während jedes noch so kleine menschliche Bedürfnis beschrieben wird, zum Beispiel sogar die Behandlung von gelben Pickeln und auch das man einen Spaten für die Notdurft mit in die Wüste mitnehmen soll, erfährt der Leser im Buch Exodus an keiner Stelle, wie die Feinde besiegt wurden. Das ist absolute Geheimhaltung, dies war immer Gott. Daneben werden in der Bibel nahezu alle Gesetze, angefangen von den Zehn Geboten, die Gesetze des Staates, der Gerichtsbarkeit, der Medizin, der Körperpflege, der Sittlichkeit und vieles mehr, aber keine Militärgeheimnisse und keine auf Trigonometrie beruhenden Erkenntnisse beschrieben. Ebenso werden an keiner Stelle die Pyramiden genannt! Obwohl diese im unteren Ägypten nicht zu übersehen sind. Waren die Pyramiden die Quelle aller Weisheit, die man im Feindesland zurücklassen musste und die dadurch geheim gehalten werden musste? Das würde erklären, warum in der Cheops- Pyramide keine Gerätschaften gefunden wurden und warum die Blockiersteine vor der Königskammer zerstört sind. Vielleicht hat das System tatsächlich funktioniert! Wird jetzt anstelle von Gott die Schöpfung in ihrer Gesamtheit eingesetzt, kommt man auf die Idee, dass die Israeliten einfach die Natur, das Wetter, die Gezeiten, die Hitze, Tiere, Krankheiten und vieles mehr genutzt haben könnten. Also auch zur asymmetrischen Kriegsführung. Wird interpretiert, dass dieses Vorgehen der eigenen Arterhaltung gedient hat, könnte dies zumindest entschuldigt werden. Es wäre legitim und es waren ja tatsächlich auch immer die Schöpfung und Gott mit im Spiel. Sie haben damit mit der Schöpfung und damit mit Gott gesiegt. Wie beschrieben! Wird die Bibel so gelesen, ergibt sich ein atemberaubendes Bild, alle Gesetzmäßigkeiten werden verständlich. Gott wandelt sich im Kopf von einem Wesen in das System, das aus Physik, Biologie, Chemie, Geometrie und den unzähligen Wundern besteht, die es eigentlich gar nicht geben dürfte. Die in der Bibel zeitnah vermittelten Gesetze der Menschen und des Staates, die von den Ägyptern stammen könnten, waren dagegen für Mose zwingend notwendig, möglichst zeitnah in einer so großen ziehenden Volksgruppe ein funktionierendes Staatssystem auf die Beine zu stellen. Dazu wurden wiederum die Gesetze der Natur und damit der Schöpfung und im Endeffekt Gottes kopiert und weiter gegeben. Viele der Gesetze des menschlichen Zusammenlebens gelten noch immer, ganz einfach weil sie gut sind und funktionieren. Wie haben die Israeliten während ihrer Wanderschaft praktisch mit Physik die Gesetzmäßigkeiten der Schöpfung auslesen und damit ihr Vorhaben bewerkstelligen können? Sie hatten die Bundeslade und deren Gesetze!

Die Bundeslade war ein exakt vordefinierter Kasten mit einer vordefinierten unmittelbaren Umgebung. Damit war sie ein geeichtes Messgerät, mit deren Hilfe Messergebnisse verglichen werden konnten. In der Bibel wird beschrieben, dass Mose mehrmals 40 Tage und 40 Nächte auf einem Berg im Sinai war, um die Weisungen von Gott zu erhalten. Dieser Berg muss laut Bibel auch über Höhlen verfügt haben. Mose könnte also nicht nur 40 Nächte von einer Bergkuppe aus die Gestirne und damit die Konstellation der Planeten und Sterne beobachtet haben, er könnte auch die Gravitation und insgesamt tiefergreifend auch das bevorstehende Klima und damit das Wetter, somit die optimalen Bedingungen für eine Auseinandersetzung mit der bevorstehenden Wegstrecke und mit den Feinden ausgependelt und damit vorausberechnet haben. In der Bundeslade sollen sich zwei von Gott gegebene Steinplatten mit den Gesetzen Gottes befunden haben. Dabei könnte es sich auch um die beiden geeichten Pendelsteine gehandelt haben, die notwendig wären, um ein per Trigonometrie generiertes, vergleichbares Messergebnis zu erzeugen. Diese hätten in einer oder zwei Höhlen eingesetzt werden können. Das Verfahren hätte jeweils 40 Tage und 40 Nächte gedauert. Diese Zahl wird in der Bibel beschrieben. Immer wieder wird in und vor dem Zelt, in dem die Bundeslade aufbewahrt wurde, von sogenannten „Brandopfern" gesprochen. Dabei wurden sowohl im als auch vor dem Zelt an zwei verschiedenen Stellen Fette von Tieren, insbesondere ganz bestimmter Tiere verbrannt. Es entstanden zwei voneinander unabhängige Rauchsäulen, mit deren Verhalten aus Luftdruck und Windrichtung sicher das bevorstehende Wetter prognostiziert werden konnte. Im Gegensatz zu Holz stand dem Vermesser durch die immer wieder gleichermaßen verbrannten Tiere immer wieder ein quasi geeichtes Medium zur Verfügung, das er nur durch Trigonometrie mit seinen Erfahrungswerten abgleichen musste. Erst sehr viel später, erst ab dem Buch Josua werden ab Kapitel Josua 10 Naturerscheinungen wie Hagel und Sonne, Lähmung und Feuer, also Naturphänomene als Kriegslist beschrieben. Selbst eigentlich reißende Flüsse könnten bei einem im Süden sehr seltenen, daher dort unbekannten Winter in Eis verwandelt und damit problemlos überquert worden sein. Denn auch Hagel wird beschrieben!

Sehr viel später im Buch Josua wird in der Bibel im Kapitel Josua 24 in einer Art rückblickender Zusammenfassung noch einmal ein Hinweis auf den Auszug aus Ägypten gegeben, bei dem die Israeliten von den Ägyptern verfolgt wurden. Dabei ist in Absatz 7 bei der Überquerung des Meeres von „tiefer Finsternis" die Rede. Eine Sonnenfinsternis also und damit eine Linearkonstellation von Mond und Sonne, die das Wasser des Meeres durch die Gravitation in südlicher Richtung gezogen haben muss. Im Süden gab es damit eine Springflut und im Norden eine außergewöhnlich tiefe Ebbe. Der Weg durch das Meer war für kurze Zeit frei! Vorhersagbar! Im gleichen Kapitel Absatz 11 und 12 wird außerdem eine andere Kriegslist beschrieben: „Dem Heer wurden Hornissen vorausgesendet." Die Alten Ägypter müssen sich von den fleißigen Bienenvölkern schon sehr zeitig inspiriert haben lassen. Die Insekten sind auf ihren Tempelwänden ein häufig wiederkehrendes Motiv. Der Honig hatte neben seinem Einsatz als Lebensmittel bis hin zur Mumifizierung unzählige weitere Funktionen. Es wäre leicht Mose und seinen Nachfolgern zu unterstellen, sie hätten die Religion als Kriegslist verwendet. So einfach ist das aber nicht. Mose war ein Mensch. Er hätte mehrere Jahrzehnte sein Volk ohne jeden Fehler gegen die unbarmherzige Natur durch die Wüste und gegen alle Feinde führen müssen, nicht nur mit den genialen Eigenschaften eines Wissenschaftlers, sondern auch als Arzt, Staatsanwalt, Staatsmann und als Heerführer. Er hätte als „Menschlein" über göttliche Fähigkeiten verfügen müssen, um letztendlich den Erfolg zu generieren. Mose müssen auf seinem Weg auch unzählige Zufälle und Eingebungen begegnet sein, die es eigentlich nicht geben dürfte. Mose bezeichnet diese als von Gott gegeben.

Von der Bundeslade wird behauptet, das Heer, dass diese vor sich her trägt, wird mit Hilfe Gottes jede Schlacht gewinnen. Wird ihr Mechanismus, mit den in ihr liegenden Gesetzen Gottes verstanden, können die Menschen tatsächlich jedes Problem bewältigen. Wir müssen einfach nur immer und überall nach den einfachsten Mechanismen suchen, um auf smarte Weise maximale Ergebnisse zu generieren. Die Schöpfung wird uns dabei helfen, sie ist auf der Seite der Schaffenden, des Aufbaus und der Wissenschaft. Aus nur zwei Menschen, Adam und Eva, die symbolhaft für die Menschwerdung durch das erste Nachdenken über sich selbst zu den ersten Menschen geworden sind, entstehen immer wieder neue Generationen, mit sehr viel größeren Konstellationen, die über sich und die Schöpfung nachdenken und immer wieder die Zukunft aufbauen. Aus Jakob und seinen zwölf Söhnen entstehen die zwölf Stämme, aus den zwölf Stämmen bei Volkszählungen erst über 600.000, später 800.000 „Jakobs" mit Königen und Untergebenen, die sich wiederum in jeweils eigenen Logarithmen weiter ausbreiten.

Dann die Strudel der schlimmen Erfahrung, aus denen wir aufgefordert werden, Gegenmaßnahmen zu finden. Als wolle die Bibel zeigen, dass wir aus unseren Fehlern lernen müssen, zeigt sie auf, wie sich aus nur geringen Auslösefaktoren wie Missgunst, Lüge, Vergewaltigung, Hinterhalt und Mord komplette Kriege ausweiten, mit vielen 10.000 Toten. Als sollten wir aus den Ursachen der Kriege lernen, Kriege zu verhindern. Die Autoren der Bibel fordern nicht einfach nur auf, Kriege zu verhindern. Sie berichten einfach nur darüber. Der einsetzende Denkprozess wird beim Leser sein nachhaltiges Ergebnis nicht verfehlen! Die Bibel versäumt es aber auch nicht, im Untergang und in der Trauer über schlimme Ereignisse immer auch eine neue Chance zu sehen, als sollten die Menschen nicht aufgeben. Nicht aufgeben nach besseren Lösungen zu suchen. Sie spendet Trost, Hoffnung und Seelenheil in schlimmen Zeiten. Ist das nicht auch eine wichtige Aufgabe einer Religion?

Erst als es König Salomo als weiser König geschafft hat, mit den umliegenden Völkern allesamt Frieden zu schließen, beginnt er mit diesen benachbarten Völkern friedlichen Handel zu treiben und das „Haus" aufzubauen. Die Schöpfung hat ja auch schon ohne die Hilfe des Menschen die Natur und den Menschen erschaffen. Mit der genialen logarithmischen Symmetrie und Geometrie, die in der Natur und im Menschen zu stecken scheint. Die wir als Menschen nicht einmal in der Lage sind, sie in all ihrem Umfang zu ergründen und zu begreifen. Durch unsere Fehler lernen wir. Aus dieser Erfahrung heraus müssen zukünftige Kriege verhindert werden. Trotz der biblischen Kriegslisten offenbart die Bibel auch Menschlichkeit der Sieger über die Besiegten. An vielen Stellen wird beschrieben, dass ins Unglück geratene Menschen unterstützt werden sollen und auch das Flüchtlinge gut zu behandeln seien. Die Israeliten werden an diesen Stellen immer wieder daran erinnert, wie sie sich gefühlt haben, als sie noch selber Fremde im Ägyptenland waren. Die Bibel hat vielleicht mehr recht, als uns das in der heute so modernen Zeit noch bewusst wird. Wir müssen nur verstehen, warum es geschrieben steht.

Im 1. Königsbuch Kapitel 6 wird beschrieben: Im 480. Jahre nach dem Auszug aus dem Ägyptenland und im vierten Jahr der Regierung Salomos begann Salomo den Bau des Tempels für den Herrn. Der Tempel war 60 Ellen lang, 20 Ellen breit und 30 Ellen hoch. Die Halle war 20 Ellen breit und 10 Ellen tief ...... Die Steine wurden bereits im Steinbruch fertig behauen. Beschrieben wird auch eine Wendeltreppe. In einem 20 Ellen langen, zwanzig Ellen breiten und 20 Ellen hohen Hinterraum wurde die Bundeslade untergebracht. Der Tempel scheint den gleichen geometrischen Gesetzmäßigkeiten zu folgen, wie schon die Pyramiden und die Bundeslade. Genannt werden auch zwei Cheruben aus Ölbaumholz. Viele Teile waren mit Gold überzogen. Der Bau dauerte sieben Jahre. Im 2. Buch der Chronik werden im Kapitel 2 insgesamt 70.000 Lastträger, 80.000 Steinhauer im Gebirge und 3600 Aufseher genannt. Im 2. Buch der Chronik wird im Kapitel 3 im 1. Absatz der Ort des Tempels auf dem Berge Morija auf der Tenne des Jebusiten Ornan beschrieben. In den folgenden Absätzen werden dann große Mengen verarbeiteten Goldes beschrieben, 600 Zentner/Talente allein für das Allerheiligste. Den Angaben folgend müsste der Tempel mit exorbitanten Mengen an Gold, Silber, Edelsteinen und edlen Hölzern ausgestattet gewesen sein. Zum Beispiel wird im 1. Königsbuch Kapitel 10 Vers 10 beschrieben, dass die Königin von Saba, in einigen Bibelausgaben an dieser Stelle auch als Königin von Arabien bezeichnet, 120 Zentner Gold brachte. In Vers 14 wird beschrieben, dass König Salomo in einem einzigen Jahre 666 Zentner Gold eingingen. Die gleichen Angaben werden im 2. Buch der Chronik Kapitel 9 Vers 9 und Vers 13 noch einmal wiederholt. Im gleichen Kapitel des 2. Buches der Chronik wird nun noch in Vers 30 Salomos Regierungszeit mit 40 Jahren beschrieben. Allein diese Angaben würde ein Vermögen von insgesamt zwischen ca. 960 und 1332 Tonnen Gold beschreiben. (Berechnet aus den Bezugsmaßen von 36-41 kg (jüdische) Talente bis 50 kg Zentner.) Da wundert es kaum, dass immer wieder fremde Herscher Begehrlichkeiten auf diese biblischen Schätze auslebten und den Tempel auf der Suche nach Gold bis auf die Grundmauern zerstörten.

Der Tempel Salomos wurde, sollten die biblische Chronologie und die Angaben stimmen, ab dem Jahre 957 v. Chr. in sieben Jahren erbaut und im 6. Jahrhundert vor Chr. am 25. August 587 v. Chr. von den Babyloniern unter König Nebukadnezzar II. (640v.Chr.-562v.Chr.) verwüstet und geplündert. Auf alten Stadtplänen aus der Zeit um 1000 n. Chr. ist noch die uralte Stadtmauer Jerusalems als Ringmauer dargestellt. In dieser Form soll die Ringmauer die Stadt bereits 1400 v. Chr. umgeben haben. Demnach könnte dieser merkwürdige Ring nach dem Auszug der Israeliten aus Ägypten entstanden sein. Die Mauer wurde von König David erneuert und von seinem Sohn, dem weisen König Salomo verstärkt. Der zweite im Jahr 515 v. Chr. vollendete Tempel wurde ab 21 v. Chr. von Herodes dem Großen (um73v.Chr.-4v.Chr.) grundlegend umgebaut. <u>Bereits im Jahr 24 v. Chr. ließ Herodes der Große die drei Türme „Hippicus", „Phasael" und „MARIAmne" vom Tempel aus in Richtung Westen errichten.</u> Die drei Türme müssen sich innerhalb des Kreises der Ringmauer exakt in einer West-Ost- Linie zum Tempel befunden haben. Eine Straße verband die Bauwerke, auf ihr ließen sich Händler nieder. Eine weitere Nord- Süd-Straße generierte von oben betrachtet ein riesiges Kreuz innerhalb der Ringmauer.

Etwa 70 nach Christus wurde der Tempel von den Römern in Trümmer gelegt und wieder geplündert. <u>Die drei Türme ließen die Römer bewusst stehen.</u>

In dem Tempel befand sich das Allerheiligste, in dem die Bundeslade mit den Gesetzen Gottes aufbewahrt wurde. Die Bundeslade gilt als verschollen. Naheliegend wäre, dass dieser kostbare und auffällige Schatz bei der Annäherung der feindlichen Truppen in ein Versteck verbracht worden wäre. Entweder sie wurde dort von späteren Eroberern gefunden oder sie befindet sich noch immer dort.

Von dem Tempel ist heute nur noch die von Herodes errichtete Westmauer der Tempelberganlage erhalten. Ab dem Jahr 691 steht an der Stelle des Tempels der islamische Felsendom und seit 715 die al- Aqsa- Moschee. Um 1118/1119 wurde an dieser Stelle „Die Arme Ritterschaft Christi und des salomonischen Tempels" von König Balduin von Bourcq / Balduin II. von Jerusalem (bis1131) in einem Seitenflügel der heutigen al- Aqsa- Moschee auf dem Tempelberg einquartiert. Der demnach so genannte Templerorden soll unter den Grundmauern des alten salomonischen Tempels sieben Jahre lang Schatzgrabungen veranstaltet haben. Einer Sage nach soll dabei die Bundeslade und der Heilige Gral gefunden worden sein. Der

Tempel ist heute nahezu vollkommen verschwunden. Von ihm existieren weltweit mehrere Modelle, eins davon in Jerusalem. Wird unterstellt, dass die Historiker, die diese Anlage aufgebaut haben, bei ihrer Recherche gewissenhaft und gründlich vorgegangen sind, dann ist auf dieser Anlage in westlicher Richtung hinter dem Tempel des Herodes ein kleiner Turm zu sehen, welcher wiederum von drei Türmen an seiner südlichen Seite flankiert wird. Es ergibt sich die gleiche Geometrie, wie an den Pyramiden von Sakkara und Gizeh. Über die Türme könnte es eine Ausrichtung nach Süden gegeben haben. Die Gestirne könnten dann in Richtung Osten über die Spitze des Tempels vermessen worden sein. Hatte auch die alte Ringmauer eine astronomische Aufgabe?

Modell des Tempel des Herodes in Jerusalem - Israel- Museum.

Im Jahr 24 v. Chr. ließ Herodes der Große (um73v.Chr.-4v.Chr.) die drei Türme (links hinten im Bild) „Hippicus" „Phasael" und „Mariamne" errichten - Foto: Werner Berthold

Maria Stella Maris

In einer schriftlichen Verlautbarung schreibt Papst Johannes Paul II. (1920-2005) im Jahr 1997 zum Thema „Stella Maris" über das Apostolat des Meeres: „Stella Maris, Meeresstern, ist der beliebteste Beiname, mit dem die Seeleute von jeher diejenige anriefen, deren Schutz und Beistand sie vertrauen: die Jungfrau Maria. Jesus Christus, ihr Sohn, begleitete seine Jünger auf ihren Fischerbooten …, stand ihnen in Seenot bei und beruhigte den Sturm … So begleitet auch die Kirche mit der Seefahrt verbundene Menschen, indem sie sich der besonderen geistlichen Bedürfnisse jener Personen annimmt, die sich aus verschiedenen Gründen auf See aufhalten und arbeiten." Sowohl für Seefahrer als auch für Astronomen waren Anhaltspunkte am Sternenhimmel in Form von vordefinierten Messpunkten von allergrößter Bedeutung. Durch zwei Präzessionsbewegungen mit Auswirkung auf den Frühlingspunkt würde der Mutterstern (Isis- Widderpunkt: Siehe S.194 „Göttin Isis") in einer Winkelgeschwindigkeit von 360 Grad in ca. 25 800 Jahren aus seinem Standort in Richtung Westen herauslaufen. Je nach verwendeten Messgerät würde also aller Jahrhunderte bzw. aller Jahrtausende ein neuer Stern als Anhaltspunkt benötigt. Astronomen müssen demnach sehr langfristig immer wieder einen neuen Mutterstern festlegen. Der Name Widderpunkt stammt daher, dass der Frühlingspunkt im 1. Jahrtausend vor unserer Zeitrechnung im Bereich des Sternbilds Widder lag. Heute liegt er etwa 25° entfernt im Sternbild Fische. Vermutlich gab es auch davor schon einen Anhaltspunkt im Sternbild Schwan. Die ersten drei Bücher des Neuen Testaments der christlichen Bibel behandeln das Leben Jesu von dessen Geburt bis zur Himmelfahrt. Das Matthäus-, Markus- und das Lukasevangelium weisen zahlreiche Ähnlichkeiten und Übereinstimmungen auf, die sie in einer inhaltlichen Zusammenschau zu den „Drei Synoptischen Evangelien" machen. Die Texte sind ca. frühestens 60 n. Chr. bis ca. 90 n. Chr. entstanden und sicher mehrfach überarbeitet worden. Die Verfasser haben zum Teil eigenen Angaben folgend sorgfältig nachgeforscht (Luk.1/3).

Wer die (astronomische) Geschichte der Alten Ägypter kennt und die drei Evangelien liest, wird eine merkwürdige Übereinstimmung feststellen! Haben die Verfasser bestimmte Eckpunkte abgeschrieben, haben Menschen die Geschichte bewusst wiederholt oder hat es ein Gott so eingerichtet, dass die Geschichte so ihren Lauf nehmen musste? Aus der Zeit der Alten Ägypter ist der Wissenschaft aus dem Osiris- Mythos die Göttin Isis und ihre Zwillingsschwester Nephthys bekannt. In der Sage soll sich Nephthys in einer dunklen Nacht selber als Isis ausgegeben haben und bei dieser Aktion mit dem Mann von Isis, also mit Osiris, geschlafen haben. Grund war wohl die Unfruchtbarkeit ihres Gatten Seth. Allerdings bemerkte Seth die Problematik! In dem Mythos soll Osiris von seinem eifersüchtigen und bösen Bruder Seth deshalb ermordet, zerstückelt und über ganz Ägypten verteilt worden sein. Isis suchte jedoch aus Liebe zu Osiris die Einzelteile ihres Gatten wieder zusammen, um diese zusammenzufügen, ihn zu beleben und ihn damit auferstehen zu lassen. Nachdem das gelungen war, hatte sie Sex mit ihm, wobei der gemeinsame Sohn Horus empfangen wurde. Später wird Isis zusammen mit dem kleinen Horusknaben abgebildet, welcher auf ihrem Schoß sitzend gestillt wird. Was verbirgt sich dahinter? „Kein Sterblicher hat je erfahren, was unter meinem Schleier sich verbirgt", lässt die Isis Alexandrias verlauten, mit der Frucht der Erkenntnis in ihrer Hand. „Wer es wagt, ihren Schleier zu lüften um ihre verborgenen Geheimnisse zu enthüllen, wird den Gipfel des Wissens erreichen", heißt es weiter. Was nur ist damit gemeint? Aus der Konstellation heraus, könnten mit dem 267/268 Tage- Schwangerschaftsverfahren auf der astronomischen Erdkreis- Erdbahn, der Umlaufbahn der Erde um die Sonne, auf der Grundlage der Tag- und Nachtgleichen zum Zeitpunkt der Zeugung der beiden Kinder im März (um 21.März) und im September (um 23.September) die beiden Sonnenwenden im Juni (um 21.Juni) und im Dezember (um 21.Dezember) ermittelt worden sein. Damit entstünden für frühe Astronomen die vier Messpunkte auf der Erdkreis- Erdbahn um die Sonne. Punkte, von denen sie genau wissen, wo sich gerade die Erde auf der Erdkreis- Erdbahn befindet. Würden diese vier Messpunkte durch vier weitere Punkte erweitert, entstünden acht Punkte und damit die ägyptischen Urgötter von Hermopolis (altes Chemenu), die von der Sonnenscheibe Re umgebenen Ogdoade (S.207).

Das Neue Testament weiß über 2500 Jahre später folgendes:

In Lukas Kapitel 1 Vers 5 wird beschrieben: Es lebte zur Zeit des jüdischen Königs Herodes ein Priester namens Zacharias aus der Priesterabteilung Abia; der hatte eine Frau, ... die Elisabeth hieß. (7) Sie hatten jedoch kein Kind, weil der Elisabeth Mutterfreuden versagt waren, und beide standen schon in vorgerücktem Alter. (11) Da erschien Zacharias ein Engel des Herrn, der stand auf der rechten Seite des Rauchopferaltars (Zacharias war Priester im Tempel). (13) der Engel aber sagte zu Zacharias: „Fürchte dich nicht, Zacharias, denn dein Gebet hat Erhörung gefunden, und deine Frau Elisabeth wird dir Mutter eines Sohnes werden, dem du den Namen Johannes geben sollst." (18) Da sagte Zacharias zu dem Engel: „Wie soll ich das für möglich halten? Ich selbst bin ja ein alter Mann, und meine Frau ist auch schon betagt." (23) Als dann die (sieben) Tage seines Priesterdienstes zu Ende waren, kehrte er heim in sein Haus. (24) Nach diesen Tagen aber wurde seine Frau Elisabeth guter Hoffnung; sie hielt sich <u>fünf Monate</u> lang in tiefer Zurückgezogenheit.

(26) Im <u>sechsten Monat</u> aber wurde der Engel Gabriel von Gott nach Galiläa in eine Stadt namens Nazareth gesandt (27) zu einer <u>Jungfrau</u>, die <u>vertraut</u> war einem Manne <u>Joseph vom Hause David</u>, die Jungfrau hieß Maria. (28) Als nun der Engel bei ihr eintrat, sagte er: „Sei gegrüßt, du Begnadete: der Herr ist mit dir!" (29) Sie wurde über diese Anrede bestürzt und konnte sich nicht erklären, was dieser Gruß zu bedeuten habe. (30) Da sagte der Engel zu ihr: „Fürchte dich nicht, Maria, denn du hast Gnade bei Gott gefunden! (31) Wisse wohl: du wirst guter Hoffnung werden und Mutter eines Sohnes, dem du den Namen Jesus geben sollst. (34) Da sagte Maria zu dem Engel: „Wie soll das möglich sein? Ich weiß doch von keinem Manne." (35) Da gab der Engel ihr zur Antwort: „Heiliger Geist wird über dich kommen und die Kraft des Höchsten dich überschatten; daher wird auch das Heilige, das (von dir) geboren werden soll, Gottes Sohn genannt werden. (36) Und nun vernimm: Elisabeth, deine Verwandte, ist ebenfalls trotz ihres hohen Alters mit einem Sohn gesegnet und steht jetzt schon im <u>sechsten Monat</u>, sie, die man unfruchtbar nennt." (38) Da sagte Maria: „Siehe, ich bin des Herrn Magd: mir geschehe nach deinem Wort!" Damit schied der Engel von ihr. (39) Maria aber machte sich in jenen Tagen auf und wanderte eilends in das <u>Bergland</u> nach einer Stadt (im Stamme) Juda; <u>(40)</u> dort trat sie in das Haus des Zacharias und begrüßte Elisabeth. (56) Maria blieb dann etwa <u>drei Monate</u> bei

Elisabeth und kehrte hierauf in ihr Haus zurück. (57) Für Elisabeth aber erfüllte sich die Zeit ihrer Niederkunft, und sie wurde Mutter eines Sohnes.

Aus diesen Daten geht in Übereinstimmung mit den Daten des heutigen Kalenders hervor: Elisabeth wurde demnach <u>sechs Monate</u> vor Maria schwanger. Maria Verkündigung ist heute am 25. März. Demnach muss Elisabeth um den 23. September schwanger geworden sein, zur Tag- und Nachtgleiche am Herbstanfang. Das Johannes- Baby wurde dann zur Sommersonnenwende geboren. Der Johannestag ist heute der 24. Juni. Maria wurde zur Tag- und Nachtgleiche im Frühjahr um den 21. März schwanger. Der Geburtstermin des Jesuskindes demnach um den 21. Dezember. Der Heilige Abend!

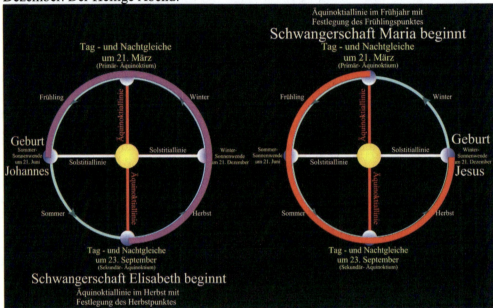

Schwangerschaft Elisabeth beginnt - Geburt Johannes / Schwangerschaft Maria beginnt - Geburt Jesus

Mutmaßlich war der Mann von Elisabeth Zacharias unfruchtbar und Maria war mutmaßlich tatsächlich Jungfrau. Damit war sicher gestellt, dass beide nicht schon vor den beiden Tag- und Nachtgleichen schwanger waren!

Joseph wird als alter Mann, als Bauhandwerker und Zimmermann beschrieben. Damit kannte er sich mit Vermessungstechnik aus. Mutmaßlich hat er beim Tempelbau geholfen. Wenn der Tempel eine antike Sternwarte war, muss er das gewusst haben. Möglicherweise hat er sogar hölzerne Vermessungsgeräte gezimmert. Er kannte also wahrscheinlich im Tempel tätige Astronomen unter der Priesterschaft. Vermutlich war er sogar selber ein Astronom. Die Priester- Astronomen mussten möglicherweise zu dieser Zeit einen neuen Mutterstern als Anhaltspunkt am Himmel festlegen, weil der alte Isis- Stern aus dem beobachtbaren Bereich in Richtung Westen heraus gelaufen war. Auch Priester Zacharias war im Tempel präsent und konnte dort selber beobachtet werden. Wie beschrieben kannte Joseph eine Jungfrau. Die junge Frau scheint damit einverstanden gewesen zu sein, sicher wohl wissentlich, dass sie damit keinen (vernünftigen) Mann mehr bekommen wird und ihr Leben somit besiegelt ist. Von da an ist dann auch der alte Mann Joseph ihr Begleiter. Möglicherweise war er sogar selber ein alter Astronom, der dieses Körpermaß der Schwangerschaftszeitläufe zur Bestimmung von Messpunkten auf der Erdkreis- Erdbahn kannte. In Vers 39 wird dann weiter beschrieben: Maria aber machte sich in jenen Tagen auf und wanderte eilends in das <u>Bergland</u> nach einer Stadt (im Stamme) Juda. Sowohl Bergland und Berge, als auch Wüstengebiete wären geeignete Orte, aus denen heraus die Gestirne vermessen werden könnten. Mutmaßlich ist bei den beiden Tag- und Nachtgleichen (Zeugung der beiden Kinder) während den Äquinoktien zunächst am Sternenhimmel der Herbstpunkt (Elisabeth) und dann im Frühjahr der so wichtige Frühlingspunkt (Maria- Stella Maris) festgelegt worden.

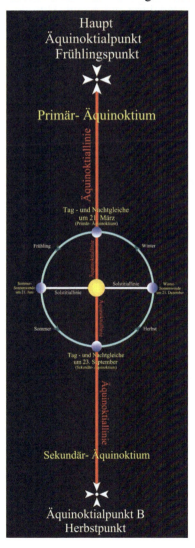

Schaffung eines neuen virtuellen Frühlingspunktes als wichtiger Bezugspunkt für die Astronomie

Im Kapitel 2 Vers (1) wird dann eine Volkszählung beschrieben, wegen der die Familie nach Bethlehem wandert: (4) So zog denn auch <u>Joseph von Galiläa</u> aus der Stadt Nazareth nach Judäa hinauf nach der Stadt Davids, die Bethlehem heißt, weil er <u>aus Davids Hause und Geschlecht</u> stammte, (5) um sich daselbst mit Maria, seiner jungen Ehefrau, die guter Hoffnung war, einschätzen zu lassen. (6) Während ihres dortigen Aufenthalts kam aber für Maria die Stunde ihrer Niederkunft, (7) und sie gebar ihren ersten Sohn, den sie in Windeln wickelte und in eine Krippe legte, weil es sonst keinen Platz in der Herberge für sie gab.

Nun kommt es zu einer weiteren merkwürdigen Eintragung. In Absatz (15) heißt es: Als hierauf die Engel von ihnen weg in den Himmel zurückgekehrt waren, sagten die Männer, die Hirten, zueinander: „Wir wollen doch bis Bethlehem hinübergehen und uns die Sache ansehen, die sich dort begeben hat und die der Herr uns hat verkünden lassen!" (16) So gingen sie denn eilends hin und fanden Maria und Joseph, dazu das Kind, das in der Krippe lag. Hier werden also wieder Hirten beschrieben, die sich möglicherweise ihrer Nachtarbeit entsprechend mutmaßlich auch mit Astronomie ausgekannt haben müssen. In Matthäus Kapitel 2 Vers (1) heißt es zudem: Als nun Jesus zu Bethlehem in Judäa in den Tagen unter der Regierung des König Herodes geboren war, da kamen Weise aus dem Osten aus dem Morgenlande nach Jerusalem (2) und fragten: „Wo ist der neugeborene König der Juden? Wir haben nämlich seinen Stern im Aufgehen (oder: im Osten) gesehen und sind hergekommen, um ihm unsere Huldigung darzubringen." Etwas später dann: (7) Daraufhin berief Herodes die Weisen heimlich zu sich und ließ sich von ihnen genau die Zeit angeben, wann der Stern erschienen wäre; (8) dann wies er sie nach Bethlehem und sagte: „Zieht hin und stellt genaue Nachforschungen nach dem Kindlein an; und wenn ihr es gefunden habt, so teilt es mir mit, damit auch ich hingehe und ihm meine Huldigung darbringe." (9) Als sie das vom König gehört hatten, machten sie sich auf den Weg; und siehe da, der Stern, den sie im Osten gesehen hatten, ging vor ihnen her, bis er endlich über dem Ort stehen blieb, wo das Kindlein sich befand. (10) Als sie den Stern erblickten, wurden sie hoch erfreut. In den Passagen wird also mehrmals ein im Osten aufgehender Stern beschrieben. Mutmaßlich haben sich die drei Weisen aus dem Morgenland wie auch die Hirten aufgemacht nach der Geburt, also zur Wintersonnenwende nach dem 21. Dezember, am Geburtsort des Kindes den Sternenhimmel auf den neuen Stern einzumessen. Denn sie wussten ja nun, an welcher Stelle sich die Erde auf der Erdkreis- Erdbahn zur Wintersonnenwende befindet! Da sich die Daten an astronomische Eckdaten halten, könnte damit bewiesen werden, dass es sowohl Maria als auch Jesus und ebenfalls Johannes gegeben haben muss und das der Geburtstermin tatsächlich auch um den heutigen Heiligen Abend stattgefunden haben müsste. Es zeigt auch, dass Maria mit der Aufgabe ihrer Jungfräulichkeit durch Gottes Gesetze und mit dem Besiegeln ihres Schicksals eine hohe Bürde auf sich genommen hat. Sie ist eine wahre Heilige! Mit ihr wurde eine neue Zeitrechnung der Menschheit und eine neue Religion eingeläutet! Der wichtigste Stern am Himmel trägt ihren Namen: Maria Stella Maris. Sie ist der Marienstern! Was für eine schöne Vorstellung: Eine Frau und ihr Baby schaffen mit ihren Körpern, mit ihrem von Gott geschaffenen Mechanismus der Menschwerdung in einem von Gott geschaffenen Zeitraum eine neue Zeitrechnung für die Menschen, mit einem für die astronomische Wissenschaft wichtigen Stern. So verfügt doch jede Frau über göttliche Mechanismen!

"Speculum humanae salvationis" aus um 1369 Hessische Universitäts- und Landesbibliothek Darmstadt - Hs 2505

Der Stern, die Sonne, die Zeit und die Geburt. Auf einer alten Darstellung der Geburtszeremonie im „Speculum humanae salvationis" aus um 1369 (Hessische Universitäts- und Landesbibliothek Darmstadt - Hs 2505) ist (links) in der Bildmitte die Sonne zu sehen und ein Dreiviertelkreis. Der Stern am Himmel trägt ein Kreuz mit den vier Eckpunkten auf der Erdkreis- Erdbahn. Zwei der Könige oben rechts im Bild halten zwei merkwürdige Gefäße in den Händen. Zwei solcher Behälter sind auch in der Templer- Burg Tomar (ab um 1159) in Portugal zu sehen. Die Templer hatten aus der Zeit um 1119-1127/1128 Zugang zu geheimen Wissen aus dem Bereich des Tempelberges in Jerusalem. Da es zwei Behälter mit unterschiedlich großen Löchern sind, handelt es sich in der Zeichnung wahrscheinlich um die Darstellung von Wasseruhren. Somit könnte es sich um einen Fingerzeig auf den Ablauf einer oder zweier Zeiten nach dem Lauf der Gestirne handeln. Die Behälter in den Händen der zwei Weisen zeigen keine Löcher. Ein paar Seiten weiter ist jedoch ein ähnliches Gefäß zu sehen. Dieses zeigt nun eine solche Markierung. Im „Speculum humanae salvationis" befinden sich weitere Darstellungen, die wiederum mit den Kreuzrittern des Deutschen Ordens in Zusammenhang gebracht werden können - Foto: Portugal Templer- Burg Tomar Pia Pollak

Wie geht die Geschichte dann weiter? Josephs Flucht nach Ägypten: Matthäus Kapitel 2 Vers (13) Als sie nun weggezogen waren, da erschien ein Engel des Herrn dem Joseph im Traume und gebot ihm: „Steh auf, nimm das Kindlein und seine Mutter mit dir und fliehe nach Ägypten und bleibe so lange dort, bis ich's dir sage! Denn Herodes geht damit um, nach dem Kindlein suchen zu lassen, um es umzubringen." (14) Da stand Joseph auf, nahm in der Nacht das Kindlein und seine Mutter mit sich und entwich nach Ägypten; (19) Als Herodes aber gestorben war, da erschien ein Engel des Herrn dem Joseph in Ägypten im Traum (20) und gebot ihm: „Steh auf, nimm das Kindlein und seine Mutter mit dir und ziehe heim ins Land Israel; denn die sind gestorben, die dem Kindlein nach dem Leben getrachtet haben." (21) Da stand Joseph auf, nahm das Kindlein und seine Mutter mit sich und kehrte in das Land Israel zurück. (22) Als er aber vernahm, dass Archelaus an Stelle seines Vaters Herodes König über Judäa sei, trug er Bedenken, dorthin zu gehen. Vielmehr begab er sich infolge einer göttlichen Weisung, die er im Traum erhalten hatte, in die Landschaft Galiläa (23) und ließ sich dort in einer Stadt namens Nazareth nieder. So ging das Prophetenwort in Erfüllung, dass er den Namen „Nazarener" führen werde. Herodes (um73v.Chr.-4v.Chr.) starb bereits im Jahr 4 v. Chr. Sein Sohn Archelaus (um23v.Chr.-18n.Chr.) regierte bis ca. zum Jahr 6 n. Chr. Dem Informationsfluss geschuldet, könnte die Heilige Familie also durchaus erst kurz vor dem Jahr 6 aus Ägypten zurück gekehrt sein. Im Lukasevangelium heißt es dann: Vers (40) Der Knabe aber wuchs heran und wurde kräftig und mit Weisheit erfüllt, und die Gnade Gottes war über ihm. 9 - Der zwölfjährige Jesusknabe im Tempel - (41) Seine Eltern pflegten aber alle Jahre zum Passahfest (Tag- und Nachtgleiche) nach Jerusalem zu wandern. (42) Als er nun zwölf Jahre alt geworden war und sie wie gewöhnlich zur Festzeit hinaufgezogen waren, (43) blieb, als sie die Festtage dort zugebracht hatten und sie sich auf den Heimweg machten, der Knabe Jesus in Jerusalem zurück, ohne dass seine Eltern es bemerkten. (46) Nach drei Tagen endlich fanden sie ihn, wie er im Tempel mitten unter den Lehrern saß und ihnen zuhörte und auch Fragen an sie richtete; (47) und alle, die ihn hörten, staunten über sein Verständnis und seine Antworten. (49) Da antwortete er ihnen: „Wie habt ihr mich nur suchen können? Wusstet ihr nicht, dass ich im Hause meines Vaters sein muss?" (51) Er kehrte dann mit ihnen nach Nazareth zurück und war ihnen ein gehorsamer Sohn, (52) Jesus aber nahm an Weisheit, Körpergröße und Wohlgefallen bei Gott und den Menschen zu.

Diese Aussagen und weitere im Verlauf der Texte genannte Details in Form von aufgezählten Zeugnissen lassen in ihrem Umfang und ihrer Qualität den Schluss zu: Jesus muss ziemlich intelligent und charismatisch gewesen sein, er muss viel gewusst haben. Er war ein weiser Mann! Man spürt keine Überheblichkeit, aber eine Überlegenheit an Wissen. Er weiß Dinge, die auf Wissenschaft aufzubauen scheinen und die sich bei tiefgründiger Betrachtung auch wissenschaftlich erklären lassen. Er selber versucht die Dinge aber nicht tiefgründig zu erklären, zumindest wird das nicht beschrieben. Es stellt sich zudem die philosophische Frage, wie hätte er das auch tun sollen, wo anfangen, wo aufhören und woher die Zeit dafür nehmen, um jedem Menschen Einzelheiten zu erklären. Er scheint wie ein Arzt zu agieren und dabei auch den Placeboeffekt zu kennen. Er scheint auf eine gesunde Lebensweise aufzubauen.

Er scheint physikalische Gesetzmäßigkeiten umzusetzen. Er scheint die Gesetze eines Staates und die moralischen und philosophischen Gesetzmäßigkeiten des Zusammenlebens von Menschen zu predigen. Er beschreibt die Mechanismen der Gerechtigkeit und eines Staatsanwaltes. Er scheint sich mit Medizin, mit Naturheilkunde, mit Philosophie, mit Landwirtschaft, mit Vermessung, mit Navigation und Astronomie, mit Geometrie und Mathematik auszukennen. Woher stammt dieses Wissen? Abgesehen von dem Hinweis aus seinem 12. Lebensjahr war Jesus ca. 30 Jahre lang spurlos verschwunden. In der Bibel wird die Reise der Heiligen Familie nach Ägypten beschrieben. Wenn sein Vater Joseph ein Bauhandwerker, Zimmermann, damit Vermesser, möglicherweise mit astronomischen Kenntnissen war, dann hat er sicher auch seinem Sohn dieses Wissen vermittelt. Jesus wird als Hirte beschrieben! Hat er dabei in den Nächten von seinem Vater die Mechanismen des Himmels und damit die Astronomie vermittelt bekommen? Er wird selber auch als Zimmermann beschrieben! Hat er das Wissen eines Bauhandwerkers und dessen Wissen über die Geometrie, Berechnung und Vermessung gelehrt bekommen? Er wird als Fischer beschrieben! Hat er dabei die Mechanismen der Nautik erklärt bekommen?

Vielleicht sind, wie im Alten Testament, auch Dinge wichtig, die nicht genannt werden. Im Alten Testament kommt es zu keinerlei Erwähnung der Pyramiden, obwohl es diese zu diesem Zeitpunkt schon gegeben haben muss. Im Neuen Testament wird mit Ausnahme des 12. Jahres an keiner Stelle erwähnt, wohin Jesus 30 Jahre lang verschwunden ist. Vielleicht hat ja Jesus in Gizeh Vermessung und Astronomie studiert! Wenn sein Vater Joseph ein alter Astronom war, dann wäre das naheliegend. Immerhin bestätigt ja die Bibel in Matthäus, dass die Heilige Familie in Ägypten war. Zu Zeiten Jesu müssen die Pyramiden ja noch vollkommen intakt gewesen sein. Vielleicht hat Jesus von hier seine eiserne Überzeugung von der Gestalt Gottes vermittelt bekommen. Vielleicht ist ihm hier das gleiche Phänomen begegnet, wie schon den Alten Ägyptern, eine ähnliche Gedankenwelt, die fast 2000 Jahre später Albert Einstein als „religiöses Gefühl" bezeichnen wird. Im Matthäus- Evangelium wird Jesus im (1.) Stammbaum als Nachfahre der Könige David (6) und Salomo (7) genannt. Und sein Vater: Joseph stammte <u>aus Davids Hause und Geschlecht!</u> Jesus hatte einen Anspruch auf eine fundamentale Ausbildung! Vielleicht ist er in der Bibliothek von Alexandria, die es ja seit dem 3. Jahrhundert v. Chr. bereits gab, an der Alexandrinischen Schule zu einem Arzt, Mathematiker, Lehrer und Philosophen ausgebildet worden. Kein Wunder, dass diese Zeit und der Ort nicht erwähnt werden. Neueren Religionen dürften der alte Gott bzw. die Götter der Alten Ägypter ein Dorn im Auge gewesen sein. Zumal diese ja nun auch noch von den Griechen und Römern verehrt wurden. Nach den 30 Jahren scheint mit Jesus plötzlich ein Universalgelehrter aufzutauchen, der auch in Schulen und Tempeln unterrichtet. War er als neuer Führer, nicht der Welt, aber eines neuen Zeitalters, einer neuen Religion vorgesehen? Was er ja posthum tatsächlich auch geworden ist. Hätte er in dieser Zeit im jüdischen Land gelebt, gäbe es sicher viel mehr Hinweise auf diese Zeit. Was wäre, wenn der Mann, den wir heute als Jesus Christus kennen, zum Beispiel in und um die damalige Bibliothek in Alexandrien studiert hat? Das würde alle seine Wunder erklären, die sicherlich nachträglich noch zusätzlich mystifiziert worden sind. Vielleicht kannte die alte Wissenschaft der Ägypter noch sehr viel mehr Wunder, die heute in Vergessenheit geraten sind. Er hätte die Gesetze Gottes, die Gesetze der Naturwissenschaften, ihre geometrischen Gesetzmäßigkeiten gekannt. Mit diesem Wissen hätte er der neue König Jerusalems werden können, so wie er es selber von sich behauptet hat. Dabei stellt sich die Frage, was wäre geworden, wenn dieser Universalgelehrte länger gelebt hätte? Auch so haben ihn die Menschen versucht nachzuahmen und so zu leben, wie es von ihm in der Bibel in den Evangelien beschrieben wird. Damit hat er der Welt des Christentums ein menschlicheres Antlitz gegeben und die Welt in vielen Bereichen besser und friedlicher gemacht. Die Ehre und Anerkennung, die ihm und seiner Mutter Maria auch heute noch entgegengebracht wird, ist daher wohl begründet und berechtigt! Beide haben der Welt ein neues Zeitalter gegeben! Dabei wird auch klar, welchen Schock seine Jünger erlebt haben müssen, als sie ihren geistlichen Leiter und die zentrale Figur ihrer Gemeinschaft verloren haben. Den Unterschied zum Alten Testament beschreibt er selber so: Während es zum Beispiel im Alten Testament noch heißt: Matthäus (38) Ihr habt gehört, dass den Alten geboten worden ist (2.Mose 21,24; 3.Mose 24,19-20): „Auge um Auge und Zahn um Zahn!" (39) Ich dagegen sage euch: „Ihr sollt dem Bösen keinen Widerstand leisten; sondern wer dich auf die rechte Wange schlägt, dem halte auch die andere hin." Dies entspricht in etwa der Weisheit des alten chinesischen Militärstrategen Sun Tsu: „Wahrhaft siegt, wer nicht kämpft." Jesus beschreibt, die philosophischen Grundregeln des menschlichen Zusammenlebens: (20)„... an ihren Früchten werdet ihr sie erkennen." Sind damit auch die Früchte und Ergebnisse von Religionen gemeint? Jesus agiert als Lehrer und Arzt: (35) So durchwanderte Jesus alle Städte und Dörfer, indem er in ihren Synagogen lehrte, die Heilsbotschaft vom Reiche verkündigte und alle Krankheiten und alle Gebrechen heilte. Lukas: (15) Er lehrte in ihren Synagogen und wurde wegen seiner Lehre von allen gepriesen. (16) So kam er denn auch nach Nazareth, wo er aufgewachsen war, ging dort nach seiner Gewohnheit am nächsten Sabbattage in die Synagoge und stand auf, um vorzulesen. Dabei fällt auf: Jesus redet immer wieder in Gleichnissen, in Relationen und Verhältnissen, als kenne er sich im weitesten Sinne auch mit Trigonometrie aus. In Matthäus Kapitel 13 ab Vers (11) werden Jesus im Bezug auf Gleichnisse um die Geheimnisse des Himmelreiches vom Verfasser folgende Worte in den Mund gelegt: „... weil sie mit sehenden Augen doch nicht sehen und mit hörenden Ohren doch nicht hören und nicht verstehen." Und: „Ihr werdet immerfort hören und doch nicht verstehen, und ihr werdet immerfort sehen und doch nicht wahrnehmen!" Das bedeutet, Jesus wusste: Viele Dinge spielen sich vor aller Augen und Ohren ab, ohne das der Betrachter sie begreifen kann, weil er sie entweder nicht kennt, nicht versteht oder nicht mit ihnen rechnet. Prinzipiell ist das ja auch die Methode, zum Aufbau der menschlichen Zivilisation, vor aller Augen messtechnische Einrichtungen in Kirchen, Kathedralen und Klöstern einzubauen.

Schon zeitig wird aber auch klar: Sowohl bei seinen medizinischen Wundern, seinen Fähigkeiten, viele Menschen zu führen und dabei mehr für die Menschen, als für die Religion da zu sein, gerät er immer mehr in Opposition mit der alten Priesterschaft des Tempels. Im Buch Markus Kapitel 2 Verse (27) und (28) erklärt Jesus, nachdem er für seine Arbeit am Sabbat kritisiert worden ist: „Der Sabbat ist um des Menschen willen da und nicht der Mensch um des Sabbats willen - somit ist der Menschensohn Herr auch über den Sabbat." Mit dem gleichen Gedankengut hat fast 1500 Jahre später der Theologieprofessor Martin Luther (1483-1546) Fehlentwicklungen der Kirche angeprangert und damit die Reformation ausgelöst. Gab es neben der Kritik an den Priestern des Tempels vielleicht auch astronomische Gründe, welche die Priesterschaft dazu veranlasst hat, Jesus zu verurteilen und am Kreuz hinrichten zu lassen? Im Lukasevangelium Kapitel 6 Vers (12) kommt es zur Berufung und Nennung der Namen der zwölf Apostel. Dabei wird wiederum ein Berg beschrieben, von dem aus astronomische Beobachtungen durchgeführt worden sein könnten. (12) Es begab sich aber in diesen Tagen, dass er <u>hinausging auf den Berg</u>, um zu beten, und er verbrachte dort die <u>ganze Nacht</u> im Gebet zu Gott. <u>Danach</u> benannte er die (12) Apostel. (13) <u>Als es dann Tag geworden war</u>, rief er seine Jünger zu sich und wählte zwölf aus ihnen aus, die er auch Apostel nannte:

Bei der Aufzählung fallen nun mehrere Dinge auf: Die Namen werden immer in Zweiergruppen genannt, wobei es wie bei der Ogdoade im Ägypten des Altertums, zu ähnlichen Eigenschaften der gegenüberliegenden Namen kommt. Als wären immer zwei Apostel für eine Messachse aus zwei astronomischen Messpunkten auf der Erdkreis- Erdbahn zuständig. Jesus benennt:

- (14) Den Fischer Simon (1A), den er auch Petrus, Fels oder Felsenmann nannte, und dessen <u>Bruder</u> den Fischer Andreas (1B);

- ferner den Fischer Jakobus der Sohn des Zebedäus (2A) und den Fischer Johannes (2B) (der spätere Evangelist).

Bei diesen ersten vier Namen fällt auf, es handelt sich um Fischer, damit um Seeleute mit nautischen Kenntnissen. Diese vier waren auch der engere Kreis, der Jesus bei den meisten Aktionen begleitete. Werden sie auf den Erdkreis projiziert, dürfte Simon (1A), den er auch Petrus nannte, als Fels oder Felsenmann den oberen Messpunkt dargestellt haben. Johannes (2B), der Evangelist darf dabei nicht mit Johannes dem Täufer verwechselt werden! Johannes der Evangelist hat demnach die gleiche Position auf dem Erdkreis, wie zuvor Horus im Alten Reich. Horus wird als Falke dargestellt, Johannes der Evangelist wird später auch als Adler wiedergegeben. Ehrentag von Johannes dem Evangelisten ist heute der 27. Dezember, also nahe dem Tag der Wintersonnenwende. Nur eben durch den nachlaufenden Kalender zeitlich verschoben. Weiter geht es mit:

- Philippus (3A) und Bartholomäus (3B),
- (15) Matthäus (4A) und Thomas (4B),
- Jakobus, den Sohn des Alphäus (5A), und Simon mit dem Beinamen „der Eiferer" (5B),
- (16) Judas, den Sohn des Jakobus (6A), und Judas Iskarioth (6B), der später zum Verräter an Jesus wurde.

(17) Als er dann mit ihnen vom Berge wieder hinabgestiegen war, blieb er auf einem ebenen Platz stehen samt einer großen Schar seiner Anhänger und einer zahlreichen Volksmenge aus dem ganzen jüdischen Lande.

Links: Die vier Hauptmesspunkte auf der Erdkreis- Erdbahn - Rechts: Alle zwölf Messpunkte auf der Erdkreis- Erdbahn / Die 12 Apostel

Dabei entsteht nun ein schon anspruchsvolles Gebilde mit 12 Messpunkten auf der Erdkreis- Erdbahn. Nach dem heutigen Kalender treffen die vier primären Hauptmessstellen wieder etwa den 21. März und den 23. September sowie den 21. Juni und den 21. Dezember. Die acht zusätzlichen Messstellen liegen dann nach heutiger Benennung etwa auf dem 21. April, dem 21. Mai, dem 20. Juli, dem 21. August, dem 21. Oktober, dem 21. November, dem 20. Januar und dem 21. Februar.

Wenn der Tempel und vielleicht die ganze Stadt Jerusalem noch auf das uralte System aus Ägypten, aus der Zeit von vor dem Auszug der Israeliten aus Ägypten mit acht Messpunkten ausgelegt war, dann hat vielleicht Jesus bei seinem Studium in Ägypten ein neueres System mit nun zwölf Messpunkten vermittelt bekommen, das er in der Nacht der Tag- und Nachtgleiche vor dem Passahfest an seine zwölf Apostel weiter geben wollte. Immerhin hat ja 47 Jahre zuvor Julius Caesar (100v.Chr.-44v.Chr.) ebenfalls in Alexandria in Ägypten ein neues System mit zwölf Monaten erklärt bekommen, aus dem dieser dann den Julianischen Kalender entstehen ließ. Ein neues System mit zwölf statt acht Messpunkten hätte den alten gestandenen Priester-Astronomen in Jerusalem gehörige Probleme bereitet. Sie wären quasi arbeitslos geworden, oder sie hätten mit großem Aufwand unter einem neuen Messias lernen müssen. Klar, dass sich gegen das nun kompliziertere System das alte Establishment, die bisherige politisch, wirtschaftlich und gesellschaftlich einflussreichste Milieugruppierung der Elite des Tempels wehren musste. Möglicherweise waren Stadt und Tempel, so wie es die alten Karten von Jerusalem zeigen, noch baulich auf die acht alten Messstellen durch die Ringmauer eingeeicht. Die Machtelite musste Jesus nach dem Leben trachten! Möglicherweise besteht für die (neuen) Astronomen ein Zusammenhang mit der Einführung des julianischen Kalenders im Jahre 47 v. Chr. durch Gaius Julius Cäsar. Julius Cäsar soll das Kalendersystem bei einer Reise nach Ägypten kennengelernt haben. Das Vorgängermodell der Römer bestand aus einem zwölfmonatigen Mondkalender, der immer wieder auf das Sonnenjahr angepasst werden musste. Der neue Kalender bestand nun aus elf Monaten mit 30 oder 31 Tagen sowie einem Monat mit 28 Tagen. Durch einen Schaltfehler musste in den Jahren 5v.Chr., 1v.Chr. und 4n.Chr. eine Korrektur erfolgen. Diese Korrekturen müssen dafür verantwortlich sein, dass Herodes nach biblischer Chronologie nach der Geburt Christi noch gelebt hat, er nach heutigem Kalender jedoch vier Jahre vor der Geburt Christi verstorben ist. Aus verschiedenen Zählsystemen mit unterschiedlichen Jahresanfängen und Anfangsjahren unterschiedlicher Zeitrechnungen heraus entwickelte sich im christlichen Abendland die heute übliche christliche Zeitrechnung mit dem Jahr Null der angenommenen Geburt Christi. Womöglich hatte ein studierender Jesus Christus dieses neue Kalendersystem in Ägypten kennengelernt, um es nun auf die astronomischen Gegebenheiten des Jerusalemer Tempels abzustimmen. Sollte er dies versucht haben, wäre es denkbar, das ihm zu Ehren das Datum des Startpunktes der neuen Zeitrechnung auf seinen Geburtstermin gelegt worden ist.

Was geschah laut Neuem Testament weiter? Hinweise auf Astronomie:

(Weil diese Passagen wichtig sind, wird der originale Bibeltext in diesem weiteren Kapitel unterstrichen dargestellt!)

<u>In Lukas Kapitel 9 Vers (28) heißt es: Etwa acht Tage nach diesen Unterredungen nahm er Petrus, Johannes und Jakobus mit sich und stieg auf den **Berg**, um zu</u>

beten. (32) Petrus aber und seine Genossen waren von schwerer **Schläfrigkeit** befallen; weil sie sich aber mit Gewalt wach hielten, sahen sie seine Herrlichkeit und die beiden Männer, die bei ihm standen. (33) Als diese von ihm scheiden wollten, sagte Petrus zu Jesus: „Meister, hier sind wir gut aufgehoben, wir wollen **drei** Hütten bauen, eine für dich, eine für Mose und eine für Elia" - er wusste nämlich nicht, was er da sagte. (36) und während die Stimme erscholl, fand es sich, dass Jesus allein da war. Und die Jünger blieben verschwiegen und teilten in jenen Tagen niemand etwas von dem mit, was sie gesehen hatten.

Lukas Kapitel 21 Vers (37): **Tagsüber** war Jesus im Tempel, wo er **lehrte**; an **jedem Abend** aber ging er aus der Stadt hinaus und **übernachtete** am sogenannten Ölberg. Im Neuen Testament wird immer wieder der Ölberg beschrieben, der in den Nächten aufgesucht wird und an und auf dem Handlungen beschrieben werden, die mit astronomischen Beobachtungen erklärt werden könnten. Jesus könnte also am Tage im Tempel unterrichtet haben. Es wird wieder ein Berg beschrieben. In den Nächten könnte er auf dem Ölberg die Sterne beobachtet haben. Selbst der Hinweis auf Mose und Elia könnte ein Hinweis auf zwei alte Astronomen sein. Mose, der zum Beispiel wusste, wann eine Linearkonstellation das Wasser des Meeres durch den Gezeitenmechanismus zurückziehen würde, durch das die Israeliten bei ihrem Auszug aus Ägypten dann fliehen konnten. Der selber regelmäßig einen Berg besuchte und Elia, der möglicherweise durch die Beobachtung der Gestirne und damit durch die Gesetze Gottes eine drei Jahre und sechs Monate anhaltende Dürre voraussagen konnte, die dann tatsächlich auch eintrat. Bei den Aufenthalten in der Wüste oder auf einem Berg werden meist auch noch 40 Tage und 40 Nächte beschrieben, also „Wüste", „Berg" und die Zahl „40". Das war auch schon bei Mose so! Als Mose nach einem 40tägigen Aufenthalt von einem Berg zurück kehrte, brachte er zum Beispiel die Gesetze Gottes mit. Handelt es sich dabei um astronomische Gesetze, um geometrische Prinzipien, die dann mit in die Bundeslade hineinkonstruiert und hineingelegt wurden? Die Israeliten weilten nach ihrem Auszug aus Ägypten 40 Jahre in der Wüste. Sie legten dabei eine Strecke zurück, die in gut zwei Wochen per Fuß zu bewältigen ist. Was haben sie dabei so lange in der Wüste gemacht? Haben sie eine astronomische Einrichtung gebaut? Denn sie hatten ja nun keinen Zugriff mehr auf die Pyramiden. Pyramiden, zumindest nicht in dem Ausmaß, sind aber in dem in der Bibel beschriebenen Bereich nicht zu finden. Ließen sich auch noch mit einem anderen, unauffälligeren Mechanismus die Gestirne beobachten und vermessen? Denn diesen gab es ja tatsächlich! Die 40 könnte demnach für die Astronomie und für einen Kreis stehen. Vielleicht eine Kreisbeobachtungsanlage in einer Wüste, um die dann eine Stadt gebaut wurde! Vor den dann folgenden Handlungen fällt weiterhin auf: Jesus vertreibt die Händler auf der Straße zum und am Tempel. Auch heute noch siedeln sich Händler auf der Ost-West- Achse in Jerusalem an. Wenn im Westen der

Beobachtungspunkt lag, um im Osten den Sonnenaufgangspunkt zur Tag- und Nachtgleiche zu erkennen, dann war diese Straße womöglich Teil der Sternwarte, um eben den Sonnenaufgangspunkt zur Tag- und Nachtgleiche durch den gestreckten Straßenverlauf zu erkennen. Vielleicht gab es unter dem Berg oder im Tempel eine Art Tunnelbau, durch den die Sonne nur an diesem einen Tag (zwei mit Herbst) im Jahr scheint. Ähnlich wie es einst in der Tempelanlage in Abu- Simbel in Ägypten der Fall war. Das jüdische Passahfest und das christliche Ostern finden immer nach der Tag- und Nachtgleiche im Frühjahr statt. Ursprünglich lagen die Feste sogar zusammen, bis zum Konzil von Nicäa im Jahr 325, als Kaiser Flavius Valerius Constantinus / Konstantin der Große (um280-337) (lt. Zitat in Eusebius, Vita Const., Lib. III 18-20) eine deutliche Abgrenzung von den jüdischen Wurzeln forderte. Da die im Kalender wandernden Feste zudem an den Mondkalender gekoppelt sind, kommt für den frühesten Termin nach dem heutigen Kalender der 22. März (bis25.April) infrage. Das sind nur zwei Nächte nach der Tag- und Nachtgleiche um den 20. März!

Daher die unmittelbare zeitliche Einordnung:

In Matthäus Kapitel 26 Vers (1) heißt es: Als nun Jesus alle diese Reden beendet hatte, sagte er zu seinen Jüngern: (2) „Ihr wisst, dass übermorgen das Passah stattfindet; da wird der Menschensohn zur Kreuzigung überliefert." (3) Damals kamen die Hohenpriester und die Ältesten des Volkes im Palaste des Hohenpriesters namens Kaiphas zusammen (4) und berieten sich in der Absicht, Jesus mit List festzunehmen und zu töten. (5) Dabei sagten sie aber: „Nur nicht während des Festes, damit keine Unruhen unter dem Volk entstehen!" Das bedeutet, mit Bezug auf das kommende Passah findet die Tragödie um den Verrat durch Judas Iskariot und das Abendmahl quasi zeitgleich zur Tag- und Nachtgleiche im Frühjahr statt. Welchen Grund gab es dafür? Nun kommt es zum Abendmahl. **Das Abendmahl:** Lukas Kapitel 24 - 4. Jesu letztes Mahl im Jüngerkreise. Einsetzung des heiligen Abendmahls. Matthäus Kapitel 26 Vers (20) Als es dann Abend geworden war, setzte er sich mit den zwölf Jüngern zu Tisch. Marcus Kapitel 14 Vers (17) Als es dann Abend geworden war, fand er sich dort mit den Zwölfen ein. Johannes Kapitel 13 Vers (4) erhob er sich beim Mahl von seinem Platz, legte die Oberkleidung ab, nahm einen linnenen Schurz und band ihn sich um. (27) Dann nahm er den Becher, sprach das Dankgebet und gab ihnen den mit den Worten: „Trinkt alle daraus!" Matthäus Kapitel 26 Vers (28) Denn dies ist mein Blut, das Blut des neuen Bundes, das für viele vergossen wird zur Vergebung der Sünden. Marcus Kapitel 14 (24) und er sagte zu ihnen: „Dies ist mein Blut, das Bundesblut, das für viele vergossen wird. Lukas (20) Ebenso tat er mit dem Becher nach dem Mahl und sagte: „Dieser Kelch ist der neue Bund in meinem Blut, das für euch vergossen wird." Einen Schurz benutzen auch die Freimaurer, wenn sie ihre Geheimnisse in ihren geheimen Sitzungen bei Ausbildungen von neuen Gefährten ihres Bundes weiter geben. Jesus schwört also die zwölf Apostel auf einen Bund ein.

Besiegelt wird dieser mit einem Kelch, aus dem alle trinken. Auf einer Zeichnung im „Speculum humanae salvationis" aus um 1369 (Hessische Universitäts- und Landesbibliothek Darmstadt) sind auf dem Tisch zwei Kelche zu sehen. Neben den beiden Kelchen werden auf dem Tisch drei geometrische Rauten dargestellt. Wird im Bild darunter gleichzeitig das alte System mit den acht Messpunkten und der Widder verabschiedet? Im gleichen „Speculum humanae salvationis" aus um 1369 wird ein Kelch gezeigt, der ebenfalls mit Rauten überzogen ist. Das Gebilde erinnert an eine halbe Erdkugel, die durch Rauten von Längen- und Breitenlinien gekennzeichnet wird. Alle Informationen zusammengenommen entsteht der Eindruck, Jesus habe seine 12 Apostel an diesem Abend auch in Vermessung, Trigonometrie und Astronomie unterrichtet. Der Gral selber könnte neben der Besiegelung des Bundes zur symbolischen Darstellung der Erde auf den zwölf Messpunkten auf der Erdkreis-Erdbahn benutzt worden sein. Eine Doppelfunktion also! Wie im Ägypten des Altertums.

Zwei Kelche und drei Rauten auf dem Tisch des Abendmahls - Der Kelch mit den Vermessungsrauten - Die Rinder erinnern an die Apis Stiere in Ägypten - „Speculum humanae salvationis" aus um 1369 - Hessische Universitäts- und Landesbibliothek Darmstadt - Hs 2505 –
Rechts im Bild: Das Abendmahl in den Domitilla- Katakomben in Rom - Beschreiben der Stern und der Kreis den Marienstern und die Erdkreis- Erdbahn?

Auf einem Bild vom Abendmahl in den Domitilla- Katakomben in Rom sitzen die Apostel zusammen mit Jesus an einem runden Gebilde. Beschreiben der Stern und der Kreis den Marienstern und die Erdkreis- Erdbahn? Ähnlich der Ausbildung von Lehrlingen zur Gegenwart, wird nach der theoretischen Unterweisung beim Abendmahl unmittelbar danach zur praktischen Lehre unter den Nachthimmel gezogen, denn es heißt weiter: **Der Gang in den nächtlichen Garten auf den Ölberg:**

Johannes Kapitel 18 Vers (1) Nachdem Jesus so gebetet hatte, ging er mit seinen Jüngern aus der Stadt hinaus über den Bach Kidron hinüber an einen Ort, wo ein Garten war, in den er mit seinen Jüngern eintrat. Matthäus Kapitel 26 a) Gang nach Gethsemane. (30) Nachdem sie dann den Lobpreis gesungen hatten, gingen sie (aus der Stadt) hinaus an den Ölberg. (31) Unterwegs sagte Jesus zu ihnen: „Ihr werdet alle in dieser Nacht an mir Anstoß nehmen (oder: irre werden); denn es steht geschrieben: „Ich werde den Hirten niederschlagen, dann werden die Schafe der Herde sich zerstreuen." (36) Hierauf kam Jesus mit ihnen an einen Ort namens Gethsemane und sagte zu den Jüngern: „Setzt euch hier nieder, während ich dorthin gehe und bete!" (37) Dann nahm er Petrus und die beiden Söhne des Zebedäus mit sich und fing an zu trauern und zu zagen. (40) Hierauf ging er zu den Jüngern zurück und fand sie schlafend und sagte zu Petrus: „So wenig seid ihr imstande gewesen, eine einzige Stunde mit mir zu wachen? (41) Wachet, und betet, damit ihr nicht in Versuchung geratet! Der Geist ist willig, das Fleisch aber ist schwach." (42) Wiederum ging er zum zweitenmal weg und betete mit den Worten: „Mein Vater, wenn dieser Kelch nicht (an mir) vorübergehen kann, ohne dass ich ihn trinke, so geschehe dein Wille!" (43) Als er dann zurückkam, fand er sie wieder schlafend, denn die Augen fielen ihnen vor Müdigkeit zu. (44) Da verließ er sie, ging wieder weg und betete zum drittenmal, wieder mit denselben Worten. (45) Hierauf kehrte er zu den Jüngern zurück und sagte zu ihnen: „Schlaft ein andermal und ruht euch aus! Doch jetzt ist die Stunde gekommen, dass der Menschensohn Sündern in die Hände geliefert wird!" **In Marcus** Kapitel 14 a) Gang nach Gethsemane. (26) Nachdem sie dann den Lobpreis gesungen hatten, gingen sie aus der Stadt hinaus an den Ölberg. (32) Sie kamen dann an einen Ort mit Namen Gethsemane, dort sagte er zu seinen Jüngern: „Lasst euch hier nieder, bis ich gebetet habe!" (33) Dann nahm er Petrus, Jakobus und Johannes mit sich und fing an zu zittern und zu zagen (34) und sagte zu ihnen: „Tief betrübt ist meine Seele bis zum Tode; bleibt hier und haltet euch wach!" (35) Dann ging er noch ein wenig weiter, warf sich auf die Erde nieder und betete, dass, wenn es möglich sei, die Stunde an ihm vorübergehen möchte. (36) dabei sagte er: „Abba, Vater! Alles ist dir möglich: lass diesen Kelch an mir vorübergehen! Doch nicht, was ich will, sondern was du willst!" (37) Dann ging er zurück und fand sie schlafen und sagte zu Petrus: „Simon, du schläfst? Hattest du nicht die Kraft, eine einzige Stunde wach zu bleiben? (38) Wachet, und betet, damit ihr nicht in Versuchung geratet! Der Geist ist willig, das Fleisch aber ist schwach." (39) Darauf ging er wieder weg und betete mit denselben Worten; (40) und als er zurückkam, fand er sie wiederum schlafen; denn die Augen fielen ihnen vor Müdigkeit zu, und sie wussten ihm nichts zu antworten. (41) Und er kam zum drittenmal und sagte zu ihnen: „Schlaft ein andermal und ruht euch aus! Es ist genug so: die Stunde ist gekommen! Sehet, der Menschensohn wird den Sündern in die Hände geliefert! (42) Steht auf, lasst uns gehen! Seht, der mich überantwortet ist nahe gekommen!" **In Lukas** Kapitel 22 - 6. Jesu Seelenkampf und Gebet am Ölberg. (39) Er ging dann aus der Stadt hinaus und begab sich nach seiner Gewohnheit an den Ölberg; es begleiteten ihn auch seine Jünger. (40) Als er an Ort und Stelle angelangt war, sagte er zu ihnen: „Betet darum, dass ihr nicht in Versuchung geratet!" (41) Darauf entfernte er sich etwa einen Steinwurf weit von ihnen, kniete nieder und betete (42) mit den Worten: „Vater, wenn du willst, so lass diesen Kelch an mir vorübergehen! Doch nicht mein Wille, sondern der deine geschehe!" (45) Nach dem Gebet stand er auf, und als er zu seinen Jüngern kam, fand er sie vor Traurigkeit eingeschlafen (46) und sagte zu ihnen: „Was schlaft ihr? Steht auf und betet, damit ihr nicht in Versuchung geratet!" Die Geschichte bekommt den Anschein, als habe Jesus versucht, die zwölf Apostel nach der theoretischen Einweisung beim Abendmahl bei der Tag- und Nachtgleiche (vor dem Passahfest) dann im Garten auf dem Ölberg in der Praxis anhand des nächtlichen Sternenhimmels die astronomische Konstellation näher zu bringen. Der „vorbeiziehende" Kelch könnte die unmittelbare Konstellation der Tag- und Nachtgleiche der Gestirne beschreiben, die zuvor beim Abendmahl mit den Kelchen symbolisch gelehrt wurde. Einige der Apostel scheinen allerdings dabei eingeschlafen zu sein, was irgendwie dem typischen Verhalten von Lehrlingen entspricht. Unmittelbar nach dieser Szenerie kommt es dann zur Gefangennahme von Jesus, zum Leidensweg und zur Kreuzigung. Merkwürdig: Kurz vor dem Ende wird Jesus verhöhnt. Warum wird das in der Bibel erwähnt? Wurde er deshalb an das Kreuz geschlagen, an das Symbol der Vermessung, weil er selber auch Vermesser, selber ein Astronom war? Durch diesen merkwürdigen Zufall trat das Zeichen der Vermessung seinen Siegeszug um die Welt an. Wenn Jesus Christus seine in der Bibel beschriebenen Wunder mit den Gesetzen der Medizin, den Gesetzen der Physik und den Gesetzen der Vermessungstechnik, damit mit den Gesetzen Gottes bewerkstelligt hat, dann war er ein Universalgelehrter! Und wenn das Kreuz selber ein Vermessungswerkzeug war? Dann beten die Menschen seit 2000 Jahren ein Symbol für höchstes Wissen und für Präzession an! Ein Symbol für Vermessung und Astronomie! Vielleicht hatte ja tatsächlich ein Gott seine Hände mit im Spiel!

Geradewegs nach der Kreuzigung zeigt sich eine weitere astronomische Gegebenheit: In Lukas Kapitel 23 Vers (44) heißt es: Es war nunmehr um die sechste Stunde, da kam eine Finsternis über das ganze Land bis zur neunten Stunde, (45) indem die Sonne ihren Schein verlor; und der Vorhang im Tempel riss mitten entzwei. (46) Da rief Jesus mit lauter Stimme die Worte aus: „Vater, in deine Hände befehle ich meinen Geist!" und nach diesen Worten verschied er. In Lukas Kapitel 23 Vers (50) heißt es danach: Und siehe, ein Mann namens Joseph, der ein Mitglied des

Hohen Rates war, ein guter und gerechter Mann - (51) er war mit ihrem Beschluss und ihrer Handlungsweise nicht einverstanden gewesen - aus der jüdischen Stadt Arimathäa, der auf das Reich Gottes wartete: (52) dieser ging zu Pilatus und bat ihn um den Leichnam Jesu. (53) Dann nahm er ihn vom Kreuz herab, wickelte ihn in feine Leinwand und legte ihn in ein Grab, das in den Felsen gehauen und in welchem bisher noch niemand beigesetzt worden war. (54) Es war aber der Rüsttag (Freitag), und der Sabbat wollte anbrechen. Joseph von Arimathäa soll das Blut Christi mit einem Abendmahlskelch aufgefangen haben, aus der Seitenwunde, die ihm der römische Hauptmann Longinus mit der Heiligen Lanze zugefügt hat. Allerdings wird von dem Kelch auch berichtet, er sei Joseph von Arimathäa von der Erscheinung Jesu übergeben worden. Was die zwei Kelche erklären würde. Damit beginnt auch die Grallegende. Joseph von Arimathäa soll den oder die Kelche später nach England gebracht haben, wo sie in einer Kapelle in Glastonbury aufbewahrt wurden. Die Müdigkeit seiner Apostel und die damit einhergehende Panne von Jesus in der entscheidenden Nacht, seine Anhänger wohl nicht für die Astronomie begeistert zu haben, macht alle Beteiligten zu menschlichen Wesen. Es zeigt, Menschen sind keine Götter. Aber vielleicht sind wir ja von einem Gott gemacht. Wenn der Mann, den wir als Jesus kennen, sich mit dem Sternenhimmel auskannte, dann hatte er vielleicht auch eine Ausbildung in Vermessung und Trigonometrie. Vielleicht ist er in den gleichen Mechanismus geraten, wie seine Vorfahren schon lange vor ihm. Vielleicht konnte er deshalb die Menschen so glaubhaft von Gott überzeugen, dass sein Mythos bis heute anhält. Was die Anhänger Jesu nach dessen Kreuzigung und Grablegung erlebten, nannten sie Auferstehung. Schon in den Gräbern der Alten Ägypter wird dieses Phänomen beschrieben. Auch sie konnten (kurzzeitig) Verstorbene wieder zum Leben erwecken. Sie haben dieses Wunder erforscht. Jesus wurden auf seinem Weg zum Kreuz Galle, Wein, Essig und Ysop (Heiliges Kraut) gereicht! Die heilige Geschichte von Maria und ihrem Sohn Jesus hat in vielen Teilen der Welt zu einem neuen kalendarischen Startpunkt in den heutigen Kalendersystemen, zu einer neuen Religion, damit zu Kirchen, Kathedralen und Klöstern geführt, die wiederum das Bau- und Vermessungshandwerk, damit auch die Astronomie, die Künste und Wissenschaften wie auch das Staatssystem beflügelt haben. Als stünde tatsächlich ein Gott hinter all diesen Dingen, der versucht, mit seinen Möglichkeiten die Menschheit auf dem nun von Jesus Christus propagierten friedlichen Weg voran zubringen. Wer die im Neuen Testament beschriebenen Handlungen tiefgründig analysiert, der bemerkt: Jesus ist geübt in Grammatik, Rhetorik und Dialektik, er spricht in Allegorien, er beschreibt Geometrie, Arithmetik, Physik, Landwirtschaft und Relativitäten, er kennt sich aus in Theologie, Jurisprudenz und Medizin, insbesondere in Naturheilverfahren und Hypnose. Er kennt den Placeboeffekt und Psychologie, er heilt mit dem Glauben, er gibt zahlreiche Hinweise auf die Kenntnis der Trigonometrie und

Astronomie. Das sind mehr als die Sieben Freien Künste! Jesus war ein sehr weiser Mann, der mit den Gesetzen Gottes Wunder vollbringen konnte! Die Wunder Jesu? Wie hätten sie die Chronisten gut 60 bis 90 Jahre später bei ihren Aufzeichnungen anders benennen sollen? Ohne eigenes, wissenschaftliches Hintergrundwissen? Dahinter muss kein böser Wille oder Absicht stecken. Aber sind die Gesetze Gottes nicht auch tatsächlich wahre Wunder? Vor allem das Licht, die Zeit und die Gravitation? Wenn wir lernen und diese Wunder, die Gesetze Gottes erforschen, dann können wir doch eines Tages tatsächlich wie Jesus Wunder vollbringen. Wir werden alle Krankheiten heilen können, wir werden sogar in der Zeit reisen können und wir werden Unsterblichkeit erlangen. Wir werden zum Himmel in das Universum fahren und wir werden auch Verstorbene wieder zum Leben erwecken können. Vielleicht waren die Hinweise auf die Wunder Jesu ein Fingerzeig Gottes, was alles möglich sein wird. Viele dieser Wunder können wir ja bereits vollbringen. Vielleicht kannte ja Jesus schon einige von den Alten Ägyptern erforschte Mechanismen, Wissen, das mit seiner Kreuzigung verloren gegangen ist. Merkwürdig nur: Die in diesem Kapitel verarbeiteten Informationen stammen aus vier verschiedenen Evangelien, die vor über 1900 Jahren von vier verschiedenen Autoren aufgeschrieben worden sind. Die Informationen wurden mit einem Computer analysiert und auf die zutreffenden Passagen reduziert. Sie können nur entschlüsselt werden wenn bekannt ist, dass die Alten Ägypter vor über 4500 Jahren mit Trigonometrie nicht nur Landvermessung, sondern auch in Größenordnungen Astronomie betrieben haben müssen. Und wenn man weiß, was die Göttin Isis, ihr Gatte Osiris, ihre Zwillingsschwester Nephthys, deren Mann Seth und die acht Ogdoad bedeuten. Warum überhaupt und vor allem wie konnte dieses Wissen in dieser Art so vor über 1900 Jahren aufgeschrieben werden? Warum werden so genau Orte und Daten beschrieben, die mit entsprechendem Wissen als astronomische Orte und Daten entschlüsselt werden könnten? Sollte das astronomische System eines Tages bemerkt werden? Aber wie überhaupt könnte so ein System über Generationen hinweg entwickelt werden, mit einer derartigen Weitsicht in die Zukunft? Was steckt noch alles in der Bibel? Schön zu wissen, dass Menschen, die auch heute noch Jesus Christus verehren und bewundern, vielleicht nicht nur einen einfachen Wanderprediger anbeten, von denen es zur damaligen Zeit viele gab, sondern vielleicht einen hoch gebildeten Universalgelehrten. Der Menschen mit den Gesetzen Gottes heilen konnte, mit Kräutern, mit dem Placeboeffekt und mit der Zeit. Vielleicht hat Jesus von seinen Lehrern, Vermessern und Astronomen ja tatsächlich auch erfahren, wo Gott zu finden ist. Vielleicht finden auch wir heute noch sehr viel mehr, wenn wir mit Wissenschaft nach den Gesetzen Gottes suchen und unsere Energie und unsere Ressourcen nicht für Unfrieden, Zwiespalt und Krieg vergeuden.

Der Erdkreis des Simon Petrus

Die Grabeskirche in Jerusalem soll sich in etwa an der überlieferten Stelle der Kreuzigung und am Ort des Grabes Jesu befinden. Die Mutter Konstantin des Großen Flavia Julia Helena (um248-330) begann um 325 mit der Suche nach den Stätten von Kreuzigung, Grablegung und Auferstehung Christi. Indiz für den Ort der biblischen Tragödie war ein Venustempel, den Kaiser Publius Aelius Hadrianus (76-138) nach dem Jahr 135 über dem Grab errichten ließ, weil die ersten Judenchristen bereits in den ersten 100 Jahren nach der Kreuzigung begannen, den Ort der Kreuzigung Golgota und das etwa 40 Meter entfernte Grab zu verehren. Bei Grabungen unter dem Venustempel sollen die antiken Archäologen von Flavia Julia Helena nicht nur Reste des Kreuzes und einen rostigen Nagel gefunden haben, sondern tatsächlich auch die vermutete Grabhöhle. Um das Jahr 326 beauftragte ihr Sohn Flavius Valerius Constantinus / Konstantin der Große (um280-337) den Bau einer Basilika über dieser Stelle. Die Rotunde wurde 335 fertig gestellt. Wer Vermesser und Erbauer war, ist unklar. Da die Grabkirche auch eine Ädikula, also ein Tempelchen mit einer überdachten Grundmesslinie enthielt, wurde sie vermutlich von den antiken Vermessern als unverrückbarer Messpunkt eingeeicht. Wie konnten die Vermesser aber die Ausrichtung auf die Himmelsrichtungen, den oktogonalen Aufbau der Rotunde und damit eine Miniaturausgabe von acht Messpunkten auf einer Erdkreis- Erdbahn in die Grabeskirche in Jerusalem einbauen? Woher wussten sie von dem System? Warum haben sie das so gemacht? Gab es überhaupt noch jüdische Vermesser in Jerusalem?

Nach dem Bar- Kochba- Aufstand von 132 bis 135 verbot Kaiser Publius Aelius Hadrianus (76-138) den Juden unter Androhung der Todesstrafe den Zutritt und Aufenthalt in der Stadt. Auf dem Tempelberg wurde ein Jupitertempel errichtet. Die jüdischen Menschen mussten in Länder um das Mittelmeer und in die persischen Gebiete auswandern. Bleiben also nur römische Vermesser. In Rom ließ Flavius Valerius Constantinus / Konstantin der Große zwei Jahre vor dem Baustart in Jerusalem ab um das Jahr 324 über dem vermuteten Grab des Apostels Simon Petrus die Basilika Alt- St. Peter errichten, einen Vorgängerbau der heutigen Sankt Peter Basilika im Vatikan, dem Petersdom. Heute ist auf Luftaufnahmen vom Vatikan auf dem Petersplatz eine mächtige Erdkreis- Erdbahn mit vier Achsen und acht Messpunkten zu sehen. Der Petersdom selber: Ein Oktogon.

Im Lukasevangelium Kapitel 6 Vers (12) kommt es zur Berufung und Nennung der Namen der zwölf Apostel. Der Erste, den Jesus nennt, ist: (14) Der Fischer Simon (1A), den er auch Petrus, Fels oder Felsenmann nennt. Mutmaßlich war Petrus auf der in dieser Nacht unter den 12 Aposteln vorgestellten Erdkreis- Erdbahn aus nun 12 Messpunkten als oberster und damit wichtigster Messpunkt vorgesehen, quasi der

Hauptpunkt zur Tag- und Nachtgleiche um den 21. März im Frühjahr. Da Jesus ja nun selber zur Tag- und Nachtgleiche im Frühjahr gekreuzigt wurde, war der zweite wichtige Punkt die Tag- und Nachtgleiche im September um den 23. September, auf der damit gegenüber liegenden Stelle der Erdkreis- Erdbahn. Petrus ließ sich bei seiner Hinrichtung in Rom kopfüber kreuzigen, als stünde er gegenüber von Jesus auf der Erdkreis- Erdbahn! Petrus wurde das gleiche Martyrium angekündigt, wie es Jesus erlebt hat. Wo das stattfinden soll wird allerdings nicht geschildert. Im Neuen Testament wird weder eine Romreise noch sein Tod beschrieben. Wie Petrus nach Rom gelangte, ist ebenso unklar. Ob er als Gefangener nach Rom abgeschoben wurde oder dort missionarisch unterwegs war bleibt offen. Angenommen wird, er sei Opfer der Christenverfolgung unter Kaiser Nero Claudius Caesar Augustus Germanicus (37-68) nach dem Großen Brand Roms im Jahr 64 geworden. Laut der in den Petrusakten überlieferten Legende soll er auf eigenen Wunsch mit dem Kopf nach unten gekreuzigt worden sein. Auf einem Gemälde des italienischen Malers Filippino Lippi (um1457-1504) wird diese Kreuzigung kopfüber anschaulich beschrieben.

Heute sind nur noch die geometrischen Fakten sichtbar. Das Grab des Apostels Simon Petrus in Rom und der Erdkreis aus vier Achsen und acht Messpunkten vor seinem Grab auf dem Petersplatz im Vatikan zeigen die Geometrie des Systems. Der Segen des Papstes nach seiner Amtsübernahme, insbesondere beim Osterfest und zu Weihnachten: Urbi et orbi - Der Stadt und dem Erdkreis. Auf Fresken in der Sixtinischen Kapelle im Apostolischen Palast nördlich des Petersdoms wird auf einem von Pietro Perugino (um1446-1523) geschaffenen Werk Christus bei der Übergabe der Schlüssel zum Himmelreich an Simon Petrus gezeigt. Im Hintergrund dominiert vor aller Augen ein achteckiges Gebäude, wiederum mit einem Ädikula, also einem Tempelchen mit einer überdachten Grundmesslinie die Szenerie.

Fast scheint es, als hätten die Römer das Erdkreis- Erdbahn- System kopiert. Um Astronomie zu betreiben, haben ihnen aber wichtige Punkte gefehlt. Der Hauptbeobachtungs- und Messpunkt mit der Südausrichtung! Diese Punkte scheinen erst um 900 Jahre später die Templer erkannt, gesucht und gefunden zu haben.

Seite 329: Rechts oben: Auf Fresken in der Sixtinischen Kapelle im Apostolischen Palast nördlich des Petersdoms ist auf einem von Pietro Perugino geschaffenen Werk Christus bei der Übergabe der Schlüssel zum Himmelreich an Simon Petrus zu sehen. Im Hintergrund dominiert ein achteckiges Gebäude, wiederum mit einem Ädikula, also einem Tempelchen mit einer überdachten Grundmesslinie die Szenerie. Links oben: Kreuzigungsszene auf einem Epitaph von Lucas Cranach d. J. von 1565 in der Evangelischen Stadt- und Pfarrkirche St. Marien in Lutherstadt Wittenberg, der Predigtkirche des Reformators Martin Luther. Links unten: Auf dem Ausschnitt eines Gemäldes des italienischen Malers Filippino Lippi wird die Kreuzigung kopfüber anschaulich beschrieben. Mitte oben: Die alte Rundkirche in der Templer Wehr- Klosteranlage Convento de Cristo in Portugal. Mitte unten: Die Grabeskirche in Jerusalem. Rechts unten: Vatikanstadt

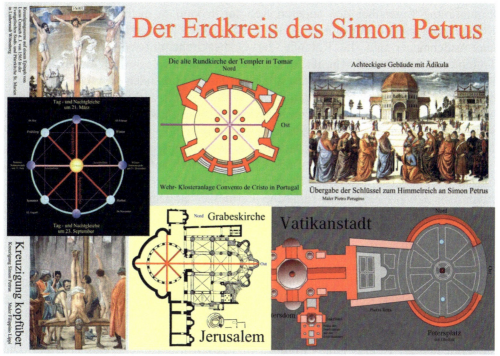

In dieser römischen Linie taucht das Oktogon mit acht symbolischen bzw. praktischen Messstellen auf der Erdkreis- Erdbahn, noch dazu mit eingelegten Sternenmotiven, später in der zwischen 795 und 803 erbauten Pfalzkapelle der Aachener Königspfalz als karolingisches Oktogon auf. Hier waren Karl der Große (um747-818) und dessen wichtigster Berater sowie Vermesser und Astronom Alkuin (735-804) am Werk.

Petrus muss also das System der Erdkreis- Erdbahn nach Rom getragen haben. Allerdings nicht mit zwölf, sondern mit nur acht Erdkreis- Erdbahn- Messpunkten. Simon Petrus ging als Verleugner Christi in die biblische Geschichte ein. War das damit in der Bibel gemeint: Er verriet Jesus bevor dreimal der Hahn kräht?

Zurück nach Jerusalem und zur Grabeskirche:

Im Jahre 614 wurde die Grabeskirche in Jerusalem erstmals durch ein Feuer beschädigt. Die ersten islamischen Herrscher verboten die Zerstörung der christlichen Heiligtümer in Jerusalem. Gegenüber nicht islamischen Religionen und anderen in Opposition stehenden islamischen Zweigungen herrschte ein tolerantes Zusammenleben. Erst durch Kalif el Hakim (985-1021) kam es zu einer radikalen Verschlechterung der Beziehungen untereinander, als dieser seinen Untertanen seine radikale Auslegung des Islam mit aller Macht aufzwingen wollte. Im Zuge der Diskriminierung gegenüber den anderen Religionen kam es auch zur Zerstörung des Heiligen Grabes, indem das noch weitgehend intakte Felsengrab zertrümmert wurde. Die Außenmauer und die Rotunde der Grabeskirche müssen dabei ebenfalls in Trümmer gelegt worden sein, da Jahrzehnte lang nur noch vom „Heiligen Grab" die Rede war. Dennoch sollen noch fast alle alten Steine vorhanden sein. Die Zerstörung des Felsengrabes löste im Abendland eine Welle der Entrüstung aus, was sich 1095 zum Zündfunken für den Aufruf zum Ersten Kreuzzug entwickelte. Nach dem Aufruf von Papst Urban II. (1035-1099) im Jahr 1095 erobern die Kreuzritter 1099 Jerusalem. Ohne diese Eroberung hätte es den Templerorden nicht gegeben.

In den ersten Aufzeichnungen des Kreuzzuges fällt auf, der Ort der Grablegung Christi wird als „Heiliges Grab" bezeichnet und nicht als „Grabeskirche". Die lange zuvor von 326 bis 335 durch römische Vermesser eingemessene Basilika über der Stelle des Grabes könnte also zu dieser Zeit nach der Zerstörung durch Kalif el Hakim tatsächlich in Trümmern gelegen haben. Da die Grabeskirche später wieder existiert, noch dazu aus dem alten Steinmaterial, muss sie also entweder nicht zerstört oder wieder aufgebaut worden sein. Aber durch wen?

Das Convento de Cristo innerhalb der Templerburg in Tomar in Portugal wurde nach 1162 errichtet. Kernstück der Wehr- Klosteranlage ist die alte Rundkirche, die im Innern einen weiteren oktogonalen Bau enthält. Wie anhand der eingebauten Zahlenkombinationen und Ausrichtungen festzustellen ist, gilt heute als sicher, dass sie eindeutig der Heilig- Grab- Rotunde in Jerusalem entspricht. Das bedeutet: Die Templer müssen sich die Vermessungsunterlagen der Grabeskirche in Jerusalem neu erarbeitet haben und sie haben die Rotunde dann später ganz offensichtlich in Tomar nachgebaut. Aus den Soldaten im Namen Gottes sind also Vermesser und Baufachleute entstanden, um die Grabeskirche wieder aufzubauen. Mönche, Soldaten und Bauexperten.

Sollte die Grabeskirche schon zur Römerzeit zwischen 326 bis 335 eine astronomische Ausrichtung und eine Miniaturisierung der Erdkreis- Erdbahn erhalten haben, diese hatte sie ja dann erneut, dann hätten die Kreuzritter diesen komplizierten Bau aus einem Trümmerberg und den Fundamenten ohne Hintergrundwissen niemals wieder herstellen können.

Bei den Nachforschungen über die alte Baustruktur müssen sie auf die Idee gekommen sein, alte weise Israeliten zu befragen und nach Unterlagen zu suchen. Nach der brutalen Unterwerfung und der rücksichtslosen Zerstörung ihrer heiligen Stätten mussten Juden und Christen um ihre heiligen Schätze fürchten, was die Suche auch nach der Bundeslade beflügelt haben dürfte.

Dabei müssen die Kreuzritter auch den Hauptbeobachtungs- und Messpunkt mit der Südausrichtung erkannt, gesucht und gefunden haben.

Das Geheimnis Salomos - Die bibische 666 und die Trigonometrie

„Hier kann sich wahre Weisheit zeigen. Wer Verstand besitzt, der rechne die Zahl des Tieres aus; sie ist nämlich die Zahl des Menschen, und seine Zahl ist sechshundertsechsundsechzig", so steht es geschrieben in der Offenbarung des Johannes, Kapitel 13 Vers 18.

Kaum eine andere Passage des Neuen Testamentes hat zu mehr Spekulationen geführt, wie die dadurch berühmt gewordene Zahl 666.

Die Zahl ist bereits vielen, zum Teil auch prominenten Bibellesern aufgefallen. Sie beschreibt im Okkultismus und der Zahlenmystik die Zahl des Tieres und den Antichristen ebenso, wie Imperatoren mit tierischer Grausamkeit, wie zum Beispiel Adolf Hitler (1889-1945). Selbst verschiedene unrühmlich agierende Päpste werden mit der Zahl in Verbindung gebracht. Im Zusammenhang mit dem Alten Testament, mit dem salomonischen Reichtum, mit der Vielweiberei (nicht erlaubten Ehen - Hurerei) Salomos und die Anbetung fremder Götter symbolisiert die 666 auch ein pervertiertes Königtum. Martin Luther (1483-1546) verbindet mit ihr die Allianz des Papsttums mit den Kaiserhäusern, die miteinander in unheiligem Bunde stehen. Daneben generiert die Zahl Daten für Prophezeiungen des Weltuntergangs und unzählige Varianten sehen in ihr verschiedene römische Kaiser, wie Nero Claudius Caesar Augustus Germanicus (37-68), Titus Flavius Domitian (51-96) oder Publius Aelius Hadrian (76-138). Erst im April 2016 wurde das „Tier" als Satan mit der Zahl 666 mit Kaiser Trajan (53-117n.Chr.) gleichgesetzt. Dabei ist überhaupt nicht klar, ob die Zahl 666 überhaupt den Satan oder als isopsephisches Rätsel, auch als Zahlenrätsel von Ephesos bekannt, eine weltliche Person widerspiegeln soll. In einem isopsephischen Rätsel werden die Stellenangaben von Buchstaben im Alphabet als Zahlen, statt der Buchstaben selber geschrieben. Da mehrere verschiedene Alphabete existieren und die Zählung immer wieder von vorn beginnt, gibt es auch unzählige Auslegungsvarianten.

Die 666 kommt im Alten Testament an drei Stellen vor. Drei, die Zahl der Trigonometrie? Wenn drei Dinge die gleiche Aussage treffen, bestätigen sie sich gegenseitig! Es besteht ein Zusammenhang. Was ließe sich mit Geometrie und Trigonometrie aus der Zahl 666 auslesen?

Im 1. Königsbuch Kapitel **10** Vers **10** wird beschrieben, dass die Königin von Saba (in einigen Bibelausgaben auch als Königin von Arabien bezeichnet) 120 Zentner Gold brachte. In Vers 14 wird beschrieben, dass König Salomo pro Jahr 666 Zentner Gold eingingen.

Im 2. Buch der Chronik Kapitel **9** Vers **9** und Vers 13 werden genau die gleichen Angaben mit wiederum 666 Zentner Gold noch einmal wiederholt. Im gleichen

Kapitel des 2. Buches der Chronik kommt nun aber plötzlich eine weitere Zahl dazu. In Vers 30 wird Salomos Regierungszeit nun mit 40 Jahren beschrieben. Erst damit ließe sich die Gesamtmenge des von König Salomo eingenommenen Goldes berechnen. Zudem wird König Salomo bescheinigt: „Der König übertraf alle Könige der Erde an Reichtum und Weisheit und alle Welt suchte Salomo zu sehen." Zuvor hatte bereits die Königin von Saba die außerordentliche Klugheit Salomos mit mehreren Rätseln auf die Probe gestellt, die der König alle lösen konnte.

Die dritte Angabe der 666 im Alten Testament findet gleich danach im nächsten Kapitel im Buch Esra statt. Hier werden im Buch Esra Kapitel **2** Vers 13 die Anzahl der Söhne Adonikams mit 666 angegeben.

Eine weitere in das Thema passende Frage: Wie kann denn König Salomo jedes Jahr seiner Regentschaft exakt 666 Zentner Gold einnehmen? Da ist doch was faul, um es salopp auszudrücken! Oder? Warum werden die weiteren Goldeingänge nicht mit dazu gerechnet? Was ist so wichtig an der 666?

Nebenbei wird immer darauf hingewiesen, dass es noch sehr viel mehr Gold ist, das Salomo jährlich zugänglich sei. Bei den kleineren Mengen werden aber unterschiedliche Zahlenangaben gemacht. Also muss die 666 wichtig sein. Ein schlauer Fuchs würde nun die 666 mal der 40 Jahre rechnen und womöglich nach den Massen an Gold im Salomonischen Tempel suchen. So wie es die Babylonier, die Römer, die Muslime und auf Bitte von Papst Urban II. (1035-1099) hin auch die Kreuzritter taten. Womit diese fremden Mächte dann auch zum Untergang des Salomonischen Tempels beigetragen haben. War der biblische Goldschatz der Grund für den in der Bibel prophezeiten Untergang? Im nun Neuen Testament steht in der Offenbarung des Johannes Kapitel 13 Vers 18 „Weisheit". Was bedeutet alles Gold der Welt für einen Sterblichen, wenn er durch Weisheit Unsterblichkeit erlangen kann?

Im hinzugekommenen Neuen Testament wird in der Offenbarung des Johannes die Zahl 666, wie eingangs beschrieben, in Kapitel 13 an einer nun vierten Stelle in der Bibel als geschriebenes Wort genannt. So heißt es im Kapitel 13 Vers 18: „Hier kann sich wahre Weisheit zeigen. Wer Verstand besitzt, rechne die Zahl des Tieres aus; sie ist nämlich die Zahl eines Menschen, und die Zahl ist sechshundertsechsundsechzig." Es wird beschrieben: „Weisheit", „Verstand", „ein Tier, das ein Mensch ist" und die Zahl „666". Ein Tier, das ein Mensch ist? Ist hier der „tierische Trieb" des weisen Menschen König Salomo gemeint, welcher sich mit 1000 Frauen vergnügt haben soll? Dann wäre der Hinweis aus der Offenbarung des Johannes ein Querverweis auf das 1. Königsbuch Kapitel **10** Vers **10** und auf das 2. Buch der Chronik Kapitel **9** Vers **9** und Vers **13**, in dem die Zahl 666 und als Besonderheit auch noch die 40 Jahre genannt werden.

Was „offenbaren" die Geometrie und die Trigonometrie? Wird aus der mysteriösen Zahl 666 ein Kreis mit dem Durchmesser 666 gebildet und dieser durch die 40 Jahre geteilt, ergibt das 52,30. Werden alle drei Zahlen eingesetzt, also 666 666 666 mal Pi/3,1415926536 durch 40 Regierungsjahre ergibt das 52.359.877,50. Wird die 666 als trigonometrische Verkleinerung 6,66 als Durchmesser berechnet, dann durch 40 geteilt ergibt das Ergebnis = 0,523.

<u>Das ist der Wert der Ägyptischen Elle! Das kann kein Zufall sein!</u>

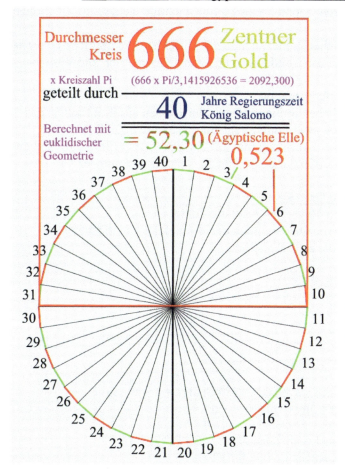

Die Symbiose aus 666 Zentner Gold, 40 Regierungsjahren und Kreis ergibt einen Kreis mit 40 Einteilungen aus den Vielfachen der Ägyptischen Elle

Wird im Umkehrschluss in euklidischer Geometrie die Ägyptische Elle (0,5235987756) 40 x um den Kreis gelegt, entsteht ein Kreis mit 20,9439510239 Ägyptische Ellen Umfang. Geteilt durch Pi/3,1415926536 = 6,666666666 = Relative Vergrößerung = 666.

Wichtig ist: Die Mathematiker des Altertums müssen den Wert von Pi nicht gekannt haben! In der euklidischen Geometrie des Kreises steckt Pi automatisch. Sie könnten nur mit Kreisen und geraden Maßen gearbeitet haben. Egal wie gerechnet wird, das Ergebnis bringt immer ein Vielfaches der Ägyptischen Elle! Dabei handelt es sich um Relativität, Dreisatz, Verhältnisgleichung und damit um Trigonometrie in Reinkultur.

Es offenbart die Beziehung zwischen dem Kreis, dem Sexagesimalsystem, der euklidischen Geometrie mit der Mathematik, der Ägyptischen Elle, mit dem Meter. Mehr geht nicht! Oder doch?

Das System funktioniert im Mikrokosmos, wie auch im Makrokosmos. Es könnte zeigen, wie eng die Wissenschaft und Geometrie der Pyramidenzeit mit der Heiligen Schrift verbunden ist. Es zeigt, wie mit nur zwei verschlüsselten, sich einkreuzenden Zahlen auch andere Werte durch Geometrie unzählige wichtige weitere Informationen generiert haben könnten.

Die Bibel steckt voller solcher Zahlenangaben! Es offenbart die göttliche Genialität der Heiligen Schrift und die darin enthaltenen genialen Geometrien und Wissenschaften.

Warum wird die 666 zweimal genannt?

Schon die Alten Ägypter haben immer mehrere Funktionen auf ihre Bauwerke gelegt! Liegen wiederum gleich zwei Funktionen auf dieser einen Zahl?

Tatsächlich ließen sich zwei Kreise, einmal mit einer 360 Grad Einteilung und ein zweiter Kreis mit einer 40 bzw. 400 Gradeinteilung aus dieser 666 und der 40 generieren.

<u>Geheimnis Nr. 1 - Der 360 Grad Kreis:</u>

Ein 360 Grad - Kreis durch 40 geteilt ergibt die Zahl 9.

Dabei ist interessant, dass die Quersummen der Winkel der wichtigsten geometrischen Gebilde ebenfalls die Zahl 9 ergeben:

Die Winkelkreise:
   Der Kreis: 360 Grad = (3 + 6 + 0 = 9)
   Halbkreis: 180 Grad = (1 + 8 + 0 = 9)
   Viertelkreis: 90 Grad = (9 + 0 = 9)
   Achtelkreis: 45 Grad = (4 + 5 = 9)
   Sechzehntelkreis: 22,5 = (2 + 2 + 5 = 9)
   Dieses Verfahren lässt sich unendlich weiter fortsetzen!

Geometrische Gebilde:
   Gleichseitiges Dreieck: 60 Grad x 3 Winkel = 180 Grad (1 + 8 + 0 = 9)
   Viereck: 90 Grad x 4 Winkel = 360 Grad (3 + 6 + 0 = 9)
   Fünfeck: 108 Grad x 5 Winkel = 540 Grad (5 + 4 + 0 = 9)
   Sechseck: 120 Grad x 6 Winkel = 720 Grad (7 + 2 + 0 = 9)
   Dieses Verfahren lässt sich unendlich weiter fortsetzen!

Für einen Vermesser wäre dieser Effekt von größter Bedeutung für die Vermessung und für die harmonische Gestaltung von geometrischen Gebäuden, Straßen, Plätzen und Städten.

Daneben können auch geheime Informationen verschlüsselt weiter gegeben werden:

Die Königin von Saba bringt 120 Zentner Gold zu König Salomo = Sechseck.

Das 360° Geheimnis der 666

666 als Durchmesser Kreis (x Pi/3,141) = 2.092,300 Umfang
geteilt durch 40 Regierungsjahre = 52,30 = 0,523 Ägyptische Elle
ergibt bei einem Kreis mit 360 Grad durch 40 Regierungsjahre = Zahl 9

Vollkreis: 360 Grad (3+6+0 = 9)

Gleichseitiges Dreieck: 60° x 3 Winkel = 180° (1+8+0 = 9)

Halbkreis: 180 Grad (1+8+0 = 9)

Viereck: 90° x 4 Winkel = 360° (3+6+0 = 9)

Viertelkreis: 90 Grad (9+0 = 9)

Fünfeck: 108° x 5 Winkel = 540 Grad (5+4+0 = 9)

Achtelkreis: 45 Grad (4+5 = 9)

Sechseck: 120° x 6 Winkel = 720° (7+2+0 = 9)

Die Königin von Saba bringt 120 Zentner Gold zu König Salomo = Sechseck

Geheimnis Nr. 2 - Der 400 Grad Kreis: Bei einem Kreis im Dezimalsystem entsteht ein Kreis mit 40 bzw. in Relation dazu stehenden 400 Einteilungen.

Dabei wird der Vollkreis statt in 360° in 400° unterteilt. Ein rechter Winkel hat somit 100°. In der Neuzeit stammt dieses System aus der französischen Revolution (1789-1799), als man versuchte, überall das Dezimalsystem einzuführen. Einiges hat geklappt, wie zum Beispiel das Metersystem, die Kilometrierung der Erde - Erdumfang = 40.000 km. Andere Versuche sind gescheitert, wie die Zehnerteilung des Tages oder die 400er Teilung des Vollkreises, da hierbei keine Vorteile erkennbar waren.

Die Besonderheit allerdings:

Nur in der Geodäsie und der Markscheiderei hat sich das Gon halten können. Die meisten modernen Theodoliten haben noch immer eine Gon- Teilung. Beim Militär wird ebenfalls die Strich- Einteilung genutzt, die auf der Dezimalteilung beruht. Die sogenannte Gon- Teilung von Griech:

gonia = Winkel oder Ecke konnte sich nur im Vermessungswesen etablieren!

Bei der Markscheiderei handelt es sich um das Vermessungswesen im Bergbau.

Der Name ist entstanden durch „Mark" für Grenze und „scheiden" im Sinne von trennen. Das Vermessen der Grundstücksgrenzen bezeichnet das Markscheiden. Der Markscheider ist verantwortlich für die Erfassung, Auswertung und Bereitstellung bergbaubezogener Geoinformationen sowie deren rissliche oder kartographische Darstellung. Mit dieser wichtigen Aufgabe soll verhindert werden, dass durch Überschreiten von Besitzgrenzen Nachbarschaftsrechte verletzt werden. In den Bergwerkstollen setzt der Markscheider im Stollenfortschritt sukzessive immer wieder neue Kreuze als Messpunkte, die ihm immer wieder als Basis für zukünftige Vermessungen dienen.

Selbst schon die Stellenangabe im Alten Testament könnte Hinweis auf das 10ner Dezimalsystem und die Zahl 9 sein: Im 1. Königsbuch Kapitel **10** Vers **10** und im 2. Buch der Chronik Kapitel **9** Vers **9**.

Wie die merkwürdigen Übereinstimmungen im „666- System" der Bibel zeigen könnten, wurde das System vermutlich bereits in vorbiblischen Zeiten ebenfalls zur Vermessung verwendet. Die Übereinstimmungen könnten desgleichen zeigen, wie eng die Bibel und die Religion mit der Vermessungstechnik verknüpft sind.

☆✪ „Übergangs- Kreis- Rechenmaschine" vom 360 Grad- System zum 400 Gon- System bildet dann der fünfzackige Stern in der Symbiose mit der Zahl 9. Wird der 360 Grad Kreis durch 5 geteilt, entstehen Winkel von 72,144,216,288,360 Grad. Werden diese einzelnen Winkel jeweils durch 9 bzw. verkleinert durch 0,9 geteilt, entstehen: 8,16,24,32,40 bzw. 80,160,240,320,400 Gon. Die unterschiedlichen Werte sind dann in den zwei verschiedenen Kreis- Systemen geometrisch gleich groß!

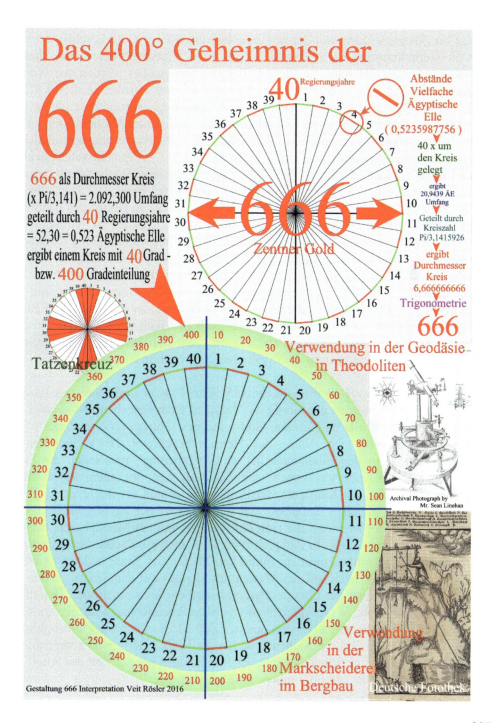

Da im Zusammenhang mit der 666 eine enorme Menge Gold beschrieben wird, steht die Vermutung im Raum, dass der Kreis zur Vermessung bereits im Altertum für die Gewinnung von Gold in antiken Bergwerken genutzt worden sein könnte. Weiterhin fällt auf, dass sich die Symbole einiger Kreuzritterorden an dieses gleichseitige Vermessungskreuz anzupassen scheinen. Selbst das Tatzenkreuz ist aus dem so unterteilten Kreis generierbar. Es bestehen auch heute noch Ähnlichkeiten zu den Symbolen der Bundeswehr und auch der Nato. Die militärische und wirtschaftliche Nutzung begründet womöglich auch derartige antike „Verschlüsselungstechnologien". Nach einer Weisheit des hier als „neutralen Beobachter" zitierten chinesischen Gelehrten Sun Tsu (um544v.Chr.-496v.Chr.) heißt es: „Jene, die sich auf die Verteidigung verstehen, verbergen sich in den höchsten Höhen des Himmels." Eine weitere Weisheit des geheimnisvollen chinesischen Meisters ist symptomatisch auch anwendbar für die Zeit vom Pyramidenzeitalter bis hin zu den Freimaurern: „Überlegenheit durch Unergründlichkeit." Ebenso: „Ein guter Kaufmann verbirgt seine Schätze und scheint nichts zu besitzen" und „Ein guter Handwerker hinterlässt keine Spuren." Wie tief Vermessungstechniken, damit Trigonometrie mit der Mythenwelt und Religion des Alten Ägypten, aber auch der Griechen und Römer miteinander verflochten sein könnten, zeigen auch die Weisheiten der griechischen Göttergestalt des „Hermes Trismegistos". Dabei steht „Trismegistos" für „dreimal" (größter Hermes), was wiederum die Pyramiden von Gizeh in Erinnerung ruft.

Und: Trigonometrie!

Schon Herodot von Halikarnassos (um485v.Chr.-424Chr.) erkannte, dass von der Chronologie her die Namen der Götter aus Ägypten nach Griechenland gelangt sein müssten, weil nahezu alle ägyptischen Götter mit den Göttern Griechenlands identifiziert werden können. Der Name des Hermes beschreibt die Wegmarken für Reisende, die wie in der Bibel zunächst als „Steinhaufen" und später als Stelen bekannt werden. Hermes war neben weiteren Aufgaben vor allem der Gott der Reisenden, der Hirten, der Kaufleute, der Bote des Zeus und der Begleiter der Toten. Damit hatte er die gleichen Aufgaben, wie schon zuvor der ägyptische Gott Thot. Thot war der Gott des Messens, der Gott des Mondes und der Mondphasen, der Gott der Wissenschaft und Magie. In Ägypten wird Thot auch als Theuth bezeichnet, was wiederum Wesensgleichheit mit dem römischen Mercurius- Teuth bedeutet, Gott der Medizin. Der Legende nach soll das Wissen des Hermes auf den Smaragdtafeln von Thoth dem Atlanter unter der Cheops- Pyramide aufbewahrt worden sein. Darauf soll auch verankert sein: Die Wesensgleichheit von Mikrokosmos und Makrokosmos. Als Zeugnisse Thot's über uraltes Wissen aus der Zeit Moses über die Philosophie, die Astrologie, die Magie und die Alchemie waren die Werke Hermes Trismegistos von der späten Antike bis zur frühen Neuzeit beliebte Lektüre aus der Zeit des Altertums. Selbst der Weggefährte Martin Luthers (1483-1546), der Wittenberger Reformator

Professor Philipp Melanchthon (1497-1560) ließ sich bei seiner Astrologie, aber auch Astronomie von dem Werk inspirieren.

<u>Welcher Kreis des Salomo ist denn nun der Richtige?</u>

Sowohl der 360 Grad Kreis mit der geheimnisvollen Zahl 9, die sich in unzähligen Geometrien aus der Quersumme ergibt, als auch der 400 Grad/Gon Kreis, der als Vermessungsskala wichtige Aufgaben für die Landvermessung, für den Bergbau und das Militärwesen spielt, wären wichtige Verschlüsselungen der biblischen Zahl 666.

Aber welcher Kreis ist nun der mit der wichtigeren Bedeutung?

Wenn es schon um die 666 Zentner Gold geht, die der weise König Salomo jährlich in seinen 40 Regierungsjahren eingenommen hat, dann soll auch der weise König Salomo entscheiden! Wie wäre es mit einem salomonischen Urteil? König Salomo gilt laut Bibel nicht nur als reichster, sondern auch als weisester Herrscher unter den Königen der Welt. Auch dabei musste er schon zwischen zwei wichtigen Menschen, zwischen zwei Müttern entscheiden. Zu Salomos weisen Richterspruch heißt es im 1. Buch der Könige, Kapitel 3 ab Vers 16: Damals kamen zwei Dirnen zum König und traten vor ihn; und das eine Weib sagte: „Mit Vergunst, Herr! Ich und dieses Weib wohnen in demselben Hause, und ich gebar ein Kind in ihrer Gegenwart im Hause. Da geschah es zwei Tage nach meiner Niederkunft, dass auch dieses Weib ein Kind gebar, und wir beide waren allein, kein Fremder war sonst bei uns im Hause, nur wir beide befanden uns im Hause. Da starb das Kind dieses Weibes in der Nacht, weil sie es im Schlaf erdrückt hatte. Sie aber stand mitten in der Nacht auf, nahm mein Kind von meiner Seite weg, während deine Magd schlief, und legte es an ihre Brust, dagegen ihr totes Kind legte sie mir in den Arm. Als ich nun gegen Morgen aufstand, um meinem Kinde die Brust zu geben, sah ich, dass es tot war; als ich es aber bei Tagesanbruch genau betrachtete, sah ich, dass es gar nicht mein Kind war, das ich geboren hatte." Da sagte das andere Weib: „Nein, mein Kind ist das lebende, und dein Kind ist das tote!", jene aber versicherte: „Nein, dein Kind ist das tote und mein Kind das lebende!" So stritten sie vor dem Könige. Da sagte der König: „Die eine behauptet: ›Dieses, das lebende Kind, gehört mir, und dein Kind ist das tote‹; die andere behauptet: ›Nein, dein Kind ist das tote und mein Kind das lebende!‹" Dann befahl der König: „Holt mir ein Schwert!" Als man nun das Schwert vor den König gebracht hatte, befahl er: „Teilt das lebende Kind in zwei Teile und gebt dieser Frau die eine Hälfte und jener die andere Hälfte!" Da rief die Frau, der das lebende Kind gehörte - denn die mütterliche Liebe zu ihrem Kinde kam bei ihr zum Durchbruch -, dem König die Worte zu: „Mit Vergunst, Herr! Gebt ihr das lebende Kind und tötet es ja nicht!" Die andere aber rief: „Es soll weder mir noch dir gehören: zerteilt es!" Da entschied der König: „Die da, welche gerufen hat: ›Gebt ihr das lebende Kind und tötet es ja nicht!‹, die ist seine Mutter." Als nun ganz Israel den Richterspruch vernahm, den der König gefällt hatte, fühlte man Ehrfurcht vor dem König, denn man erkannte, dass eine göttliche Weisheit in ihm wohnte, um Recht zu sprechen.

Genau dieses salomonische Urteil war viele hundert Jahre lang als Bildnis in einem Kloster im Süden von Brandenburg nahe der Landesgrenze zu Sachsen in einer Wand versteckt. Dieser verborgene Schatz wurde bei der Sanierung der Kloster-Propstei des Klosters Marienstern Mühlberg/Elbe unter alter Farbe entdeckt. In der alten Propstei befindet sich heute das „Museum 1547".

Sie gehe einer anspruchsvollen und spannenden Tätigkeit nach, meinte am 22. Oktober 2013 Dipl. Restauratorin Susann Wilhelm (1975) aus Torgau, im Treppenhaus des Museums bei der Sanierung des Bildes. In dem Gebäude legte Susann Wilhelm Millimeter für Millimeter der einzelnen Farbschichten frei. Unter zwei bis drei Putzschichten waren wahre Schätze verborgen, die vermutlich von Schülern der Schule von Lucas Cranach (1472-1553) vom nahen Wittenberg stammen könnten. Die bereits freigelegten Bildnisse seien sehr fein und präzise gearbeitet. Daher der Gedanke an die Cranach- Schule. Sie stammen wahrscheinlich aus dem sechzehnten Jahrhundert. An diesem Tag arbeitete Susann Wilhelm an der berühmten Bibelszene der Geschichte über eine Rechtsprechung Salomons, in der das sogenannte „Salomonische Urteil" gefällt wurde. Eindeutig sei König Salomo zu erkennen. Teile der Gemälde im Museum Mühlberg wurden in den dreißiger Jahren des vergangenen Jahrhunderts von dem späteren Museumsleiter Hans Kretschmann (1898-1978) schon einmal freigelegt und nach den Erkenntnissen der damaligen Zeit restauriert. Dabei seien jedoch viele Details der Bilder beschädigt worden, schätzt Susann Wilhelm ein. Dennoch habe man Hans Kretschmann die Rettung der Arbeiten zu verdanken, denn auch der Abriss und das Entfernen des alten Putzes stand bereits in der Diskussion. Nach der Freilegung der Malereien, die sich bis zum März 2014 hinzog, wurden die Kunstwerke gefestigt und konserviert. Eine Restauration durch neue Farbschichten war nicht vorgesehen. „Der Besucher des Museums wird zukünftig die originalen Farbschichten aus dem sechzehnten Jahrhundert betrachten können, die daneben anhand einer Informationstafel erklärt werden", so Susann Wilhelm.

Zu diesem Zeitpunkt wusste Susann Wilhelm noch nicht, dass nur 9 Schritte von diesem salomonischen Urteil aus nötig waren, um in diesem mittelalterlichen Kloster eine ungewöhnliche Geometrie zu entdecken.

In Blickrichtung von König Salomo von seiner Wand im Treppenaufgang befindet sich nach genau 9 Schritten durch einen Türbogen hindurch ein Bildnis von Johannes dem Täufer neben einem in Richtung Osten gelegenen geheimnisvollen Heiligenfenster.

König Salomo und die sieben Sterne im Kloster

Nach unserer Ägyptenreise im Jahr 1994 und den intensiven Nachforschungen seit 2013 wollte ich im Januar 2016 die Geschichte über den Pyramidenbau abschließen. Mein ATAXIT- Projekt, in dem zum Beispiel in einer logischen Theorie beschrieben wird, wie 220 riesige Steine pro Stunde auf die Bauebene einer Pyramide gebracht worden sein könnten, war fast fertig. Langsam kamen mir jedoch Zweifel auf, dass nicht das „wie" entscheidend wichtig war, sondern „DAS" die Pyramiden gebaut worden sind. So fiel der Entschluss, die Bau- Theorie zurück zu stellen und den gesamten Block aus Vermessung und Astronomie in einem geschlossenen Stück zu verarbeiten. Für die komplette Bau- Theorie werden immerhin weitere ca. 200 Seiten benötigt. Mir war bei den Recherchen aufgefallen, dass auch in einem Schloss in Portugal ähnliche Symbole und Einrichtungen zu finden sind, wie es sie schon an den ägyptischen Pyramiden in Dahschur und Gizeh gibt. Auch dort gibt es jeweils zwei (Pendel) Schächte, wie in den ersten großen Pyramiden, insbesondere wie in der Knick- Pyramide und wie in der Roten Pyramide. Es gibt Dreiecke und Sechsecke, wie auf Gizeh und es gibt jede Menge Vermessungssymbole. Der Bezug zwischen der Freimaurerschaft und damit mit Vermessungsfachleuten, mit der auf Nautik angewiesenen portugiesischen Seefahrt und meiner mit Vermessungstechnik eng verknüpften Trigonometrie- Theorie passte quasi lückenlos zusammen. Doch was dann geschah, grenzt fast schon an ein Wunder. Gott persönlich wollte wohl das letzte Wort haben. Ende Januar 2016 wollte ich die Geschichte beenden. Alles war fertig. Das Manuskript ausgedruckt. Mehr als 21 Jahre lang, hatte ich mir zunächst aus blanker Neugier Fachwissen über den Pyramidenbau angeeignet. Eigentlich schade damit aufzuhören. So hatte ich mir schon ein paar Dateien mit zukünftigen Geschichten zu einem „Universum in der Königskammer" zurecht gelegt, in dem ich auch noch andere Pyramiden und spätere Bauwerke in Europa unter die Lupe nehmen wollte. So zum Beispiel das oben erwähnte verwunschene Schloss „Quinta da Regaleira" in Portugal. Schulfreundin Pia Pollak wohnt dort zufällig in der Nähe. Das Anwesen ist voller Freimaurersymbole. Die Portugiesen waren und sind als Anwohner des Atlantik brillante Seefahrer.

Symbole im Schloss "Quinta da Regaleira" in Portugal

Symbole im Schloss „Quinta da Regaleira" in Portugal mit Schacht Wendeltreppe Nr. 1 mit einem Pfeilsystem am Boden, Schacht Wendeltreppe Nr. 2 sowie Kreuz und Pyramide

So gibt es in dem Schloss zum Beispiel ein christliches Kreuz mit einer überlagerten Pyramide, quasi ein Symbol meiner Trigonometriegeschichte. Ebenso verfügt das Anwesen über zwei tiefe Schächte mit einem Pfeilsystem am Boden, mit denen die Freimaurer, genau wie die Alten Ägypter, die Gravitation und die Erdrotation hätten auspendeln können. Das Bauwerk ist der praktische Beweis für meine Trigonometrietheorie. Genau solche Beweise braucht es, um im Raum stehende Aussagen gegenseitig zu bestätigen und Theorien zu untermauern.

Zudem war mir die enge Verknüpfung zwischen der möglicherweise antiken physikalischen Forschung in den Pyramiden, der Astrophysik und der Religion aufgefallen. Deshalb habe ich dann auch noch die Bibel gelesen sowie tiefere Einblicke in die Astronomie und Astrophysik genommen. Nicht nur die Pyramiden, auch die biblische Bundeslade und der biblische Tempel des Herodes in Jerusalem scheinen nach exakten geometrischen Vorgaben ausgerichtet worden zu sein. Das die Spitzen der Klöster und Kirchen vor aller Augen als Vermessungspunkte für die Land- und Bauwerksvermessung genutzt wurden, war mir ebenfalls seit 2013 klar. In den vorangegangenen Kapiteln geht es in einer Astronomiegeschichte immer wieder um die sechs Elemente Höhe, Breite, Tiefe, die Lichtgeschwindigkeit, die Zeit und die Gravitation, die von einem siebenten Element zusammengehalten werden, der Geometrie oder wenn man so will, von Gott. Sieben Elemente. Als ich im Dezember 2015 die Rohschrift der Geschichte fertig hatte, sollte ich zufällig in der Vorweihnachtszeit im Kloster Mühlberg Fotos von einer Zinnfigurengießerin machen. Weil ich die Mechanismen der Pyramiden zur trigonometrischen Landvermessung, der Sternenbeobachtung und dem Auspendeln der Gravitation mittlerweile verinnerlicht hatte, habe ich im Kloster Mühlberg neben meinem Auftrag auch nach solchen Spuren gesucht. Schließlich: Religion und Kloster! Dabei sind mir zunächst die Geometrien der beiden Spitzen der Klosterkirche zum Museum und ein Jakobsstab auf einem Gebäude unmittelbar am Kloster aufgefallen.

Kloster Marienstern Mühlberg

Die Spitzen der Klosterkirche in einer exakten Geometrie, optimal für die Landvermessung und auch bei der Vermessung der Gestirne könnten sie eine Rolle gespielt haben! Weil es schon dunkel wurde und ich die Fotos und den „Zinn- Text" noch am gleichen Abend senden sollte, konnte ich das Kloster an diesem Tag nicht mehr näher unter die Lupe nehmen. Nun kam mir am Morgen des 28. Januar 2016 noch einmal der Name des Klosters in den Sinn: „Kloster Marienstern Mühlberg". Dort werden regelmäßig „Sieben- Sterne- Führungen" veranstaltet!

Stop! Sterne! Und dann auch noch „sieben" Sterne!

Gehört das etwa zu meiner Sternengeschichte? Die Mühlberger Pfarrerin Kerstin Höpner- Miech anrufen! Im Katholischen Pfarramt Koordinator Andreas Könitz anrufen und im Museum Museumsleiterin Martina Pöschl anrufen! Keiner von ihnen hatte jemals etwas von einer Beobachtung der Gestirne im Zusammenhang mit dem Kloster Mühlberg gehört. Pfarrerin Kerstin Höpner- Miech meinte nur, dass wir zur heutigen Zeit die Menschen früherer Jahrhunderte ganz sicher unterschätzen würden. Also musste ich noch mal nach Mühlberg, mit einem Lasermessgerät in der Tasche. Ich war von Neugier übermannt. Der Abschluss meines Pyramidenprojektes musste warten. Vor Ort wusste ich ganz genau wonach ich suchen muss.

Die Klosterkirche Mühlberg

Nach einer halben Stunde war klar: Das Kloster Mühlberg ist ein Paradebeispiel für Trigonometrie! Vollkommen unklar wer das eingebaut hat! Koordinator Andreas Könitz begleitete mich auf der Suche und öffnete mir dabei auch verschlossene Türen. Daneben gab er mir Luftbildaufnahmen vom Klosterareal. Museumsleiterin Martina Pöschl hörte mir aufmerksam zu. Danach begleitete sie mich zu dem Zimmer, in dem ich das Fenster auf der Visierlinie zu den Spitzen der Klosterkirche vermutete. Das nun gefundene Fenster befindet sich neun Schritte vom im Treppenhaus aufgemalten salomonischen Urteil entfernt. Der erste Blick zum Kloster war ein Volltreffer. Und mehr noch! Am gleichen Tag bekam ich weitere Luftbilder vom Klosterareal von Hauptamtsleiterin Corina Brandt von der Stadtverwaltung Mühlberg/Elbe. Corina Brandt besorgte mir auch den Schlüssel zu einer geheimnisvollen Wendeltreppe. Wer immer dieses Kloster gebaut hat, er hat es nach den gleichen Mechanismen errichtet, mit denen auch schon im Ägypten des Altertums das Land der Umgebung und die Gestirne des Universums einschließlich der Gravitation und der Lichtgeschwindigkeit hätten vermessen werden können!

Wie kann das sein? Dazwischen liegen mindestens 4500 Jahre!

Bevor mit den Beschreibungen der astronomischen Geometrien im Kloster Mühlberg begonnen wird, noch ein Hinweis an alle neugierigen Menschen, die sich für Astronomie und Astrophysik in der Antike und im Mittelalter interessieren. Die auf den folgenden Seiten beschriebenen geometrischen Einstellungen von antiken und mittelalterlichen Gebäuden gibt es sicher auch noch an vielen anderen Stellen auf der Welt. Die besonderen Einmessungen für die Sternenbeobachtung sind bestimmt nicht überall eingebaut und an vielen Orten in den vergangenen Jahrhunderten bereits überbaut und daher verschwunden. Sollten Sie ein bis zwei der auf den folgenden Seiten beschriebenen Zeichen finden, haben Sie möglicherweise eine antike oder mittelalterliche Sternwarte vor sich. Wenn Sie nach weiteren Hinweisen und nach der Geschichte der vorgefundenen Geometrie suchen, werden Sie eine spannende Zeitreise in die Vergangenheit der Menschheit erleben.
Bewahren und beschützen Sie diese Zeitzeugnisse!

Das Zisterziensernonnen- Kloster Marienstern wurde 1228 gegründet und 1559 aufgelöst. Heute gehört es noch immer zu den schönsten Klosterbauten im Land Brandenburg. Die Kirche ist einer der bedeutendsten Backsteinbauten in Deutschland.
Und das sind die Zeichen der Vermessung der Sterne, die analog auch an den Pyramiden von Gizeh zu finden sind: Das Kloster ist wie viele andere Kirchen nach Osten ausgerichtet, das ist für viele Kirchen allgemein bekannt. In diesem Fall sogar exakt mit den beiden Spitzen in einer Linie. Unzählige Kirchen sind „geostet", aber nur ganz selten treffen sie dabei auch die genaue Ost- West- Linie. Um eine solche seltene Ausnahme handelt es sich bei der Klosterkirche Mühlberg. Ähnlich wie über der Spitze der Chephren- Pyramide treffen in Mühlberg beide Spitzen der Klosterkirche in genauer Deckung einen Messpunkt, in diesem Fall ein Fenster in der Kloster- Propstei, in der sich heute das „Museum 1547" befindet.
Diese Geometrie wäre auch ohne die Propstei vom Boden aus, von einem am Boden liegenden Punkt aus Richtung Westen möglich. Das besagte Fenster befindet

sich, wie extra so gemacht, in einem der Straße abgewandten Raum, in dem sicher heimlich und ohne Lichtverschmutzung beobachtet und möglicherweise sogar gemessen werden konnte. Das Fenster ist damit von der Straße aus nicht einsehbar. Es wird durch einen seitlich angebauten Schmuckgiebel verdeckt. Und das war der Hammer: Während im oberen Stockwerk sämtliche anderen Fenster der Kloster-Propstei von innen mit eher langweiligen Ornamenten oder leeren Wänden umgeben sind, schauen ausschließlich neben diesem Fenster mit der „Heiligen Veronika" und „Johannes dem Täufer" zwei Heilige exakt auf die Geometrie des Fensters mit der Linie zu den beiden Klosterspitzen. Der Messpunkt ist so genau eingestellt, das bereits eine Abweichung von wenigen Millimetern erkennbar wird. Die Messstrecke zur ersten Spitze misst 100 Meter, die zur zweiten Spitze 150 Meter. Trigonometrie zur Vermessung der Sterne lässt grüßen! Der gesamte Westgiebel der Klosterkirche mit seinen Fialtürmchen bzw. Pinakel und Symbolen könnte an der Vermessung des östlichen Sternenhimmels beteiligt gewesen sein. Zentrale Linie der Sternenausrichtung sind vom Heiligenfenster des Museums aus in optischer und geometrischer Übereinstimmung der Westturm und der Ostturm der Klosterkirche.

Das Heiligenfenster der Propstei des Klosters von innen und der Blick vom Heiligenfester

Seite 347: Blick vom Heiligenfester über die Klosterkirche

Blick aus dem Heiligenfenster

Das Heiligenfenster der Propstei von außen

Die Ausrichtung auf den südlichen Sternenhimmel zur trigonometrischen Lagebestimmung (in Gizeh durch die Mykerinos- Pyramide) geschieht von dem kleinen Gebäude des Torhaus/Hospiz aus. In dem Haus befindet sich ein Durchgang, der eigentlich überhaupt keinen Sinn macht. Er weist mit seiner Spitze auf ein darüber liegendes Fenster. In dem Durchgang befindet sich eine Markierung an der Decke, die nur dort zu sehen ist. Exakt von hier aus hat der Beobachter den sich eindrehenden südlichen Sternenhimmel und einen auf einem Gebäude am Altstädter Markt angebrachten Jakobsstab im Blick. Von diesem Punkt aus kann der „Südblick" dem „Hauptbeobachter" in dem Fenster in der Propstei genau so wie in Gizeh ein Zeichen geben, in welchem Augenblick sich der angestrebte Messbereich eindreht. Da sich die Erde in 24 Stunden einmal um sich selbst dreht, kommt die exakte Südausrichtung einer heutigen 24- Stunden- Uhr gleich. Beide Beobachter haben ungehinderten Blickkontakt zueinander. Genau die gleiche Konstellation ergibt sich von genau senkrecht über dem Torbogen liegenden Fenster. Ohne den Jakobsstab auf dem Dach am Altstädter Markt bliebe der ebenfalls ausgerichtete Giebel des dazwischenliegenden Gebäudes die Rückfallebene. Vielleicht war das die erste Variante, bevor es den Jakobsstab auf einem Gebäudedach am Altstädter Markt gab.

Seite 349: Das Torhaus/Hospiz mit dem Torbogen und der Jakobsstab auf dem Wohnhaus

Die Süd- Messstrecke befindet sich in etwa auf der Hälfte der Entfernung Propstei - Westgiebel Klosterkirche und einem Drittel auf der Gesamtstrecke zur oberen Spitze der Klosterkirche. Besonders interessant ist die Methodik zur südlichen Ausrichtung. Die südliche Ausrichtung geschieht vom Durchgang des Torhaus / Hospiz aus über den Jakobsstab auf dem Wohnhaus am Altstädter Markt durch eine kleine Raute, die durch Trigonometrie zu einer großen Raute vergrößert wird. So eine Rautentrigonometrie ist auch auf einer „Freimaurerischen Unterweisung" von 1791 zu sehen.   Hinweis: Die Bezeichnung „Jakobsstab" für den Stab auf dem Wohnhaus wurde der Einfachheit halber gewählt, weil der Stab einem mittelalterlichen Jakobsstab ähnelt. Der Leiter der Archenhold- Sternwarte Berlin Dr. Felix Lühning wies später darauf hin, dass es sich auch um ein stilisiertes Palmblatt handeln könnte. Wir haben uns dann geeinigt, dass auch über ein stilisiertes Palmblatt die Gestirne per Visiermethode beobachtet worden sein könnten.

Die vorsätzlich bewusste Einmessung ist an der Raute auf der Luftbildaufnahme zu erkennen

Die genaue Einstellung des Systems wird durch die Vergrößerung der gleichlangen Schenkel der Rauten erreicht, die es bereits zwischen Heiligenfenster, Westturm und Durchgang Torhaus / Hospiz gibt. An der Propstei gibt es noch eine Mauer, die genau diese Raute beschreibt. Die Linie wird noch immer hinter der Propstei (Museum) fortgesetzt.

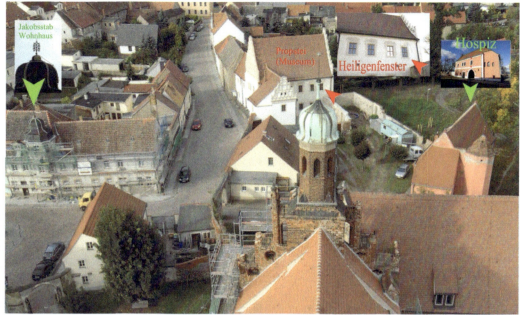

Blick von einer Baurüstung am großen Ostturm über die Spitze des Westturmes der Klosterkirche zur Propstei

Die Einstellung der Südachse mit zwei Rauten

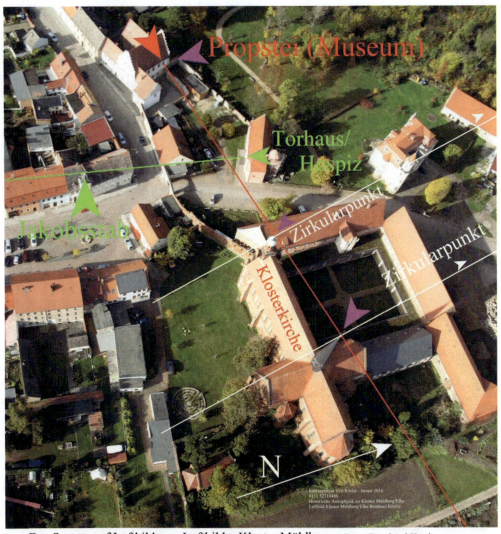

Das System auf Luftbildern - Luftbilder Kloster Mühlberg - Foto: Bernhard Könitz

Die Entfernung Jakobsstab zum östlichen Schnittpunkt der großen Raute ist gleich groß, der Entfernung Schnittpunkt große Raute zur nördlichen Klosterecke. Dabei zeigt sich, dass sowohl das Torhaus / Hospiz als auch das Museum in Anlehnung an diese Raute exakt aufeinander ausgerichtet sind. Das Torhaus / Hospiz wurde in dieser Ausrichtung im dreizehnten Jahrhundert errichtet. Teile der Propstei (Museum) könnten ebenso alt sein. Die dendrochronologische Auswertung zumindest der Dachbalken erbrachte eine Bauzeit des Dachstuhls um 1531. Die Propstei gilt als eines der wenigen erhaltenen Beispiele dieses Gebäudetyps in Nord- und Mitteldeutschland.

Zur Messung der Präzession über den Zirkularpunkt wurde vermutlich ebenfalls die Hauptspitze der Klosterkirche genutzt. Die Präzession beschreibt die Kreiselbewegung der Rotationsachse der Erde in einem Zeitraum von ca. 25.800 Jahren. Für die Messung des Zirkularpunktes ergeben sich am Kloster Mühlberg zwei mögliche Konstellationen. Der Winkel zum Zirkularpunkt (Polarstern bzw. Erdachsenzentrum) trifft von der kleinen West- Spitze der Klosterkirche aus genau die Verlängerung der Mauer des Pfarrhauses. Die große Spitze würde einen Punkt treffen, an dem sich heute die Waschküche des Pfarrhauses befindet. Hat sich hier ein Messpunkt befunden, dann ist diese Geometrie nicht mehr vorhanden. Am Boden in etwa unterhalb dieser Linie zwischen Zirkularpunkt, Spitze Klosterkirche befindet sich heute zufällig ein Labyrinth, warum auch immer. Sicher nur ein merkwürdiger Zufall. Ein besseres Gebilde zum Messen der Präzession gäbe es gar nicht!

Im Lapidarium des Propstei- Museums ist ein Stein zu finden, der einmal eine Spitze getragen haben muss. An dessen Oberseite werden drei Blumen/Sterne dargestellt. Bei diesem Stein könnte es sich um den ehemaligen Messpunkt für den veränderlichen Zirkularpunkt handeln. Für den Zirkularpunkt ergeben sich durch die Präzession, also durch die Richtungsänderung der Rotationsachse der Erde im Laufe von ca. 25.800 Jahren, ebenfalls unterschiedliche Sterne bzw. die Räume zwischen Sternen, also unterschiedliche Positionen. Für eine tiefgründige Sternenbeobachtung ist die Kenntnis der Präzession unerlässlich.

Die Linie Süd- Ost der großen Raute trifft wiederum exakt die Mitte des Torbogens unter einem Kreuz auf einer Erdkugel. Dieser Torbogen mit der Erdkugel ist das „Tor zum Altstädter Markt" und damit der Zugang zum südlichen Platz unterhalb der Klosterkirche.

In der Klosterkirche befindet sich an der Westseite des Südarms an der Stelle des Rauten- Schnittpunktes ein schmales Fenster. Von innen geschaut trifft die Blicklinie wiederum genau die Erdkugel auf dem Torbogen und in Blickrichtung dahinter den Jakobsstab auf dem Wohnhaus.

Seite 354: Die Raute unter der Weltkugel auf dem Tor zum Altstädter Markt

Ob damit tatsächlich auch gearbeitet wurde, ist reine Spekulation. Zumindest wäre die „Lichtgeschwindigkeit" im Kloster Mühlberg in der Ornamentik des Süd- und des Nordgiebels des Äbtissinnenhauses wiederum in Form von Sechsecken und Dreiecken zu finden. Während es in der Stadt Mühlberg viele Schmuckgiebel gibt, sind ausschließlich hier beide Giebel mit Sechsecken überzogen, mit denen bei der Cheops- Pyramide der Wert der Lichtgeschwindigkeit auf den Breitengrad der Erd- Geometrie gelegt worden sein könnte. Der Marien- Stern über dem Eingang des Äbtissinnenhauses ist wiederum ein Sechseckstern.

Der Stern am Äbtissinnenhaus   Bodo Heinze am 27.03.2007   Jürgen Baum am 25.07.2008

Der Wert der Lichtgeschwindigkeit in den Symbolen des Klosters Marienstern Mühlberg

Auf dem Foto Bildmitte unten ist Bodo Heinze am 27.03.2007 bei einer Materialprobe am Äbtissinnenhaus des Klosters Mühlberg zu sehen. Auf dem Foto rechts unten am Sechseck- Giebel des Äbtissinnenhauses ist Jürgen Baum aus Falkenberg von der Firma Heinze- Bau Rehfeld am 25.07.2008 zu sehen

Ob damit gearbeitet wurde, ist nicht ergründbar. Zumindest wäre der Giebel fein genug strukturiert, um damit geometrische Berechnungen durchführen zu können. Wie im Kapitel „Die Alten Ägypter und die Lichtgeschwindigkeit" beschrieben, könnte mit so einer Geometrie analog dem Durchmesser der Erdkreis- Erdbahn von 1000 Lichtsekunden auf ein Sechseck im Kreis bezogen durch reine Geometrie, quasi durch euklidische Verhältnisgleichung, auf Ägyptische Elle umgerechnet werden. Theoretisch sogar, ohne das der Vermesser den Zahlenwert der Lichtgeschwindigkeit gekannt haben muss. Wie schon in der Bibel beschrieben, waren auch die alten Baumeister der Klöster, Kirchen und Kathedralen angehalten, in ihre Bauwerke verschlüsselte Informationen mit einzubauen. Dem Betrachter sollen diese auffallen, er soll darüber nachdenken, sich bilden und so durch die Nachforschungen weitere geometrische, physikalische und astronomische Gesetzmäßigkeiten, damit weitere Gesetze Gottes herausfinden. Was ja in diesem Fall tatsächlich auch versucht wird. Analog dem Gizeh- Plateau würde der Sechseck- Giebel in Mühlberg der Sechseck- Geometrie des Sphinx- Kopfes oder dem Breitengrad der Lichtgeschwindigkeit entsprechen, auf dem die Cheops- Pyramide errichtet wurde.

Der Giebel des Mühlberger Äbtissinnenhauses gehört zu den ältesten Gebäudeteilen. Die Archäologen haben den Giebel 2007 auf um 1400 datiert. Die Baumaterialien bestehen aus einer 600 Jahre alten Mischung aus Sand, Kalk und einem Bindemittel aus Eiern, Quark und Leinöl. Selbst Bullenblut und Rinderhaare wurden verarbeitet. Nach Auflagen des Denkmalschutzes sollte an den Schmuckgiebeln so viel wie möglich historische Bausubstanz erhalten bleiben.

In Mühlberg gibt es somit ähnliche Anzeichen wie in Ägypten aus einer Zeit von vor 4500 Jahren, dass die Menschen des Altertums über die Lichtgeschwindigkeit Bescheid gewusst haben könnten. Weil das Kloster zeitig geschlossen und wegen Armut nicht mehr nennenswert umgebaut wurde, sind die Zeichen hier noch immer erhalten. Folgender Umstand wäre am Kloster Mühlberg interessant: Zur Beobachtung der Sterne ist die Kenntnis der Lichtgeschwindigkeit und der Gravitation im Zusammenspiel mit der Zeit und dem Raum nötig. Genau wie an der Trial- Passage der Cheops- Pyramide wird die Lichtgeschwindigkeit in der Sechseck- Ornamentik des Klosters wieder gegeben. Wer mit dem Kloster Mühlberg die Sterne vermessen hat, könnte demnach eigentlich auch schon ohne diesen Umstand die Lichtgeschwindigkeit gekannt haben. Zumindest hätte der Vermesser im Kloster Mühlberg auf eine Geometrie zugreifen können, mit der er über die gemessene Weg-Zeit, durch die Lichtgeschwindigkeit, eine für die Trigonometrie vergleichbare Entfernung generieren hätte können. Zumindest ist die für die Astronomie geeignete Geometrie auf die Visiermethode eingerichtet, damit auf die Zeit vor der Erfindung des Teleskopes um 1608. Nach derzeitigem offiziellen Stand ist die Geschwindigkeit des Lichtes erst seit 1676 bekannt! In der Neuzeit gelang 1676 anhand der Sterne und Planeten dem dänischen Astronomen Ole Christiansen Römer (1644-1710) die Endlichkeit des Lichtes nachzuweisen. Beobachtet wurde dabei über einen längeren Zeitraum die Verfinsterung der vier Jupitermonde. Durch die jährliche Bahn der Erde um die Sonne kommt es zu einer unterschiedlichen Konstellation und damit zu einer unterschiedlichen Entfernung zum Jupiter und seinen Monden. Dadurch ändert sich die Länge des Lichtweges. Nach einer mehrjährigen Beobachtung konnte Ole Christiansen Römer, insbesondere für Io (Jupiter I) einen tatsächlichen Unterschied von zehn Minuten gegenüber der theoretischen Berechnung voraussagen, der dann tatsächlich auch eintrat. Für Römer war es vor allem wichtig zu zeigen, dass sich das Licht nicht augenblicklich, sondern mit endlicher Geschwindigkeit ausbreitet.

Selbst die Pendelschächte dürfen in Mühlberg nicht fehlen.

Wie in der Knick- Pyramide, der Roten Pyramide und der Cheops- Pyramide gibt es im Kloster Mühlberg mehrere Schächte, mit denen per Pendel die Drehung der Erde, die Gravitation und die Erd- Gestalt ausgependelt werden könnten. Dabei handelt es sich wahrscheinlich um den abschließbaren Schacht im Westturm der Klosterkirche und zum trigonometrischen Vergleich um die ebenfalls abschließbare und durch weitere Treppen umgehbare Wendeltreppe in dem im 13. Jahrhundert entstandenen Torhaus / Hospiz. Während sämtliche Wendeltreppen auf dem Klostergelände einen inneren Kern besitzen, verfügt die beidseitig abschließbare Torhaus / Hospiz- Wendeltreppe über einen exakt zehn Meter hohen Zentralschacht, in dem ein Foucaultsches Pendel oder zumindest ein an einem langen Seil hängender Drehstein angebracht werden könnte. Das System würde an dieser Stelle auch heute noch funktionieren. Am Fuß der Wendeltreppe ist auch heute noch eine Tür mit einem Schlitz, in dem sich eine Glasscheibe befindet. Von außen aus hat der Beobachter somit einen optimalen Blick auf das untere Zentrum der Treppe. Die Treppe ist unten und oben abschließbar. Ein Pendel könnte hier lange Zeit pendeln, ein Stein sich ungestört drehen, ohne Luftzug und Störung von außen. Durch die Glasscheibe in der Tür könnten Pendel oder Stein dabei beobachtet werden. Das System wäre sicherlich gegenüber den Schächten in einer Pyramide weniger effektiv. Für die Ausbildung von mittelalterlichen Geodäsie- Lehrlingen wäre es aber vollkommen ausreichend.

Die für ein Pendel oder einen Drehstein geeignete Wendeltreppe

Das Zisterziensernonnen- Koster Marienstern wurde 1228 gegründet und 1559 aufgelöst. Da das Kloster bereits 1559 aufgelöst wurde, könnten die Mühlberger Sternenbeobachter also mindestens 117 Jahre vor 1676, vor Ole Christiansen Römer die Besonderheiten der Lichtgeschwindigkeit gekannt haben. Der definitiv späteste Zeitpunkt, ab dem mit dem Kloster Mühlberg die Sterne beobachtet wurden, ist der Bau der Propstei (Museum), bzw. des Torhaus / Hospiz. Diese Gebäude haben eine eindeutige Ausrichtung. In jedem Fall liegt der Zeitpunkt vor 1559. Dabei handelt es sich um Astrophysik. In Deutschland geht die früheste Einrichtung in der Göttinger Universität auf 1748 zurück. Theoretisch wäre die offensichtlich vorsätzlich eingebaute Geometrie im Kloster Mühlberg frühestens schon ein paar Jahre nach 1230 nutzbar, denn mit der Ausrichtung nach Osten, nach Süden und der Ausrichtung auf den Zirkularpunkt würde auch nur eine Spitze der Klosterkirche, ohne die anderen Gebäude, für die Astronomie genügen. Ähnlich dem simplen „Jakobsstab" eines Schäfers. Im Fall des Klosters Mühlberg könnte es sich somit um einen mittelalterlichen und damit historischen Ort der Astronomie und Astrophysik handeln. Das war bis dahin noch keinem Menschen aufgefallen. Zu diesem Zeitpunkt im Januar 2016 war zudem vollkommen unklar, wer das Kloster überhaupt und warum an dieser Stelle gebaut hat.

Die Klosterkirche bei Nacht

Stadt und Schloss Mühlberg im Jahre 1628. ← 1628

Eine Zeichnung aus dem Jahr 1628 mit beiden Türmen - Die Klosterkirche gehörte nach der Gründung 1228 sicher zu den frühesten Bauten des Klosters. Der Bau dürfte etwa 50 Jahre gedauert haben. Die beiden Türme sollen sich von Anfang an auf dem Gebäude befunden haben. Der prächtige Westgiebel der Klosterkirche soll im 15. Jahrhundert entstanden sein. Auf einer Zeichnung von 1628 sind beide Türme zu sehen. Nach dem Dreißigjährigen Krieg (1618-1648) soll der Hauptturm eine Zeit lang bis zum Wiederaufbau verschwunden sein. Dieser kann jedoch aus Gründen der Statik ausschließlich nur an gleicher Stelle wieder aufgesetzt worden sein. Nach Auflagen des Denkmalschutzes werden in der Gegenwart bei Restaurationen, meist unter Nutzung der alten Bauzeichnungen, alte Strukturen historischer Gebäude immer wieder in der vorhandenen Maßhaltigkeit neu aufgebaut. Dies erklärt auch, wie sowohl die Geometrie der beiden Spitzen der Klosterkirche als auch der Jakobsstab bis in die Neuzeit erhalten bleiben konnten. Dadurch, dass das Kloster so zeitig geschlossen und wegen Armut bis zur Wende kaum restauriert wurde, sind noch weitestgehend alle Zeichen vorhanden. Armut gilt als der beste Konservator von Altertümern!
Zeichnung vom „Museum Mühlberg 1547" zur Verfügung gestellt.

Auffällig erscheint die alte Mauer unterhalb des Westgiebels der Klosterkirche. In dieser Mauer befindet sich ein Stück weit ein Gang, welcher früher das Äbtissinnenhaus mit der Klosterkirche verbunden haben soll. Eindeutig zu sehen ist, dass dieser Gang in der Mauer in Richtung Westen weiter geführt wird und das die Mauer an der Propstei (Museum) endet, in welcher sich ja das „Heiligen- Messfenster" befindet. Beim Umbau des Museums an dieser Stelle aufgefundene Strukturen an der Außenwand der ehemaligen Propstei lassen vermuten, dass der Gang früher zwischen

Propstei und Klosterkirche verlaufen ist. Hier hätte ein Vermesser eiligen Schrittes zwischen der Messstelle in der Propstei und der Ergebnis- Registratur in der Klosterkirche pendeln können.

Der geheime Gang zwischen Propstei und Klosterkirche
Luftbild Kloster Mühlberg/Elbe Bernhard Könitz

Dieser Zusammenhang legt wiederum die Vermutung nahe, dass das innere Kirchenschiff der Klosterkirche Mühlberg, wie die Große Galerie der Cheops-Pyramide, ebenfalls zur Vermessung und Berechnung der Sterne genutzt worden sein könnte. Durch die für die Trigonometrie perfekt exakt maßhaltigen Strukturen des Kreuzgewölbes würde sich eine optimale Skalierung eines Messgerätes ergeben. Wer weiß, für wie viele Kirchen und Klöster dies noch zutrifft! Das System als Schmuckdecke mit Gründen der Statik zu verbinden, noch dazu vor aller Augen, wäre mehr als genial. Ein Vermesser könnte die eingelegten Rauten an der Raumdecke nutzen, um den Verlauf von Gestirnen per Winkelmessgerät virtuell einzulegen und so zu vermessen. Die Messpunkte könnten dann am Boden in eine einfache Rautenzeichnung auf einem Blatt Papier per Punkt eingetragen werden. Bei späteren Messungen erneut eingelegte Punkte lassen nun den Verlauf der Gestirne erkennen und vermessen.

In Mühlberg zeigt sich: Der mit einem einfachen Handmessgerät gemessene Winkel vom Heiligenfenster aus zu den Spitzen der Klosterkirche beträgt 15,3 Grad. Es könnten, Messfehler abgezogen, ursprünglich genau 15 Grad gewesen sein.

Der genau gleich große Winkel ergibt sich im inneren Kirchenschiff von exakt unterhalb der Orgel- Empore vom westlichen Kirchenschiff aus, bis hin zum Beginn des Kreuzgewölbes an der Gebäudedecke im östlichen Kirchenschiff. Wären die genau gleich großen Abstände der Kreuzgewölbebögen die Skalierung für die Trigonometrie, dann würde das gleiche System entstehen, wie es bereits die Chephren- Pyramide in Zusammenhang mit der Großen Galerie in der Cheops-Pyramide bildet. Die 15 Grad wären ein exakter Wert im 360- Grad- System, die auch in der Symbiose zur 12- Stunden- Anzeige einer Uhr stehen würden. In der Großen Galerie der Cheops- Pyramide beträgt dieser Wert 30 Grad.

Sieben- Sterne- Führung in der Klosterkirche Mühlberg - Ein ähnliches Bild hätte der Vermesser im Kirchenschiff erlebt

Besonders aufschlussreich ist das Luftbild mit den Rauten. Daran ist genau zu erkennen, wie messtechnisch vorgegangen wurde, um die Gebäude so exakt auszurichten. Durch die bekannte Geometrie und deren bekannte Entfernungen hätte ein Vermesser ein ideales Messwerkzeug um per Trigonometrie per Visiermethode die Gestirne zu vermessen. Bei zwei / vier / acht oder zwölf zeitlich verschobenen Messungen im Jahreskalender auf den jeweilig gegenüberliegenden Punkten auf der Erdkreis- Erdbahn um die Sonne hätten auch die Mühlberger Sternenbeobachter örtlich verschobene, gegenüberliegende Messpunkte im Sonnensystem.

Das komplette System der Sternenbeobachtung in Mühlberg/Elbe

Der Name des Klosters „Marien- Stern": „Marien" hört sich nicht nur nach der Mehrzahl von „Marie", sondern auch noch nach „Marine" an. Im Lateinischen bedeuten „Stella- Maris" oder „Maris- Stella" - „Stern des Meeres". Der Stern gilt als Anrufung Marias. Damit ist der rettende Stern umschrieben, der dem Nautiker die Richtung weist. Der Marien- Stern weist den Menschen den Weg durch das Leben. Der Name des Klosters „Marien- Stern" gibt so gesehen zwei nebeneinander stehende Sterne wieder. In einer schriftlichen Verlautbarung schreibt Papst Johannes Paul II. (1920-2005) im Jahr 1997 zum Thema „Stella Maris" über das Apostolat des Meeres: „Stella Maris, Meeresstern, ist der beliebteste Beiname, mit dem die Seeleute von jeher diejenige anriefen, deren Schutz und Beistand sie vertrauen: die Jungfrau Maria. Jesus Christus, ihr Sohn, begleitete seine Jünger auf ihren Fischerbooten ..., stand ihnen in Seenot bei und beruhigte den Sturm ... So begleitet auch die Kirche mit der Seefahrt verbundene Menschen, indem sie sich der besonderen geistlichen Bedürfnisse jener Personen annimmt, die sich aus verschiedenen Gründen auf See aufhalten und arbeiten."

Wozu der ganze Aufwand?

Zunächst brachten die exakt vermessenen Spitzen der Pyramiden, der Obelisken und der Kirchtürme mit ihren bekannten Maßen enorme Vorteile für die Landvermessung. Sie waren die entscheidenden „Anhaltspunkte" für jede religiöse und staatliche Ordnung. Erst damit war ein geregelter Aufbau eines Staates mit dem Bau von Straßen und Gebäuden möglich. Die Obelisken bilden im Doppel ideale Bedingungen für die Landvermessung. Selbst ein einzelner Obelisk ist eine „Mini- Knick- Pyramide". Die gleiche Konstellation ergibt sich an einzeln stehenden Kirchenbauten oder Hochhäusern, die unter der Spitze in der weithin sichtbaren Höhe eine quadratische Gebäudestruktur aufweisen. Zur Landvermessung wurden immer mehrere, mindestens zwei bis drei bekannte Spitzen von Kirchen, zum Teil in mehreren unterschiedlichen, in Sichtweite voneinander liegenden Ortschaften für die Vermessung per Triangulation herangezogen. Dabei wurden immer wieder neue Vermessungspunkte geschaffen. Von diesen neuen Punkten aus konnten dann wiederum neue Straßen und Gebäude und auch wieder neue Messpunkte eingemessen werden. Die genauen Daten der Vermessung der Gestirne waren daneben notwendig, um exakt den Zeitpunkt für die Aussaat der Ernten zu berechnen. In Ägypten waren so sogar zwei, manchmal sogar drei Ernten im Jahr möglich. Wer die Aussaat zu zeitig oder zu spät ausbrachte, konnte leicht alles verlieren oder sich zumindest eine Missernte einhandeln. Zur Vermessung der Sterne gehört die Lichtgeschwindigkeit und auch die Gravitation dazu. Möglicherweise haben unsere Vorfahren anhand der Gravitation auch die Konstellation der Gestirne mit berechnen können. Über einen längeren Zeitraum und über ein großflächiges, sukzessive über die Welt verteiltes Netz vieler Messstellen könnten sich viele verwertbare Informationen für die wissenschaftliche Forschung angesammelt haben. Heute werden durch gravitative Schweremessungen im Bergbau, insbesondere bei der Gewinnung von tief liegenden Rohstoffen wertvolle Bodenschätze ermittelt. Das alle diese Informationen geheim bleiben mussten, liegt aus militärischen und auch aus wirtschaftlichen Gründen klar auf der Hand. Wer die Zahlen kennt, hat die Macht! Es wäre zudem denkbar, dass die Mühlberger Einrichtung zur Ausbildung von Landvermessern, Astronomen und in Geodäsie ausgebildeten Vermessern innerhalb der Kirche genutzt wurde, lange bevor es derartige staatliche Schulen gab. Militär- und Zivilpiloten und sogar AstroNAUTEN erlernen je nach Ausbildungsstand selbst heute noch als Rückfallebene bzw. Redundanz für den Ausfall ihrer Navigationstechnik sich per Astronavigation an Sternbildern, insbesondere in der Fixsternebene zu orientieren. Dieses uralte System wiederum stammt von der Seefahrt, das zunächst von der Luft-SCHIFFFAHRT übernommen wurde.

Die Mühlberger Pfarrerin Kerstin Höpner-Miech meinte, sie kenne noch mehr Klöster mit einem „Stern" im Namen. Sicher gibt es solche Geometrien auch in anderen Klöstern und Kirchen. Die Religionen könnten mit ihren Gotteshäusern und den eingebauten Geometrien und Mechanismen der trigonometrischen Vermessung, die möglicherweise mit den Pyramiden begann, den Fortschritt der Menschheit erst ermöglicht, vorangetrieben und so aufgebaut haben. Wie ließe sich das beweisen?

Was steckt hinter dem Kloster Mühlberg? Wer hat es konstruiert und gebaut?

Die Kreuzritter und der Marienstern

Wie, warum und von wem wurde eine antike Geometrie zur Beobachtung der Gestirne in ein Kloster in Mitteleuropa installiert?

Die Ausgangssituation im Januar 2016:

Im Kloster Mühlberg/Elbe wird eine Geometrie entdeckt, die fast identisch mutmaßlich auch schon in der Geometrie antiker Bauwerke zu finden ist. In antiken Bauwerken wird diese Geometrie anscheinend zur Geodäsie und zur Vermessung von Sternenkonstellationen benutzt. Bei der Sternenbeobachtung handelt es sich dabei um die „Visiermethode", die ab um 1608/1610 durch die Erfindung von Teleskopen abgelöst wird. Begleitet wird die Geometrie durch Schächte/ Wendeltreppen, die innen offen sind und durch Sechsecke.

Bisher bekannt: Das Kloster Mühlberg wurde 1228 in Form einer Stiftung durch die Brüder Otto und Bodo Ileburg gegründet und 1559 in Folge der von Martin Luther (1483-1546) eingeleiteten Reformation geschlossen (Anschlag der 95 Thesen an die Schlosskirche zu Wittenberg 31. Oktober 1517). Die dendrochronologische Auswertung der Dachbalken der Klosterpropstei Mühlberg, auf welche die Geometrie ausgerichtet ist und in der sich das Bild von Johannes dem Täufer am Heiligenfenster befindet, erbrachte eine Bauzeit des Dachstuhls um 1531.

- In dem Kloster gibt es von einem Fenster in der Kloster-Propstei aus eine exakte Ausrichtung auf die beiden Spitzen der Klosterkirche in Richtung Osten. Aus diesem Fenster „schaut" der Heilige „Johannes der Täufer". Gegenüber „Johannes" schaut die „Heilige Veronika" ebenfalls aus diesem Fenster. Diese Umstände könnten noch Zufall sein.

- Exakt in Richtung Süden gibt es eine Ausrichtung vom Torhaus / Hospiz aus über einen Jakobsstab auf einem Wohngebäude am Altstädter Markt und damit zum südlichen nächtlichen Sternenhimmel.

- Die Ausrichtung auf den Zirkularpunkt im Norden trifft die Linie Kleine Klosterspitze - Pfarrhaus. Auch die Hauptspitze der Klosterkirche könnte einst diese

Funktion übernommen haben. Gab es diesen, dann wurde der Zirkularpunkt der Hauptspitze der Klosterkirche in Mühlberg modern mit einem Wirtschaftsgebäude überbaut.

- Von oben betrachtet ist anhand der Gebäudeausrichtung des Mühlberger Klosterkomplexes und einer noch vorhandenen „Rautentrigonometrie" die Einstellung der Gebäude per Trigonometrie zu erkennen. Diese orientiert sich an der Außenfassade von Gebäuden und an einer nord- westlich verlaufenden Mauer. Diese ist primär auf das Heiligenfester, die Turmspitzen und auf den Jakobsstab ausgerichtet.

- In dem Komplex gibt es zwei voneinander unabhängige Schächte, mit denen die Rotation der Erde und sogar deren Masseverteilung ausgependelt werden könnten (Gravimetrie, Foucaultsches Pendel). Dies wird ebenfalls per Trigonometrie erreicht. Selbst die Messung der Gravitation wäre damit möglich. Gleichzeitig ist ein Pendel auch als empfindliche Drehwaage verwendbar. Hinweis: Das „echte Foucaultsche Pendel der Neuzeit" wurde erst 1851 von dem französischen Physiker Lèon Foucault entwickelt. In Mühlberg eigentlich mindestens vor 1559 anwendbar, da die Gebäude vorher gebaut wurden und das Kloster danach geschlossen war.

- Ausschließlich im Klosterbereich sind Sechsecke zu finden, mit denen über euklidische Geometrie der Wert der Lichtgeschwindigkeit angegeben werden kann. Auch gleichseitige Dreiecke sind möglich. Das System stammt möglicherweise aus der Antike und ist heute unbekannt. Die Symbolik ist unter anderer Interpretation sowohl in der Bibel, an Altären in mittelalterlichen Kirchen, als auch in den Logen der Freimaurer zu finden.

- Das Kloster nennt sich „Marien- STERN". Im Lateinischen bedeuten „Stella-Maris" oder „Maris- Stella" „Stern des Meeres". Der Stern gilt als Anrufung Marias. Damit ist der rettende Stern umschrieben, der dem Nautiker auf See die Richtung weist. Der Marien- Stern weist in der Religion den Menschen den Weg durch das Leben. Nautiker arbeiten mit Trigonometrie!

- Ähnliche Konstellationen gibt es in Europa in verschiedenen Einrichtungen der Freimaurer, also Bau- und Vermessungshandwerk. Zum Beispiel das Schloss „Quinta da Regaleira" in Portugal. Zusammenhänge zwischen der Kirche und den Freimaurern entstehen durch die Kirchenbaukunst. Die Kirchen wurden zunächst von den Kreuzrittern/Mönchen, dann von Dombauhütten, also Steinmetzen und Vermessern erbaut.

Seite 367: Vergleich Gemeinsamkeiten zur Beobachtung der Gestirne mit den Pyramiden von Gizeh und mit dem Kloster Marienstern Mühlberg/Elbe.
Stark vereinfachte Darstellungen - Luftbild - Stadtverwaltung Mühlberg/Elbe

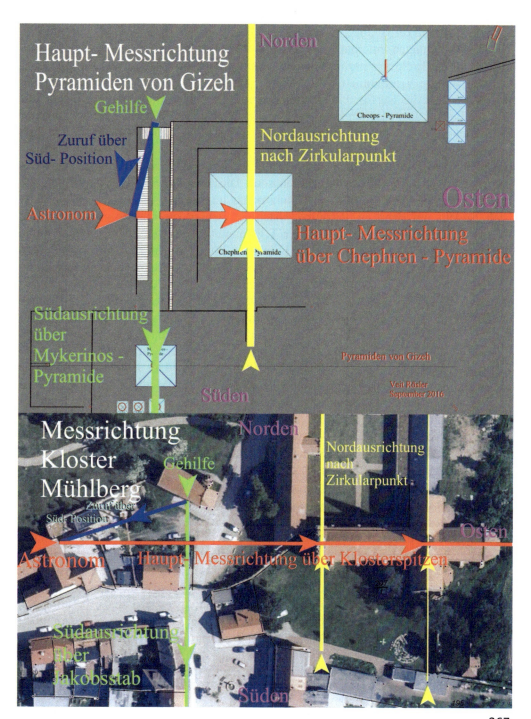

Die Methode zur Beobachtung der Gestirne:
Zwei Messungen innerhalb von sechs Monaten ergeben durch zwei verschiedene Punkte auf der Erdkreis- Erdbahn um die Sonne wiederum zwei verschiedene „Standpunkte" für die Trigonometrie. Bekannte Standpunkte auf der Erdkreis- Erdbahn wären zunächst die Tag- und Nachtgleichen und die beiden Sonnenwenden, also vier primäre Punkte. Dazwischen können zwei oder vier weitere Achsen mit nun entweder zusammen acht oder zwölf Punkten eingelegt werden. Mit einem Kalender kann man sogar täglich messen. Nun erfolgt die Feinabstimmung: Um die eigene Position als Bezugspunkt genau zu kennen, müssen zur Trigonometrie immer mindestens zwei, besser drei bekannte Punkte vorhanden sein. Dies wären bei der Beobachtung der Gestirne die Ausrichtung auf den Zirkularpunkt im Norden, die exakte Ausrichtung nach Süden, um dann in Richtung Osten vermessen zu können. Entspricht der „Visiermethode" mit Einbeziehung der Trigonometrie, mit der auch mittelalterliche Astronomen vor der Erfindung des Fernrohrs vorgegangen sein müssen. Belege Arbeitsweise Astronom Tycho Brahe (1546-1601). Mit der Visiermethode kann immerhin noch der 2,2 Millionen Lichtjahre entfernte Andromedanebel als das am entfernteste, mit bloßem Auge erkennbare Objekt gesehen werden. Wesentliche Beobachtungsobjekte wären die Gestirne unserer Milchstraße, wobei das Zentrum der Galaxie verdeckt ist. (Die Entfernung unserer Sonne zur nächsten Sonne Proxima Centauri beträgt 4,2 Lichtjahre. Die Entfernung von unserem Sonnensystem zum Zentrum der Milchstraße beträgt etwa 26.000 Lichtjahre. Der Durchmesser unserer Milchstraßen- Galaxie beträgt ca. 100.000 Lichtjahre.) Die Methode ähnelt der Landvermessung in der Erd- Geodäsie. Die Vermessung von Gestirnen über Gebäudespitzen bringt Vorteile gegenüber der Vermessung über einen Punkt am höhengleichen Horizont. Durch die Vermessung über die Spitzen und dem damit verbundenen steileren Messwinkel kann der Astronomischen Refraktion (einer Sonderform der Terrestrischen Refraktion) entgegengewirkt werden. Durch die Refraktion kommt es zu einer Richtungsänderung der von aus dem Weltall auf die Erde fallenden Lichtstrahlen durch die Brechung des Lichtes an der Erdatmosphäre. Der Lichtstrahl wird dabei nach unten gekrümmt. Astronomische Objekte erscheinen höher. Ein Stern wäre demnach im Osten tatsächlich noch unter der Horizontlinie, obwohl er bereits schon zu sehen ist. Die stärkste Krümmung von bis zu 15 % der Erdkrümmung tritt bei sehr flachen Sichtverbindungen in Bodennähe auf. Zur Messung wird nun ein geometrischer Bezug zu einem „Marien- Mess- Stern" hergestellt, der zu einem bestimmten Zeitpunkt in einem geometrischen Bezug zu einer Gebäudespitze auftaucht. Der zum Vergleich bestimmte Uhrzeitpunkt wird wiederum durch die Südausrichtung des Systems erreicht, welches sich ja innerhalb von 24 Stunden mit der Erdrotation um die eigene Achse dreht. Von dem zeitlich nach oben laufenden Bezugspunkt zum „Marien- Mess- Stern" lassen sich mit einem Winkel auch weitere Sterne rechts und

links dieser Linie vermessen. Gleichzeitig muss der Vermesser seine Position auf der Erdkreis- Erdbahn kennen, die heute an den Kalender gekoppelt ist. Zum Vergleich Antike: 4, 8, oder 12 Messpunkte auf der Erdkreis- Erdbahn. Zur Registratur zweier zeitlich verschobener Gestirne- Konstellationen über Tage, Wochen, Monate, halbjährlich oder ganzjährig könnte die geometrische Schmuckdecke eines Kirchenschiffes gedient haben. Die Kathedralen heutiger Kirchen ähneln der Großen Galerie der Cheops- Pyramide.

Die Verwendung von Schächten oder innen offenen Wendeltreppen könnte dem Auspendeln der Erd- Rotation, damit der Ermittlung der Erd- Gestalt sowie der Ermittlung von Gravitationseinflüssen durch Fallversuche, Pendelversuche und Drehwaageversuche gedient haben. Es sind jedwede gravitative Masseverteilungen sowohl unterhalb als auch über der Erdoberfläche messbar.

Die Sechsecke können als Weg- Zeit- Geometrie zur Ermittlung von großen Entfernungen benutzt worden sein. Mit einer einfach eingelegten dritten Achse kann das Verstreichen der Zeit in Relation aus der Entfernung und der dafür benötigten Geschwindigkeit des Lichtes bemessen werden. Dabei entspricht das Verhältnis des Durchmessers aus Sekunden/Metern der Relation 1/6 Kreis Ägyptische Elle. Das System funktioniert in euklidischer Geometrie, ohne das der Vermesser, wie im Altertum in aller Regel üblich, weder Schrift noch Zahlen kennen musste. Als Zeiteinheit dient möglicherweise der Herzschlag des Menschen als Sekunde zusammen mit Referenzzeitmessungen in Form von Sand - oder Wasseruhren.

Welche Eckpunkte könnten im „Fall Mühlberg" noch mit einbezogen werden?

- Es geht um Vermessung der Sterne und möglicherweise um deren langzeitliche Beobachtung, damit um Vermessung allgemein, also auch um Geodäsie und damit wiederum um Trigonometrie. Trigonometrie kommt nicht nur bei der Geodäsie, sondern auch bei der Vermessung von Gebäuden und bei der Stadtplanung zum Einsatz.

- Das Mühlberger System kommt ohne Linsen und damit ohne Fernglas aus. Es muss daher schon sehr zeitig vor der Erfindung von Ferngläsern und Teleskopen eingebaut und möglicherweise auch benutzt worden sein.

- Die goldenen Kugeln an den Spitzen der Türme von Kirchen und Klöstern wurden noch bis ca. 1995 in der Geodäsie als Festpunkte mit Festpunktprotokoll verwendet. Vor aller Augen!

- Eine bauliche Einrichtung, wie die Turmspitze, kann gleichzeitig mehrere Aufgaben erfüllen.

- So könnte sich das System der Sternenbeobachtung ebenfalls vor aller Augen abgespielt haben. Fast scheint es, als könnten die Konstrukteure auf langwierige positive Erfahrung aufbauen. Im Mittelalter waren „moderne" wissenschaftliche

Weltanschauungen, zum Beispiel mit einem heliozentrischen Weltbild mit der Sonne als Zentrum, zum Teil mit Verfolgung und sogar mit der Todesstrafe bedroht.

- Wenn überhaupt, scheint das System daher heimlich betrieben worden zu sein. Dafür muss es Gründe geben. Die Vermessungshandwerker, die es eingebaut haben, könnten daher einen anderen wissenschaftlichen Standpunkt, als die zu ihrer Zeit gängigen (religiösen) Ansichten vertreten haben.

<u>Was geschah zum Thema Vermessung und Astronomie nach der Auflösung von Mühlberg in der Nähe?</u>

- Das Kloster Mühlberg wurde 1559 aufgelöst (wegen Reformation).

- Nur ein Jahr später, um 1560 richtete Kurfürst August von Sachsen (1526-1586) im Residenzschloss eine Kunstkammer ein, in der erlesene mathematische Instrumente, mechanische Wunderwerke und raffinierte Werkzeuge die Sammlung dominieren (Landvermessung - Vermessung Sternenhimmel).

- Die „Nachfolgeeinrichtung", der Mathematisch- Physikalische Salon in Dresden, wurde 1728 unter August dem Starken (1670-1733) gegründet. Dieser ist bis heute eines der weltweit bedeutendsten Museen historischer wissenschaftlicher Instrumente (Landvermessung - Vermessung Sternenhimmel). Die Instrumente aus der Kunstkammer wurden übernommen.

- Bemerkenswert ist: Im Jahr 1738 wird in Dresden (in der Nähe von Mühlberg) von dem Sohn August des Starken Friedrich August Graf Rutowski (1702-1764) die „Dresdner Schwerterloge" der Freimaurer gegründet.

Der Schutzpatron dieser in Obersachsen, agierenden Loge war: Johannes der Täufer! (Heiligenfenster Mühlberg)

- Die Mechanismen der Trigonometrie sowohl zur Vermessung des Landes als auch zur Vermessung des Sternenhimmels waren zu jeder Zeit militärisch nutzbar. (Das sind diese auch heute noch.) Schon aus diesem Grund war das System neben den religiösen Gründen immer von Geheimhaltung geprägt. Einige Astronomen sind immerhin auf dem Scheiterhaufen gelandet. Aufzeichnungen wird es möglicherweise nicht geben. Die Information könnte demnach in der euklidischen Geometrie stecken. Das System funktioniert ohne Schrift und nahezu ohne Zahlen. Aufzeichnungen könnten nicht nur versteckt, sondern verschlüsselt oder anderweitig für Außenstehende unlesbar sein.

- Die Beweisbarkeit der einzelnen Fakten ist daher nur durch die Trigonometrie selber möglich. Also durch euklidische Geometrie und das gegenseitige Einkreuzen von Fakten. Durch Heuristik können dann weitere Fakten gefunden werden.

<u>Woher stammt die Geometrie des Klosters?</u>

Ein ca. 780 Jahre altes Kloster in Mitteldeutschland, in dem womöglich nach den gleichen Mechanismen wie vor über 4500 Jahren in Sakkara und wie auf dem Gizeh-Plateau die Sterne vermessen wurden? In dem möglicherweise wie in den hohen

Kammern mehrerer Pyramiden die Gravitation ausgependelt werden konnte und in dem wie in der Cheops- Pyramide der Wert der Lichtgeschwindigkeit in euklidischer Geometrie noch immer angegeben wird? Was wussten die alten Ritter- und Kirchenleute, die dieses System eingebaut haben müssen, was wir heute nicht mehr wissen?

Im obersten Stockwerk der Klosterpropstei Mühlberg schaut Johannes der Täufer aus dem östlich gelegenen „Heiligenfenster", von dort aus über die beiden Spitzen der Klosterkirche genau so in Richtung Osten, wie es vermutlich die Alten Ägypter über die Chephren- Pyramide getan haben. Wer könnte darüber Auskunft geben? Vielleicht weiß einer der wichtigsten Kirchenmänner überhaupt eine Antwort. Johannes der Täufer. Jesus Christus ließ sich von ihm taufen. Damit wurde Johannes der Täufer zu einem der wichtigsten Wegbereiter des Christentums überhaupt.

Das Heiligenfenster im Kloster Mühlberg

<u>Wer hat das Kloster Mühlberg erbaut?</u>
<u>Im Zuge der Nachforschungen hat sich bis Mai 2016 ergeben:</u>

Von Klöstern und Kirchen in Frankreich und Ostpreußen ist allgemein bekannt: Das System der „bauenden" Mönche geht auf die Kreuzzüge des christlichen Abendlandes zurück. Beginn 1095/99. Zum Beispiel hatte der 1118/1119 gegründete Templerorden dabei, wie dessen Name aussagt, unmittelbaren Zugriff auf die Reste des salomonischen Tempels auf dem Tempelberg in Jerusalem. Weil die Ordensritter von König Balduin von Bourcq / Balduin II. von Jerusalem (bis1131) in einem Flügel des Nachfolgebaus, der heutigen al- Aqsa- Moschee, einquartiert waren. Die Ordensritter sollen unterhalb ihrer Einquartierung Schatzgrabungen veranstaltet und dabei der Sage nach sogar die Bundeslade und/oder den „Heiligen Gral" gefunden haben.

Wissen aus der ägyptischen Antike, das über den Auszug der Israeliten und über Jerusalem auch verschlüsselt in die Bibel eingeflossen zu sein scheint, könnte so nach Mitteleuropa gelangt sein! Die Templer waren der erste Orden, der die Ideale des adligen Rittertums mit denen der Mönche verband. So waren viele Mönche zugleich Ritter, Mönche und damit auch die Bauleute der frühen Kirchen, Klöster und Kathedralen zu jener Zeit. Gab es eine antike Astronomie, dann könnte diese so den Weg von Ägypten, über Jerusalem in einige europäische Klöster und Kirchen gefunden haben. Aus dem romanischen Kirchenbauwesen durch (Kreuz)Ritter/Mönche entstand zur Zeit des gotischen Kathedralenbaus der Werkstattverband der Dombauhütten. Der immer mehr organisierte Bauablauf umfasste unterschiedlichste Handwerke, die sich zu verschiedenen Bruderschaften und Zünften organisierten.

Grundlage für die verantwortungsvolle und anspruchsvolle Arbeit war eine qualifizierte Ausbildung, die in ihren einzelnen Stufen naturgemäß meist mit einer Wanderschaft und mit tiefgründigem Fachwissen verbunden war. Die in Personalunion agierenden Kreuzritter - Mönche wurden durch das Ausbildungs- und Wanderschaftssystem, in dem die Mitglieder der verschiedenen Bruderschaften von Baustelle zu Baustelle, von einem Ort zum nächsten zogen, in die Lage versetzt, religiöse Bauten in exzellenter Qualität zu errichten. Auf ihren Wanderschaften wurden die Bauleute von Mitgliedern der Bruderschaften vor Ort mit Lebensmitteln und Unterkünften versorgt. Zu den Bruderschaften gehörten Bischöfe, ganze Mönchs- und Nonnenklöster, aber auch Kaiserhöfe, Könige, Grafen, Ritter und einfache Bauleute. Die weltlichen Fürsten profitierten wiederum von dem Wissen der kirchlichen Dombauhütten, ging es darum, eigene Burgen, Schlösser und Regierungssitze zu errichten. Von den Baumeistern wurde bei der Auswahl ihrer Mitarbeiter auf künstlerisches Geschick geachtet, das es den Untergebenen ermöglichte: „..... aus Stein und Eisen aus großen Bruchsteinen allerhand Figuren auszuziehen und so genau auf einander zu fügen, dass an der Kirchenmauer nicht die geringsten kleinen Steine, Fugen, noch sonst etwas Ungleiches zu sehen war." (Freimaurer- Zeitung von 1849 - Leukfeld, l.c.p.72). Die Freimaurer- Zeitung von 1849 nennt dazu folgende Zahlen: Im Jahre 1494 hatten die Augustinermönche 2300, die Karmeliter 7050 und die Dominikaner 4143 Klöster errichtet. Die Franziskaner bauten in einem Zeitraum von 179 Jahren von 1211 bis 1380 1500 Klöster. Zusammen ergeben diese Zahlen insgesamt 14.993 Klosterbauten. Dazu kommen eine beträchtliche Anzahl von Benediktiner-, Zisterzienser-, Prämostratenser - Abteien, Chorherrenstifte, Tempelhöfe, Servitenklöster, sowie Dom- und Collegiatstiftskirchen.

Für den Bau einer solch großen Anzahl von Gebäuden war eine enorme Anzahl von Fachleuten, Künstlern und Arbeitern notwendig, die auf viele Jahre zum Zusammenleben und zur Zusammenarbeit verpflichtet waren. So ein umfängliches System war nur durch eine durchdachte Koordination und Organisation möglich. Die auf Jahre zur Errichtung eines Bauwerkes miteinander verpflichteten Bauleute bildeten untereinander Zünfte. Die Handwerkerzunft der Dombaumeister, ihrer Gesellen und Lehrlinge baut auf das Edikt zur Verschwiegenheit auf, um Lohngruppen voneinander abzugrenzen und unterscheidbar zu machen, aber auch um das Fachwissen ausschließlich der eigenen Zunft vorzuhalten. Die aus den Mönchen der Dombauhütten entstehenden Freimaurergesellschaften waren vom Abgleiten in den reinen Geselligkeitsbetrieb, als auch vom Versinken in den Mystizismus bedroht. Das wurde einerseits durch sorgsame Pflege von Ritualen, wie auch der Symbolik und andererseits durch ständige Besinnung auf die ursprünglichen Ziele erreicht. Dieses System wurde weltweit weiter getragen. Der Umstand, dass nur sehr wenig von den Bauhütten, vom Pyramidenbau über den antiken Bau israelitischer- wie auch griechischer Tempel bis hin zum Kirchenbau des Mittelalters bekannt ist, ist Indiz dafür, dass die Kunst des Bauens immer auch mit Fachwissen und den eigenen Familienstamm und die eigene Bruderschaft erhaltenden Geheimnissen und Geheimwissen verbunden war. Dadurch erlangten diese Priesterkasten und später die kirchlichen Bauhütten zum Teil beachtlichen Reichtum, Macht und Einfluss. Hinzu kommt der Status von Kirche und Staat. Revolutionäre und aufklärerische Ideen konnten für den Einzelnen zum Untergang führen. Verschwiegenheit und Geheimhaltung waren also auch hier Überlebensstrategie und Schutzmechanismus. Auch sie sind Baufachleute und Vermesser: Einige Freimaurergesellschaften, insbesondere in Spanien und Portugal berufen sich noch heute in ihrer Nachfolgeschaft auf den Templerorden.

Verallgemeinert: Die alten Kirchen und Klöster wurden also zunächst von den (Kreuz)Rittern/Mönchen selber gebaut. Später von den Dombauhütten (Bau- und Vermessungshandwerk). Also Bauhandwerker/Vermesser.

Das System der Beobachtung der Sterne hatte geodätische und nautische Gründe, damit war es militärisch, wirtschaftlich als auch religiös nutzbar. So wäre eine geheime Nutzung erklärbar. Im Mittelalter war es mit dem Weltbild der römisch katholischen Kirche nicht vereinbar. Hexenprozesse - Scheiterhaufen!

Auch diese Gründe führten zwangsläufig zu einer verschwiegenen, elitären Kasten- bzw. Logenbildung. Im Jahre 1278 wurde erstmals schriftlich eine derartige Loge in England erwähnt. Im Jahre 1537 wird in London eine „Freemasons- Loge" genannt und im Jahre 1717 schlossen sich in England vier Logen zur ersten „Großloge von England" zusammen. Im Jahr 1737 wurde offiziell in Deutschland die erste Freimaurerloge gegründet, die sich später „Absolom" nannte.

Nur ein Jahr später, also 1738 wurde in Dresden (in der Nähe von Mühlberg) vom Sohn August des Starken von Friedrich August Graf Rutowski die „Dresdner Schwerterloge" gegründet! Der Schutzpatron dieser in Obersachsen, agierenden Loge war: Johannes der Täufer! Hierbei wird wieder ein Zusammenhang zwischen religiösen Bauwerken, Vermessungshandwerk, Geodäsie und Beobachtung der Gestirne erkennbar. <u>Wer war zuerst da?</u>:

Noch einmal. Das Kloster Mühlberg wurde 1559 in Folge der Reformation aufgelöst. Nur ein Jahr später um 1560 richtete Kurfürst August von Sachsen im Residenzschloss eine Kunstkammer ein, in der erlesene mathematische Instrumente, mechanische Wunderwerke und raffinierte Werkzeuge die Sammlung dominierten.

Zehn Jahre vor der Gründung der Loge in Dresden wurde 1728 unter August dem Starken, dem Vater von Friedrich August Rutowski, der Mathematisch- Physikalische Salon gegründet (Geräte zur Landvermessung - Vermessung Sternenhimmel).

Das Zisterziensernonnen- Kloster Marienstern wurde 1228 gegründet und 1559 aufgelöst. Die dendrochronologische Auswertung der Dachbalken der Klosterpropstei Mühlberg, in dem sich das Bild von Johannes dem Täufer am Heiligenfenster befindet, erbrachte eine Bauzeit des Dachstuhls um 1531. Gründung der Dresdener Loge: 1738 - Es ergibt sich ein Unterschied zur Dresdner Freimaurerloge von ca. 207 Jahren. <u>Warum diese Frage?</u>

Johannes der Täufer war also im Kloster Mühlberg quasi zuerst da. Gibt es einen Zusammenhang, dann scheint es fast so, als hätten die Freimaurer ihre Zeichen von der Kirche übernommen, sozusagen abgeschrieben.

Das wäre auch logisch. Wenn die alten (Kreuz)Ritter/Mönche, die in der Geschichte zunächst die Kirchen und Klöster erbaut haben, müssen ja ihr Wissen und die Umrisse ihrer Geheimnisse erst später auch an die Vermesser, Statiker und Baufachleute der späteren Dombauhütten und damit an die Logen der Freimaurer weiter gegeben haben. Eine Nachfrage bei dem heute noch tätigen Freimaurer Olaf Schiller aus Chemnitz am 29. April 2016 zum Sinnbild von „Johannes dem Täufer" ergab:

Johannes 1/5: „Und das Licht scheint in der Finsternis, und die Finsternis hat's nicht begriffen." Hinweis: Es existieren auch Bibel- Übersetzungen mit dem letzten Wort „ergriffen". Olaf Schiller bezieht sich dabei auf einen Spruch aus dem Johannesevangelium, der genau in der gleichen Formulierung auf einer alten Zeichnung über eine „Freimaurerische Unterweisung" zu sehen ist. Im Kloster Mühlberg ließe diese Interpretation im Zusammenhang mit aus dem Heiligenfester schauenden Johannes dem Täufer demnach zu: Das „Licht in der Finsternis" könnte die Gestirne beschreiben, die in der Nacht über die Spitzen der Klosterkirche angepeilt werden können.

Seite 375: Blick aus dem Heiligenfenster der Klosterpropstei Mühlberg mit Johannes dem Täufer. Nach der Interpretation eines Freimaurers passend zu dem Spruch aus Johannes 1/5: „Das Licht scheint in der Finsternis / die Finsternis hat's nicht begriffen." Bezug: Rechts: Aufschlagseite - Der verklärte Freymaurer - Druckschrift aus dem Jahre 1791 mit einem erkennbaren Spiegel. Oben: Die Heilige Veronika mit dem auf dem Schweißtuch abgebildeten Haupt Jesu

Nur schwer zu erkennen, Johannes der Täufer wird hier zusammen mit dem „Lamm Gottes" dargestellt. Der Versinnbildlichung von Jesus Christus als „Lamm Gottes". Steckt in dieser Darstellung eine weitere Information?

Johannes dem Täufer gegenüber ist die Heilige Veronika abgebildet. Diese hat während der Kreuzigung in der biblischen Erzählung den Schweiß und das Blut vom Gesicht Jesu gewischt. Auf dem Bild neben dem „Heiligenfenster" in der Klosterpropstei Mühlberg sind beide Köpfe, also oben die Heilige Veronika und darunter das sich auf dem Schweißtuch abbildende Ebenbild Jesu in der gleichen Konstellation zu sehen, welche sich beim Blick aus dem Fenster auf die beiden Klosterspitzen bietet. Beschrieben wird Psalm 4, Verse 7 und 8: „Herr, erhebe über uns das Licht deines Antlitzes. Du erfreust mein Herz." Die Interpretation: Es wird damit wieder ein „erhobenes Licht" (am Himmel) benannt. Zusammen mit den anderen Fakten könnte dies bedeuten: Sie haben mit dem System in Mühlberg die Sterne beobachtet! Zumindest deuten alle diese Hinweise darauf hin. In diese These passt auch der wegweisende Hinweis durch das Bildnis König Salomos, das „Salomonische Urteil" im Treppenflur der Propstei, durch eine Tür in Sichtweite nur 9 Schritte entfernt von diesem Heiligenfenster. Die 9 Schritte könnten sich ebenfalls wiederum aus zwei Bibelstellen ergeben: So werden im 2. Buch der Chronik in Kapitel **9** Vers **9** die Angaben aus dem 1. Königsbuch Kapitel **10** Vers **10** wiederholt, nach denen König Salomo in einem Jahr 666 Zentner Gold einnimmt. Im 2. Buch der Chronik kommt nun jedoch noch die Angabe der Regierungszeit von König Salomo mit 40 Jahren hinzu. Die wichtigen Zahlen lauten demnach „666" und „40"! Der Berechnungsprozess könnte in euklidischer Geometrie ohne Taschenrechner veranstaltet werden. Wird aus der Zahl 666 der Durchmesser eines Kreises gebildet, ergibt das einen Kreisumfang (mal die Zahl Pi/3,1415926536) von zunächst 2092,300, geteilt durch die 40 Regierungsjahre, wird ein Wert von 52,30 ermittelt. Ein Vielfaches der Ägyptischen Elle, was eigentlich kein Zufall sein kann. Es entsteht also ein Kreis, um den die Ägyptische Elle oder ihr vielfacher Wert gelegt werden könnte. Wird nun dieser Kreis mit einer normalen 360 Grad- Einteilung wiederum durch die 40 Regierungsjahre geteilt, ergibt das die Zahl der 9 Schritte. Den in der Trigonometrie üblichen dritten Beweis liefert der innere Türbogen in dem Vermessungszimmer mit dem Heiligenfenster. Zu sehen sind mit dem biblischen Jakob und seinem Sohn Josef zwei Vermesser mit je einem Jakobsstab. Beide blicken in Richtung Osten und damit in Richtung der beiden Kirchturmspitzen des Klosters Marienstern Mühlberg. Die Geschichte von Jakob und seinem Sohn Josef beginnt im Genesis/1. Buch Mose im Kapitel 28 Vers 10.

Seite 377: Der Türrahmen mit Jakob & Josef in dem Vermessungszimmer mit dem Heiligenfenster. Der Rahmen trägt drei (Trigonometrie) Bögen und sechs Kugeln

Jakob & sein Sohn Josef mit dem Jakobsstab

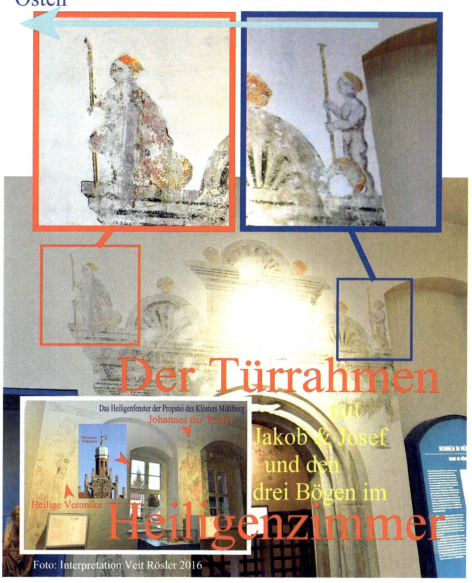

Der Türrahmen mit Jakob & Josef und den drei Bögen im Heiligenzimmer

Foto: Interpretation Veit Rösler 2016

Und was bedeuten eigentlich die anderen Schmuckelemente über den Türen im oberen Stockwerk der Kloster- Propstei? Neben dem Türrahmen im Vermessungszimmer mit dem Heiligenfenster, auf dem eindeutig Jakob & Josef einen Hinweis auf die Sternenbeobachtung zu geben scheinen, tragen drei weitere Türelemente runde Bögen mit jeweils sieben geometrisch angeordneten Kugeln. Wenn Jakob & Josef ein Hinweis auf Astronomie sind, dann sind es vielleicht auch diese runden Elemente!

Sind die Kugeln auf den Rundbögen über den Türen ein Hinweis auf die Vermessungspunkte auf der Erdkreis- Erdbahn?

Sollen die Elemente eine stilisierte Darstellung der Erdkreis- Erdbahn zeigen? Sind die jeweils immer wiederkehrenden sieben Kugeln über den Türrahmen um das Vermessungszimmer ein Hinweis auf die Vermessungspunkte auf der Erdkreis- Erdbahn? Diese würden in dem Fall auf das System der 12 Apostel hinweisen, was logisch wäre, da ja auch Jesus und damit Hinweise auf das Neue Testament zu finden sind. Über zwei der Türen scheinen mit den jeweils drei größeren Kugeln sogar die Hauptvermessungspunkte zur Sommersonnenwende, zur Tag- und Nachtgleiche und zur Wintersonnenwende symbolisch dargestellt zu sein. Sind die symbolischen Darstellungen der Wasserwesen ein Hinweis auf das Sternbild Fische?

Und was bedeutet das nun wieder: Über einer unbedeutenden Tür zu einer kleinen Kammer neben dem Vermessungszimmer ist kein runder Bogen, sondern ein Winkel mit Kugeln zu sehen. Könnte das Gebilde einen Vermessungswinkel darstellen?

Diese Faktoren zusammengenommen würde bedeuten: Die Erbauer der Klosterpropstei Mühlberg sind möglicherweise zu ihrer Zeit vorsätzlich „heimlich" vorgegangen. Die Künstler der Heiligenbilder im oberen Stockwerk könnten ebenfalls darüber informiert gewesen sein. Die Spur dieses in den Zeichnungen steckenden Wissens führt in die Malschule von Lucas Cranach dem Älteren (1472-1553) in die Universitätsstadt Wittenberg, damit in eine Zeit, als die moderne Astronomie noch mit den ersten Schritten beschäftigt war.

Vorsätzlich heimliches Vorgehen bedeutet schlussfolgernd wiederum: Es könnte auch noch andere heimlich eingebaute Gegenstände im Kloster Mühlberg und auch in anderen Orten Geometrien geben, die für die Mechanismen der Astronomie und Astrophysik genutzt worden sein könnten. So gibt es zum Beispiel im Keller des gleichen Gebäudes in Mühlberg einen Stein, mit dem der Zirkularpunkt markiert worden sein könnte und auch zwei gleich schwere, heute noch „hängende" Steine mit einer Richtungsmarkierung, die als Pendel bzw. Drehwaage in Schächten verwendet worden sein könnten, sind im Keller der Klosterpropstei zu finden.

In Mühlberg könnten damit die Mechanismen mittelalterlicher Sternenbeobachtung mit ihren wohl geheimen Geometrien klar und eigentlich auch wissenschaftlich beweisbar offen liegen. Die Mechanismen zeigen, wie die Beobachtung der Gestirne durch rätselhafte biblische Figuren und Bibelsprüche vor aller Augen verschleiert wurde und selbst auch, dass möglicherweise mit euklidischer Geometrie die Geschwindigkeit des Lichtes und auch die Wirkung der Gravitation berechnet worden sein könnte. Zumindest wären die Geometrien dafür vorhanden.

Ob das tatsächlich in Mühlberg auch praktiziert wurde, ist unklar.

<u>Daher die nächste Frage: Welche Astronomen waren zu dieser Zeit in der Umgebung von Mühlberg unter ähnlichen Voraussetzungen tätig?</u>

Das geozentrische Weltbild mit der Erde als Mittelpunkt entstand um 130 n. Chr. wesentlich durch den griechischen Mathematiker, Geografen, Astronomen und Philosophen Claudius Ptolemäus (90-168). Dieses geozentrische System hatte Bedeutung bis zu Nikolaus Kopernikus, welcher im 16. Jahrhundert erkannte, dass sich die Erde und die Planeten um die Sonne bewegen müssen, was sich dann zum heliozentrischen Weltbild mit der Sonne im Zentrum entwickelte.

- Astronom Nikolaus Kopernikus hat von 1473 bis 1543 gelebt. Er hatte frühen und wesentlichen Kontakt zum Zisterzienserinnen- Kloster in seiner Heimatstadt Thorn.
- Astronom Tycho Brahe hat von 1546 bis 1601 gelebt. Er studierte an den von der Kirche, insbesondere zu diesem Zeitpunkt an den von der Reformation beeinflussten Universitäten Leipzig, Wittenberg, Rostock und Basel Jura sowie Geistes- und Naturwissenschaften. Ebenso Grammatik, Dialektik, Rhetorik, Arithmetik, Geometrie, Musik und Astronomie. Er baute später auf das Wissen von Nikolaus Kopernikus auf und verbesserte dessen Messungen. Tycho Brahe war der bedeutendste beobachtende Astronom vor der Erfindung des Fernrohrs. Er hatte das wichtigste Observatorium seiner Zeit. Brahes Beobachtungen der Fixstern- und Planetenpositionen waren mit Abstand die genauesten, auf die halbe Bogenminute genau. Diese sind auch heute noch nicht ohne Weiteres zu erreichen. Er stellte einen Katalog mit der Position von 777 Sternen zusammen. Dies war der erste Sternenkatalog der modernen Astronomie. Brahe verließ seine Observatorien 1597 und ging ins Exil nach Prag. Er wurde Kaiserlicher Hofastronom. Im Jahre 1600 wurde Johannes Kepler sein Assistent.
- Astronom Johannes Kepler hat von 1571 bis 1630 gelebt. Er besuchte die Klosterschule Adelberg, deren berühmtester Schüler er war. Die Klosterkirche wurde später abgetragen. Er baute wiederum auf die Grundlagen von Tycho Brahe und damit Nikolaus Kopernikus auf. Der Sternenkatalog Brahes mit den 777 Positionen wurde erst nach dem Tod von Brahe 1601 von seinem Assistenten Johannes Kepler unter Brahes Namen veröffentlicht. Durch Kepler erhielt der Katalog eine Erweiterung auf insgesamt 1004 Sternenpositionen.

Alle drei Wissenschaftler waren demnach in ihrer Ausbildung und in ihrem Beruf unmittelbar mit der Kirche verbunden. Europaweit standen praktisch alle zuvor in Erscheinung getretenen, heute bekannten Astronomen in irgend einer Weise mit kirchlichen Einrichtungen in Zusammenhang. Nikolaus Kopernikus, Tycho Brahe und Johannes Kepler nutzten sicher auch deren Wissen. Welche Zustände selbst noch zu Keplers Zeiten herrschten, zeigt dieses Beispiel: Kepler war 1612 Professor in Linz. Ab 1615 übernahm er die Verteidigung seiner bis 1620 als Hexe eingekerkerten Mutter Katharina, die ein Jahr später an den Folgen der Folter starb.

Alle drei Astronomen mussten bei ihrer Himmelsbeobachtung ohne die Erfindung der Linse auskommen. Ihre Instrumente sind durch die Verwendung des Visierprinzips gekennzeichnet. Je größer der Maßstab dieser Visiereinrichtung, desto präziser das Instrument! Große Pyramiden, Gebäudespitzen! Die ersten effektiven Entwicklungen von Fernrohren gehen auf 1766 Wilhelm Herschel (1738-1822) zurück. Dieser entdeckte 1781 ein neues Objekt im Sonnensystem, den Planeten Uranus. Kepler stand ab 1613 nur eine vereinfachte Vorgängervariante zu Verfügung.

Welche Mechanismen nutzten die drei Astronomen für ihre Arbeit?

- Wie Kopernikus vorging ist unklar, es ist nur ein Dreistab bekannt. Kopernikus soll mindestens 40 eigene Messungen vorgenommen haben. Zudem soll er das Wissen des Astronomen Claudius Ptolemäus genutzt haben.

- Tycho Brahe baute auf der kleinen Insel Ven im Östersund zwei schlossähnliche Gebilde, die er offensichtlich aufgrund ihrer Ausrichtung benutzte und er nutzte einen Mauerquadranten. Bei den Gebäuden handelt es sich um die Forschungsstätte Uraniborg (von 1576-1580 auf der Insel Ven errichtet) und die unterirdische Sternwarte Stjerneborg (1586 auf der Insel Ven gebaut). Das System ähnelt grob dem in Mühlberg und auch in Wittenberg, wo Brahe studierte, sind noch gut sichtbare Ausrichtungen von Gebäuden vorhanden. Es wurde ohne Fernglas über die Spitzen von Gebäuden als Visiereinrichtung gemessen, bei Brahe allerdings möglicherweise in allen vier Himmelsrichtungen. Das zweite Observatorium Stjerneborg war eine weitestgehend unterirdische Anlage. Als Gründe für den unterirdischen Bau werden Temperaturschwankungen bei der Beobachtung der Sterne angegeben, möglicherweise durch Astronomische Refraktion. Theoretisch ist es möglich, dass Tycho Brahe in den unterirdischen Schächten auch Pendel - und Drehwagenversuche und damit Messungen der Gravitation durchgeführt hat. Brahe behielt sein Wissen jedoch bis zu seinem Tode weitestgehend geheim. Vielleicht war er sich seiner Sache nicht ganz sicher. Immerhin hat sein Nachfolger Johannes Kepler mit den Daten Brahes seine Gravitationsgesetze erarbeitet!

Interessant in Bezug auf das Sechseck erscheint ein flaches Armillarsphären-Instrument Brahes, in dem die gleiche Sechseckstruktur wie an den Giebeln im Kloster Mühlberg zu sehen ist. Diese Struktur enthält die Winkel und die Geometrien der Lichtgeschwindigkeit in euklidischer Geometrie. Woher Brahe die Sechseck-Konstruktion kannte, ist unklar. Primitive Armillarsphären sind bereits für das alte Babylonien nachgewiesen. Bei Eratosthenes von Kyrene (um275v.Chr.-194v.Chr.) wird es um 190 v. Chr. als scheibenförmiges Astrolab eingeführt. Claudius Ptolemäus beschreibt die Funktionsweise um 150 n. Chr.. Tycho Brahe perfektionierte die Armillarsphäre. Bei dem flachen Kreis- Sechseckstern- Gerät Tychos handelt es sich um das große äquatorielle Armillar von Tycho Brahe aus dem Jahr 1585. Das im Durchmesser drei Meter große Gerät wurde in den Himmelsäquator justiert, damit senkrecht zur Rotationsachse der Erde. Steht ein Gestirn am Himmelsäquator, so kann mit Hilfe des Instrumentes der Winkel des Sterns oder Planeten im Äquator (Rektaszension) mittels Visiere auf ca. Bogensekunde genau bestimmt werden. Einige Streben der inneren Sechseckstruktur wurden nicht nur zur Stabilisierung verwendet, sie waren auch an den Messvorgängen selber beteiligt. Lange vor der Erfindung des Teleskops waren Brahes Beobachtungen des Alls die präzisesten überhaupt. Seine

Entdeckungen in Uraniborg und Stjerneborg machten die Insel Ven zu einer in ganz Europa bekannten Hochburg der Wissenschaften.

- Johannes Kepler dürfte nach der Zusammenarbeit mit Tycho Brahe und der Nutzung seiner Daten ähnlich vorgegangen sein. Kepler hatte ab um 1611 Zugriff auf das Wissen über das System eines einfachen astronomischen Fernrohrs. Das erste überlieferte simple Kepler- Fernrohr wurde um 1613 von dem Jesuiten Christoph Scheiner (1573-1650) gebaut. Jedoch noch sehr mangelhaft. Es wird vermutet, dass Kepler weitestgehend empirisch vorging, wobei er die Daten von Brahe nutzte. Diese Aussage steht allerdings im Widerspruch mit der Erweiterung des Sternenkatalogs. Er muss also auch beobachtet haben.

Die Überlegung: Der Mauerquadrant Brahes ist eigentlich noch zu ungenau. Seine Gebäudestruktur von Uraniborg ähnelt der von Mühlberg und auch in Wittenberg ist diese zu finden. Mühlberg und Wittenberg sind nur 70 km voneinander entfernt. In Mühlberg beträgt die effektive Messstrecke 150 Meter bei einem Winkel von 15 Grad. In Wittenberg misst die Messstrecke, wenn es denn eine zwischen den beiden Kirchen gegeben haben sollte, sogar 500 Meter. Die Spekulation: Theoretisch müssten Kopernikus, Brahe und Kepler sowohl eine Geschwindigkeit des Lichtes als auch die Mechanismen der Gravitation ansatzweise bekannt gewesen sein, um überhaupt so genau arbeiten zu können, wie sie es getan haben. Hätten sie mit den in Mühlberg vorhandenen Mechanismen der euklidischen Geometrie (ohne Zahlen) arbeiten können, die es sicher auch vereinzelt in anderen kirchlichen Häusern gab, hätten sie die Zahlenwerte der Lichtgeschwindigkeit und der Gravitation möglicherweise überhaupt nicht kennen müssen. Die Geometrie hätte die „Berechnung" automatisch übernommen. Die Überlegung daher: Hatten Kopernikus und Brahe Zugriff auf ähnliche Konstruktionen wie die in Mühlberg? Das Sechseck- Gestell von Tycho Brahe scheint immerhin eine solche Konstruktion zu zeigen. Selbst wenn es als Armillar verwendet wurde. Um so präzise arbeiten zu können, wie sie es getan haben, hätten die drei Astronomen eigentlich die Lichtgeschwindigkeit kennen müssen. Die Bekanntheit der Lichtgeschwindigkeit ist aber erst mit 1676 und dem dänischen Astronomen Ole Christiansen Römer ein heute zeitlich unumstößliches Dogma.

Daher die nächste Frage: Welchen Weg könnten die Astronomie und Astrophysik vom antiken Ägypten nach Mitteleuropa genommen haben?

Die im Kloster Mühlberg vorgefundenen geometrischen Mechanismen sind auch in antiken Bauwerken zu finden. Die Geometrien sind mit Mühlberg nahezu identisch! Demnach müsste es in der Geschichte einen Weg von der Priesterschaft der Antike bis in die Religionen und bis in ihre Bauwerke des Mittelalters gegeben haben!

„Rückwärts" ließe sich dieser Weg möglicherweise auf den ersten Blick bis zu Karl dem Großen (747-814) und seinem Wissenschaftler Alkuin (735-804) zurück verfolgen, welcher sich mit der Landvermessung bzw. der Geodäsie per Trigonometrie beschäftigte. Alkuin war als umsichtiger Astronom bekannt, der sich nicht nur mit den Tierkreiszeichen und den Mond- und Sonnenphasen, sondern auch 798 n. Chr. mit dem Mars beschäftigte. So sollte er Karl den Großen die zeitweise Unsichtbarkeit des Mars erklären und wie dies im damals anerkannten geozentrischen Weltbild vereinbar sei. In seinen Funktionen als Vermesser und Astronom wäre Alkuin durchaus ein Kandidat für die Konstruktion von zur Sternenbeobachtung geeigneten Kirchenbauten. Einen Hinweis könnte es im Aachener Dom geben. Im Auftrag von Karl dem Großen erbaut zwischen 795 und 803 ist in der streng geometrischen Deckenkonstruktion ein Achteck zu sehen, in das Sterne eingelegt sind. Die Oktogon-Konstruktion mit Sternen wäre ein Hinweis auf die acht Messstellen auf der Erdkreis-Erdbahn und damit auf ein heliozentrisches Weltbild.

Welche Verbindung gibt es von der antiken Sternenbeobachtung zur mittelalterlichen Sternenbeobachtung im Kloster Mühlberg? Wie könnte eine Eingrenzung der tatsächlichen Bauherren des Klosters Mühlberg erfolgen?

Das Zisterziensernonnen- Kloster Marienstern wurde also 1228 gegründet und 1559 aufgelöst. Sicher stand das Kloster nicht sofort. Den Ort als Kloster zu bezeichnen wäre legitim, wenn die bauenden Mönche zunächst nur in Bauhütten gewohnt hätten. Der Bau der Kirche dürfte ca. 50 Jahre gedauert haben.

Das Kloster Mühlberg wurde 1228 in Form einer Stiftung durch die Brüder Otto und Botho Ileburg gegründet. Wer das Kloster projektiert hat und durch wen es gebaut wurde, ist heute unklar. Eine Anfrage bei Bauhistoriker Dr. Matthias Donath am 06. Mai 2016 ergab: Wer Architekt war und wer gebaut hat, ist in keinem Fall bekannt. Das Kloster scheint die gleichen Mechanismen der Sternenbeobachtung zu enthalten, die bereits in den Geometrien der Pyramiden von Gizeh zu finden sind. Welche Zusammenhänge zwischen der antiken Astronomie und dem Kloster Mühlberg könnte es also geben?

Wichtigste Zutaten zur Beantwortung dieser Frage könnten „Johannes der Täufer", der Name „Marien" und der Status eines „Zisterziensernonnen- Klosters" liefern. Diese Konstellationen gibt es sicher in einigen Klöstern. Wie aber die richtigen Klöster finden? Eine Lösung ergäbe sich durch das Einkreuzen der Fakten und damit der Bildung eines Struktur- und Faktenmusters.

Astronom Nikolaus Kopernikus wurde zunächst an der „Sankt- Johannes-Schule" in Thorn ausgebildet. Also „Johannes" - „Johannes der Täufer" !? Heiligenfenster Mühlberg! Was ist das denn für ein Zufall?

Mehrere weibliche Verwandte lebten in dem „Zisterzienserinnen- Kloster" in Thorn, so Stieftante Katharina und später auch seine Schwester Barbara als Äbtissin. Diese könnten dem heranwachsenden Nikolaus ihnen bekannte Gebäudestrukturen gezeigt haben. Wenn es denn astronomische Geometrien gab und sie darüber informiert waren. Der Zufall könnte natürlich vor allem eine Rolle gespielt haben.

Genau wie in Mühlberg handelt es sich um ein Zisterzienserinnen- Kloster.

Von den Kreuzritterorden ist bekannt, dass sich auch Frauen anschlossen. Diese durften allerdings nicht an Kampfhandlungen teilnehmen. Sie wurden in Hospitälern und Klöstern eingesetzt, wo sie sich an der Pflege von verwundeten, kranken und alten Soldaten wie auch an der Unterstützung, dem Schutz und der Pflege von Pilgern beteiligen konnten.

Die Anlage in Thorn entstand drei Jahre nach Mühlberg 1231, in diesem Gebiet in (Ost) Preußen als eine der ersten Siedlungen unter der Verwaltung des Deutschen Ordens. Den Grundstein von Thorn legte 1231 der Landmeister (Landvermesser?) Hermann von Balk (bis1239). Dieser begründete ebenfalls die Burgen MARIENwerder, Culm und Elbing, wo es ebenfalls eine MARIENkirche gibt. Einer der Hauptsitze des Deutschen Ordens war die zwischen 1270 und 1300 errichtete Marienburg in Ostpreußen in der Nähe von Thorn. Ihren Namen soll die Stadt Thorn von der Kreuzfahrerburg Toron des Deutschen Ordens im Heiligen Land erhalten haben. Für Mühlberg kämen demnach rein spekulativ gedanklich Vorbilder in Betracht, wie zum Beispiel die Burg „Maldouin" im Heiligen Land. Zusammensetzung aus „Rot" und „Berg". In der Carl Robert Bertram - Chronik wird der Ort an der Elbe auf Seite 7 als „Moleberch", „Mulberc" oder „Muleberc" bezeichnet.

Weitere Parallelen zu Mühlberg sind die Nähe zu einem Fluss. So liegt, Thorn an der Weichsel und Mühlberg an der Elbe. Sinn macht dieser Zusammenhang mit der Kontrolle des Handels auf den nahen Wasserstraßen. Thorn trat im 14. Jahrhundert sogar dem Hansebund bei. Der Deutsche Orden (wie auch andere Ritterorden) versuchte seine Landesherrschaft auszudehnen und den Handel zu kontrollieren. Dazu erhält die Überquerung der Flüsse an geeigneten Stellen sowohl eine militärisch-strategische als auch die zolltechnische Bedeutung. Weiterhin waren Flüsse auch immer wichtige Landmarken, die ohne Kartenmaterial wichtige, nahezu unverrückbare Orientierungslinien in der Landschaft darstellten. Sowohl Thorn, Mühlberg als auch Wittenberg verfügten über einen Hafen. In den Städten gibt es diesen heute noch.

Historiker Ralf Uschner vom Kreismuseum Bad Liebenwerda meinte am 03. Juni 2016, es sei belegbar, dass sich Landmeister Hermann von Balk vor seiner Zeit in Ostpreußen (Westpreußen) in Mühlberg aufgehalten habe. Zentrum der Aktivitäten sei die Komturei (Commende) des Deutschen Ordens in Dommitzsch an der Elbe, welche im Jahr 1223 Heinrich III., Markgraf zu Meißen (um1215-1288) (noch minderjährig) dem Deutschen Orden stiftete. Ein wichtiger Anhaltspunkt ist im Diplomatarium Ileburgense, der Urkunden- Sammlung zur Geschichte und Genealogie der Grafen zu Eulenburg von George Adalbert von Mülverstedt: Baensch,

Magdeburg 1877 zu finden. Auf S. 7 wird für den 25. April 1219 Bodo v. Ilburg erwähnt, welcher als Zeuge auftritt, als Dietrich, Markgraf von Meißen, dem Deutschen Orden das Dorf Riprodewitz, jetzt Hagenendorf genannt, im Gau Dommitsch (Domuts) vereignet. Der Standort des heutigen Dommitzsch war also bereits seit 1219 im Handlungsbereich des Deutschen Ordens. Ein weiterer wichtiger Hinweis: Da die Aktion in den Urkundenbüchern der Ileburger auftaucht, wird ein früher Zusammenhang zwischen den Ileburgern und dem Deutschen Orden ruchbar. In Dommitzsch gibt es selbst heute noch eine Commendestraße und den Ortsteil Commende mit einem Rittergut. Beeindruckendes und weithin sichtbares Wahrzeichen ist die von den Ordensrittern ab 1443 errichtete St. Marien Kirche Dommitzsch.

Die von den Ordensrittern ab 1443 errichtete St. Marien Kirche Dommitzsch

Der Deutsche Orden in Dommitzsch

Der Deutsche Orden in Dommitzsch - Die von den Ordensrittern ab 1443 errichtete St. Marien Kirche Dommitzsch. Der Ortsteil Commende - 35 km bis Wittenberg - 35 km bis Mühlberg

Stiftungen bauten auf das damalige Weltbild auf und sollten dem Spender Seelenheil garantieren. Neben den Schenkungen sorgten auch Erbschaften zunehmend für enormen Landbesitz. Sprichwörtlich „letztendlich" war schließlich auch die Bestattung in „geweihter Erde" mit entsprechender Spendenbereitschaft verbunden. Schon am Ende des 12. Jahrhunderts erhielt der Orden Besitzungen in Europa. So wird für das Jahr 1197 ein Hospital des Deutschen Orden im süditalienischen Barletta erwähnt. Um 1200 konnte mit einem Spital eine Niederlassung nördlich der Alpen im Raum Halle gebildet werden, von wo aus sich der Orden weiter auf das Heilige Römische Reich, insbesondere in östlicher Richtung und damit auch in Richtung Dommitzsch und Mühlberg ausbreitete. Dommitzsch liegt ungefähr 80 Kilometer östlich von Halle und etwa 35 Kilometer elbaufwärts von Mühlberg. Von dem auf der westlichen Elbeseite gelegenen Dommitzsch ergibt sich eine nahezu gerade Linie in gleicher Entfernung sowohl zu einer Furt über die Elbe auf die östliche Elbeseite im Süden in Höhe von Mühlberg, als auch im Norden in Höhe von Wittenberg. Die 35 Kilometer in beiden Richtungen von diesem Stützpunkt aus hängen womöglich mit dem Tagespensum eines reitenden Ritters zusammen.

Die Reitzeitberechnung ergibt: Trotz wechselnder Geschwindigkeiten schafft ein Reiter etwa 5 bis 6 Kilometer in einer Stunde. Das bedeutet etwa 30 Kilometer in 5 bis 6 Reitstunden. Dazwischen Pausen zum Fressen, Trinken, Rücken entlasten. Da kommen etwa an die 8 Stunden am Tag zusammen. Je länger der Reiter unterwegs ist, um so länger wird der Pferderücken mit dem Gewicht des Reiters belastet. Dabei kommt es auf die Relation von Reitergewicht und Gepäck zum Normalgewicht des Pferdes an. Langstreckenreiter laufen daher immer wieder mal ein Stück, um den Pferderücken zu entlasten. Zudem waren die Tagesritte auch abhängig von der Art des Pferdes. Ein großes Ritterpferd, meist ein sog. Kaltblut, sei sehr stark und kräftig gebaut und eben dafür ausgelegt lange Distanzen schnell zu laufen, meint Pferdeexpertin Christin Schröder- Grahle. Dem schließt sich auch die Geschäftsführerin des Deutschordensmuseums in Bad Mergentheim Maike Trentin- Meyer an: Ritter-Trosse konnten so etwa Etappen von ca. 30 km und etwas mehr erzielen. Wird dagegen ein durchschnittliches Tempo von mindestens 8 km/h geritten, also mit raumgreifenden zügigen Schritt und mehreren Trab- oder Galoppeinlagen, ergibt die Reitzeitberechnung für 30 Kilometer etwa 4 Stunden. „Wir gehen von etwa 30 Kilometer Tagespensum aus", meinte am 24. Oktober 2016 Maike Trentin- Meyer.

Hermann von Balk (-1239), der Begründer der Burgen von Thorn Marienwerder, Culm und Elbing, war erster Landmeister des Deutschen Ordens. Von 1219 bis 1230 war er Deutschmeister des Ordens. In dieser Funktion war er ab 1230 an den Eroberungskämpfen gegen die Prußen und das nördliche Ermland beteiligt.

Hermann von Balk war enger Vertrauter von Hermann von Salza (1162-1239). Balk verwirklichte die Ziele seines Hochmeisters Hermann von Salza. Beide schufen zum Beispiel die Rechtsgestaltung aller preußischen Städte.

Die auch heute noch so bezeichneten „Preußischen Tugenden" Ordnung, Disziplin, Pünktlichkeit und Konsequenz sind alle Eigenschaften, welche Menschen zugutekommen, wenn sie ein System stabilisieren müssen. Hermann von Salza war am Dritten Kreuzzug (1189-1192) beteiligt. Er war von (1204) 1210-1239 der 4. Hochmeister des Deutschen Ordens. Er war der bedeutendste Vermittler zwischen dem römisch- deutschen Kaiser Friedrich II. (1194-1250) aus dem Adelsgeschlecht der Staufer und dem Papst. Hermann von Salza erreichte eine Gleichstellung des Deutschen Ordens mit den älteren Kreuzritterorden der Templer und Johanniter sowie 1237 die Eingliederung des Schwertbrüderordens. Ebenso erreichte er sukzessive Privilegien und Schenkungen, insbesondere die Schenkung Preußens. Hermann von Salza hielt 1229 bei der Selbstkrönung von Kaiser Friedrich II. in der Grabeskirche in Jerusalem die Lobesrede auf Friedrich.

<u>Könnten die Kreuzritter des Deutschen Ordens also auch Mühlberg konstruiert und gebaut haben?</u> Der Deutsche Orden ist eine römisch- katholische Ordensgemeinschaft, in unmittelbaren Zusammenhang stehend, mit dem JOHANNITER- und Malteserorden in der Nachfolge der Ritterorden aus der Zeit der Kreuzzüge. Die Kreuzzüge begannen zwischen 1095/99. Im Jahr 1099 eroberten die Ritter dabei Jerusalem. Der Templerorden wurde um 1118/1119 gegründet. Um 1119 wurden die Templer im Nachfolgebau des Salomonischen Tempels in Jerusalem einquartiert. Der Orden vereinte die Ideale des adligen Rittertums und der Mönche. Die Templer gründeten neben ihrem Militärhandwerk und der Verbreitung des Glaubens auch ergiebige wirtschaftliche Aktivitäten.

Der Deutsche Orden wurde erst 1190 in Akkon gegründet, zunächst als Spitalbruderschaft „Brüder vom Deutschen Haus Sankt Mariens in Jerusalem" und ab 1198 als ritterliche Kampfgemeinschaft zum Schutz der Pilger im Heiligen Land. Den Orden gibt es noch heute. Er nennt sich: „Brüder vom Deutschen Haus St. Mariens in Jerusalem" (heute Sitz in Wien). Die Reiseroute in das Heilige Land führte meist über den Seeweg. Aber auch beschwerliche Reisestrecken über Land, wie zum Beispiel über Konstantinopel, waren bei den sieben großen und je nach Zählweise insgesamt 27 Kreuzzügen möglich. Wichtigste Hafenstadt und strategischer Stützpunkt für den Deutschen Orden war Venedig.

Bei der Gründung in Akkon im Haus „Brüder vom Deutschen Haus Sankt Mariens in Jerusalem" fällt auf: Akkon - Jerusalem! Die Quelle für das Wissen über antike Vermessungstechnik könnte in Akkon, im damit von 1099 bis 1291 existierenden Königreich Jerusalem, als auch in der Stadt Jerusalem oder in beiden Städten liegen. In Jerusalem gab es ein Gebäude gleichen Namens. Wie schon Venedig ist Akkon eine alte Hafenstadt, also ein Zentrum für nautische Navigation. Sie war bereits in der Bronzezeit eine unmittelbar mit Ägypten in Beziehung stehende beachtliche Hafenstadt. Mit einer starken Befestigung war Akkon ein ansehnliches militärisches und wirtschaftliches Zentrum. Der Hafen hatte eine große Bedeutung für den Handel im Mittelmeer. Wegen seiner strategischen Bedeutung wurde der Hafen sogar zeitweise mit über die Einfahrt gespannten Ketten gesichert. Die Hafenstadt hatte für die Kreuzfahrer enorme strategische Bedeutung, so das sie 1104 eingenommen wurde. Im Jahre 1187 ging die Stadt allerdings wieder verloren, um dann nach einer Belagerung von 1189-1191 erneut an die Kreuzritter zu fallen. Während dieser Belagerung wurde 1190 der Deutsche Orden von Lübecker und Bremer Kaufleuten gegründet. Die Stadt entwickelte sich zu einer Brücke der arabischen Wissenschaft nach Europa. Akkon blieb bis zum endgültigen Fall bis 1291 Sitz des Hochmeisters.

Mit dem Verlust Akkons im Jahre 1291 waren sämtliche Militäraktionen des Deutschen Ordens im Heiligen Land vorerst beendet. Vorerst deshalb, weil auch danach immer noch die Hoffnung keimte, eines Tages das Heilige Land erneut erobern zu können. Aus diesem Grund befand sich selbst noch bis 1309 der Hauptsitz des Hochmeisters des Deutschen Ordens in Venedig und damit in einer der wichtigsten Hafenstädte für die Überfahrt in das Heilige Land. Venedig bedeutete aber auch für die Reisenden wochenlange Aufenthalte in einer für die Nautik mit Türmen und Zeitmesseinrichtungen, damit auch mit Einrichtungen für die Vermessung regelrecht und sprichwörtlich überfluteten Stadt. Die effektivsten Reisen in das Heilige Land fanden auf dem Seeweg statt. Es ist naheliegend, dass sich die führenden Kräfte, wie zum Beispiel Hermann von Salza, Hermann von Balk und viele weitere Kreuzfahrer aus den Reihen der adligen Elite bei den wochenlangen Überfahrten in das Heilige Land mit nautischen Kenntnissen, der Sternennavigation und damit mit den Mechanismen der Trigonometrie vertraut gemacht haben. Die gleichen Mechanismen dürften ihnen nicht nur in Akkon, sondern auch in den biblischen Beschreibungen des alten Tempels von Jerusalem und dann vor Ort an den Resten der historischen Stätten begegnet sein. Mit offensichtlich den gleichen Mechanismen der Vermessung sind sie dann möglicherweise anschließend bei der Vermessung von Burgen, Klöstern und Städten innerhalb der Grenzen des Reiches sowie in den neuerworbenen bzw. eroberten Stützpunkten in Preußen vorgegangen.

Über Jerusalem ließe sich ein Zusammenhang herstellen, von der Sternenbeobachtung mit antiken Bauwerken, über die Verwendung dieses Wissens durch die ägyptische Priesterschaft und damit mit dem Einzug in die Religion. Weiter über die kabbalistische Mythologie bis hin zum Tanach, der Heiligen Schrift des Judentums und darüber hinaus zum Christentum. Das Christentum hat die Bücher des Tanach in sein Altes Testament übernommen.

Möglicherweise haben die Ordensritter und deren unmittelbare Nachkommen das Wissen über die Vermessungstechnik und die geheime religiöse Sternenbeobachtung, über die Mechanismen der Lichtgeschwindigkeit und der Gravitation in einige ihrer Klöster eingebaut. Möglicherweise sogar, ohne genau zu wissen, worauf diese Mechanismen aufbauen.

Im Machtspiel mit König Philipp IV. (Philipp der Schöne) von Frankreich (1268-1314) und dem aus Frankreich stammenden und mit dem König eng befreundeten Papst Clemens V. (um1260-1314) sollte der Templerorden um das Jahr 1307 vernichtet werden, was am Freitag den 13. Oktober 1307 in einer umfänglich organisierten Aktion umgesetzt werden sollte. Am 22. März 1312 wurde der Orden von Papst Clemens V. aufgelöst.

Erstaunlicherweise verschwanden dabei sofort die von König Philipp IV. in Frankreich erhofften Reichtümer des Templerordens, die er neben seinen, bei den Templern nun weggefallenen Schulden gleichzeitig noch übernehmen wollte.

Heute wird angenommen, dass etwa 10 Prozent der Mitglieder des Templerordens in dieser niederträchtigen Aktion ausgelöscht wurden. In anderen Ländern übernahmen andere Orden, meist sogar in Personalunion, die Werte und Güter der Templer. In Portugal wurde zum Beispiel der Orden der Ritterschaft Jesu Christi, der „Christusorden" gegründet. Durch päpstliche Verfügung gelangte der ebenfalls im 11. Jahrhundert in Jerusalem gegründete Malteserorden zu Teilen in den deutschen Landbesitz des 1312 aufgelösten Templerordens.

<u>Welche Rolle spielen die Kreuzritter für die Klosterschule Adelberg und Johannes Kepler?</u>

Selbst Astronom Johannes Kepler ist womöglich ebenfalls auf den Pfaden der Kreuzritter gewandelt. Das Kloster Adelberg wurde hauptsächlich ab 1178 errichtet. In seiner Frühphase wurde das Kloster wesentlich vom Adelsgeschlecht der Staufer gefördert. Ein kleiner Vorgängerbau wurde an dieser Stelle bereits 1054 geweiht. Noch vor 1187 versuchte der Orden der Zisterzienser an diesem Standort Fuß zu fassen. Die Zisterzienser, die als Organisation später auch in Mühlberg und Thorn eine Rolle gespielt haben!

Die Propstei wurde 1178 nahe der Ulrichskapelle von Volknand von Staufen, dem Vetter von Kaiser Friedrich I. Barbarossa gestiftet. Ob Volknand von Staufen selber an den Kreuzzügen teilnahm, ist derzeit nicht zu ergründen. Sein naher Verwandter zumindest, Friedrich Barbarossa (1122–1190) nahm von 1147 bis 1149 am Zweiten Kreuzzug seines königlichen Onkels Konrad teil. Möglicherweise war auch Volknand daran beteiligt, welcher ab 1178 wesentlich zum weiteren Ausbau des Klosters Adelberg beitrug. Das Kloster wurde im Bauernkrieg 1524 geplündert, 1525 schwer beschädigt und damit teilweise zerstört. Es beginnt der Wiederaufbau. Um 1537 werden u.a. noch erwähnt: Das Kloster, die Kirche, zwei Kapellen, das Refektorium, die Abtei. Im Jahr 1540 wird die romanische Klosterkirche abgerissen. Ab 1565 wird es Sitz der Klosterschule, deren berühmtester Schüler Johannes Kepler war. Auf einem Bild von 1685 zumindest sind noch immer zwei unterschiedlich hohe Türme zu sehen. Bis ins 19. Jahrhundert hinein werden weitere wichtige Gebäude abgetragen.

Kloster Adelberg 1685 - Schüler war von 1584 - 1586 Johannes Kepler
Foto: Landesarchiv Baden- Württemberg - Andreas Kieser Hauptstaatsarchiv Stuttgart H 107/15 Bd 7 Bl. 23 Bild 1

Welche Rolle spielen die Kreuzritter für Mühlberg?

„Kandidat Nr. 1"- Wettiner Markgraf Heinrich I. - Das Kloster Mühlberg wurde, drei Jahre vor Thorn, 1228 in Form einer Stiftung durch die Brüder Otto und Botho Ileburg gegründet. Die Ileburger (Eulenburger/Eilenburger) waren Nachfolger der im 12. Jahrhundert ausgestorbenen Grafen von Eilenburg, insbesondere Heinrich I. von Eilenburg. Dieser um 1070 geborene Markgraf Heinrich I. von Meißen aus dem Adelsgeschlecht der Wettiner könnte sich seinem Alter nach durchaus als Jugendlicher von 1095 bis 1099 an den Kreuzzügen nach Osten beteiligt haben. Immerhin war er bereits ab 1081 Markgraf der Lausitz und ab 1089 Markgraf vom nahen Meißen. Indiz für die Teilnahme an der Kreuzritterschaft könnte sein Tod im Kampf gegen die Elbslawen an der Neiße im Jahre 1103 sein. Allerdings sind es von diesem Zeitpunkt aus noch 125 Jahre bis zur ersten Erwähnung des Klosters Mühlberg!

Beleg, dass die Wettiner nicht nur an den Kreuzzügen teilgenommen haben sondern sogar mit dem Templerorden in Beziehung standen, ist heute noch die Templerkapelle in Mücheln, die derzeit als einziges vollständig erhaltenes sakrales Bauwerk des Templerordens in Deutschland gilt. Im Jahr 1240 schenkte Dietrich I. von Brehna- Wettin aus dem Hause Wettin seinem Sohn Tempelritter Dietrich II. (um1190-1272) die Güter Mücheln und Döblitz. Mücheln war eine Komturei des Templerherrenordens bis zu dessen Auflösung 1312. Die Kapelle wurde zwischen 1260 und 1280 erbaut. Eine Beziehung zur Astronomie, wie in Mühlberg, ist in und um die Kapelle nicht zu finden. Die einzige Wendeltreppe des Gebäudes ist innen geschlossen.

„Kandidat Nr. 2" - Waren die Ileburger als Gründer von Mühlberg selber Kreuzritter? Wer Mühlberg und das nahe Wittenberg konstruiert und gebaut hat, ist vollkommen unklar. Der Deutsche Orden der Kreuzritter war zumindest ab 1219/1223 in der Nähe, nur jeweils ca. 35 Kilometer sowohl von Mühlberg als auch von Wittenberg entfernt nachweislich aktiv.

Zwischen Wittenberg und Mühlberg befindet sich der Ort Dommitzsch. Im Jahr 1223 stiftete Heinrich III., Markgraf zu Meißen (1215-1288) die Komturei des Deutschen Ordens in Dommitzsch an der Elbe. Nur etwa jeweils 35 Kilometer bis Mühlberg und Wittenberg entfernt! Dommitzsch liegt genau dazwischen. Sollte sich Landmeister Hermann von Balk tatsächlich zu dieser Zeit dort aufgehalten haben, dann gibt es einen unmittelbaren Zusammenhang zwischen Mühlberg und Thorn! Er könnte nicht nur der Konstrukteur und Vermesser von Mühlberg sein, sondern auch in Wittenberg mitgemischt haben! Zumindest die von ihm ausgebildeten zukünftigen Vermesser für derartige Anlagen und Stadtplanungen. Das Kloster Mühlberg wurde, drei Jahre vor Thorn, 1228 in Form einer Stiftung durch die Brüder Otto und Botho Ileburg gegründet. Thorn wurde ab drei Jahre nach Mühlberg vom Deutschen Ritterorden errichtet, welcher an den Kreuzzügen nach Jerusalem beteiligt war. Könnten auch die Brüder Otto und Botho Ileburg selber Kreuzritter gewesen sein?

Mühlberg - Ileburger - Thorn? Ein am 07.05.2016 kontaktierter Nachfahre Philipp Graf zu Eulenburg und Hertefeld meinte dazu tatsächlich, dass die Urahnen der Familie an den Kreuzzügen teilgenommen hätten. Dies sei, ohne im Moment genauere Details nennen zu können, anhand von Urkundenbüchern belegt. Der andere Zweig der Ileburger, Richard Graf zu Eulenburg Berlin erinnerte bei einem Gespräch am 09.05.2016 an eine Sage: Demnach sei der Ilebürgische Burgherr vom Kreuzzug zurückgekehrt, weil er heiraten wollte. Bei der Rückkehr fand er die Burg verwüstet. (Bei dieser sogenannten „Zwergensage" geht es eigentlich um einen verlorenen Ring).

Damit verfestigt sich die Vermutung: Die Ileburger könnten als ehemalige Ritter/Mönche selber an den Kreuzzügen beteiligt und später unmittelbar an der

Konstruktion und am Bau des Klosters Mühlberg, möglicherweise in einer Beziehung mit Landmeister Hermann von Balk teilhaftig geworden sein. Der gleiche Landmesser, der Mühlberg konstruiert hat, könnte, wie bei Thorn ersichtlich, auch andere Gotteshäuser und deren Geometrien aufgebaut haben, insbesondere auch das nahe Wittenberg. Die Kreuzritterschaft, zu denen möglicherweise auch die Ileburger gehörten, könnte das geheime Wissen somit zusammen mit Landmeister Hermann von Balk nach Mitteleuropa importiert haben. Eine weitere Frage lautet: Woher stammte der biblische Reichtum, mit dem die Ritter/Mönche quasi aus dem „Stand heraus" derartige Klöster und Burgen bauen konnten?

Die Ritter/Mönche, insbesondere auch in Mühlberg, haben ihr Wissen und Vermögen in biblische Projekte u.a. in das Seelenheil, die Nächstenliebe, so in Krankenhäuser/Spitale und kirchliche Einrichtungen zum Aufbau der menschlichen Zivilisation investiert. Damit haben sie quasi das göttliche Ziel zum Aufbau der Menschheit umgesetzt.

Haben sie dabei möglicherweise auch auf (aus dem Heiligen Land mitgebrachte) biblische Goldschätze Salomos zurück greifen können? Wenn es diese denn gab?

Das Adelsgeschlecht der Ileburger, hatte wiederum enge familiere Beziehungen nach Ostpreußen (Deutscher Ritterorden, Marienburg, Thorn, Landmeister Hermann von Balk). Nach der Übersiedlung eines Familienzweiges nach Preußen im 14. Jahrhundert erhält die Familie Eulenburg zumindest Lehen des Deutschen Ordens, was eigentlich schon auf eine enge Beziehung zur Ritterschaft des Ordens hindeutet.

In diesem „Raster" könnte also tatsächlich die Vermutung aufkommen: Mitglieder des Adelsgeschlechtes der Ileburger/Eulenburger haben sich ebenfalls als Ritter an den Feldzügen in einem der Kreuzritterorden beteiligt. Im Diplomatarium Ileburgense, der Urkunden- Sammlung zur Geschichte und Genealogie der Grafen zu Eulenburg kommt es auf S.11 am 24. Juni 1223 zur Erwähnung der Stiftung von Heinrich III., Markgraf zu Meißen an den Deutschen Orden, also wieder in der Urkundensammlung der Ileburger! Die erste eindeutige urkundliche Bezeugung der Ritterschaft der Ileburger geschieht erst auf S. 86 am 23. Juli 1297. Zwischen 1327 und 1329 wird ein Otto v. Ileburg sogar als „Compan des Hochmeisters" genannt.

Eine weitere Frage! Wie kommen die Sterne in das Wappen der Ileburger und wo waren diese zuerst da? Das Adelsgeschlecht der Ileburger, später Eulenburger, wurde 1170 erstmals erwähnt. Im Wappen der Adelsfamilie finden sich „drei" sechsstrahlige Sterne, mit denen zumindest der „eine" Stern des Klosters Mühlberg erklärt werden könnte. Die Sterne der Ileburger? Wo war der Stern zuerst da? Die Stadt Eilenburg (von Ileburg) trägt ebenfalls die gleichen drei Sterne. Da die drei Sterne auch im Wappen von Calau zu finden sind und hier mit der Familie Ileburg in Verbindung gebracht werden können, entstammen die Sterne vermutlich der Familie Ileburg und somit nicht der Stadt Eilenburg. Vermutlich erst später wurden die drei Sterne in

Eilenburg ausgelegt in: Stadtgerichtsbarkeit - Gerichtsbarkeit des Rates und als heiliges Zeichen der Verbindung der Familie Ileburg zu Meißen. Eilenburg hätte aber gar keine primäre Auslegungsgewalt, weil die Sterne zu den Ileburgern gehören! Im Zusammenhang mit dem „Marien"- Stern in Mühlberg, welcher eine ursprünglichere Beziehung zur Religion erkennen lässt, machen die vermutlich späteren Eilenburger Interpretationen ebenfalls keinen Sinn. Die Konstellation Ileburger, sechsstrahliger Stern, „Marien" und „Johannes" tritt an keiner weiteren Stelle, ausschließlich nur in Mühlberg auf. Ganz genau den gleichen sechsstrahligen geometrischen Stern gibt es dagegen auch am Kloster St. Marienstern Panschwitz- Kuckau, welches wiederum nichts mit den Ileburgern zu tun hat. Gegründet wurde dieses Kloster 1248 von den Herren von Vesta. Der Stern ist also nicht einmal an die Ileburger gebunden, er muss vorher bereits da gewesen sein! (Das Kloster Panschwitz- Kuckau wurde nicht näher untersucht! Es gibt wie in Mühlberg eine Ausrichtung nach Osten, einen Südturm und eben den sechsstrahligen Stern. Das Kloster war durchgängig bewohnt, es wurde mehrfach umgebaut.) Mit dem Sechseck und dem sechseckigen Stern könnte in der Antike der Wert der Lichtgeschwindigkeit angegeben worden sein. Im Tanach, wird das Symbol mit dem Licht in Verbindung gebracht. Mutmaßlich haben die Ileburger den Stern als Symbol aus Jerusalem mitgebracht. Das Kloster Mühlberg trägt nicht nur den Stern, es trägt auch den Namen „Marien". Im Lateinischen bedeuten „Stella-Maris" oder „Maris- Stella" „Stern des Meeres". Der Stern gilt als Anrufung Marias. Damit ist der rettende Stern umschrieben, der dem Nautiker auf See die Richtung weist. Der Marien- Stern weist in der Religion den Menschen den Weg durch das Leben. Nautiker arbeiten mit Trigonometrie. In Zusammenhang mit „Marien" wird wieder der Zusammenhang mit „Stella Maris" erkennbar, dem Stern der Seefahrer. Damit ergibt sich der Zusammenhang mit der Nautik und damit mit der Trigonometrie. Der Marien- Stern des Klosters Mühlberg dürfte demnach auf die biblischen Zusammenhänge aufbauen, auf den Stern, der den Menschen den Weg weist: Herkunft Jerusalem. Einen eindeutigen Hinweis auf nur einen Marien- Stern liefert das erstmals für 1245 nachgewiesene erste Siegel des Klosters Mühlberg, zu sehen im Diplomatarium Ileburgense. Darauf sind zwei Personen zu sehen. Auffällig hinter dem Kopf der rechten Person: Der Heiligenschein trägt vier Punkte. Handelt es sich um die vier Messpunkte auf der Erdkreis- Erdbahn? Dann hätte der Stern tatsächlich eine astronomische Bedeutung. Als Anhaltspunkt für die Astronomie, als Maria-Stella Maris. Erdkreis- Erdbahn bedeutet: Heliozentrisches Weltbild - 1245! Woher wussten das die Mühlberger Klosterbewohner? Das heliozentrische Weltbild wurde doch erst durch Nikolaus Kopernikus populär, gut 300 Jahre später! Erst für das Jahr 1272 wird in der Bertram- Chronik Mühlberg mit Benedicta die erste Äbtissin genannt, was für die veranschlagte Bauzeit der Klosterkirche von ca. 50 Jahren nicht ungewöhnlich ist und den Zeitraum der beginnenden religiösen Nutzung beschreiben könnte. Aber wer wusste etwas zwischen der Stiftung 1228 und der Fertigstellung über möglicherweise geheime astronomische Geometrien?

Kloster Mühlberg.

Das Siegel des Klosters Mühlberg von 1245 mit dem Marien- Stern im Diplomatarium Ileburgense. Gut zu sehen die vier „Messpunkte" auf der Erdkreis- Erdbahn auf dem Heiligenschein der rechten Person.

Auf dem Siegel fällt noch mehr auf: Die angenommene Maria hält gar kein Kind auf dem Schoß! Sie scheint eine Art Adler zu tragen, oder sie scheint auf den Stern zu zeigen. Was bedeutet das? Und warum trägt die andere Person eine Krone? Müsste nicht die wichtigere Person die Krone tragen? Vielleicht ist ja Maria der Stern, der Marien- Stern und die zwei abgebildeten Personen haben eine andere Aufgabe! Welches Geheimnis hat der Siegelschneider hier eingebaut? Vor aller Augen!

Welche Zusammenhänge zwischen den Klöstern/Kirchen und der Astronomie ließen sich derzeit erkennen? Thorn - Nikolaus Kopernikus:

Ein Schlüssel zur Lösung des „Geheimnisses von Mühlberg" könnte demnach in einer parallelen Entwicklung der Klöster von Mühlberg und Thorn und damit zu Nikolaus Kopernikus (1473-1543) liegen. In dem Kloster in Thorn könnte es ähnliche Konstellationen gegeben haben, auf die Kopernikus in seiner Jugend Zugriff hatte. Kopernikus wurde zunächst an der „Sankt- Johannes- Schule" in Thorn ausgebildet. Einer Johannes- Schule „Johannes der Täufer"! (Heiligenfenster Mühlberg). Mehrere weibliche Verwandte lebten in diesem „Zisterzienserinnen- Kloster" in Thorn, so Stieftante Katharina und später auch seine Schwester Barbara als Äbtissin. Womit hat Kopernikus die Sterne beobachtet? Kopernikus betätigte sich als beobachtender Astronom an einfachen Hilfsmitteln, damit ohne Fernrohr, was erst sehr viel später erfunden wurde. Zumindest muss er auf eine Visiereinrichtung Zugriff gehabt haben, mit der er über zwei Punkte die Sterne anpeilen konnte. Welcher Art seine Instrumente waren, ist bis heute unklar. Einzig bekannt ist die Benutzung eines Dreistabes aus drei mit Skalierungen versehenen Linealen. Dieses einfache Instrument hätte aber für eine genaue Beobachtung niemals ausgereicht.

Kupferstich von Christoph Hartknoch

Die Stadt Thorn mit ihren Türmen

Marienkirche Thorn um 1720

Grundsteinlegung Thorn durch den Deutschen Orden 1231
Vermesser 1231: Landmeister Hermann von Balk

Nikolaus Kopernikus wurde 1473 in Thorn geboren

Fotogestaltung: Veit Rösler 2016

Die Stadt Thorn mit ihren Türmen: „Altes- und neues Preussen - 1684". Grundsteinlegung durch den Deutschen Orden 1231. Vermesser Landmeister Hermann von Balk. Nikolaus Kopernikus wurde am 19. Februar 1473 in Thorn geboren - Kupferstich von Christoph Hartknoch

Wo gab/gibt es das System noch in der Nähe von Mühlberg? Wittenberg - Tycho Brahe! Haben auch Wittenberg und Mühlberg die Kreuzritter/Mönche gebaut, die an den Feldzügen in Richtung Osten teilgenommen haben? Die Kreuzritter, die ja bekanntermaßen in der Nähe von Mühlberg und Wittenberg ab 1219/1223 in Dommitzsch waren, wo sich vermutlich auch Landvermesser Hermann von Balk um 1228 - 1230 aufhielt?

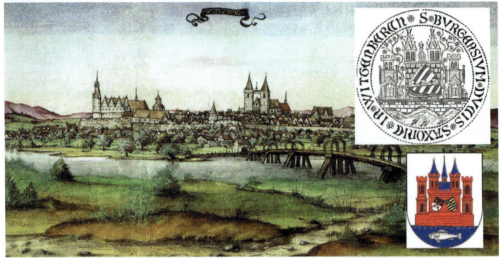

Wittenberg 1536

Das alte Siegel und das neue Wappen von Wittenberg

Wie entwickelte sich Wittenberg? In Wittenberg gibt es drei aufeinander ausgerichtete Türme: Auch Wittenberg hat eine Kreuzritter- Vergangenheit! Der Herzog von Sachsen Albrecht I. (1175-1260) aus dem Geschlecht der Askanier war u. a. Herzog von Sachsen- Wittenberg. Nach 1217 führte Albrecht I. im Auftrag von Kaiser Friedrich II. (1194-1250) den von der Kirche geförderten Kreuzzug zur Rückeroberung Jerusalems an. In diesem Kreuzzug gelang es Albrecht I. zunächst die in Ägypten gelegene Stadt Damiette am Mittelmeer zu erobern, weil diese strategisch wichtige Stadt Ausgangspunkt für die Wiedereroberung Palästinas sein sollte.

Im Jahre 1228 reiste er bis 1229 zusammen mit Friedrich II. nach Jerusalem. Da Hermann von Salza 1229 bei der Selbstkrönung von Kaiser Friedrich II. in der Grabeskirche in Jerusalem die Lobesrede auf Friedrich hielt, müssen sich die Männer dort getroffen haben. Ein Treffen in Jerusalem bedeutet nicht nur eine flüchtige Begegnung. Es bedeutete: Die Männer müssen sich spätestens auf der Hinreise in Venedig bzw. Brindisi zusammengefunden haben, wo sie möglicherweise wochenlang gemeinsam in einer der für nautische Vermessung interessantesten Hafenstädte der Welt auf eine Galeere für die Überfahrten gewartet haben. Dazu kommt eine wochenlange gemeinsame Überfahrt an Bord eines Schiffes und ein wiederum gleiches wochenlanges Prozedere für die Rückreise. In den folgenden Jahrhunderten haben sowohl Venedig, Akkon als auch Jerusalem aus den Pilgerzügen in das Heilige

Land ein dickes Geschäft gemacht. Venedig war Sammelplatz für die Orientreisenden. Meist erfolgte erst hier die Ausrüstung mit den notwendigen Reiseutensilien. Die Kapitäne der Galeeren warteten, um das Schiff tunlichst mit Reisenden voll zu bekommen, um so den Profit zu erhöhen. Folglich mussten die Reisenden in der Hafenstadt zum Teil mehrere Wochen lang eine teure Bleibe anmieten.

Der 4. Hochmeister des Deutschen Ordens Hermann von Salza und sein Deutschmeister und der spätere Landmeister Hermann von Balk waren wiederum enge Vertraute. Damit schließt sich der Kreis! Hermann von Balk war 1231 der Vermesser von Thorn und er war vermutlich zuvor auch um 1223 schon in der Komturei des Deutschen Ordens in Dommitzsch. Der Ort liegt sowohl von Mühlberg als auch von Wittenberg nur 35 Kilometer entfernt. Die heutige Stadt- und Pfarrkirche St. Marien Wittenberg, in der Martin Luther (1483-1546) ca. 3000 Predigten hielt, wird 1187 erstmals erwähnt, vermutlich noch eine Holzkirche. Ab **1280** wird diese erweitert und zwischen 1412 und 1439 erneut erweitert. Es handelt sich wiederum um eine Marienkirche. Ihre beiden Türme prägen das Stadtbild. Interessant ist dabei: Der Deutsche Orden ist ab 1219/1223 in Dommitzsch, 35 Kilometer entfernt präsent.

Dort beginnt der Kirchenbau der St. Marien Kirche Dommitzsch im Jahr 1443. Der Bau dauert 50 Jahre, die Weihe findet 1493 statt.

Die interessante Chronologie der „Marien" - Kirchen zusammengefasst:

- Die Kreuzzüge begannen zwischen 1095/99.
- Der Deutsche Orden wurde 1190 in Akkon gegründet, zunächst als Spitalbruderschaft „Brüder vom Deutschen Haus Sankt **Mariens** in Jerusalem".
- Im Jahr 1223 stiftet Heinrich III., Markgraf zu Meißen dem Deutschen Orden die Komturei des Deutschen Ordens in Dommitzsch an der Elbe. In Dommitzsch gibt es heute noch eine Commendestraße und den Ortsteil Commende.
- Im Jahr 1228 wird im 35 km entfernten Mühlberg das Kloster **Marien**- Stern gegründet. Der Bau dürfte sich über 50 Jahre und länger, also bis ca. um **1280** hingezogen haben.
- Die heutige Stadt- und Pfarrkirche St. **Marien** Wittenberg, in der Martin Luther später ca. 3000 Predigten hielt, wird ab **1280** umgebaut und zwischen 1412 und 1439 erneut erweitert. Es handelt sich wiederum um eine **Marienkirche**.
- Der Kirchenbau der 35 km entfernten St. **Marien** Kirche Dommitzsch beginnt kurze Zeit später im Jahr 1443. Der Bau dauert 50 Jahre, die Weihe findet 1493 statt.

Ein Bild von 1536 zeigt sogar auf der Brückenkonstruktion der St. Marien Kirche Wittenberg zwischen den beiden großen Türmen einen kleinen Turmaufsatz. Selbst die ersten Siegel und das heutige Stadtwappen zeigen diese auf den entfernten Horizont und damit auf den Himmel gerichtete „Visier - Zieleinrichtung".

Die in der geometrischen Linie leicht südlich liegende alte Burg wird ebenfalls 1187 erstmals erwähnt. Wann der fast genau in der „Visier- Linie" liegende nördliche

Schlossturm gebaut wurde, ist unklar. Historiker wie Andreas Wurda von den Städtischen Sammlungen Lutherstadt Wittenberg wissen: Der markante Nordturm des Schlosses gehört in Wittenberg zu den am meisten umgebauten Gebäuden. Er könnte in seiner Grundstruktur, also in der Geometrie zur Stadtkirche, seit seinem Bau von Anfang an immer schon an dieser Stelle gestanden haben. Ab um ca. 1340 wird an Stelle der Burg das Schloss aufgebaut. Die Burg wird abgerissen. Im Jahr 1489 wird das Schloss abgebrochen und von 1490 bis 1496 ein neuer Grundbau errichtet. Die Stümpfe des Süd- und des Nordturmes bleiben dabei immer erhalten und damit auch die in die Stadt eingebaute nach Osten eingerichtete Geometrie. Ob der in der West-Ost- Linie liegende Nordturm als hoher Beobachtungspunkt genutzt wurde ist unklar. Eine erhöhte Position wäre wegen der Astronomischen Refraktion mit Blick auf die Horizontlinie kontraproduktiv. Im Jahr 1506 wurde die Schlosskirche fertig gestellt. Der Turm ist 1508 auf einem Holzschnitt von Lucas Cranach d.Ä. (1472-1553) zu sehen. Im Jahr 1507 wird die Schlosskirche Universitätskirche und damit zur akademischen Weihestätte. Am 31. Oktober 1517 soll Martin Luther seine 95 Thesen an das Hauptportal der Schlosskirche geschlagen haben. Noch heute sind die vermutlich ursprünglichen Strukturen der Stadtplanung und damit der Vermessung in der nach rechts umgelegten V- Form des Straßenverlaufs zwischen den beiden Türmen der Stadtkirche im Osten und dem Turm der Schlosskirche im Westen zu sehen. Auch in Gizeh gibt es eine solche V- Form durch die beiden Aufwege! Interessant erscheint die Tatsache, dass die Stadtkirche wieder einen Marien- Namen trägt. Das Gebäude ist zwar geostet, es trifft aber nicht exakt die Ostlinie. Diese genaue Ost- West- Linie wird erst durch den 500 Meter entfernten Nord- Turm der Schlosskirche erreicht. Beim Blick auf Wittenberg vom Turm der Schlosskirche aus fällt der geometrische Straßenverlauf und die darin genau nach Osten ausgerichteten zwei Türme der Stadtkirche auf. Ähnlich wie in Mühlberg gibt es südlich dieser Achse mit dem Türmchen des Dachreiters die gleiche Konstellation, die in Mühlberg von dem Jakobsstab auf dem Wohnhaus am Altstädter Markt repräsentiert wird. In Gizeh ist dies die Mykerinos- Pyramide. Historiker Andreas Wurda von den Städtischen Sammlungen Wittenberg meinte am 03.06.2016 in einem Gespräch: „ ... den kleinen Dachreiter hat es immer schon gegeben, auch auf den früheren Gebäuden, die abgerissen und neu errichtet wurden." Auch in Wittenberg wäre es damit möglich, eine exakte Südausrichtung von dem nördlich der Hauptachse liegenden Wohnhaus aus zu erreichen. Wie in Mühlberg beim Torhaus/Hospiz erhält auch in Wittenberg dieses Gebäude eine schräge Ausrichtung auf den Beobachtungsturm zu. Auf Luftaufnahmen sind noch die Reste einer Raute zu sehen, mit der diese Geometrie vor langer Zeit eingestellt wurde. Da sich die Erde in 24 Stunden einmal um sich selbst dreht, kommt die exakte Südausrichtung einer heutigen 24- Stunden- Uhr gleich. „Sinnvollerweise" wurde später genau an diesem Dachreiter gleich noch eine Turmuhr angebracht!

Oben - Blick vom Turm der Schlosskirche Wittenberg zur St. Marien Stadtkirche. Unten - Blick zum Turm der Schlosskirche - r. von der Stadtkirche zur Schlosskirche Wittenberg

Auch hier wäre der Zuruf oder ein Lichtsignal zwischen einem Gehilfen und dem Vermesser auf dem Turm, wie in Mühlberg zur Propstei, möglich. Der markante Straßenverlauf in Wittenberg scheint vor aller Augen vorsätzlich auf die Stadtkirche ausgerichtet zu sein. Das muss man schon bei einer der ersten Einmessungen der Stadt so angelegt haben. Der Turm der Schlosskirche im Westen muss dabei eine Rolle gespielt haben! Die Schlosskirche selber und damit ihr Dachreiter wurden erst später gebaut. Überlegenswert daher, ob die für diesen Bau zuständigen Vermesser das geheime System generationsübergreifend über mehrere hundert Jahre gepflegt und erhalten haben könnten. Auch Wittenberg hatte eine Freimaurerloge!

Ob und von welchem Fenster des Nord- Turmes der Schlosskirche aus vermessen wurde, ist unklar. Interessant für die Funktion eines Vermessungszimmers erscheint das sogenannte Kurfürstenzimmer. Das innen verputzte und damit ausgebaute Zimmer verfügt über einen Schornsteinanschluss, was es beheizbar macht. Es verfügt über ein Fenster mit Blick in Richtung Osten über die Spitzen der St. Marien Stadtkirche. Daneben ist auch der unbegrenzte Blick zu dem auf der linken Straßenseite befindlichen Gebäude möglich, in dem sich der Gehilfe für den „Südblick" befunden haben müsste. Beim Eindrehen des Messbereiches hätte dieser Gehilfe dem Vermesser am Fenster des Kurfürstenzimmers ein Zeichen geben können.

In dem Gebäude, in dem sich in Wittenberg der „Südblick" befunden haben muss, wohnte einst Jurist, Theologe und Reformator Justus Jonas (1493-1555) welcher ab 1511 in Wittenberg weilte. Mitte 1520 kam es bei ihm nach Kontakten zu Wittenberger Theologen zu einer Wandlung von der „Juristerei" zur Theologie. Am 6. Juni 1521 wurde Justus Jonas als Propst der Wittenberger Schlosskirche eingeführt. Dieser war mit Philipp Melanchthon, Martin Luther und Astronom und Mathematiker Erasmus Reinhold (1511-1553) eng befreundet. Laut Historikerin Elke Strauchenbruch erwirbt Justus Jonas 1528 das Gebäude gegenüber dem Dachreiter auf der Schlosskirche. Analog dem Kloster Mühlberg, in dem sich mutmaßlich das für die Astronomie nutzbare Vermessungszimmer mit dem Heiligenfenster in der Propstei befindet, könnte Justus Jonas als Propst über eine astronomische Konstellation von Bauwerken in Wittenberg informiert gewesen sein. Astronom und Mathematiker Erasmus Reinhold studierte ab 1530 in Wittenberg. Im gelang es als Astronom eine ganze Reihe von Sternen entsprechend ihrer langjähriger Konstellationen zu beschreiben, wobei er zunehmend auch die Lehren von Nikolaus Kopernikus berücksichtigte. Erasmus Reinhold ist für seine erstaunlich genauen Messungen bekannt geworden. Astronom Tycho Brahe soll sich später an den Vermessungstechniken von Erasmus Reinhold orientiert haben. Da Brahe nach seinem Studium ein ähnliches System aufbaut, wie es Mühlberg und Wittenberg darstellt, ist naheliegend, dass Erasmus Reinhold die Wittenberger Gebäudestruktur genutzt hat.

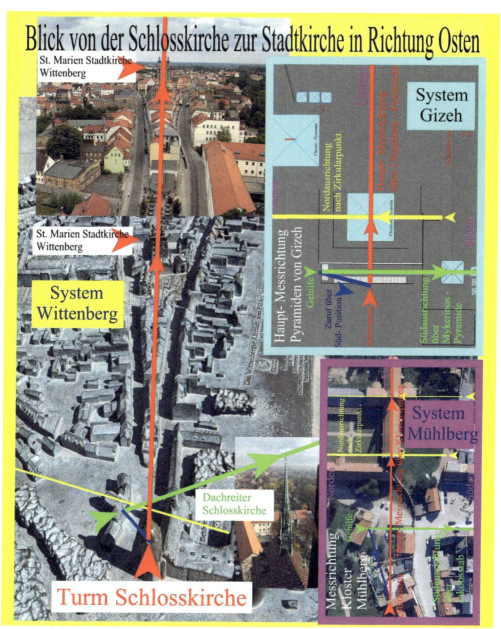

Vergleich System Gizeh - System Mühlberg - System Wittenberg

Blick aus dem Kurfürstenzimmer im Schlossturm Lutherstadt Wittenberg als eine mögliche Beobachtungsstelle mit Blick zur St. Marien Stadtkirche - Die geheime Tür zu den zugemauerten Gängen rechts im Bild

Das Kurfürstenzimmer verfügt neben seinem heutigen Zugang aus dem Treppenhaus über eine alte Tür, welche in einem schmalen Geheimgang mündet. Beide Wege des geheimen Ganges enden jeweils vor einer heute zugemauerten Wand. Von der Geometrie her wäre über diesen Gang ein früherer Zugang direkt aus dem Kirchenschiff der Schlosskirche möglich. Der unmittelbare geheime Gang vom Vermessungszimmer im Turm zum Kirchenschiff hätte auch in Wittenberg die Option eröffnet, die Vermessungsdaten an der Decke des riesigen Kirschenschiffes für zwei zeitlich verschobene Vermessungen visuell zu speichern. Immerhin müsste der Vermesser die Daten der Decke und die darauf ausgerichteten Winkel genau gekannt haben. Auch in Mühlberg gab es so einen unmittelbaren Gang zwischen der Vermessungsstelle in der Propstei und dem Kirchenschiff. In der Cheops- Pyramide wäre diese Speicherung in der Großen Galerie möglich.

Links: Vermessungsrauten an der Schmuckdecke der Schlosskirche Wittenberg. Sonne und Sterne weisen den Weg! Rechts unten: Rautenzeichnung der Templerburg Chinon- Coudray- Wehrturm. Templer um Großmeister Jacques de Molay (um1244-1314) gravierten diese Graffiti nach den Verhaftungen der französischen Templer am 13. Oktober 1307 im August 1308 in die Wände ein. Rechts oben: Rautentrigonometrie in einer Abbildung einer „Freimaurerischen Unterrichtung" aus dem Jahre 1791

Einige der Facetten der Rautentrigonometrie an der prächtigen Decke der Wittenberger Schlosskirche tragen symbolhaft Sonne und Sterne. Dieses System könnte erklären, wie Nikolaus Kopernikus mit ein paar Linealen auskommen konnte. Wenn er in Thorn auf die gleichen Geometrien von Gebäuden gestoßen ist, wie sie in Mühlberg und Wittenberg zu finden sind, dann konnte er mit drei Linealen ein Dreieck bilden und an einer mit geometrischen Strichen überzogenen Decke einer Kirche oder eines Klosters die Messergebnisse per Trigonometrie nachbilden, dann auf einem Blatt Papier mit den gleichen aufgezeichneten Geometrien das Ergebnis mit Punkten speichern. Diese später so mit neueren Messungen vergleichen. Simpel, aber effektiv! Da die Schlosskirche Wittenberg auch Universitätskirche war, wäre gut vorstellbar, wie die Herren Professoren von diesem Kurfürstenzimmer aus ihren Studenten die Sternenbeobachtung und möglicherweise die Vermessung der Gestirne gezeigt haben.

Da mit der Erfindung des Fernglases und damit mit Teleskopen mit den darin enthaltenen Winkeln ein Zwischenspeichern der Vermessungsdaten nicht mehr nötig war, wurde auch der geheime Gang in der Schlosskirche Wittenberg nicht mehr gebraucht. Er konnte später zugemauert werden.

Einer der Studenten könnte ab 1560 auch Tycho Brahe gewesen sein. Tycho Brahe (1546-1601), welcher in Wittenberg studiert hat, baute später nach seinem Studium zwei Schlösser, die er offensichtlich aufgrund ihrer Ausrichtung für die Beobachtung der Sterne benutzte.

Das System ähnelt in etwa dem von Mühlberg und Wittenberg. Selbst hier sind Rautentrigonometrien zu erkennen. Es wurde ohne Fernglas über die Spitzen von Gebäuden als Visiereinrichtung gemessen. Tycho Brahe studierte u.a. in Wittenberg (an der Elbe). Wer heute in der Nacht in Lutherstadt Wittenberg einen Blick von der Schlosskirche in Richtung Osten wirft, wird spätestens mit dem Blick zwischen die beiden Türme der Stadtkirche wissen, was der Begriff „Sternstunde" rein praktisch und messtechnisch bedeutet. Brahe weilte während seines Studiums in etwa nach 1560 erstmals in Wittenberg. Zu diesem Zeitpunkt war sein Interesse an der Astronomie wegen der Sonnenfinsternis von 1560 bereits geweckt.

Tycho Brahe hätte in Wittenberg nicht nur Zugriff auf eine durch die beiden Türme der Stadtkirche und des Turmes der Schlosskirche exakt nach Osten ausgerichtetes System, welches sich später auch in seinen beiden Schlössern wiederfindet. Er hätte auch auf die Vorarbeit von Philipp Melanchthon (1497-1560) aufbauen können, welcher sich bekanntlich an gleicher Stelle zuvor als Astronom betätigte. Ebenso war hier ab 1530/31 der spätere Rektor, Astronom und Mathematiker Erasmus Reinhold (1511-1553) präsent. Ein Freund Melanchthons. Philipp Melanchthon war nicht nur Sprach- und Literaturwissenschaftler, Philosoph, Humanist, Theologe, Lehrbuchautor und Dichter, er interessierte sich nebenbei auch für die Astronomie. Historiker Dr. Stefan Rhein erklärte am 09.05.2016 dazu: Philipp Melanchthon habe die Astronomie und Astrologie derart intensiv betrieben, dass sich in Wittenberg ein enger Freundeskreis zu diesem Thema gebildet hat und Philipp Melanchthon über das Thema sogar Vorträge hielt.

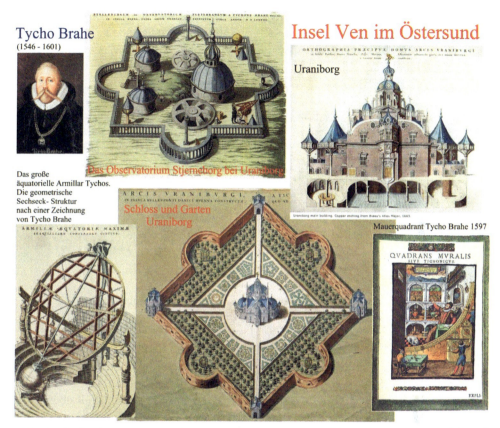

Tycho Brahe baute später nach seinem Studium zwei Schlösser, die er offensichtlich aufgrund ihrer Ausrichtung für die Beobachtung der Sterne benutzte

Philipp Melanchthon war während seines Studiums in Tübingen durch Mathematiker und Geograf Johannes Stöffler (1452-1531) zur Astronomie gekommen. Einfluss hatte das neue Weltbild von Kopernikus. Nach anfänglicher Ablehnung ließ sich Philipp Melanchthon durch die Aktivitäten des Mathematikers Georg Joachim Rheticus (1514-1574) und des Theologen und Reformators Andreas Osiander (1498-1552) von dem „Denkmodel" von Kopernikus überzeugen. Auch Georg Joachim Rheticus war ab 1531 in Wittenberg präsent. Philipp Melanchthon beschäftigte sich mit Astronomie und Astrologie. Letztere war für ihn keine Esoterik, sondern Wissenschaft. Er verknüpfte die Mechanismen der Planeten mit den Geschehnissen auf der Erde. Dazu beigetragen hatten antike Texte über Hermes Trismegistos und Platon (um427v.Chr.-um347v.Chr.). So beschäftigt sich die

„Astrologia naturalis" mit der Vorhersage des Wetters, mit der Prognostizierung von Himmelserscheinungen und mit durch Himmelskonstellationen beeinflussenden Naturereignissen. Im Gegensatz dazu die „Astrologia divinatrix", welche sich mit Weissagungen befasst.

Mittelalterliche Darstellung eines Astronomus und dessen Fähigkeiten als Astrologus aus den zu erwartenden Konstellationen der Gestirne die Zukunft zu prognostizieren

Welche Meinung Martin Luther (1483-1546) zu der in seinem Umfeld seit August 1518 praktizierten Astronomie Philipp Melanchthons hatte, ist unklar. Von späteren Historikern wird Martin Luther der Spruch in den Mund gelegt: „Der Narr will die ganze Kunst Astronomie umkehren." In der aus dem Jahr 1539 überlieferten Tischrede Martin Luthers wurde, so die Historiker, Nikolaus Kopernikus als dieser „Narr" der Astronomie bezeichnet. Die Aussage Martin Luthers, die ihn zu einem Gegner des heliozentrischen Weltbildes machen würde, gilt jedoch als nicht eindeutig belegt. Auch so hat Martin Luther durch die von ihm wesentlich auf den Weg gebrachte Reformation der Kirche der wissenschaftlichen Astronomie einen bis dahin unvergleichlichen Anschub ermöglicht.

Obwohl Tycho Brahe Philipp Melanchthon wegen dessen Tod im Jahr 1560 nur „knapp verfehlt" und somit nicht persönlich kennengelernt haben dürfte, wird diese Konstellation interessant durch die Tatsache, dass Tycho Brahe nach dem Auszug von Wandsbek nach Prag zwischen 1598 und 1599 für ca. ein halbes Jahr mit seinen beiden Söhnen in Wittenberg wohnte und das ausgerechnet im Wohnhaus von Philipp Melanchthon (J. Jessenius)!

Die Vermutung läge damals wie heute nahe, dass in diesem Wohnhaus Instrumente oder Geometrien zur Beobachtung der Sterne eingebaut worden sein könnten, nach denen Brahe gesucht hat. Dazu kommt eine weitere interessante Hypothese. Da Brahe durch die Wahl seines Aufenthaltsortes in Wittenberg 1599 um die astronomischen Aktivitäten von Philipp Melanchthon offenbar informiert war, wäre denkbar, dass er auch schon 1560 davon erfahren hat. Dann hätte Tycho Brahe möglicherweise Zugriff auf das gesamte „Wittenberger astronomische Wissen" und die in die Stadt eingebauten Geometrien, die er ja später tatsächlich auch selber verwendet.

Das Gebäude Philipp Melanchthon wurde grundlegend restauriert, es ist heute ein Museum. (Besucher haben zum Dachgeschoss keinen Zutritt.)

Leider sind durch den Reichtum Wittenbergs und die damit ständig erfolgten Umbaumaßnahmen an nahezu allen wesentlichen Gebäuden, außer der West- Ost-Ausrichtung der beiden Hauptkirchen für einen Außenstehenden derzeit keine weiteren Astro- Strukturen erkennbar.

Tycho Brahe wohnte nach dem Auszug von Wandsbek auf dem Weg nach Prag zwischen 1598 und 1599 für ca. ein halbes Jahr mit seinen beiden Söhnen in Wittenberg ausgerechnet im Wohnhaus von Philipp Melanchthon (J. Jessenius)

Interessant erscheint der spätere Umstand, nach dem Tycho Brahe ein Instrument benutzte, das die gleiche Sechseckstruktur aufweist, wie diese in antiken Bauwerken und an den Giebeln in Mühlberg zu finden ist.

Flaches Armillarsphären- Instrument Brahes mit der Sechseckstruktur

Gab oder gibt es diese Struktur auch in Wittenberg? Sechsecke sind zumindest im Westgiebel der Schlosskirche und im Innern des Schlossturmes zu finden. Wie in Mühlberg befindet sich auch in Wittenberg an exponierter Stelle nur wenige Meter von der „Vermessungsstelle" entfernt ein großer sechsstrahliger Stern. Dieser ist heute unterhalb der Orgelempore auf der Westseite des Kirchenschiffes im Innern der Kirche eingebaut.

Beispiel Sechseck Schlosskirche Lutherstadt Wittenberg

Auch in Wittenberg sind an verschieden Stellen Sechseckstrukturen an markanten Stellen zu finden. Das auffallende Sechseck im Westgiebel als Fenster der Schlosskirche nur wenige Meter von dem Schlossturm entfernt. Lichtfenster - Licht - Lichtgeschwindigkeit

Wie auch die von den Templern gebaute Templerkirche in Wettin zeigt, sind die Zeichen:
A: möglicherweise nicht eingebaut oder
B: möglicherweise schon überbaut oder abgerissen und
C: wo sie noch eingebaut sind, nicht ohne Spezialkenntnisse zu finden.

Wie konnten sich die heute sichtbaren Symmetrien in Klosterkirchen wie zum Beispiel in Mühlberg über mehrere hundert Jahre erhalten?

Das hier praktizierte System der Beobachtung der Gestirne beruht auf einfacher Trigonometrie und Geodäsie. Es besteht aus zwei - drei Punkten, die sich gegenseitig bestätigen, was das System sehr einfach, aber auch effektiv und bei großen Messbereichen auch ziemlich genau macht. Prinzipiell wäre ein in den Boden gesteckter Stab ausreichend.

Sowohl in Mühlberg als auch in Wittenberg muss das System bereits sehr zeitig mit den ersten Vermessungen eingebaut und dann sukzessive gepflegt und erweitert worden sein.

Die Logik: Vermessung muss es gegeben haben, sonst hätten die Kirchengebäude nicht gebaut werden können. Die Gebäudespitzen wurden als Mess- Anhaltspunkte für die Geodäsie zur Land - und Gebäudevermessung genutzt. Die Vermessungsmethoden sind mit denen der Astronomie nahezu identisch. Das System spielt sich vor aller Augen ab, ohne das Unbeteiligte darüber Bescheid wissen, ja ohne das System überhaupt zu erahnen.

Zur Beobachtung der Gestirne würde es prinzipiell ausreichen, einen langen Stab in die Erde zu stecken und für eine Ausrichtung des Systems zu sorgen, in dem der Polarstern nach Norden verortet, eine Einordnung nach Süden und die Sternenvermessung in Richtung Osten erfolgt. Um verwertbare Ergebnisse zu erzielen, muss über zum Teil sehr lange Zeiträume, von einem Tagesrhythmus, über sechs Monate, bis hin zu verschiedenen Zyklen der Gestirne und damit über Jahrzehnte vermessen werden. Sonnenzyklen nach den Sonnenflecken können sich beispielsweise zeitlich zwischen 11 und 2400 Jahren bewegen.

Sinngemäß ließe sich das einfache System mit dem Vermessungsgerät „Jakobsstab" erklären. Der biblische Jakob hütete wegen seiner Rahel 20 Jahre erfolgreich die Tiere der Herde seines Schwiegervaters. So lange muss er dabei auch die Sterne beobachtet haben. Es wird in der Bibel erklärt, dass er aufgrund der Witterung und der Jahreszeiten ein sehr erfolgreicher Viehzüchter wurde. Jakob und sein Sohn Josef sind mit einem Jakobsstab selbst im „Vermessungszimmer" des Klosters Mühlberg zu sehen. Im „Fall" von Mühlberg, von Thorn und möglicherweise auch von Adelberg hätte im ersten Schritt zunächst nur eine einzige Spitze eines Kirchturmes ausgereicht. Notwendig wären auch damals schon eine Ausrichtung auf den Polarstern (über die gleiche Spitze) und eine Ausrichtung nach Süden, ebenfalls über diese Spitze. Sicherlich ist das System mit den Gebäuden, wie in Mühlberg die Propstei, das Torhaus / Hospiz und das Gebäude mit dem Jakobsstab im Laufe der Zeit verbessert worden. Der Vermesser musste sich nur immer wieder die neuen Messstrecken und die Vermessungswinkel erarbeiten. Die Geometrie muss aber grundsätzlich von Anfang an eingebaut sein.

In Mühlberg wurde diese Geometrie später durch „Armut" erhalten, weil die Gebäudestrukturen nicht wesentlich verändert wurden. Mit der Erfindung des Fernglases ab um 1611 Kepler/1766 Herschel war die Struktur später nicht mehr notwendig, weil die Gläser ein genaues Anpeilen und die Winkelmessung in sich vereinigten.

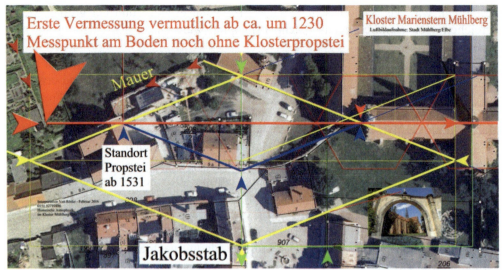

Links großer Pfeil. In etwa an dieser Stelle könnte in Mühlberg der erste Beobachtungspunkt noch am Boden bei der ersten Einmessung von nach um 1230 gelegen haben. An dieser Stelle schneiden sich auch heute noch die Flucht einer Mauer und eine Grundstücksgrenze. Stark vereinfachte Darstellung

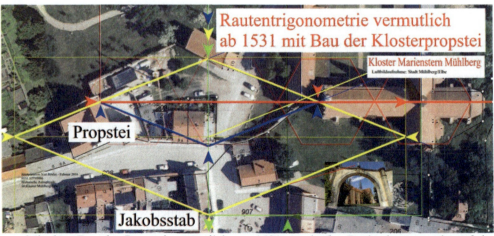

Mit dem Bau der Propstei vermutlich um 1531 wurde der Beobachtungspunkt auf der Sichtachse in Richtung Turmspitzen verschoben. Damit befand sich der Beobachtungspunkt nun im ersten Stockwerk eines Gebäudes. Stark vereinfachte Darstellung

Welche Rolle spielten die Freimaurer beim späteren Erhalt der Anlagen?

Die Logen der Freimaurer bauen auf die Tradition der alten Ordensritter, der Vermesser und Bauhandwerker der Dombauhütten auf. Freimauerorden berufen sich auf die Tradition der alten Ritterorden. Sie benutzen deren Symbole, wie das Kreuz und auch das Dreieck oder das Sechseck für das Licht und auch bei ihnen gibt es zwei voneinander getrennte Pendelschächte. Die Verschwiegenheit gehört zu ihren Vereinsidealen. In Mühlberg gab es einen aus Erfurt stammenden Pfarrer Gotthelf Wilh. Hofmann. Dieser wird am 19. Februar 1787 bei der Einweihung der Erfurter Loge „Carl zu den 3 Rädern" genannt. Möglich wäre, dass er in Mühlberg die Geometrie erkannt und erhalten hat oder bereits vorher davon wusste. Dies würde den relativ neu erscheinenden Jakobsstab auf dem Wohnhaus am Altstädter Markt erklären. In Erfurt wiederum gab es über Karl Theodor Anton Maria von Dalberg (1744-1817) Kontakte zum Illuminatenorden, welcher am 1. Mai 1776 in Ingolstadt durch Johann Adam Weishaupt (1748-1830) gegründet und 1785 in Bayern verboten wurde.

Auch Wittenberg hatte eine Freimaurerloge! Die ersten offiziell nachweisbaren Freimaurer fanden sich 1821 zusammen. Im Jahr 1828 wurde die „Loge zum treuen Verein" eingetragen. Treffpunkt war in der Scharrenstraße 5. Alten Wittenberger Einwohnern ist die Stelle auch heute noch als „Logenhaus" bekannt. Im Jahr 1890 zog diese Loge in die Berliner Straße. Auch diese Loge hatte „Johannes den Täufer" als Schutzpatron. Die Steinmetze, die das Wissen der alten Ritter/Mönche weitergaben und auf die dann die Freimaurer aufbauten, hinterließen bereits in der Wittenberger Stadtkirche ihre Zunftzeichen.

Die alten baulichen Strukturen wurden bei den Restaurierungen nach der politischen Wende in der DDR und der Zugehörigkeit zur Bundesrepublik Deutschland unter Auflagen des Denkmalsschutzes immer wieder den ursprünglichen Umständen angepasst. Zumindest im Fall von Mühlberg. Dadurch könnte Mühlberg eines Tages noch eine echte „Sternstunde" erleben. Wer weiß, vielleicht haben auch hier die Freimaurer der Gegenwart ihr Geheimwissen mit eingebracht.

Die weitere Suche:

Ob in Mühlberg an der Elbe tatsächlich jemals die Sterne vermessen wurden, ist bis zu dieser Stelle noch mit Fragezeichen verbunden. Zumindest sind in das Klosterareal die gleichen Geometrien eingebaut worden, mit denen bereits in der Antike die Sterne vermessen, die Lichtgeschwindigkeit angezeigt und die Gravitation ausgependelt werden konnte.

Schriftliche Unterlagen?

Schriftliche Unterlagen aus den Klöstern Sachsens sollen nach der Säkularisation in das heutige Staatsarchiv Sachsen gelangt sein. Bei der Säkularisation werden Besitztümer der Kirche durch den Staat eingezogen, was mit der Aufhebung kirchlicher Institutionen und der Verstaatlichung ihrer Besitztümer einhergeht.

In Mühlberg kommt bei der Suche nach Unterlagen ein weiterer merkwürdiger Umstand hinzu: Es gibt keine unmittelbaren Unterlagen aus dem Kloster!

Im Jahre 1865 gibt Kämmerer Carl Robert Betram eine Chronik der Stadt und des Closters Mühlberg heraus, die in Torgau von Heinrich Emil Schneider veröffentlicht wird. Darin beschreibt Carl Robert Betram die Geschichte der Stadt Mühlberg tiefgründig. Zum Thema Kloster gibt es aber nur allgemeingültige Aussagen, die ein Chronist aus den Bau- und Steuerunterlagen der Stadt, aus allgemeinen Nachrichten und aus Urkunden der beteiligten Gegenseiten herauslesen kann. Auf Seite 15 wird zum Beispiel eingeräumt, dass nicht das Jahr 1219, sondern so wie Geschichtsschreiber Kreußig vermute, das Jahr 1228 das Jahr der Gründung sei. Carl Robert Betram beruft sich auf Urkunden der Adelsfamilie Ileburg, die allerdings nicht aus der Urkundensammlung des Klosters, sondern aus den Büchern der Familie Ileburg stammen. Als zweiter wichtiger Termin wird die Konfirmierung des Klosters genannt, die erst 1230 stattfindet. Die Urkunden seien nur mit wenigen Worten versehen und gestatteten durchaus nicht einen schärferen Blick in die Sache zu tun, so Carl Robert Betram. Es werden keinerlei Details zum Bau genannt und auch nicht, was im Kloster vorging. Zunächst wusste man nicht einmal, ob es sich um ein Kloster für Mönche oder Nonnen handelt und für wie viele Personen es bestimmt war. Siegel auf offen zugänglichen Unterlagen können beschrieben werden. Carl Robert Betram hatte wohl keinen Zugriff auf Unterlagen, die sich hinter den Klostermauern befanden.

Zwölf Jahre später gibt George Adalbert von Mülverstedt das Diplomatarium Ileburgense heraus, die Urkunden- Sammlung zur Geschichte und Genealogie der Grafen zu Eulenburg- Baensch, Magdeburg 1877. Das Werk ist tiefgründig recherchiert und mit 923 Seiten relativ umfangreich. Durchforstet wurden Unterlagen des Klosters Dobrilugk, der Universität Jena, der Klöster Sitzenroda und Nimbchen. Nachforschungen fanden statt in Dresdener Archiven, im Gersdorf Codex diplomaticus Regiae Saxoniae, in den Urkundenbüchern zu Märkers, der Burggrafen zu Meißen, im Wittenberger Archiv und im Gesamt- Hauptarchiv zu Weimar. Daneben werden neben Sachsen und Meißen Archive in Orten genannt, in denen die Ileburger noch präsent waren, so auch in der Lausitz, in Schlesien, Preußen und Böhmen. Es fällt auf: Unterlagen des Klosters Mühlberg sind nicht dabei. Wiederum nur mit Ausnahme der doppelten Dokumente, die zwischen dem Kloster und den Ileburgern verhandelt wurden und die sich in den Archiven der Familie befanden. Fehlende Unterlagen beschreibt George Adalbert von Mülverstedt mit: „Sie sind von den Wogen der Zeit verschlungen." Die Unterlagen der Ileburger enthalten die erste Erwähnung des Deutschen Ordens in Zusammenhang mit den Ileburgern vom 25.04.1219 und 24.06.1223 im Zusammenhang mit dem Ort Dommitzsch. Es fällt auf: Auf S.7 kommt es bereits am 30.07.1215 im Kloster Alt- Zelle zu einem Kontakt der Ileburger zum 1098 in Frankreich gegründeten Zisterzienserorden. Am 15. Januar

1228 trifft man sich erneut in Alt- Zelle im Zisterzienserkloster. Neben den Ileburgern nehmen 16 weitere Edelleute daran teil. Am 28. Januar 1228 mit Beurkundung am 9. Februar kommt es zur Stiftung des Klosters Mühlberg. Erst am 21. Januar 1230 kommt es zur Konfirmierung des Klosters. Bei beiden Terminen sind die Zisterzienser mit dabei. Was ist in den zwei Jahren dazwischen geschehen? Aus vielen Urkundenauszügen des Diplomatarium Ileburgense sind in der nachfolgenden Geschichte eindrucksvolle Karrieren einzelner Familienangehöriger der Ileburger beim Deutschen Orden belegt, die bis in die höchsten Kreise der Macht hineinreichen. Da sich die Aktivitäten der Ileburger im Laufe der Geschichte immer mehr nach Preußen „für die Sache des ritterlichen Ordens", aber auch nach Schlesien und Böhmen verlagern, werden die Nennungen des Klosters Mühlberg immer spärlicher.

Um 1969 hat Dr. Christian Alschner (1926-2009) im Zusammenhang mit der Säkularisation der Klosterbibliotheken im albertinischen Sachsen (Mark Meißen, Leipzig und Pegau) die ehemaligen Bestände der alten Klosterbibliotheken untersucht. Während für die meisten der begutachteten 20 Klosterorte zum Teil erhebliche Lektüre nachgewiesen werden konnte, heißt es bei Dr. Christian Alschner zum Standort Mühlberg: „Das Zisterzienser- Nonnenkloster Mühlberg wird 1228 zum ersten Mal urkundlich erwähnt. Nach der Säkularisation kam es zunächst zu Verpachtungen und Verkäufen des Besitzes, 1559 mussten im Verlauf der Tauschverhandlungen zwischen Kurfürst August (!) und Bischof Johann IX. von Haugwitz (1524-1595) die ehemaligen Nonnen nach Meißen ziehen oder gegen Abfindung austreten. Über eine Bibliothek wird nirgends berichtet. Falls Bücher vorhanden gewesen sein sollten, so dürften sie das Schicksal des Meßbuchs und des Calendariums geteilt haben. Beide Bücher wurden vom Rat der Stadt als Makulatur zum Einbinden benutzt." Gerade dieses „Calendarium" wäre aus heutiger Sicht dieser Geschichte eine „verdächtige" Lektüre.

Eine ähnliche Aussage wurde am 06. Mai 2016 von Historiker Dr. Matthias Donath getroffen: „Die Bibliothek wurde entweder vernichtet, Pergamentblätter wurden bei der Stadtverwaltung zweckentfremdet aufgebraucht oder sie befinden sich im Stadtarchiv und wurden noch nicht ausgewertet."

Das bedeutet:
- Es gab entweder keine Bücher, was ausgeschlossen sein dürfte
- Diese wurden eben vernichtet, was nicht auszuschließen ist
- Sie sind noch da! Sie wurden entweder noch nicht ausgewertet, sie wurden versteckt oder sie wurden an eine andere unauffindbare Stelle verbracht.

Gab es im Kloster Aufzeichnungen über die Sternenbeobachtung, dann wären diese geheim. In Anbetracht der sich anbahnenden und absehbaren Säkularisation müssten die Unterlagen sinnvollerweise eigentlich versteckt worden sein. Naheliegend eingemauert. Dieser Gedanke geht auch mit Vermutungen des früheren

Museumsleiters Georg A. Kuhlinz einher, welcher bereits in der Vergangenheit im Keller nach versteckten Räumen gesucht hat. Theoretisch hätte es ausgereicht, Unterlagen in einer Nische zwischen zwei Wänden einzumauern und die Stelle zu überputzen. Sie könnten also noch da sein! Fehlende Unterlagen sind nur ein Problem. Sollten Aufschreibungen vorhanden sein, bestünde wegen dem offenkundig geheim zu haltenden Status die Möglichkeit, dass diese verschlüsselt oder anderweitig unleserlich aufgeschrieben worden sind. Bei scheinbar einfachen Namensangaben mit Datumsangaben, Wirtschaftsregistraturen oder Daten über Steuerabgaben könnte es sich durchaus um verschlüsselte Gestirne- Konstellationen handeln.

Das System würde in etwa den unzähligen Namens- und Zahlenangaben im Alten Testament entsprechen, für die es heute an vielen Stellen keine wissenschaftlich nachweisbaren geschichtlichen Parallelen zu geben scheint. Sinn machen diese verschlüsselten Aufzeichnungen für einen per Trigonometrie arbeitenden Astronomen, wenn er und seine „späteren Kollegen" nach Konstellationen von Sternen, Planeten und Monden über Zeiträume von mehreren hundert bzw. tausend Jahren sucht. Durch die zeitliche Größe dieses trigonometrisch vergleichenden Messverfahrens ließen sich sehr genaue Prognosen aus der Vergangenheit und Gegenwart heraus für die Zukunft erstellen. Vorausgesetzt er kennt die „Verschlüsselungstechnologie".

Ob die Kreuzritter das System nach Mitteleuropa und damit auch nach Mühlberg, nach Thorn und nach Wittenberg getragen haben? Dann wäre Wittenberg durch den Reformator Martin Luther nicht nur eine der wichtigsten Städte der Welt für die Religion. Durch die für die Sternenbeobachtung geradezu optimale Geometrie der Stadt wäre Wittenberg durch Philipp Melanchthon und durch Tycho Brahe auch einer der wichtigsten Meilensteine zur modernen Astronomie und Astrophysik. Da sich die Geometrien und die Umstände ihrer Entstehung zu ähneln scheinen, könnten sich die Systeme von Wittenberg und Mühlberg gegenseitig beweisen.

Dreidimensionale Gerätschaften?

<u>Die geheimnisvolle Kammer:</u>

Im obersten Stockwerk der Propstei Mühlberg befinden sich mehrere mit Rundbögen reich verzierte Türen. Nur eine Tür trägt einen rechten Winkel. Hätte es in dem Propstei- Gebäude Vermessungsgeräte zur Beobachtung der Gestirne gegeben, dann würde eines davon ein gleichzeitiges Winkeldreieck darstellen!

Das Winkelmessgerät würde der Abbildung über dieser Tür stark ähneln. Die Winkelzeichnung zeigt noch die ursprüngliche Originalfarbe, sie wurde bisher nicht restauriert.

Seite 415: Die Tür zu der geheimnisvollen Kammer. Alle Türen tragen runde Bögen, nur die Tür zu dieser Kammer trägt einen Winkel. An Probeschnitten erkennbar: In der Kammer sind unter dem Putz noch nicht restaurierte wertvolle Malereien zu sehen. Wurden in der Kammer Vermessungsgeräte aufbewahrt?

Die Holztür unter dieser rechtwinkligen Zeichnung führt in eine kleine Kammer, die wiederum an das „Vermessungszimmer" mit dem Heiligenfenster angrenzt und mit einer weiteren Tür mit diesem Zimmer verbunden ist. Auch von der Raumgeometrie her, wäre diese Kammer daher für die Aufbewahrung von Vermessungsgeräten und Aufzeichnungen prädestiniert. Bauhistorikerin Dipl. Restauratorin Susann Wilhelm aus Torgau vermutet, dass es in dieser kleinen Kammer ursprünglich zwei winzige Räume gab, die durch eine Wand voneinander getrennt waren. Da einer dieser Räume über eine runde Gewölbedecke verfügt, wird vermutet, dass dieser kleine Raum möglicherweise sogar beheizbar war und in ihm ein Bett stand. Gab es eine Tür zwischen den winzigen Räumen? Stand hier das Bett des nächtlichen Vermessers?

Besonders merkwürdig scheint der Umstand, dass sich unter dem Putz in einem dieser winzigen Räume, welcher durch die Tür unmittelbar an das Vermessungsfenster grenzt, wertvolle Malereien befinden, die ebenfalls noch restauriert werden müssen. „Die bisher freigelegten Probeschnitte zeigen sehr aufwendige und schöne Arbeiten. Warum sie in diesem kleinen und unscheinbaren Raum angebracht wurden? Wir stehen vor einem Rätsel", so Restauratorin Susann Wilhelm in einem Gespräch am 26. Oktober 2016. Was wurden in diesem Raum für wertvolle Dinge aufbewahrt, die es mit derart besonderen Malereien zu würdigen galt? Wohin ist der Inhalt dieses Zimmers verschwunden? Heute wird der kleine Raum als Abstellkammer des „Museums 1547" genutzt. Unmittelbare Ansatzmöglichkeiten auf der Suche wären möglicherweise die Gerätschaften, die ein Jahr nach der Schließung des Klosters Mühlberg (1559) und anderer Klöster in die von Kurfürst August von Sachsen im Residenzschloss eingerichtete Kunstkammer (1560) gelangt sind.

Bei Mittelalterhistoriker Dr. Matthias Springer (1942) „Die Sachsen" (Kohlhammer - Urban) heißt es: Ab 1423 wurde die aus der Mark Meißen und den thüringischen Besitzungen bestehende Herrschaft der Wettiner vergrößert. Als wichtigster Zugewinn kam das ehemals askanische Herzogtum Sachsen-Wittenberg hinzu. Es war mit der Kurwürde verbunden. Als Folge der historischen Namensverschiebung wurde nun die Bezeichnung „Sachsen" für den gesamten Herrschaftsbereich der Wettiner üblich. Auch das bisherige askanische Wappen wurde weiter geführt. Durch die Leipziger Teilung von 1485 löste sich Sachsen von Thüringen in der weiteren Entwicklung ab. In der Folge wurde Dresden bei Meißen zur Residenzstadt ausgebaut.

Nach dem Schmalkaldischen Krieg, den das ernestinische Kursachsen im Schmalkaldischen Bund verlor, ging mit der Herrschaft über Teile Kursachsens 1547 auch die Kurwürde von der ernestinischen auf die albertinische Linie der Wettiner über. Die Religionspolitik in beiden Ländern blieb aber lutherisch.

Historiker Dr. Matthias Donath meinte am 04. Oktober 2016: „Wenn es Gerätschaften der Vermessung in Mühlberg gab, dann wäre es sehr wahrscheinlich, dass diese zum Zeitpunkt der Schließung des Klosters nach Dresden gelangt sind."

Wie bereits bei den Unterlagen erwähnt, fällt der Name „Kurfürst August" auf, der bei der Säkularisierung des Klosters Mühlberg 1559 „seine Finger mit im Spiel" hatte. Dessen Bruder Moritz von Sachsen (1521-1553) hatte nach dem Stadtbrand von Mühlberg bereits 1545 damit begonnen, auf den Grundmauern des alten Mühlberger Schlosses ein neues Wirtschafts- und Jagdschloss im Renaissancestil zu errichten. Folglich war das sächsische Kurfürstenhaus bereits 1545 in Mühlberg nachweislich präsent. Moritz war wichtigster Gegenspieler Kaiser Karl V. bei der Reformierung des Reiches. Er war Herzog des albertinischen Sachsens. Gegenüber dem 1531 gegründeten protestantischen Schmalkaldischen Bund bewahrte Moritz zunächst Distanz. Auf Grundlage der „Neuen Landesordnung" von 1543 konfiszierte er katholisches Kirchengut und eignete sich so enormen Besitz an.

Bereits 1544 hatte sein Bruder August (von Sachsen) die Verwaltung des Bistums Merseburg übernommen. Da er auch enge Beziehungen zu Wittenberg pflegte, dürfte August bereits ab diesem Zeitpunkt bei Reisen zwischen den Amtssitzen auch im auf der Strecke zwischen Dresden und Wittenberg liegenden Mühlberg präsent gewesen sein.

In Wittenberg und Leipzig dürfte der zukünftige Kurfürst August zudem Kontakte zu Mathematiker Georg Joachim Rheticus unterhalten haben, welcher wiederum ab 1531 in Wittenberg anwesend war und später Professor wurde. August von Sachsen folgte dann seinem ohne männliche Erben in der Schlacht bei Sievershausen am 9. Juli 1553 schwer verletzten und zwei Tage später verstorbenen und damit gefallenen Bruder Moritz auf den Thron.

Das bedeutete auch: August von Sachsen hat den von seinem Bruder Moritz begonnenen Schlossbau in Mühlberg weiter geführt und beendet. Womöglich hat er, das Mühlberger Schloss befand sich ja noch im Bau, sogar in dem nur wenige hundert Meter entfernten Kloster übernachtet. Weil zu diesem Zeitpunkt vor 1559 noch die Nonnen in dem Kloster wohnten, kann einem männlichen Besucher nur ein Zimmer im Hause des Propstes angeboten worden sein. Also in der Propstei, in der sich ja das Vermessungszimmer mit dem Heiligenfenster befindet. Vielleicht hat er ja sogar in dem (Gäste) Bett neben bzw. in der geheimnisvollen Kammer hinter dem Vermessungszimmer übernachtet. August wurde im Spätsommer 1553 Kurfürst von Sachsen.

Mit dem Herrschaftsantritt wurde er auch Markgraf zu Meißen. Ende 1554 kam es zum Naumburger Vertrag, der ihm und seinen Nachkommen die Kurwürde und die meisten der dazugewonnenen Landesteile Sachsens garantierte. Dabei könnte es sich um den zeitlichen Moment gehandelt haben, in dem August von Sachsen auch Zugriff auf in Klöstern vorgehaltene Vermessungsgerätschaften bekam. Im Jahr 1555 war August zum Obersten des Obersächsischen Reichskreises gewählt worden. Unter seiner Herrschaft wurde das Bistum Meißen säkularisiert und Stiftsterritorium in den sächsischen Kurstaat integriert.

Zu diesem Zeitpunkt zeigte Kurfürst August von Sachsen plötzlich enormes Interesse für die Landvermessung und für astronomische Gerätschaften. Wenn er sich bei einem seiner Besuche in Mühlberg das ja nun in seinem Herrschaftsbereich befindliche Kloster hat zeigen lassen, hier vielleicht sogar übernachtet hat und dabei auch den Schlüssel zu der geheimnisvollen Kammer hinter dem Vermessungszimmer erhalten hat, wird klar was passieren musste!

In den von Prof. Dr. Dirk Syndram im Jahr 2010 zusammen mit seiner Kollegin Martina Minning herausgegebenen Bänden: „Die Inventare der kurfürstlich-sächsischen Kunstkammer in Dresden" und dem darin enthaltenen „Inventarverzeichnis von 1587" ist zu lesen:

Im Jahre 1556 hatte der an Geodäsie interessierte Kurfürst von seinem Schwiegervater, dem König Christian III. von Dänemark (1505;reg.1534-1559), eine Bussole, also einen Kompass zur Vollkreismessung, zum Geschenk erhalten.

Im April 1557 erhielt der Mathematikprofessor an der Leipziger Universität Johannes Humelius (1518-1562) den Auftrag zu einer systematischen Kartierung der landesherrlichen Waldungen, den er allerdings ablehnte. Daraufhin bat August ihn, zumindest die Dresdener Heide zu vermessen und ihm anschließend genau zu berichten, wie er dies getan habe, damit er solch abmessen und mappen hernach selbst verrichten und machen könne. Die Bestallung des Professors erfolgte zu Ostern 1558 und dauerte vermutlich bis zum Frühling 1560.

Im Frühjahr 1558 sandte der mit ihm und seiner Gemahlin Anna gut befreundete Landgraf Wilhelm IV. von Hessen (1532;reg.1567-1592), der mittlerweile selbst eine ähnliche Leidenschaft zur astronomischen Wissenschaft wie August und zu technologischen Hochleistungen pflegte, eine Uhr mit einem Torquetum, einem imposanten Universalgerät zur Sternenvermessung und Sternenbeobachtung an den Dresdener Hof. In den folgenden Jahren wurden weitere Instrumente aus Kassel geliefert.

Seit Beginn seiner Herrschaft hatte August nicht nur gute Beziehungen zu Instrumentenmachern, sondern auch zu Ingenieuren in Nürnberg gepflegt. Sein großes Verlangen nach neuester Technologie war bereits allgemein bekannt, als er 1554 versuchte, den Schreiner und Schraubenmacher Leonhard Danner (1497/1507(?) - 1586) aus Nürnberg nach Dresden zu verpflichten, was aber nicht gelang. Spätestens für das Jahr 1556 sind erste Aufträge an ihn belegt. Statt Leonhard Danner wurde im November 1559 dessen Neffe und Mitarbeiter, der Schreiner und Schraubenmacher Paul Buchner (1531-1607), als Hofhandwerker vom Kurfürsten bestallt. Im März 1561 reiste Paul Buchner zu seinem Onkel nach Nürnberg, um bei Danner ein von diesem konstruiertes Werkzeug, eine Drechselbank und etliche andere Instrumente abzuholen. Ab 1559 begann Kurfürst August innerhalb und am Rande von Kursachsen kleinere autonome Besitzungen des Adels durch Aufkauf unter seine Oberhoheit zu bringen. Vermehrung der kurfürstlichen Finanzen war das Ziel.

In einem Brief vom 15. Juni 1560 bittet der Kurfürst den Mathematikprofessor an der Leipziger Universität Johannes Humelius (1518-1562) um runde Messscheiben aus Messing, die er anstelle der „hölzernen compaße", die sich bei Nässe bogen, zur kartographischen Aufnahme seiner Wälder und Wildgärten gebrauchen könne.

Dabei handelt es sich um einen interessanten Fakt, denn er sagt aus, dass der Kurfürst zu dieser Zeit bereits im Besitz einer alten hölzernen Vermessungsscheibe war, die nun offenbar verbraucht und ausgetauscht werden musste.

All dem ist zu entnehmen, dass der Kurfürst bei der Einrichtung der Kunstkammer erst über wenige eigene Geräte verfügte, die wegen ihrer geringen Stückzahl noch namentlich genannt werden. Dies nährt wiederum die Vermutung, dass auch aus anderen Einrichtungen übernommene Gerätschaften, wie zum Beispiel aus dem 1559 gerade erst aufgelassenen Kloster Mühlberg, die Einrichtung einer Kunstkammer notwendig machte.

Kunstkämmerer Tobias Beutel d.Ä. (1627-1690) fundiert die Dresdener Kunstkammer auf 1560 durch „Hertzog Augusto". Damit wäre sie eine der ältesten Kunstkammern und noch drei Jahre älter als die Kunstkammer der bayerischen Herzöge in München. Das Jahr 1560 war das siebente Regierungsjahr des damals 34-jährigen Kurfürsten. In einem Brief vom 29. Juni 1560 an Professor Humelius erinnert der Kurfürst in einem im Zusammenhang mit Vermessungsgeräten stehenden Anliegen an „Geheimhaltung". Das Reißgemach unterm Dach, von dem aus man bis zum Vorwerk Ostra westlich der Stadtmauer blicken konnte, wurde in den folgenden Jahren zum Kern der künftigen kurfürstlichen Kunstkammer.

Ab dem Jahre 1560 war August nicht nur mit der kartographischen Erfassung seiner Besitzungen befasst, sondern auch längst dabei, sich mit Energie und erheblichen Mitteln eine Sammlung innovativer Instrumente und Werkzeuge zuzulegen, die wie bei dem oben erwähnten Instrument schon erkennbar, „allen aus Gründen der Geheimhaltung, einen gesicherten Ort zur Betrachtung und Benutzung forderten." August förderte die Landwirtschaft und legte mit der 1560 gegründeten Kunstkammer den Grundstein für die kunst- und naturwissenschaftlichen Sammlungen des Dresdner Hofes. Wissenschaftlich gebildet, interessierte er sich besonders für Astronomie, Kartographie, Mathematik, Messkunst und er sammelte auch astrologische Prophezeiungen. Hierfür pflegte er vielfältige persönliche und briefliche Kontakte mit Gelehrten.

Oberkustos Wolfram Dolz der Staatlichen Kunstsammlung Dresden / Mathematisch- Physikalischer Salon im Dresdener Zwinger meinte am 24. Oktober

2016 in einem Telefonat: Bereits bei der Einrichtung der Kunstkammer habe es 1560 sowohl eine Vielzahl von Gerätschaften als auch eine kleine Bibliothek gegeben. Bei den Unterlagen und Gerätschaften nannte Wolfram Dolz zusammengerechnet eine dreistellige Zahl.

Das verblüffende Phänomen:

Hier treffen mit Mühlberg und Dresden zwei in Beziehung zueinander stehende nahe Orte zusammen. In einem Ort gibt es eine Geometrie, die zur Vermessung der Gestirne und zur Geodäsie geeignet wäre und aus dem noch dazu mutmaßlich Vermessungsgerätschaften und möglicherweise auch Unterlagen im Jahr 1559 verschwunden sein könnten.

Mit 1560 taucht unmittelbar darauf eine Einrichtung in der Nähe auf, in der genau solche Vermessungsgeräte für die Landvermessung und für die Vermessung der Gestirne gesammelt werden. Daneben gibt es mit August von Sachsen (1526-1586) einen Menschen, der am erstgenannten Ort präsent und für diesen zuständig war und der sich genau für solche Vermessungsgeräte interessiert. Der plötzlich emsig Vermessung und Astronomie betreibt, zu einer Zeit, in der die namhaftesten Astronomen wie der weit entfernte Nikolaus Kopernikus (1473-1543) und Tycho Brahe (1546-1601) erst mit ihrer Arbeit beginnen.

In der von Prof. Dr. Dirk Syndram im Jahr 2010 zusammen mit seiner Kollegin Martina Minning herausgegebenen Sammlung: „Die Inventare der kurfürstlich-sächsischen Kunstkammer in Dresden" ist natürlich das erste Inventarverzeichnis von 1587 interessant. Der Blick auf die kleine, allgemeine Fotoauswahl hat bereits gezeigt, dass dort tatsächlich Gerätschaften, wie zum Beispiel „Zieleinrichtungen" mit Sternenmotiven, große Winkelmessgeräte und Zeitmesser (Sanduhren) mit angebrachten Winkeln zu finden sind. Sicherlich müsste das Augenmerk auf die ersten Sammlungsstücke gerichtet werden. Denn bis zum ersten Inventarverzeichnis von 1587 wurden weitere mehrere tausend Gerätschaften und auch umfangreiche Lektüre zusammengetragen.

Gerätschaften und Unterlagen aus der Universitätsstadt Wittenberg sind nach Aussage von Oberkustos Wolfram Dolz nach neuesten Forschungsergebnissen (2016) nach der Schlacht bei Mühlberg 24. April 1547 und der sich danach anbahnenden Umverteilung der Machtverhältnisse zwischen der ernestinischen und der albertinischen Linie mutmaßlich zur Universität Jena gelangt. Wittenberg dürfte demnach keine Quelle für die Dresdener Kunstkammer gewesen sein. Ein weiterer Grund aber, mutmaßliche Geräte aus dem noch nahe genug in der Nähe von Wittenberg liegenden Mühlberg an einen sicheren Standort nach Dresden zu bringen!

Die Überlegung: Da die wesentlichen Akteure der Sternenbeobachtung Kopernikus (1473-1543) und Brahe (1546-1601) waren, dürfte es eine umfängliche Menge an Gerätschaften 1560 bei der Einrichtung der Kunstkammer in einem größeren Umfang noch gar nicht gegeben haben. Es sei denn: Es wurde tatsächlich vorher Astronomie, wenn auch von weniger bekannten Persönlichkeiten betrieben. Indizien dafür sind die Geometrie im Kloster Mühlberg und das bekannte Datum der Einrichtung der Kunstkammer in Dresden. Aber was hätte August von Sachsen mit Vermessungsgeräten in der Kunstkammer anstellen sollen, ohne auf ein für die Visiermethode eingeeichtes Messgerät zugreifen zu können, wie es das Kloster Mühlberg geboten hätte? Irgendein Mosaiksteinchen fehlt noch!

Mit dem Bau komplizierter astronomischer Uhren in einer für diese Zeit enormen Qualität wurde bereits um 1410 begonnen. Beispiele sind die seit dieser Zeit immer weiter ausgebaute astronomische Prager Rathaus- Aposteluhr und die 1497 feierlich eingeweihte astronomische Uhr zu Venedig an der Piazza San Marco. Gegenüber dem Markusplatz befand sich zwischen 1291-1309 auf dem Lido von Venedig das Hauptquartier des Deutschen Ordens.

Zu den wohl eindrucksvollsten Stücken der Kunstkammer Dresden gehört die von August von Sachsen bestellte, zwischen 1563 und 1568 geschaffene monumentale Planetenuhr, an deren Herstellung neben Eberhard Baldewein (um1525-1593), Hans Bucher (tätig 1562-1577) und Hermann Diepel (tätig 1558-1577) auch der Landgraf Wilhelm IV. (1532-1592) selbst beteiligt war. Diese noch mit dem ptolemäischen Weltmodell ausgestattete 118 Zentimeter hohe Uhr, die seit 1568 im Besitz des Kurfürsten war, gelangte erst zwischen 1587 und 1595 in die Dresdener Kunstkammer.

Das Geheimnis des Bischofs

Einen fast schon eindeutigen Beweis, dass in Mühlberg tatsächlich mit den beschriebenen Geometrien des Klosters heimlich Astronomie betrieben wurde und wer darüber etwas wusste, liefert die Carl Robert Bertram Chronik von 1865.

Wer käme in Mühlberg als „Astronom" oder zumindest als eingeweihter Mitwisser unter der Führungsspitze im Kloster infrage? Laut der Chronik der Stadt und des Closters Mühlberg von Carl Robert Bertram, welcher jedoch keinen unmittelbaren Zugriff auf Klosterunterlagen zu haben scheint, stellten die Ileburger selbst Pröpste, Äbtissinnen und Kapläne. Nach dem ersten Propst Martinus 1230 wird 1267 ein Propst Otto benannt. Leider ist nur der Vorname überliefert. Mutmaßlich handelt es sich dabei um einen Otto von Ileburg und damit um eine eng mit dem Deutschen Orden verbundene Amts- und Verwaltungsperson. Erst ab 1272 wird mit Benedicta die erste Äbtissin erwähnt, was darauf hindeutet, dass erst ab diesem Zeitpunkt das Kloster weitestgehend fertig errichtet war und nun in Betrieb gehen konnte. Laut Bertram gehörten die Nonnen des Klosters dem Zisterzienser- Orden an. Sie trugen weiße Kleider und schwarze Skapulier. Der Propst war für die äußeren Angelegenheiten des Klosters zuständig (Btr.S.16). Er leitete auch den geistlichen Dienst, die ihm unterstehenden Kapläne assistierten. Das bedeutet, der Propst war nicht der einzige Mann im Kloster, er hatte einen Assistenten! Von Zeit zu Zeit erfolgte eine Visitation des Klosters durch den Bischof.

Bei Umbauarbeiten am großen Äbtissinnenhaus des Klosters wurden im Jahre 2013 auf der Westseite drei merkwürdige zugemauerte Fenster entdeckt, die bis heute Rätsel aufgeben. Eine Erklärung hierfür und gleichzeitig dafür, wer von den astronomischen Geometrien gewusst zu haben scheint, liefert die Chronik von Carl Robert Bertram auf Seite 24.

Auf Seite 24 kommt es am 24. Mai 1559 zwischen Kurfürst August von Sachsen und Bischof Johann IX. (von Haugwitz) (1524-1595) zu Meißen zu einem Tausch gegen das Amt Stolpen, wobei der Bischof infolge dessen das Kloster Mühlberg (mit Nebengelass) ab Walpurgis 1560 erhält.

Dabei fällt auf: Wieder ist August von Sachsen mit von der Partie, der mutmaßlich neue Besitzer von Mühlberger Vermessungsgeräten. Hätte er zuvor Vermessungsgeräte in Mühlberg heimlich beschlagnahmt, würden ihm diese in einer noch so schönen Kunstkammer in Dresden nichts nützen. Für die Visiermethode bräuchte er bis zum Aufbau einer eigenen Anlage einen eingeeichten und eingemessenen Gebäudekomplex, also das Kloster Mühlberg.

Im Jahr 1561 (ein Jahr nach der Schließung des Klosters) beleiht der Bischof Johann zu Meißen den Siegemund v. Pflugk mit dem „Thorhaus" vor dem Kloster unter der Bedingung, dass dieser die Türen und Fenster nach dem Kloster und seinem „Gemachswerk" hin vermauern und die Einfahrt oder den Thorweg nimmer verengen oder verändern lasse. Überdies muss der Pflugk zusagen, das Haus, so oft der Bischof nach Mühlberg komme, demselben ohne Widerrede einzuräumen, falls er es für seine Dienstschaft und Gäste nötig haben würde.

Genau in diesem Torhaus befindet sich mit dem Tor der exakte Südblick zu dem Jakobsstab auf dem Wohnhaus am Alten Markt! Bei seinen Besuchen in Mühlberg bewohnte der Bischof dieses Torhaus. War auch Kurfürst August von Sachsen mit dabei? Immerhin müsste sich der nun für die Astronomie interessierte Kurfürst in seinem neuen Hobby in einer geeigneten Anlage erst ausbilden lassen! Mutmaßlich sollte mit dem Zumauern von Fenstern und Türen zum „Kloster und zum Gemachswerk hin" verhindert werden, dass von dort aus von Außenstehenden „störender" Einblick auf das Vermessungsfenster in der Propstei und auf Aktionen im Torhaus genommen werden konnte. Daneben durfte der Torweg des Torhauses nicht verändert werden, weil sich ja dort mutmaßlich der „Südblick" zum Jakobsstab hin befand. Von diesem Torweg aus muss ja der „Zweite Mann" den Jakobsstab auf dem Wohnhaus am Altstädter Markt beobachtet haben, um die Uhrzeit für die astronomische Messung festzustellen. Sollte der Bischof mit seinen Leuten nach Mühlberg kommen, sollte er ohne Wiederrede Zugang zu dem Gebäude erhalten!

Das Geheimnis des Bischofs - Torhaus mit Südblick zum Jakobsstab - Plan Kloster Mühlberg - Zugemauerte Fenster - Auszug Chronik Stadt Mühlberg S.24: Nach authentischen Quellen bearbeitet und herausgegeben von Carl Robert Bertram - Kämmerer - Torgau Heinrich Emil Schneider von 1865 (BSB - Bayerische Staatsbibliothek) Seite 24

Damit könnte Bischof Johann IX. von Haugwitz der letzte Astronom gewesen sein. Zumindest scheint er etwas darüber gewusst zu haben. Auch daran ist zu erkennen, wie vorsätzlich heimlich vorgegangen wurde. Und es zeigt, dass diese Geometrien nur an bestimmten Orten eingebaut waren. In diesem Fall könnte Meißen als astronomischer Beobachtungsort ausgeschlossen werden.

Am 5. Juni 1570 erfolgt dann ein neuer Tausch zwischen Kurfürst August von Sachsen und Bischof Johann von Meißen. Der Kurfürst nimmt das Kloster wieder zurück und der Bischof erhält dafür die Stadt Belgern. Später wird im Dresdener Zwinger nahe der Kunstkammer eine eigene kleine Sternwarte eingerichtet.

Im Magazin der Sächsischen Geschichte 1785 wird auf S.572 im „Schluß der Altbelgerischen" ein M. Johann Kretzschmar von Beckwitz bei Torgau erwähnt, welcher als Pastor 1623 im Alter von 64 Jahren verstorben ist. Demnach müsste dieser um 1559 geboren sein. Als sein Vater wird der gleichnamige M. Johann Kretzschmar als „ein berühmter Astronom" beschrieben. Bei diesem könnte es sich demnach um den „Zweiten Mann" aus Mühlberg zur Vermessung gehandelt haben.

Neben den in Mühlberg vorgefundenen astronomischen Geometrien scheinen die Unterlagen in der Carl Robert Bertram Chronik nun auch noch einen schriftlichen Beweis zu liefern, dass in dem 1228 gestifteten und ab 1230 gebauten Kloster tatsächlich frühmittelalterliche Astronomie betrieben wurde. Astronomie nach der (Visier) Methode der Alten Ägypter. Der Mechanismus könnte von den Rittern des Deutschen Ordens eingebaut worden sein. Die Jahre 1228 - 1230 scheinen eine wichtige zeitliche Rolle zu spielen. Woher wussten die Ritter von den Geometrien? Wenn sie die Geometrien aus der Logik heraus von ihrem Kreuzzug aus Jerusalem mitgebracht haben, von der Schnittstelle der Alten Ägypter zu den Israeliten, der Israeliten zu den Kreuzrittern, wie haben sie diese gefunden? Wer hat sie darauf aufmerksam gemacht?

Die verschlüsselte Botschaft im Siegel
Templer und Deutscher Orden

Das Diplomatarium Ileburgense, die Urkundensammlung und Genealogie der Grafen zu Eulenburg, herausgegeben 1877 in Magdeburg von dem deutschen Archivar, Historiker, Numismatiker und Heraldiker Johann Georg Adelbert von Mülverstedt (1825-1919) zeigt in seiner Siegelsammlung ein bis heute rätselhaftes Siegel der Stadt Mühlberg/Elbe in einer Registratur von 1480. Rätselhaft deshalb, weil bisher auf der dreigeteilten Darstellung die Bedeutung der beiden oberen Ritter hinter einer Mauer nicht erklärt werden konnte. Eine niedrige Zinnenmauer, in der Mitte ein Schild mit einem Löwen, das ist klar! Das ist der Löwe Böhmens. Historiker Mülverstedt stellt in seiner Chronik einige Überlegungen an: Rätselhaft sind die beiden geharnischten Männer, einander halb zugekehrt, nach innen mit langen Lanzen und mit beidseitig abflatternden Fähnlein. Auf den vor den Rittern stehenden Schilden ist rechts ein gemeines Kreuz zu erkennen und links mit etwas Mühe ein Adler auszumachen. Die rechte Fahne zeigt ebenfalls eindeutig ein Kreuz. Der Inhalt der linken

Fahne könnte sowohl als Kreuz, als auch als kleiner Adler gewertet werden. Die Umschrift in altdeutscher Großbuchstaben- Majuskelschrift deutet auf die Entstehungszeit des Siegels durch die Krone Böhmens hin, was im August 1370 geschah, als Kaiser Karl IV. König von Böhmen (1316-1378) das Markgrafthum Lausitz nebst den Herrschaften Mühlberg, Strehla und Würdenhain erkaufte. Die Inschrift lautet: S. Mulbergersium regnie Behemie fidelium (Siegel der dem Königreich Böhmen getreuen Mühlberger).

Die Siegel des Klosters Mühlberg von 1245 und 1299 sowie der Stadt Mühlberg von 1480 (gültig vermutlich 1372 bis 1422) Siegelsammlung Diplomatarium Ileburgense
Siegelsammlung Diplomatarium Ileburgense, die Urkundensammlung und Genealogie der Grafen zu Eulenburg, herausgegeben 1877 in Magdeburg von dem deutschen Archivar, Historiker, Numismatiker und Heraldiker Johann Georg Adelbert von Mülverstedt

Das Siegel soll dann zwei Jahre später 1372 verliehen worden sein. Vermutlich war es nur bis 1422 legitimiert, weil der Markgraf von Meißen in diesem Jahr die Stadt wieder an das eigene Haus brachte. Von da an wurde der Löwe wieder aus dem Wappen herausgenommen. Heute trägt das 2002 vom Erfurter Heraldiker Frank Diemar entworfene Wappen von Mühlberg erneut den doppelt- geschwänzten goldenen Löwen. Rätselhaft erweisen sich auf dem alten Siegel von 1372 (bis 1422/Nachweis1480) jedoch die beiden Rittersleute. Hier wird vermutet, dass die beiden Motive von älteren Wappen übernommen wurden. Die Darstellung als Krieger gibt Rätsel auf. Denn das einfache Kreuz, ohne alles, ist aus keinem ritterlichen Wappen im „Sachsen- und Meißnerlande" eines ritterlichen Herrengeschlechtes bekannt. Daher wurde bisher angenommen, dass es sich um ein spontan ausgewähltes Fantasiebild handeln könnte.

Das andere heraldische Zeichen, der Adler, ist eine vieldeutige heraldische Figur. Adler in den Schilden sächsischer und meißnerischer Geschlechter sind nicht ungewöhnlich. Problem ist nur, keine der Familien, die einen Adler im Wappen führt, hat in solcher Beziehung zu Mühlberg gestanden, dass an eine Präsentierung eines Mitglieds derselben oder ihres Wappenzeichens gedacht werden könnte. So wird auch der Adler zu einem willkürlichen Phantomwappen. Ein kleine Chance wäre noch, in dem Adler ein Emblem der Pfalzgrafschaft Sachsen zu erblicken, das in das Stadtwappen kam, als 1289 Mühlberg vom Landgrafen Albrecht dem Pfalzgrafen Friedrich von Sachsen abgetreten wurde. Aber was bedeuten dann zwei Krieger? Analog zu anderen Siegeln hätte Mühlberg dann zudem zwei Herren gleichzeitig haben müssen. Die Deutung sieht zwei gleichbedeutende gleichzeitige Herrschaften, die jedoch wiederum nicht mit den merkwürdigen „Fantasiewappen" der Schilde und Fahnen zusammenpassen. Georg Adelbert von Mülverstedt endet 1877 mit den Worten: „... die Wappen bleiben ungelöste Rätsel." „Die beiden Ritterfiguren scheinen auf Kreuzzugsteilnahme hinzuweisen", meint der Experte für den Deutschen Orden Prof. Dr. Dr. h.c. mult. Udo Arnold. Ein Blick in die Geschichte von Mühlberg könnte das Rätsel vielleicht mit einer neuen Theorie lösen! Die Mühlberger Stadtväter und die Inhaber der Herrschaften standen seit der Gründung des Klosters im Konflikt zum Kloster, weil diese der Erweiterung ihrer Besitztümer entgegenstand. So bestand nicht nur eine symbolische Mauer zwischen dem Kloster und der Stadt. Teile der tatsächlich vorhandenen Mauer zwischen Stadt und Kloster gibt es noch heute. Das Kloster wurde laut Urkunde vom 9.2.1228 (28.01.1228) von den Gebrüdern Otto und Bodo v. Ileburg gestiftet. Von diesem Augenblick an wird auch der Zisterzienser- Orden in Mühlberg genannt. Die Nonnen des Klosters gehörten dem Zisterzienser- Orden an. Merkwürdig erscheint, die Stiftung fand 1228 statt und die eigentliche Konfirmation, wieder unter Teilnahme der Zisterzienser, geschah erst 1230. Urkundliche Initiativen werden am 21. Januar 1230 und am 24. September 1230 belegt. Was geschah zwischen 1228 und 1230? Am 28. Juni 1228 brach Friedrich II. von Staufen (1194-1250) von Brindisi mit 40 Schiffen zum Kreuzzug auf. Die größten Kreuzfahrerkontingente zur Unterstützung Friedrichs stammten aus dem mitteldeutschen Raum, aus Hessen, Meißen (Mühlberg), Thüringen und aus staufischen Gebieten, aus Schwaben, aus dem Elsass und aus Burgund. Etwa 1000 Ritter und 10.000 Soldaten sollen anfangs daran teilgenommen haben. Mehrere Monate lang waren neben Friedrich II. auch die Führungskräfte des Deutschen Ordens im Davidsturm westlich des Tempelberges einquartiert. Am 18. März 1229, also um die Tag- und Nachtgleiche, fand dann die merkwürdige Selbstkrönung Friedrich II. in der Grabeskirche in Jerusalem statt, bei der er sich selbst die Krone aufgesetzt haben soll. Am 10. Juni 1229 landeten große Teile des Trosses wieder in Brindisi. Neben dem Deutschen Orden und Pilgern, sowie Geistlichen aus deutschen, französischen und englischen

Gebieten, nahmen die Orden der Templer und der Hospitaliter mit ihren Großmeistern an dem friedlich verlaufenden Kreuzzug teil.

Wer sind eigentlich die Zisterzienser, die in Mühlberg seit 1228 dabei waren? Zu einem Treffen der Ileburger kommt es laut Urkunden bereits am 30.07.1215 im Zisterzienser- Kloster Alt- Zelle. Am 15. Januar 1228 treffen die Ileburger in Alt-Zelle im Zisterzienserkloster mit 16 weiteren Edelleuten mit den Zisterziensern zusammen! Also quasi vor dem Kreuzzug! Eine der wichtigsten Persönlichkeiten des Zisterzienserordens war Bernhard von Clairvaux (1090-1153). Er war Kreuzzugprediger und einer der bedeutendsten Mönche des Ordens. Er trat um 1112/13 in das 1098 unter Robert von Molesme (um 1028-1111) gegründete Kloster Cîteaux (Cistercium- Zisterzienser) ein, dem Gründungsort des Ordens.

Bernhard von Clairvaux war hoch gebildet, auch in Naturwissenschaften. Er pflegte Umgang mit jüdischen Gelehrten und er war ein Anhänger des Alten Testaments. Er wusste vermutlich ziemlich genau, was unter dem Tempelberg in Jerusalem zu finden ist, welcher im Rahmen des Kreuzzuges 1099 erobert wurde.

Aus dem Zisterzienserorden heraus ist dann 1118/1119 in Jerusalem der Orden der Templer entstanden. An den Schatzgrabungen, die bis um 1128 unter dem Tempelberg stattgefunden haben, soll auch Bernhard von Clairvaux beteiligt gewesen sein. Dort, so wird vermutet, habe man geheime geometrische und astronomische Aufzeichnungen der Israeliten gefunden. Schutzpatron der Templer war Johannes der Evangelist. Schutzpatron des erst 1198/99 gegründeten Deutschen Ordens könnte dagegen Johannes der Täufer gewesen sein, weil die Deutschordensritter in ihrer Anfangsphase nach um 1190 die Ordensregel von den Johannitern übernommen haben. Zurück nach Mühlberg. Schutzpatrone des Klosters Marienstern Mühlberg waren neben Mutter Maria, Johannes der Evangelist und Johannes der Täufer! Das ist ungewöhnlich! Das zweite große <u>Siegel des **Klosters**</u> Mühlberg von 1299 zeigt alle drei Heiligen auf einem Siegelabdruck. Carl Robert Bertram weist in seiner Chronik auf S. 27 darauf hin. Dieses Siegel des Klosters (also nicht der Stadt) ist ebenfalls in der Siegelsammlung im Diplomatarium Ileburgense von George Adalbert von Mülverstedt zu sehen. Auf neuen Siegeln und Wappen werden immer wieder alte Motive mit übernommen! Da männliche Mitglieder der Familie Ileburg laut ihren Urkundenbüchern eindeutig zum Teil sogar hohe Würdenträger, Compane des Hochmeisters des Deutschen Ordens waren, was sich allerdings erst sehr viel später nachweisen lässt, handelt es sich höchstwahrscheinlich bei dem rechten Ritter auf dem <u>Siegel der **Stadt**</u> (von 1480) um einen Ritter des Deutschen Ordens, mit dem Kreuz im Schild und auf der Standarte. (Erste eindeutige Nennungen der Ileburger zum Deutschen Orden gehörend 1261,1285,1297. Im Urkundenbuch tauchen Zusammenhänge bereits 1214 auf.) Und der linke Ritter? Der Adler (auf dem Schild) dient oft als Symbol und Attribut für den Evangelisten Johannes, wie zum Beispiel in der Bamberger Apokalypse. Die beiden Ritter könnten demnach die Schutzpatrone des alten Siegels Johannes den Evangelisten der Templer und Johannes den Täufer der Deutschordensritter, allerdings in Gestalt der jeweiligen Kreuzritterorden widerspiegeln. Das kleine Kreuz auf der Standarte des linken Ritters könnte demnach auch das rote Tatzenkreuz der Templer zeigen!

Die Templer in Form der Zisterzienser und der Deutsche Orden waren demnach zeitgleich in Mühlberg! Die Zisterzienser sind wiederum an den nächsten Stationen des Deutschen Ordens in Ostpreußen, zum Beispiel in Thorn mit dabei!

Nach der Verhaftung vieler französischer Templer am Freitag den 13. Oktober 1307 und der von König Philipp IV. (genannt der Schöne) (1268-1314) initiierten Anklage, hört der Orden durch Anordnung von Papst Clemens V. (vor1265-1314) ab dem 22. März 1312 auf zu existieren. Außerhalb von Frankreich bleiben die Angehörigen des Ordens weitestgehend unbehelligt. Es werden neue Orden mit den gleichen Personen gegründet oder die Besitztümer an andere Orden vergeben. Durch päpstliche Verfügung gelangen der ebenfalls im 11. Jahrhundert in Jerusalem gegründete Malteserorden und auch der Johanniter- Orden zu Teilen in den deutschen Landbesitz des 1312 aufgelösten Templerordens. Einige Templer wechseln zum Deutschen Orden. Die Zusammenhänge könnten zeigen: Innerhalb des Zisterzienserordens scheint es eine enge Verbindung mit dem Orden der Templer gegeben zu haben, die sich möglicherweise mit alten wissenschaftlichen Erkenntnissen befasst hat und die auch weit über die offizielle Existenz des Templer- Ordens, weit über das Jahr 1314 hinaus im Geheimen gehandelt haben könnte. Indiz könnte die geheime Astronomie sein, die es in verschiedenen Einrichtungen der Zisterzienser und des Deutschen Ordens gegeben zu haben scheint. Vielleicht hatten die Zisterzienser schlichtweg Angst, nach der Verfolgung der Templer ihr geheimes Wissen offen zu Tage treten zu lassen. Journalist und Schriftsteller Gérard de Séde (Die Templer sind unter uns) und Tobias Daniel Wabbel - (Der Templerschatz) vermuten in ihren Werken die Existenz von Geheimbünden, die bereits vor den Templern existiert haben müssen und die auch danach noch tätig gewesen sein sollen. Vielleicht existierte einfach nur innerhalb des Zisterzienserordens eine solche geheime und hoch gebildete Geheimorganisation, vor aller Augen! Aus der Zeit von vor der Gründung der Templer und auch lange Zeit danach, bis heute!

Interessant an der Tatsache des Böhmischen Löwen im Siegel von Mühlberg ist zudem folgendes: Die Krone Böhmens erkaufte durch Kaiser Karl IV. König von Böhmen das Markgrafthum Lausitz nebst den Herrschaften Mühlberg, Strehla und Würdenhain im August 1370. Im Diplomatarium Ileburgense, der Urkundensammlung und Genealogie der Grafen zu Eulenburg, tauchen ab 1372 regelmäßig urkundlich belegte Kontakte nach Böhmen, insbesondere auch nach Prag auf. Neben den Linien der Familie Ileburg um das Territorium Sachsen und Preußen entwickelt sich ein dritter Zweig nach Böhmen. Die historische Hauptstadt Böhmens ist Prag. Auch Prag entwickelt sich zu einem Zentrum der astronomischen Wissenschaften! Der König Johann von Böhmen (1296-1346) gestattet den Bürgern der alten Stadt Prag 1338 die Errichtung eines Rathauses. Vermutlich ab um 1410 wird dann dort von Uhrmacher Nikolaus Kaaden (1350-1420) nach den Plänen des Mathematikers und Astronomen Johannes Schindel (um1375-1456) damit begonnen, eine astronomische Uhr in das Rathaus einzubauen. Die Uhr wuchs im Laufe der Jahrhunderte zu einem immer komplizierteren Gebilde. Die astronomische Uhr ist heute ein nationales Kulturdenkmal und einer der Hauptsehenswürdigkeiten von Prag. Auch Astronom Tycho Brahe (1546-1601) arbeitete ab um 1600 in Prag, wo er 1601 stirbt. Es gibt also wiederum eine reale, unmittelbare thematische und territoriale Verbindung zwischen Mühlberg und weiteren, späteren astronomischen Geometrien, selbst in Richtung Böhmen und damit nach Prag.

Der rätselhafte Siegelabdruck von 1480 - Schutzpatron der Templer - Johannes der Evangelist / Schutzpatron der Deutschordensritter Johannes der Täufer? - Der Adler dient oft als Symbol und Attribut für den Evangelisten Johannes. Foto: Bamberger Apokalypse
Quelle: Gerald de Sede S.42 Huges de Payen (1070-1136) Gründungsmitglied und erster Großmeister des Templerordens wählt Johannes den Evangelisten. Die anderen Orden, hier Hospitaliter, Johannes den Täufer - Der Löwe Böhmens kam 1370 nach Mühlberg - Die Zisterzienser und der Deutsche Orden waren ab 1228 in Mühlberg - Siegelverleihung 1372 - In dem alten Siegel des Klosters von 1299 links im Bild ist noch ein weiterer interessanter Fakt zu sehen: Der Erdkreis! Während sich Maria

oben in der Mitte befindet, auf der Erdkreis- Erdbahn zur Tag- und Nachtgleiche (um 21.März - Maria Verkündigung - 25.März), sind Johannes der Evangelist und Johannes der Täufer auf den beiden gegenüber liegenden Positionen zu erkennen. Johannes der Evangelist mit dem Adler zur Wintersonnenwende (Johannestag27.Dezember) und Johannes der Täufer zur Sommersonnenwende (Johannestag24.Juni) - Die Siegel des Klosters Mühlberg von 1299 und der Stadt Mühlberg: Siegelsammlung Diplomatarium Ileburgense, die Urkundensammlung und Genealogie der Grafen zu Eulenburg, herausgegeben 1877 in Magdeburg von dem deutschen Archivar, Historiker, Numismatiker und Heraldiker Johann Georg Adelbert von Mülverstedt (S.254 /S.263 ab 1372)

All das bedeutet: Hinter und in den Zisterziensern könnten sich die Templer verbergen! Auch noch lange nachdem deren Orden am 22. März 1312 von Papst Clemens V. (1250/1265-1314) auf dem Konzil von Vienne aufgelöst wurde.

In dem alten Siegel des Klosters von 1299 links im Bild ist noch ein weiterer interessanter Fakt zu sehen: Der Erdkreis! Während sich Maria oben in der Mitte befindet, auf der Erdkreis- Erdbahn zur Tag- und Nachtgleiche (um 21.März - Maria Verkündigung - 25.März), sind Johannes der Evangelist und Johannes der Täufer auf den beiden gegenüber liegenden Positionen zu erkennen. Johannes der Evangelist mit dem Adler zur Wintersonnenwende (Johannestag27.Dezember) und Johannes der Täufer zur Sommersonnenwende (Johannestag24. Juni).

Castel del Monte - Das Oktogon des Stauferkönigs

Kaiser Friedrich II. von Staufen (Hohenstaufen)(1194-1250) gehört zu den schillerndsten, bedeutendsten und für seine Zeit fortschrittlichsten Persönlichkeiten in der Geschichte Europas. Ab 1198 war er König von Sizilien, ab 1212 römisch- deutscher König und von 1220 bis zu seinem Tod Kaiser des Römisch- Deutschen Reiches. Durch die Hochzeit mit Isabella II. von Jerusalem (1212-1228) führte er von 1225 bis zu seinem Tode den Titel König von Jerusalem. Am 25. Juli 1215 ließ er sich in Aachen, am traditionellen Krönungsort der römisch deutschen Herrscher, vom Mainzer Erzbischhof erneut krönen. In Aachen setzte sich Friedrich auf den Thron Karl des Großen (747-814). Noch am selben Tag verpflichtete er sich zu einem Kreuzzug. Der Aachener Dom verfügt über eine achteckige Kuppel mit Sternenmotiven. Das Oktogon- Gebilde hat womöglich seinen Weg über die römische Linie, über Karl den Großen und seinem Wissenschaftler und Astronomen Alkuin (735-804) in die Pfalzkapelle genommen. Weil er sein Königreich Sizilien neu organisieren muss, verschiebt Friedrich den zugesagten Kreuzzug mehrmals, was ihm letztlich 1227 die Exkommunikation durch Papst Gregor IX. (um1167-1241) einbringt. Im Jahr 1225 verpflichtet sich Friedrich erneut im Vertrag von San Germano, spätestens im August 1227 aufzubrechen und die gesamte Finanzierung des Kreuzzugunternehmens zu übernehmen. Wegen einer Seuche musste der Kreuzzug jedoch 1227 erneut aufgegeben werden. Am 29. September 1227 wurde Friedrich von Papst Gregor IX. deshalb exkommuniziert. Am 28. Juni 1228 brach er dann dennoch von Brindisi mit 40 Schiffen zum Kreuzzug auf. Die größten Kreuzfahrerkontingente zur Unterstützung Friedrichs stammten aus dem mitteldeutschen Raum. Aus Hessen, Meißen/Mühlberg, Thüringen und aus staufischen Gebieten, aus Schwaben, dem Elsas und Burgund. Etwa 1000 Ritter und 10.000 Soldaten zu Fuß sollen zunächst anfangs beteiligt gewesen sein. Nach einem sechswöchigen Aufenthalt auf Zypern erreichte er am 7. September 1228 Akkon. Templer und Johanniter verweigerten dem nun exkommunizierten Herrscher erst einmal die Gefolgschaft. Im Gegenzug versuchte Sultan Al- Kamil Muhammad al- Malik (um1180-1238) einen Kampf zu meiden, da ihm ein Krieg mit seinen Brüdern droht. Auf dem Verhandlungsweg gelang nach fünf Monaten mit dem Vertrag von Jaffa am 11. Februar 1229 eine Einigung mit dem Sultan. Dabei wurde ein zehnjähriger Waffenstillstand geschlossen. Der Sultan trat mit Jerusalem, Bethlehem und Nazareth die wichtigsten Ziele der christlichen Pilger und weitere kleine Orte an Friedrich ab. Mit der al- Aqsa-Moschee blieb allerdings die Gründungsstätte des Templerordens bei den Arabern. Ebenfalls blieben der Felsendom und die Dörfer der Umgebung Jerusalems in muslimischer Hand.

Die Führungsspitze der Kreuzfahrer um Friedrich II. bewohnte den Bereich des Davidsturm im Westen von Jerusalem. Friedrich demonstrierte seinen Herrschaftsanspruch, indem er sich am 18. März 1229 mit Krone und königlichen Gewändern in der Grabeskirche präsentierte. Die dabei zelebrierte Selbstkrönung ist unter Historikern umstritten. Der Papst hob die Exkommunizierung jedoch trotz Erfüllung des Kreuzzuggelübdes nicht auf. Friedrich verließ das Heilige Land mit sieben Galeeren und landete am 10. Juni 1229 in Brindisi. Im Frieden von San Germano am 28. August 1230 wurde maßgeblich durch die Vermittlungsbemühungen des Deutschordens- Hochmeisters Hermann von Salza (1162-1239) der Konflikt beigelegt. Die Konstitution von Melfi von 1231 aus 219 Einzelgesetzen in drei Büchern war die erste weltliche Rechtskodifikation des Mittelalters.

Das ist der bekannte Teil der Geschichte um den Kreuzzug Friedrich II.! Gibt es vielleicht auch noch einen heute unbekannten Teil, der mit geheimer Astronomie im Zusammenhang stehen könnte? Der Enkel von Friedrich I. „Barbarossa" (1122-1190) erhielt als Kind eine ritterliche Ausbildung. Er erlernte früh zahlreiche Sprachen, Lesen, Schreiben und Jagen. Im Sommer 1224 gründete Friedrich eine Universität in Neapel, die erste von kirchlichem Einfluss unabhängige Universität in Europa. Sein Hof entwickelt sich zu einem bedeutenden Zentrum der Dichtung und Wissenschaft. Von der Krönung 1220 bis zu seinem Tod 1250 sind unter seiner Regentschaft 287

Bauwerke ausgebaut oder neu errichtet worden, insbesondere nach 1230. Die päpstliche Propaganda verteufelte Friedrich als Kirchenverfolger, Ketzer, Atheisten, Antichristen und als Bestie der Johannes- Apokalypse. Friedrich II. galt jedoch bei seinen Anhängern als das „Staunen der Welt", „als größter unter den Fürsten der Erde", als „Wandler der Welt", als „erster kritischer Naturforscher" und als „erster moderner Mensch auf einem Thron". Auffällig erscheint der etwa dreimonatige Aufenthaltsort in Jerusalem während des Kreuzzuges 1228/1229 von Februar 1229 bis Anfang Mai 1229 im Bereich des Königshof „cura regis" und am Davidsturm. Nachweislich war hier auch die Führungsspitze des Deutschen Ordens untergebracht und möglicherweise auch Geistliche des Zisterzienserordens. Die Anlage befand sich auf der Westseite der Stadt Jerusalem und damit mit möglichem Blick auf den zu dieser Zeit nicht mehr vorhandenen Tempel.

Die alte Ringmauer Jerusalems: Auf alten Stadtplänen aus der Zeit um 1000 n. Chr. ist noch die uralte Stadtmauer Jerusalems als Ringmauer dargestellt. In dieser Form soll die Ringmauer die Stadt bereits 1400 v. Chr. umgeben haben. Die Mauer wurde von König David erneuert und von seinem Sohn, dem weisen König Salomo verstärkt. Durch Erweiterungs- und Schrumpfungsvorgänge in der Stadtgeschichte wurde die Mauer mehrmals verändert, insbesondere erweitert und wieder zurück gebaut und damit wesentlich neu gestaltet. Nach dem Sieg der Römer im Jahr 70 n. Chr. befahl Kaiser Vespasian (9-79) die Mauer von Jerusalem zu schleifen. Nur die höchsten Türme Phasael, Hippicus und Mariamne sowie Teile der Mauer, welche die Stadt im Westen einschließen, blieben auf Befehl des Kaisers zunächst stehen. Die römische Zerstörung, die im Jahre 70 n. Chr. unter Vespasian begonnen hatte, wurde 135 n. Chr. von Publius Aelius Hadrianus, von Hadrian (76-138) zu Ende geführt. Über 1000 Jahre später wurde dann durch den Emir von Syrien und Palästina Al Malik al- Muàzzam (bis1227) im Jahr 1219 damit begonnen, die restliche alte Stadtmauer und die verbliebenen Stadttore schrittweise zurück zu bauen.

Sollte die alte Ringmauer Teil einer antiken Sternwarte gewesen sein, so müsste sich der Beobachtungspunkt mit Blick in Richtung Osten über die Spitze des Tempel genau an der Stelle befunden haben, an der sowohl Friedrich II. als auch die Ritter des Deutschen Ordens zu dieser Zeit gewohnt haben.

Nach einer Angabe von Historiker Reinhold Röhricht in „Die Kreuzfahrt Kaiser Friedrich II. 1228-1229 / Berlin 1872" nahmen an dem Kreuzzug 1228/29 neben dem Deutschen Orden und Pilger aus England auch die Templer und die Hospitäler teil. Mit dem Templer- und Hospitalitenorden herrschte zeitweise Disput, welcher unter der Argumentation „gemeinsam im Namen Gottes und der Christenheit" zu kämpfen, während des Kreuzzuges behoben werden konnte. Die Chroniken geben keinerlei Auskunft, ob es auch vermessungstechnische oder astronomische Initiativen gab. Erwähnenswert ist dieser Hinweis, weil in dieser Chronik auf Seite 33 für das Jahr

1231, also unmittelbar nach dem Kreuzzug, für Friedrich II. Initiativen nach Alessandrien (Alexandrien?) belegt sind, worauf Friedrich II. vom vierten Sultan der Ayyubiden in Ägypten Al- Kamil Muhammad al- Malik ein prachtvolles Astrolabium überbracht bekam. Also ein astronomisches Instrument zur Nachbildung des sich bewegenden Sternenhimmels. Demzufolge beginnt Friedrich II. kurze Zeit nach der Rückkehr aus Jerusalem ebenfalls mit astronomischen Aktivitäten. Das größte Mysterium bahnt sich dann im Jahr 1240 mit dem Bau des beeindruckendsten Bauwerks Friedrichs an, dem Castel del Monte in Apulien.

Das berühmte Castel del Monte gibt bis heute Rätsel auf. Die genaue Funktion des Gebäudes ist unbekannt. Die Wissenschaft erklärt es als Burg oder Jagdschloss. Castel del Monte enthält jedoch keine Strukturelemente anderer Burgen des Mittelalters. Es gibt weder einen Graben, noch eine Zugbrücke, noch unterirdische Formationen, weder Kerker für Gefangene noch Räume für Soldaten. Die großen Fenster böten leichte Einstiegsmöglichkeiten für Feinde. Das gesamte Bauwerk beruht auf der magischen Zahl „Acht". Hier wurde wohl nichts dem Zufall überlassen. Eine mehrjährige Planung und sicher auch eine Testphase mit einem Miniaturmodell müssen dem Baubeginn vorausgegangen sein. Da jegliche militärische Ausrüstung fehlt, dürfte es sich weder um eine Festung noch um ein Schloss im herkömmlichen Sinne handeln. Ebenso fehlen Ställe, die eine heutige Interpretation als Jagdschloss infrage stellen. Es offenbart sich eine Synthese aus mathematischem Wissen, Geometrie und Astronomie. Der Kreis ist perfekt dargestellt, meist aus einem Achteck im Übergang zu einer Kreisrotunde. Es bestehen Ähnlichkeiten zur Aachener Marienkirche, aber auch zum Felsendom in Jerusalem. Die Grabeskirche in Jerusalem enthält ebenfalls eine Achteckgeometrie. Ähnliche Achteck- Gebäude sind desgleichen mehrfach beim Orden der Templer zu finden. Das gesamte Castel del Monte ist zudem durchdrungen von astrologischen Symbolen.

Die Besonderheiten: Die Lage und Mauerung ist so konzipiert, dass an den Tagen der Sonnenwenden sowie an den beiden Tag- und Nachtgleichen die Schatten im Innern eindeutige Konstellationen aufweisen. Die Schatten passen sich an diesen Tagen exakt den inneren Strukturen an. Ebenso ist das Eingangsportal so konzipiert, dass auch hier die beiden Sonnenwenden exakt angezeigt werden. Die Reaktionen auf die Sonnenwenden und die Tag- und Nachtgleichen offenbaren: Bei dem Bauwerk handelt es sich offenkundig um eine astronomische Einrichtung, die mutmaßlich das Erkennen der Lage der Erde auf der Erdkreis- Erdbahn, die Standorte der Erdkugel auf der Umlaufbahn der Erde um die Sonne erkennen lassen. Die acht Seiten könnten demnach einem Astronomen ein räumliches Bild von den Beleuchtungs- und Winkeleigenschaften der Erde auf der Erdkreis- Erdbahn bieten!

Castel del Monte auf Vermessungen, Postkarten und Zeichnungen - Vermessung Heinrich Wilhelm Schulz und Anton Hallmann - Die deutschen Architekten Heinrich Wilhelm Schulz (1808-1855) aus Dresden und Anton Hallmann (1812-1845) aus Hannover, haben 1831 die erste architektonische Aufmessung und eine historische Dokumentation des Bauwerks vorgenommen - Links oben: Alte Ringmauer Jerusalem mit dem Ort der Unterkunft von 1229 in Jerusalem

Die Anlage wäre quasi eine trigonometrische Verkleinerung der Erdkreis- Erdbahn um die Sonne. In diesem Fall mutmaßlich mit acht Messpositionen der Erdkugel auf der Umlaufbahn. Es könnte am östlichen Horizont einen Beobachtungspunkt für die Visiermethode gegeben haben. Möglicherweise sollten perspektivisch von dem Gebäude aus astronomische Vermessungen veranstaltet werden. Durch ein kompliziertes Zimmer- und Gangsystem sind bestimmte Räume nur von einem separaten Zugang und getrennt von den offen zugänglichen Zimmern begehbar. Diese geheimen Sonderräume sind beheizbar, was sie auch in den Nächten für still sitzende Astronomen benutzbar macht. Friedrich II. beauftragt mit Schreiben vom 28. Januar 1240 Richard von Montefuscolo, Justitiar der Capitanata bei der Kirche Santa Maria del Monte mit der Umsetzung des Baus. Ob Friedrich II. die sicherlich mit großer Leidenschaft und Hingabe konstruierte Anlage jemals genutzt hat, ist eher unwahrscheinlich. Seine Anwesenheit lässt sich nicht nachweisen.

Sicherlich war er viel zu sehr in seine politischen Geschäfte und den Konflikt mit dem Papst verwickelt. Zudem ist er womöglich noch während des Baus verstorben. Die Anlage blieb möglicherweise sogar unvollendet. Das Gebäude soll später als Gefängnis benutzt worden sein.

Damit zeigt sich: Überall, wo namhafte Teilnehmer der Kreuzzüge insbesondere des Kreuzzuges von 1228/29 auftauchen, entstehen danach zeitnah Gebäude und Geometrien, die zur Vermessung der Gestirne geeignet sind! Aus drei von ihnen gehen später sogar namhafte Astronomen hervor.

Mühlberg: Der Deutsche Orden, die Ileburger und die Zisterzienser sind hier nachweisbar. Stiftung 1228, Einmessung der Anlage des Klosters Mühlberg vermutlich 1230 nach dem Kreuzzug. Ein Zweig der Ileburger führt zusammen mit dem Deutschen Orden nach Preußen. Ein weiterer Zweig der Ileburger bzw. Mühlbergs führt nach Böhmen und Prag. Bei dem Kloster Mühlberg handelt es sich mutmaßlich um eine mittelalterliche Sternwarte. Instrumente aus Mühlberg könnten später um 1559/60 nach Dresden gelangt sein.

Thorn: Thorn wird vom Deutschen Orden 1231 eingemessen. Mit dabei wiederum der Orden der Zisterzienser. Astronom Nikolaus Kopernikus (1473-1543) hat frühen und wesentlichen Kontakt zum Zisterzienserinnen- Kloster in seiner Heimatstadt Thorn. Nikolaus Kopernikus revolutioniert das bis dahin vorherrschende geozentrische Weltbild, womit er am Beginn der neuzeitlichen Astronomie steht.

Wittenberg: Der Herzog von Sachsen Albrecht I. (1175-1260) aus dem Geschlecht der Askanier war u. a. Herzog von Sachsen- Wittenberg. Nach 1217 führte Albrecht I. im Auftrag von Kaiser Friedrich II. den von der Kirche geförderten Kreuzzug zur Rückeroberung Jerusalems an. Im Jahre 1228 reiste er bis 1229 zusammen mit Friedrich II. nach Jerusalem. Bei der Stadt mit der Marienkirche im Osten und der Schlosskirche im Westen handelt es sich mutmaßlich um eine mittelalterliche Sternwarte. Astronom Tycho Brahe (1546-1601) studierte ab um 1560 in Wittenberg. Brahe verließ seine Observatorien 1597 und ging ins Exil nach Prag. Er wurde Kaiserlicher Hofastronom. Tycho Brahe ist einer der bedeutendsten Astronomen der Neuzeit. Im Jahre 1600 wurde Johannes Kepler sein Assistent.

Adelberg: Volknand von Staufen - Ministerialer Vetter von Kaiser Friedrich I. Barbarossa gründete 1178 das Kloster Adelberg. Zuvor hatten die Zisterzienser ebenfalls schon versucht, hier ein Kloster zu gründen. Im Jahr 1220 wies Kaiser Friedrich II. die Schultheißen der stauferfreundlichen Städte Esslingen und Gmünd an, das Kloster in ihren Schutz zu nehmen, da es von seinen Ahnen gegründet und ausgestattet worden sei und er es unter seinen besonderen Schutz genommen habe. Auch hier ist Friedrich II. also ebenfalls präsent. Kloster Adelberg wird später erweitert. Astronom Johannes Kepler (1571-1630) besuchte die Klosterschule Adelberg, deren berühmtester Schüler er war.

Castel del Monte: Kaiser Friedrich II. von Staufen lässt das geheimnisvolle Gebäude zwischen 1240 und 1250 errichten. Der eingebaute Schattenwurf durch die Sonne setzt Kenntnisse über die Gestalt der Erdkreis- Erdbahn voraus, mit dem geometrischen Mechanismus der beiden Tag- und Nachtgleichen sowie der Winter- und Sommersonnenwende.

Prag: Mit dem Bau komplizierter astronomischer Uhren wurde um 1410 begonnen. Beispiele sind die seit dieser Zeit immer weiter ausgebaute astronomische Prager Rathaus- Aposteluhr. Ein Zweig der Kreuzritter in Gestalt der Ileburger gelangt nach Böhmen und damit nach Prag. Mutmaßlich könnten Astronom Tycho Brahe (1546- 1601) und Astronom Johannes Kepler (1571-1630) für ihre Arbeit ab 1600 in Prag ebenfalls in Gebäuden eingebaute astronomisch nutzbare Geometrien benutzt haben. Immerhin kommt es im August 1370 zu einer nachweislichen Verbindung zwischen Mühlberg, den Ileburgern und Kaiser Karl IV. König von Böhmen (1316-1378), als dieser das Markgrafthum Lausitz nebst den Herrschaften Mühlberg, Strehla und Würdenhain erkaufte.

Selbst mutmaßlich vorhandene Vermessungsgeräte aus Mühlberg könnten nach 1560 über die Kunstkammer Dresden das Vermessungswesen, die Astronomie und Geodäsie in Sachsen, Deutschland und Europa beflügelt haben.

Der Weg aus der Grabeskirche Jerusalem scheint von 1229 an über die Jahrhunderte hinweg quer durch Europa direkt zur modernen Astronomie und Astrophysik zu führen.

Und dann gibt es da noch ein paar Besonderheiten um Friedrich II., die einen Zusammenhang mit dem Ägypten des Altertums erkennen lassen. Wie die Alten Ägypter experimentierte er mit Eiern, allerdings mit Straußen- und Falkeneiern. Er schreibt sogar ein Buch über die Falknerei. Er versucht mit Wissenschaftlern zu klären, ob die Seele unsterblich sei. Er will wissen, welches Antlitz Gott trägt und was dessen Engel tun. Er diskutiert offen über die Jungfrauengeburt Marias. Später versucht er sich mit König David und dem Messias gleich zu setzen, was ihn bei seinem ersten Besuch im Heiligen Land auf die Idee des Gottkaisertums bringt. Der Machtkampf ist vorprogrammiert! Bis zu seinem Ende kommt es zu unzähligen, erbitterten politischen und militärischen Aktionen gegen den Papst. Nach seinem Tod ließ sich Friedrich II. offenbar mit einer ausgeklügelten Technik einbalsamieren. Als sein Porphyr- Sarkophag 1989 nach 747 Jahren geöffnet und der Kaiser exhumiert wird, zeigt sich sein Körper in „lebensnaher Frische". In dem Grab lagen zwei weitere Tote, vollkommen zerfallen. „Der Kaiser wurde mumifiziert, seine Haut ist erhalten, die Physiognomie lässt sich gut erkennen", meint damals Projektleiterin Rosalia Varoli Piazza vom Zentralinstitut für Restaurierung in Rom.

Auch heute noch ehren die Menschen den Kaiser mit Blumen auf seinem Grab in der Kathedrale von Palermo. In Italien ist er noch immer präsent, vor allem in Sizilien, wo er als „nostro re di Sizilia" als „unser König in Sizilien" bezeichnet wird. Friedrich II. wird von Historikern als ein souveräner, moderner Europäer gesehen, der in einem Europa aus verschiedenen Kulturen und unterschiedlichsten Strömungen erfolgreich regieren konnte.

Die Bundeslade

Nur ein Gedanke! Wie kann das sein? In Mühlberg, in Wittenberg und in Einrichtungen der Kreuzritter und Freimaurer gibt es die gleichen Geometrien, wie an und in den Pyramiden von Gizeh. Es gibt die Geometrien der Vermessung, es gibt die geometrische Ausrichtung von Gebäuden zur Beobachtung der Gestirne, es gibt auch die Sechsecke der Lichtgeschwindigkeit und selbst Pendelschächte dürfen nicht fehlen. Die Geometrien zumindest von Mühlberg, möglicherweise auch von Wittenberg und ebenso von Thorn scheinen von den Kreuzrittern des Deutschen Ordens eingebaut worden zu sein. Mit dabei sind immer die Zisterzienser. In Mühlberg könnte es sogar Vermessungsgeräte gegeben haben, zumindest tauchen unmittelbar um die Schließung des Klosters 1559 solche Geräte 1560 in der Kunstkammer in Dresden auf.

Waren die Kreuzfahrer auch an den Pyramiden, wie Alexander der Große (356v.Chr.-323v.Chr.) oder Napoleon Bonaparte (1769-1821)? Vermutlich wussten sie nicht einmal, dass es die Pyramiden überhaupt gibt. Nur für den für Sachsen-Wittenberg zuständigen Herzog von Sachsen Albrecht I. (1175-1260) aus dem Geschlecht der Askanier lässt sich für den Zeitraum nach 1217 während des Fünften Kreuzzuges ein Aufenthalt in Ägypten nachweisen. Als dieser im Auftrag von Kaiser Friedrich II. (1194-1250) den von der Kirche geförderten Kreuzzug zur Rückeroberung Jerusalems anführte und dabei die Stadt Damiette in Ägypten am Mittelmeer erobern konnte. Weil diese strategisch wichtige Stadt Ausgangspunkt für die Wiedereroberung Palästinas sein sollte. Allerdings wurden die Kreuzfahrer auf dem Weg in das ca. 200 Kilometer entfernte Kairo geschlagen, was zu einem Rückzug nach

Damiette führte. Was haben die Kreuzfahrer in Kairo gesucht und wovon wussten sie?

Die Kreuzritter waren dagegen in Akkon und Jerusalem! Liegt hier die Schnittstelle zwischen den Geometrien der Pyramiden und der Klöster wie auch der für die Astronomie geeigneten Stadtplanung? Der Deutsche Orden wurde von Bremer und Lübecker Bürgern und damit auch von Seeleuten gegründet. Selbst der Name des möglicherweise für Mühlberg und auf jeden Fall für Thorn zuständigen Landmeisters Hermann von Balk (bis 1239) erinnert ebenfalls an den „Balksee" im heutigen Landkreis Cuxhaven. Wenn die so in Nautik ausgebildeten Seeleute in den Reihen des Deutschen Ordens auf ähnlich funktionierende Geometrien zur Vermessung der Gestirne aufmerksam geworden sind, haben sie vielleicht gezielt nach Strukturen und auch nach Vermessungsgerätschaften gesucht.

Als die ersten Kreuzfahrer 118 Jahre zuvor nach dem Jahr 1099 Jerusalem erobert haben, war der Tempel des Salomo und dessen durch Herodes realisierter Erweiterungsbau längst verschwunden. Auch die Bibel enthält keine so genauen Angaben. Hatten die Kreuzfahrer Zugriff auf geheime Schriftstücke, auf Papyrusrollen oder auf Steinplatten aus der Zeit der Pyramiden? Hatten sie Zugriff auf uralte Geometrien und womöglich auch auf Gerätschaften aus der Pyramidenzeit? Gerätschaften, wie einfache Winkel, eine Sanduhr zum Beispiel, oder hölzerne Aufriss-Brettchen? Die Heuristik aus dem Einkreuzen von Fakten lässt an dieser Stelle eine spannende Aussage zu: Sie müssen etwas gefunden haben, aus dem sie die Geometrien und Gesetzmäßigkeiten auslesen konnten, die schon im Ägypten des Altertums zu finden sind. Mutmaßlich eben die Bundeslade und/oder Aufzeichnungen aus deren Umfeld und/oder Geometrien, die in Jerusalem in Gebäuden eingebaut waren.

Ob es die Bundeslade überhaupt gab ist umstritten. Der schweizer Kirchenhistoriker Prof. Dr. Thomas Römer (1955) zum Beispiel bezieht seine Zweifel aus den fehlenden exakten geografischen Angaben der in der Bibel beschriebenen Szenerie. Seiner Meinung nach seien die Gebote erst im 6. Jahrhundert vor Christus entstanden und viele genannte Orte seien reine Erfindung. Von der Logik her müsste es dennoch zumindest einen oder mehrere Transportbehälter für wichtige Unterlagen gegeben haben.

Die Lade wird als eine Art Transportkiste mit zwei Tragestangen beschrieben, die einer Truhe gleicht die 1922 durch den britischen Ägyptologen Howard Carter (1874-1939) im Grab von Tutanchamun (ca.1400v.Chr.) im Tal der Könige gefunden wurde. Anstatt der beiden Cherubim ist auf diesem Transportbehälter der ägyptische Schakalgott Anubis zu sehen. Dieses Design könnten die Israeliten nachempfunden haben. Vielleicht um gleichzeitig die Gesetze Gottes mit hinein zu konstruieren oder hineinzulegen.

Sollten die Lade, andere wichtige Schätze und schriftliche Informationen, so wie in der Bibel beschrieben, in den Jerusalemer Tempel gelangt sein, dann wären sie der Logik nach vor der ersten Invasion der Babylonier unter König Nebukadnezar II. (um 640 v.Chr.-562 v.Chr.) 587 v. Chr. unter dem Tempelberg versteckt worden.

Die Bibel selbst gibt noch eine andere Richtung vor, in welcher der Prophet Jeremia die Bundeslade in einer Höhle in dem Berg versteckt haben soll, den Moses bestiegen hat, um das Erbe Gottes zu betrachten. Theoretisch könnte es sich bei diesem Berg ebenfalls um den Tempelberg handeln, wenn denn dieser über eine Einrichtung (Sternwarte oder Pendelschächte) verfügt hat, mit denen die Gesetze Gottes ausgelesen werden konnten.

Eine weitere Variante sieht sie in der heiligen Stadt Aksum, wohin sie bereits 1000 v. Chr. durch die Königin von Saba gelangt sein soll. Die von den Priestern bei Umzügen durch die Stadt getragene Kopie der Truhe hat jedoch keinerlei Ähnlichkeit mit der in der Bibel beschriebenen Lade. Das Original ist unzugänglich verschlossen.

Eine heiße Spur, zumindest in Form von Kisten und Unterlagen, aber auch bildlichen Darstellungen der Lade an und in mehreren Kathedralen führt vom Tempelberg in Jerusalem über den Orden der Templer nach Frankreich.

Wie ließe sich diese Spur weiter eingrenzen? Führt sie doch auch in Richtung Mühlberg! Die alte Ringmauer Jerusalems: Auf alten Stadtplänen aus der Zeit um 1000 n. Chr. ist noch die uralte Stadtmauer Jerusalems als Ringmauer dargestellt. In dieser Form soll die Ringmauer die Stadt bereits 1400 v. Chr. umgeben haben. Im Alten- und Neuen Testament der Bibel werden immer wieder Aufenthalte in der Wüste und auf einem Berg beschrieben, die 40 Tage und 40 Nächte andauern. Mutmaßlich werden dabei astronomische Beobachtungen beschrieben. Die Zahl 40 scheint für einen Kreis und die Astronomie zu stehen. Geometrisch könnte die Zahl 40, aus „4" Positionspunkten und der „0" als Kreis gezeichnet, einen Kreis beschreiben, der sich in 4, 40 oder 400 usw. Teile zerlegen lässt. Das bedeutet: Eine Kreisbeobachtungsanlage, die den Erdkreis nachstellt und die Sonnenwenden erkennen lässt. Sie könnten also eine astronomische Kreisbeobachtungsanlage besucht haben! Die Israeliten weilten nach ihrem Auszug aus Ägypten 40 Jahre in der Wüste für einen Streckenverlauf, der per Fuß in 14 Tagen zu bewältigen ist. Sind die 40 Jahre die Beschreibung des zeitlichen bzw. des geometrischen Ablaufs der Baumaßnahme einer solchen Ringkreisanlage bzw. Ringmauer? Handelt es sich dabei um den Bau der Ringkreismauer um Jerusalem, die mit ca. ab 1400 v. Chr. beschrieben wird?

Mit so einer Ringkreismauer hätten Astronomen virtuellen Zugriff auf die trigonometrische Verkleinerung der Erdkreis- Erdbahn. Sie könnten ihre eigene Position auf vier, acht oder zwölf Messpunkten virtuell nachstellen, um so die Beleuchtungssituation der Sonne auf die Erdkugel und die Winkelverhältnisse zu simulieren. Sie könnten so ein räumliches Bild des Erdkreises generieren.

Sie könnten damit gleichzeitig den Sonnenlauf an der Horizontlinie im Osten, so den Lauf zwischen den Sonnenwenden und die Zeitpunkte der beiden Tag- und Nachtgleichen auslesen. So ein Kreis wäre quasi mit Stonehenge vergleichbar. Mit der Einführung von Kalendarien wäre er obsolet, er würde nicht mehr gebraucht. Er wäre heute verschwunden.

Die Messung der Gestirne könnte dann in einem zweiten Schritt per Visiermethode über die Spitze eines im Osten gelegenen Tempels erfolgen. Die Speicherung der Messergebnisse über Tage, Monate und Jahre und die trigonometrische Vermessung der virtuell nachgestellten Messpunkte könnte dann wiederum in einem hohen Raum, an einer mit Messlinien oder Rauten ausgestatteten Decke eines Tempels erfolgen. So ähnlich, wie vermutlich einst in der Großen Galerie der Cheops- Pyramide.

Die alte Ringmauer wurde von König David erneuert und von seinem Sohn, dem weisen König Salomo verstärkt. Psalm Kapitel 48 Verse 13 und 14: Umkreise den Zion. Umwandelt ihn rings und zählt seine Türme. Betrachtet genau seine Bollwerke, mustert seine Paläste, damit ihr dem künftigen Geschlecht erzählet. Die Worte Gottes in Jesaja Kapitel 62 Vers 6: O Jerusalem ich habe Wächter über deine Mauern bestellt, die den ganzen Tag und die <u>ganze Nacht</u> nicht mehr schweigen sollen. Ihr, die ihr den Herrn erinnern sollt: gönnt euch keine Ruhe.

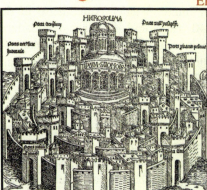

Die Ringkreismauer um Jerusalem - Erste Erwähnung 1400 v. Chr. - Zerstört ca. 70 n.Chr. - Vergleich mit der Erdkreis- Erdbahn (Bildmitte) - Links: Auf einer Stadtansicht von Jerusalem von Arzt und Historiker Hartmann Schedel (1440-1514) aus um 1493 sind insgesamt drei Mauerringe um Jerusalem zu sehen. Da der Salomonische Tempel mit abgebildet ist, müssen die Informationen zur Entstehung des Bildes aus der Zeit von vor der Zerstörung des Tempels stammen

In bisher 36 Kriegen wurde Jerusalem in Schutt und Asche gelegt und insgesamt 18 mal wieder aufgebaut. Durch Erweiterungs- und Schrumpfungsvorgänge in der Stadtgeschichte wurde die Mauer zudem mehrmals verändert, insbesondere erweitert und wieder zurück gebaut und damit wesentlich umgestaltet. So ist heute vollkommen unklar, wo sich die alte ursprüngliche Mauer befand und aus welcher Epoche vorgefundene Fundamente und Mauerreste stammen. Nur die Linien der Ost- und der Westmauer sollen lange Zeit unverändert geblieben sein. Nach dem Sieg der Römer im Jahr 70 n. Chr. befahl Kaiser Vespasian (9-79) die Mauer von Jerusalem zu schleifen. Nur die höchsten Türme, Phasael, Hippicus und Mariamne sowie Teile der Mauer, welche die Stadt im Westen einschließen, blieben auf Befehl des Kaisers stehen. Die Ringmauer gab es also noch zu Jesu Zeiten um ca. 30 nach Chr.. Die römische Zerstörung, die im Jahre 70 n. Chr. unter Vespasian begonnen hat, wurde 135 n. Chr. von Publius Aelius Hadrianus (76-138) zu Ende geführt. Ähnliche Kreise, selbst auch mit vier, acht oder zwölf Einteilungen, sind auch vom antiken Babylon und von Bagdad überliefert. Sie gibt es ebenso bei den Azteken und Inka. Sollte in Jerusalem Astronomie betrieben worden sein, hätten die Astronomen später anstatt der Mauer ein Ersatzbauwerk benötigt, welches wiederum mit vier-, acht- oder zwölf Messpunkten durch Licht- und Schattenwurf auf den Sonnenlauf und damit auf die Position der Erde auf der Erdkreis- Erdbahn reagiert. Über 1000 Jahre später wurde dann durch den Emir von Syrien und Palästina Al- Malik al- Muàzzam`Isa Sharaf al- Din (bis1227) um 1219 damit begonnen, sowohl die Reste der Stadtbefestigung als auch umliegende Burgen zu schleifen, um drohenden Kreuzfahrern bei einer Einnahme keine verteidigungsfähigen Anlagen zu bieten. Den Davidsturm ließ auch dieser Herrscher stehen. Die restliche alte Stadtmauer und die verbliebenen Stadttore wurden zurück gebaut.

Auch die Stadttore könnten in der Frühantike für die Astronomie eine Rolle gespielt haben. Im Norden befindet sich das Damaskustor und das Herodestor. Im Osten das Löwentor oder Stephanstor und das (zugemauerte) Goldene Tor. Im Süden das Dungtor, gleich daneben das Gerbertor und das Zionstor. Im Westen das Jaffator am Fuße des Nordost- Turmes der Zitadelle. Durch das damit einzige westliche Tor kann noch immer die Altstadt von Jerusalem betreten werden. Durch dieses Tor verließ man die Stadt in Richtung Mittelmeer nach Jaffa. Heute bildet das Jaffa- Tor den wichtigsten Zugang von der Neustadt zur Altstadt. Was mit Konstrukteuren der Mauer geschah, die möglicherweise die geheime Geometrie kannten oder einen Fehler in den Berechnungen gemacht haben: „Die beiden Erbauer der Mauer ließ der Sultan hinrichten, weil sie den Berg Zion nicht in die Mauerumfassung mit einbezogen hatten", heißt es in einer Überlieferung. Gleich hinter dem Jaffa- Tor befindet sich der Suk el- Bazar. Am östlichen Ende das Platzes beginnt die nach Osten führende schmale David- Straße (suk el- Bazar). Bei diesem Weg könnte es sich um die Straße handeln, von der Jesus die Händler vertrieben hat. Die Straße ist heute überdacht. Die Straße endet an der Westmauer des Tempelberges. Im Westen wird die 12 bis 20 Meter hohe Mauer von der mächtigen Davids- Zitadelle überragt. Mutmaßlich befanden sich irgendwo an dieser Stelle im Westen der Stadt der bzw. die Beobachtungspunkte für eine antike Sternwarte, die dem System von Gizeh, Mühlberg und Wittenberg entsprochen haben müsste.

Der Tempel Salomos wurde, sollten die biblische Chronologie und die Angaben stimmen, ab dem Jahre 957 v. Chr. in sieben Jahren erbaut und im 6. Jahrhundert v. Chr. am 25. August 587 v. Chr. von den Babyloniern unter König Nebukadnezzar II. (640v.Chr.-562v.Chr.) verwüstet und geplündert. Der zweite 515 v. Chr. vollendete Tempel wurde ab 21 v. Chr. von Herodes dem Großen (um73v.Chr.-4v.Chr.) grundlegend umgebaut. Bereits im Jahr 24 v. Chr. ließ Herodes der Große die drei Türme „Hippicus", „Phasael" und „MARIAmne" vom Tempel aus in Richtung Westen errichten. Etwa 70 n. Chr. wurde der Tempel von den Römern erneut in Trümmer gelegt und wieder geplündert. Die drei Türme ließen die Römer jedoch bewusst stehen, weil sie an die Größe Jerusalems erinnern sollten. Genau das ist der Bereich, in dem Kaiser Friedrich II. bei seinem Feldzug 1228/1229 zusammen mit der Führungsspitze des Deutschen Ordens wohnte!

Logisch wäre: Sollten die Israeliten das bei ihrem Auszug aus Ägypten mitgebrachte Wissen in Jerusalem eingesetzt haben, in Jerusalem gibt es ja ab um 1400 v. Chr. nun mutmaßlich eine astronomische Ringkreisanlage, dann müssten sie der Logik folgend, den Hauptschatz, also die Lade selber, unmittelbar vor 587 v. Chr. vor dem Feldzug der Babylonier am sichersten Ort, also unter dem Tempelberg im Osten der Stadt versteckt haben. Haben sie Astronomie betrieben, es gab ja die Ringkreisanlage, dann dürften sie bereits ab um 1400 v. Chr. (Ringkreisanlage) Vermessungsgeräte aus der Lade bzw. aus weiteren Transportkisten entnommen haben, um diese dann in den Westen der Stadt zum Beobachtungspunkt zu bringen. Dieses Vorgehen entspricht zudem heutigen Strategien, wichtige wissenschaftliche und militärische Informationen niemals an nur einem Ort aufzubewahren. Ein mutmaßlich auch als Astronom tätiger Jesus Christus (0-ca.32) könnte also durchaus zwischen den Jahren 0 und 30 von dieser astronomischen Ringkreisanlage, die es zu seiner Zeit ja noch gab, etwas gewusst haben. Er könnte sie sogar bei seiner Ausbildung mit genutzt haben. Er wird um 30 - 36 gekreuzigt. Später (326-335) entsteht dann über seinem Grab die Grabeskirche, mutmaßlich durch römische Vermesser. Dieses Gebäude ist aus irgend einem Grund wiederum auf die vier Himmelsrichtungen ausgerichtet. Im Innern lässt die Säulenstruktur der Rotunde eine exakte geometrische Struktur erkennen, die nach Osten ausgerichtet ist und die an ein Oktogon erinnert. Das Gebäude hat damit möglicherweise ebenfalls eine astronomische Ausrichtung zum Erkennen des Standortes der Erde auf der Erdkreis- Erdbahn. Sie wäre eine miniaturisierte Ausgabe der Ringkreismauer.

Für die Beobachtung der Gestirne wären zunächst eine Ringreisanlage oder ein Oktogon- Gebäude zum Erkennen der Lage der Erde auf der Erdkreis- Erdbahn nötig. Diese entsprächen den Monaten. Eine Südausrichtung wird über einen nach Süden ausgerichteten Turm erreicht. Dieser zeigt die Uhrzeit an. Eine weitere Ausrichtung muss den Zirkularpunkt im Norden verorten. Nun kann über eine weitere notwendige Anlage von einem Beobachtungspunkt im Westen aus über eine Gebäudespitze im Osten die Vermessung des Sternenhimmels erfolgen. So war es mutmaßlich schon in Gizeh. Ähnliche Strukturen sind auch in Mühlberg und Wittenberg noch vorhanden.

In der Grabeskirche in Jerusalem kommt es am 18. März 1229 zur Selbstkrönung von Friedrich II. und damit zu dem Treffen von Rittern, an deren Bauwerke unmittelbar danach ebenfalls astronomische Geometrien auftauchen. Friedrich II. lässt wenige Jahre danach ebenfalls mit dem Castel del Monte ein Oktogon bauen, das mit seinem Schattenwurf auf die Erdkreis- Erdbahn reagiert.

Der 18. März ist unmittelbar vor der Tag- und Nachtgleiche! Das bedeutet: Die Ritter könnten sich an diesem Tag auf etwas vorbereitet haben: Auf die Tag- und Nachtgleiche um den 20. März. Das bedeutet wiederum: Die Kreisrotunde der Grabeskirche könnte ebenfalls eine funktionierende astronomische Einrichtung zum Erkennen der Tag- und Nachtgleiche sein! Die trigonometrische Verkleinerung der Ringkreismauer und damit die trigonometrische Miniaturisierung der Erdkreis- Erdbahn. Hat Jesus Christus Astronomie betrieben, dann hat man ihm zu Ehren offenbar nicht nur das Vermessungskreuz als Symbol der Vermessung geweiht, sondern auch die Grabeskirche als Erdkreis dargestellt, also die Umlaufbahn der Erde um die Sonne. Was für ein wunderschönes Symbol: Die Bahn unserer Erde um die Sonne erinnert an Jesus Christus!

Es zeigt auch: Die zwölf Apostel könnten von der Erdkreis- Erdbahn gewusst haben. Einer von ihnen war Petrus. Auf dem vermuteten Grab des erstgenannten Simon, den Jesus auch Petrus, Fels oder Felsenmann nannte, ist später der Petersdom in Rom entstanden. Nun wird klar, warum der Dom und sein Vorplatz mit dem Obelisken im Vatikan über eine astronomische Ausrichtung verfügt. Der Erdkreis vor dem Dom hat noch acht Messstellen. Jesus hat es in der Nacht seiner Verhaftung nicht mehr geschafft, seinen Aposteln das System aus den 12 Messstellen zu vermitteln. Bei Petrus in Rom werden nur acht Messstellen benutzt. War das der Verrat an Jesus, bevor der symbolische Hahn dreimal gekräht hat? Haben vielleicht deshalb die Römer nach der Kreuzigung von Simon Petrus um das Jahr 64 n. Chr. dann im Jahr 70 n. Chr. Jerusalem geplündert, vielleicht nach Geometrien und Geräten gesucht? Römische Vermesser haben ja dann das Grab von Simon Petrus in Rom und die Grabeskirche in Jerusalem als Oktogon eingemessen. War das ein weiterer Verrat, wegen dem der Hahn gekräht hat?

Aber woher wussten Friedrich II. und seine Begleiter vom Deutschen Orden von den astronomischen Phänomenen in der Grabeskirche und in Jerusalem? Die Hintergründe zu dem Treffen um den 18. März 1229 in der Grabeskirche und dem möglicherweise bewusst gewählten Wohnort im Westen der Stadt um den Davidsturm könnten bereits 134 Jahre zuvor im Jahr 1095 gelegt worden sein.

Die Templer: Die biblischen Verschlüsselungen sind so konzipiert, dass sie neugierigen Menschen auffallen sollen. Diese sollen darüber nachdenken, sich dabei bilden und so die Welt begreifen und zum Fortschritt bringen. Als habe Gott persönlich an der Bibel mitgewirkt. Der Trick funktioniert! Daraus entstehen die Wissenschaften. Das ist der tiefere Sinn des göttlichen Systems, das in der Bibel, sowie in antiken und mittelalterlichen Gebäuden steckt. Das, was die Menschen Gott nennen, hat es ja genau so gemacht, indem das System den Astronomen den Sternenhimmel vor die Nase gesetzt hat. Neugierige Menschen „fallen da drauf rein". So wird sicher schon seit mehr als über 10.000 Jahren geforscht und dabei nebenbei das komplette System aus Astronomie, Geometrie, Mathematik, Physik und Chemie durch Erfindungen in die Gesetze der Menschen eingebaut. Das sind die Gesetze Gottes. Als Werkzeug Gottes dient immer die Trigonometrie. Das haben auch weise Menschen begriffen, die antike und mittelalterliche Bauwerke errichtet haben. Ihre Bauwerke sind die Kopien der göttlichen Gesetze aus Stein, aus Licht und Musik, aus Malerei, Konzerten und durchdacht formulierten Worten. Sie haben immer auch geheime Zeichen und Zahlenspiele hinterlassen. Dafür sind nicht nur die Konstrukteure der Kathedralen, sondern auch die geheimnisvollen Templer und Freimaurer berühmt.

So haben Menschen bereits im Mittelalter begonnen zu erforschen, was denn die Templer bei ihrer Suche in Jerusalem gefunden haben könnten. Der Theologe Johann Friedrich Starck (1680-1756), der Kirchenhistoriker und Professor für Kirchengeschichte August Johann Wilhelm Neander (1789-1850), Historiker und Journalist Louis Charpentier (1905-1979) - (Die Geheimnisse der Kathedrale von Chartres), Historiker Paul Sinz - (Das Leben des heiligen Bernhard von Clairvaux), Gérard de Séde (1921-2004) - (Die Templer sind unter uns), Sabina Marineo (Die verborgene Kirche des Grals), Christian Knight und Robert Lomas (The Second Messiah), Tobias Daniel Wabbel (1973) - (Der Templerschatz) und Historiker Helmut Paffrath zeigen mit ihren Nachforschungen immer wieder auf, dass die Bundeslade der Israeliten von den Templern gefunden worden sein könnte. Zumindest müssen sie über einen Schatz biblischen Ausmaßes verfügt haben. Die Bundeslade, wenn es sie denn gab, ist der ultimative Kultgegenstand der Israeliten und damit des jüdischen Volkes. Moses ließ sie laut der im Exodus / 2. Buch Mose Kapitel 25 Vers 1 beginnenden Beschreibung in der Wüste Sinai aus Akazienholz, Gold, Silber und Kupfer anfertigen, um darin die durch den Finger Gottes geschriebenen Tafeln zu transportieren, nach dem er 40 Tage auf dem Berg Sinai war. Die Bundeslade muss während der babylonischen Belagerung Jerusalems im Jahre 587 v. Chr. versteckt worden sein. Weder bei den Babyloniern, noch auf dem Titusbogen bei den Römern gibt es nach der Plünderung Jerusalems im Jahre 70 n. Chr. Anhaltspunkte. Im Gegensatz dazu gibt es bei den Rittern des Templerordens eine Vielzahl solcher Hinweise.

So wie später bei Stauferkönig Friedrich II. tauchen auch bei den Templern Oktogon- Strukturen auf. Eine der ersten von ihnen ist in der 1162 begonnenen alten Rundkirche des Convento de Cristo innerhalb der Templerburg Tomar in Portugal zu finden. Die Zahlengeometrie der Rundkirche gleicht der Grabeskirche in Jerusalem. Folglich kannten die Templer das astronomische Phänomen bereits, lange bevor Friedrich II. 1228/1229 nach Jerusalem reiste. Also muss es einen Informationsfluss zwischen Templern und Friedrich II. gegeben haben, der ja dann zwei Tage vor der Tag- und Nachtgleiche in der Grabeskirche auftaucht. Friedrich II. könnte also von den Templern von dem Phänomen der Tag- und Nachtgleiche und damit von der Ausrichtung der Grabeskirche auf die Erdkreis- Erdbahn erfahren haben. Aber warum sind sie dann nach Jerusalem gereist und nicht gleich nach Tomar?

Nun kommt auch noch hinzu. In Mühlberg treten die gleichen astronomischen Geometrien wie in Gizeh auf, die es zuvor an keiner anderen Stelle in Europa zu geben scheint. Diese sind aber frühestens erst nach 1230 eingebaut worden, nachdem die Ritter aus Jerusalem zurück gekehrt sind.

Das bedeutet: Die erste astronomische (oktogonale) Ausrichtung der Grabeskirche war schon vor Reiseantritt 1228 bekannt, die zweite astronomische Ausrichtung von Mühlberg hat man erst 1229 mitgebracht und nach 1230 eingebaut. Weil die Ritter in Jerusalem genau an der richtigen Stelle gewohnt haben, müssen sie von der zweiten Ausrichtung also auch schon vor 1228 gewusst haben!

Die Templer haben also bei ihrem ersten Besuch zwischen 1099 und 1127/28 nur einen Teil der Unterlagen und Geometrien gefunden! Von dem zweiten Teil wussten sie zu dieser Zeit noch nichts! Wie ließe sich diese Aussage beweisen? Welche Chronologie ist bekannt?

Der Startaufruf nach Jerusalem 1095/1099: Durch Kalif el Hakim (985-1021) kommt es zu einer radikalen Verschlechterung der Beziehungen zu den anderen Religionen, weil dieser den Untertanen seine radikale Auslegung des Islam mit aller Macht aufzwingen will. Im Zuge der Diskriminierung gegenüber den anderen Religionen kommt es auch zur Zerstörung des Heiligen Grabes, indem das noch weitgehend intakte Felsengrab zertrümmert wird. Die Zerstörung des Felsengrabes löst im Abendland eine Welle der Entrüstung aus. Es kommt zu einer langen Kettenreaktion. Nach dem Aufruf von Papst Urban II. (1035-1099) im Jahr 1095 erobern die Kreuzritter 1099 Jerusalem. Ohne diese Eroberung hätte es den Templerorden und die folgende Geschichte nicht gegeben.

Die erste wichtige Gründung:

Am 21. März 1098 wird in einem abgelegenen Tal in der Gegend Cîteaux das Kloster Cîteaux (Cistercium/Zisterze/Zisterzienser) gegründet. Der Zisterzienserorden! Mitbegründer des Zisterzienserordens waren:

Robert von Molesme (um1028/29-1111) (I. Abt von Cîteaux 1098-1099),

Alberich von Cîteaux (um1050-1109) (II. Abt von Cîteaux 1099-1109) und

Stephan Harding (um1059-1134) (III. Abt von Cîteaux 1109-1134).

Bernhard von Clairvaux (1090-1153) war Kreuzzugprediger und einer der bedeutendsten Mönche des Zisterzienserordens. Er trat um 1112/13 in das 1098 gegründete Kloster Cîteaux ein. Schon im Jahr 1115 gründete er das eigene Kloster Clairvaux, dessen Abt er war. Bernhard von Clairvaux war hoch gebildet, auch in Naturwissenschaften. Er organisierte die Ausbreitung des Zisterzienserordens über ganz Europa.

Die Kreuzritter erobern 1099 Jerusalem:

Nachdem der im Kreuzzug erfolgreiche Heerführer Raimund von Toulouse (um1041-1105) die Königskrone abgelehnt hat, weil er sich nicht in der Stadt mit einer Krone krönen lassen will, in der Jesus Christus die Dornenkrone getragen hat, wird Gottfried von Bouillon (um1060-1100) zum König gewählt, auf eigenen Wunsch jedoch inoffiziell und offiziell als Beschützer des Heiligen Grabes. Der Heerführer im Ersten Kreuzzug von 1096 bis 1099 Gottfried von Bouillon hat nun zusammen mit seinen Gefährten Zugang zu den wichtigsten Plätzen in Jerusalem, wie dem Tempelberg, dem Berg Zion und dem Heiligen Grab. Kanoniker wie Albert von Aachen und die engsten Ritter, die „Clientele Godefridi", die „Botschafter Gottes" macht er zu den Bewachern des Heiligen Grabes. Bis heute wird vermutet, dass dabei eine Art Geheimbund, ein innerer Kreis der zukünftigen Templer, die „Ordre de Sion" entstanden sei. Gottfried von Bouillon starb tatsächlich ein Jahr später 1100 unter mysteriösen Umständen. Es folgt ihm sein Bruder Balduin von Bouillon, als Balduin I. von Jerusalem (1058-1118).

Der deutsche Biograf des Heiligen Bernhard von Clairvaux (1090-1153) Paul Sinz weiß zu berichten: „Die ersten Verbindungen des Templerordens muss es bereits vor der offiziellen Gründung gegeben haben, als in der Geschichtsschreibung verlautet." Schriftsteller Tobias Daniel Wabbel „Der Templerschatz" weist auf Seite 24 auf den Kirchenhistoriker August Neander hin, welcher über die Gründung des Templerordens im Jahre 1118 schrieb: „Schon 10 Jahre bestand die Verbindung und noch hatten sie keine bestimmte Regel, ihr Ruf hatte sich noch nicht weit verbreitet und ihre Zahl sich nicht vermehrt." Es wird also die Existenz einer Art Geheimbund vermutet!

Die Kreuzfahrer müssen zu dieser Zeit die Trümmer der Grabeskirche entdeckt haben. Eine Rekonstruktion eines so sensiblen Baus ohne Fachkenntnisse dürfte aber nicht möglich gewesen sein. Wer kann Auskunft geben?

<u>Eine weitere wichtige Reise nach Jerusalem: 1104-1107</u>

Christian Knight und Robert Lomas vermuten in ihrem Buch „The Second Messiah", dass von David und Aaron abstammende jüdische Familien 70 n. Chr. aus dem zerstörten Jerusalem zu fliehen vermochten, wodurch sie die alten Geheimnisse über die Artefakte unterhalb des Jerusalemer Tempels von einer Generation zur nächsten weiter geben konnten. Zu diesen Familien sollen auch die Grafen der Champagne gehört haben. In der Residenzstadt von Graf Hugo I. de Champagne (bis1126) in Troyes lehrte der bedeutendste Rabbi jener Zeit, Rabbi Rashi - Schlomo Jizchaki (1040-1105). Dieser war wie viele andere Rabbis davon überzeugt, dass sich die Bundeslade in einer zugemauerten Grotte unter dem Tempelberg befindet. Graf Hugo I. de Champagne nahm nicht am Ersten Kreuzzug teil. Er zog dann erst mit seinen Gefährten 1104 in das Heilige Land und kehrte erst 1107 zurück. Er muss zu diesem Zeitpunkt bereits über Hintergrundwissen verfügt haben. Denn für Graf Hugo I. de Champagne muss es in Jerusalem ein Ziel gegeben haben, von dem er wusste und von dem er dann auch etwas mitgebracht hat. Diese angesteuerte Adresse könnte die astronomische Ausrichtung der Grabeskirche auf die Erdkreis- Erdbahn gekannt haben. Die Grabeskirche sollte ja rekonstruiert werden. Aus Jerusalem zurückgekehrt, setzt er sich sofort mit dem Abt der Zisterzienser- Mutterabtei Cîteaux Stephan Harding zusammen. Stephan Harding unterhielt freundschaftliche Beziehungen zu den Rabbis. Die Rabbis halfen schon bei der Übersetzung des Alten Testament aus dem Aramäischen bzw. Hebräischen. In der Folge wurde in Zusammenarbeit der Zisterzienser mit den Rabbis die aus Jerusalem mitgebrachten Dokumente übersetzt. Die Zisterzienser bekommen also tiefe Einblicke in die Aktenlage.

<u>Noch eine wichtige Reise nach Jerusalem: 1114-1116</u>

Nach der Übersetzung der Unterlagen reist Graf Hugo I. de Champagne im Jahr 1114 nun gut vorbereitet erneut nach Jerusalem. Diesmal sind sein Vasall Hugo von Payns (um1070-1136), der spätere Gründer des Templerordens und André de Montbard (um1103-1156), einer der neun Gründungs- Ritter des Templerordens und dessen fünfter Meister (1153-1156) mit dabei. Nach der Ankunft muss mit der Einmessung der Grabeskirche und mit der Rekonstruktion aus den alten Steinen begonnen worden sein. Die Jerusalemreisenden müssen aber noch mehr erfahren haben: Mutmaßlich den Ort des Verstecks der Bundeslade. Als Graf Hugo I. de Champagne von dieser zweiten Reise 1116 zurückkehrt, unterstützt er das von Zisterzienser Bernhard von Clairvaux ein Jahr zuvor 1115 gegründete Kloster Clairvaux.

André de Montbard ist ein Onkel von Zisterzienser Bernhard von Clairvaux und über die Ehefrau von Hugo von Payns auch mit diesem verwandt. Er wird Mitglied in der von Papst Gregor VII. (1025-1085) initiierten und von Papst Urban II. im Rahmen des Aufrufes zum Kreuzzug als für Heilige Soldaten ehrenvoll eingestuften „Militia Christiana". Immerhin muss ja ein unter religiösen Vorzeichen mit militärischen Mitteln durchgeführtes religiöses Unternehmen eine in sich widersprüchliche Denkweise bewältigen. Zusammengenommen bedeutet das bis hierher: Es gab eine enge, sogar familiere Verbindung zwischen den informierten Zisterziensern, der militärischen Organisation „Militia Christiana" und der zukünftigen Führungsspitze der Templer! Der mutmaßliche Urahn von David und Aaron Graf Hugo I. de Champagne scheint zunächst der Hauptinitiator der folgenden Suchaktion gewesen zu sein. Mit im Boot sind die beiden Zisterzienser Stephan Harding und Bernhard von Clairvaux, sowie die zukünftigen Templer Hugo von Payns und André de Montbard.

Balduin I. von Jerusalem starb 1118 an einer Fischvergiftung. Es folgte ihm Balduin von Bourcq als Balduin II. von Jerusalem (bis1131). Dieser ist verwandt mit Templergründer Hugo von Payns!

Im Jahr 1118/1119 wird nun der Templerorden von neun Gründungsmitgliedern ins Leben gerufen. Eine verschworene Gemeinschaft mit geheimen Hintergrundwissen. Es entsteht eine Art Vorverein. Der vollständige Name lautet: „Arme Ritterschaft Christi und des salomonischen Tempels." Sein besonderer Auftrag liegt offiziell im Schutz der Pilger im Heiligen Land. Um die friedlichen Aussagen der christlichen Religion und die militärischen Aktionen unter einen Hut zu bekommen, kommt der Gründer des Templerordens Hugo von Payns auf die Idee: Die Ritter sollen gleichzeitig Mönche und Soldaten sein. Der optimale Schirmherr ist Johannes der Evangelist, ein Heiliger, der in seiner Apokalypse bewaffnete Engel und apokalyptische Reiter verkündet. Im Gegensatz dazu agieren andere Orden, wie zum Beispiel die Hospitaliter, unter dem Patronat von Johannes dem Täufer.

Der in verwandtschaftlicher Beziehung zu Templergründer Hugo von Payns stehende König Balduin II. stellt den Armen Rittern Christi selbstredend einen Teil seines Palastes in der al-Aqsa-Moschee zur Verfügung, wo diese nun ungestört Ausgrabungen unter dem Jerusalemer Tempel veranstalten können. Denn sie scheinen sich ja auf diesen Augenblick gründlich vorbereitet zu haben.

Die Spuren der Templer sind nach 1867 im Tempelberg durch den britischen Major-General Sir Charles William Wilson (1836-1905) und durch Sir Charles Warren (1840-1927) entdeckt worden. Die Spuren wurden mit Hilfe Henry Birtles zwischen 1867 und 1870 weiter verfolgt. Weitere Grabungen in den Schächten und Tunneln entlang der Stützmauern des Tempelbergs durch den englischen Aristokraten und Offizier Motagu Brownlow Parker, 5th Earl of Morley (1878-1962) brachten nach 1911 weitere Bestätigungen der Funde. Nach dem Sechstagekrieg 1967, als die historische Altstadt von Jerusalem für kurze Zeit dem israelischen Militär gehörte, ließ der israelische General Mosche Dajan (1915-1981) unter dem Tempelberg archäologische Grabungen durchführen. Der britische Jerusalem- Archäologe Shimon Gibson nennt 2010 in seinem Buch „The Final Days of Jesus" insgesamt 45 Kammern, Schächte und Zisternen unter dem Tempelberg.

Neun Ritter gehen nach Jerusalem, lassen sich am Tempelberg nieder und fangen an, dort auf der Grundlage des althergebrachten Wissens jüdischer Familien, sowie der von Graf Hugo I. de Champagne aus Jerusalem mitgebrachten und übersetzten Dokumente, nach den verborgenen Schätzen zu suchen. Dabei fällt auf: Templergründer Hugo de Payens und seine Mitstreiter beteiligten sich an keinen Kampfhandlungen gegen die angreifenden moslemischen Armeen aus Syrien und Ägypten!

Der mutmaßliche Urahn von David und Aaron Graf Hugo I. de Champagne gibt 1124 alle seine Besitztümer auf, er verjagt seine Frau Isabella von Burgund und seinen kleinen Sohn Otto, reist 1125 erneut nach Jerusalem und wird selber Templer. Nun beteiligt auch er sich an den Schatzgrabungen. Ein Jahr später stirbt er 1126.

Bernhard von Clairvaux verfasst 1127 ein Schreiben: „Die Arbeit ist vollendet worden mit unserer Hilfe, und die Ritter sind auf eine Reise nach Frankreich und Burgund geschickt worden, unter dem Schutz des Grafen der Champagne, wo alle Vorkehrungen getroffen werden können gegen Übergriffe seitens staatlicher oder kirchlicher Behörden." Zur Erinnerung: Als Graf Hugo I. de Champagne von seiner zweiten Reise 1116 zurückkehrt, unterstützt er das von Zisterzienser Bernhard von Clairvaux ein Jahr zuvor 1115 gegründete Kloster Clairvaux! War das der Schutz? Wurde schon zehn Jahre zuvor der Fund solide vorbereitet? War dieses Kloster das erste Versteck? Woran überhaupt ist Graf Hugo I. de Champagne so plötzlich verstorben? Hat er etwas geöffnet, das ihm den Tod gebracht hat?

Bernhard von Clairvaux war Kreuzzugprediger und einer der bedeutendsten Mönche des Zisterzienserordens. Er trat um 1112/13 in das 1098 gegründete Kloster Cîteaux ein. Kurz danach im Jahr 1115 gründete er das Kloster Clairvaux, dessen Abt er war. Er organisierte die Ausbreitung des Zisterzienserordens über ganz Europa.

Nun wird auch der politische Schutz amtlich gemacht: Auf dem Konzil von Troyes, Graf Hugo I. de Champagne wohnte einst in Troyes, bekommt der Templerorden am 13. Januar 1129 eine feste Ordensregel. Wieder mit dabei, die Zisterzienser Stephan Harding und Bernhard von Clairvaux sowie die Templer Hugo von Payns und André de Montbard. Insgesamt nehmen fünf Zisterzienser an der Veranstaltung teil. Mit dabei auch der Bischof Gottfried von Chartres. Zisterzienser Bernhard von Clairvaux soll sogar die Ordensregel verfasst haben, was jedoch umstritten ist. Zumindest sind große Teile der Regel nach Art der Zisterzienser verfasst. Am 29. März 1137 wird die Organisation der Templer von Papst Innozenz II. (vor1088-1143) durch Bulle „Omne datum optimum" erneut bestätigt und der Orden direkt dem Papst unterstellt. Dadurch wird der Orden für weltliche Herrscher faktisch unantastbar. Es entsteht ein Staat im Staate mit Hauptquartier mitten in Paris.

Zisterzienser Bernhard von Clairvaux soll später in der Zisterzienser- Abtei von Clairvaux über tausende aus Jerusalem stammende verschlüsselte Schriftrollen verfügt haben, die er übersetzen ließ. Bestand die Verschlüsselung aus geometrischen Zeichnungen oder ägyptischen Hieroglyphen?

Bernhard von Clairvaux prangerte das weltliche Rittertum als verderbt an und plädierte für ein geistliches Rittertum, das er in den neuen Templern des Glaubens verwirklicht sehen will. Als habe er die architektonische Reinheit und Harmonie begriffen, die auch schon bei den Alten Ägyptern eine Rolle zu spielen scheint, definiert er Gott in die heiligen drei Eigenschaften aus Breite, Höhe und Tiefe. Maße und Proportionen werden zum Schlüssel zur völligen Übereinstimmung mit der geordneten Harmonie der Schöpfung. Der Zisterzienserstil ist geprägt von funktioneller Schönheit und nüchterne Strenge. Das Licht und seine Führung sollen den Baumeistern der Zisterzienserkirchen, Klöster und Kathedralen als wichtige Elemente architektonischer Vollkommenheit dienen. Hier beginnt die im Mittelalter verbreitete Zahlenmystik, bei der die Maße in Zisterzienserkirchen in der Regel den musikalischen Proportionen von Oktave (1:8), Quinte (1:5) und Quarte (1:4) folgen. Der Kirchenraum soll in ein riesiges Musikinstrument, in einen Hörsaal Gottes verwandelt werden.

Der Geist des Heiligen Bernhard von Clairvaux steckt danach, von seinen Schülern umgesetzt in hunderten Gebäuden. Um 1300 zählen die Zisterzienser 742 Niederlassungen in den wichtigsten Ländern Europas. Die Zisterzienser und die daraus erwachsenen Templer müssen sich die Aufgabe gestellt haben, die verborgenen Schätze zu suchen, um jeden Preis zu finden und zu heben, was in etwa 9 Jahre in Anspruch nehmen sollte. Nach ihrer erfolgreichen Arbeit konnte Bernhard von Clairvaux auch erklären, dass die Templer die wahren Israeliten seien, bedeutet doch der Besitz der Bundeslade den direkten Draht zu Gott. Offenbar handelt es sich bei dem Templerschatz hauptsächlich um gefundenes geometrisches Wissen. Möglicherweise auf Schriftrollen oder in die Lade selber eingebaut. Möglicherweise Wissen über Astronomie und die Konstruktionsprinzipien des salomonischen Tempels, damit möglicherweise über die allgemeine Statik. Wissen das dann in der Baukunst der Gotik umgesetzt wird. Denn erst nach der Rückkehr der Templer aus Jerusalem, nach dem chronologisch möglichen Studium der Unterlagen entstanden doch erst die großen gotischen Kathedralen. In Denis lassen Abt Suger von Saint-Denis (1081-1151) und Bernhard von Clairvaux (um1090-1153) ab 1137 eine der ersten gotischen Kathedralen als Nachbau des Salomonischen Tempels errichten. An der Abteikirche von St. Denis ist die Bundeslade im linken Portal der Westfassade sowie in einem der Fenster zu sehen, mit dem Schriftzug „Quadrigae Aminadab".

Von 1145 bis 1153 ist Eugen III. (bis1153) Papst. Ein Zisterzienser und Schüler von Bernhard von Clairvaux! Der engste Vertraute des Papstes, der Zisterziensermönch Nikolaus Moniacutius lässt durchblicken, der Papst besäße die Bundeslade und weitere heilige Insignien aus Jerusalem. Die Lade stehe in der dem Heiligen Laurentius von Rom geweihten Sankt Laurentius Basilika - San Lorenzo, die dem Patriarchat Jerusalem zur Verfügung stehe. Ähnliche Angaben will auch der jüdische Reisende Benjamin von Tudela (bis1173) von jüdischen Gelehrten aus Rom erfahren haben. Da die Lade weder damals noch heute in Jerusalem sicher genug war und ist, dürfte sie sich demnach möglicherweise noch immer unter der Obhut des Vatikan befinden. Dem von Gott persönlich am meisten beschützten Ort der Welt. Selbst wenn der Papst durch eine Invasion in der Geschichte in Bedrängnis geraten wäre, böte der von unzähligen Katakomben durchzogene Untergrund Roms unendlich viele Möglichkeiten, einen einzelnen goldenen Kasten unauffindbar verschwinden zu lassen. Auf jeden Fall sicherer, als ihn auf eine Reise quer durch Europa zu schicken. Der Wert, der in der Lade steckt, muss Wissen sein. Wissen um die Gesetze Gottes, die Gesetze der Geometrie, der Gravitation, des Lichtes und der damit verbundenen Zeit. Eine einzelne Lade hätte aber nicht ausgereicht, um all die Erkenntnisse zu transportieren, über welche die Alten Ägypter und die Israeliten bereits verfügt haben müssen.

Eine Antwort auf diese Frage liefert möglicherweise der Schriftsteller Gérard de Séde. Der Zufall hat ihm eine atemberaubende Geschichte in die Hände gespielt: In seinem Roman „Die Templer sind unter uns" beschreibt Gérard de Séde um 1962 den Gärtner Roger Lhomoy, der zwischen 1944 und 1946 unter den Resten der mittelalterlichen Templerburg Gisors gefährliche und halsbrecherische Schatzgrabungen veranstaltet haben will. Nach einer abenteuerlichen Suche findet Roger Lhomoy in einer ca. 30 Meter langen, ca. 9 Meter breiten und ca. 4,5 Meter hohen romanischen Krypta Statuen von Christus und seinen zwölf Aposteln. Ebenso insgesamt 19 zwei Meter lange und 60 Zentimeter breite Steinsarkophage. Als Hauptschatz werden insgesamt 30 in Zehnerreihen aufgestellte Truhen bzw. liegende Schränke aus kostbarem Metall beschrieben. Jede soll 2,5 Meter lang, 1,80 Meter hoch und 1,60 Meter breit gewesen sein. Journalist und Schriftsteller Gérard de Séde gelingt es mehrere Aussagen zusammenzutragen, die ebenfalls Kisten in einer ähnlich beschriebenen Konstellation einer Krypta beschreiben. Bei ihm meldet sich sogar nach einer Veröffentlichung über die Schatzgrabung ein Archäologe, der im Besitz von Unterlagen ist, die ziemlich genau die gleichen Kisten und Räumlichkeiten beschreiben. Daneben schafft es Gérard de Séde zu untermauern: Der letzte Templergroßmeister Jacques de Molay (1244-1314) habe im Vorfeld der für den 13. Oktober 1307 geplanten Verhaftungswelle gegen die Templer erfahren und noch rechtzeitig aus dem Hauptquartier in Paris einen umfangreichen Schatz abtransportieren lassen. Templer Jean de Chalon aus dem Temple von Nemours in der Diözese von Troyes habe in seinem Verhör im Jahr 1308 vor dem Papst eingestanden, dass er selber am Vorabend der

Razzia, also am Abend des 12. Oktober 1307, mindestens drei mit Stroh beladene Wagen gesehen habe, die den Temple von Paris unter der Leitung von Gérard de Villers und Hugues de Chalons verlassen haben. Insgesamt sollen 50 Pferde eingesetzt worden sein. In diesen Wagen seien Truhen verborgen, die den gesamten Schatz des Generalvisitators Hugues de Pairaud enthielten. Der Tross soll Kurs auf die Küste genommen haben, wo sie an Bord von 18 Schiffen verladen werden sollten. Aussage Geheimarchiv Vatikan: Register Aven Nr. 48 Benedicti XII., Teil I, Seiten 448-451. Seitdem geistern verschiedenste Spekulationen herum, die den Schatz der Templer in Nordamerika, in Großbritannien oder in der Schweiz sehen wollen. Von Paris bis Gisors sind es 72 Kilometer. Gespannführer wissen. Schon nur selten angespannte Pferde schaffen um die 60 Kilometer an einem Tag. Die Grabungsstelle des Gärtners Roger Lhomoy im Bereich der Templerburg Gisors wird später vom Militär für drei Wochen abgesperrt. Ein alter Offizier vermittelt Jahre danach in einer Veröffentlichung: Roger Lhomoy habe recht mit seiner Behauptung. An dieser Stelle sei nun nichts mehr zu finden.

Eines der Hauptwerke der Gotik, die Kathedrale von Laon wird 1155 begonnen. Beendet wird der Bau 1235. Im linken Portal der Kathedrale von Laon heben 2 Engel einen Deckel hoch. Darunter steht ein 7-armiger Leuchter (3+3+1=7) in einem Kasten, auf dem die Worte „Arca Dei" eingemeißelt sind. Interessant ist: Die Engel sind nicht an der Lade angebracht. Der Deckel ist mit einer Rautentrigonometrie überzogen und der Leuchter steht im Innern der Lade. Das alles könnte bedeuten: Zwei Engel - die Gravitation zwischen zwei schwebenden Objekten. Der Leuchter in der Lade: Das Licht - die Lichtgeschwindigkeit. Die Rauten: Die Vermessungstechnik - Rautentrigonometrie. Alles zusammen: Die Gesetze Gottes in der Bundeslade.

Bernhard von Clairvaux lebte bis 1153. Bernhard von Clairvaux verband eine enge Beziehung mit dem Abt von Chartres, in einem kleinen unbedeutenden Ort etwa 90 km südwestlich von Paris, in dem ab 1194 die mächtige Kathedrale von Chartres gebaut wurde. Diese Kathedrale bildet möglicherweise einen wichtigen Anhaltspunkt in der Beziehung zu Mühlberg! Der Sage nach soll Bernhard von Clairvaux die Schriftrollen aus der Bundeslade nach Chartres gebracht haben. Zwischen Chartres, den Zisterziensern und Templern bestand schon eine lange Beziehung. Bereits am 13. Januar 1129 ist Bischof Gottfried von Chartres beim Konzil von Troyes mit dabei, als der Templerorden eine feste Ordensregel erhält. Kreuzzugprediger Bernhard von Clairvaux, eine der Hauptfiguren des Zisterzienserordens, steht also in einer unmittelbaren Beziehung zur späteren Kathedrale von Chartres. Mühlberg war ebenfalls ein Zisterzienserinnenkloster! Ebenso das zu Thorn gehörende Kloster, zu dem Nikolaus Kopernikus (1473-1543) Kontakt hatte! Mit dem Bau der Kathedrale von Chartres wurde 1194 begonnen, der Bau dauerte bis 1260 an. Baumeister bzw. Architekt war Villard de Honnecourt (bis1235).

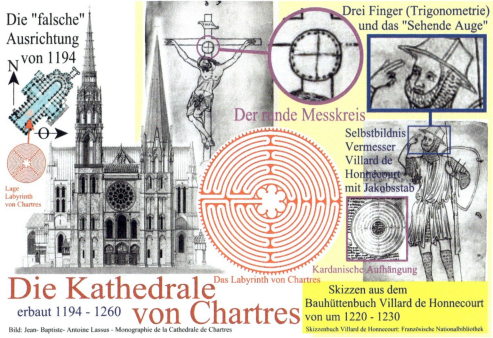

Die Kathedrale von Chartres / r. Skizzen aus dem Buch von Villard de Honnecourt um 1230 / Selbstbildnis Vermesser Villard de Honnecourt mit Jakobsstab / o.M.: Der runde Messkreis / o.r.: Drei Finger (Trigonometrie) und das „Sehende Auge" / Mitte: Das von Architekt Villard de Honnecourt in Chartres konstruierte und vor aller Augen als Labyrinth getarnte Gerät müsste als tatsächliches Messgerät als kardanische Aufhängung wegen den zahlreichen Drehlagern empfindlich auf die Gravitation reagiert haben. Gleichzeitig könnte es mit seinen Zähnen ein Messrad zum Messen der Lichtgeschwindigkeit symbolisieren - Bild Jean- Baptiste- Antoine Lassus - Monographie de la Cathedrale de Chartres / Skizzenbuch Villard de Honnecourt: Französische Nationalbibliothek

Ein Blick in das Skizzenbuch von Villard de Honnecourt, dem Architekten der Templer- Kathedrale von Chartres in Frankreich zeigt: Die Kreuzritter kannten die alten Geheimnisse und Geometrien, die auch schon in Ägypten zu finden sind. Das Selbstporträt Honnecourts zeigt ihn mit einem Jakobsstab in der Hand, wie er mit drei Fingern auf eines seiner Augen zeigt: Trigonometrie und das „Sehende Auge"! Auf einem Bild von Jesus Christus ist der Kreis der Vermessungsscheibe der Geodäsie und der Markscheiderei zu sehen, welcher ebenso die Erdkreis- Erdbahn darstellen könnte. Die Kathedrale von Chartres verfügt über einen 33 Meter tiefen Brunnenschacht mit einer Ausrichtung auf die Himmelsrichtungen. Das berühmte Labyrinth von Chartres zeigt die sechsblättrige Blume, wie das Lichtfenster in Wittenberg und gleichzeitig die Zahl 6. Soll es mit seinen Außenzähnen auch ein Rad für die Vermessung der Lichtgeschwindigkeit zeigen? Zugleich ist eine kardanische Aufhängung für die Gravitation zu erkennen. Die Konstruktion ist vor aller Augen als Labyrinth sichtbar. Das Gebilde wäre als euklidische Rechenmaschine nutzbar. Auf einer Statue außerhalb der Kathedrale hält ein Heiliger ein Astrolabium in den Händen, ein Zeitmessgerät für die Astronomie. An der Außenfassade ist eine astronomische Uhr zu sehen. Der Transport der Bundeslade ist am Nordportal der Kathedrale eingemeißelt. Im äußeren und inneren Bogen des rechten Portals sind die Sieben Freien Künste: Dialektik, Rhetorik, Geometrie, Arithmetik, Astronomie, Grammatik und Musik zu sehen. Im Innenraum zeigt ein „Sonnenloch" die Tag- und Nachtgleiche auf einer Bodenfliese an. Der gotische Neubau in dem auch heute noch kleinen Ort Chartres begann also 1194, er wurde 1260 fertiggestellt. Die Bauhüttenbrüder, die sich aus den Reihen der Kreuzritter entwickelt haben, müssen dabei quasi aus dem Stand heraus ohne vorherige Entwicklungsstufen derartige gotische Kathedralen in verhältnismäßig kurzer Zeit gebaut haben. Der gotische Baustil ist in Frankreich ohne Übergangsarchitektur wie aus dem Nichts in vollendeter Technik aufgetaucht und dann nach den Templern wieder verschwunden. Fast scheint es, als kannten die Templer plötzlich universelle Grundgesetze der Geometrie, in Form von Maßen, Zahlen, Gewichten und Tönen.

Die Kathedrale von Chartres ist wie Mühlberg ein Marienheiligtum und ebenfalls ein Zisterzienserinnenkloster. Es gibt jedoch einen großen Unterschied zu Mühlberg! Die Kathedrale in Frankreich ist nicht nach Osten ausgerichtet, so wie es bei dem Kloster Mühlberg und der Stadt Wittenberg in Deutschland der Fall ist! Die Kathedrale zeigt mit ihrem Kirchenschiff etwa 45 Grad in Richtung Norden.

Wie könnte diese für die Astronomie, zumindest im Hinblick der damit „falsch" ausgerichteten beiden Türme erklärt werden?

Obwohl es zahlreiche Gleichnisse zwischen der Kathedrale von Chartres und Mühlberg gibt, wie zum Beispiel der Status einer Zisterzienser- Einrichtung, lassen sich die Templer in Mühlberg nicht eindeutig nachweisen, mit Ausnahme des geheimnisvollen Siegels der Stadt Mühlberg mit den zwei Rittern mit unterschiedlichen Kreuzen in den Fahnen. Die Zisterzienser sind dagegen eindeutig nachzuweisen. In ihnen könnten sich die Templer in Personalunion verbergen!

Etwa 35 Kilometer entfernt von Mühlberg und in der Gegenrichtung auch von Wittenberg war der Deutsche Orden ab dem Jahre 1223 in Dommitzsch, durch eine Stiftung von Heinrich III., Markgraf zu Meißen präsent. Genannt wird der Orden an diesem Ort bereits am 25.4.1219 in einer Urkunde der Ileburger.

Den Gemeinsamkeiten geschuldet, könnte es zwischen Templern/Zisterziensern und Deutschem Orden einen Austausch gegeben haben. Die 1194 begonnene Kathedrale von Chartres ist nicht exakt nach Osten ausgerichtet, sie wäre in dieser

Form für die Astronomie ungeeignet. Das 1228/1230 begonnene Kloster von Mühlberg aber schon. Ebenso das später eingemessene Wittenberg. Demnach könnten universale geometrische Aufzeichnungen zunächst von den Templern unter dem Tempel in Jerusalem gefunden worden sein. Über das Erkennen der Erdkreis- Erdbahn hinaus gehende astronomische Geometrien und auch Vermessungsgeräte müssten sich von der Logik her in Jerusalem ohnehin in einem westlich gelegenen Gebäude befunden haben, wenn der Tempel selber einen Visierpunkt hatte.

Das alles könnte bedeuten: Die Zisterzienser müssen bei der Auswertung der Unterlagen bemerkt haben, dass sie nur den halben Schatz besitzen! Bei ihnen tauchen zunächst keine Astrostrukturen, wie in Mühlberg auf. Sie kannten diese also nicht. Geräte scheinen bei ihrem Fund unter dem Tempelberg ebenfalls keine Rolle gespielt zu haben. Diese wären ja zu dieser Zeit auch noch in der Sternwarte im Westen von Jerusalem. Was die Templer offenkundig bei ihren ersten Schatzgrabungen nicht wussten, sie haben ja auch nicht an dieser Stelle danach gesucht. Das Wissen um Geometrien aus der Bundeslade könnte also in Frankreich ab frühestens 1129 vorhanden gewesen sein. Haben sie die Unterlagen tiefgründig ausgewertet, dann sind sie logischerweise drauf gekommen, wo sich der Beobachtungspunkt und damit Geräte in Jerusalem befinden müssten. Also im Westen der Stadt.

Die Zisterzienser hätten also noch einmal nach Jerusalem reisen müssen! Welche Gelegenheit hätte sich dazu geboten? Am 1. Dezember 1145 ruft Zisterzienser Papst Eugen III. mit der Bulle „Quantum praedecessores" wegen dem Verlust der Grafschaft Edessa zum Zweiten Kreuzzug auf. Erst nachdem Kreuzzugprediger Bernhard von Clairvaux mitmacht und 1146 die Könige Ludwig VII. von Frankreich (1120-1180) und den römisch- deutschen König Konrad III. (um1093-1152) gewinnen kann, gelingt der Aufbruch. Warum ruft der ansonsten extrem friedlich und harmonisch eingestellte Bernhard von Clairvaux zum Kreuzzug auf, wenn die Templer oder Zisterzienser doch den wichtigsten Kultgegenstand bereits gefunden haben? Antwort: Sie haben zu diesem Zeitpunkt bereits bemerkt: Es fehlt etwas in ihrem 1129 gefundenen Schatz! Der rätselhafte Aufruf zum Kreuzzug wirft auch heute noch ein zwielichtiges Bild auf den Heiligen Bernhard von Clairvaux. Am 27. April 1147 gewährt Eugen III. auf dem Konzil von Paris den Rittern des Templerordens das Tragen des roten Kreuzes auf der linken Schulter. Nun sind sie optisch durch ihr Habit von den Zisterziensern zu unterscheiden.

Der Zweite Kreuzzug beginnt 1147 und endet 1149 mit einer kläglichen Niederlage. Die Templer und ihre Verbündeten sind nicht stark genug. Sie erreichen Jerusalem nicht!

Am 23. März 1153 schließt Papst Eugen III. mit König Friedrich Barbarossa/Friedrich I. (um1122-1190) (Großvater von Friedrich II.) den Vertrag von Konstanz.

Der Dritte Kreuzzug beginnt 1189, nun unter Führung des Kaisers des römisch-deutschen Reiches Friedrich Barbarossa/Friedrich I.. Dabei ertrinkt Friedrich Barbarossa am 10. Juni 1190 im Fluss Saleph in der heutigen Südosttürkei vor Erreichen des Heiligen Landes. Es kommt zu einem Friedensvertrag, ohne das die Kreuzfahrer Zugriff auf Jerusalem bekommen. Dabei wird bei der Belagerung von Akkon in einem Feldhospital von Kaufleuten aus Bremen und Lübeck der Deutsche Orden gegründet. Der Sohn von Friedrich Barbarossa/Friedrich I. Staufer Heinrich VI. (1165-1197) zieht 1197 zum Kreuzzug. Er stirbt jedoch noch vor der Abreise 1197 in Messina auf bisher ungeklärte Weise, entweder an der Malaria oder an einer Vergiftung. Der bereits begonnene Kreuzzug wird 1198 abgebrochen.

Am Vierten Kreuzzug 1202 bis 1204 nehmen hauptsächlich die Templer und venezianische Seeleute teil. Die Kreuzfahrer können eine ganze Reihe Erfolge verbuchen. In Konstantinopel kommt es zu einigen, dem Kreuzrittergedanken widersprechenden schrecklichen Szenen, zu sinnlosen Morden und Plünderungen. Jerusalem und Ägypten können die Kreuzfahrer wieder nicht erreichen.

Der 1212 begonnene sogenannte „Kinderfeldzug" löst sich bereits an den Ufern des Mittelmeers auf.

Im 1209 bis 1229 veranstalteten Albigenkreuzzug war Jerusalem nicht das Ziel. Hier sind Teile der Templer gebunden.

Der Fünfte Kreuzzug (Kreuzzug von Damiette) beginnt 1217. Jetzt ist Jerusalem das Ziel, wobei die Einnahme nicht gelingt. Sie schwenken nach Damiette um, können die Stadt nach langer Belagerung einnehmen und müssen sie dann nach einer Niederlage im Nildelta wieder aufgeben.

Im Jahr 1228 ist es dann so weit. Friedrich II. (1194-1250) startet zum Sechsten Kreuzzug. Nach Verhandlungen kommt es am 18. Februar 1229 mit Sultan Al- Kamil Muhammad al- Malik (um1180-1238) zum Kompromiss. Friedrich II. gelangt mit seinem mittlerweile geschrumpften Heer kampflos nach Jerusalem. Laut Kompromiss mit dem Sultan behalten die Muslime den Tempelberg mit der al- Aqsa- Moschee und den Felsendom. Großzügig verzichtet Friedrich II. auf den Tempelberg. Aber woher wusste Friedrich II., dass die Kreuzfahrer zeitlich nahe der Tag- und Nachtgleiche in Jerusalem sein müssen, dass sie die Kreisrotunde der Grabeskirche zu diesem Zeitpunkt besuchen müssen und das sie im Bereich des Davidsturmes wohnen müssen? Um dort in aller Ruhe nach möglichen Geometrien und Geräten suchen zu können, die es ja danach in Mühlberg, in Thorn und Wittenberg, wie auch im Castel del Monte Friedrichs II. zu geben scheint? Woher wusste er, dass er auf den Tempelberg verzichten kann? Friedrich II., der Deutsche Orden und möglicherweise die mit ihm verbandelten Zisterzienser scheinen bei dem Kreuzzug 1228/1829 gezielt nach etwas gesucht zu haben, was genau an den von ihnen besuchten Stellen eingebaut gewesen zu sein scheint! Da 1228 das Kloster Mühlberg erstmals genannt wird, gleichzeitig aber in diesem Jahr ein weiterer, noch dazu erfolgreicher Kreuzzug nach Jerusalem begann und die Kreuzritter/bauenden Mönche quasi beim Kreuzzug gebraucht wurden, kann der Bau in Mühlberg noch nicht fortgeschrittenen sein. Die verwinkelte Klosterkirche wird ohnehin erst etwas später eingemessen worden sein, auch weil zudem erst die Unterkünfte für die Bauarbeiter errichtet und die Steine gebrannt werden mussten. Es könnte also zwei Schatzgrabungen in Jerusalem gegeben haben! Zunächst scheinen die Templer ab um 1118/19 neun Jahre nach der Bundeslade gegraben zu haben. Der Deutsche Orden muss dann über 100 Jahre später durch Informationen von den Zisterziensern nach weiteren astronomischen Geometrien gesucht haben. Die Zisterzienser müssen bei der Auswertung der Unterlagen bemerkt haben, dass sie nur den halben Schatz besitzen. Bei ihnen tauchen zunächst keine Astrostrukturen wie in Mühlberg auf. Sie kannten diese also zunächst nicht. Geräte scheinen auch nicht dabei gewesen zu sein. Die waren ja zu diesem Zeitpunkt auch noch in der Sternwarte in Jerusalem. Was die Templer offenkundig bei ihren ersten Schatzgrabungen nicht wussten, sie haben ja auch nicht danach gesucht. Das Wissen um Geometrien aus der Bundeslade könnte also in Frankreich vorhanden gewesen sein. Das Wissen um astronomische Vermessungs- Geometrien, analog Gizeh, sogar mit Hinweisen auf die Lichtgeschwindigkeit und auf Pendelschächte zunächst nicht. Haben sie die Unterlagen tiefgründig ausgewertet, dann sind sie logischerweise drauf gekommen, wo sich der Beobachtungspunkt und damit Geräte in Jerusalem befinden müssen. Also im Westen der Stadt.

Wann und wo also gab es Kontakte zwischen den Zisterziensern und dem Deutschen Orden?

Auskunft darüber könnte das von George Adalbert von Mülverstedt verfasste Diplomatarium Ileburgense, die Urkunden- Sammlung z. Geschichte u. Genealogie d. Grafen zu Eulenburg. Baensch, Magdeburg 1877 geben. Die Seite 5 offenbart: Am 9. November 1214 wird Bodo Ilburg zusammen mit weiteren 29 Edelleuten genannt, als Friedrich Graf von Brena dem Ritterorden S. Marien vom Deutschen Spital, also dem Deutschen Orden, Güter überschreibt. Das heißt: Die Ileburger hatten 1214 Kontakt zum Deutschen Orden. Auf Seite 5 eine weitere Information: Am 30. Juli 1215 kommt es zu einem weiteren Treffen, nun im Zisterzienserkloster Alt- Zelle. Dieses nicht all zu weit von Mühlberg entfernte Kloster wird genannt. Wieder dabei: Die Ileburger und 14 Ritter. Der Reformorden der Zisterzienser breitete sich von der Mutterabtei Cîteaux in Burgund nach der Charta Caritatis- der „Urkunde der Liebe"- in mehreren Filiationslinien (lat.Filia-Tochter) nach dem Prinzip des Mutter- Tochter- Verhältnisses über ganz Europa aus. Die „Primarabteien" waren La Ferte`(1113), Pontigny (1114), Clairvaux (1115) und Morimond (1115). Das Kloster Alt- Zelle/a (heute Altzella) entstand in der Filiationslinie über Morimond (1115), Kamp (1123), Walkenried (1129), Pforta (1132) - Alt- Zella (Altzella) (1175). Das Zisterzienserkloster Altzella soll von 1180 bis 1230 erbaut worden sein. Dort sind ebenfalls noch keine astronomischen Strukturen zu finden. Die Ileburger haben also auch zu den Zisterziensern 1215 einen ersten nachweislichen Kontakt. Hintergrund dieser Treffen mit so vielen Edelleuten mutmaßlich: Der letzte Waffenstillstandsvertrag zwischen den zu dieser Zeit auf einem kleinen Gebiet in Akkon stationierten Kreuzrittern, ohne Zugriff auf Jerusalem, ist 1215/16 beendet. Dieser Zeitpunkt ist Anlass einen neuen Kreuzzug zur Zurückeroberung Jerusalems durch die Christen zu versuchen.

Der Fünfte Kreuzzug oder auch Kreuzzug von Damiette mit Ziel zunächst Jerusalem beginnt dann tatsächlich 1217. Mit dabei: Friedrich II. und Albrecht I. von Sachsen- Wittenberg. Jetzt ist Jerusalem das Ziel, wobei die Einnahme nicht gelingt. Sie schwenken nach Damiette um, können die Stadt nach langer Belagerung einnehmen und müssen sie dann nach einer Niederlage im Nildelta wieder aufgeben.

Nun bahnt sich der Kreuzzug 1228/29 von Friedrich II. an. Das Diplomatarium Ileburgense, die Urkunden- Sammlung der Ileburger erzählt nun auf den Seiten 13-14: Am 15. Januar 1228 kommt es erneut zu einem Treffen im „Zistercienserkloster" Alt- Zelle. Dabei muss der Pakt zwischen Zisterziensern und den Ileburgern, also den Vertretern des Deutschen Ordens geschlossen worden sein. Mit dabei: Otto und Bodo Gebrüder Ilburch, Meinher Burggraf von Meißen, Erkenbrecht v. Starkenberg, Hildebrand v. Witsen, Lüdeger v. Repin, Siegfried v. Mügeln, Günther v. Bieberstein, Reinhard v. Strehle, Volkmar v. Messow, Heinrich Truchseß v. Borna, Heinrich und Conrad Gebrüder v. Gnandstein, Christian und Johann Gebrüder v. Tharand und Christian v. Othewec. Nicht ganz klar ist die Teilnahme von Heinrich Markgraf von Meißen und Siegfried v. Leisnig.

Nach diesem Treffen am 15. Januar 1228 der Edelleute bei den Zisterziensern in Alt- Zelle wird dann nur 13 Tage später am 28. Januar 1228 (Dipl. Ileburgense S.14) mit Beurkundung am 9. Februar 1228 die Stiftung des Klosters Mühlberg in die Wege geleitet. Die Zisterzienser sind wieder mit dabei!

Erst am 16. November 1229 (Dipl. Ileburgense S.17) der nächste Eintrag. Die Ileburger sind wieder zurück! Nun erst am 21. Januar 1230 kommt es (Dipl. Ileburgense S.18) zur Konfirmierung des Klosters. Die Zisterzienser sind wieder mit dabei. Es fehlen also knapp zwei Jahre! Zur Erinnerung: Als Graf Hugo I. de Champagne von seiner zweiten Reise 1116 zurückkehrt, unterstützt er das von Zisterzienser Bernhard von Clairvaux ein Jahr zuvor 1115 gegründete Kloster Clairvaux. Er bereitet quasi die Unterbringung des unter dem Tempelberg vermuteten Schatzes vor. Genau das Gleiche tun nun auch die Zisterzienser mit der Vorbereitung der Gründung des Klosters Mühlberg! Denn Friedrich II. kämpft ja hauptsächlich mit dem Deutschen Orden. Sollte in Jerusalem etwas gefunden werden, bestünde die Option, den einmaligen Schatz aus den Händen zu verlieren. Der Deutsche Orden ist also eine sichere Option. In den zwei Jahren zwischen Januar 1228 und Januar 1230 kommt es zum Kreuzzug von Friedrich II. in das Heilige Land. Bei den Zurückkehrern treten dann in Mühlberg, Thorn und Wittenberg sowie sogar bei Friedrich II. astronomische Strukturen auf.

Der Schlüssel liegt also im Heiligen Land in Jerusalem!
- Am 28. Juni 1228 bricht Friedrich mit 40 Schiffen von Brindisi zum Kreuzzug auf.
- Am 7. September 1228 erreicht er mit Verzögerungen Akkon.
- Am 18. Februar 1229 kommt es zur Einigung mit dem Sultan. Es wird ein zehnjähriger Waffenstillstand geschlossen.
- Am 18. März 1229 kommt es zur Selbstkrönung in der Grabeskirche.
- Am 1. Mai 1229 verlässt er das Heilige Land mit sieben Galeeren, um am 10. Juni wieder in Brindisi zu landen.

Da die Zisterzienser/Templer offenbar wussten, dass unter dem Tempelberg nichts mehr zu holen ist, konnte der Tempelberg also großzügig bei den Verhandlungen Friedrich II. mit dem Sultan Al- Kamil Muhammad al- Malik als Kompromiss überlassen werden. Die Ritter des Deutschen Ordens, wie Hermann von Salza (1162-1239), der ja ursprünglich in Langensalza in Thüringen beheimatet war, könnten dabei Friedrich II. gute Ratschläge gegeben haben. Nun wird klar, warum der Tempelberg nicht wichtig war, der Bereich des Davitsturmes aber schon. Genau hier und zielsicher konnten die Zisterzienser und der Deutsche Orden nun suchen. Zielsicher haben sie möglicherweise auch etwas gefunden und mitgebracht. Denn die Kreuzfahrer sind alsbald in kürzester Zeit wieder auf der Rückreise.

In der Grabeskirche kommt es am 18. März 1229 zur Selbstkrönung von Friedrich II. (1194-1250) und damit zu dem Treffen von Rittern, an deren Bauwerken unmittelbar danach astronomische Geometrien auftauchen. Was muss das für ein geheimnisvoller und heiliger Augenblick unter den Rittern gewesen sein, als sie auf dem Pfad Gottes in der Grabeskirche möglicherweise den Grundstein zur modernen Astronomie und Astrophysik gelegt haben! In der Reinhold Röhricht Chronik „Die Kreuzfahrt Kaiser Friedrich II. 1228 - 1229" heißt es auf Seite 28: „Mit festem Schritt betrat er den Hochaltar, nahm von ihm die Krone und setzte sie sich selbst zu Ehren des ewigen Königs aufs Haupt."

Der Turm Davids behängt mit Schildern des Deutschen Ordens: Nach der friedlichen Eroberung Jerusalems im Februar 1229 per Vertrag bekam der Deutsche Orden offiziell als Geschenk des Stauferkönigs Friedrich II. an herausragender Stelle Besitz in Jerusalem, direkt neben dem Königshof „cura regis" und im Davidsturm. „Der Ort befand sich unmittelbar neben dem kaiserlichen Sitz im Davidsturm. Dieser hatte eine symbolische Bedeutung für den Kaiser hinsichtlich eines biblisch legitimierten David- Königtums. Der Kaiser band damit den Deutschen Orden intensiv in seine Vorstellungen ein und stellte ihn gleichzeitig über die in Opposition verharrenden Templer und Johanniter", so der Historiker Deutscher Orden Prof. Dr. Dr. h.c. mult. Udo Arnold. Auf einem alten Bild im „Speculum humanae salvationis" aus der Zeit um 1369 trägt der Davidsturm noch fünf kleinere Türmchen. Im Jahr 24 v. Chr. ließ Herodes der Große (um73v.Chr.-4v.Chr.) auf dem westlichen Hügel Jerusalems auf den Grundmauern einer altarähnlichen Anlage eine Festung mit drei massiven Verteidigungstürmen errichten. Neben „Hippicus" und „Phasael" wurde der dritte Turm als „MARIAmne" bezeichnet. Die Anlage befand sich auf der Westseite der Stadt und damit mit möglichem Blick auf den zu dieser Zeit noch vorhandenen Tempel, der einst von dort aus direkt im Osten lag.

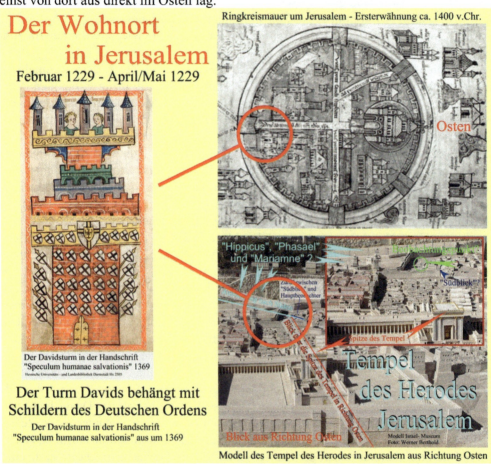

Der Wohnort in Jerusalem - Februar 1229 bis April/Mai 1229 - Links: Der Turm Davids behängt mit Schildern des Deutschen Ordens - Der Davidsturm in der Handschrift „Speculum humanae salvationis" aus um 1369 - Hessische Universitäts - und Landesbibliothek Darmstadt - Hs 2505 - Rechts oben: Alte Ringkreismauer um Jerusalem - Ersterwähnung ca. 1400 v. Chr. - Rechts unten: Modell des Tempel des Herodes in Jerusalem aus Richtung Osten - Rote Linie: Blick über die Spitze des Tempel in Richtung Osten / Hellblaue Linie: Ausrichtung nach Süden / Dunkelblaue Linie: Zuruf zwischen „Südblick" und Hauptbeobachter - Modell Israel- Museum Jerusalem Foto: Werner Berthold

Als die Römer im Jüdischen Krieg 70 n. Chr. die Stadt nach der Eroberung zerstörten, ließen sie diese drei Türme zur Erinnerung an die ehemalige Größe Jerusalems stehen. In byzantinischer Zeit wurden zwei der Türme bis um 630 zerstört, der dritte Turm am Jaffator blieb jedoch wiederum stehen. Bei diesem Turm könnte es sich chronologisch um den Davidsturm handeln, den der Deutsche Orden ab um ca. 1228/1229 zusammen mit Friedrich II. besiedelte. Die Geometrie der Anlage mit möglichem Blick auf den zu dieser Zeit nun nicht mehr vorhandenen Tempel ähnelt der von Mühlberg und auch der von Wittenberg. Möglicherweise war zu diesem Zeitpunkt am Ort des alten, nun zerstörten Tempels ein neues Gebäude oder Messkreuz für die Visiermethode aufgestellt. Erst sehr viel später, zumindest vor 1665 muss dann auch dieser Turm zerstört gewesen sein. Im Umfeld dieser Stelle wurde im 16. Jahrhundert eine Zitadelle errichtet. Diese erhielt ein Minarett, das heute als Davidsturm bezeichnet wird, aber ganz anders aussieht.

War der Turm, den der Deutsche Orden bewohnte, Teil einer alten Sternwarte aus der Zeit König Davids? Haben die Israeliten in Jerusalem versucht, die gleiche Geometrie ähnlich der antiken Anlagen in Ägypten zu regenerieren? Auch die zuvor bestehende „altarähnliche Anlage" mit möglichem Blick in Richtung Osten über den Tempel hinweg ist ein „verdächtiges Objekt". Welche geometrischen Beobachtungsgeräte haben sie dort verwendet? Haben sie die Geräte in der Bundeslade oder zumindest zusammen mit dieser aus Ägypten mitgebracht? Haben sie die Vermessungsgeräte aus der Bundeslade oder aus deren Umfeld entnommen und zu diesem abseits liegenden Ort im Westen gebracht, wo sie wieder verwendet werden konnten? Wurden die Geometrien vom Deutschen Orden übernommen und die Geräte mitgenommen? Die Kreuzritterschaft musste ja ständig mit neuen Angriffen der feindlichen Parteien rechnen. Tatsächlich gingen Jerusalem 1244 und Akkon 1291 endgültig für immer verloren.

Nach dem mutmaßlichen Verpacken der Geräte und dem Vermessen der astronomischen Anlage Jerusalems ist der Kreuzzug nach nur drei Monaten bereits wieder auf der Heimreise. Anfang Mai verlässt der Stauferkönig das Heilige Land mit sieben Galeeren, um am 10. Juni wieder in Brindisi zu landen. Am 16. November 1229 (Dipl. Ileburgense S.17) erfolgt dann der nächste Eintrag der Ileburger im Raum Mühlberg. Erst am 21. Januar 1230 kommt es (Dipl. Ileburgense S.18) zur Konfirmierung des Klosters Marienstern. Die Zisterzienser sind wieder mit dabei. Was könnten sie mitgebracht haben? Die astronomischen Geometrien und die Einrichtungen der Landvermessung, die Umrechnungsgeometrie für die Lichtgeschwindigkeit am Giebel des Äbtissinnenhauses und einen der Pendelschächte sieht man ja heute noch, zumindest wenn man deren Aufgaben kennt. Und Alt-Zella? Erst im 14. Jahrhundert kommt es zu einem rätselhaften Umbau der Klosterkirche und zum Bau eines Gebäudes mit einer Südausrichtung. Das im Westen befindliche

Klostertor bekommt einen Überbau, der sich nach Norden hinzieht und von dem aus eine exakte Beobachtung des Himmels nach Osten über die Klosterspitze möglich ist. Vor dem Eingang wird eine „Betsäule" aufgestellt, die sicher ein Vermessungspunkt war und die sich heute im Park der Klosteranlage befindet. Die Zisterzienser betreiben in Größenordnungen erfolgreich Landwirtschaft und Bergbau.

Das „Speculum humanae salvationis", die mittelalterliche Schrift aus um 1369 mit biblischen bzw. antiken Bildnissen wird wegen der Darstellung des mit Schildern des Deutschen Ordens behängten Turm Davids dem Deutschen Orden als Urheberschaft zugeschrieben. Mutmaßlich ist sie Hochmeister Winrich von Kniprode (1310-1382) zuzuordnen, welcher dieses Amt von 1351-1382 ausfüllte. Winrich von Kniprode war der am längsten amtierende Hochmeister des Deutschen Ordens. Interessant: Otto v. Ileburg wird in einer Urkunde von 1327 auf S.158 (Dipl. Ileburgense) als Ritter des Deutschen Ordens in Preußen und als Gomban des Hochmeisters Luther von Braunschweig (1275-1335) bezeichnet. Er sitzt also unmittelbar im Zentrum der Macht! Winrich von Kniprode ist von 1338-1341 Komtur in Danzig und von 1341 bis 1346 Ordensmarschall und Komtur von Königsberg. Das bedeutet: Winrich von Kniprode und Otto v. Ileburg könnten sich gekannt haben. Interessant wird dieser Umstand dadurch, weil im „Speculum humanae salvationis" Zeichnungen enthalten sind, die einen Bezug zu Mühlberg und vielleicht auch zu Thorn und Wittenberg enthalten könnten.

Zu sehen (Handschrift linke Seite) ist eine einzelne Transportkiste, mit zwei Tragestangen, wie sie für die Bundeslade beschrieben werden. Es ist aber nicht die Bundeslade, es fehlen die Cherubim. Sie ähnelt eher den Kisten, die Gérard de Séde in seiner Geschichte beschreibt. Die Kiste steht nicht auf dem Boden, sie steht auf eher feinen und sensiblen Füßen. Sie könnte einfache aber dennoch sensible, geeichte Vermessungsgeräte enthalten! Dann wären die Tragestangen vielleicht auch noch als Vermessungsstangen einsetzbar. Das war vielleicht bei der Bundeslade der Israeliten auch schon so! Über der „Arca", der Lade ist ein Buch mit einer Rautentrigonometrie zu sehen. Daneben ein Eimer mit Wasser, in dem ebenfalls Rauten zu sehen sind, was auf Nautik hinweisen könnte. Ähnliche Rautentrigonometrien tauchen im Coudray-Wehrturm der Burg Chinon auf, in dem höchste Mitglieder des Ordens der Templer, insbesondere Großmeister Jacques de Molay (um1244-1314) ab August 1308 verwahrt wurden. Die Rauten spielen auf einer „Freimaurerischen Unterrichtung" aus dem Jahre 1791 eine Rolle. Sie sind an der Decke zahlreicher Kirchen und Kathedralen zu sehen, insbesondere der Stadtkirche in Wittenberg. Es könnte sich also um eine Art Lehrbuch über Vermessung und Trigonometrie handeln. Darüber thront der Baum der Erkenntnis. Auf der Zeichnung darüber ist ein Postament zu sehen, was symbolisch einen festen Vermessungspunkt darstellen könnte. Darauf steht eine Frau, mit zwei Vögeln, die wiederum Johannes den Evangelisten und Johannes den Täufer repräsentieren könnten. Die Heilige trägt einen Erdkreis hinter dem Kopf. Die Szenerie ähnelt dem Siegel von Mühlberg. Mutmaßlich befinden sich in der Kiste/Arca/Lade Vermessungsgeräte für die Landvermessung und für die Astronomie. Auf einer zweiten Abbildung (Handschrift rechte Seite) ist unten ein Turm zu sehen, der wegen seiner Tür und der Vermauerung dem Turm Davids in Jerusalem ähnelt. An der Spitze des Turmes halten zwei Bauleute eine Vermessungsraute. Solche Rauten sind auch schon auf dem Tisch beim Abendmahl zu sehen. Das Kloster Mühlberg wurde mutmaßlich mit einer solchen Rautentrigonometrie auf die astronomische Beobachtung eingemessen. Darüber ist ein Fisch zu sehen, der einen Mann im Maul hält, welcher sich wiederum an Bäumen der Erkenntnis zu halten scheint. Bei dem Fisch könnte es sich um einen Hinweis auf das Sternbild Fische handeln, welches wiederum in den Zeichnungen über den Türbögen im Kloster Mühlberg dargestellt zu sein scheint. In der Bibel wird mit dieser Szene in der sogenannten Walfischgeschichte Jona vom Wal verschlungen und nach drei Tagen wieder ausgespien. Dabei keimt eine interessante These auf. Die Ritter könnten also Wissen aus Jerusalem mitgebracht haben. Sie haben möglicherweise in Jerusalem befindliche Gebäude nachgebaut, wie eben den Turm Davids. Da Wittenberg mit dem Schlossturm einen ähnlichen Turm in gleicher Geometrie zur Marien- Stadtkirche zeigt, wie sie in Jerusalem in der Antike mit dem Davidsturm und dem Tempel zu sehen gewesen sein muss, könnte es sich bei Wittenberg um den Nachbau der alten

Sternwarte Jerusalem handeln! Der Schlossturm wäre der Davidsturm, die St. Marienkirche der Vermessungspunkt auf dem Tempel. Es würde die minimale Südverschiebung des Schlossturmes gegenüber der West-Ost-Achse und vielleicht auch den auf Satellitenbildern erkennbaren Halbkreis nördlich des Zentrums erklären. Fast schon surreal und an merkwürdigen Zufällen kaum zu überbieten, dass von eben dieser Stadt aus die Reformation Martin Luthers mit dem Hauch göttlicher Fügung ihren Lauf um die Welt nahm. Als hätten die Kreuzfahrer auch den rebellischen und weisen Geist von Jesus Christus gegenüber der alten Priesterschaft des Tempels mit importiert. Andere Religionen haben so eine Reformation noch vor sich. Albrecht I. (1175-1260) Herzog von Sachsen - Wittenberg muss das Wissen aus der Heiligen Stadt 1229 in seine Heimat getragen haben. Ausführende waren die Vermesser des Deutschen Ordens und der Zisterzienser. Die alten Vermesser, später die Freimaurer erhalten die Anlage über die Jahrhunderte. Philipp Melanchthon (1497-1560) und der spätere Astronom Tycho Brahe (1546- 1601) könnten demnach von Wissen aus dem Ägypten des Altertums, von Wissen aus der Bundeslade und damit von Wissen aus der Heiligen Stadt profitiert haben. Jerusalem und Wittenberg wären Meilensteine zur modernen Astronomie und Astrophysik! Die geometrischen Tatsachen sind ja vor aller Augen noch immer zu sehen! Was für ein atemberaubender Weg! Und das ist ja längst nicht der einzige Weg, von der Antike, über die Bundeslade zur modernen Vermessungstechnik. Es gibt noch eine weitere Gemeinsamkeit zwischen der Kathedrale von Chartres und dem Kloster Mühlberg. Beide Kirchenhäuser befinden sich in einem kleinen Ort. Aus militärischer Sicht macht das absoluten Sinn! Damit sind sie als Aufbewahrungsort von Kostbarkeiten prädestiniert. Kein Feldherr dieser Welt wird sich bei der Eroberung eines Landes mit einem winzigen Ort abgeben, um darin ein Gotteshaus zu zerstören. Schutz durch Bedeutungslosigkeit! Tatsächlich wurden ja beide Kircheneinrichtungen auch nicht zerstört. Das beste Beispiel für das Gegenteil ist die nahe Mühlberg liegende Stadt Dresden. Dabei zeichnet sich ein Roter Faden ab! Rein spekulativ könnten ehemalige kleinere und damit tragbare Vermessungsgeräte aus der Cheops- Pyramide über die Bundeslade, zumindest aber im „Ägypten- Umzugsgepäck" der Israeliten nach Jerusalem gelangt sein. Sollte es eine astronomische Anlage in der antiken Stadt gegeben haben, was die alten Geometrien von Jerusalem und die neuen Geometrien von Mühlberg und Wittenberg zu beweisen scheinen, dann müssten diese Geräte in das Westwerk von Jerusalem gelangt sein. Vor der Eroberung des Tempels 587 v. Chr. werden die Lade und Aufzeichnungen in den Katakomben unter dem Gotteshaus in Sicherheit gebracht. Messgeräte sind nicht mehr dabei, die lagen zu diesem Zeitpunkt, mutmaßlich schon ab 1400 v. Chr. (Ringkreismauer) an einer zweiten Stelle im Bereich des Mariamne- bzw. Davidsturm westlich vom Tempel. Vielleicht hat sogar ein angehender Astronom Jesus bei seiner Ausbildung damit gearbeitet! Mutmaßlich haben die Vermesser in Mühlberg, Thorn und Wittenberg die verschiedenen Geometrien in ihre Gebäude eingebaut. Spätere Vermesser, aus den Reihen der Mönche oder Freimaurer haben diese dann offenbar über die Jahrhunderte hinweg heimlich erhalten. Vermutlich hat es sogar unter den Zisterziensern ein geheimes Vermessungsnetzwerk gegeben, in dem zum Beispiel Informationen über die Winkel der Gestirne und die in den Schächten ermittelten Werte der Gravimetrie ausgetauscht wurden. Wer weiß, wie viele solcher geheimen Geometrien es in Gotteshäusern noch gibt. Auch ohne die Suche sind sie immer einen Besuch wert. Es gibt unzählige Geheimnisse zu entdecken und zu entschlüsseln! Intelligente Menschen, wie zum Beispiel Nikolaus Kopernikus (1473-1543), welcher sich mit Astronomie, Mathematik und Kartographie beschäftigt, wie auch Philipp Melanchthon (1497-1560), Tycho Brahe (1546-1601) und Johannes Kepler (1571-1630) haben diese Geometrien dann entdeckt und daraus ihre Astronomie generiert. Wenn man so will, hat sich damit das göttliche System von Sakkara und Gizeh durch unzählige Zufälle über die Israeliten und die Kreuzritter, über die Klöster des Mittelalters bis hin zur modernen Astronomie und Astrophysik entwickelt. Vielleicht lassen sich ja die unergründlichen Wege Gottes mit seinem genialen Werkzeug der Trigonometrie durch das Einkreuzen von Fakten ergründen! Durch die Templer und den Deutschen Orden könnten die Lade, oder nur deren Inhalt, messtechnische Aufzeichnungen oder womöglich auch goldene Messgeräte und vor allem das Wissen über die Vermessungstechnik bis nach Mitteleuropa getragen worden sein. Vielleicht sogar in den damals wie heute unauffälligen Ort, in dem sich heute das Kloster Mühlberg befindet. Hermann von Balk (bis1239) könnte die Schätze vor seinem weiteren Feldzug in das Feindesland weiter in Richtung Osten in dem strategisch unauffälligen kleinen Ort aus Gründen der Sicherheit zurück gelassen haben. Vielleicht sind die gerade erst in Jerusalem gefundenen Geometrien gleich in das 1228 gegründete Kloster in Mühlberg mit eingeflossen und beim Bau der nach der Materialbeschaffung begonnenen Klosterkirche erstmals angewendet worden. Der Bau muss ca. 50 Jahre gedauert haben. Ebenso könnten Thorn ab um 1231 und auch Wittenberg davon profitiert haben. Denn auch der Herzog von Sachsen- Wittenberg Albrecht I. (1175-1260) aus dem Geschlecht der Askanier ist ja in den Jahren 1228 bis 1229 zusammen mit Friedrich II. nach Jerusalem gereist und er war dabei, als Hermann von Salza 1229 bei der Selbstkrönung von Kaiser Friedrich II. in der Grabeskirche in Jerusalem die Lobesrede auf Friedrich hielt. Friedrich der II. interessiert sich ebenfalls plötzlich für Astronomie. Er lässt ja zeitnah ab 1240 das Castel del Monte errichten, nach dem System der Grabeskirche und nach dem System der Templer von Tomar. Mutmaßlich und rein logisch müsste auch Landmeister Hermann von Balk (bis1239) dabei gewesen sein, welcher dann vermutlich in Mühlberg, auf jeden Fall aber in Thorn präsent war. Die Kathedrale von Chartres könnte im Nachhinein noch zur Astronomie umkonzipiert worden sein. Das würde die unterschiedliche Gestalt der beiden Türme erklären. Abgesehen von der erst später gebauten Propstei gäbe es auf dem Gelände des Klosters Mühlberg sogar ein winziges uraltes Gebäude mit einer geheimnisvollen Gruft, in der Wertgegenstände zwischen 1230 und 1531 bis zum Bau der Propstei zunächst versteckt worden sein könnten. Nach dem Bau der Propstei in Mühlberg könnten diese Geräte dann in der geheimnisvollen und unscheinbaren Kammer aufbewahrt und gelegentlich auch benutzt worden sein. Nun treffen mit Mühlberg und Dresden zwei in Beziehung zueinander stehende nahe Orte zusammen. In einem Ort gibt es eine Geometrie, die zur Vermessung der Gestirne und zur Geodäsie geeignet wäre und aus dem noch dazu mutmaßlich Vermessungsgerätschaften und möglicherweise auch Unterlagen im Jahr 1559 verschwunden sein könnten. Mit 1560 taucht unmittelbar darauf eine Einrichtung in der Nähe auf, in der genau solche Vermessungsgeräte für die Landvermessung und für die Vermessung der Gestirne gesammelt werden. Daneben gibt es mit August von Sachsen (1526-1586) einen Menschen, der am erstgenannten Ort präsent und für diesen zuständig war und der sich plötzlich genau für solche Vermessungsgeräte interessiert. Der schlagartig emsig Vermessung und Astronomie betreibt, zu einer Zeit, in der die namhaftesten Astronomen, wie der weit entfernte Nikolaus Kopernikus (1473-1543) und Tycho Brahe (1546-1601) erst mit ihrer Arbeit beginnen. Selbst die 1738 in Dresden mit Bezug zum Mathematisch- Physikalischen Salon gegründete Freimaurerloge benutzt den mehrfach in Mühlberg präsenten „Johannes den Täufer" als Schutzpatron. Von Mühlberg aus könnten Geräte also um 1559/1560 über August von Sachsen, ohne überhaupt zu wissen woher die Stücke ursprünglich stammen, in der von ihm eingerichteten Kunstkammer oder in der Schatzkammer und damit im heutigen Grünen Gewölbe in Dresden gelandet sein.

Was für ein absolut atemberaubender Gedanke!

Der Heilige Gral

Um kaum einen anderen Gegenstand ranken sich so viele Mythen wie um den Heiligen Gral, den Jesus beim letzten Abendmahl gereicht haben soll, um den neuen Bund mit den zwölf Aposteln zu besiegeln. Dabei geht es laut Neuem Testament um eine symbolische Handlung. Auch heute nehmen die Besucher von Kirchen beim Abendmahl den Kelch nicht einfach mit nach Hause. Da es sich um einen sicher nicht ganz billigen Gebrauchsgegenstand des Gasthauses gehandelt haben müsste, in dessen Räumen sich der Saal des Abendmahls in Jerusalem befunden hat, könnte er also nach der Benutzung in der schlichtesten Variante einfach im Abwasch beim Tellerwäscher gelandet sein.

War es dagegen ein ganz besonderes Gefäß, so hat ihn Jesus mitgebracht und auch wieder mitgenommen. Dann wäre er in seinen Nachlass gelangt. Laut Überlieferung soll Joseph von Arimathäa das Blut Christi mit einem Abendmahlskelch gesammelt haben, Blut aus der Seitenwunde, die ihm der römische Hauptmann Longinus mit der Heiligen Lanze zugefügt hat. Eine der Legenden sieht den Kelch in einer Kapelle in Glastonbury in England, wohin ihn Joseph von Arimathäa gebracht haben soll. Andere Theorien wollen ihn in der Schatzkammer des Vatikan, in der Hofburg in Wien oder in der Kathedrale von Valencia verorten. Neben Glastonbury tauchen zum Beispiel auch Winchester Castle in Südengland im Zusammenhang mit der Tafelrunde von König Artus und das Benediktinerkloster San Juan de la Peña in Spanien auf. Im Film „Indiana Jones und der letzte Kreuzzug" lässt Indiana Jones (Harrison Ford (1942)) den von Dr. Elsa Schneider (Alison Doody (1966)) ausgesuchten Kelch um 1939 (Film 1989) während eines Erdbebens im Gralstempel, dem Schatzhaus in der verlassenen Felsenstadt in Petra in Jordanien, dann auch noch in eine Felsspalte fallen. Wenn es bei dem Gral um eine symbolische Handlung zur Besiegelung eines Bundes im Zusammenhang mit der Vermittlung von Wissen über Vermessungstechnik geht, dann geben die Kreuzritter des Deutschen Ordens gleich mehrere konkrete bildliche Hinweise. Da Fahnen mit dem schwarzen Kreuz eindeutig am Davidsturm in Jerusalem zu sehen sind, wird die mittelalterliche Handschrift „Speculum humanae salvationis" aus um 1369 laut Beschreibungen der Historiker Dr. Ulrike Spyra, Walter Seydel und Horst Appuhn dem Deutschen Orden zugeschrieben. Insbesondere soll das Werk Hochmeister Winrich von Kniprode (1352-1382) in Auftrag gegeben haben. Das jüdische Passahfest und das christliche Ostern finden immer nach der Tag- und Nachtgleiche im Frühjahr statt. Ursprünglich lagen die Feste sogar zusammen, bis zum Konzil von Nicäa im Jahr 325. Da die im Kalender wandernden Feste heute zudem an den Mondkalender gekoppelt sind, kommt selbst heute noch für den frühesten Termin der 22. März (bis25.April) infrage. Das sind nur zwei Nächte nach der Tag- und Nachtgleiche um den 20. März! Nach der Chronologie des Johannes starb Jesus am Rüsttag zu dem Zeitpunkt, als in Jerusalem die Lämmer für das Passahfest geschlachtet wurden. Das wäre in etwa kurz nach dem Moment der Tag- und Nachtgleiche. Die Darstellung von Jesus als „Lamm Gottes" könnte also die verschlüsselte unmittelbare zeitliche Zuordnung zur Tag- und Nachtgleiche bedeuten. Ganz egal ob es am 18. März 1229 in der Grabeskirche von Jerusalem zur Selbstkrönung von Stauferkönig Friedrich II. (1194-1250) mit dem selbsttätigen Aufsetzen der Krone gekommen ist, er war da! Zwei Tage vor der Tag- und Nachtgleiche und damit quasi auch mit an dem gleichen Tag im Jahr, an dem mutmaßlich auch das Abendmahl von Jesus Christus stattgefunden haben könnte. Etwa 1200 Jahre nachdem Christus per Kelch den Bund mit den zwölf Aposteln schloss. Im „Speculum humanae salvationis" aus um 1369 ist die Abendmahl- Zeremonie mit den zwölf

Aposteln abgebildet. Da auf dem Bild Vermessungsrauten auf dem Tisch zu sehen sind, könnte es mutmaßlich bei der Zeremonie um eine Einweisung über Vermessung und Astronomie gegangen sein! Auf dem Tisch sind auch zwei Kelche zu sehen. Ein Gral könnte demnach die Erde symbolisiert haben, die auf zwölf Messpunkten auf der Erdkreis- Erdbahn den zweiten Gral und damit die symbolische Sonne umrundet. Der Heilige Gral würde das physikalische Wissen über die Trigonometrie und die Gravitation symbolisieren! Nun kommt noch eine weitere Funktion hinzu. Der Abendmahlsaal soll sich in St. Marien auf dem Berg Zion befunden haben. Das Abendmahl wird beschrieben in den vier Evangelien im Neuen Testament sowie im Paulusbrief an die Korinther. Dabei wird immer ein Becher genannt. Nur im Lukanischen Bericht werden zwei Kelche gereicht, einer am Anfang und einer am Ende der Mahlfeier. Lukas übernimmt als einziger Evangelist einen zweiten Becher. Die zwei Kelche könnten also tatsächlich bei der Unterweisung eine Rolle als Schulungsmaterial für Vermessung gespielt haben, aber eben auch zur Besiegelung des Bundes. Indiz für die Rolle als Schulungsmaterial sind die Rauten auf dem Tisch und ein ebenfalls im „Speculum humanae salvationis" abgebildeter Kelch mit Rauten. Nun zeigt sich: Überall wo namhafte Teilnehmer des Kreuzzuges von 1228/29 zurückkehren, entstehen zeitnah Gebäude und Geometrien, die zur Vermessung der Gestirne geeignet sind! So zum Beispiel in Mühlberg, in Thorn, in Wittenberg und in mit Friedrich II. in Zusammenhang stehenden Orten, wie im Castel del Monte und möglicherweise im Kloster Adelberg. Das bedeutet: Es steht die Theorie im Raum, dass Friedrich II. auch die Abendmahl- Zeremonie in geheimer Runde nachgestaltet und dabei einen geheimen Bund mit den anwesenden Rittern geschlossen haben könnte. Immerhin versuchte sich Friedrich II. mit König David und dem Messias gleich zu setzen, er wollte das Gottkaisertum in die Welt bringen. Weitere Indizien dafür sind die Darstellung des Grals im „Speculum humanae salvationis" und die Zeichnung eines ähnlichen Grals im Skizzenbuch von (Zisterzienser/Templer) Villard de Honnecourt (um1200-1235), dem Architekten der Kathedrale von Chartres. In dem Skizzenbuch ist das Bild einer Frau mit einem Gral und einem, dem Jakobsstab ähnlichen Gebilde zu sehen. Ob es sich um Maria handelt, ist unklar. Sie trägt kein Kind. Allerdings war Jesus zur Zeit der Benutzung des Grals auch schon lange erwachsen. Dieser Gral zeigt ebenfalls einen Pokal mit einem Knauf. Und auch im unteren Bereich und am Knauf selbst scheint er Linien zu zeigen. Mitglieder beider Orden könnten also einen ähnlichen oder den gleichen Gral gesehen haben! Bemerkenswert: Eine Grabplatte in der Klosterkirche Mühlberg (Südflügel- Westseite) aus um 1300 zeigt Otto oder Bodo Ileburg als Rittergestalt mit dem Wappen der Ileburger (S.469 r.u.). Neben der Figur ist ein Kelch zu sehen. Bei diesem Ritter könnte es sich um einen Teilnehmer der legendären Tafelrunde handeln. Man stelle sich vor: Vielleicht haben die überwiegend aus Frankreich stammenden Zisterzienser / Templer und die

Ritter des Deutschen Ordens bei dem Treffen in Jerusalem gemeinsam mit Friedrich II. aus einem Heiligen Gral getrunken, um einen geheimen Pakt zu schließen.

2 x Heiliger Gral im „Speculum humanae salvationis" und im Skizzenbuch von Architekt Villard de Honnecourt - Zisterzienser / Templer / Deutscher Orden - „Speculum humanae salvationis" - Hessische Universitäts- und Landesbibliothek Darmstadt HS - 2505 / Skizzenbuch Villard de Honnecourt - Französische Nationalbibliothek - Rechts: Platte der Ileburger - Klosterkirche Mühlberg

Der Gral muss keine Legende sein. Die Ritter scheinen den Gral aber eher als praktischen, weniger als religiösen Gegenstand betrachtet zu haben.

Vielleicht ein erster Versuch der erfolgreichen europäischen Zusammenarbeit. Immerhin könnten dabei aus der Antike stammende wissenschaftliche Erkenntnisse ausgetauscht worden sein. Vielleicht sollten auch die Glücksritter der Neuzeit öfters mal ein Glas Rotwein zusammen trinken, um gemeinsam friedlich die Welt aufzubauen, so wie es einst die alten Ritter der mythischen Tafelrunde getan zu haben scheinen. Wie weise doch diese alten Ritter gewesen sein müssen in Anbetracht der schrecklichen Kriege, die sich über 600 Jahre später zwischen Frankreich und Deutschland abgespielt haben.

Woher kommen aber die konkreten Vorstellungen um den Gral im „Speculum humanae salvationis", die mit den Theorien um beim Abendmahl vermittelten Wissen um Vermessungstechnik, Trigonometrie und Astronomie in Einklang zu stehen scheinen? Auch andere Zeichnungen in dieser mittelalterlichen Handschrift lassen anschauliche, in Richtung Vermessungstechnik und Astronomie zielende Andeutungen vermuten. Steckt in dem Heiligen Gral das Wissen um die Trigonometrie, mit dem sich antike und mittelalterliche Geheimnisse entschlüsseln lassen? Was wussten Hochmeister Winrich von Kniprode, hochrangige Angehörige des Deutschen Ordens, die Zisterzienser, die Templer und das Königshaus der Staufer? Aus welcher gemeinsamen Quelle haben sie ihr Wissen bezogen? Aus welchem Gral haben sie symbolisch gemeinsam getrunken? Und wo befindet sich der Heilige Gral heute? Symbolisch an jeder Stelle, an der das Heilige Abendmahl gefeiert wird!

Der geheime Bund

Im Rahmen meiner Nachforschungen zur Kreuzritterschaft habe ich im Oktober 2016 mit dem Experten für den Deutschen Orden Prof. Dr. Dr. h.c. mult. Udo Arnold Kontakt aufgenommen, um bis zur ersten Veröffentlichung des „Universums in der Königskammer" am 18.12.2016 einige den Orden betreffende geschichtliche Hintergründe zu klären. Bei der Frage der Zugehörigkeit der Ileburger zum Deutschen Orden gab es am 14.04.2017 im Zusammenhang mit dem neu hinzu kommenden Kapitel über das geheimnisvolle Siegel, in dem Verkettungen zwischen Zisterziensern und Templern ruchbar werden, eine weitere Bestätigung: „Die Verbindung der Markgrafen von Meißen wie auch der Eulenburger (Ileburger) zum Deutschen Orden ist ja bekannt", meinte der Professor in seiner Mail. In einer Mail schreibt Professor Udo Arnold: „Otto (d.Ä.) war 1327-1329 Kompan des samländischen Bischofsvogtes und 1331 Kompan des Hochmeisters. Otto d.J. war 1413 Hauskomtur in Königsberg und 1415-1416 Oberster Tressler." Die Ileburger gehörten also der Elite ihrer Zeit an!

Dann allerdings am 16.4.17 ein Problem, als es um das Patronat von Johannes dem Täufer zum Deutschen Orden ging: „Patrone des Deutschen Ordens waren Maria, Georg und Elisabeth. Johannes - gleich welcher - spielte im Orden keine größere Rolle", erklärte Professor Arnold in seiner Mail. Als bedeutender Historiker des Deutschen Ordens wäre ihm Johannes der Täufer bei seinen Reisen quer durch Europa sicher aufgefallen! Johannes kommt also selten vor! Am 20.04.17 heißt es dann in einer weiteren Mail von Professor Arnold: „Der Täufer kommt im allgemeinen Ordenskalender nur mit einer commemoratio vor, also eines in die normale Messe eingeschobenen Gebets. Das ist die unterste Stufe der Verehrung eines Heiligen, weniger geht nicht. Johannespatrozinium in vom Orden errichteten Kirchen kenne ich derzeit nicht."

Wo liegt der Fehler? Im Kloster Mühlberg, welches mutmaßlich vom Deutschen Orden eingemessen sein sollte, was die Nähe zu Dommitzsch und Wittenberg (Albrecht I.), sowie auch die Ileburger selber zu untermauern scheinen, taucht Johannes der Täufer mehrmals auf, wie zum Beispiel in dem Siegel. Vor allem taucht er an dem Heiligenfenster in der Propstei auf, von dem aus mutmaßlich astronomische Vermessungen über die Spitzen der Klosterkirche veranstaltet worden sein könnten. Mutmaßlich wurden das Kloster Mühlberg und auch die Stadt Thorn in Ostpreußen vom Deutschen Orden eingemessen. Astronom Nikolaus Kopernikus (1473-1543) wurde in der Sankt- JOHANNES- Schule in Thorn ausgebildet. Er unterhielt enge Beziehungen zum Zisterzienserinnen- Kloster Thorn, wo mehrere weibliche Verwandte, insbesondere Stieftante Katharina und seine Schwester Barbara lebten. Die Dresdener Freimaurer wählen ebenfalls „Johannes den Täufer" als Schutzpatron. Also: Johannes scheint doch eine gewisse Rolle zu spielen, ebenso der Deutsche Orden und die Zisterzienser! Johannes hatte aber vielleicht nur in Mühlberg und in Thorn Bedeutung!

Der Templerorden wurde 1118/1119 ins Leben gerufen. Das Gründungsmitglied Hugo von Payns (um1070-1136) kommt auf die Idee, die Ritter sollen zugleich Soldaten und Mönche sein. Zum Schirmherr wird Johannes der Evangelist gewählt, der Verfasser der Apokalypse. Der aus einem im Jahre 1048 gegründeten Pilgerspital als Spitalbruderschaft hervorgegangene Johanniterorden wählte Johannes den Täufer als Schutzpatron. Andere in Opposition zu den Templern stehende Ritterorden der Hospitaliter wählten gleichfalls Johannes den Täufer. Schutzpatron des erst 1198/99 gegründeten Deutschen Ordens könnte Johannes der Täufer durchaus auch deshalb gewesen sein, weil die Deutschordensritter in ihrer Anfangsphase nach um 1190 die Ordensregel von den Johannitern übernommen haben. Aber warum kennt ihn dann Prof. Arnold nicht als für den Deutschen Orden zuständig?

Vielleicht sind es in Mühlberg ausschließlich astronomische Gründe, die sich auch auf die Erdkreis- Erdbahn beziehen. Der Johannestag (Johannes der Täufer) ist heute der 24. Juni. Sommersonnenwende ist am 21. Juni! Johannes der Evangelist feiert am 27. Dezember. Wintersonnenwende 21. Dezember! Die leicht verschobenen Tage erklären sich aus dem nachlaufenden Kalender und den Kalenderreformen.

In Mühlberg wird Johannes der Täufer zusammen mit dem „Lamm Gottes" dargestellt. Nach der Chronologie des Johannes starb Jesus am Rüsttag zu dem Zeitpunkt, als in Jerusalem die Lämmer für das Passahfest geschlachtet wurden. Das wäre der Moment unmittelbar nach der Tag- und Nachtgleiche. Die Darstellung von Jesus als „Lamm Gottes" könnte also nach der Chronologie des Johannes die verschlüsselte unmittelbare zeitliche Zuordnung zur Tag- und Nachtgleiche bedeuten. Damit würden sich mit dem nur einen Bild in Mühlberg die drei wichtigsten Punkte auf der Erdkreis- Erdbahn ergeben. Die beiden Sonnenwenden um den 21. Dezember und um den 21. Juni, sowie die Tag- und Nachtgleiche um den 20. März.

Freimaurer Olaf Schiller aus Chemnitz wusste bei einem Gespräch am 29. April 2016 zum Sinnbild von „Johannes dem Täufer": Johannes 1/5: „Und das Licht scheint in der Finsternis, und die Finsternis hat's nicht begriffen." Das „Licht in der Finsternis" könnte die Gestirne beschreiben, die in der Nacht über die Spitzen der Klosterkirche angepeilt werden können. Olaf Schiller bezieht sich dabei auf einen Spruch aus dem Johannesevangelium, der genau in der gleichen Formulierung auf einer alten Zeichnung über eine „Freimaurerische Unterweisung" zu sehen ist. Etwas kompliziert diese Verschlüsselungstechnologie, mit ausreichend Hintergrundwissen aber durchaus zu knacken.

In dem System von Johannes dem Täufer steckt also vor aller Augen eine vorsätzliche Verschlüsselung, die auf Astronomie hindeutet und nicht unbedingt auf den Deutschen Orden. Wo könnte diese geheimnisvolle Verschlüsselung herkommen? Johannes tritt in Mühlberg auf und auch in Thorn. An beiden Orten sind ebenfalls die Zisterzienser zu finden. Wie die Geschichte und auch das Mühlberger Stadtsiegel mit den beiden Rittern zeigt, waren Zisterzienser und Templer auch hierzulande und damit nicht nur in Frankreich scheinbar eng miteinander verwoben. Weit über den Zeitpunkt des päpstlichen Verbotes der Templer am 22. März 1312 hinaus!

Zisterzienser - Templer? Ein Geheimbund? Mehrere Historiker und Buchautoren nehmen an, dass es vor den Templern einen geheimen Bund gegeben haben muss, aus dessen Wissen heraus zwischen 1119 und 1127/1128 nach der Bundeslade und nach Wissen aus der Antike unter dem Tempelberg gesucht worden ist. Einige Autoren nennen diesen bisher nicht nachgewiesenen Geheimbund „Ordre de Sion" als Beschützer des Wissens. Daneben wird spekulativ von dem gleichen oder einem weiteren Geheimbund ausgegangen, der noch lange nach den Templern im Verborgenen gehandelt haben muss, weil Handlungen hinter den Kulissen der Öffentlichkeit spürbar werden. Dieser Geheimbund wird als „Prieure de Sion" bezeichnet, der auch im Roman „Sakrileg" bzw. „The Da Vinci Code" von Dan Brown (1964) die entscheidende Rolle spielt. Dieser Geheimbund wurde von Pierre Plantard (1920-2000) um 1956 in`s Leben gerufen, um seinem eigenen Geheimbund- Verein eine Vorgeschichte zu geben. Die angedichtete frühe Entstehung aus der Zeit der ersten Kreuzzüge gilt heute jedoch als widerlegt. Vielleicht ist auch hier die einfachste Lösung die wahrscheinlichste. Die Zisterzienser waren vor den Templern da! Ihre Mitglieder haben die Templer vor aller Augen als militärischen Zweig gegründet.

Vielleicht aber vor allem als geheime Suchmannschaft, als Archäologen. Sie waren bei den Ausgrabungen unter dem Tempelberg dabei. Ihre Mitglieder haben namentlich mit Bernhard von Clairvaux (1090-1153) offenbar über geheime Aufzeichnungen verfügt und das geometrische Wissen in Bauwerke in Frankreich eingesetzt. Die Verfolgung der Templer ab Freitag den 13. Oktober 1307 haben die Zisterzienser als Orden schadlos überstanden.

Einen geheimen Bund könnte es also durchaus auch innerhalb der Zisterzienser gegeben haben! Dieser wäre dann zunächst einmal rein spekulativ in Mühlberg, in Thorn und sicher auch durch die Mühlberger Ordensbrüder im nicht weit von Mühlberg entfernten Wittenberg tätig geworden.

Wie könnte so ein Geheimbund innerhalb der Zisterzienser ausgesehen haben?

Aus den Zisterziensern heraus wurden die Templer gegründet. Und diese wiederum hatten möglicherweise innerhalb der eigenen Ordnung einen inneren, geheimen Kreis. Schon die offiziellen Statuten des Templerordens verkünden: „Von unserem Leben seht ihr nur die Borke, die außen ist, doch ihr seht nicht die mächtigen Gebote im Innern." Nach der Verhaftung vieler Templer am Freitag den 13. Oktober 1307 und der von König Philipp IV. (dem Schönen)(1268-1314) initiierten Anklage, von der weitestgehend nur die französischen Templer betroffen waren, stellte sich immer wieder die Frage, ob der Orden hinter seinem offenkundigen Wirken im Innern eine geheime Gemeinschaft oder Gruppe verbarg, zu der nur bestimmte, sorgfältig ausgewählte Mitglieder zugelassen wurde. Die überlieferten Aussagen mehrerer französischer Templer lassen die Hypothese zu, dass auserwählte Templer nach der offiziellen Aufnahme noch einer weiteren Einweihung nach geheimeren Regeln unterworfen waren. So erklärte der Templer Gaucerand de Montpezat: „Wir haben drei Artikel, die keiner je erfahren wird, außer der Herr des Himmels, der Herr des Untergrundes und der Meister." Beim Wissen um die Geheimnisse des Meisters, des Herrn des Untergrundes und des Herrn des Himmels könnte es sich um das Wissen über die Vermessung und Trigonometrie, die Geodäsie und Gravimetrie sowie um Astronomie und Astrophysik gehandelt haben. Die Templer Raoul de Presles, Nicolas Simon und Guichard de Marciac versicherten: Es gab im Orden ein ganz außergewöhnliches Reglement, über das strengstes Stillschweigen gewahrt werden musste. William of Pocklington, Stephen de Stappelbrugge und John of Stoke, von denen letzterer vom letzten Großmeister Jacques de Molay (um1244-1314) persönlich in den Orden aufgenommen wurde, bekundeten: „Im Temple gibt es zwei Arten von Aufnahmen. Die erste dient der eigentlichen Aufnahme in den Orden, sie verläuft ohne irgendeine anstößige Zeremonie. Die zweite Zeremonie findet erst mehrere Jahre später statt. Diese wird nur einigen Auserwählten zuteil und sie ist sehr geheim." Diese Praktiken sollen laut Prozessunterlagen nicht die Ausnahme, sondern die Regel gewesen sein. Sie sollen aus weit zurückliegender Zeit stammen. Das alles führt zu dem Schluss, dass hinter dem sichtbaren Wirken des Templerordens ein geheimes Leben existierte, dessen Regeln und Sinn nur bestimmten, sorgfältig ausgewählten Mitgliedern aus der unmittelbaren Führungsebene bekannt war. Die Aussagen mehrerer hoher Würdenträger treffen überein. Und was ist mit „aus weit zurückliegender Zeit" gemeint? Selbst von schlimmen Aussagen gegenüber dem Symbol des Kreuzes zeigte sich Papst Clemens V. (vor1265-1314) nicht erschüttert. Wiederholt stellt er sich vor die verhafteten Mitglieder des Ordens. So beginnt er persönlich mit Verhören. Nun beginnt das größte Rätsel des auch heute noch undurchschaubaren Prozesses. Papst Clemens V. vernimmt in Poitiers persönlich 72 Templer. Die Originalprotokolle der Verhöre befinden sich in den Geheimarchiven des Vatikan. Es kommt zu einem merkwürdigen Phänomen: Urplötzlich ändert der Papst seine zuvor positive Haltung gegenüber den Templern grundsätzlich. Am 22. März 1312 wird der Orden ohne weiteres Gerichtsurteil aufgelöst. Nachdem bereits am 12. Mai 1310 insgesamt 54 Templer bei Paris hingerichtet wurden, werden am 18. März 1314 der letzte Großmeister Jacques de Molay und Geoffroy de Charnay (um1251-1314) auf dem Scheiterhaufen in Paris verbrannt. Noch im gleichen Jahr sterben auch Papst Clemens V. am 20. April 1314 an einer Krankheit und König Philipp IV. am 29. November 1314 nach einem Jagdunfall.

Die Besitztümer der Templer werden an andere Orden, in Frankreich an die Johanniter weiter gegeben oder von den gleichen Personen werden neue Orden mit neuen Namen gegründet. Der von Kreuzzugprediger und Zisterzienser Bernhard von Clairvaux geförderte Zisterzienserorden bleibt ebenfalls unbehelligt. Mit ihrem Wissen schufen die Zisterzienser landwirtschaftliche Musterbetriebe, sie förderten den Obst- und Weinbau, die Gewinnung von Honig, die Pferde- und Fischzucht, den Bergbau und sie trugen zur Verbreitung einer neuen Kultur bei. Wie die Templer müssten auch die Zisterzienser über geheimes Wissen verfügt haben! Geheimes Wissen dürfte damit auch innerhalb der Zisterzienser von Generation zu Generation an die Fähigsten ihrer Organisation weiter gegeben worden sein. Vielleicht gab es aber nicht nur innerhalb der Zisterzienser einen in sich mit tieferen Regeln agierenden Geheimbund, der über fundamentale wissenschaftliche Erkenntnisse, über das Wissen der Trigonometrie, über Geometrie, über Astronomie und Astrophysik etwas gewusst haben müsste.

Das von George Adalbert von Mülverstedt zusammengetragene Diplomatarium Ileburgense, die Urkunden- Sammlung zur Geschichte und Genealogie der Grafen zu Eulenburg lässt auf Seite 7 am 30.07.1215 im Kloster Alt- Zelle einen Kontakt der Ileburger zum 1098 in Frankreich gegründeten Zisterzienserorden erkennen. Am 15. Januar 1228 trifft man sich laut Beurkundung wieder in Alt- Zelle im Zisterzienserkloster. Nach diesem Treffen am 15. Januar 1228 der Edelleute bei den Zisterziensern in Alt- Zelle wird dann nur 13 Tage später am 28. Januar 1228 (Dipl. Ileburgense

S.14) mit Beurkundung am 9. Februar die Stiftung des Klosters Mühlberg in die Wege geleitet! Die Zisterzienser sind wieder mit dabei! Erst am 16. November 1229 (Dipl. Ileburgense S.17) der nächste Eintrag. Die Ileburger sind wieder zurück! Nun am 21. Januar 1230 kommt es (Dipl. Ileburgense S.18) zur Konfirmierung des Klosters. Die Zisterzienser sind wieder mit dabei!

Das Zisterzienserkloster Alt- Zelle soll von 1180 bis 1230 gebaut worden sein. Von der Logik her, könnten die Zisterzienser also ab 1230 am Kloster Mühlberg gebaut haben, was sicherlich tatsächlich auch so gehandhabt wurde. Aber haben sie dort allein vermessen und gebaut? Der erste Knackpunkt ist: In Alt- Zelle gibt es zunächst keine astronomischen Strukturen, in Mühlberg aber schon. Die Zisterzienser könnten also am Kreuzzug nach Jerusalem mit teilgenommen haben und von dort Wissen über die Astronomie mitgebracht haben. Das könnten sie dann in Mühlberg, als auch in Thorn eingebaut haben, wo sie ja ebenfalls waren.

Nun taucht aber später das „Speculum humanae salvationis", die mittelalterliche Schrift aus um 1369 mit biblischen bzw. antiken Bildnissen auf, das wegen der Darstellung des mit Schildern des Deutschen Ordens behängten Turm Davids dem Deutschen Orden als Urheberschaft zugeschrieben wird! In der Handschrift sind gezeichnete Bilder zu finden, die eindeutig über das in der Bibel vermittelte Wissen hinaus gehen. Thema wiederum: Vermessung, Geometrie, Rautentrigonometrie, Gebäudespitzen und Astronomie. Mutmaßlich ist die Handschrift Hochmeister Winrich von Kniprode (1310-1382) zuzuordnen, welcher dieses Amt von 1351-1382 ausfüllte. Winrich von Kniprode war der am längsten amtierende Hochmeister des Deutschen Ordens. Durchaus denkbar wäre, dass dieser Hochmeister des Deutschen Ordens in einer geheimen Zeremonie analog dem Verfahren der Templer, dass mutmaßlich auch die Zisterzienser praktiziert haben, dieses geheime Wissen mündlich überliefert bekommen hat. Vielleicht war sogar seine ungewöhnlich lange Amtszeit der Grund, das alte Wissen in einem verschlüsselten Schriftstück zu verankern. In der Handschrift sind heute noch insgesamt 61 Doppelzeichnungen enthalten, von denen sieben in diesem Buch genutzt worden. Mit dabei zum Beispiel auch ein Bild, auf dem ein Vogel eine Art Saurier im Schnabel hält. Das Blut des Sauriers spritzt auf eine Art antikes Reagenzglas, in dem ein weiter Vogel wächst. Die alten Ritter wussten möglicherweise um 1382 bereits, dass es einmal Dinos auf der Erde gab und das die Vögel von ihnen abstammen. In der Neuzeit ist dieser evolutionäre Umstand erst seit der Entwicklung der Gentechnik bekannt. Heute weiß (vermutet) man: Dinosaurier sind die Vorfahren unserer Vögel, doch der evolutionäre Wandel ist bisher kaum erforscht. Denkbar wäre also, dass innerhalb der Zisterzienser und innerhalb des Deutschen Ordens ein geheimer Bund existiert hat, der Wissen aus Jerusalem nach Frankreich, Deutschland und Italien getragen hat. Die erste geheime Zeremonie dieser Art dürfte sich dann sowohl zeitlich als auch räumlich im Zusammenhang mit der

Selbstkrönung Friedrich II. in der Grabeskirche in Jerusalem um den 18. März 1229 abgespielt haben. Vermutlich am gleichen oder folgenden Abend in einem oder in dem originalen Abendmahl- Saal. Die Tag- und Nachtgleiche und damit die Erdkreis- Erdbahn könnten also tatsächlich auch hier, wie vermutet, wie auch schon zu Jesu Zeiten eine Rolle gespielt haben! Es könnte also zwei Treffen gegeben haben. Ein offizielles Treffen (Selbstkrönung) und eine geheime nachgestellte Abendmahlzeremonie mit der ausgesuchten Elite. Aber was ist in diesem Zusammenhang unter „weit zurückliegender Zeit" gemeint, als es um geheime Rituale zur Aufnahme des inneren Kreises der Templer geht? Wie lange könnte es einen solchen Geheimbund schon gegeben haben? Wo könnte vor dem Treffen von Friedrich II. noch so ein geheimer Bund ins Leben gerufen worden sein? - Das Abendmahl um Jesus Christus und seine 12 Apostel um das Jahr 30! Die Tag- und Nachtgleiche und damit die Erdkreis- Erdbahn könnten wiederum eine Rolle gespielt haben! - Und im Ägypten des Altertums: Die Ogdoad und Sonnengott Re! Die Tag- und Nachtgleiche und damit die Erdkreis- Erdbahn könnten auch hier Hintergrund sein! - Und noch weiter davor? Man stelle sich vor, wie die weisesten Menschen der Erde, symmetrisch angeordnet gegenüberstehend in einer Königskammer hautnah schwebende Teilchen erleben, in der Symbiose aus Gravitation, Lichtgeschwindigkeit und Zeit, an der Grenze zur Schöpfung. Wie sie damit Gott begegnen! Sie könnten etwas herausgefunden haben, was für die Menschheit entweder so gefährlich oder so niederschmetternd war, dass sie es anderen Menschen nicht offenbaren konnten. Oder war die Zeit noch nicht reif? Trigonometrie und damit Messtechnik sind entscheidende Grundlagen der Kriegsführung. Mit ihnen können geheime Karten erstellt, Armeen gelenkt, strategische Bauwerke errichtet, später sogar Atomkraftwerke, aber auch Atombomben gebaut werden. Vielleicht sind ihnen vor 4500 Jahren Dinge aus Gravitation, Licht und Zeit begegnet, die nicht von dieser Welt sind. Vielleicht konnten sie in die Zukunft schauen. Sie müssen beschlossen haben, diese mächtigen Gesetze Gottes, die mit Trigonometrie ausgelesen werden können, zum Schutz der Menschheit vor sich selbst geheim zu halten. Gott scheint ihnen mit den Pyramiden die harmonischen Gesetze der Schöpfung aus Geometrie, Trigonometrie, Zahlen, Maßen und Gewichten gegeben zu haben, die später in die Welt der Wissenschaften und der Staaten eingebaut wurden. So hat offenbar diese geheime Gruppe von Gelehrten die Gesetze Gottes von Generation zu Generation weiter gegeben.

Das müssen auch die Templer durch ihre Funde unter dem Tempelberg heraus bekommen haben. Später wurde das Verfahren in den geheimen Sitzungen der Freimaurer weiter gegeben, um so von hinter den Kulissen den Menschen im Sinne der Schöpfung die Gesetze Gottes zu offenbaren.

Ob es so war? Wie könnte sich dieser geheime Bund, dieser innerste Kreis genannt haben? Keine Ahnung! Sonst wäre es ja kein Geheimbund! „Von unserem

Leben seht ihr nur die Borke, die außen ist, doch ihr seht nicht die mächtigen Gebote im Innern." Die Ansprechpartner wären sicher in den höchsten Positionen der Hochmeister der Ritterorden, die es auch heute noch gibt, in höchsten Regierungskreisen, in den hohen Kreisen der Religion und unter Spitzenwissenschaftlern zu suchen. In den USA allein soll es um 1930 über 3,3 Millionen Freimaurer gegeben haben. Ihre höchsten Repräsentanten stellten über 15 Präsidenten. Wer weiß, was man vor tausenden Jahren noch alles herausbekommen hat. Vielleicht kennen sie längst die Mechanismen der Unsterblichkeit. Diese Geschichte hier vermag vielleicht nur die Spitze eines Eisberges zu beschreiben. Vielleicht wissen Menschen schon seit mehr als 4500 Jahren, was die Welt erschaffen hat, was sie im Innersten zusammenhält, was uns auf der Erde wandeln lässt und wie Licht, Zeit und Raum entstehen. Die Wissenschaftler der Neuzeit beißen sich seit knapp 500 Jahren verzweifelt die Zähne aus. Vielleicht brauchten sie nur die Botschaften der alten Pyramiden, der Bibel oder die geheimnisvollen Geometrien an und in den alten Kathedralen zu entschlüsseln.

Zur Schnittstelle dieser Verbindung zur Neuzeit wird Nikolaus Kopernikus (1473-1543) in der ältesten Stadt Preußens, in Thorn, wo er die Sankt- JOHANNES- Schule besucht hat und wo er Beziehungen zum Zisterzienserinnen- Kloster unterhält. Sollte es die gleichen Geometrien wie in Mühlberg auch in Thorn gegeben haben, so ist er als Vermessungstechniker unweigerlich drauf gekommen, diese auch zur Astronomie einsetzen zu können. Vielleicht hat man dem Domherren des Fürstbistums Ermland in Preußen die alten Geheimnisse sogar mündlich weiter gegeben. Nikolaus Kopernikus scheint die Verbindung von der antiken Sternenbeobachtung zur Astronomie der Neuzeit darzustellen. Die Antike muss bereits die Erdkreis- Erdbahn mit der Sonne im Zentrum gekannt haben! So ist denn auch Nikolaus Kopernikus der Neubegründer des heliozentrischen Weltbildes unseres Sonnensystems mit der Sonne im Zentrum. Er erkennt die langsame Rückwärtsbewegung der Erdachse als Ursache für die Verschiebung des Frühlingspunktes. Enge Zusammenarbeit bestand in späten Jahren mit dem Wittenberger Astronom und Mathematiker Erasmus Reinhold (1511-1553) und mit Mathematiker Georg Joachim Rheticus (1514-1574). Georg Joachim Rheticus wiederum war mit Philipp Melanchthon (1497-1560) befreundet, welcher dafür sorgte, dass Rheticus 1537 Professor für Mathematik und Astronomie in Wittenberg wurde. Von 1539 bis 1541 besuchte Rheticus Nikolaus Kopernikus in Frauenburg in Preußen. In einem Dreiergespann aus Nikolaus Kopernikus, Georg Joachim Rheticus und Vermesser, Kartograph und Astronom Heinrich Zell wurden dabei auch detailreiche Landkarten von Preußen erstellt. Georg Joachim Rheticus sorgte für eine wesentliche Verbreitung des Weltbildes von Nikolaus Kopernikus, worauf später auch der zweite große Astronom Tycho Brahe (1546-1601) aufbaute, welcher ebenfalls wiederum in Wittenberg studierte. Von 1600-1601 arbeitete Tycho Brahe mit Johannes Kepler (1571-1630) in Prag zusammen. Johannes Kepler hat zuvor ab 1584 in der Klosterschule in Adelberg studiert. In den Orten Thorn, Wittenberg und Adelberg waren allesamt Ritter präsent, die zuvor an dem Treffen Friedrich II. um den 18. März 1229 in Jerusalem dabei waren!

„Non nobis Domine, non nobis, sed nomini tuo da gloriam. - Nicht uns, o Herr, nicht uns, sondern deinem Namen alle Ehre."

Das Auge des Lichtes

Nach den Jahren des Wiederaufbaus prägt die Dresdener Frauenkirche heute wiederum die Silhouette der Stadt an der Elbe. In ihrer Geschichte ist sie eng verbunden mit Krieg und Zerstörung. Sie ist Mahnung gegen die Schrecken des Krieges, aber auch ein gutes Beispiel für den gemeinsamen Wiederaufbau.

Die Frauenkirche wurde von 1726 bis 1743 erbaut. Beim Bombenangriff vom 13. zum 14. Februar 1945 wurde sie durch den in der Stadt wütenden Feuersturm beschädigt. Deshalb stürzte sie am Morgen des 15. Februar in sich zusammen. Nach dem Beginn des Wiederaufbaus 1994 konnte sie durch die Unterstützung mit Mitteln aus aller Welt bis 2005 nach den alten Bauunterlagen und alten Fotos so weit wie möglich originalgetreu wieder aufgebaut werden. Das Zentrum des damals wie heute prächtigen Altars bildet das Dreieck mit dem „Allsehenden Auge Gottes". Dreieck und Auge sind in unzähligen Kirchen und Sakralbauten weltweit zu finden.

Laut Interpretation symbolisiert das geometrische Symbol dieses gleichseitigen Dreiecks die Dreifaltigkeit aus „Gott dem Vater", „Jesus Christus seinem Sohn" und „Heiligen Geist". Ebenso das Auge Gottes, das alles sieht.

<u>Wie entstand diese Symbolik?</u>

Die ersten Nennungen: Das Auge als Symbol erscheint als ein möglicher Bezugspunkt als „Sonnenauge des Re" bereits in der ägyptischen Mythologie, wo es zum Beispiel über nach Osten eingerichteten Scheintüren in Grabmälern angebracht ist. Dabei spielt das gleichseitige Dreieck, in dem es später mit abgebildet wird, noch keine Rolle.

Christentum: Im Christentum erscheint das Auge als Symbol der Wachsamkeit, der Allwissenheit und Allgegenwart Gottes. Es wird als alle Geheimnisse durchdringende Wachsamkeit Gottes interpretiert, welcher nur das geschehen lässt, was vorgesehen ist. Dabei ist das Auge manchmal nicht nur von einem Strahlenkranz, sondern meist auch noch von einem gleichseitigen Dreieck umschlossen, welches wiederum die Dreifaltigkeit oder Trinität aus der Wesenseinheit aus Gott dem Vater, seinem Sohn und dem Heiligen Geist widerspiegelt.

Das "Allsehende Auge" des Lichtes

Frauenkirche Dresden

Das „Allsehende Auge" des Lichtes in der Frauenkirche Dresden

Die Freimaurer: Bei den Freimaurern gehört das „Auge der Vorsehung" zu den bekanntesten Symbolen. Sicher wurde es von der religiösen Symbolik übernommen. Grund für diese Vermutung ist die logische Schlussfolgerung, dass die Vermesser und Handwerker, aus denen sich die Freimaurer zusammensetzen, auf den Erfahrungen der bauenden Mönche und damit auf die Kreuzritter aus dem Heiligen Land aufbauen. Bei den Freimaurern wird das Auge dabei seltener mit einem gleichseitigen, viel mehr mit einem ungleichseitigen Dreieck und auch mit einer Pyramide wiedergegeben. Gleichseitiges oder ungleichseitiges Dreieck?

Die Freimaurer interpretieren die unterschiedlichen Seitenlängen mit geometrischen Gründen, die wiederum mit unterschiedlichen Vermessungssituationen von Bauwerken begründet werden.

Über die gleichen geschichtlichen Herkunftslinien dürfte das Symbol seinen Weg über den Illuminatenorden und damit in die bekannte, bei diesem Thema aber umstrittene Symbolik des US- Siegels und auch auf die 1- US- Dollar- Note gefunden haben.

Schloss "Quinta da Regaleira" in Portugal

US- Dollar

Das "Allsehende Auge" des Lichts bei den Freimaurern

Das „Allsehende Auge" des Lichts bei den Freimaurern - Das „Allsehende Auge" auf dem 1- US- Dollar Schein gilt als von Freimaurern organisiert. Wie auf dem „Allsehenden Auge" im Schloss „Quinta da Regaleira" in Portugal (links) gibt es den Strahlenkranz des Lichts und die Pyramide bzw. das Dreieck

Die Freimaurer und damit auch der Illuminatenorden müssten das Symbol entweder von der Kirche oder wiederum von den Kreuzrittern übernommen haben, auf deren Grundzüge die Freimaurer sich selbst erklärend mit aufbauen. Die Freimaurer verwenden ebenfalls den sechszackigen Stern, welcher in seiner Grundgeometrie das Sechseck und damit mehrere gleichseitige Dreiecke beinhaltet. Ebenso kommen bei den Freimaurern zwei ineinander gelegte gleichseitige Dreiecke in Form des „Schild David" vor.

Wo kommt das Symbol her?

Bei der Suche nach der Herkunft des Symbols müssten demnach die ursprünglichen Gemeinsamkeiten von Christentum und Kreuzrittern betrachtet werden. Im Christentum beruht die „Dreifaltigkeit", die das Dreieck symbolisiert, auf der Trinitatislehre, die zwischen 325 und 675 auf verschiedenen Synoden und Konzilen entwickelt wurde. Die „Dreifaltigkeit" als Interpretation ist also von Menschenhand gemacht. Logisch wäre außerdem: Wurde die Welt von einem Gott erschaffen, dann muss das zu einem sehr frühen Zeitpunkt stattgefunden haben, also mit dem Urknall. Da der Sohn Gottes Jesus Christus erst sehr viel später geboren wurde, dürfte es eine physikalische „Dreifaltigkeit" in welcher der sehr viel später geborene Sohn eine Rolle spielt, eigentlich nicht geben.

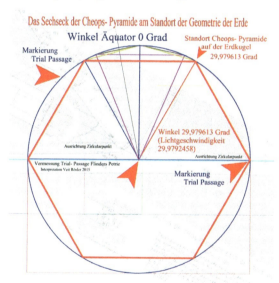

Die das Licht symbolisierende Geometrie in der Cheops- Pyramide mit dem Dreieck

Dreieck aus der Kabbala:

Bei der Herkunft des Symbols wird auf die Übernahme des gleichseitigen Dreiecks aus der Kabbala verwiesen. Die Kabbala beruht wiederum auf der mystischen Tradition des Judentums, die eng mit der jahrhundertelangen mündlichen Überlieferung aus den Wurzeln des Tanach, der Heiligen Schrift des Judentums verbunden ist. Das Christentum hat die daraus entstandenen Bücher des Tanach als das Alte Testament übernommen. Mit der Kabbala erschließt sich nun wiederum ein direkter Weg zurück zur ägyptischen Religion und damit zur das Licht symbolisierenden Geometrie in der Cheops-Pyramide.

Das gleichseitige Dreieck mit dem „Licht sehenden Auge", noch dazu mit dem Strahlenkranz, dürfte demnach nicht mehr und nicht weniger ursprünglich bedeuten als: Die Lichtgeschwindigkeit. Das Licht.

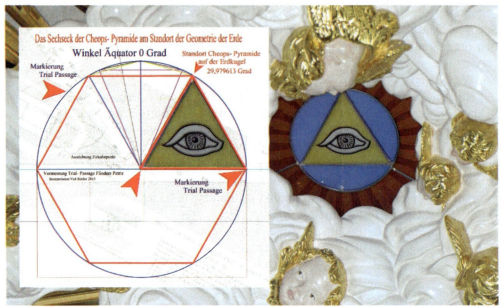

Der Zusammenhang zwischen dem Dreieck der Cheops- Pyramide und dem „Allsehenden Auge", dem „Auge des Lichtes"

Das Dreieck wäre demnach die Wiedergabe des technischen Wertes der Lichtgeschwindigkeit in euklidischer Geometrie. Da sich die Lichtgeschwindigkeit gleichzeitig mit der gleichen Geschwindigkeit wie die Gravitation ausbreitet und dabei kontinuierlich Zeit benötigt, wäre die auf der physikalischen Schöpfung beruhende Interpretation des gleichseitigen Dreiecks, egal ob die Schöpfung durch reine Physik oder einen schöpferischen Gott hervorgerufen wurde, die richtigere Interpretation des Dreiecks: Lichtgeschwindigkeit, Gravitation und Zeit. Verbunden durch Geometrie und Trigonometrie. Die Grundelemente der Schöpfung, und wenn man so will: Gottes. Wie schon im Ägypten des Altertums üblich, gibt es auch hier mehrere Gründe: Das Auge zeigt zudem das Auge des Großen Vermessers. Das Dreieck ist Symbol der Trigonometrie. Mit Trigonometrie kann das Auge im dreidimensionalen Raum in Vergangenheit, Gegenwart und Zukunft sehen.

Dreieck- Sechseck- Metatron - Sephiroth - Kabbala

Das Symbol des „Allsehenden Auges" wurde aus der jüdischen Kabbala übernommen. Die Wurzeln der Kabbala bauen auf das Tanach, der Heiligen Schrift des Judentums auf.

Somit ergibt sich auch ein direkter Zusammenhang zur Lichtgestalt des Erzengel Metatron und zur Geometrie des Sechsecks im dreidimensionalen Raum, zum

„Metatronischen Würfel". Damit generiert sich ein Zusammenhang zu den Sechsecken in der Trial- Passage der Cheops- Pyramide, mit welcher der Wert der Lichtgeschwindigkeit generiert worden sein könnte. Ebenso zu den Sechsecken in der Pyramide selber, mit denen womöglich der Wert der Gravitation interpretiert wird und die zugleich Symbol des Sephiroth sein könnten. Der Sephiroth ist Teil der kabbalistischen Mythologie. Der Kreis schließt sich. Alles widerspiegelt sich in der Pyramide! Werden die Cherubim, also die Flügelwesen bzw. Engel auf der Bundeslade mit der Gravitation interpretiert, so sind auch diese um das „Dreieck mit Auge" herum im Altar in Dresden zu finden. In Form der schwebenden Engel um das „Allsehende Auge".

Wie könnten die unterschiedlichen Winkel und damit unterschiedlichen Dreiecke in den Kirchen und bei den Freimaurern zustande gekommen sein?

Das Bauhüttenbuch vom Baumeister der Kathedrale von Chartres Villard de Honnecourt (um1200-1235) könnte vielleicht noch ein weiteres Rätsel lösen: Warum benutzen die Freimaurer ein NICHT gleichseitiges Dreieck und die Kirchen ein EXAKT gleichseitiges Dreieck? Warum ist in Mühlberg das richtige Sechseck der Lichtgeschwindigkeit zu sehen?

Links: Drei Finger (Trigonometrie) im Bauhüttenbuch von Villard de Honnecourt und das „Sehende Auge" bei den Freimaurern / Im Gegensatz dazu rechts: Das EXAKT gleichseitige Dreieck in den Symbolen der Kirche und im Kloster Mühlberg
Skizzenbuch Villard de Honnecourt: Französische Nationalbibliothek

Das Phänomen könnte wiederum mit zwei verschiedenen, zeitlich auseinander liegenden Schatzgrabungen erklärt werden. Die Templer könnten demnach bei ihrer

Schatzgrabung zwischen 1119-1127/28 aus dem Bereich des mutmaßlichen Fundes der Bundeslade bzw. von Aufzeichnungen unter dem Tempelberg allgemeine Vermessungsunterlagen und Wissen über die Geometrie gefunden haben. Diese tauchen dann in Frankreich auf. Wie zum Beispiel beim Baumeister der Kathedrale von Chartres Villard de Honnecourt.

Hat es beim Kreuzzug von Friedrich II. (1194-1250) 1228/1229 eine gut vorbereitete weitere Schatzsuche in einer astronomischen Beobachtungsstation im Westen von Jerusalem gegeben, dann müssen dort astronomische Aufzeichnungen, Geometrien und Berechnungstabellen gefunden worden sein. Diese wurden dann mutmaßlich in Mühlberg eingebaut. Wie zum Beispiel der Wert der Lichtgeschwindigkeit in euklidischer Geometrie in den Giebeln des Äbtissinnenhauses.

Bei den Templern bedeutet das Dreieck demnach mit den Informationen von Schriftrollen aus dem Bereich der Bundeslade aus den Jahren um 1129: Trigonometrie aus einer Pyramide / NICHT gleichseitiges Dreieck im Zusammenhang mit Geometrie, Trigonometrie und Vermessung. Der Deutsche Orden bzw. die Zisterzienser benutzen dann mit den Informationen von 1228/1229 in Mühlberg das RICHTIGE Sechseck und auch das richtige GLEICHSEITIGE Dreieck mit der Geometrie der Lichtgeschwindigkeit. Ebenso die Kirche, mit der Geometrie aus dem Alten Testament und damit wiederum aus einer der Urquellen, der Kabbala.

So könnte es also in Jerusalem tatsächlich zwei Quellen gegeben haben! Einerseits, über die Templer aus der Zeit um 1127/28 aus dem Bereich der Bundeslade und andererseits über den Deutschen Orden/Zisterzienser und die 1228/1229 durch diese gefundenen astronomischen Aufzeichnungen aus dem Davids/Mariamne-Turm. Die Templer hatten demnach nur das halbe Wissen über die Mechanismen Gottes! Das könnte erklären warum die späteren Freimaurer das Sehende Auge in Zusammenhang mit einer Pyramide und einem NICHT gleichseitigen Dreieck verwenden. Die Kirchen aber das Sehende Auge in Zusammenhang mit dem Licht einsetzen.

Der Templerorden - Kreuzritter und Freimaurer in Portugal

Die Freimaurerei ist von einer Fülle von Mythen und Geheimnissen umgeben, zu denen die Gemeinschaft aufgrund ihrer legitimen Prinzipien zur Verschwiegenheit selber beigetragen hat. Ihre Mitglieder sollen auch heute noch in höchsten Regierungskreisen an der Beeinflussung der Welt mitwirken. Die Mythen interpretieren eine Geheimhaltungspflicht gegenüber der Öffentlichkeit, wie auch geheime Erkennungszeichen der Mitglieder untereinander. Ebenso sollen die Rituale eng mit

Esoterik, Magie und Beschwörung obskurer Kräfte verbunden sein. Der Mythos will es auch, dass die moderne Freimaurerei das Erbe der mittelalterlichen Baumeister der Kathedralen antritt. Einige Freimaurer behaupten, die Rituale der Freimaurer stammten von der Priesterschaft im Ägypten des Altertums und auch von den Riten der Tempelritter ab.

Aus dem romanischen Kirchenbauwesen durch (Kreuz)Ritter/Mönche entstand zur Zeit des gotischen Kathedralenbaus der Werkstattverband der Dombauhütten. Der immer mehr organisierte Bauablauf umfasste unterschiedlichste Handwerke, die sich zu verschiedenen Bruderschaften und Zünften organisierten. Grundlage für die verantwortungsvolle und anspruchsvolle Arbeit war eine qualifizierte Ausbildung, die in ihren einzelnen Stufen meist mit einer Wanderschaft und mit tiefgründigem Fachwissen verbunden war.

Im Jahre 1278 wurde erstmals schriftlich eine derartige Loge in England erwähnt. Im Jahre 1537 wird in London eine „Freemasons- Loge" genannt und im Jahre 1717 schlossen sich in England vier Logen zur ersten „Großloge von England" zusammen. Mit der Konstitution der ersten Großloge wurde 1723 die Grundlage der heutigen Freimaurerei gelegt. Im Jahr 1737 wurde offiziell in Deutschland die erste Freimaurerloge gegründet, die sich später „Absolom" nannte.

Freimaurer sehen sich der Verschwiegenheit verpflichtet. Bräuche, Rituale und innere Angelegenheiten werden nicht nach außen getragen. Bräuche und Rituale werden zum Teil auf historische Steinmetzbruderschaften zurückgeführt. Im Grunde sind aber Zeichen, Rituale und die auf den Fortschritt der Menschheit abzielenden Gesetze, für den der gezielt danach sucht und Fragen stellt heute offen zugänglich.

Selbst erklärt sind die Grundideale der Freimaurerei Freiheit, Gleichheit und Brüderlichkeit, dazu Toleranz und Humanität. Zahlreiche namhafte Künstler und Politiker, aber auch Mitglieder von religiösen Ordensgemeinschaften, insbesondere sogar Bischöfe und Kardinäle waren in der Geschichte Mitglieder in Freimaurerlogen und sie sind es auch heute noch.

Das Thema Religion sollte untereinander nicht zum Streitgespräch führen. Die Freimaurerei scheint dabei auf eine Universalreligion abzuzielen, auf einen universalen Gott. Obwohl die Grundsätze ähnlich zu sein scheinen, lehnen die katholische Kirche und der Islam, selbst die Gemeinsamkeiten mit der eigenen Anschauung als unvereinbar ab.

Aus den mittelalterlichen Steinmetzbruderschaften entstanden, hat man auch wichtige Symbole und Werte von der späteren Bauhüttenkultur übernommen.

Die Freimaurer dürften in ihren vertraulichen Sitzungen natürlich auch die geheimen Bezugsmaße, die Längen der Grundmesslinien oder die Informationen über heimlich eingebaute astronomische Geometrien in den von ihnen errichteten Bauwerken untereinander ausgetauscht haben.

Aufschlagseite - Der verklärte Freymaurer - Druckschrift aus dem Jahre 1791

Abbildung einer „Freimaurerischen Unterrichtung" aus dem Jahre 1791. Das Bild scheint neben anderen Elementen auch die Lichtgeschwindigkeit mit einem Spiegel, dem Dreieck und dem Wort „Lux" für Licht zu beschreiben. Aber erst 1849 konnte Armand Hippolyte Louis Fizeau (1819-1896) mit seiner Zahnradmethode mit einem Spiegel den genauen Wert der Lichtgeschwindigkeit ermitteln

Wenn es einen langen Weg von den Pyramiden der Alten Ägypter, über die kabbalistische Religion, über die Religion der Israeliten, über das frühe Christentum von Jerusalem, über die Kreuzritter zum mittelalterlichen Europa, zur Bauhüttenkultur und damit bis zur modernen Welt gegeben hat, dann müsste es diese Zeichen auch heute noch geben. Wo sind die Pendelschächte, die Dreiecke und Sechsecke mit den Hinweisen auf die Lichtgeschwindigkeit noch zu finden? Wo sind die versteckten Zeichen, deren Herkunft heute kaum noch gedeutet werden können, erhalten über 4500 Jahre? Das im 12. Jahrhundert gegründete Königreich Portugal entwickelte sich im 15. Jahrhundert zu einer Seemacht, die sich im Zeitalter der Entdeckungen mit Besitzungen in Afrika, Asien und Südamerika zu einem der größten Kolonialreiche entfaltete. Selbst der erste Teil des Landesnamens bezieht sich auf „Porto" für Hafen. In der Landesflagge ist heute noch die von Vermessungslinien umgebene Erdkugel zu sehen, die auch in der Symbolik der Freimaurer eine Rolle spielt.

Um 206 v. Chr. setzten sich die Römer fest, welche sich bis um 409 halten konnten. Nach weiteren, eher kurzlebigen Reichen brachte die Maurische Herrschaft ab ca. 711 enormen kulturellen und wirtschaftlichen Fortschritt. Im 9. Jahrhundert begann die christliche Einflussnahme. Ab um 1127 sind Besitzungen der Templer im Raum des heutigen Portugal und Spanien belegt. Nach der Zerschlagung des Templerordens nach Freitag den 13. Oktober 1307, nach dem es in Mitteleuropa mehrere hundert Festnahmen und Hinrichtungen gab, wurden Mitglieder des Ordens außerhalb des Machtbereiches von König Philipp IV. (1268-1314) weitestgehend in Ruhe gelassen. Portugal beteiligte sich nicht an der Verfolgung des Templerordens. Hier befand sich die mächtige Festung Tomar der Templer. Als Nachfolgeorganisation wurde 1319 in Portugal der Orden „Ritterschaft Jesu Christi" gegründet, in den die Güter des Templerordens einflossen und welcher von Papst Johannes XXII. (1245-1334) bestätigt wurde.

Templer - Tomar - Convento de Cristo in Portugal: Frühe Strukturen der Templer und der späteren Freimaurer finden sich in der Klosterburg Tomar in Portugal, die seit 1159/1160 vom Kreuzritterorden der Templer ausgebaut worden ist. Wie in Mühlberg ist zum Beispiel auch hier östlich der Klosterburg anhand der Gebäudestruktur auf der Luftbildaufnahme eine Rautentrigonometrie zu erkennen. Neben Zeichen und Symbolen gibt es auch hier innen offene Schächte bzw. Wendeltreppen. Nach der Eroberung des Gebietes durch den ersten König Portugals Alfons I. (um1109-1185) von den Mauren, erhielten die Templer 1159 das Territorium, in dem sie 1160 an strategisch günstiger Stelle mit dem Bau der Klosterburg Tomar begannen. Wichtigste und zentrale Einrichtung ist die alte Klosterkirche, die nicht nur dem Heiligen Grab in Jerusalem entspricht, sondern damit auch durch ihr Oktogon eine Miniaturisierung der Erdkreis- Erdbahn darstellen könnte. Nach der Auflösung des Templerordens am 22. März 1312 gründete König Dionysius von Portugal (1261-1325) mit diplomatischem Geschick den Orden der Christusritter als Nachfolgeorganisation der Templer. In das rote Kreuz der Templer wurde nun ein weißes Kreuz als Symbol für die Unschuld eingelegt. Sowohl die Klosterkirche als auch die Kreuzgänge und damit die Gesamtlage wurden in den folgenden Jahrhunderten sukzessive erweitert. An dem Ausbau der Anlage beteiligte sich Heinrich der Seefahrer (1394-1460), der Mitbegründer der portugiesischen See- und Kolonialmacht und damit der europäischen Expansion auf weite Teile Afrikas, Amerikas, Asiens, Australiens und Ozeaniens. Nicht selten flatterte die Fahne mit dem roten Tatzenkreuz auf den Schiffen der Seefahrer. Sogar Christoph Kolumbus (1451-1506) trug bei seinen ersten Expeditionen das Symbol der Christusritter, weil sie sich an der Finanzierung beteiligten. Der Komplex des Convento de Cristo ist üppig ausgestattet mit geheimnisvollen geometrischen und religiösen Symbolen, mit Andeutungen auf Vermessung, Astronomie und Astrophysik. Sicher wurde die Anlage zur Ausbildung von mittelalterlichen Nautikern, Vermessern, Astronomen und Geologen genutzt. Zwei nebeneinander stehende Erdkugeln mit angedeuteter Ekliptik zeigen zum Beispiel zwei gegenüber liegende Punkte der Erde auf der Erdkreis- Erdbahn. Gleich mehrere innen offene Wendeltreppen, die durch weitere Treppenhäuser umgangen werden können, gestatten das Einhängen von Pendel- und Drehsteinen.

(Bauingenieur und Historiker Helmut Engelskircher (1912-1995) hat während seines Studiums in Magdeburg von den alten geheimnisvollen Geschichten aus dem Mittelalter um die innen offenen Wendeltreppen gehört. Architekten bauten diese innen offenen, durch eine weitere Treppe umgehbaren Wendeltreppen sogar später noch in Bildungseinrichtungen ein. So zum Beispiel Bauingenieur und Chefarchitekt Max Heide (1908-2010), der so eine Treppe in der Schule Elsterwerda- Biehla hinein konstruierte. Gegen den Willen des Schulamtes.)

Mit unzähligen Mythen umgeben gehört der rätselhafte Kopf des „Baphomet" zu den größten Mysterien der Templer. Ihm sollen die Templer ganz besonderes Augenmerk und höchste Verehrung entgegengebracht haben. In der Sagenwelt handelt es sich um den Kopf eines Heiligen, aber auch steinerne Köpfe, mitunter mit vier Augen werden beschrieben. Auf Zeichnungen wird er als gehörntes Flügelwesen der Unterwelt, gelegentlich als Zwilling aus zwei Figuren dargestellt. Laut Erzählungen soll so ein Baphomet auch in der Templerburg in Tomar versteckt sein. Tatsächlich ist so ein Kopf mit drei Gesichtern in einem Gewölbe als Flachrelief zu sehen. In der Interpretation könnte es sich um einen Astronomen handeln, der zeitgleich den Zirkularpunkt im Norden, den Südblick und dann den Vermessungspunkt im Osten im Blick haben muss. Bei einer weiteren Kopfdarstellung könnte es sich um den Hinweis auf einen astronomischen Beobachtungspunkt handeln. Alle Andeutungen auf den gehörnten Herrn der Unterwelt, ein Flügelwesen noch dazu als Zwilling weisen darauf hin, dass es sich beim Baphomet insbesondere um einen geeichten Drehstein mit einer Unwucht gehandelt haben könnte, der in einem Schacht eingehangen auf die Gravitation reagiert. Auch im Jerusalemer Tempel gab es so einen Gott der Unterwelt. Dort nannte er sich Asmodäus. Möglicherweise hat er auch dort an Seilen angebrachte Steine bewegt. Also eine antike bzw. mittelalterliche Drehwaage. Das Convento de Christo ist seit 1983 UNESCO- Weltkulturerbe.

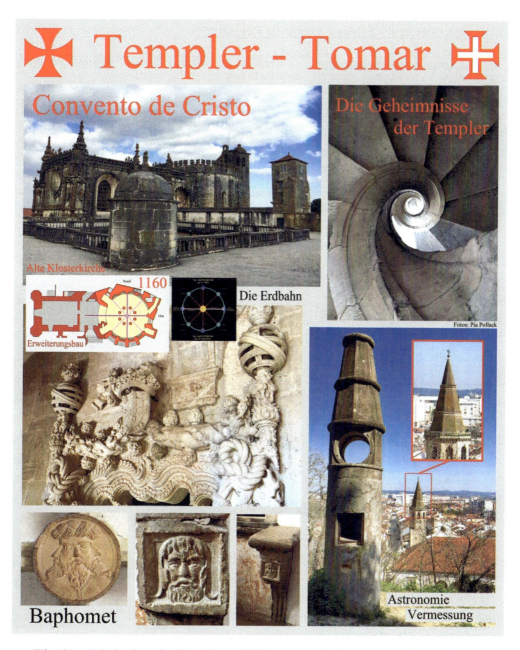

Die alten Geheimnisse der Templer und Christusritter im Convento de Cristo in Tomar in Portugal - Fotos: Pia Pollack

Beispiel Portugal - Schloss „Quinta da Regaleira":

Schloss „Quinta da Regaleira" in Sintra Portugal
Foto: Pia Pollack

Neben dem Kloster Mühlberg steht als weiteres Beispiel für die alten Zeichen das Schloss „Quinta da Regaleira" in Portugal: Das Schloss „Quinta da Regaleira" in der Nähe des historischen Zentrums von Sintra mit seinem ausgedehnten Garten wurde 1892 von dem Millionär Carvalho Monteira (1848-1920) erworben, welcher es mit Unterstützung des italienischen Architekten Luigi Manini (1848-1936) bis 1910 mit rätselhaften Gebäuden und Symbolen der Alchemie, der Templer und der Rosenkreuzer ausstattete.

Die Symbole der Vermessung im Schloss „Quinta da Regaleira" in Portugal - Das Kreuz und seine Vermessungspunkte - Das Kreuz über den Vermessungslinien der Erde - Zwei Vermessungspunkte in Form von Obelisken (rechts) - Foto: Pia Pollack

Nach mehreren Besitzerwechseln und Restaurierungen ist das Anwesen heute Weltkulturerbe der UNESCO und eine der wichtigsten Touristenattraktionen der Region.

Wesentliche Gebäude sind ein Palast mit fünf Etagen und eine Kapelle. Die Gebäude enthalten neben Armillarsphären der portugiesischen Landnahmen und Zeichen des Orden des Christus- Kreuzes auch Sechsecksymbole, Dreiecke, zum Teil mit dem „Sehenden Auge", von Engeln umgebene Dreiecke und auch das Sechseck mit den gleichseitigen Dreiecken, bekannt als das „Schild David", in Form eines Leuchters, sind hier zu finden.

Wie in den ägyptischen Pyramiden und in mittelalterlichen Kirchenbauten gibt es zwei räumlich unabhängige Schächte mit innenliegendem Zentralschacht, die in Quinta da Regaleira als Wendeltreppe ausgelegt sind. Das diese zu Pendelversuchen genutzt werden könnten, beweist die Pfeilmarkierung am Boden des aufwendiger gestalteten Hauptschachtes.

Die Symbole der Lichtgeschwindigkeit - Sechsecke und Dreiecke im Schloss „Quinta da Regaleira" in Portugal - Sechseck- Leuchter - Lichtgeschwindigkeit - Licht- Dreieck und (Gravitations) Engel - Das sehende (Licht) Auge im Dreieck - Zum Vergleich oben: Die Trial- Passage der Cheops- Pyramide - Fotos mit Unterstützung Pia Pollack

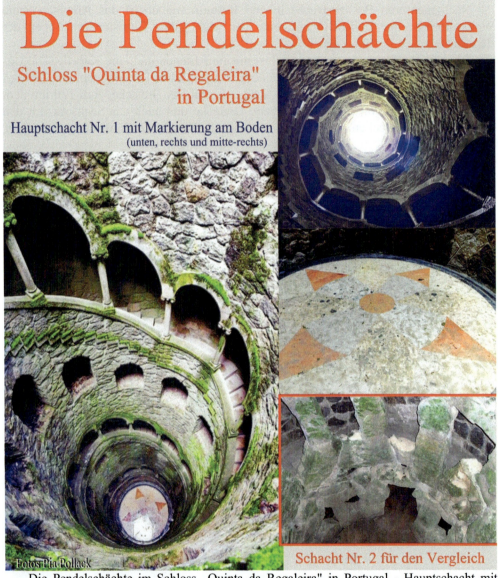

Die Pendelschächte im Schloss „Quinta da Regaleira" in Portugal - Hauptschacht mit Markierung am Boden (unten, rechts und mitte-rechts) - Schacht Nr. 2 für den Vergleich
Fotos: Pia Pollack

Die so genannten „Brunnen", die nie als solche verwendet wurden, sind untereinander über ein Tunnelsystem verbunden, so das rein technisch damit mittels zweier

Pendel trigonometrische Vergleiche von Erdrotation und Gravitation möglich wären. Sie sollen zu geheimnisvollen Zeremonien verwendet worden sein. Wird der Pyramidenbau in Ägypten mit Trigonometrie in Zusammenhang gebracht, handelt es sich bei den meisten dieser Zeichen ebenfalls um Zeichen der Vermessung und damit um Zeugnisse der Trigonometrie, die sich in der Seefahrernation Portugal vor allem in der nautischen Navigation widerspiegeln. Weitere ähnliche Strukturen wie in „Quinta da Regaleira" in Portugal gibt es im Schloss Chambord „Château de Chambord" in Frankreich und in „Pozzo die San Patrizio" in Italien. Während der in einer Doppelhelix gebaute Brunnen mit einer Sechseckstruktur in „Pozzo die San Patrizio" tatsächlich der Wasserversorgung gedient haben dürfte, zeigt „Château de Chambord" eine rätselhafte Dachlandschaft im Zusammenspiel mit einer ausgeprägten geometrischen Parkgestaltung und auch auffällig gestaltete, innen offene Treppenhäuser gibt es hier. Welcher Baumeister das „Château de Chambord" entworfen hat, ist bis heute unbekannt. Es wird vermutet, dass Leonardo da Vinci (1452-1519) am Ende seines Lebens noch als Architekt beteiligt war. Eine ebenfalls innen offene Wendeltreppe in Bezug auf die Kreuzritterschaft befindet sich im Deutschordensschloss Mergentheim.

Berwarttreppe im ehemaligen Residenzschloss der Hoch- und Deutschmeister des Deutschen Ordens in Bad Mergentheim

Berwarttreppe im ehemaligen Residenzschloss der Hoch- und Deutschmeister des Deutschen Ordens in Bad Mergentheim - Foto: Deutschordensmuseum/Holger Schmitt

Im Jahr 1217 traten die Herren von Hohenlohe dem Deutschen Orden bei, was 1219 zur Schenkung ihres Besitzes Mergentheim an den Orden führte. Die fränkische Kommende bildete früh einen Schwerpunkt des Ordens in Süddeutschland. Laut Diplomatarium Ileburgense, der Urkunden- Sammlung zur Geschichte und Genealogie der Grafen zu Eulenburg S.356 kommt es am 25.6.1441 zu einem Kontakt zwischen den Ileburgern aus Thorn, dem Comthur Mergentheim und anderen Ordensrittern. Nach Zerstörung der Burg Horneck im Bauernkrieg 1525 wurde 1527 Mergentheim Sitz des Deutschmeisters. Ab diesem Zeitpunkt wird die mittelalterliche Burg durch die hohe Bedeutung zu einer herrschaftlichen Residenz ausgebaut. Ab 1568 ist die Kommende Mergentheim Residenz und Sitz des Ordensoberhauptes. Im Jahr 1574 baut Blasius Berwart (1530-1589) im Auftrag des Deutschen Ordens die heute interessanteste und damit berühmteste Renaissancetreppe nördlich der Alpen ein. Als Symbol des Kosmos thront die Sonne im oberen Zielpunkt des innen offenen Systems. Sowohl die Betreiber als auch die Besucher machen sich immer wieder über die rätselhaften in sich gedrehten sieben Säulen in der Struktur Gedanken. Die Anlage Mergentheim ist bis 1809 im Besitz des Deutschen Ordens. Seit 1973 konzentriert sich das in dem Gebäude befindliche Bezirksheimatmuseum auf die Deutschordensgeschichte. Heute gilt das Deutschordensmuseum im Schloss Bad Mergentheim mit einer Ausstellungsfläche von 5000 m² als großes Denkmal für die Ordensgeschichte.

Ein Beispiel für die Aktivitäten der Templer und ihrer Nachfolger in England zeigt die Rosslyn- Kapelle bei Edinburgh in Schottland nahe dem Dorf Roslin: Eine Rautentrigonometrie findet sich westlich der Rosslyn- Kapelle. Das von William Sinclair, Baron of Roslin (1434-1470) entworfene und 1456 begonnene Bauwerk soll im Grundriss dem Tempel des Herodes in Jerusalem entsprechen. Das Gebäude selber ist voller Templer- und Freimaurersymbole, insbesondere eingebaut wurde auch der sechszackige Stern in verschiedenen Varianten. Verschiedene Sagen behaupten, in dem Gebäude befänden sich zusammen mit der Bundeslade die Gesetze Gottes.

Von Pyramiden zu Satelliten - Die Vermessungstechnik der Neuzeit

Laut Mittelalterhistoriker Matthias Springer (1942) wurde die aus der Mark Meißen und den thüringischen Besitzungen bestehende Herrschaft der Wettiner ab dem Jahr 1423 vergrößert. Als wichtigster Zugewinn kam das ehemals askanische Herzogtum Sachsen- Wittenberg hinzu.

Durch die Leipziger Teilung von 1485 löste sich Sachsen von Thüringen in der weiteren Entwicklung ab. In der Folge wurde Dresden bei Meißen zur Residenzstadt ausgebaut. Nach dem Schmalkaldischen Krieg, den das ernestinische Kursachsen im

Schmalkaldischen Bund verlor, ging mit der Herrschaft über Teile Kursachsens 1547 auch die Kurwürde von der ernestinischen auf die albertinische Linie der Wettiner über. Nachdem Mühlberg zu dieser Zeit zu Meißen gehörte wäre anzunehmen, wenn es Vermessungsgeräte in den in diesem geografischen Bereich geschlossenen Klöstern gab, dass diese nach Dresden gelangt sind. Das Kloster Mühlberg wurde 1559 geschlossen. Nur ein Jahr später 1560 richtete Kurfürst August von Sachsen (1526-1586) im Residenzschloss eine Kunstkammer ein. Der zu dieser Zeit bekannteste Astronom Tycho Brahe (1546-1601) begann aber erst 1560 mit seinem Studium, insbesondere in Wittenberg, in der Nähe von Mühlberg. Im Jahr 1560 hätte es demnach noch keine astronomischen Vermessungsgeräte geben dürfen, es sei denn, es wurde vorher schon vermessen. Vermessungsgeräte wären ohnehin nur einfache Zieleinrichtungen, Winkel und Zeitmessgeräte. Welche Rolle das geschlossene Kloster Mühlberg oder auch andere Einrichtungen für die Vermessung spielen, ist noch immer unklar.

Welche wichtigen Aufgaben jedoch die Landvermessung und die Vermessung der Gestirne für einen Staat haben, zeigt gerade das Beispiel des Mathematisch - Physikalischen Salons in Dresden und die Landvermessung durch die Gradmessung und Triangulierung im Königreich Sachsen!

Der Mathematisch - Physikalische Salon wurde auf die Grundlagen der 1560 eingerichteten Kunstkammer aufgebaut.

Hier treffen Forschung und Kunst zusammen: Der Mathematisch - Physikalische Salon im Zwinger in Dresden ist weltweit eine der ältesten Sammlungen von naturwissenschaftlichen und mathematischen Gerätschaften und zugleich eine Sammlung von Meisterwerken der Zunft der Gerätemacher. Viele Touristen und Fachleute aus der ganzen Welt besuchen kontinuierlich die Ausstellung. An kaum einer anderen Stelle ist so gut zu sehen, wie die Wissenschaft im Laufe der Jahrhunderte entstand. Die hier ausgestellten Instrumente waren in der Epoche, in der diese angeschafft wurden, die Spitzentechnologie der damalige Zeit. Auf der Grundlage dieser Geräte basiert unser heutiges Wissen und die heutige Technik.

Um 1560 richtete Kurfürst August von Sachsen im Residenzschloss eine Kunstkammer ein, in der erlesene mathematische Instrumente, mechanische Wunderwerke und raffinierte Werkzeuge die Sammlung dominierten. August sammelte diese Objekte aus unterschiedlichen Motiven. Zum einen spiegelten die Vermessungsinstrumente den Wunsch des Herrschers nach Erfassung und Beherrschung seines Landes wider: Mit Wagenwegmessern vermass der reisende Kurfürst zum Teil sogar persönlich sein Territorium. Die Sammlung steht für die Sammelleidenschaft der sächsischen Fürsten und für ihre speziellen Interessen. Die Herrscher wussten ganz genau: Wissen ist Macht. Sie konnten diese Macht unterschiedlich einsetzen. Sie konnten sie geheim halten.

Seite 496: Beispiele aus der Kunstkammer Dresden (1560) und dem Mathematisch - Physikalischen Salon (1728) - Die Kunstkammer um 1600 - Wegmesser von 1584 - Messquadrat um 1569 - Astrolabium um 1570 - Planetenuhr 1563/1568 - Geschossflugbahnen-Diagramm von 1577

Sie konnten sie einem ausgewählten kleinen Personenkreis, wie zum Beispiel anderen Fürsten, aus strategischen Anlässen oder aus Propagandagründen präsentieren. Die komplexen Maschinen waren markante Herrschaftssymbole. Die Herrscher konnten das Wissen aber auch an das Volk weiter geben. Zumindest konnte das Volk davon profitieren.

Die Sammlung ist eine Schatzkammer des Wissens. Sie zeigt, wie die Menschen gelernt haben unsere Welt zu verstehen, als Ganzes und in ihren Einzelheiten. Mit den technischen Modellen der Welt aus den besten Materialien wie Silber und Gold wurde gezeigt, was Gottes Schöpfung bedeutet. Die Geräte konnten vor Augen führen, dass der Kurfürst mit Hilfe eines solchen Automaten sogar in der Lage war, die hoch komplizierte Bewegung der Gestirne zu verstehen und diese zu erklären. Um über ein naturgetreues Abbild des Himmels verfügen zu können, ohne komplizierte Berechnungen vornehmen zu müssen, beschafften sich die sächsischen Kurfürsten mehrere vorzüglich ausgearbeitete „Himmelsmaschinen": So Kurfürst August die Planetenuhr und sein Sohn Christian I. (1560-1591) den mechanischen Himmelsglobus. Mittels dieser extrem seltenen Maschinen holten die Fürsten den Himmel auf die Erde und symbolisierten damit ihre Gottesnähe. Astronomische Uhren informieren zusätzlich zur Uhrzeit über einen oder mehrere astronomische Ausblicke. So zum Beispiel über den Sonnenstand, die Tierkreiszeichen oder bevorstehende Finsternisse. Im 16. und 17. Jahrhundert beschäftigen sich viele Instrumente mit der Vergleichbarkeit von Strecken und Winkeln. Mit ihnen kann sowohl das Land als auch das Universum vermessen werden.

Nachfolgende sächsische Kurfürsten haben weiter Instrumente gesammelt, wenn auch nicht so intensiv wie am Anfang. In den 1720er Jahren entstanden am Dresdener Hof verschiedene Spezialsammlungen. Der Mathematisch- Physikalische Salon im Zwinger wurde 1728 unter August dem Starken (1670-1733) gegründet, er ist bis heute eines der weltweit bedeutendsten Museen historischer wissenschaftlicher Instrumente. Den Kern des 1728 gegründeten Mathematisch- Physikalischen Salons bildeten Instrumente aus der 1560 eingerichteten Kunstkammer. Im Zwinger wurde im „Physikalischen Kabinett" mit den wissenschaftlichen Instrumenten der Sammlung geforscht und hier wurde auch im 18. Jahrhundert ein Observatorium zur Himmelsbeobachtung eingerichtet. Das damit älteste Museum im Zwinger zeigt seit der Neukonzeption, wie man bereits vor Jahrhunderten die Welt vermessen konnte. Zu sehen und zu erleben sind erlesene historische Uhren und Automaten, Teleskope, astronomische Modelle sowie Erd- und Himmelsgloben. Darunter einer des Mondes und einer des Mars, die nicht nur durch ihre Funktion, sondern auch durch ihre Schönheit begeistern. Ebenso hochpolierte Brennspiegel zur Nutzung von Sonnenenergie. Wie auch bei den Ausstellungsstücken des Grünen Gewölbes stammen die meisten der alten Teile der Sammlung nicht aus Sachsen selbst, sie wurden zum Teil in Süddeutschland oder Norditalien gekauft. Die Sammlung in Dresden begründete aber das regionale Feinhandwerk, das später Manufakturstätten wie Glashütte hervorbrachte.

Die Vermessungstechnik gewinnt zunehmende Bedeutung, ist sie doch die Grundlage für einen funktionierenden und geordneten Staatsapparat. Mit den Geräten kann über der Erde vermessen werden: Wie weit reichend ist eine Fläche, wie groß ist ein Berg, wie hoch ist ein Turm, wie tief ist ein Brunnen? Selbst unter der Erde sind Vermessungen innerhalb der engen Gänge und Kammern von Bergwerksgruben möglich. Für einen Herrscher stellt die militärische Bedeutung einen weiteren existenziellen Zweig dar, denn mit der Vermessung können Heere gelenkt und Kanonen ausgerichtet werden. Ebenso können astronomische Vermessungen und Berechnungen veranstaltet werden. Dabei können die Höhe der Gestirne und über längere Zeiträume die Bewegung ihrer Bahnen berechnet werden. Man versuchte mit diesen Instrumenten die Zukunft zu simulieren, indem man zum Beispiel zeigte, wann erscheint eine Sonnenfinsternis, wann kommt eine Mondfinsternis.

Mit den Apparaten kann damals wie heute noch immer gezeigt werden, wie unsere Welt funktioniert. Vom Zwinger aus wurde bis ins zwanzigste Jahrhundert die offizielle Zeit für Dresden und Sachsen ermittelt. Der Mathematisch- Physikalische Salon war damit das „Greenwich" von Sachsen. Einer der Direktoren des Mathematisch Physikalischen Salons im Dresdener Zwinger war ab 1888 der Professor für Geodäsie Dr. Christian August Nagel (1821-1903). Nach dem Studium der Ingenieurwissenschaften wurde August Nagel der erste ordentliche Lehrer (1852) und Professor (1858) für Geodäsie an der Königlich Sächsischen Polytechnischen Schule in Dresden. Er war der maßgebliche Gestalter der Gradmessung im Königreich Sachsen und Initiator sowie praktische Betreuer bedeutender geodätischer Projekte, wie der Königlich Sächsischen Triangulierung. Ebenso der Stadtvermessung von Dresden und Leipzig. Ab 1888 war er gleichzeitig Direktor des Mathematisch-Physikalischen Salons im Dresdener Zwinger.

Seite 499: Gradmessung und Triangulierung im Königreich Sachsen - Beispiel Historische Vermessungsstation Strauch - Gradmessungssäule von 1866 - Bei der Landesvermessung wurden von 1862 bis 1890 zwei Dreiecksnetze geschaffen. Das Netz für die Gradmessung im Königreich Sachsen mit 36 Punkten und die Königlich Sächsische Triangulierung mit 122 Punkten. - Bauskizze von 1867 und Reste der Pyramide 2016 - Die 6,1 Meter hohe Gradmessungssäule auf dem Heideberg zwischen Strauch und Gröden wurde durch eine 5 m hohe Erdpyramide gesichert

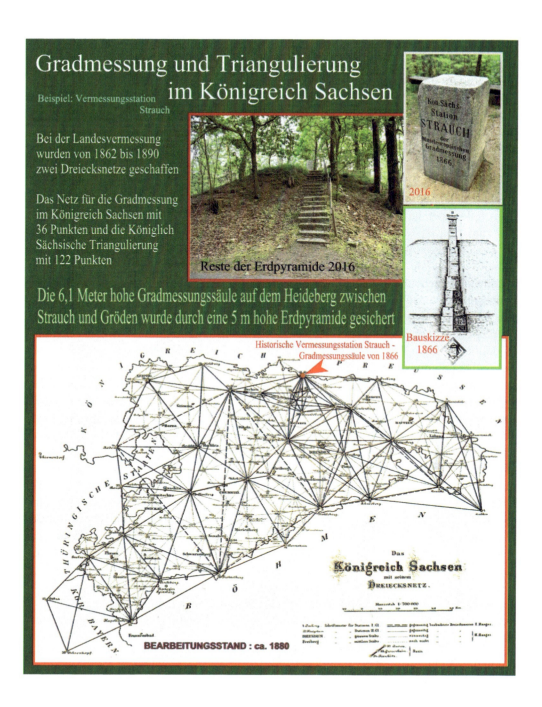

Prof. Dr. August Nagel war wesentlicher Initiator der Gradmessung und Triangulierung im Königreich Sachsen. Welche Bedeutung die Landvermessung hatte, zeigt die Gradmessung und Triangulierung im Königreich Sachsen am Beispiel der Historischen Gradmessungssäule Strauch an der heutigen Landesgrenze zwischen Sachsen und Brandenburg.

Bei der Landesvermessung wurden von 1862 bis 1890 zwei Dreiecksnetze geschaffen, das Netz für die Gradmessung im Königreich Sachsen mit 36 Punkten und die Königlich Sächsische Triangulierung mit 122 Punkten. Damit verfügte Sachsen auf dem Gebiet der Landesvermessung über eines der modernsten Lagenetze in Deutschland. Für den Maßstab der beiden Netze wurde bei Großenhain eine knapp neun Kilometer lange Basislinie gemessen. Das Basishaus bei Quersa ist heute ein Museum.

Besucher können hier einen Ausflug in die Geschichte der Vermessung erleben. Dabei werden sie erstaunt sehen, wie viele alte Vermessungsgrundlagen in der gegenwärtigen heutigen realen Welt stecken. Die alte Großenhainer Grundlinie im sächsischen Quersa ist der entscheidende Streckenmaßstab unserer modernen Karten von Sachsen, Brandenburg und Berlin. Diese wurde bereits zwischen 1869 und 1872 angelegt. In Quersa zu sehen sind heute das Basishaus mit kleinem Museum, eine modellhafte Holzrahmenkonstruktion im Westteil von Großenhain und auf dem Flugplatzgelände von Großenhain eine tonnenschwere Granit- Pfeilerkonstruktion zur dauerhaften Festlegung eines Grundmesspunktes. Die Bedeutung der damaligen Vermessungsarbeit erstreckt sich nicht nur auf Sachsen und das angrenzende Preußen, sondern auf ganz Europa. So wurden seinerzeit Sachsen und Preußen mit Dreiecksnetzen von etwa 30 Kilometern Seitenlänge überzogen. Dabei wurden die Eckpunkte auf Türmen oder Bergkuppen angesiedelt. Um diesen Landesdreiecksnetzen einen Maßstab zu geben, musste mindestens einmal jährlich die Länge einer Seite genau bestimmt werden. Dazu dienten Grundlinien wie die in Großenhain. Später sind in die Dreiecksmaschen immer dichtere Punktnetze eingefügt worden. Die als trigonometrische Punkte bekannten Pfeiler und andere Festlegungen im Gelände wurden erhalten, erneuert und dank folgender Instrumentengenerationen zur Bestimmung der Genauigkeit der Koordinaten bis heute verbessert. Damit stehen heute zentimetergenaue Koordinaten für Punkte in Abständen von 100 bis 500 Meter zur Verfügung. Auf dieser Grundlage ist heute jeder Haus- oder Straßenbau in Kartenwerken einzuordnen. Auf den damit uralten Grundlagen findet heute jeder Bürger in Sekundenschnelle sein Reiseziel mit Google Earth, im Internet oder per Satellitennavigationssystem.

Neben der Triangulation erfolgten auch astronomische Messungen zur Orientierung des Dreiecksnetzes und es wurde ein erstes Landesnivellement zur Bestimmung von Höhenfestpunkten ausgeführt.

Die Mitteleuropäische Gradmessung wurde schon bald durch den Beitritt von zahlreichen Staaten zur Internationalen Erdmessung erweitert, die eine der ersten wissenschaftlichen Vereinigungen der Welt war.

Die historische Gradmessungssäule zwischen Strauch in Sachsen und Gröden in Preußen aus einem 6,1 Meter hohen Pfeiler wurde im Mai 1866 am Grenzweg auf dem Heideberg errichtet. Die Standfestigkeit des Pfeilers als „Gradmessungssäule Strauch" wurde durch eine fünf Meter hohe Pyramide gesichert.

Der Pfeiler auf dem Heideberg gehörte zu den Stationen des sächsischen Gradmessungsnetzes, mit denen auch die Verbindungen zu den Netzen in den Nachbarländern hergestellt werden konnten. Die Preußische Grenze war nur 20 Meter entfernt. Durch umfangreiche Arbeiten an der Station erfolgte 1936 der Anschluss an das nun bestehende Reichdreiecksnetz. Im Jahr 1956 erfolgten die astronomischen Ortsbestimmungen zur Festlegung der Breite und Länge für die Station Strauch. Bis 1959 war der Pfeiler auf dem Heideberg das Zentrum der Vermessungsstation.

Die Nutzung:

Die exakten Vermessungen, die in aller Regel von staatlichen Stellen wie z. B. den Landesvermessungsämtern herausgegeben wurden, dienen meist als Basis für topographische Karten. Topographische Karten geben genau und zuverlässig die wichtigsten Merkmale eines Teiles der Erdoberfläche wieder. Sie erfassen detailliert sowohl die natürlichen Gegebenheiten, als auch die vom Menschen geschaffene Situation. Geländeformen, Gewässer und Vegetation, Siedlungen, Verkehrswege, Grenzen und markante Bauten sind meist zeichencodiert auf der topographischen Karte erfasst. Als Grundkarten dienen sie wiederum verschiedensten Zwecken in der Verwaltung, Planung und Forschung sowie im militärischen Bereich. Sie sind Vorlagen für thematische Karten und genauestes Hilfsmittel zur Orientierung im geografischen Raum.

Die vielfältige Nutzung von geodätischen Festpunkten und Fortschritte in den Messtechnologien in der Mitte des 20. Jahrhunderts erforderte die Schaffung von neuen, besser zugänglichen trigonometrischen Punkten. Historische Vermessungssäulen verloren damit ihre praktische Bedeutung. In der Gegenwart sind dreidimensionale Koordinatenbestimmungen mit satellitengestützten Navigationssystemen, wie mit dem GPS, in hoher Genauigkeit und in kürzester Zeit an nahezu jedem Ort möglich.

Die Erfassung der Topographie der Erdoberfläche ist aber nur ein Teilgebiet zur Erkundung und Nutzbarmachung der Gestalt der Erde.

Ein Schüler von Professor für Geodäsie Dr. Christian August Nagel war an der Königlich Sächsischen Polytechnischen Schule in Dresden Friedrich Robert Helmert (1843-1917).

Dieser schuf die Grundlagen für die mathematischen und physikalischen Mechanismen der modernen Geodäsie. Helmert widmete sich dafür auch dem Schwerefeld der Erde. So entwickelte er Methoden zur Bestimmung des Geoids. Das Geoid ist eine wichtige Bezugsfläche im Schwerefeld der Erde zur Bestimmung von Vermessungen insbesondere von Höhendaten. Vereinfacht wird das Geoid als Bezugspunkt durch den durchschnittlichen Meeresspiegel der Weltmeere angezeigt. Die Geoidfläche weist immer das selbe Schwerepotenzial wie an der Oberfläche der Weltmeere auf. Mit seiner Arbeit begründete Friedrich Robert Helmert aus der klassischen Definition heraus die Geodäsie als Wissenschaft der Abbildung und Vermessung der Oberfläche der Erde und damit zur Wissenschaft von der Erdfigur und dem Schwerefeld der Erde. Als Direktor des Geodätischen Instituts Potsdam (1886-1917) generierte er den Potsdamer Absolutwert der Schwerebeschleunigung, welcher von 1909 bis 1971 als internationaler Potsdamer - Schwere - Referenzwert galt. Potsdam war Weltzentrum für die wissenschaftliche Geodäsie und Friedrich Robert Helmert Präsident des Zentralbüros der Internationalen Erdmessung. Da er zahlreiche Theorien ersann, für deren Umsetzung erst Messgeräte geschaffen werden mussten, fand er zunächst die richtigen Fragen, um dann auch die dazugehörigen Antworten zu generieren. Daher gilt er auf dem Gebiet der Geodäsie als einer der wichtigsten Fachleute aller Zeiten.

Von den Steinen zu den Sternen

Den gestirnten Himmel zu begreifen gehört zu den ältesten Träumen der Menschheit. Astronomen, in welchem Stadium der menschlichen Entwicklung auch immer, vermaßen möglicherweise schon sehr zeitig den Himmel und entwarfen physikalische und mathematische Theorien, um die Bewegung der Gestirne exakt zu beschreiben und vorhersagbar zu machen. Die Konstellation der Gestirne hat unmittelbare Auswirkung auf jegliches Leben auf der Erde. Die Astronomie muss die älteste Wissenschaft der Welt sein. Und die Astrophysik? Was haben die Alten Ägypter tatsächlich mit ihren Pyramiden heraus gefunden? Die Historiker sehen den Beginn der Verschmelzung von Astronomie und Physik mit der Entdeckung der Keplerschen Gesetze am Anfang des 17. Jahrhunderts.

Haben die Alten Ägypter mit ihren Pyramiden die Lichtgeschwindigkeit, die Gravitation und auch die Zeit erforscht? Haben sie daraus die Schöpfung und möglicherweise ihren und unseren heutigen Gott bzw. die verschiedenen späteren Götter der verschiedenen Religionen generiert? Haben sich die Inhalte dieser Geheimnisse bis in die Gegenwart erhalten und letztendlich bis zur modernen Astrophysik fortgesetzt?

Das ist die gegenwärtige Realität: Je umfangreicher sich das heutige Wissen über die Physik des Kosmos entfaltet, je tiefer der Blick in das Universum gelingt, desto größer werden die Rätsel dieser Physik unseres Universums. Physikalische Erscheinungen, die in der frühen

Menschheitsgeschichte, in der Antike, im Mittelalter und sogar heute noch als Mystik, Götterglaube oder Zauberei abgetan wurden, werden durch neueste physikalische Theorien an fantastischen Aussagen zum Teil noch weit überboten. Nahezu alles bisher Vermutete, aus Religion, Esoterik und Zauberei scheint möglich oder zumindest nicht ausgeschlossen zu sein. Die Welt unserer Alltagserfahrung, die wir aufgrund unserer durch die Evolution entwickelten beschränkten Sinne und durch unseren auf Biologie, Chemie, Physik und Geometrie beruhenden Verstand überhaupt nur erkennen und verarbeiten können, scheint tatsächlich eine völlig andere Struktur aufzuweisen. Eine Struktur, die wir vielleicht nicht einmal erahnen können.

Die heute bekannte Geschichte der Astronomie und späteren Astrophysik:

- Jungsteinzeitliche Anlagen, wie zum Beispiel Stonehenge, mit auf die Sommersonnenwende ausgerichteten Linien oder die Kreisgrabenanlage von Goseck in Sachsen- Goseck lassen die Vermutung der Verwendung solcher Anlagen als astronomische Observatorien bis in eine Zeit von über 10.000 Jahre zurück datieren.

- Der englische Astronomen Sir Joseph Normen Lockyer (1836-1920), der schottische Professor für Ingenieurwesen Alexander Thorn (1894-1985), der britische Astronom und Astronomiehistoriker Gerald Stanley Hawkins (1928-2003) und der britische Astronom und Mathematiker Sir Fred Hoyle (1915-2001) sahen in der Ausrichtung von Stonehenge ein steinzeitliches Observatorium, mit dem wichtige Konstellationen von Sonne, Mond und Planeten vorhergesagt worden sein könnten. Gerald Stanley Hawkins entdeckte selbst in 20 % der Nazca- Linien in Peru eine astronomische Ausrichtung. Haben die Nazca- Bewohner mit Astronomie und Trigonometrie gearbeitet, dann haben sie möglicherweise auch, so wie wir heute, mit Bewohnern auf anderen Gestirnen gerechnet. Dann wird klar, wozu ihre Zeichnungen gedient haben.

- Die Anfänge der wissenschaftlichen Astronomie lassen sich mit der Beobachtung von Kometen und Finsternissen, von Mond und Sonne bereits in China bis in das 3. Jahrtausend vor Christus erkennen. Inder und Babyloner berechneten 2000 vor Christus Himmelserscheinungen und sie betrieben ab dem 5. Jahrhundert vor Christus neben den Griechen die Astronomie als Wissenschaft.

- Sternbilder, die Schaffung von Kalendarien und unzählige Sternendarstellungen in Tempeln, Gräbern und selbst auf den Innenseiten von Sarkophagen, wie auch die Notwendigkeit der Deutung von Himmelserscheinungen im Zusammenhang mit den Nilfluten weisen auf wichtige öffentlich zugängliche astronomische Grundkenntnisse im Ägypten des Altertums hin. Mit der Einführung der Trigonometrie und damit mit einer exorbitanten Genauigkeit wären jegliche Vermessungsergebnisse, sowohl auf der Erde als auch am Sternenhimmel, für die Herrschenden von militärischer wie auch wirtschaftlicher Bedeutung und damit von Geheimhaltung geprägt. Wissen bedeutet Macht!

- Der griechische Philosoph, Mathematiker und Astronom Thales von Milet (um624-um547v.Chr.) soll laut Herodot das Jahr der Sonnenfinsternis vom 28. Mai 585 v. Chr. vorausgesagt haben. Nach dem Satz des Thales hat ein Dreieck, dessen eine Seite der Durchmesser seines Umkreises ist, immer ein rechtwinkliges Dreieck. Er soll die Höhe der Pyramiden nach ihrem Schattenwurf berechnet haben. Er soll die Sonnenbahn von Wende zu Wende und damit die Sonnenwenden festgelegt haben. Ihm werden die Jahreszeiten und die

Einteilung des Jahres in 365 Tage zugeschrieben. Er soll aus dem Sonnen - und Monddurchmesser das Verhältnis von deren Bahnumfang von 1:720 erkannt haben.

- Der griechische Astronom, Geograf und Mathematiker Hipparchos von Nicäa (um190v.Chr.-120v.Chr.) gilt als Begründer der wissenschaftlichen Astronomie. Durch die extreme Genauigkeit seiner Forschungs- und Vermessungsarbeit entdeckte er die Präzession der Rotationsachse der Erde (Periode von 25.800 Jahren). Er schuf die bis dahin beste Sternenkarte mit der Verortung von etwa 900 Gestirnen. Als Vermesser entwickelte er ein System, mit dem er die Position der geografischen Breite und Länge auf der Erdoberfläche einkreuzen konnte. Seine trigonometrischen Sehnen bildeten später die Grundlage der modernen Trigonometrie.

- Ein geozentrisches Weltbild mit der Erde als Mittelpunkt entstand um 130 n. Chr. wesentlich durch den griechischen Mathematiker, Geografen, Astronomen und Philosophen Claudius Ptolemäus (90-168). Dieses geozentrische System hatte Bedeutung bis zu Nikolaus Kopernikus, welcher im 16. Jahrhundert erkannte, dass sich die Erde und die Planeten um die Sonne bewegen müssen, was sich dann zum heliozentrischen Weltbild mit der Sonne im Zentrum entwickelte.

- Der Lehrer von Alexander dem Großen (356v.Chr.-323v.Chr.), der von Platon (428v.Chr.-347v.Chr.) ausgebildete Philosoph Aristoteles (384-322) versuchte die Bewegung von Sonne, Mond und den vermutlich zum Sonnensystem gehörenden Planeten mit einfachen Modellen zu erklären. In seinen Ansichten war die Erde im Zentrum seines Modells, um welche sich die Sonne, der Mond und die Planeten in einer idealen vollkommenen geometrischen Bahn eines Kreises bewegten. Mit dieser Kreisbahn konnte der wiederkehrende Zyklus der umkreisenden Gestirne erklärt werden. Aristoteles beschäftigte sich auch mit fallenden Körpern, was ihn zu einem Pionier der Schwerkraftforschung macht. Der gerade Fallweg war für ihn Beleg, dass die Erde sich in einem Ruhezustand befindet.

- Der in Thorn in Preußen aufgewachsene Domherr, Astronom, Mathematiker und Kartograph Nikolaus Kopernikus (1473-1543) gilt als Begründer der neuzeitlichen Astronomie. Entgegen dem bis dahin vorherrschenden geozentrischen Weltbild entwickelt er das heliozentrische Weltbild mit der Sonne im Zentrum des Sonnensystems, in dem unser Globus um die eigene Achse rotiert und sich die Planeten einschließlich der Erde auf Kreisbahnen um die Sonne bewegen. Er kann die Präzessionsbewegung erklären und versteht nun auch die Oppositionsschleifen anderer Planeten. Diese mussten bis dahin mit einer Extrapolation, also eigenen kleinen Kreisbahnen der betroffenen Himmelskörper erklärt werden. Kopernikus revolutioniert damit das Weltbild, was ihn zum Wegbereiter der neuzeitlichen Astronomie macht.

- Der Däne Tycho Brahe (1546-1601) baute darauf auf. Zwischen 1560 und 1601 perfektionierte und revolutionierte er die Astronomie mit seinen bis dahin exaktesten und umfangreichen Messungen, die noch mit der Visiermethode ohne Fernglas auskommen mussten. Mit der Visiermethode kann immerhin noch der 2,2 Millionen Lichtjahre entfernte Andromedanebel als das am entfernteste, mit bloßem Auge erkennbare Objekt gesehen werden. Er stellte einen Katalog mit der Position von 777 Sternen zusammen. Dies war der erste Sternenkatalog der modernen Astronomie.

- Johannes Kepler (1571-1630) arbeitete von 1600 bis 1601 in Prag als dessen Assistent mit Tycho Brahe zusammen. Nach Brahes Tod führte er dessen Arbeit fort, was zu den Keplerschen Gesetzen führte. Mit Geometrie und Mathematik gelang es zum Beispiel die Planetenbahnen zu berechnen. Johannes Kepler fand mit den nach ihm benannten „Kepler-Gesetzen" drei Gesetze der Himmelsmechanik, welche die Newtonschen Gravitationstheorien ermöglichten.
- Der italienische Mathematiker, Physiker, Astronom und Philosoph Galileo Galilei (1564-1642) verwendete selbst gebaute Teleskope, mit denen er die Jupitermonde, Sonnenflecken, die Vasengestalt der Venus und Mondkrater erforschte. Galileo Galilei experimentierte erstmals praktisch um 1620 mit der Lichtgeschwindigkeit. Er versuchte die Geschwindigkeit mit zwei Gehilfen und zwei Laternen wissenschaftlich zu messen, was aber durch die menschlich bedingte Reaktionszeit und die zu geringe Entfernung nicht so recht gelang. Galileo Galilei erforschte erstmals auch die Gravitation systematisch und mathematisch. Er soll Fallexperimente am schiefen Turm von Pisa durchgeführt und Pendelexperimente veranstaltet haben. Daneben experimentierte er mit schiefen Ebenen und mit den Bahnen von Geschossen. Vor der Inquisition musste Galileo Galilei 1633 offiziell dem heliozentrischen Weltbild abschwören, was ihn im Hintergrund den Spruch entlockt haben soll: „Und sie bewegt sich doch".
- Dem dänischen Astronomen Ole Christiansen Römer (1644-1710) gelang 1676 der erste wissenschaftliche Nachweis der Lichtgeschwindigkeit anhand der Verfinsterung des Jupitermondes Io (Jupiter I).
- Der englische Naturforscher Sir Isaac Newton (1643-1727) legte die Grundlage für die heutigen Naturwissenschaften. Er entdeckte nicht nur die Bewegungssätze der klassischen Mechanik, sondern auch das Gravitationsgesetz, das er auch auf die Gesetze der Himmelskörper bezog. Newton widmete sich ab 1665 der Optik und der Gravitation. Bei seinen Forschungen mit Licht fand er das Sonnenspektrum und die nach ihn benannten Newtonschen Farbringe. Die Gravitationstheorie Newtons erklärte 1687 die Wirkung der Schwerkraft sowohl auf der Erde als auch im Kosmos. Dabei ist die Schwerkraft proportional zur Masse der beteiligten Körper, zwischen denen die Kraft wirkt. Sie fällt mit dem Quadrat des Abstandes der Körper ab. Ob er ihm tatsächlich auf den Kopf gefallen ist? Zumindest gab er an, durch einem fallenden Apfel über die Gravitation nachgedacht zu haben.
- Dem britischen Naturwissenschaftler Henry Cavendish (1731-1810) gelang es 1797 erstmals in einem Experiment mit einer hoch empfindlichen Drehwaage die gegenseitige Anziehung zweier Körper mit bekannten Massen experimentell zu messen. Die Drehwaage zur Messung der Gravitation nach dem Newtonschen Gravitationsgesetz bestand aus einer von dem Geologen John Michell (1724-1793) erfundenen und von dem französischen Physiker Charles Augustin Coulomb (1736-1806) 1785 weiterentwickelten Torsionswaage.
- Der aus Deutschland stammende britische Astronom und Musiker Friedrich Wilhelm Herschel (1738-1822) baute gegenüber den bisherigen Systemen wesentlich effektivere Spiegelteleskope, mit denen er die Planeten Uranus, dessen Monde, sowie zwei Saturnmonde entdeckte. Herschel erkannte die Eigenbewegung unseres Sonnensystems innerhalb des Milchstraßensystems.

- Der deutsche Vermesser, Astronom, Mathematiker und Physiker Friedrich Wilhelm Bessel (1784-1846) begann sich mit der Vermessung der Fixsternebene und deren Verhalten über längere Zeiträume zu beschäftigen.
- Der deutsche Optiker und Physiker Ritter Joseph von Frauenhofer (1787-1826) revolutionierte am Anfang des 19. Jahrhunderts den wissenschaftlichen Fernrohrbau. Er verband exakte wissenschaftliche Arbeit mit der praktischen Anwendung neuer innovativer Produkte. Im Sonnenspektrum entdeckte der Sohn eines Glasmachers die nach ihm benannten Frauenhofer- Absorptionslinien.
- Der französische Physiker Armand Hippolyte Louis Fizeau (1819-1896) nutzte 1849 einen Spiegel und ein Zahnrad zur Messung der Lichtgeschwindigkeit. Das schnell drehende Zahnrad blockiert dabei das von einem Spiegel zurückgeworfene Licht in regelmäßigen Abständen. Fizeau nutzte bei Paris eine 8,6 km lange Versuchsstrecke. Die Geschwindigkeit des Zahnrades wurde so lange erhöht, bis das zunächst durch eine Lücke zum Spiegel gelangte und zurückgeworfene Licht auf den nächsten Zacken des Rades fiel und so vom Beobachter nicht mehr gesehen werden konnte. Durch die bekannte Entfernung und die bekannte Drehzahl war es nun möglich, die Lichtgeschwindigkeit zu berechnen.
- Der deutsche Chemiker Robert Wilhelm Bunsen (1811-1899) und Physiker Gustav Robert Kirchhoff (1824-1887) entwickelten die Spektralanalyse und damit die Grundlage für die moderne Astrophysik.
- Der niederländische Mathematiker und Physiker Hendrik Antoon Lorentz (1853-1928) begründet die mathematische Grundlage für die spezielle Relativitätstheorie Albert Einsteins. Nach der Lorentzkontraktion misst ein bewegter Beobachter im Raum eine kürzere Distanz zwischen zwei Punkten, als eine vergleichbare gleichgroße ruhende Größe.
- Raumfahrt: Der russische Lehrer und Amateurforscher Konstantin Eduardowitsch Ziolkowski (1857-1935) gilt mit seinem enormen technischen Weitblick als einer der ersten Wegbereiter der Raumfahrt und modernen Kosmonautik. Ab um 1885 stellte er eine Vielzahl von Theorien zur Umsetzung von Raumflügen vor.
- Dem dänischen Astronomen Ejnar Hertzsprung (1873-1967) und dem amerikanischen Astronomen Henry Norris Russel (1877-1957) gelingt es eine Beziehung zwischen der Helligkeit sowie der Temperatur und der Farbe bei Fixsternen zu erkennen. Mit der Symbiose aus Leuchtkraft und Spektralfarben ihres Hertzsprung- Russel- Diagramms lässt sich die Bewegung und deren Richtung von Fixsternen bemessen.
- Der deutsche Physiker Max Karl Ernst Ludwig Planck (1858-1947) gilt als Begründer der Quantenphysik. Für die Entdeckung des Planckschen Wirkungsquantums erhielt er 1919 den Nobelpreis (1918) für Physik. Das von Planck entdeckte Wirkungsquantum ist neben der Gravitationskonstanten und der Lichtgeschwindigkeit die dritte fundamentale Naturkonstante.
- Ganz besonders tief in die Weiten des Universums schaute der amerikanische Astronom Edwin Powell Hubble (1889-1953). Er entdeckte die Natur des Spiralnebels und die nach ihm benannte Hubble- Konstante, eine fundamentale Größe der galaktischen Kosmologie. Ihm gelang es Randpartien des Andromedanebels in Einzelsterne aufzulösen. Die als Spiralnebel bezeichneten Galaxien mussten somit ebenfalls selbstständige Sternensysteme sein. Indem er in den Spektren der Galaxien eine Rotverschiebung proportional zu ihrer Entfernung entdeckte, konnte auf eine Expansion des Weltalls geschlossen werden. Nach ihm wird die Be-

ziehung zwischen Entfernung und Fluchtgeschwindigkeit der Galaxien infolge der Expansion als Hubble- Konstante (Parameter) bezeichnet.

- Der amerikanische Astronom Milton Humason (1891-1972) bestimmte die Rotverschiebung von Galaxien. Diese Daten wurden von Edwin Powell Hubble für dessen Hubble-Konstante verwendet.

- Der deutsch- amerikanische theoretische Physiker Alberst Einstein (1879-1955) prägte aus seinen Forschungen um Materie, Raum, Zeit und Gravitation maßgeblich das physikalische Weltbild unserer Zeit. Die 1905 aufgestellte spezielle Relativitätstheorie und die allgemeine Relativitätstheorie von 1915 hatten enormen Einfluss auf Wissenschaft, Technik und Astrophysik. Im Jahr 1921 erhielt er den Nobelpreis für seine Entdeckung des photoelektrischen Effekts.

- Raumfahrt: Der amerikanische Lehrer, Physiker und Wissenschaftler Robert Hutchings Goddard (1882-1945) publizierte 1920 eine in die Zukunft schauende Abhandlung über eine mit einer Nutzlast beladenen Rakete zum Mond. Er wurde dafür von der Öffentlichkeit als Fantast verspottet und als „Mondmann" betitelt. Erst nach dem Zweiten Weltkrieg wurde der Wissenschaft seine Bedeutung bewusst. So tragen später das NASA- Goddard Space Flight Center in Maryland und der Goddard- Mondkrater seinen Namen.

- Der belgische Priester und Astronom Georg Lemaitre (1894-1966) schloss 1927 aus dem Hintergrund der Rotverschiebung aller weit entfernten Galaxien und der darin interpretierten Fluchtbewegung im Zusammenhang mit der allgemeinen Relativitätstheorie auf einen Aufblähvorgang des Universums. Durch die Ausdehnung der Raumzeit des Universums müssen sich die darin befindlichen Objekte, wie die Galaxien und Galaxienhaufen und eben auch die Strahlung voneinander entfernen, um somit der Ausdehnung des Raumes zu folgen. Durch die Vergrößerung der Abstände wird auch die Strahlung in die Länge gezogen, was die Rotverschiebung bewirkt. Die weitere Schlussfolgerung: Wenn sich das Universum ausdehnt, dann muss es auch an einem Punkt begonnen haben. Damit war die Grundlage für die Wortschöpfung des „Urknall" geboren.

- Der niederländische Astronom Jan Hendrik Oort (1900-1992) lokalisierte das Zentrum der Milchstraße in ca. 30.000 Lichtjahren Entfernung im Sternbild Schütze. Jan Hendrik Oort stellte fest, dass die Rotationsgeschwindigkeit der Sterne um das Zentrum der Milchstraße viel höher ist, als es nach der Sternengeschwindigkeit und deren Masseverteilung aus den Kepler-Gesetzen zu erwarten ist. So schloss Jan Hendrik Oort auf sehr viel mehr Masse, als berechenbar, was ihn auf die geheimnisvolle Dunkle Materie schließen ließ.

- Der schweizer Astronom Fritz Zwicky (1898-1974) erweiterte das theoretische Vorhandensein von Dunkler Materie auf die größeren Systeme der Galaxienhaufen. Die Existenz der theoretisch in einem sehr großen Verhältnis vorhanden Dunklen Materie konnte bisher nicht bestätigt werden, obwohl diese auch die allgegenwärtig vorhandene kosmische Hintergrundstrahlung zu untermauern scheint.

- Der deutsche Physiker Werner Karl Heisenberg (1901-1976) formulierte 1925 die erste mathematische Beschreibung der Quantenmechanik und 1927 die nach ihm benannte Heisenbergsche Unschärfenrelation. Die fundamentale Aussage der Quantenmechanik beschreibt, dass bestimmte gemessene Größen eines Teilchens, wie zum Beispiel sein Ort und sein Impuls, nicht gleichzeitig und beliebig genau bestimmt sind.

- Raumfahrt: Der aus Ostpreußen stammende deutsche und amerikanische Raketeningenieur Wernher Magnus Maximilian Freiherr von Braun (1912-1977) war Konstrukteur der ersten leistungsstarken Flüssigkeitsraketen und wesentlicher Wegbereiter der Raumfahrt als Teilnehmer am Trägerraketenprogramm der NASA.
- Raumfahrt: Mit dem Start des sowjetischen künstlichen Erdsatelliten Sputnik 1 beginnt am 4. Oktober 1957 das Zeitalter der Raumfahrt.
- Raumfahrt: Die Hündin Laika (1954-1957) war am 3.11.1957 das erste von Menschen mit einem Raumflugkörper auf eine Erdumlaufbahn beförderte Lebewesen.
- Raumfahrt: Am 13.09.1959 schlug mit der sowjetischen Sonde Lunik 2 der erste von Menschen konstruierte Raumflugkörper gezielt auf dem Mond und damit auf einem anderen Himmelskörper auf.
- Raumfahrt: Der sowjetische Kosmonaut Juri Alexejewitsch Gagarin (1934-1968) war am 12.04.1961 offiziell der erste Mensch im Weltraum.
- Der deutsch- amerikanische Physiker und Astronom Arnold Allen Penzias (1933) entdeckte 1965 zusammen mit Robert Woodrow Wilson (1936) zufällig die kosmische Hintergrundstrahlung. Die Hintergrundstrahlung hat sich vermutlich vor 13,69 Milliarden Jahren gebildet. Sie gilt als experimentelle Bestätigung der Urknall- Theorie. Der russische Physiker George Anthony Gamow (1904-1968) hatte die kosmische Hintergrundstrahlung bereits 16 Jahre zuvor vorausgesagt.
- Raumfahrt: Ohne Navigation wäre Raumfahrt nicht möglich! Die US- amerikanische Mathematikerin Katherine Johnson (1918) berechnet 1961 die Flugbahnen für das Mercury- Programm und 1969 für die Apollo- 11 Mission. Sie hinterfragt mutig Entscheidungen des Raumfahrtprogramms. Durch ihre Kenntnisse in analytischer Geometrie schuf sie theoretische Grundlagen für die bemannte Raumfahrt. Sie trug zum wesentlichen Erfolg der ersten Mondlandung durch die korrekte Berechnung der Umlaufbahn für die Apollo 11 Mission bei. Als Rückfallebene für Computerausfälle entwickelte sie ein auf die Fixsternebene ausgelegtes manuelles Navigationsschema.
- Raumfahrt: Am 03.02.1966 landete der sowjetische Raumflugkörper Luna 9 als erster Flugkörper weich auf dem Mond.
- Raumfahrt: Am 21.07.1969 betraten die amerikanischen Astronauten Neil Armstrong (1930-2012) und Edwin Aldrin (1930) im Rahmen der amerikanischen Apollo 11 Mission als erste Menschen den Mond.
- Raumfahrt: Das NASA- Viking- Programm mit der Landung der Raumsonden Viking 1 und Viking 2 am 20.7. und 3.09.1976 war einer der ersten Höhepunkte bei der Erforschung des Mars.
- Raumfahrt: Am 24.04.1990 wurde mit dem Start des Hubble- Weltraumteleskopes ein wichtiger Meilenstein zur Fernerkundung des Universums beschritten. Wegen eines Fehlers konnte das Teleskop allerdings erst ab 1993 eingesetzt werden.
- Ein vorerst indirekter Nachweis der von Albert Einstein bereits 1916 vorhergesagten Gravitationswellen gelang 1993 den amerikanischen Physikern und Astronomen Russel Hulse (1950) und Joseph Tyler (1941) durch die langwierige Beobachtung eines Doppelpulsars.
- Der erste extrasolare Planet außerhalb unseres Sonnensystems wurde 1995 von den Schweizer Astronomen Michel Gustave Mayer (1942) und Didier Queloz (1966) entdeckt. „51

Pegasi b" rotiert um „51 Pegasi". Inzwischen wurden mehrere hundert weitere extrasolare Planeten gefunden, wobei gleichzeitig auch nach außerirdischem Leben gesucht wird.

- Im Jahr 1998 wurde von zwei Gruppen amerikanischer Astrophysiker eine beschleunigte Ausdehnung des Universums festgestellt. Das es sich ausdehnt, hatte ja bereits der belgische Priester und Astronom Georg Lemaitre im Jahr 1927 erkannt. Die beschleunigte Ausdehnung wird wiederum mit der noch nicht gefundenen Dunklen Energie in Verbindung gebracht.

- Zwischen 1992 und 2001 fanden Wissenschaftlergruppen um den deutschen Astrophysiker Reinhard Genzel (1952) sowie um die amerikanische Astronomin Andrea Mia Ghez (1965) heraus, dass sich im Zentrum unserer Heimatgalaxie ein supermassereiches Schwarzes Loch mit einer Masse von ca. 3,7 Millionen Sonnen befinden muss. Obwohl das 26.000 Lichtjahre entfernte Zentrum unserer Galaxie durch Sterne und Staub nicht sichtbar ist, konnte es durch sensible Beobachtungsmethoden im infraroten Bereich der es umgebenden Sterne berechnet werden.

- Bis 2006 konnten der amerikanische Astrophysiker John Cromwell Mather (1946) und der amerikanische Astrophysiker George Fitzgerald Smoot III. (1945) die kosmische Hintergrundstrahlung im Bereich der Mikrowellen detektieren, was eine Fülle weiterer Informationen über das Weltall gewinnen ließ.

- Im Februar 2016 gaben Wissenschaftler der zwei zusammenarbeitenden LIGO- Gravitationswellen- Observatorien in den USA an, im September 2015 erstmals Gravitationswellen nachgewiesen zu haben. Die Entdeckung der von Albert Einstein bereits 1916 geschlussfolgerten Gravitationswellen gilt als Meilenstein in der Geschichte der Astronomie.

- Raumfahrt: Im Jahr 2018 soll das James- Webb- Weltraumteleskop die Nachfolge des Hubble- Weltraumteleskops antreten.

Diese Geheimnisse bleiben!

Hat die Welt einen Anfang und ein Ende oder nur einen Anfang? Die grundlegendsten Fragen, die für die Religionen leicht zu beantworten sind und die Philosophen immer wieder vor größte Herausforderungen stellen, ist für Physiker das elementarste Rätsel der Physik. Sowohl die Entstehungsgeschichte als auch die Zukunft des Universums und nicht zuletzt, was war davor und was kommt danach, entziehen sich derzeit jeglicher Erforschbarkeit.

In der wegen der beobachtbaren, zunehmend beschleunigten Ausdehnung des Universums einigermaßen gesicherten Urknalltheorie müssen Raum, Materie und Zeit aus einem extrem verdichteten Punkt heraus entstanden sein. Eine physikalische Beschreibung und vor allem eine wissenschaftliche Beweisbarkeit sind jedoch derzeit nicht möglich.

Haben sie etwas mit der Entstehung zu tun und gibt es sie überhaupt? Wir können sie nicht sehen, nur theoretisch vorhersagen. Bis heute wissen Astrophysiker nicht, wie die Gebilde der geheimnisvollen Schwarzen Löcher physikalisch beschrieben werden sollen. Laut Theorie sollen sie sich bilden, wenn ein sehr massereicher Stern seine Energie verbraucht hat und durch die enorme Gravitation in sich zusammen fällt. Entsprechend der Relativitätstheorie Albert Einsteins verformt diese extrem verdichtete Masse den Raum und die Zeit derart stark, dass alles in seiner Nähe eingesaugt wird, einschließlich dem Licht. Während einige Wissenschaftler an der Existenz von Schwarzen Löchern zweifeln, sehen andere die Möglichkeit, einer derart starken Verformung von Zeit und Raum, dass sich sogar Raumzeitschleifen bilden könnten. Dieses Phänomen würde rein theoretisch Zeitreisen ermöglichen.

Die Zeit:
Nach Einsteins Relativitätstheorie verformt die Masse eines Körpers zunächst nur den Raum und die Zeit. Dabei entstehen Dellen und Ausbuchtungen zu denen sich die Massen hinbewegen, womit sich dann die Anziehung der Massen erkennen lässt. Aber was ist die Zeit überhaupt? Wie entsteht sie? Die Zeit müsste laut Relativitätstheorie veränderbar und modulierbar sein. Die Zeit gehört ebenfalls noch immer zu den größten Rätseln der Natur. Albert Einstein kam zu der Überzeugung, dass nicht die Zeit, sondern die Vakuumlichtgeschwindigkeit als absolut anzusehen ist. Die Zeit erhält einen relativen Charakter, sie kann in unterschiedlichen Bezugssystemen verschieden schnell vergehen. So verstreicht die Zeit in schnell bewegten Systemen langsamer, als in langsam bewegten Systemen. Theoretisch müsste so gesehen die Zeit überall im Universum unterschiedlich schnell vergehen. Nur weil wir uns mit unserem System vermutlich unterhalb der Lichtgeschwindigkeit und einigermaßen gleichmäßig schnell in unserer relativ engen Raumzeit bewegen, ist es möglich, weltweit eine einigermaßen präzise einheitlich vergleichbare Zeit, selbst über längere Zeiträume hinweg zu messen. Dabei können wir nicht einmal spüren, ob die Zeit in unserem engen räumlichen und zeitlichen Bezugssystem über die Jahrtausende überhaupt gleich schnell vergeht, weil sich die die Zeit beeinflussenden Parameter möglicherweise ebenfalls relativ dazu mit verändern würden.

Das Licht:
Das Licht ist eine fundamentale Erscheinung des Universums. Durch die Möglichkeit der Energie - und Informationsübertragung ermöglicht es sowohl durch die Wärmeübertragung die Photosynthese und damit jegliches Leben, als auch durch die Informationsübertragung die Astronomie und Astrophysik. Licht gilt als eine elektromagnetische Größe, die sich mit einer Vakuumlichtgeschwindigkeit von 299 792,458 km/s theoretisch unendlich weit fortbewegt.

Lange war umstritten, ob sich Licht ohne Zeitverzögerung augenblicklich überall im Raum gleichzeitig befindet, oder ob es sich mit einer endlichen Geschwindigkeit ausbreitet.

Licht lässt sich in der Optik als Lichtstrahl und in der Wellenoptik als Lichtwelle geometrisch beschreiben. Bei der Wechselwirkung mit Materie kommt es zu Effekten, die sich zum Beispiel mit Absorption, Beugung, Brechung, Emission und Streuung beschreiben lassen. Neben dem für den Menschen sichtbaren Licht in den Wellenlängenbereichen von violett, blau, grün, gelb, orange und rot ist die elektromagnetische Auswirkung von Licht auch als Radio-, Wärme-, Optische-, Ultraviolett-, Röntgen - und Gammastrahlung erkennbar.

Licht und Magnetismus stehen miteinander in Beziehung. Daneben breitet sich Licht mit der gleichen Geschwindigkeit wie elektromagnetische Wellen aus, so muss es eine elektromagnetische Größe sein. Dabei ist noch immer nicht so richtig klar, was Licht eigentlich ausmacht. Die tiefgründige Erforschung des Lichtes führt in die Welt der Photonen, den Welle-Teilchen- Dualismus und damit weiter in die Quantentheorie, somit zur Quantenphysik und Quantenelektrodynamik. Diese Mechanismen erklären zwar das Verständnis von Licht, sie entziehen sich aber der konkreten Anschauung.

Für die Astronomie ist die Lichtgeschwindigkeit bei der Entfernungsmessung in Lichtjahre interessant. Wenn die Vakuumlichtgeschwindigkeit 299.792,458 km/h beträgt, dann hat ein Lichtjahr 9.460.730.472.580,800 Kilometer. Die scheinbar konstante Lichtgeschwindigkeit bildete für die Astronomen die zuverlässigste Messlatte im Universum. In verschiedenen

Medien verlangsamt sich die Geschwindigkeit von Licht. Die Entfernung Erde- Mond beträgt 1,3 Lichtsekunden. Die Entfernung Erde - Sonne beträgt ca. 8,3 Lichtminuten. Die Entfernung unserer Sonne zur nächsten Sonne Proxima Centauri beträgt 4,2 Lichtjahre. Die Entfernung von unserem Sonnensystem zum Zentrum der Milchstraße beträgt etwa 26.000 Lichtjahre. Der Durchmesser unserer Milchstraßen- Galaxie beträgt ca. 100.000 Lichtjahre. Die Entfernung zum mit bloßem Auge am weitesten entfernten sichtbaren Objekt, dem Andromedanebel beträgt ca. 2,5 Millionen Lichtjahre. Der nächste Galaxienhaufen zu unserer lokalen Gruppe ist der Virgo- Haufen in 52 Millionen Lichtjahren Entfernung. Das Alter des Universums wird auf ca. 13,80 Milliarden Jahre geschätzt.

<u>Die Gravitation:</u>

Eine der grundlegendsten Kräfte, die auch schon die Alten Ägypter interessiert haben könnte und die für die Existenz von Schwarzen Löchern maßgeblich beteiligt sein müsste, ist die allgegenwärtige Gravitation. Sie hält uns auf der Erde, die Planeten auf ihren Umlaufbahnen und sie lässt die Galaxien entstehen. Die Schwerkraft ist noch immer die unerklärlichste aller bekannten Kräfte, die eine Vielzahl weiterer unerklärlicher Phänomene mit einschließt. Ohne die Schwerkraft gäbe es das Universum nicht. Jegliche Materie würde sich im Zustand einer allgegenwärtigen Suppe befinden. Die Schwerkraft ist im Vergleich zu den anderen drei Grundkräften der Physik, insbesondere in der Quantenfeldtheorie, sehr schwach. Warum die Schwerkraft im Vergleich mit den drei weiteren Fundamentalkräften, der elektromagnetischen Kraft, der schwachen Wechselwirkung, die bei Zerfalls- und Umwandlungsprozessen beteiligt ist, und die starke Wechselwirkung, welche die Atomkerne zusammenhält, so schwach ist, konnte bisher nicht geklärt werden. Trotz ihrer Schwäche ist die Gravitation die dominierende Kraft im Universum, sie hat eine unendliche Reichweite und sie lässt sich nicht abschirmen. Die Gravitation ist und bleibt rätselhaft. Isaac Newton hatte im 17. Jahrhundert erkannt, dass sich Massen in ihrer jeweiligen Relation durch die Schwerkraft gegenseitig anziehen. Albert Einstein hat dann in seinen Theorien aus der Kraft eine Geometrie geformt. Die Masse verformt demnach Raum und Zeit, wodurch Dellen und Ausbuchtungen entstehen. Massebehaftete Körper streben zu den Dellen hin, was sich sichtbar in der gegenseitigen Anziehung der Massen offenbart.

Der Geltungsbereich der allgemeinen Relativitätstheorie schließt jedoch keine Vorgänge mit ein, die sich im Innern der Atome und in der Quantenmechanik, in der subatomaren Welt abspielen. Während Einstein die Welt im Großen beschreibt, Planeten, Sterne und Galaxien, widmet sich die Quantenphysik der Welt in ihrer Winzigkeit, in den Molekülen, Atomen und subatomaren Teilchen. Die Theorien der beiden Hemisphären müssten eigentlich nahezu identisch sein, sie passen aber nicht zusammen und ergeben in einigen Bereichen sogar gegensätzliche Aussagen. Eine der aktuellen Theorien ist die Stringtheorie, die von unmessbar kleinen, schwingenden linienförmigen Gebilden, den Strings ausgeht.

In der Stringtheorie hängt der Wert der Gravitationskonstanten von Raum und Zeit ab. Das würde bedeuten, dass die Gravitationskonstante gar keine Konstante ist. So könnte die Schwerkraft am Beginn des Universums, wie auch an unterschiedlichen Stellen des unendlich scheinenden Raumes stärker oder schwächer sein. Die Gravitationskonstante kann jedoch derzeit nur bis auf die vierte Stelle hinter dem Komma ermittelt werden. Nach Isaac Newton beschreibt sie die Gravitationskraft zwischen zwei Körpern in Abhängigkeit von ihrem Abstand und ihren Massen und in der allgemeinen Relativitätstheorie nach Albert Einstein bestimmt sie die Krümmung der vierdimensionalen Raumzeit. Ein Stolperstein auf dem Weg zur grundlegenden Erforschung der Gravitation ist die Nichtermittelbarkeit des exakten Wertes der Gravitationskonstanten. Die Auswirkungen der Stringtheorie sollten sich in Bereichen von acht Stellen hinter dem Komma abspielen. In diesem winzigen Rahmen wären neue physikalische Zusammenhänge erkennbar. Nur vier Stellen hinter dem Komma sind aber derzeit messbar. Neue Erkenntnisse und die Beantwortung fundamentaler Fragen zu den Grundkräften der Natur sowie der Struktur von Raum und Zeit werden von der derzeit modernsten Teilchenbeschleunigeranlage, dem LHC - Large Hadron Collider in der Schweiz erwartet. Auf der Suche nach den Zusammenhängen zwischen Quantenphysik und Relativitätstheorie sollen die Experimente entweder das Standardmodell der Elementarteilchenphysik bestätigen oder notwendige Korrekturen am physikalischen Weltbild aufzeigen.

Mit der Stringtheorie wurden zudem ganze neue Türen zu neuen Universen aufgestoßen. Albert Einstein hatte dem Raum aus Höhe, Breite und Tiefe mit der Zeit auf dem Koordinatensystem der sichtbaren Welt die vierte Dimension hinzugefügt, um die Realität mathematisch besser beschreiben zu können. Lösungen könnten also in weiteren Dimensionen liegen. So generieren Physiker in ihren Theorien nicht nur immer wieder neue Teilchen, sondern auch gleich noch dazu passende Dimensionen. Während die Stringtheorie noch mit zehn Dimensionen auskommt, benötigt die M- Theorie und die Schleifenquantengravitation elf Dimensionen und in der Bosonen- Stringtheorie sind es sogar 26 Dimensionen. Bisher konnte jedoch keine weitere Dimension experimentell nachgewiesen werden.

Bis heute sind fundamentale Dinge, wie die Entstehung der Welt und was Licht und die Zeit eigentlich sind, vor allem aber was die Ursache der Gravitation ist, noch immer ungelöste Mysterien. Je umfangreicher das Wissen, desto größer die Rätsel!

Und welche Rolle spielt ein Gott?

Ob den Alten Ägyptern vor mehr als 4500 Jahren tatsächlich die Erforschung der rätselhaften Gravitation, des Lichtes und der Zeit gelungen ist? Die in diesem Buch vorgestellten Theorien sind zumindest durch sich gegenseitig einkreuzende Fakten und Geometrien in sich schlüssig. Sie könnten damals die Erforschung zumindest versucht haben. Dadurch, dass die Zeichen des Lichtes, der Zeit und der Gravitation in den Geometrien von Gebäuden sowohl im Altertum als auch im Mittelalter in nahezu identischer Weise auftauchen, scheinen sich die Theorien, wie in der Trigonometrie üblich, gegenseitig zu bestätigen. Welche Chance steckt in dieser Geschichte? Die Alten Ägypter hätten mit den Ergebnissen ihrer Wissenschaft einen mehr als handfesten Grund, um an eine Gottgestalt zu glauben, die unsere Welt erschaffen hat. Das System eines Gottes würde nicht auf Vermutungen, Wundern oder Machtstreben beruhen, sondern auf Fakten und tatsächlicher, wenn auch auf in vielen Teilen unergründlicher Physik.

Die Frage, ob die Welt durch reine Physik oder durch einen in dieser Physik handelnden Gott erschaffen wurde, müsste eigentlich auch heute noch mit 50 zu 50 Prozent beantwortet werden. Eine endgültige Antwort wird es womöglich niemals geben. Wir werden niemals auf alle Fragen eine Antwort finden. Markus 8 Vers 18: „Ihr habt Augen, und sehet nicht, und habt Ohren, und höret nicht, und denket nicht daran, ….!" Auf der Suche nach Gott brauchen wir doch eigentlich nur die Augen zu öffnen, zu sehen, zu hören und zu denken. Um Wunder zu finden, müssen wir auch nicht in das Altertum oder in ferne Welten reisen.

Die Religionen dieser Welt haben es den Menschen viele tausend Jahre lang ermöglicht, ihr nicht immer leichtes Dasein zu bewältigen, Trost zu spenden und ein Ziel vor Augen zu haben. Sie haben auch die Menschen mit der Schrift, der Geometrie, der Messtechnik und damit im Bauwesen, in der Astronomie und der Astrophysik beim Aufbau ihrer Zivilisation geholfen und damit auch die Wissenschaft unterstützt und voran gebracht. Sie haben den Menschen Gesetze gegeben. Ohne Regeln würde eine Gesellschaft im Chaos versinken. Gibt es eine Physik, welche die Welt erschaffen hat, dann gäbe es auch nur einen Gott, welcher das geschafft haben müsste. Fast scheint es so, als hätte sich später aus dem Gott der Alten Ägypter, über den einen Gott der Israeliten, die Religion des Judentums, des Christentums und des Islam generiert. Für keine Religion würde sich dadurch etwas ändern, nur: Kein eigener „heutiger" Gott wäre schlechter oder besser als der „heutige" Gott einer anderen Religion. Es gäbe für alle Religionen den „neutralen" einen Gott, den Gott, den schon die Alten Ägypter erkannt zu haben scheinen. An den grundsätzlich, wie auch immer, möglicherweise alle Religionen gleichzeitig glauben, ohne das heute noch zu wissen. Wären die von so vielen Menschen des Altertums in Zusammenarbeit aufgebauten, die so einzigartigen Pyramiden nicht ein schönes und wichtiges Symbol für die Zusammenarbeit aller Menschen in der heutigen Welt?

Gäbe es ein gottähnliches System, das die Welt und die Menschheit erschaffen hat, würde es sicherlich wollen, dass alle Menschen und auch alle Religionen zusammenarbeiten und das schöpferische Werk voranbringen, den Aufbau der irdischen Welt und der Menschheit, das Verstehen, Begreifen und die Eroberung des Universums.

Die Zukunft? Die Vision der Alten Ägypter

Wo könnte die Trigonometrie sprichwörtlich letztendlich noch eine Rolle gespielt haben? Die aufwendige Mumifizierungstechnik der Alten Ägypter ist ein weiteres geheimnisvolles Phänomen aus der Zeit der Pyramiden. Vielleicht bietet die Trigonometrie auch darauf eine Antwort. Diesmal nicht in die Vergrößerung des Universums, sondern in die Verkleinerung des Mikrokosmos, hinein in die Welt der Gene und DNA- Sequenzen. Wenn die Konstrukteure der Pyramiden ihre Bauwerke per Trigonometrie vergrößern konnten, dann haben sie vielleicht auch mit etwas Logik auf die, heute wissen wir das, tatsächlich vorhandenen Verkleinerungen in uns schließen können. An welchen Anhaltspunkten ließen sich diese Überlegungen festmachen? Von den bisher bekannten ca. 320 Pharaonen wurden bisher ca. 70 Gräber und auch etwa 40 Königen zuzuordnende mumifizierte Körper gefunden. In den Pyramiden selber hat man bisher keine Mumie als pharaonische Primärbestattung nachgewiesen. Es gibt auch keine altägyptischen Texte oder Darstellungen von Bestattungsbräuchen im Zusammenhang mit Pyramiden.

Was brächte der enorme Aufwand, um nur einen Leichnam zu bestatten? Der Pharao wollte, so die heutige Interpretation, nach seinem Tod weiterleben. Er wollte mit seiner Pyramide seine Macht demonstrieren. Aber was hätte er davon? Wenn das der Glaube ermöglicht, die Seele in das Totenreich gelangen zu lassen, warum sollte dann auch der Körper erhalten bleiben? Es gäbe doch ohnehin weitaus effektivere Lösungen den Körper zu erhalten, als ihn in einer weithin sichtbaren Pyramide unterzubringen, aus der er bei der erst besten Gelegenheit samt den dort vermuteten Schätzen von Grabräubern „geklaut" und damit zerstört werden könnte.

Die alten Pharaonen hätten mindestens vorhersagen können, dass ihre Körper in so weithin sichtbaren Gebäuden nicht sicher sind. Das die Königskammer auf jeden Fall geplündert werden würde, weil der Bau trotz seiner enormen Masse einfach nicht genügend Schutz bieten kann. Wenn schon, dann wäre der sicherste Punkt einer Pyramide sicher weit unter dem Bauwerk, mit der Gesamtheit der kompletten Masse und der größten Entfernung zur Außenhülle darüber, in etwa dort, wo ihn Herodot (um485v.Chr.-um424v.Chr.) beschreibt.

Am 31. Mai 1954 durchbrachen Ägyptologen eine etwa drei Meter dicke Verschlussmauer vor der Grabkammer der vermutlich von Baumeister Imhotep errichteten Sechemchet- Pyramide in Sakkara. In der nur grob ausgearbeiteten Kammer fand sich ein offenbar noch versiegelter Sarkophag. Dieser wurde durch den ägyptischen Archäologen Muhammad Zakaria Goneim (1905-1959) erst in Gegenwart von staatlichen Repräsentanten und durch die zuvor geschürte Erwartungshaltung eines möglicherweise sensationellen Fundes ebenfalls herbeigeeilten Journalisten geöffnet. Doch der noch versiegelte Sarkophag war leer. Es gäbe also wahrscheinlich noch sehr viel mehr spurlos verschwundene Pharaonen, deren Abhandenkommen nicht nur mit Grabraub begründet werden könnte.

Herodot von Halikarnassos (um485-um424v.Chr.) beschreibt den Aufbewahrungsort der königlichen Mumie des Cheops auf einer von künstlich angelegten Nil- Kanälen umflossenen bzw. auf einer, in einem See liegenden Insel, die sich unter oder am Fuß der Pyramide befinden soll. Für die Herbeiführung des Wassers soll ein unterirdischer Kanal vom Nil her gebaut worden sein. Wenn es auch verschiedene Deutungen für diese Aussage gibt, wie zum Beispiel die Bau- Nivellierung der Cheops- Pyramide oder die Interpretation der unteren Felsenkammer zum „Hohlraum eines ausgetrockneten Sees": Die Herodot- Aussage ließe sich vielleicht mit Logik und mit in Ägypten schon zur Pharaonenzeit zu beobachtenden Naturphänomenen erklären. Diese Naturgesetze funktionieren logischerweise noch immer und sie tun dies auch in der Zukunft noch. Im alljährlich vom Nil überfluteten Ägypten muss es im Laufe der Geschichte zwangsläufig auch unzählige Tragödien gegeben haben. Menschen sind in den Fluten ertrunken und für Jahre unauffindbar im Nilschlamm verschwunden. Ihnen muss logischerweise der gleiche Effekt wiederfahren sein, dem im Moor versunkene Menschen ausgeliefert sind. Durch den nahezu luftdichten Abschluss kommt es selbst über sehr lange Zeiträume zu einer Konservierung des eingeschlossenen Körpers. So sind Moorleichen bekannt, wie zum Beispiel Rosalinde, die „Frau von Peiting", die über außerordentlich gut erhaltene innere Organe verfügen, obwohl sie bereits mehrere hundert Jahre zuvor verstorben sind. In China werden gelegentlich Gräber gefunden, in denen der Körper des Verstorbenen in Schlamm und Wasser luftdicht abgeschlossen die Zeit über mehrere tausend Jahre überstanden hat. Wäre Pharao Cheops, so wie von Herodot beschrieben, auf einer vom Nil- Wasser umflossenen Insel unter oder neben der Pyramide bestattet worden, hätte es bald eine natürliche Kettenreaktion gegeben. Bei den nächsten Hochwassern wäre sein Steinsarkophag vom Wasser und damit vom Nilschlamm umspült worden. Der steinerne Sarkophag wäre wegen seinem Gewicht nicht aufgeschwommen. Er wäre vollkommen umflutet und damit luftdicht abgeschlossen worden. Damit wäre er auch spurlos verschwunden. Perfekter geht nicht! Der Chnum- Tempel in der 55 Kilometer südlich von Luxor gelegenen oberägyptischen Metropole Esna steht etwa 200 Meter westlich des Flussufers mitten in der Stadt.

Der Chnum- Tempel in Esna - Der freigelegte Tempel liegt heute, an der Mauer am rechten Bildrand sichtbar, neun Meter unter dem Niveau der unmittelbaren Umgebung

Der freigelegte Tempel liegt heute neun Meter unter dem Niveau der unmittelbaren Umgebung. Er wurde nur erhalten, weil die Fluten des Nils und damit dessen Schlamm den Tempel nahezu vollkommen bedeckt haben. Die Naturgesetze von vor 4500 Jahren funktionieren logischerweise noch immer und sie tun dies auch noch in der Zukunft. Cheops liegt möglicherweise noch immer an einem versteckten und luftdicht abgeschlossenen Ort! Nur Cheops? Nach wie vor verschwunden sind auch die Körper von wichtigen Persönlichkeiten, wie zum Beispiel Baumeister Imhotep oder Pharao Snofru, die nach ihrem Lebenswerk zu beurteilen, ganz genau gewusst haben müssen was sie taten. Durch verinnerlichte Trigonometrie konnten sie womöglich vorausberechnen, was geschehen wird und was die Zukunft bringt.

Das Auffinden des Körpers von Imhotep wird von Wissenschaftlern bereits vor diesem noch nicht stattgefundenen Ereignis schon jetzt als „Größte Entdeckung der Wissenschaft, noch größer als das Auffinden der Mumie von Tutanchamun" betitelt. Trotz fieberhafter Suche bleibt er aber nach wie vor spurlos verschwunden.

Monumentale steinerne Sarkophage - Links: Die Bestattungsriten der Alten Ägypter - Hier gezeigt im Ägyptischen Museum in Kairo - Rechts: Marmorsarkophag der Heiligen Euphemia von Chalkedon. Euphemia starb als junges Mädchen am 16.9.304 wegen ihres christlichen Glaubens zur Zeit des Kaisers Diokletian (um240-um312). Der Sarkophag verschwand aus Konstantinopel, um am 13.07.800 in Rovinj in Istrien wieder aufzutauchen. Bei der Berührung des Sarkophag geäußerte Wünsche gehen übrigens in Erfüllung

Ebenso verschwunden bleiben die Körper späterer Persönlichkeiten wie Alexander der Große (356v.Chr.-323v.Chr.) und auch von Jesus Christus müsste eine irdische Hülle vorhanden sein. Heilige, wie zum Beispiel Euphemia von Chalkedon (-304) wurden selbst im dritten und vierten Jahrhundert nach Christus noch in einem den Pharaonen ähnlichen steinernen Sarkophag bestattet. Selbst Napoleon Bonaparte (1769-1821) und auch die Päpste der Neuzeit werden in steinerne Sarkophage gebettet. Scheinbar über die gesamte Blütezeit Ägyptens, begonnen um die Zeit des Pyramidenbaus in Sakkara durch Baumeister Imhotep, werden immer wieder ähnliche Bestattungsriten praktiziert. Die für Pharao Djoser errichtete Pyramide mit Tempelanlage in Sakkara soll von Imhotep gebaut worden sein. Dieser gilt nicht nur als erster großer Baumeister des Alten Reiches. Imhotep wird in verschiedenen Schriften als

Erfinder der ägyptischen Schrift, der Medizin, des Kalenders und der Mumifizierungstechnik mit getrennter Bestattung der Organe in Kanopen- Gefäßen angesehen.

Aufwendig gestaltete Mumiensärge im Ägyptischen Museum in Kairo

Hätten sie nur die Verwesung verhindern wollen, hätten sie einen Verstorbenen nur für Stunden in die heiße Wüste legen müssen. Ein Körper würde in kürzester Zeit austrocknen. Heute weiß man: Die Alten Ägypter haben auch am Phänomen des Todes geforscht. Sie haben Menschen getötet, ohne deren Körper zu beschädigen, und danach wieder zum Leben erweckt. Diejenigen, die das Martyrium überstanden haben, konnten von einer Tür und einem Licht dahinter berichten. Dadurch sind die Scheintüren in den ägyptischen Gräbern entstanden. Die damit steingewordene auch heute bekannte Nahtoterfahrung! Ein altes ägyptisches Sprichwort sagt: Der Tod ist erst der Anfang! Was nur haben sie herausgefunden? Warum sehen wir Licht, diese seltsame Erscheinung, die möglicherweise die Zeit stehen lässt? Astrophysiker wissen: Gab es einen Urknall, dann hat er sich im ersten Moment überall gleichzeitig abgespielt, weil die Welt unendlich klein war. Dann existiert die Stelle vor dem Urknall womöglich auch noch in einer zeitlosen Parallelwelt. Gelangen unsere Seelen im Moment des Todes in eine zeitlose Dimension, vor die Grenze des Urknalls, in das Jenseits? Gab oder gibt es dieses Jenseits vielleicht tatsächlich? Wenn wir in extremer Geschwindigkeit durch das Universum rasen, wenn Geschwindigkeit und Gravitation die Zeit verändern, was geschieht mit der Gravitation und der Zeit an Orten mit geringerer oder höherer Geschwindigkeit? Haben das die Alten Ägypter womöglich tiefgründiger erforscht, als wir das heute erahnen können? Haben sie die Gravitation erforscht, dann haben sie vielleicht auch die Ursache für das Fortschreiten der Zeit erkannt. Das 3. Geheimnis der 666: - 6x6 ist 36 ist 3x6. Die 1. 6 steht für das Licht. Die 2. 6 steht für die Zeit. Die Geometrie der 3. 6 erklärt die Gravitation. Kapitel 13 offenbart das Geheimnis.

Das Phänomen des Lichtes und selbst das Wiedersehen mit bereits verstorbenen Menschen in der Nahtoterfahrung kann eigentlich in unserem Gehirn kein Produkt der Evolution sein. Wie und vor allem wozu hätte es sich fortpflanzen sollen? Warum spricht auch die Bibel von Wiederauferstehung? Gibt es etwa dafür eine reale Physik und wie könnte die ansatzweise aussehen? Alle drei großen monotheistischen Weltreligionen, das Judentum, das Christentum und der Islam erhoffen und lehren eine Auferstehung. Wiedergeburt, Jenseits und die nicht physische Seele in einer Wanderung durch eine Astralwelt, von einem in den nächsten, oder in den gleichen physikalischen Körper haben ebenso im Hinduismus, Buddhismus, Daoismus und Schintoismus große Bedeutung. Wie gut das funktioniert, hängt immer vom Verhalten und der Lebensführung im momentanen Leben ab. Die ägyptische Mythologie kennt schon im Alten Reich das Totengericht, bei dem entschieden wird, ob der Verstorbene nach seinen Sünden beurteilt das Jenseits betreten darf. Auch dieses System scheinen jüdische, christliche und islamische Auffassungen von den Ägyptern in ihr „Jüngstes Gericht" aufgenommen zu haben. Eine weitere eindeutige Gemeinsamkeit, die wieder auf die gleiche Quelle schließen lässt. Welche Physik könnte sich dahinter verbergen? Welche Ideen könnten die Alten Ägypter entfaltet haben? Im Moment des Todes bleiben für die nun gewichtslose Seele die Zeit, die Gravitation und die Geschwindigkeit unserer Welt stehen? Kommt die Seele an den Moment des Urknalls durch eine Tür, vor der sich das zeitlose Licht befindet? Gelangt die Seele durch diesen schmalen Korridor, durch eine Öffnung auf die andere Seite hinter den Urknall, in das Jenseits bzw. hinter die Dimension, an welcher die irdische Schöpfung beginnt? Kommen dort alle Seelen her, gehen sie dorthin wieder zurück? Können sie möglicherweise sogar wieder in das Diesseits gelangen? Das würde den auf Auferstehung aufbauenden Aussagen nicht nur der Bibel, sondern auch den Aussagen vieler anderer Religionen entsprechen. Da selbst die moderne Wissenschaft in ihren Theorien von sich aus multiple Universen zur Erklärung der Welt im Angebot hat, kann Bösewichtern daher nur zur Vorsicht geraten werden! Die Alten könnten das System erforscht haben! Die minimalen elektrischen Ströme in unserem Gehirn bewegen sich als eine Eigenart des elektrischen Stromes wie das Licht ebenfalls in Lichtgeschwindigkeit. Damit theoretisch nach dem Lorentzfaktor nach Hendrik Antoon Lorentz (1853-1928) in einer zeitlosen Dimension. Gedanken, Ideen und Träume könnten ähnlich den ebenfalls in Lichtgeschwindigkeit agierenden elektrischen Funkwellen übertragen werden, nicht nur im hier und jetzt, sondern auch aus der Vergangenheit und aus der Zukunft. Menschen, die dazu befähigt sind, könnten Dinge sehen, prophezeien und auch erfinden, die es erst in der Zukunft geben wird. Das ist (theoretische) Physik, keine Esoterik! Diese Physik bietet selbst einer Gottgestalt unglaubliche Möglichkeiten! Eine Gottgestalt könnte sich im Licht, damit in einer zeitlosen Dimension, in unseren Gedanken verbergen. Wir selber könnten im Licht reisen.

Die Gräber der ägyptischen Herrscher im Tal der Könige wurden aufwendig gestaltet. Selbst Menschen niederer Herkunft ließen sich mumifizieren. Die hölzernen Mumien- Särge wurden pompös und kunstvoll bemalt. Der Weg der Seele wird durch eine Scheintür tretend durch die Nacht, sogar ganz konkret mit Sternenhimmel, bis zur Wiedergeburt beschrieben. Vermutlich haben die Ägypter die in einem Körper steckende Seele in den für die Kanopen- Gefäße bestimmten Inhalt gesehen. Nur vermutet oder sogar erforscht und gefunden? Steckt unsere individuelle Seele im Magen, in der Leber, der Lunge und in den Eingeweiden? Steckt sie im Herzen, das in Embrionen zu schlagen beginnt, wenn es das Gehirn noch garnicht gibt?

Etwas in Stein zu meißeln hat eigentlich nicht nur etwas mit Glaube zu tun. Es hat etwas mit Überzeugung, vielleicht sogar mit Wissen zu tun. Etwas in Stein zu meißeln, was die Zeit, damit unzählige Naturkatastrophen und Kriege überstehen würde, hat auch mit der Fähigkeit zu tun, in die Zukunft blicken zu können. Wer die Trigonometrie in Raum und Zeit begriffen und verinnerlicht hat, kann vielleicht die Zukunft vorausberechnen. Er könnte wissen, was in ferner Zukunft geschehen wird.

Imposant gestaltete Grabanlagen im Tal der Könige - Etwas in Stein zu meißeln, was die Zeit und unzählige Naturkatastrophen und Kriege überstehen würde, hat auch mit der Fähigkeit zu tun, in die Zukunft blicken zu können

Dabei geht es nicht um die Fähigkeit bestimmte einzelne Ereignisse vorauszusagen und auch nicht um mystische und von Esoterik umhauchte Wahrsagerei, sondern um vorhersagbare zukünftig zu erwartende Technologien. Logisch zwangsläufige Abläufe lassen sich auf jeden Fall voraussagen, wie als simples Beispiel die grundsätzliche Tatsache, dass heute Abend die Nacht eintreten wird und in welcher Richtung sich Sonne, Mond und Sterne bewegen werden.

Die Anhänger der modernen Mumifizierung, die „Kryoniker" sagen voraus, dass ihre eingefrorenen Körper bei Fortschreiten der Technik eines Tages wieder zum Leben erweckt werden. In den „Jurassic Park" Filmen wurde das Verfahren bereits anschaulich und glaubhaft vermittelt. Die Technologie wird es eines Tages geben! Sie wird ein absolutes Milliardengeschäft und sie ist die Grundlage für die Expansion der Menschheit in das Universum. Woher käme die Seele eines so wiedererweckten Kryonikers? Wüsste er überhaupt, dass es ihn schon einmal gab?

Nicht nur den Königen wurde eine gewissenhaft durchgeführte Bestattung gewährt. Die Ergebnisse sind noch immer erhalten - Ägyptisches Museum in Kairo

Haben die Ägypter ihre Welt und das Universum mit Trigonometrie vermessen, könnten sie auch mit Trigonometrie in die Winzigkeit des Mikrokosmos hinein Schlüsse gezogen haben. Demnach wäre nachvollziehbar, dass schon die Alten Ägypter voraussagen konnten, dass es eines Tages möglich sein wird, aus den winzigen Informationen in ihren Körpern wieder lebendige Menschen zu formen. Auch wenn sie die Technologie zu ihrer Zeit noch nicht beherrschen konnten. Die Natur, die sie so intensiv beobachtet haben müssen, macht es ja vor!

Die Molekularbiologen Dr. Nick Goldman und Dr. Ewan Birney (1972) erforschen gegenwärtig die Möglichkeiten zur Speicherung von Daten in der DNA-

Sequenz von Lebewesen, insbesondere die des Menschen, in der das Erbgut in der mikroskopisch kleinen Struktur eingelagert ist. Der Hintergedanke dabei: Alle bisherigen Datenträger, wie beschriebenes Papier, Computerdisketten, CDs, DVDs, Festplatten oder Speicherchips sind für die Aufbewahrung von Daten viel zu vergänglich. Selbst dabei waren die Alten Ägypter clever! Ausgefuchst haben sie das zu ihrer Zeit verfügbar beständigste Material benutzt, um Informationen zu speichern. Neben ihrer physischen Zerstörung wird es für die heute technischen Lösungen der Informationsspeicherung zeitnah schon in wenigen Jahrzehnten keine Auslesemöglichkeiten mehr geben, weil die Technik stetig voranschreitet. So lange es Menschen gibt, so die neueste Theorie, müsste es zukünftig auch Auslesemöglichkeiten für die DNA bzw. die DNS geben, in denen das Erbgut gespeichert ist. Eigentlich ganz simpel baut das Informationssystem des Lebens auf nur vier Gen-Bausteine aus den Basen A- Adenin, T- Thymin, G- Guanin und C- Cytosin auf. Daraus werden Basenpaare gebildet, aus denen sich in einem Strang das komplette Erbgut des Menschen speichern lässt. Nick Goldman und Ewan Birney haben es zusammen mit Genetikern geschafft, Informationen in diesem Code zu verschlüsseln, zu synthetisieren, sie zu transportieren und an anderer Stelle wieder mit einem Sequenzgerät auszulesen. Der Winzigkeit des Systems geschuldet, könnten alle Daten dieser Erde im Raum eines Kubikmeters gespeichert werden. Folglich könnte der aus einem Menschen ausgelesene Gen- Gode als Information sogar über das Internet oder über ein geeignetes Informationsübertragungssystem per Datenfunk im Weltall versendet werden. Wissenschaftler haben in tiefgefrorenen Böden und Eisschichten von Urzeittieren Genome entdeckt, die noch immer unzerstört sind. Einige von ihnen sind über eine halbe Millionen Jahre alt. Das Material, aus dem die DNA besteht, kann extrem widerstandsfähig sein. Voraussetzung für die Haltbarkeit scheinen Kälte, Trockenheit und Schutz vor Licht zu sein. Kälte gibt es in Ägypten nur sporadisch. Der durch Kälte entstehende Isolationseffekt vor zerstörerischen Keimen könnte aber auch durch Luftabschluss, wie durch Moor oder Teer erreicht werden. Genau so haben die Alten Ägypter seit Imhotep, seit dem Alten Reich ihre Verstorbenen mumifiziert. Einige der Mumien scheinen regelrecht in Teer getaucht, bzw. damit ausgegossen zu sein.

Informationen in der DNA- Sequenz speichern? Wer das kann, kann auch diese Informationen in der tatsächlichen DNA- Sequenz der Lebewesen verändern. Informationen verändern bedeutet: Erbkrankheiten heilen können, fehlende oder kranke Körperteile gesund nachwachsen lassen, den Alterungsprozess aufhalten und auch selbst Gott spielen und ganz neue Kreaturen in der Tier - und Pflanzenwelt mit unglaublichen Eigenschaften erschaffen. Und es könnten eben auch die Erbinformationen bereits Verstorbener neu aktiviert werden. Vielleicht ja sogar mit ihrer „originalen Seele". Die DNA- Sequenz ist wiederum Trigonometrie, Geometrie und Logarithmus in Reinkultur. Mit Trigonometrie könnten die Alten Ägypter zumindest auf das winzige System geschlossen haben, ohne mit ihm in ihrer Zeit jemals hantieren zu können. Diese Weisheit über das Wissen in der Zukunft könnte die Fantasie der Alten Ägypter mindestens beflügelt haben.

Ob es nur Fantasie war oder sie das vielleicht sogar versucht haben, ist eine weitere Frage. Auch Züchtungen oder Kreuzungen von Tierarten sind Manipulationen der DNA- Sequenz von Lebewesen. Noch immer ist die Bedeutung der merkwürdigen Göttergestalten mit Tierköpfen auf Menschenkörpern auf ägyptischen Zeichnungen nicht geklärt. Was man sich nicht erklären kann, sieht man als religiös und göttlich an. Wobei das ja eigentlich eine noch viel vagere Deutung ist. Die Götter waren es! Die Wissenschaftler der Alten Ägypter könnten zum Beispiel mit allzeit und im Überfluss verfügbaren Eiern von im Sand vergrabenen Nilkrokodilen so lange experimentiert haben, bis „es" mal funktioniert hat. Kein Gesetz ihrer damaligen Welt hat sie an dieser Wissenschaft gehindert. Die merkwürdig anmutenden Gestalten aus unterschiedlichen Geschöpfen könnten zeigen, dass sie zumindest darüber nachgedacht haben. Gab es diese Chimären oder Mischwesen? Auch der Sphinx von Gizeh aus der Zeit der Pyramiden stellt so ein Mischwesen dar.

Die Alten Ägypter haben aus der Fähigkeit von Krokodilen, in die Zukunft blickend ihre Eier an der Grenze zur zukünftigen Hochwasserflut abzulegen, eine regelrechte Wissenschaft entwickelt. Der Inhalt der Eier soll dabei selber Forschungsobjekt gewesen sein. So entstand zum Beispiel das Krokodilheiligtum Kom Ombo, das dem Krokodilgott Sobek und dem Vogelgott Haroeris geweiht war. Was hat ein Vogel mit einem Krokodil zu tun? Es wird vermutet, dass die Alten Ägypter den Inhalt von Krokodileiern mit dem Inhalt anderer Ei- Individuen vermischt und so nach heutigen Gesichtspunkten regelrechte Genversuche veranstaltet haben. Auch Stauferkönig Friedrich II. (1194-1250) experimentierte mit Vogeleiern! Nach dem er verstorben war, ließ er sich nachhaltig mumifizieren. Was wusste der König nach seinem Besuch in Jerusalem? In der mittelalterlichen Handschrift „Speculum humanae salvationis" aus um 1369, welche mutmaßlich dem Deutschordensritter Hochmeister Winrich von Kniprode (1310-1382) zuzuordnen ist, sind insgesamt 61 Doppelzeichnungen zu sehen. Für die meisten Abbildungen gibt es verschiedene Auslegungsvarianten und Theorien, die auf dem Alten Testament und/oder dem Neuen Testament beruhen könnten. Doch was sehen wir wirklich?

Ein „Dinosaurier" in einer Handschrift des Mittelalters?
„Speculum humanae salvationis" aus um 1369

Einige der Zeichnungen interpretieren die Geschichte der Bibel erstaunlich tiefgründig, zudem mit geometrischen, numerologischen und astronomischen Angaben. Als verfüge der Schöpfer des Werkes über Hintergrundwissen, das auch die Templer und Freimaurer zu nutzen scheinen und das aus der Frühantike stammen könnte. Mit dabei zum Beispiel auch ein Bild, auf dem ein Vogel ein dem Saurier ähnliches Individuum im Schnabel hält. Das Blut des Sauriers spritzt auf eine Art antikes Reagenzglas, in dem ein weiter Vogel wächst. Die alten Ritter wussten möglicherweise um 1382 bereits, dass es einmal Dinos auf der Erde gab und das die Vögel von ihnen abstammen. In der Neuzeit ist dieser evolutionäre Umstand erst seit der Entwicklung der Gentechnik bekannt. Heute weiß man: Dinosaurier sind die Vorfahren unserer Vögel, doch der evolutionäre Wandel ist bisher kaum erforscht. Im gleichen Zusammenhang fällt die Aufbewahrung der heiligen Apis- Stiere im Serapeum in Sakkara auf. Dort sind in mächtigen, exorbitant aufwendig und genau gearbeiteten Sarkophagen heilige Apisstiere bestattet. Diese sind nicht etwa in ihrer Form erhalten. Sie sind in Stücke zerkleinert und in flüssiger Bitumenmasse eingelagert. Mehr braucht es nicht, um Erb- Informationen von vielleicht wertvollen Züchtungen oder Kreuzungen zu speichern. Wurden dort überhaupt Stiere bestattet? Durch das Aufhalten des vorprogrammierten Alterungsprozesses und durch das Ausschalten von erblich bedingten Krankheiten liegt der Schlüssel zur Unsterblichkeit in der Gentechnik. Ebenso kann die automatische Rehabilitation von verbrauchten und kranken Körperteilen programmiert werden. Die Stammzellentechnologie ist da nur ein erster Schritt. Genetische Unsterblichkeit oder auch nur erhebliche Lebensverlängerung wäre in der heutigen Zeit der Weg in den Untergang der Gesellschaft. Die derzeit auf der Erde lebenden Menschen können ja nicht einmal friedlich miteinander umgehen, obwohl sie ganz genau um die Endlichkeit ihres Lebens wissen. Unsterblichkeit einzelner Geschöpfe würde in einem eingeschlossenen sozialen Raum sofort Neid, Zwietracht, Krieg und Untergang zur Folge haben. Selbst wenn es diese bereits gäbe, müssten Wissenschaftler und Regierungen die Informationen darüber zwangsläufig geheim halten, weil einfach nicht genügend Platz und nicht genügend Ressourcen auf der Erde verfügbar sind. Wie viel unendliches Leid Kriege bereits über die Menschheit gebracht haben. Wie viel Armut. Wie viele Mütter und Väter über ihre Kinder weinen mussten. Um wie viele Jahrhunderte ganze Völker durch die Zerstörung in ihrer Entwicklung zurückgeworfen wurden. Nicht nur das, wie unendlich viele Ressourcen unserer kleinen Erde wurden bereits durch Kriege sinnlos verschwendet. Wie viel schöpferische Ingenieursleistung wurde in Kriegstechnologie vergeudet. Wäre es nicht sehr viel sinnvoller all die Ideen und die wenigen natürlichen Vorkommen von Bodenschätzen unserer Erde für die Eroberung des Universums einzusetzen? Dort finden wir so unendlich viel Platz, unendlich viel Energie, unermessliche Reichtümer und schier unbegrenzte Möglichkeiten. Stattdessen schlagen wir uns auf der Erde gegenseitig die Köpfe ein, wofür eigentlich? Wenn wir aus dieser schlimmen Vergangenheit nicht endlich lernen, wird passieren was passieren muss. Uns wird ein mächtiger Stein aus dem Universum treffen, mit aller gigantischer Macht Gottes. Ganz egal, ob es ihn gibt oder nicht. Jede Sekunde, die wir unbekümmert in den Tag hinein leben, bringt uns unwillkürlich der in der Bibel angekündigten Apokalypse näher. Wir hatten bisher nur zufällig Glück! Nur eine Frage der Statistik. Wir haben keinerlei Garantie, für eine auch zukünftig stabile Umlaufbahn in einer habitablen Zone. Und was passiert, wenn all unsere Ressourcen verbraucht sind? Wir vergeuden unsere Zeit mit unendlich vielen Nebensächlichkeiten, vor allem auch mit Krieg und Selbstzerstörung. Was haben unsere Anführer von der Eroberung fremder Völker, von Macht und Reichtum, wenn sie am Ende doch alle sterben müssen. Soll das der Sinn des Lebens sein?

Die Realität im Jahr 2016:

Alle 26 europäischen Nato- Mitglieder, die USA und Kanada, sowie Russland verfügen über 4.400.000 Soldaten unter Waffen. Die amerikanischen und russischen Streitkräfte verfügen zusammen über 11.670 Kampfpanzer, 51.720 gepanzerte Fahrzeuge, 16.550 Flugzeuge, 500 Kriegsschiffe, 147 U- Boote und 19 Flugzeugträger. Russland allein besitzt schon 4800 Artilleriegeschütze. Das sind nur die offiziellen Zahlen. Sie beinhalten nicht die atomaren Streitmächte. Auch nicht enthalten sind alle anderen Länder unserer Erde, insbesondere China, Saudi Arabien und Nordkorea.

Ebenfalls nicht mitgerechnet sind die Opfer, Kriegsausgaben und Verwüstungen allein nur der vergangenen 100 Jahre. Wir müssen unsere Augen, unser Ohren und unseren Verstand auch dafür einsetzen, um zu sehen, was auf der Welt gegenwärtig los ist. 1. Buch Samuel Kapitel 17, Vers 47: „... und alle, die hier versammelt sind, sollen erkennen, dass der HERR nicht Schwert und Spieß braucht, um den Sieg zu schaffen; denn der HERR hat die Entscheidung im Kampf, und er wird euch in unsere Hand geben!" Im 1. Buch Samuel Kapitel 17, Verse 4-50 erledigt David den schwer gepanzerten und mit Schwert und Speer aufgerüsteten Goliat mit nur einem Stein, der ausreichend groß und schnell genug war.

„Alles geistige Bemühen des Menschen läuft im Grunde darauf hinaus, den Tod aus der Welt zu schaffen." - Rudolf Alexander Schröder (1878-1962).

Unsterblichkeit ist notwendig, um das Universum zu erobern. Das ist nicht die Technologie der Natur und der Vergangenheit, das ist die Technologie der Zukunft, um das Universum zu erschließen. Sie ist überhaupt der einzige Schlüssel zur Eroberung des Weltalls. Unsterblichkeit kann nur dort entstehen, wo das biologisch entstehende Leben herkommt, in der Winzigkeit der Erbinformation. Wenn dieses Geheimnis entschlüsselt ist, wird es auch möglich sein, die in den erhaltenen Körpern der Pharaonen enthaltenen Informationen zu generieren. Ihre auf den Tempelwänden und in der Bibel manifestierte Prophezeiung der Wiedergeburt und Auferstehung erfüllte sich. Universum, Weltall, Beobachtung der Sterne mit den Pyramiden? Was wäre wenn die Pyramiden aus der Zeit von vor über 4500 Jahren vordefinierte

Schlüssel zur Unsterblichkeit der Menschheit und der Auftrag an die Nachwelt zur Eroberung des Universums sind? Die Alten Ägypter könnten durch ihre versteckte Art und die Form der Aufbewahrung ihrer Körper Vorkehrungen getroffen haben, um eines Tages wieder zum Leben erweckt zu werden. Das wird eines Tages technische Realität sein! Die Natur macht das System seit Milliarden von Jahren in jedem Samen, in jeder befruchteten Eizelle, in jedem Lebewesen, in jeder Pflanze, in jedem Tier und heute in jedem Menschen vor. Aus der winzigen Erbinformation entsteht ein ausgewachsener Mensch, dessen Gestalt nicht nur vorbestimmt ist, sondern dessen genaue zeitliche Entwicklung vom Baby bis zum Greis ebenfalls in den Genen zeitlich vordefiniert zu sein scheint. Die Körper der Alten Ägypter werden vielleicht gefunden, wenn die Menschheit endlich aufhört, die meiste Energie auf die Führung von Kriegen zu verschwenden. Wenn die Menschheit viel mehr ihre schöpferische Kraft dazu verwendet, das Weltall zu erobern. Vielleicht auch dann, wenn das in den Pyramiden gespeicherte Wissen über die Schöpfung erforscht wird. Vielleicht ist das die große Stunde der Pyramiden und der Pharaonen. Statt zu sterben werden unsterbliche Menschen in das Universum reisen. Statt Waffen zu bauen, wird die Rüstungsindustrie gigantische Raumfahrttechnologie produzieren und den Profit in ungeahnte Dimensionen steigern. Die unwiederbringliche Weisheit der Wissenschaftler, letztlich eines jeden Menschen, stirbt dann nicht mehr mit seinem Körper. Wenn Soldaten schon bereit sind, ihr Leben für ihr Land zu geben, warum sollen sie dann nicht auch ihr Leben für die ganze Menschheit riskieren und in Raumflugkörpern in unbeschreiblichen Abenteuern neue Regionen des Universums erobern. Mit der Eroberung des Universums wird genetische Unsterblichkeit von Menschen höchste Priorität bekommen. Was uns dann erwartet, ist sehr viel atemberaubender und schöner, als jeder heutige irdische Reichtum und auch jeder Krieg und jedes Töten von Menschen. Gott schuf den Menschen nach seinem Ebenbild? Das stimmt doch (noch) gar nicht! Müssten das nicht der Sinn und das Ziel unseres Lebens sein, Unsterblichkeit und die Eroberung des Universums? Vorbilder auf diesem Weg waren einst ein junger Mann namens Jakob und ein Hirtenmädchen Rahel. Ebenso haben Bernhard von Clairvaux und seine Zisterzienser gezeigt, wie sich weise Menschen ausbreiten und der Welt den Fortschritt bringen können. Die Technologie, mit der sich Menschen im Universum bei dieser Eroberung zurecht finden und orientieren können, gibt es bereits seit mehr als 4500 Jahren! Die Alten Ägypter könnten das in ihrer Weisheit vorausgesehen haben. Dann wäre klar, aus welchem weiteren Grund die Alten Ägypter die Pyramiden von Gizeh mit einem derart großen Aufwand, so gigantisch und dennoch so extrem präzise gebaut haben.

Sie wären auf unserer Erde der ultimative Anhaltspunkt im Universum, von dem aus alle weiteren Ziele per Trigonometrie vermessen werden können. Sie wären der allererste Messpunkt, das Kreuz und der Marienstern unter Gottes Sternenhimmel.

Quellen

Diese Menschen und Organisationen haben mit ihrer Arbeit geholfen:
Vermessungstechnik: Staatlich geprüfte Diplom- Ingenieurin Geodäsie und Kartographie Jördis Thiere, Diplom- Bauingenieurin Sabine Engelmann, Sir William Matthew Flinders Petrie, UNESCO- Weltkulturerbe, Vito Maragioglio und Celeste Rinaldi, Landmeister Hermann von Balk, Hipparchos von Nikäa, John Shae Perring, Sir Richard William Vyse, Professor für Geodäsie Dr. Christian August Nagel, Mathematiker und Geodät Friedrich Robert Helmert, Mathematikerin Katherine Johnson
    Navigation: Kapitän zur See Nino Sverko i.R.
    Redundanz- Astronavigation: Militär- und Zivilpilot Holger Dietrich
    Militärtrigonometrie: Oberstleutnant der NVA a.D./ Major der Bundeswehr i.R. Bürgermeister Elsterwerda Dieter Herrchen (Radaroffizier i.R.) - (Mitglied in der Organisation Mayors for Peace - Bürgermeister für den Frieden)
    3D- Origami Technologie/3D- Modellbau: Diplom- Bauingenieurin Sabine Engelmann, 3D- Modell Gizeh/Knick- Pyramide Alexander M., Marie M., Sylke M., Leica- Vermessungstechnik, DeWalt- Laser
    Geometrie: Euklid von Alexandria, Martin vom FamilienStamm Röder, Mathematiker Carl Louis Ferdinand von Lindemann, Villard de Honnecourt
    Physik - Geometrie: Lehrer Physik Werner Thieme, Thales von Milet, Professor der Physik Kenneth G. Libbrecht California Institute of Technology (www.snowcrystals.net), Insektenforscher Jürgen Tautz, Diplom- Physiker Martin Wagner
    Bauphysik: Bauingenieur Chris Heller (Prösen), Steinmetz Harald Reinecke (Obernkirchen), Marcus Cante Wissenschaftlicher Mitarbeiter der Denkmalinventarisierung beim Amt für Denkmalschutz Doberlug- Kirchhain, Landesinnungsmeister Stein- und Bildhauerhandwerk Brandenburg Bernhard Anlauff, Sachbuchautor Gernot L. Geise, Prof. Sakuji Yoshimura / Waseda- Universität Tokio, Gilles Dormion, Jean Baptiste Goidin, Geologe Prof. Dietrich Klemm, Ingenieur Waynman Dixon, Rainer Stadelmann, Rudolf Gantenbrink (UPUAUT 2), Dr. Erwin Reidinger (Tempelanlage Jerusalem), Wilhelm von Boldensele, Bodo Heinze, Jürgen Baum
    Geschichte: Lehrer für Geschichte Erhard Uschner, Museumsleiter Kreismuseum Bad Liebenwerda Ralf Uschner, Ägyptologie und Koptologie Mahmud Abdel- Samad, Dr. Heribert Illig, Dr. Hans- Hubert Freytag, Prof. Dr. Erhart Graefe, Sir William Matthew Flinders Petrie, Ägyptologe Walter B. Emery, Jean- Philippe Lauer, Cecil Mallaby Firth, Dieter Arnold, Ludwig Borchardt, Mark Lehner, Ing. Physik (Computer, Elektronik, Elektrotechnik und Informatik) Franck Monnier, Rainer Stadelmann, Thomas Schneider, UNESCO- Weltkulturerbe, Das Internet - google - Wikipedia - freie Enzyklopädie, Innere Stufenbauten Ludwig Borchardt und Jürgen Brinks, Museumsleiterin Mühlberg Martina Pöschl, Gebietsreferent im Landesamt für Denkmalpflege Brandenburg Dietmar Kraußer, Direktion Goethe- und Schiller- Archiv Weimar, Caterina Anrecht - Klassik Stiftung Weimar Herzogin Anna Amalia Bibliothek, Brandenburgische Technische Universität Cottbus/Senftenberg Prof. Dr. Klaus Rheidt, Richard Graf zu Eulenburg Berlin, Philipp Graf zu Eulenburg und Hertefeld,

Andreas Wurda - Städtische Sammlungen Wittenberg, Dr. Stefan Rhein Stiftung Luther- Gedenkstätten Wittenberg, Uvo Adolf Hölscher, Dr. Zahi A. Hawass, Thor Heyerdahl, Herodot von Halikarnassos, Howard Carter, Mittelalterhistoriker Prof. Dr. Matthias Springer „Die Sachsen" (Kohlhammer - Urban), Stefan Schröder - Zwischen Christentum und Islam, Dipl. Restauratorin Susann Wilhelm, Die kurfürstlich- sächsische Kunstkammer in Dresden / Inventar von 1587 Herausgeber: Prof. Dr. Dirk Syndram und Martina Minning, Staatliche Kunstsammlungen Dresden - Sandstein - Verlag 2010, Mit Unterstützung Sächsische Landesbibliothek - Staats- und Universitätsbibliothek Dresden (SLUB) Zellescher Weg 18, Städtische Bibliotheken Dresden Freiberger Straße 33, Deutschordensmuseum Bad Mergentheim GmbH Geschäftsführerin Maike Trentin- Meyer / „Lebendiger Orden mit großer Tradition" - Die Geschichte des Deutschen Ordens 1190 bis heute / Maike Trentin- Meyer, Historiker Deutscher Orden Prof. Dr. Dr. h.c. mult. Udo Arnold, Oberkonservatorin der Rüstkammer Dresden Jutta Charlotte von Bloh, Carl Robert Bertram (Chronik), Heimatverein Lutherstadt Wittenberg Historiker Bernhard Naumann, Evangelisches Predigerseminar Wittenberg Dr. Hanna Kasparick, Gérard de Sède - „Die Templer sind unter uns", George Adalbert von Mülverstedt: Diplomatarium Ileburgense. Urkunden- Sammlung z. Geschichte u. Genealogie d. Grafen zu Eulenburg. Baensch, Magdeburg 1877 - Universitäts- und Landesbibliothek - Heinrich- Heine- Universität Düsseldorf, Theologe Johann Friedrich Starck, Kirchenhistoriker und Professor für Kirchengeschichte August Johann Wilhelm Neander, Historiker und Journalist Louis Charpentier - Die Geheimnisse der Kathedrale von Chartres, Sabina Marineo - Die verborgene Kirche des Grals, Christian Knight und Robert Lomas - The Second Messiah, Tobias Daniel Wabbel - Der Templerschatz, Historiker Helmut Paffrath, Chronik der Stadt und des Closters Mühlberg - Nach authentischen Quellen bearbeitet und herausgegeben von Carl Robert Bertram - Kämmerer - Torgau Heinrich Emil Schneider 1865 - BSB - Bayerische Staatsbibliothek, Die Kreuzfahrt Kaiser Friedrich II. 1228 - 1229 Reinhold Röhricht Berlin 1872 - BSB - Bayerische Staatsbibliothek, Magazin der Sächsischen Geschichte 1785, Denkmäler der Kunst des Mittelalters in Unteritalien von Heinrich Wilhelm Schulz - Herausgegeben von Ferdinand von Quast - Dresden 1860, Förderverein Templerkapelle Wettin e.V. Karl- Ulrich Dobberstein, Wolfgang Schwarzmann, Urkundenbuch der Deutschordensballei Thüringen, hg. v. Karl H. Lampe, Jena 1936, Ägyptologe Heinrich Ferdinand Karl Brugsch, Friedrich II.: Historiker Jacob Burckhardt, Historiker Ernst Wies, Projektleiterin „Friedrich II." Rosalia Varoli Piazza vom Zentralinstitut für Restaurierung in Rom, Tempelberg Jerusalem - Major- General Sir Charles William Wilson, Sir Charles Warren Henry Birtles, Offizier Motagu Brownlow Parker, 5th Earl of Morley, Jerusalem- Archäologe Shimon Gibson (The Final Days of Jesus), Historiker Paul Sinz, Zitat Kaiser Flavius Valerius Constantinus / Konstantin der Große Eusebius, Vita Const., Lib. III. 18-20, Bauingenieur Helmut Engelskircher (innen offene Pendel - Wendeltreppen), Chefarchitekt Max Heide (innen offene Pendel - Wendeltreppen / Grundschule Elsterwerda Biehla), Smaragdtafeln von Thoth dem Atlanter, „Speculum humanae salvationis" aus um 1369 - Beschreibung Dr. Ulrike Spyra, Walter Seydel - Mittelalterliche Wandmalereien im Chor des Domes zu Königsberg / Pr., Königsberg 1930 - Sonderschriften der Altertumsgesellschaft Prussia, Horst Appuhn, Heilsspiegel, 1981 S. 133 - 135, Margit Krenn, Heilsspiegel, 2006 S. 9 - 10 - Hochmeister Winrich von Kniprode (1310- 1382), Kunsthistoriker und Denkmalpfleger

Prof. Dr. phil. Heinrich Magirius - Erforschung des Klosters Altzella, Karsten Grebe - asisi F&E GmbH / 360° Panorama Wittenberg 1517 - Künstler Yadegar Asisi, Diplom- Historikerin und Wissenschaftliche Mitarbeiterin im Lutherhaus Wittenberg Elke Strauchenbruch

Berechnung: Lehrer i.R. Mathematik Armin Manig, Stellvertretende Schulleiterin Elsterschloss- Gymnasium Elsterwerda Kerstin Lewandowski (Mathematik/Physik), Prof. Dr. Erhart Graefe, Kernphysiker Dr. rer. nat. Hans Jelitto, Entwicklungsingenieur Lutz Jakob, Reitzeitberechnung Kristin Schröder- Grahle, Vermessung Bettina Beyer - Museum Mühlberg/Bad Liebenwerda

Astronomie: Lehrer Astronomie und Geografie Gerhard Zlydnik, Astronom Ole Christiansen Römer, Robert Bauval, Adrian Gilbert (Das Geheimnis des Orion), Univ.- Prof. Dr. phil. nat. habil. Michael Soffel Lehrstuhlinhaber und Direktor des Lohrmann- Observatoriums Dresden, Shihan Thomas Stolz (Mechanik), Mathematiker und Kartograph Nikolaus Kopernikus, Astronom Tycho Brahe, Astronom und Naturphilosoph Johannes Kepler, Mathematiker, Physiker, Astronom und Philosoph Galileo Galilei, Schäfermeister Matthias Möckel, Philipp Melanchthon, Gerald Stanley Hawkins, Sir Fred Hoyle, Astronom Edwin Powell Hubble, Kristian Birkeland, Philosoph Aristoteles, „Astronomische Einheit"- Technische Universität Dresden - Fakultät: Umweltwissenschaften Institut: Planetare Geodäsie- Professur für Astronomie Richard Borner, Dr. Felix Lühning Leiter der Archenhold- Sternwarte Berlin, Dr. Erhard Hänßgen, Bernhard von Clairvaux, Jacques de Molay, die Zisterzienser des Klosters Mühlberg, die Mönche und Ritter des Deutschen Ordens, Bischoff Johann IX. von Haugwitz zu Meißen, Wolfgang Bernaschek, Astronomen Sir Joseph Normen Lockyer, Professor für Ingenieurwesen Alexander Thorn, Astronom, Geograf und Mathematiker Hipparchos von Nicäa, Mathematiker, Geograf, Astronom und Philosoph Claudius Ptolemäus, Astronom und Musiker Friedrich Wilhelm Herschel, Vermesser, Astronom, Mathematiker und Physiker Friedrich Wilhelm Bessel, Optiker und Physiker Ritter Joseph von Frauenhofer, Chemiker Robert Wilhelm Bunsen, Physiker Gustav Robert Kirchhoff, Mathematiker und Physiker Hendrik Antoon Lorentz, Astronom Ejnar Hertzsprung, Astronom Henry Norris Russel, Physiker Max Karl Ernst Ludwig Planck, Astronom Milton Humason, Priester und Astronom Georg Lemaitre, Astronom Jan Hendrik Oort, Astronom Fritz Zwicky, Physiker Werner Karl Heisenberg, Physiker und Astronom Arnold Allen Penzias, Robert Woodrow Wilson, Physiker George Anthony Gamow, Physiker und Astronom Russel Hulse, Joseph Tyler, Astronom Michel Gustave Mayer, Didier Queloz, Astrophysiker Reinhard Genzel, Astronomin Andrea Mia Ghez, Astrophysiker John Cromwell Mather, Astrophysiker George Fitzgerald Smoot III.

Astrophysik, Physik, Philosophie: Albert Einstein, Astrophysiker Dr. Andreas Müller - Lexikon der Astrophysik, Prof. Dr. Stephen Hawking (Das Universum in der Nußschale)

Astrophysik: Lehrer Astronomie und Geografie Gerhard Zlydnik, Physiker Armand Hippolyte Louis Fizeau, Physiker Albert Einstein, al- Biruni, Eratosthenes von Alexandria, Geophysiker Johann Friedrich Benzeberg, Physiker Jean Bernard Léon Foucault, Prof. Dr. Stephen William Hawking (Das Universum in der Nußschale), Prof. Dr. Harald Lesch (Frag den Lesch- Gravitation), Sir Isaac Newton, Naturwissenschaftler Henry Cavendish, Physiker Charles Augustin Coulomb, Geologe John Michell, Shihan Thomas Stolz, Bundesamt für Geodäsie und Kartographie - Andreas Reinhold, Astrophysiker Dr. Andreas Müller - Lexikon der Astrophysik, Max- Planck- Institut für Chemische Physik fester Stoffe, David C. Lane (FORS), Philosoph Aristoteles, Physiker, Astronom und Philosoph Galileo Galilei, Astronom und Naturphilosoph Johannes Kepler, Mathematiker und Physiker Vincenzo Viviani, Giovanni Battista Guglielmini, Geophysiker Johann Friedrich Benzenberg, Leonardo da Pisa - Fibonacci, Cornelis de Jager, Samuel Heinrich Schwabe, Astronom George Ellery Hale, Wolfgang Gleißberg, Hessel L. de Vries

Religion: Die Bibel/Die Heilige Schrift (umfänglich gehört und in Teilen gelesen), Tanach - Bibeltexte, Kabbala - kabbalistische Tradition, Gudrun Kießler, Manuela Gruhne, Geschichte der Heiligen Euphemia von Chalkedon/Rovinj, Hildegard Rösler, Helmut Rösler, Shihan Thomas Stolz (Shintō Religionen Japan), Pfarrer Bernd Engelmann, Katholisches Pfarramt Mühlberg Koordinator Andreas Könitz, Pfarrerin Mühlberg Kerstin Höpner- Miech, Martin vom FamilienStamm Röder „Gott die UrQuelle" http://aufda.lima-city.de/, Julia Drinnenberg, Martin Buber, Franz Rosenzweig, Martin Luther, Simona D., Deutsche Bibelgesellschaft Stuttgart / Sylvia Grimmel, Hartmut Ellinger, Papst Johannes Paul II., Rabbi Zamir Cohen, Gabriele Georgi Elsterschloss- Gymnasium Elsterwerda, Die Lehre Buddhas, Kirchenhistorikerin Christin Rege- Uschner, Kirchenhistoriker Prof. Dr. Thomas Römer, Restauratorin und Malermeisterin Maria Hilbrich

Biophysik: Evolutionsbiologe Ben Garrod, Lehrerin für Chemie und Biologie Johanna Reinhardt, Lehrerin für Chemie und Biologie Inge Gerber, Bingjian Zhang - Zhejiang University Hangzhou China **Molekularbiologie:** Nick Goldman und Ewan Birney

Geologie: Diplom Geologe Dietmar Winkler, Dominique Görlitz, Geophysiker Johann Friedrich Benzenberg, Geologe John Michell, Geologe Prof. Dietrich Klemm, Vincenzo De Michele, Töpfermeisterin Anett Lück

Philosophie: Diplom- Bauingenieurin Sabine Engelmann, Theaterwissenschaftler Dr. Olaf Bernstengel, Ingenieur Edward A. Murphy jr., Philosoph Empedoklos, Sylke M., ein unbekanntes Mädchen im Zug IC2047 zwischen Braunschweig und Riesa (25.08.15), Shihan Thomas Stolz, Pfarrer Bernd Engelmann, Puppenspieler Jörg Bretschneider (Dresden), Edward George Bulwer- Lytton- 1. Baron Lytton, Philosoph Theophrastos von Eresos, Pierre Wilhelm Berlin/Potsdam/Plessa, Dr. Michel Friedman, Sylvia Wetzel - Technische Sammlungen Dresden, Karl der Große, Dr. Uwe Seupel Museen der Stadt Dresden - Technische Sammlungen Dresden, Reinhard Dittmann, Dipl.- Stom. Detlef Bölke, Johann Wolfgang von Goethe, Johann Friedrich Haug, Johann Jacob Haug, „Naturae naturantis et naturatae mysterium, in scuto davidico exhibitum, secretioris matheseos ac philologiae, itemque theologiae, physicae et ethicae, fundamenta complectens" - Haug Verlag Berleburg - 1724, Zitate Albert Einstein aus einem Brief vom 24. März 1954, von Albert Einstein: The Human Side. Hrsg. von Helen Dukas und Banesh Hoffman. Princton, New Jersey 1981, S.43. Übersetzung Andreas Müller Quelle: James Randerson. Childish superstition: Einstein's letter makes view of religion relatively clear. Guardian. 12. Mai 2008, General Sun Tsu - Wahrhaft siegt, wer nicht kämpft - Thomas Cleary / Ingrid Fischer- Schreiber, General Cao Cao, Rudolf Alexander Schröder, Lehrerin Philosophie Lutherstadt- Wittenberg Liesbeth Jänicke, Philosoph Prof. Dr. Walter Christoph Zimmerli - Brandenburgische Universität Cottbus/Humboldt- Universität Berlin, Prof. Dr. Dr. Jan İlhan Kızılhan, Ministerin für Wissenschaft, Forschung und Kultur des Landes Brandenburg Dr. Martina Münch, Bernhard von Clairvaux

Ausschlussverfahren in der Havarie- Ursachenforschung: Sachverständiger für Windkraftanalgen Dipl.- Ing. (TH) Jürgen Holzmüller

Seilerhandwerk: Ilja Ausner **Organisation:** Eveline Rösler, Vesna Sverko

Freimaurer: Olaf Schiller, Werner Kurt Kunze, Freimaurer- Zeitung Januar 1849, Gelehrte unter dem Dom und der Albrechtsburg Meißen, nicht genannt: lt- § 53 Abs. 1 Nr. 5 StPO **Mythologie:** Dr. M. Doreal, Reindjen Anselmi **Astrologie:** Richard Vetter, Melanchthons Astrologie - Wittenberg - Jürgen G.H. Hoppmann, Philipp Melanchthon

Fotos: Berwarttreppe im ehemaligen Residenzschloss der Hoch- und Deutschmeister des Deutschen Ordens in Bad Mergentheim Foto: Deutschordensmuseum/Holger Schmitt, British Museum London, Betrock Cuttings Frank Dörnenburg http://pyramidengeheimnisse.de (DE)/ http://pyramid-mysteries.com, Trapiche- Smaragd Muzo Mine Kolumbien Foto: Luciana Barbosa, Schloss „Quinta da Regaleira" Portugal Pia Pollak, Luftbilder Kloster Mühlberg/Elbe Bernhard Könitz, Bildarchiv Vatikan, Vermessung Kloster Mühlberg - Stadt Mühlberg/Elbe Hauptamtsleiterin Corina Brandt, Ing. Physik (Computer, Elektronik, Elektrotechnik und Informatik) Franck Monnier, Modell Israel- Museum Jerusalem Foto: Werner Berthold, Darstellung Djed- Pfeiler - Kunsthistorisches Museum Wien, Steinkugel und Bronzehaken, gefunden 1872 von Waynman Dixon im nördlichen Luftschacht der Königinnen- Kammer der Cheops- Pyramide - British Museum, London Foto: Jon Bodsworth, Historischer Theodolit: Archival Photograph by Mr. Sean Linehan, Markscheider bei der Vermessung eines Schachtes: Deutsche Fotothek, Geheimnisvoll, schön und voller Magie - „Ägypterin in der Königskammer": Stefanie Gärtner, Der Davidsturm in der Handschrift „Speculum humanae salvationis" aus um 1369 Hessische Universitäts - und Landesbibliothek Darmstadt - Hs 2505, Skizzenbuch Villard de Honnecourt Französische Nationalbibliothek, Kathedrale von Chartres: Jean- Baptiste- Antoine Lassus - Monographie de la Cathedrale de Chartres, Der Adler als Symbol und Attribut für den Evangelisten Johannes - Foto: Bamberger Apokalypse, Foto: Portugal Templer- Burg Tomar Pia Pollak, Christus bei der Übergabe der Schlüssel zum Himmelreich an Simon Petrus - Maler Pietro Perugino, Kreuzigung Simon Petrus kopfüber - Maler Filippino Lippi, Foto: Die Graffiti der Templer auf der Burg Chinon - Gérard de Séde - Die Templer sind unter uns - Das Rätsel von Gisors, Stadtansicht Jerusalem Arzt und Historiker Hartmann Schedel, Zeichnung „Achtheit von Hermopolis" - Kurt Heinrich Sethe, Zeichnung Sonnenheiligtum Niuserre - Ägyptologe Gaston Camille Charles Maspero, Luftbild Gizeh 1940 „Achteckige Pyramide" Brigadekommandeur Percy Robert Clifford Groves, Fotos Ägypten, USA, Bundesrepublik Deutschland und Türkische Republik ohne genannten Bildautor - Veit Rösler

Bildquelle Metatron Würfel: Martin vom Familienstamm Röder, Heilige Geometrie, http://aufda.lima-city.de/). **Fotos mit freundlicher Unterstützung:** Technische Sammlungen Dresden Maren Dose, Staatliche Kunstsammlung Dresden / Mathematisch- Physikalischer Salon / Zwinger Wolfram Dolz, Reinhard Dittmann - Plessa

Zeichnungen: R. Weill und W. S. Smith, Anlage Sakkara nach Vermessung Jean- Philippe Lauer, Vito Maragioglio und Celeste Rinaldi, Sir William Matthew Flinders Petrie, Sir Richard William Vyse, Schabaka- Stein - British Museum London - Zeichnung James H. Breasted **Beratung Design:** Stephanie Kammer - Bücher Kammer Herzberg, Dr. Heribert Illig, Books on Demand- Norderstedt, Alexander M., Dr. Hans- Hubert Freytag, Marita Blumenthal

Leider kann ich nicht alle Quellen nennen, weil ich die ursprünglichen Quellen nicht kenne. Viele schöpferische Ideen wurden über Generationen weiter gegeben. Ich bedanke mich bei allen Menschen, die durch ihre Neugier, ihr Wissen und ihre Fantasie an diesen Zeilen mitgewirkt haben. Geschrieben im Vertrauen auf Gott.

Lieber Leser dieses Buches,

wenn Sie bis hierher durchgehalten haben, dann haben Sie auf den vergangenen 525 Seiten eine in sich schlüssige Geschichte gelesen, die über 5000 Jahre menschlicher Geschichte beschreiben könnte. Einige der Kapitel scheinen wie konstruiert, weil viele Details einfach zu schön ineinander passen. Das ist mir auch aufgefallen! Dennoch ist nichts erfunden! Ob alle Details tatsächlich auch so stimmen, hängt vom Stand der Wissenschaft ab. Wir sind Menschen! Sicher habe ich auch viele Fehler gemacht und Dinge übersehen. Entschuldigung! Albert Einstein wurde einmal gefragt, was er gerade macht. „Fehler", hat er geantwortet. Wenn Sie der Geschichte nicht folgen können, betrachten Sie die Zeilen einfach als Roman der Belletristik.

Für mich war nur eines wichtig: Bei den Recherchen habe ich bemerkt, dass eigentlich alle drei großen Weltreligionen und auch die Götter der Griechen und Römer ursprünglich von den Alten Ägyptern abstammen. Wenn die Alten Ägypter einen Gott mit Physik oder zumindest durch Überzeugung gefunden haben, dann bauen alle diese Religionen auf diesen einen Gott auf. Dann kann es auch keinen Heiligen Krieg geben, weil alle an den gleichen Gott glauben.

Wir müssen selber entscheiden und unterscheiden, was wir glauben, was wir als von Gott vermittelt empfinden und was uns Menschen und die von Menschen gemachten Religionen sagen! Religionen und die Wissenschaft waren und sind wichtig! Sie machen auf all die Wunder unserer so atemberaubend schönen Welt aufmerksam.

Mir ist bewusst, dass diese Geschichte eine große Gratwanderung und eine Gefahr bedeutet. Dennoch bin ich mutig genug, sie anderen Menschen zu erzählen.

Mein Leben war bereits am 11.11.2013 beendet. An diesem Tag bin ich bei einem unverschuldeten schweren Unfall zwischen 4000 Tonnen Stahl und Steine geraten. Obwohl die Physik ein Überleben unmöglich gemacht hat, habe ich an der einzig denkbaren Stelle den Unfall ohne Verletzung überstanden. Einige Medien haben danach von einem Wunder gesprochen. Während der zur Unendlichkeit gewordenen Zeit des sich abspielenden Unfalls habe ich gespürt, was ein Mensch empfindet, der in den nächsten Sekunden gleich sterben wird. Wie unerbittlich der Tod kommt, obwohl man leben und in diesem Augenblick an einer anderen Stelle auf der Welt sein möchte. Als hunderte Tonnen Stahl über mich hereingeprasselt sind, musste ich an die Menschen am 11.09.2001 im World Trade Center in New York denken und durch welche religiöse Sinnlosigkeit sie in diese Situation geraten sind. Sun Tsu: „Der Vortrefflichste gewinnt, ohne zu kämpfen." Mir ist klar geworden, dass ich eines Tages sterben werde, ohne die Rätsel gelöst zu haben, die mich schon als kleiner Junge interessiert haben. Die sich auch nach meinem Unfall abspielenden Ereignisse haben hart an der Grenze des Zufalls zu dieser Geschichte geführt. Ich betrachte daher die mir nach diesem Unfall verbleibende Zeit als ein Geschenk Gottes und eine Chance, diese Zeit zu nutzen.   Sicher hat er sich wie immer etwas dabei gedacht.